北朝合融

丝绸之路暨北朝时期固原区域文化国际学术研讨会论文集

张强 主编

黄河出版传媒集团

宁夏人民出版社

图书在版编目(CIP)数据

北朝合融：丝绸之路暨北朝时期固原区域文化国际
学术研讨会论文集 / 张强主编.--银川:宁夏人民出版
社,2023.11
　　ISBN　978-7-227-07907-1

　　Ⅰ.①北… Ⅱ.①张… Ⅲ. ①丝绸之路-文化史-北
朝时代-国际学术会议-文集 Ⅳ. ①K239.203-53

中国国家版本馆CIP数据核字(2024)第021821号

北朝合融：丝绸之路暨北朝时期固原区域文化国际学术研讨会论文集　　　张强　主编

责任编辑　陈　晶
责任校对　杨敏媛
装帧设计　夏　芸
责任印制　侯　俊

 黄河出版传媒集团 宁夏人民出版社 出版发行

出 版 人　薛文斌
地　　址　宁夏银川市北京东路139号出版大厦(750001)
网　　址　http://www.yrpubm.com
网上书店　http://www.hh-book.com
电子信箱　nxrmcbs@126.com
邮购电话　0951-5052104　5052106
经　　销　全国新华书店
印刷装订　宁夏文贞印刷有限公司
印刷委托书号　(宁)0031254

开本　889 mm×1194 mm　1/16
印张　22.25
字数　600千字
版次　2024年12月第1版
印次　2024年12月第1次印刷
书号　ISBN 978-7-227-07907-1
定价　120.00元

编　委　会

主　编　张　强

副主编　武　瑛　童文成　方建宁

编　委（按姓氏字母顺序排列）

曹　莹　李海平　李　鑫　刘　勇

马彩虹　母雅妮　宋　平　苏银梅

徐　超　禹　凤　甄雅茹　周佩妮

MULU 目录

阳承庆《字统》小考

白石将人

（三重大学）

《说文》是字书之鼻祖。许慎用六书的概念来解释所有收载字的结构。《说文》之后，《字林》接踵而出现。从现存的佚文来看，《字林》说解中未有解释文字结构的部分。之后北魏阳承庆撰写《字统》，而对文字结构提出自己的看法。本文梳理《字统》的基本情况，通过与《说文》说解的比较，从而明确《字统》字释的特点。

一、《字统》的撰写背景与流传

《魏书·阳尼传》云："（阳尼）所造《字释》数十篇，未就而卒，其从孙太学博士承庆遂撰为《字统》二十卷，行于世。"①阳氏以字学为家学，阳承庆继承阳尼的学问而撰写《字统》。虽然不知道具体的撰写年代，但推测应该在北魏末期。又，唐封演《封氏闻见记》卷二"文字"条云："后魏杨承庆者，复撰《字统》二十卷，凡一万三千七百三十四字。亦凭《说文》为本，其论字体，时复有异。"②

又，孙愐《唐韵·序》云："盖闻文字聿兴，音韵乃作，《苍颉》《尔雅》为首，诗颂次之。则有《字统》《字林》《韵集》《韵略》，述作颇众，得失互分，惟陆生《切韵》，盛行于世……勒成一书，名曰《唐韵》，盖取《周易》《周礼》之义也。及案《三苍》、《尔雅》、《字统》、《字林》、《说文》、《玉篇》、《石经》、《声韵》、《声谱》、九经、诸子……"③

孙愐将《字统》与《字林》并称，亦参考《字统》撰写《唐韵》。

又，《宋高僧传》"唐京师西明寺慧琳"条："始事不空三藏为室洒，内持密藏，外究儒流。印度声明，支那诂训，靡不精奥。尝谓翻梵成华，华皆典故，典故则西干细语也。遂引用《字林》、《字统》、《声类》、《三苍》、《切韵》、《玉篇》、诸经、杂史。参合佛意，详察是非，撰成《大藏音义》一百卷。"④

今检《慧琳音义》，可以发现《字统》佚文。

又，《龙龛手鉴·序》云："洎乎史籍变古文为大篆，程邈变小篆为隶书，蔡邕刊定于石经，束皙于竹简。九流竞骛，若百谷之朝宗；七略遐分，比众星之拱极。寻源讨本，备载于《埤苍》《广苍》；叶律谐声，咸

①　点校本二十四史，《魏书》，北京：中华书局，1997年，第1601页。
②　《封氏闻见记校注》，北京：中华书局，2005年，第7页。
③　今《广韵》（中华书局，2011年）卷首所载《唐韵序》。据《式古堂书画汇考》所载《唐韵序》改一部分。
④　《大正新修大藏经》（第五十册），东京：大藏出版，1934年，第752页。

究于《韵英》《韵谱》，专门则《字统》《说文》，开牖则《方言》《国语》，字学于是乎昭矣！"①

然则辽朝行均亦知道《字统》的存在。

又，南宋张淏《云谷杂记》卷二云："真宗时，陈彭年与晁迥、戚纶条贡举事。取《字林》《韵集》《韵略》《字统》及《三苍》《尔雅》为《礼部韵》，凡科场仪范，悉着为格。"②

可知北宋陈彭年等亦参考《字统》。

又，《字统》亦流传到国外。《旧唐书·东夷传》"高丽"条云："俗爱书籍，至于衡门厮养之家，各于街衢造大屋，谓之扃堂，子弟未婚之前，昼夜于此读书习射。其书有五经及《史记》、《汉书》、范晔《后汉书》、《三国志》、孙盛《晋春秋》、《玉篇》、《字统》、《字林》；又有《文选》，尤爱重之。"③

历代书目的著录如下：《隋书·经籍志》云"《字统》二十一卷阳承庆撰"④，《旧唐书·经籍志》云"《字统》二十卷杨承庆撰"⑤，《新唐书·艺文志》云"杨承庆《字统》二十卷"⑥，《通志》云"《字统》二十一卷杨承庆"。今暂不论"阳"、"杨"与"二十卷"、"二十一卷"之差异。《宋史·艺文志》以后没有著录，可以推测南宋末期散佚。

二、《字统》的字解

《封氏闻见记》云"其论字体，时复有异"，似意味着《字统》对文字结构的理解与《说文》有差异。以下讨论《字统》与《说文》字解的差异。徐时仪《北朝字书字统佚文钩沉》⑦搜集不少《字统》佚文，本研究的主要依据是徐氏搜集的材料。

今检现存的《字统》佚文，《说文》不收载字占多数。慧琳《一切经音义》等解释文字结构，主要采用《说文》说解。遇到《说文》未载之字，才利用《字统》的字释。结果导致《字统》中《说文》不收载字的字释集中残存的情况。

以下对比《说文》说解与《字统》字解。《字统》字解有重视会意的倾向。"窳"字条：

> 《说文》：污窬也。从穴㼌声。朔方有窳浑县。
>
> 《字统》：懒人不能自起，如瓜瓠在地不能自立，故字从瓜。又，懒人恒在室中，故从穴也。

《说文》认为是形声字，但《字统》改为会意字。"麤"字条：

> 《说文》：行超远也，从三鹿。
>
> 《字统》：鹿性警防，分背而食，以备人物之害。

---

①② 文渊阁《四库全书》本。

③ 北京：中华书局，2014年，第5320页。

④ 北京：中华书局，2022年，第943页。

⑤ 北京：中华书局，2014年，第1984页。

⑥ 北京：中华书局，2022年，第1448页。

⑦ 《中国文字研究》（第十七辑），上海：上海人民出版社，2013年，第62-73页。

《说文》未解释会意的意义，《字统》依据自己的看法解释其结构。

又有重新解释会意字的结构之例。"规"字条：

> 《说文》：有法度也。从夫从见。

> 《字统》：大夫识见必合规矩，故从夫也。

《字统》解释"从夫"的意义。据如上例子，可知《字统》重视会意的造字方式。

又，有与李阳冰的字解一致者。

《说文》新修字"笑"字条：

> 李阳冰刊定《说文》"从竹从夭"。义云："竹得风，其体夭屈，如人之笑。"

> 《字统》"笑"字条：从竹从夭。作为乐器，君子乐然后笑。

虽然会意的意义有些差异，但作"从竹从夭"理解为会意字无异。唐代以后，用会意理解文字结构逐渐盛行，《字统》起到先驱的作用。

又，《字统》有例子用会意解释《说文》不收载字的结构。"蚊（蚊）"字条：

> 啮人飞虫，以昏时而出，故字从昏也。

此例亦用会意解释"从昏"的意义。

另，《字统》对形声字提出独特的看法。"搦"字条：

> 《说文》：按也。从手弱声。

> 《字统》：捉搦也。从手，溺省声。

在此改变《说文》形声字的结构。今检《广韵》，"搦"字，女白切（娘母《觉韵》）；"弱"字，而灼切（日母《药韵》）；"溺"字，奴历切（泥母《锡韵》）。《字统》成书年代与《切韵》成书年代还有距离，因此，根据《广韵》，不能正确指出阳承庆当时的读音。现在没有确切资料的情况下，暂时利用《广韵》而已。根据中古音体系，就声母而言，"溺"字比"弱"字更接近"搦"字的读音。

"绦"字条：

> 《说文》：扁绪也。从糸攸声。

> 《字统》：以丝纤如绳也。从糸从条省声。

"绦"字，土刀反（透母《豪韵》）；"攸"字，以周切（以母《尤韵》）；"条"字，徒聊切（定母《萧韵》）。就声母而言，"条"字比"攸"字更适合"绦"字的声符。较之东汉时期，北魏时期的读音更接近《切韵》的体系。或许阳承庆不同意许慎所附声符，于是按照自己的读音改变声符。

《字统》所收《说文》未收载字的字解往往与大徐新附字的说解一致。陈彭年参与大徐本的校订工作，因此，大徐新附字有可能参考了《字统》字解。

　　《说文》新附字"罐"字条：器也。从缶雚声。
　　《字统》"罐"字条：取水器也。从缶雚声。

虽然有小异，但大致内容一致。

又，《字统》有时收录《说文》完全不收载的字。"㿋"字条：

　　肿满闷而皮裂也。从疒㪔声。

现存的佚文中，像这样的例子占多数。引用者检《说文》，发现没有其字，因而不得不引用《字统》。

但阳承庆不是关于所有字都对《说文》提出异议，"膜"字条：

　　《说文》：肉间胲膜也。从肉莫声。
　　《字统》：皮内肉外谓之膜。从肉莫声。

虽然有小异，但基本内容一致。

三、小结

　　《字林》与《玉篇》是魏晋南北朝时期的代表性字书。今检辑佚书，此两种以外，可以发现数种字书。原本《玉篇》也好，《字林》也好，此等字书都残缺不全。虽然不能知道当时字书的全貌，但从现在残存的部分而言，仅《字统》解释文字的结构。封演云"其论字体，时复有异"，应该是就《字统》的此一特点而言。《字统》重视会意，又改变形声字的声符从而符合当时的读音。唐代以后，有学者对《说文》说解提出异议，而改动文字结构。往往将形声字改为会意字，又改动形声字的声符。北魏时代阳承庆《字统》可谓是此一倾向的先驱。又，陈彭年参与徐铉等的《说文》校订工作，有可能参考过《字统》字解。在字书史上，《字统》肯定具有不可忽视的重要意义。

晋室西迁与前凉立国(提要)

陈 爽

（中国社会科学院古代史研究所）

一、南渡叙事遮蔽下的王庭西迁

晋末丧乱，两都倾覆，衣冠南渡，元帝继统，晋室中兴。这是南渡东晋史家对于两晋之际历史记述的主要脉络，不仅为唐修《晋书》所承袭，也深刻影响了历代史家的判断。而考察两晋之际的历史，存在多种走向和多样的可能。丧乱之际，西晋王庭的迁移首选方向是西北的长安而非东南的建康，从八王之乱到永嘉之乱，西晋王庭经历过几次迁播：河间王颙遣张方挟惠帝至长安，在长安置百官，以洛阳为"留台"，号东西台。怀帝出逃，选择流亡目的地是长安；愍帝则在长安建立政权，在名义上维持了五年"天下共主"的局面。而晋末统治重心的西移，为凉州地方势力的发展和壮大提供了难得的历史机遇。从八王之乱到永嘉之乱，"中州避难来者日月相继"，张轨分武威置武兴郡以居之。大量移民的涌入，充实了凉州的人口，提供了充实的劳动力资源，而且使凉州获得了稳定的兵源。移民中不仅有众多下层民众，而且因王庭西迁带来了大量西土士人的回流，以及因追随王庭而流散的"百官"，这些上层移民的流入，改变了凉州的人口结构与文化风貌，使汉魏时期"寡于学术"的凉州变为"号为多士"，这是五凉政权得以长期维系的社会基础，也使"中原魏晋以降之文化转移保存于凉州一隅"。

二、张轨刺凉索隐

永宁初，张轨出任护羌校尉、凉州刺史，这是前凉政权的肇基。《晋书》将整个过程记述为张轨"图霸凉州"的个人意愿。辑诸史传，张轨出刺凉州，正值"八王之乱"最为关键的历史节点——赵王伦的秉政与篡位，凉州大镇如此重要的人事任免，不可能不通过赵王伦。考察张轨的仕履，曾任征西府军司，系赵王伦故吏，因而能够在赵王伦大封亲党的过程中得到被"超阶越次"授为凉州刺史，同时也是孙秀牵制齐王同等三王的重要布局。由于赵王伦的迅速败亡，张轨的凉州地方根基未稳，只有通过种种举措"奖掖晋室"，向中央政权表示效忠，才能维持其权力的合法性。惠怀之世，凉州上计、贡赋不绝，向洛阳输送大量物资，并遣凉州兵马东出勤王，与这丧乱中诸多不奉王命结境自保的地方长吏形成鲜明对比，仅仅以张轨个人品格是难以解释的。这一时期张轨的主要身份是中央政府派驻地方的长吏，而非凉州地方势力的代表，其权力来源也深度仰赖西晋政府的支持。事实上，在张轨镇守凉州的十余年间所经历的几次政治危机，都是因西晋王庭有更代之意而引起的。

三、分陕之局与前凉正朔

西晋末年，经历数年在王室内争与民族仇杀之后，宗王、地方长吏、部落酋长拥兵自重，没有任何一方拥有一举定鼎的绝对优势，因此，仿效周召分陕成为一时之议，前有王豹向齐王冏建言分陕，后有刘汉政权中的刘聪与石勒分陕。居于长安的愍帝无力抵抗周边敌对势力的进攻，只能求助地方上势力较强的宗王，以名位换取支持，下诏以"昔周召分陕，姬氏以隆"，任命琅琊王司马睿为左丞相、大都督陕东诸军事，南阳王司马保为右丞相、大都督督陕西诸军事。在分陕格局下，愍帝"以司空王浚为大司马，卫将军荀组为司空，凉州刺史张轨为太尉，封西平郡公，并州刺史刘琨为大将军"。张轨与王浚、刘琨并立，成为位极人臣的三公之选。但在实际政治运作中，能够给长安政权提供实际支持的，只有凉州政权。晋室统治重心西移之后，凉州也由以往的边地变为重要的军事后方与战略腹地，其地位举足轻重。终愍帝之世，晋室对张轨、张寔父子礼遇日隆；凉州政权在刘汉步步避困长安的情况下，给予晋室最大限度的支持。直至愍帝政权覆亡，凉州政权虽"奉表江南"，"遥位声援"，仍保持建兴年号40余年。不奉东晋正朔。至张重华之世，才放弃利用晋室名义实现封王努力，转而自立为王。并在张祚之世通过称帝改元等一系列方式宣告河西改朝换代。

再论梁武帝的素食改革

陈志远

（中国社会科学院古代史研究所）

梁武帝天监、普通年间，先后推行了祭祀制度和僧团的素食化改革，这是南朝佛教史上僧俗论争的巅峰，其历时之长、涉及话题之多、调动的思想资源之广，都可谓空前。改革对后世的影响也极其深远，祭祀制度的素食化造成"宗庙不血食"，成为后世批评梁武帝"佞佛"之治的焦点，僧团的素食化运动却迅速在南北朝末期中国全境内得到巩固，从而奠定了汉传佛教区别于其他佛教传统的独特实践性格。

关于梁武帝素食改革的过程，所幸僧俗史料中保存了相对丰富的记载，使我们可以在一个典型的截面上思考南朝政治文化的若干特点，这包括文化价值如何导向政治实践，本土传统与域外文化的习合，以及僧俗双方在论争中的立场差异等等。

笔者曾于2012年撰写《梁武帝与僧团素食改革——解读〈断酒肉文〉》[①]一文，对梁武帝推动僧团素食化的经典依据，儒学对素食化运动的贡献，儒佛调和的解释方法等问题提出自己的看法。但当时由于篇幅所限以及识见之拘狭，既未能深入讨论祭祀素食改革的过程和影响，也忽略了此前发表的若干先行研究。时节如流，十年倏尔而过，陆续又读到几篇重要的论文，虽未曾改动旧文中所表达的主要论点，却使我对梁武帝一朝佛教改革的漫长前史有了更深刻的认识，同时也意识到之前矜为独创的一些见解，学界早有论断。借《北大史学》复刊的机会，将旧文做大幅修改，删刈繁芜，融会新知，陈述我对这个问题的看法。

一、素食改革的实施步骤

梁武帝的素食改革分为两个步骤，最先推动的是宗庙、祭祀的全面素食化，然后是僧团素食。

（一）祭祀素食化改革之始末

以往学者考论梁武帝的祭祀素食化改革，多据正史。《隋书·礼仪志》云：

> （天监）十六年四月，诏曰："夫神无常飨，飨于克诚，所以西邻禴祭，实受其福。宗庙祭祀，犹有牲牢，无益至诚，有累冥道。自今四时蒸尝外，可量代。"八座议："以大脯代一元大武。"八座又奏："既停宰杀，无复省牲之事，请立省馔仪。其众官陪列，并同省牲。"帝从之。十月，诏曰："今

---

① 陈志远：《梁武帝与僧团素食改革——解读〈断酒肉文〉》，《中华文史论丛》，2013年第3期，第93–121页。

虽无复牲腥,犹有脯脩之类,即之幽明,义为未尽。可更详定,悉荐时蔬。"左丞司马筠等参议:"大饼代大脯,余悉用蔬菜。"帝从之……自是讫于台城破,诸庙遂不血食。[①]

据此则天监十六年(517)四月,废除了宗庙祭祀所用的牺牲,用肉干代替牲牛。[②]同年十月,又进一步禁止了宗庙荐脩中的肉脯,替换为蔬菜。

诏书中"西邻礿祭,实受其福"一语,出自《易·既济》九五:"东邻杀牛,不如西邻之礿祭,实受其福也。"王弼注云:"牛,祭之盛者也。礿,祭之薄者也。"[③]又说"祭祀之盛莫盛修德",祭祀时修德以诚,即使水藻蔬菜,也可进献于鬼神。只要有诚敬之心,享荐之物的厚薄倒在其次。

此外,《南史·武帝纪》云:"三月丙子,敕太医不得以生类为药;公家织官纹锦饰,并断仙人鸟兽之形,以为亵衣,裁剪有乖仁恕。于是祈告天地宗庙,以去杀之理,欲被之含识。郊庙牲牷,皆代以面,其山川诸祀则否。"[④]又《梁书·刘勰传》云:"时七庙飨荐已用蔬果,而二郊农社犹有牺牲,勰乃表言二郊宜与七庙同改,诏付尚书议,依勰所陈。"[⑤]最后,梁武帝在《断酒肉文》中说:"弟子已勒诸庙祀及以百姓,凡诸群祀,若有祈报者,皆不得荐生类,各尽诚心止修蔬供。"[⑥]这样看来,梁武帝的改革有一个从自身日用常行,推及宗庙,再及郊祀,最后实现梁朝全境之内所有祭祀活动素食化的顺序。

近年,学者关注到梁武帝为了推行祭祀素食化改革还做过一些前期准备。首先是天监七年(508)迎气去牲。《隋书·礼仪志》云:

> 梁制,迎气以始祖配,牲用特牛一,其仪同南郊。天监七年(508),尚书左丞司马筠等议:"……仲春之月,祀不用牲,止珪璧皮币。斯又事神之道,可以不杀,明矣。况今祀天,岂容尚此?请夏初迎气,祭不用牲。"帝从之。[⑦]

郊祀礼仪中迎接四季以祈求丰年,谓之"迎气"。《礼记·月令》:"是月也,祀不用牺牲,用圭璧,更皮币。"[⑧]春季为了不损伤生气,不用牲牛,而改用玉璧、兽皮和缯帛。司马筠据此建议,在夏初迎气之时,也废除杀牲。从表面上看,这一动议仍然是在儒家礼仪内部的讨论,改革的范围也只限于夏初迎气环节,但如果结合后来事态的发展,其背后当然渗透了佛教慈悲去杀的价值关怀。远藤佑介指出,之所以在天监七年讨论此事,是因为同年"将有事太庙",这是梁武帝即位以后首次亲祭,因此与朝

---

① 《隋书》卷七《礼仪志》,第134页。《梁书》卷二《武帝纪中》:"夏四月甲子,初去宗庙牲……冬十月,去宗庙荐脩,始用蔬果。"(第57页)

② 《礼记·曲礼下》:"凡祭宗庙之礼,牛曰一元大武。"阮元校刻《十三经注疏》,北京:中华书局,2009年,第2747页。

③ 《周易·既济》,阮元校刻《十三经注疏》,第150页。

④ 《南史》卷六《梁武帝纪》,北京:中华书局,1975年,第196页。

⑤ 《梁书》卷五〇《文学·刘勰传》,第710页。刘勰时任仁威南康王记室,考《梁书·南康简王绩传》,萧绩进号仁威将军在天监十年,郊祀改用蔬荐当在此后。

⑥ 《广弘明集》卷二六《断酒肉文》,T52,no.2103,p.297,b26–28。

⑦ 《隋书》卷七《礼仪志二》,第129页。

⑧ 《礼记·月令》,阮元校刻《十三经注疏》,第2950–2951页。

臣详细议定相关的仪式。甚至天监六年至七年对范缜"神灭论"的围剿，也可视为宗庙祭祀改革的理论准备。①

其次还需要加以考辨的是《广弘明集》卷二六所收《断杀绝宗庙牺牲诏》②的构成和年代。这篇文献实则包含了几条诏书和朝臣的奏议，有鉴于此，明本的拟题"叙梁武断绝宗庙牺牲"更恰当。主要内容可以分为两个部分，第一部分是上定林寺僧祐和龙华邑正柏超度建议丹阳、琅琊两郡禁止捕猎引起的讨论，第二部分围绕宗庙去牺牲的讨论。文章开头有一句总叙："梁高祖武皇帝临天下十二年，下诏去宗庙牺牲，修行佛戒，蔬食断欲。"

以往学者包括笔者本人，都根据正史的记载简单地否定天监十二年之说，认为是十六年之误。事实上这样的猜测没有版本依据。李晓红则指出，参与两郡禁搜捕讨论的"尚书臣亶"是都官尚书夏侯亶，天监十五年出任江夏太守；"令莹"是尚书令王莹，任职时间在天监九年到十五年之间；"仆射臣昂"是尚书仆射袁昂，三人同时具名的时间只能是天监十二年，而非十六年。其说甚当。③

但我认为，文献的第二部分与前文所述并非同年，应该仍然系于天监十六年。首先，"又敕"以下至"山川诸祀则否"这段文字，几乎与上引《南史》完全相同。在没有旁证的前提下，不宜推翻《南史》的纪年。道宣编撰《广弘明集》时，很可能将不同年代的史料连续抄录在一起，而未能给该文献恰当地拟题。④在叙述宗庙去牲之后，附列了梁武帝的诏书和朝臣的议论，细观文意，诏书提出了较为温和的改进方案，许可山川小祇，可如俗法所用，而文中所谓"前臣"则援引之前文锦不用仙人鸟兽之形等事，对宗庙以面为牲之类温和方案提出批评，由此推断，"前臣"当指上文代梁武帝反驳朝臣的周舍。这场讨论所揭示的，就是天监十六年宗庙去牲的一个插曲。

改革还有一个遗留问题，就是郊庙歌辞的改撰。《梁书·萧子云传》云："梁初，郊庙未革牲牷，乐辞皆沈约撰，至是承用，子云始建言宜改……仍使子云撰定。"⑤时在大同二年（536）。若从天监七年议定夏初迎气去牲开始，至此前后二十八年。《隋书·经籍志》著录"《制旨革牲大义》三卷，梁武帝撰"⑥，惜已亡佚。但可以想见，围绕祭祀活动断杀牲，梁武帝同朝臣进行了多次辩论和较量。保留在僧俗史料之中的若干诏敕，应是此书的一小部分。

（二）《断酒肉文》的撰作年代

梁武帝推动的僧团素食化改革，全部的记载都见于《广弘明集》卷二六所收《断酒肉文》，我们把它分为三个段落：

---

① 远藤祐介：《梁代初期对"神灭论"的批判与宗庙祭祀改革》，《武藏野大学佛教文化研究所纪要》第3号（2017），第1—23页。李晓红也注意到这次讨论，但未展开分析，参见《梁武帝天监十六年"去宗庙牲"始末考论》，收入夏炎主编《中古中国的知识与社会：南开中古社会史工作坊系列文集》，上海：中西书局，2020年，第237—276页。
② 《广弘明集》卷二六，T52，no. 2103，p. 293，b28—p. 294，a12。
③ 李晓红：《梁武帝天监十六年"去宗庙牲"始末考论》，第240—241页。
④ 2020年11月，在厦门大学召开的"多元视角下的汉唐制度与社会"青年学者工作坊，李猛最早提出了道宣拟题失误的看法。但关于"前臣"的解释，笔者与李猛、李晓红二位存在较大不同。
⑤ 《梁书》卷三五《萧子云传》，第514页。
⑥ 《隋书》卷三二《经籍志一》，第924页。

1.五月二十三日华光殿训示

(1)梁武帝召集诸大德僧尼、诸义学僧、诸寺三官，欲以人王之身份匡正佛法。

(2)历数僧人饮酒食肉，不如外道者九事。

(3)历数僧人饮酒食肉，不如在家人者九事。

(4)阐发《涅槃经·四相品》"食肉者断大慈种"之义，强调水陆众生皆为肉。

(5)申明饮酒食肉现在、将来诸恶果。

(6)叙述此前北山蒋帝、群祀皆修蔬供。

(7)勒令僧尼不得饮酒食肉，并引诸护法神为证，自誓断酒肉。

(8)劝令僧尼道心坚固，坚持素食。

(9)法云等讲《涅槃经·四相品》，道澄唱断肉之文。

2.五月二十九日华光殿辩论

(1)诸僧尼犹云律中无断肉事及忏悔食肉法。召集义学僧一百四十一人、义学尼五十七人集会，梁武帝亲自与法超等律师讨论戒律。

(2)敕景猷读《楞伽经》《央掘魔罗经》经文。

(3)附载三段经文：《涅槃经·四相品》，《楞伽阿跋多罗宝经》卷四，《央掘魔罗经》卷一、二。

(4)强调断肉不得类比开许皮革事。

3.五月二十九日夜重申

梁武帝敕付周舍，再度驳斥众僧。

关于《断酒肉文》的撰作年代，学界莫衷一是。第一种说法是天监十年。《佛祖统纪》在这一年记载："上集诸沙门制文立誓永断酒食。"[①] 诹访义纯推测如此纪年的依据可能是道宣《集神州三宝感通录》。天监元年武帝派遣郝骞等人求取瑞像，"至天监十年四月五日，骞等达于扬都……帝由此菜蔬断欲。"[②] 此说不足信据，因为梁武帝本人坚持素食，与勒令僧尼素食是性质完全不同的两件事。诹访先生还指出，武帝在《净业赋》中自述食素以后，"谢朏、孔彦颖等屡劝解素"。[③]案谢朏卒于天监五年，如此则梁武帝断肉当在此之前。事实上这类自我追忆经常自相矛盾，也不排除一些矫饰的成分。[④]

第二种意见是诹访先生提出的。他指出与梁武帝辩论的僧人法宠，卒于普通五年(524)三月；又梁武帝下诏祭祀去杀牲在天监十六年(517)，考虑到辩论发生在五月，因此《断酒肉文》撰作的时间，就应该在天监十七年到普通四年之间的五月。[⑤]

在此基础上，诸家都试图将这一范围进一步缩小，学者们都注意到梁武帝于天监十八年受菩萨戒，关键在于如何理解僧团素食改革与受菩萨戒的先后关系。颜尚文主张在梁武帝受菩萨戒后，诹访

---

① 《佛祖统纪》卷三七，T49，no.2035，p.349，b1-2。
② 《集神州三宝感通录》卷中，T52，no.2106，p.419，b27-c1。
③ 《广弘明集》卷二九《净业赋》，T52，no.2103，p.336，a20-21。
④ 另一个典型的例子是梁武帝断房事的自述，参见钱锺书《管锥编》，北京：中华书局，1979年，第1369-1370页。
⑤ 诹访义纯：《中国中世佛教史研究》，东京：大东出版社，1988年，第79-81页。

先生后来也同意这一看法，并且认为讨论应该发生在受菩萨戒后的当年。[1]笔者本人则根据文中自述"弟子萧衍，虽在居家，不持禁戒"之语，认为此时尚未受菩萨戒，从而推测该文作于天监十七年。其实，"禁戒"之所指非常灵活，既可以指居士、僧人同受的菩萨戒，也可以专指僧尼所遵守的寺院戒律。

最后需要指出，法国学者Valérie Lavoix提示了一条证据，颇有助于解决撰作年代的问题。文中周舍的官职为"员外散骑常侍太子左卫率"。据《梁书》本传，周舍"为右卫，母忧去职，起为明威将军、右骁骑将军。服阕，除侍中，领步兵校尉，未拜，仍迁员外散骑常侍、太子左卫率"。[2]其母去世之前，周舍曾担任太子右卫，时间晚至天监十八年。[3]服阕之后，担任太子左卫率的时间最晚到普通三年。[4]周舍为母服丧，当为斩衰，二十五或二十七个月，即使从天监十八年算起，基本上可以推定其迁官的年代在普通三年。[5]

综合以上诸家意见，笔者认为应当放弃本人先前的结论，而将《断酒肉文》的年代谨慎地限定在普通三年或四年的五月。

(三)小结

我们看到梁武帝的素食化改革，大体遵循了自身——宗庙——郊祀——僧尼顺序渐次推进，祭祀系统的改革，表面上看来运用了儒家经典的话语系统，而其背后有诸如神不灭问题的佛教义理讨论作为形而上学的支撑，用时人的话说，是"孔释兼弘"；僧团的改革，则主要以讲经和论议方式展开，援引的理据是以《大般涅槃经》为代表的一系列大乘经典。

宗庙祭祀和郊祀(包括其他山川祭祀和地方神祇)的对象分别是祖先和神灵。祭祀改革的困难主要来自儒家礼制传统的束缚，以及民间的信仰惯性，所谓"愚夫滞习，难用理移"。然而僧团实践的改革更为艰难。梁武帝欲以白衣匡正律仪，对僧团的独立性提出了挑战，在理据上则要以大乘经修正戒律，阻力无疑是巨大的。

这场改制运动绝不是梁武帝个人心血来潮，而是东晋南朝佛教思潮的集中表达。如果将考察的范围扩大，便会发现提倡全面素食的最初动议者和理论建构者不在僧团内部，而在居士群体。在全国性的素食化运动推广之前，居士群体中业已显露导向这一结果的若干倾向，而且这些微妙的变化与士人的儒学实践有密切的纠缠。

二、提倡素食的价值导向

在许多文化传统中，肉食都是身份和地位的象征，也是一种美味，古代中国和印度都不例外。[6]与

---

① 颜尚文：《梁武帝》，台北：东大出版公司，1999年，第230-231页。诹访义纯：《中国南朝佛教史的研究》，京都：法藏馆，1997年，第119页。

② 《梁书》卷二五《周舍传》，第376页。

③ 《梁书》卷一八《康绚传》："（天监）十八年，征为员外散骑常侍，领长水校尉，与护军韦睿、太子右卫率周舍直殿省。"第292页。

④ 《梁书》卷八《昭明太子传》载始兴王萧憺薨，周舍以太子左率身份议礼(第166页)。

⑤ 参见 Valérie Lavoix.La contribution des laïcs au végétarisme: croisades et polémiques en Chine du Sud autour de l'an 500. in Catherine Despeux ed., Bouddhisme et lettrés dans la Chine medievale, Paris: Editions Peeters, 2002. pp.103–143. 特别是第120页注释76。

⑥ 参见康乐：《洁净、身份与素食》，《大陆杂志》，2001年第102卷第1期，第15-46页。

此相应地，对肉食的排斥，代表了对世俗生活的放弃和拒绝，也成为苦行生活的自然要求。遵循这一原则，在日常生活中一些特殊场合，刻意强调素食，最典型的是斋戒与服丧。

(一)关于"斋"

首先需要澄清一个误解，儒家的斋戒活动，并未明确要求全面素食。《论语·乡党》说孔子"斋必变食"。《集解》引孔安国曰："改常食也。"但没有对变革之后的食物做明确的说明。《礼记·祭统》云："及其将齐也，防其邪物，讫其嗜欲，耳不听乐。"又云："斋者，精明之至也，然后可以交于神明也。"①这是说斋戒之前要洁净身心，远离可能引起邪念的食物、音乐，以期达到与神明交感的目的。但也没有把肉食包括在"邪物"之中。

有学者根据《庄子·人间世》论"心斋"的段落，认为孔子既然肯定颜回所说的"不饮酒，不茹荤者数月"就是所谓"祭祀之斋"，因而推测儒家的斋戒应该意味着禁止饮酒、吃荤。②但"荤"字在这里指辛辣的食物，成玄英《疏》云："荤，辛菜也。"③因此，先秦文献中并无明文支持斋戒必须素食。

斋戒中是否可以食肉，清儒有过讨论。影响较大的是朱彝尊的说法。《释斋》云：

> 今人多以茹蔬不肉食为斋，稽之古不尔也。《周礼·膳夫》："掌王之食饮膳羞。王日一举，王斋日三举。"杀牲盛馔曰举。盖周制王日食供一太牢，遇朔加日食一等，当两太牢。而散斋、致斋，斋必变食，故加牲体至三太牢。是斋日仍肉食，反有加矣。④

朱氏引《周礼·天官冢宰·膳夫》"王斋日三举"，郑玄注："杀牲盛馔曰举"。王者散斋、致斋，加牲体至三太牢，则是贾公彦《疏》的说法。⑤朱彝尊认为，按照周制王者斋日要比平日多三倍的馔食，所以食肉还要多些。

对于朱氏的说法，清儒意见不一。朱骏声接受此说，并解释说："古人祭祀行礼，委曲烦重，非强有力者弗能胜，三日之先杀牲盛馔者，所以增益其精神。"⑥金鹗则反对此说，他认为三牲之肉，气味混浊，断定《周礼》经文应作"王斋日不举"，今本"斋日三举"经过改篡，更重要的是，尽管批评了朱彝尊的论点，金鹗也不认为斋戒必茹蔬菜是经文的本义。他提出"动物之中，其气味之洁清者莫如鱼，斋者亦自可食"，并总结说，"务使藏腑清虚，志气精明，此圣人谨齐之道也。"⑦

总体说来，儒家传统中的斋，核心要义是洁净身心，肉食即使在食物禁忌之列，也主要因为气味混浊，但并未主张全面素食。

---

① 皇侃著，高尚榘校点：《论语义疏》卷五《论语·乡党》，北京：中华书局，2013年，第247页。《礼记·祭统》，阮元校刻《十三经注疏》，第3479-3480页。

② 王翠玲：《中国佛教的斋讲》，《成大中文学报》，2006年第14期，第63-104页。

③ 郭庆藩著，王孝鱼点校：《庄子集释》卷二中《庄子·人间世》，北京：中华书局，2012年，第146-147页。

④ 朱彝尊撰：《曝书亭集》卷六〇《释斋》，台北：世界书局，1937年，第701页。

⑤ 《周礼注疏》卷四，阮元校刻《十三经注疏》，第1421页。

⑥ 朱骏声：《说文通训定声》卷一二《履部》，北京：中华书局，1984年，第581页。

⑦ 金鹗：《斋必变食说》，《求古录礼说》补遗，《续修四库全书》（第110册），第477-478页。

佛教传入以后，借用了儒家传统中"斋"的概念，来指称集团性的佛教仪式，在印度原语中称为"布萨"(skt. uposatha, upavasatha)。中古时期最为流行的仪式，是在家、出家人共同参与的八关斋。根据船山彻先生的研究，解说八关斋内容的汉译佛经有孙吴支谦所译《斋经》(T87)、失译《优陂夷堕舍迦经》(T88)、东晋僧伽提婆译《中阿含经》卷五五《持斋经》(T26)、鸠摩罗什译《大智度论》卷一三(T1509)、罗什译《十住毗婆沙论》卷八(T1521)、刘宋沮渠京声译《八关斋经》(T89)等。经典中规定在每月的六个斋日(八日、十四日、十五日、二十三日、二十九日、三十日)，一日一夜之间，僧俗共同受持八戒。八戒的内容诸经所载稍有差异，大体来说是：(1)不杀生；(2)不偷盗；(3)不淫；(4)不妄语；(5)不饮酒；(6)不坐高广大床；(7)不着华鬘璎珞；(8)不习歌舞伎乐。在此一日一夜的共同修行时间里，还会加入讲经、忏悔、受菩萨戒等诸多其他的仪式环节，八关斋因此成为举行佛教仪式的一个"场"。①上文提到，梁武帝于五月二十三、二十九日两次召集名僧讨论素食，都发生斋日。其间请法云讲《涅槃经》、与诸律师议论忏悔，放在斋会的语境中便容易理解其性质。

八关斋在汉地的确立，最早见于东晋中期支道林的《八关斋诗》三首并序，"间与何骠骑期当为合八关斋，以十月二十二日，集同意者在吴县土山墓下，三日清晨为斋。始道士、白衣凡二十四人，清和肃穆，莫不静畅。至四日朝，众贤各去。"②同时期的居士郗超撰《奉法要》，是4世纪居士佛教修行的手册，对八关斋的内容有更加详细的说明：

> 已行五戒，便修岁三月六斋。岁三斋者，正月一日至十五日，五月一日至十五日，九月一日至十五日。月六斋者，月八日、十四日、十五日、二十三日、二十九日、三十日。凡斋日皆当鱼肉不御，迎中而食。既中之后，甘香美味一不得尝。洗心念道，归命三尊。悔过自责，行四等心。远离房室，不着六欲。不得鞭挞骂詈，乘驾牛马，带持兵仗，妇人则兼去香花脂粉之饰，端心正意，务存柔顺。③

郗超的描述有两点值得注意：一是在八戒之外，加入了禁食鱼肉的内容。这在经典中没有明确的依据，很可能反映了早期汉地佛教僧俗的价值观，这一点留待下文展开。二是除了介绍月六斋日，还提倡岁三长斋。岁三长斋的说法，见于竺法护译《普曜经》、竺佛念译《出曜经》等，但详细解说则只见于汉地撰述。④

① 船山彻：《六朝时代菩萨戒的受容过程》，《东方学报》，1995年第67期，第52-65页。
② 《广弘明集》卷三〇《八关斋诗序》，T52，no. 2103，p. 350，a17-20。
③ 《弘明集》卷一三，T52，no. 2102，p. 86，b8-16。
④ 《普曜经·佛至摩竭国品》："岁三月六斋，守禁法施戒博闻。"(T03，no.186，p.533，b24-25)《出曜经·无常品》："岁三月六，未始有阙。"(T04，no.212，p.617，c7)船山彻指出《冥祥记》汲郡卫士度之母持长斋事，则西晋时代即已如此。《出三藏记集》卷一二"岁三长斋记"，小注云："出《正斋经》"，今已不存。参见船山彻：《六朝时代菩萨戒的受容过程》，第62页。关于月六三长斋在中古时期的流传情况，参见刘淑芬：《"年三月十"——中古后期的断屠与斋戒》，氏著《中古的佛教与社会》，上海：上海古籍出版社，2008年，第75-114页。

在跨文化的语境里，同样的概念在不同的传统中可能有不同的含义，"斋"就是一个典型的例子。[①]语境从儒家转换到佛教，"斋"开始与素食建立了明确的联系，并且出现了时间延长的趋势。

（二）丧期延长

除了斋戒，儒家礼仪还规定服丧期间不能饮酒食肉，这被许多学者认为是素食能为中国人所接受的原因之一。[②]按照儒家的礼制，亲人亡故以后，生者要在服饰、饮食等诸多方面做出调整，以表达哀戚之情，根据服丧者与死者的亲疏远近，素食的时间有长短之别。[③]以丧服最重的父母之丧为例，《礼记·间传》云：

> 斩衰三日不食，齐衰二日不食，大功三不食，小功、缌麻再不食，士与敛焉则壹不食。故父母之丧，既殡，食粥，朝一溢米，莫一溢米……此哀之发于饮食者也。父母之丧，既虞卒哭，疏食水饮，不食菜果。期而小祥，食菜果。又期而大祥，有醯酱。中月而禫，禫而饮醴酒。始饮酒者，先饮醴酒，始食肉者，先食干肉。[④]

父母之丧属斩衰，依经文则父母死后三日，子女不进食；入殓之后，用少量的米做粥；行过虞礼之后，"疏食水饮"。"疏食"，孔颖达《疏》的解释是："疏，麤也"，是粗糙的食物。死后十三个月，始食菜果。二十五个月后，食物中可以有调味的醋和酱。这样计算，为父母服丧期间，应该有二十五个月的时间不能食肉，所谓"三年之丧"。

笔者希望指出的是，儒家的丧礼固然要求素食，但同时也强调"哭踊有节"。[⑤]因此严格遵循礼经，服除之后应当恢复正常的饮食。东汉朝廷推崇《孝经》，鼓吹孝道，社会上出现了父母死后长期素食的现象。本来礼"用中为常"，不鼓励这种激进行为，但现实中"居丧过礼"非常普遍，亲人亡故往往成为终生素食的契机。我们将相关记载整理如表1。

早期的案例如申屠蟠、庾阐等人，没有佛教信仰，他们的行为是儒学价值观的彰显。在梁武帝素食改革的前后，或者说在梁武帝崇佛的大环境里，儒士们开始自觉地在漫长的服丧生活里，加入坐禅、诵经等佛教仪式，推移之迹宛然。

斋戒和服丧，都属于在家人日常生活中的特殊场合，但斋戒可以长斋，服丧可以终生以之，亲丧也成为长斋的契机。这种特殊情境一般化的倾向，是理解中古时期儒、佛调和的重要线索。

---

① 道教的"斋"形成稍晚，可能受到儒家和佛教的影响，关于道教斋会的仪式来源，学界存在较大争议，参见吕鹏志：《唐前道教仪式史纲》，北京：中华书局，2008年。王承文：《古代国家祭祀与汉唐道教"八节斋"渊源论考（上）、（下）——兼对吕鹏志博士一系列质疑的答复》，《宗教学研究》，2016年第2期，第1-15页；2016年第3期，第10-21页。及其所引诸文献。

② 参见诹访义纯：《中国中世佛教史研究》，第64页。康乐：《素食与中国佛教》，第129页。Valérie Lavoix.La contribution des laïcs au végétarisme. pp.110-112. 圣凯：《中国佛教信仰与生活史》，南京：江苏人民出版社，2016年，第42页。

③ 国君以下至士服三年之丧，都有不同的饮食之礼，也不同程度地要求素食，见《礼记·丧大记》。

④ 《礼记·间传》，阮元校刻《十三经注疏》，第3603页。

⑤ 《礼记·檀弓上》："礼，为可传也，为可继也，故哭踊有节。"阮元校刻《十三经注疏》，第2791页。

表1 丧期延长

姓名	年代	事迹	出处
申屠蟠	c.117—190	九岁丧父，哀毁过礼。服除，不进酒肉十余年。每忌日，辄三日不食。	《后汉书》53.1750
庾阐	fl.290—340	永嘉（307—313）末，为石勒所陷，阐母亦没。阐不栉沐，不婚宦，绝酒肉，垂二十年，乡亲称之。	《晋书》92.2385
孟陋	326—388	丧母，毁瘠殆于灭性，不饮酒食肉十有余年。	《晋书》94.2443
刘瑜	?—424	七岁丧父，事母至孝。年五十二，又丧母，三年不进盐酪，号泣昼夜不绝声。勤身运力，以营葬事。服除后，二十余年布衣蔬食，言辄流涕。常居墓侧，未尝暂违。	《宋书》91.2243
谢弘微	392—433	（弘微）兄曜……元嘉四年（427）卒。弘微蔬食积时，哀戚过礼，服虽除，犹不啖鱼肉。沙门释慧琳诣弘微，弘微与之共食，犹独蔬素。慧琳曰："檀越素既多疾，顷者肌色微损，即吉之后，犹未复膳。若以无益伤生，岂所望于得理。"弘微答曰："衣冠之变，礼不可逾，在心之哀，实未能已。"遂废食感咽，歔欷不自胜。	《宋书》58.1592-93
江泌	?—c.498	母亡后，以生阙供养，遇鲑不忍食。菜不食心，以其有生意，唯食老叶而已。	《南史》73.1828
何点	437—504	（何）求卒（489），点菜食不饮酒，讫于三年，要带减半。	《梁书》51.732
阳固	466—523	丁母忧，号慕毁病，杖而能起。练禫之后，犹酒肉不进。	《魏书》72.1611
李柬	?—c.528	遵弟柬，字休贤。郡辟功曹。以父忧去职，遂终身不食酒肉，因屏居乡里。	《魏书》39.895
萧宝夤	478—530	宝夤虽少羁流，而志性雅重，过期犹绝酒肉，惨形悴色，蔬食粗衣，未尝嬉笑。	《魏书》59.1314
董景起妻张氏	生卒年不详	景起早亡，张时年十六，痛夫少丧，哀伤过礼。形容毁顿，永不沐浴，蔬食长斋。	《魏书》92.1982
秦族	fl.535—546	寻而其母又没，哭泣无时，唯饮水食菜而已。终丧之后，犹蔬食，不入房室二十许年。	《周书》46.831
梁武帝	464—549	朕布衣之时，唯知礼义，不知信向。烹宰众生，以接宾客，随物肉食，不识菜味。及至南面富有天下，远方珍羞，贡献相继，海内异食，莫不毕至，方丈满前，百味盈俎。乃方食辍箸，对案流泪，恨不得以及温清朝夕供养，何心独甘此膳。因尔蔬食，不啖鱼肉。	《净业赋》（《广弘明集》卷二九，T52, no. 2103, p.336, a13-18）
刘杳	487—536	及睹释氏经教，常行慈忍。天监十七年（518），自居母忧，便长断腥膻，持斋蔬食。及临终，遗命敛以法服，载以露车，还葬旧墓，随得一地，容棺而已，不得设灵筵祭醊。	《梁书》50.717
到溉	477—548	溉家门雍睦，兄弟特相友爱。初与弟洽常共居一斋，洽卒后（527），便舍为寺，因断腥膻，终身蔬食，别营小室，朝夕从僧徒礼诵。高祖每月三置净馔，恩礼甚笃。	《梁书》40.569
王固	fl.550—570	固清虚寡欲，居丧以孝闻，又信佛法。及丁所生母忧，遂终身蔬食，夜则坐禅，昼诵佛经。	《南史》23.644

（三）地方祭祀

如果说在日常起居中坚持素食，是个人饮馔的选择，那么在祭祀活动中废除杀牲，则是一件更为敏感的事。儒家的祭祀活动一方面要求行礼者的洁斋（虽然未必是素食），另一方面则明确规定杀牲，用牲血之气以降神。当改制的对象进入了幽冥的世界，需要一些更为复杂的理论建构。我们先从地方神祇的祭祀谈起。

佛教自传入汉地之时，对杀牲祭祀的排斥就成为它的突出特点。汉明帝在诏书中描述信仰佛教的楚王英"诵黄老之微言，尚浮图之仁祠，洁斋三月，与神为誓"。[①]所谓"仁祠"，按照字面意思理解，就是以不献牺牲的方式进行祈祷。支娄迦谶译《般舟三昧经》在说明三皈依的文字之后，告诫信徒"不得事余道，不得拜于天，不得祠鬼神，不得视吉良日"。[②]

佛教的这种自律性的规定要对本土的传统信仰施加影响，主要是通过神异僧人对地方神祇的度化实现的。在僧传和灵验记中，僧人为地方神祇受戒是常见的叙事题材。比较著名的例子如安世高为庐山宫亭庙神受戒，慧远的弟子昙邕为山神受五戒。[③]刘宋末年从黄龙南渡建康的僧人法度为执掌摄山的山神靳尚受五戒：

> 度曰："人神道殊，无容相屈。且檀越血食世祀，此最五戒所禁。"尚曰："若备门徒，辄先去杀。"于是辞去。明旦，度见一人送钱一万，香烛刀子，疏云："弟子靳尚奉供。"至月十五日，度为设会，尚又来，同众礼拜，行道受戒而去。摄山庙巫梦神告曰："吾已受戒于度法师，祠祀勿得杀戮。"由是庙用荐止菜脯而已。[④]

这则故事具体呈现了山神皈依的仪式细节，从中可以清楚地看到山神的受戒其实是废除进献牺牲的一种隐喻。

此外，官府也经常以强硬手段促成民间祠祀的改革。北魏延兴二年（472）的改革，"有司奏天地五郊、社稷已下及诸神，合一千七十五所，岁用牲七万五千五百"，孝文帝下诏"非郊天地、宗庙、社稷之祀，皆无用牲"。[⑤]诏书针对的主要是众多地方神祇。[⑥]在南朝，刘宋张邵曾经默许僧亮从湘州蛮人信仰

① 《后汉书》卷四二《楚王英传》，北京：中华书局，1965年，第1428页。

② 《般舟三昧经·四辈品》，T13，no.417，p.901，b15-16。今本《般舟三昧经》可能经过后世的修改，参见 Jan Nattier. A Guide to the Earliest Chinese Buddhist Translations: Texts from the Eastern Han and Three Kingdoms Periods. Tokyo: The International Research Institute for Advanced Buddhology, Soka University, 2008, pp.81-83.

③ 释慧皎撰，汤用彤校注：《高僧传》卷一《安世高传》、卷六《昙邕传》，北京：中华书局，1992年，第5-6页、237页。在早期的版本里，度化宫亭庙神的主人公是无名僧人，后被嫁接到安世高身上，相关考证参见魏斌：《安世高的江南行迹——早期神僧事迹的叙事与传承》，《武汉大学学报（人文科学版）》，2012年第4期，第39-48页。

④ 《高僧传》卷八《法度传》，第331页。对此事件的分析，参见蔡宗宪：《中古摄山神信仰的变迁——兼论人鬼神祠的改祀与毁撤》，载《唐研究》（第18卷），北京：北京大学出版社，2012年，第1-20页。

⑤ 《魏书》卷一〇八《礼志四之一》，第2740页。《通典》卷五五《礼十五·沿革十五·吉礼十四》，北京：中华书局，1988年，第1559页。刘淑芬指出，此时孝文帝尚未亲政，《魏书》云显祖下诏，实则诏书体现的是冯太后的意志，参见《"年三月十"——中古后期的断屠与斋戒》，第79页。

⑥ 孝文帝改制的前夕，逐渐将北魏前期内亚传统中的诸多神格归入杂祀，并加以清整，此后太和十五年进一步简省群祀。参见刘凯：《清整与转化：北魏杂祀简考》，《东岳论丛》，2021年第4期，第146-154页。

的伍子胥庙中夺取铜器造立佛像，梁初萧琛在吴兴太守任上，将项羽神座迁回庙中，"又禁杀牛解祀，以脯代肉"。[①]案，萧琛为吴兴太守的时间，当在普通元年以前。上文提到，天监十六年曾提出过民间诸祀从俗的折中方案，萧琛此举是在梁武帝颁布《断酒肉文》之前，在地方上积极实践祭祀素食的案例。

北魏君主、张邵、萧琛都虔诚地信仰佛教，张、萧二人还有死后以蔬果为奠的临终安排（详见下节），但需要注意的是，这类对民间淫祀的限制，都是世俗官府的合法权利，因而完全不需要背负礼法和道德的指摘。

（四）薄葬蔬奠

在祖先祭祀中废除杀牲，则会面临较大的阻力。但既然生前坚持素食，死后作为祖先祭祀的享用者，当然有权利要求后代按照自己的意愿来安排荐享之物，有学者称之为一种"死后的素食实践"（végétarisme posthume）[②]。

吉川忠夫系统地研读过唐前终制类作品，指出从汉代开始，士人中间流行薄葬的风俗。起初的考虑是自愧不能完成国家之职任，因而死后拒绝接受封赠。魏晋之际，则加入认为人死是复归本真的道家观念。[③]在薄葬观念的影响下，祭祀之物日趋简素。但如果以牺牲—肉脯—蔬菜作为标尺的话，祭祀素食化的关键转变，大概发生在宋齐两朝。

李猛注意到，梁武帝的祭祀素食化改革其实早有先例，这就是南齐武帝萧赜永明末年的去杀牲，以及遗命用酒脯代替牺牲。他进一步指出，"永明中后期，一种向往、仰慕菜食者的风气似乎悄然形成"，并且特别点出吴郡张氏的四位成员，张邵、张敷、张绪、张融都有不用牲祭或不设祭的要求。[④]

笔者根据先行研究，将相关记载整理如表2，在此略作一些分析和推论。第一，我们看到顾宪之将自己与上代祖先的祭祀方式区别对待，姚察也表示自己坚持素食"五十余年，既历岁时，循而不失"，这生动地表明了祭祀的素食化可以视为生者饮馔习惯的延续。

第二，从私人的实践，到齐武帝下诏"天下贵贱，咸同此制"，确实是个不小的飞跃。相比较早前北魏朝廷废除牺牲的诏令，针对的对象并未触及朝廷核心的宗庙和郊祀，齐武帝的改制在思想史上的意义更为重要，开启了梁武帝祭祀素食改革的先河。

---

① 《梁书》卷二六《萧琛传》，第397页。

② Valérie Lavoix. La contribution des laïcs au végétarisme.p.114.

③ 吉川忠夫：《与汉代人的遗言、遗书沐然的"终制"》《遗言、遗书中的佛教》，收入氏著《中国人的宗教意识》，东京：创文社，1998年，第213-242页。同氏《薄葬的思想》《皇甫谧的"笃终论"》，收入氏著《六朝隋唐文史哲论集》，京都：法藏馆，2020年，第59-75页。

④ 李猛：《从"御膳不宰牲"到"不用牲祭"：齐武帝"断杀"考论》，见氏著《齐梁皇室的佛教信仰与撰述》，北京：中华书局，2021年，第28-43页。

表2　薄葬蔬奠①

姓名	年代	事迹	出处
江 夷	c.377—424	遗命薄敛蔬奠，务存俭约。	《宋书》53.1526
张 邵	?—440	邵临终，遗命祭以菜果，苇席为輤车，诸子从焉。	《宋书》46.1395
张 敷	?—c.440	冲父初卒，遗命曰："祭我必以乡土所产，无用牲物。"冲在镇，四时还吴园中取果菜，流涕荐焉。	《南齐书》49.853
张 绪	fl.473—489	遗命作芦葭輤车，灵上置杯水香火，不设祭。	《南齐书》33.602
萧 嶷*	444—492	嶷临终，召子子廉、子恪曰："……三日施灵，唯香火、槃水、干饭、酒脯、槟榔而已。朔望菜食一盘，加以甘果，此外悉省。葬后除灵，可施吾常所乘舆扇伞。朔望时节，席地香火、槃水、酒脯、干饭、槟榔便足。"	《南齐书》22.417
齐武帝*	440—493	又诏曰："我识灭之后，身上着夏衣画天衣，纯乌犀导，应诸器悉不得用宝物及织成等，唯装复夹衣各一通。常所服身刀长短二口铁环者，随我入梓宫。祭敬之典，本在因心，东邻杀牛，不如西家禴祭。我灵上慎勿以牲为祭，唯设饼、茶饮、干饭、酒脯而已。天下贵贱，咸同此制。未山陵前，朔望菜食。"	《南齐书》3.61—62
王秀之*	440—494	隆昌元年(494)卒，遗令"朱服不得入棺，祭则酒脯而已"。世人以仆妾直灵助哭，当由丧主不能淳至，欲以多声相乱，魂而有灵，吾当笑之"。	《南史》24.652
张 融	444—497	遗令建白旐无旒，不设祭。	《南齐书》41.728
王敬胤	?—509	先是有太中大夫琅邪王敬胤以天监八年卒，遗命："不得设复魄旌旗，一芦蘼藉下，一枚覆上。吾气绝便沐浴，篮舆载尸，还忠侯大夫墓中。若不行此，则戮吾尸于九泉。"敬胤外甥许慧诏因阮研以闻。诏曰："……棺周于身，土周于椁，去其牲奠，敛以时服。"	《南史》49.1226—27
沈麟士	419—503	葬不须輤车、灵舫、魌头也。不得朝夕下食。祭奠之法，至于葬，唯清水一杯。	《南史》76.1892
顾宪之	436—509	朔望祥忌，可权安小床，暂设几席，唯下素馔，勿用牲牢。蒸尝之祠，贵贱罔替。备物难办，多致疏怠。祠先人自有旧典，不可有阙。自吾以下，祠止用蔬食时果，勿同于上世也。示令子孙，四时不忘其亲耳。孔子云："虽菜羹瓜祭，必齐如也。"本贵诚敬，岂求备物哉？	《梁书》52.760
庾子舆*	?—528	遗令单衣帕履以敛，酒脯施灵而已。	《南史》56.1392
萧 琛	480—531	遗令诸子，与妻同坟异藏，祭以蔬菜。	《梁书》26.398
孔休源	469—532	遗令薄葬，节朔荐蔬菲而已。	《梁书》36.521
崔孝直*	fl.532	顾命诸子曰："……敛以时服，祭勿杀生。"	《魏书》57.1271
梁元帝*	508—555	慎无以血膻腥为祭也。	《金楼子·终制》②
陈章皇后	506—570	遗令丧事所须，并从俭约，诸有馈奠，不得用牲牢。	《陈书》7.126
韦 夐	502—578	朝晡奠食，于事弥烦，吾不能顿绝汝辈之情，可朔望一奠而已。仍荐素蔬，勿设牲牢。	《周书》31.546
姚僧恒	?—583	遗诫衣白帢入棺，朝服勿敛。灵上唯置香奁，每日设清水而已。	《周书》47.843
颜之推	531—597	灵筵勿设枕几，朔望祥禫，唯下白粥清水干枣，不得有酒肉饼果之祭……四时祭祀，周孔所教，欲人勿死其亲，不忘孝道也。求诸内典，则无益焉。杀生为之，翻增罪累。若报罔极之德，霜露之悲，有时斋供，及七月半盂兰盆，望于汝也。	颜氏家训·终制③
姚 察	533—606	遗命薄葬，务从率俭。其略曰："吾家世素士，自有常法。吾意敛以法服，并宜用布，土周于身。又恐汝等不忍此，必不尔，须松板薄棺，才可周身，土周于棺而已。葬日，止粗车，即送厝旧茔北。吾在梁世，当时年十四，就钟山明庆寺尚禅师受菩萨戒，自尔深悟苦空，颇知回向矣。尝得留连山寺，一去忘归……且吾习蔬菲五十余年，既历岁时，循而不失。瞑目之后，不须立灵，置一小床，每日设清水，六斋日设斋食果菜，任家有无，不须别经营也。"	《陈书》27.352—53

---

① 数据主要参考吉川忠夫、Lavoix、李猛三氏的研究，也有笔者检索所得。标记*表示该人物遗命祭祀使用肉脯，而非全素。

② 萧绎撰，陈志平、熊清元点校：《金楼子疏证校注》卷二，上海：上海古籍出版社，2014年，第323页。

③ 颜之推撰，王利器集解：《颜氏家训集解》，北京：中华书局，1993年，第602页。

第三，吴郡张氏的素食实践如此集中，确实令人好奇其思想来源。这一家族在政治上崛起，是在晋宋之际，从宗教信仰来看，其是有名的奉佛家族。①笔者推测，或许其思想渊源来自庐山慧远的教团。沈约《究竟慈悲论》提到，"昔涅槃未启十数年间，庐阜名僧已有蔬食者矣"。②慧远生前曾讲《丧服经》，"雷次宗、宗炳等，并执卷承旨"，《佛祖统纪》尚有"远师《丧服》"佚文一条③，临终之时"以凡夫之情难割，乃制七日展哀，遗命使露骸松下"。几乎可以断言慧远曾经参酌儒家的丧礼，制定了佛教僧俗的丧葬仪式。

张邵有长期任官于荆州的经历，史书记载邵使其子张敷与宗炳谈《系辞》《象传》，宗炳每每不敌。张敷在襄阳，还向乃父推荐曾经从学于慧远的道温。④荆襄之地，本来就是慧远圆寂以后，僧俗弟子汇聚之所。⑤张邵、张敷父子，必然受到慧远学说之熏染，而葬仪的安排很可能是其中之一端。可惜书阙有间，并无确证，姑志此以待考。

（五）周颙的素食

本节的最后，需要对周颙的个案进行仔细分析。在笔者看来，周颙的实践是在佛教的伦理观指导下的自觉行为，其鲜明的自律性格，引起时人的广泛关注，代表了完全不同于以往的居士佛教形态，也成为梁武帝素食改革真正的先导。

周颙其人在《南齐书》中有传，与本文讨论直接相关的，是其在建康钟山营构草堂的"隐居"生活。周颙刘宋末年曾随益州刺史萧惠开入蜀，泰始四年（468）萧惠开解职，携之还都。《文选》李善注引梁简文帝《草堂传》云："汝南周颙，昔经在蜀，以蜀草堂寺林壑可怀，乃于钟岭雷次宗学馆立寺，因名草堂，亦号山茨。"⑥周颙改造雷次宗的学馆，建立草堂寺约当此时。⑦此后周颙并未坚持隐居的生活，频繁外任，因此孔稚珪模拟钟山之英，草堂之灵的口吻，对其加以讥嘲，于是有《文选》中收录的名篇《北山移文》。尽管如此，他仍然"于钟山西立隐舍，休沐则归之。"

关于周颙的素食实践，本传云：

> 清贫寡欲，终日长蔬食，虽有妻子，独处山舍。卫将军王俭谓颙曰："卿山中何所食？"颙曰："赤米白盐，绿葵紫蓼。"文惠太子问颙："菜食何味最胜？"颙曰："春初早韭，秋末晚菘。"时何胤亦精信佛法，无妻妾。太子又问颙："卿精进何如何胤？"颙曰："三涂八难，共所未免。然各有其累。"太子曰："所累伊何？"对曰："周妻何肉。"其言辞应变，皆如此也。⑧

这几组对话发生在永明年间⑨。周颙对答王俭和太子的话之所以被记录下来，盖因其言辞机变，用

---

① 关于吴郡张氏的佛教信仰，参见汤用彤：《汉魏两晋南北朝佛教史》，北京：中华书局，1983年，第307-308页。
② 《广弘明集》卷二六，T52，no.2103，p.293，a13-14。
③ 《佛祖统纪》卷三三《法门光显志》"丧服"条引远师《丧仪》："受业和上同于父母，皆三年服。若依止师随师丧暂为服。"（T49，no.2035，p.23，c19-20）
④ 《宋书》卷四六《张敷传》，第1395页。《高僧传》卷七《道温传》，第288页。
⑤ 参见拙文《六朝前期荆襄地域的佛教》，《中山大学学报（社会科学版）》，2019年第2期，第108-123页。
⑥ 李善注：《文选》卷四三《北山移文》，上海：上海古籍出版社，1986年，第1957页。
⑦ 郭绍林点校：《续高僧传》卷六《慧约传》。"齐中书郎汝南周颙为剡令，钦服道素，侧席加礼，于钟山雷次宗旧馆造草堂寺，亦号山茨，屈知寺任。"北京：中华书局，2014年，第183页。周颙为剡县令在元徽初年（473），诹访义纯指出《北山移文》讥周颙不能全节，"张英风于海甸，驰妙誉于浙右"，实则为剡县令之前已在草堂寺，故此处记载有误。参见诹访义纯：《南齐周颙的生涯及其思想》，载《爱知学院大学文学部纪要》（第六卷），第58-80页，特别是第62页。
⑧ 《南齐书》卷四一《周颙传》，第732页。
⑨ 王俭永明元年（483）进号卫将军，《南齐书》卷二三《王俭传》，第436页及校勘记。

语充满诗意。南朝清谈，多依仿魏晋风度，这里隐含的模仿对象也可能是张天锡对客之语。[①]

这里值得注意的是周颙对食物的刻意讲究。沈约在周颙亡故以后，追忆说"此生笃信精深，甘此藿食，至于岁时，苞筐每见请求，凡厥菜品，必令以荐。弟子辄靳而后与，用为欢谑"[②]，似乎所求之物，务求品类之丰，有积极探索素食食材之意。对于肉食的排斥，也极为彻底，见于其劝何点止杀以及何胤晚年断绝肉食事。

据正史所载，何胤为国子祭酒，虽然号称断食生，"犹欲食白鱼、鲕脯、糖蟹，以为非见生物。疑食蚶蛎，使学生议之。"学生钟岏逢迎其意，曲为之说，萧子良闻之大怒。《出三藏记集》卷十二萧子良《法集录》有"《与何祭酒书赞去滋味》一卷"[③]，很可能是因此而作，李猛指出，从何胤为国子祭酒的时间推断，当在永明八至十年之间。这场讨论发生在国子学之内，其中仔细确认了鳝鱼、螃蟹、贝类等水生动物的属性，并且诸生议论还会呈递给萧子良，抛开个人立场不谈，至少可以确认这是一场严肃的讨论。周颙的佛法精进，独特的实践方式，吸引了不少人的目光。

至于周颙的书信，分别见于《南齐书》《南史》和《广弘明集》，但致信的对象不同。学者指出，《广弘明集》的小序说周颙于梁普通年间致信何胤，与史实不符，周颙所劝当为何点[④]。信中说：

> 丈人之所以未极遐蹈，或在不近全菜邪？……若云三世理诬，则幸矣良快，如使此道果然，而受形未息，则一往一来，一生一死，轮回是常事。杂报如家，人天如客，遇客日鲜，在家日多，吾侪信业，未足长免，则伤心之惨，行亦自及。丈人于血气之类，虽无身践，至于晨兔夜鲤，不能不取备屠门。财贝之经盗手，犹为廉士所秽；生性之一启鸾刀，宁复慈心所忍。驺虞虽饥，非自死之草不食，闻其风岂不使人多愧。众生之禀此形质，以畜肌膂，皆由其积壅痴迷，沈流莫反，报受秽浊，历苦酸长，此甘与肥，皆无明之报聚也。何至复引此滋腴，自污肠胃……[⑤]

此信寥寥数行，却足以反映周颙素食思想的若干特色。首先，诹访先生指出，周颙的素食主张明确地以因果报应的原理为理据，不再单纯是慈仁不杀之类的儒学话语。早在陪侍宋明帝时期，"帝所为惨毒之事，颙不敢显谏，辄诵经中因缘罪福事"[⑥]，此时业已显出对报应思想的偏好[⑦]。另外，周颙对后来梁武帝援

---

① 《世说新语·言语》：有人"于坐问张：'北方何物可贵？'张曰：'桑椹甘香，鸱鸮革响。淳酪养性，人无嫉心'。"余嘉锡《世说新语笺疏》，北京：中华书局，2006年，第174页。提问方含有某种挑衅的意味，酬答者要以对偶和音韵协调的方式迅速做出回应。

② 《与约法师书》，《广弘明集》卷二八，T52，no.2103，p.326，b17-20。据上引《续高僧传》，慧约受周颙之邀，驻锡草堂寺。此处约法师当为其人。

③ 《出三藏记集》卷一二，第452页。

④ 曹道衡、沈玉成《中古文学史料丛考》"周颙劝何点菜食""周颙卒年"条，《曹道衡文集》卷九，郑州：中州古籍出版社，2018年，第441页、第444-445页。李猛《论萧子良永明中后期的奉法与弘法——以萧子良与诸人来往书信为中心》，氏著《齐梁皇室的佛教信仰与撰述》，第104-110页。

⑤ 《南齐书》卷四一《周颙传》，第733页。

⑥ 《南齐书》卷四一《周颙传》，第730页。《高僧传》卷七《僧瑾传》："时汝南周颙入侍帷幄，瑾尝谓颙曰：'陛下比日所行殊，非人君举动。俗事讽谏，无所复益，妙理深谈，弥为奢缓，唯三世苦报最切近情。檀越傥因机候，正当陈此而已。'帝后风疾，数加针灸，痛恼无聊，辄召颙及殷洪等，说鬼神杂事以散胸怀。颙乃习读《法句》《贤愚》二经，每见谈说，辄为言先。帝往往惊曰：'报应真当如此，亦宁可不畏。'因此犯忤之徒屡被全宥。"第295页。

⑦ 诹访义纯：《南齐周颙的生涯及其思想》，载《爱知学院大学文学部纪要》（第六卷），第63页。

引的《涅槃经》等如来藏系统的大乘经说，似乎全无所知，考虑到他曾撰写《三宗论》，诹访先生因此将其学问立场定性为般若中观系。[①]

笔者基本同意这一判断，在此补充两个细节。第一，周颙自言菜食味道最佳者是"春初早韭，秋末晚菘"。韭菜是五辛之一，《断酒肉文》引《楞伽经》明确断除五辛，与此直接矛盾（关于五辛的讨论，详见下文）。第二，周颙认为动物的肉"皆无明之报聚"，是畜生道恶报的结果，而《断酒肉文》所引诸经一方面强调鱼肉食气混浊，应当远离，同时又屡次强调食肉"断大慈种"，六道众生皆父母兄弟，"自肉他肉则是一肉"。二者的思路完全不同。相比而言，周颙的理论表达还比较朴素直接。

周颙坚持素食，在齐梁士人圈子中产生了不小的影响。为其提供素馔的沈约在梁初作《究竟慈悲论》，进一步阐发素食思想。何胤在其劝说下，晚年绝去滋味。更重要的是，梁武帝与诸僧辩论中，最受器重的近臣周舍，正是周颙的儿子。将周颙视为自觉的居士佛教素食运动的先驱，实不为过。

（六）小结

本节考察了梁武帝改制以前，本土传统中发生的有利于引入和确立全面素食的若干动向，这些动向多数比较温和、渐进，少有清晰、精致的理论表达，尽管背后可能有佛教慈悲观念的影响，大体而言仍可在儒学的话语内部加以辩护。然而我们看到，本节涉及的所有变化，都体现在梁武帝的素食改革之中。可以说，梁武帝动用了国家行政的力量，以"快进"的方式集中推动了东晋南朝数百年间散发的素食尝试，如此则势必引起争议。上文已经谈到改革在与朝臣中引起的争议，然而更大的阻力来自僧界。

三、素食改革的新理据

细读《断酒肉文》，可以看出梁武帝与诸寺僧官争执的焦点，在于以主张素食的大乘经典取代有限开许肉食的戒律，这是此前从未被公开提及的新理据。汉译佛典内部的矛盾，本身反映了印度文化语境中佛教教团内外相互冲突的价值观。关于印度佛教中的素食问题，学界已有许多深入的研究。[②]本节

---

① 诹访义纯：《中国中世佛教史研究》，东京：大东出版社，1988年，第71—72页。

② 笔者管见所及的重要研究有：Ruegg提出素食运动与如来藏系大乘经典的联系；下田正弘系统地梳理了诸部戒律和《涅槃经》等大乘经典中的素食观；Schmithausen细致分析了诸大乘经典关于素食问题的立场差异，特别关注了东亚注疏中的讨论，并且重新搜集梵文断片，给出了《楞伽经·断食肉品》的校订本以及《涅槃经》的对勘本；Hyoung Seok Ham在Schmithausen校订本的基础上，着重讨论了《楞伽经》对戒律中"三种净肉"说的解释策略。参见：David S. Ruegg. Ahiṃsā and Vegetarianism in the History of Buddhism. in Buddhist Studies in honour of Walpola Rahula, London: The Gordon Fraser Gallery Ltd., 1980, pp.234—241. 下田正弘：《涅槃经的研究——大乘经典的研究方法试论》，东京：春秋社，1997年，第388—419页。Lambert Schmithausen. Meat-eating and Nature: Buddhist Perspectives. in Supplement to the Bulletin of the Research Institute of Bukkyo University, 2005, pp.183—201. 同作者，Some Philological Remarks on Chapter VIII of the Laṅkāvatārasūtra, in《古写经研究的最前线——研讨会讲演资料集成》，Tokyo: ICPBS, Abteilung, 2006, pp.85—107. 同作者，Fleischverzehr und Vegetarismus im indischen Buddhismus, Bochum/Freiburg; projekt verlag, 2020. Hyoung Seok Ham. Manipulating the Memory of Meat-Eating: Reading the Laṅkāvatāra's Strategy of Introducing Vegetarianism to Buddhism. Journal of Indian Philosophy, 2019.47, pp.133—153.

的讨论主要关注三个问题：一是戒律和佛教经典中素食观的不同，是否能给理解汉地素食运动提供某种镜鉴？二是主张全面素食的大乘经典译出后，在南朝被接受的过程，以及梁武帝的主张如何建立在这些经典之上。三是辩论中的解释技术及其思想史意义。

（一）戒律中的素食观

众所周知，佛教倡导慈悲精神，反对杀害生灵。但在早期佛教僧团之中，却并不禁止肉食。诸部广律中，由鱼、肉等构成的五种美食，或称正食（P.paṇītabhojanīya）是律文之常语。[①]

戒律中有禁止特定种类的动物之肉的规定，即所谓"十种肉"。各个部派开出的禁忌种类名单略有差异，共同的四种分别是人肉、象肉、马肉、蛇肉。从制定戒条的因缘来看，食物的禁忌反映出多种社会文化力量的作用，其中包括宗教伦理本身的要求、国家权力的介入（象是古代印度的国家军备）、对龙神信仰的让步、种姓制度的要求（狗肉是下等种姓所食）。[②]

其中最值得注意的是基于食物之洁或不洁，而对社会阶层所做的区分。本文涉及的相关讨论中反复提及的"三种净肉"之说，也是在洁净与身份区隔的思想背景下产生的。

关于"三种净肉"（Skt. trikoṭipariśuddha）提出的缘起，佛教文献中有两种说法。一种见于巴利律《大品》，诸部广律略同。在此引用《十诵律》：

> 佛在毗耶离城中，有一大将字师子，大富多钱谷帛，田宅宝物丰足，种种福德成就。其人本是外道弟子，于佛法中始得信心，以好肥肉时时施僧。外道以嫉妒心，讥嫌诃责："沙门释子正应尔耳，人故为杀而啖。何以故？师子杀肥众生，以肉时时施僧。"诸比丘少欲知足行头陀，闻是事心惭愧。以是事白佛。佛以是因缘集僧，集僧已告诸比丘："三种不净肉不应啖。何等三？若见、若闻、若疑。云何见？自见是生为我夺命，如是见。云何闻？可信人边，闻是生故为汝杀，如是闻。云何疑？有因缘故生疑，是处无屠儿、无自死，是主人恶，能故为我夺命，如是疑。是三种不净肉不应啖。三种净肉听啖。何等三？若眼不见、耳不闻、心不疑。云何不见？自眼不见是生故为我夺命，如是不见。云何不闻？可信优婆塞人边，不闻是生故为我夺命，如是不闻。云何不疑？心中无有缘生疑，是中有屠儿家、有自死者，是主人善，不故为我夺命，如是不疑。是三种净肉听啖。[③]

诸部广律将故事中的外道指实为耆那教徒（nigaṇṭha/尼乾子）。这一教派特别提倡苦行，其素食主张在古印度各宗教传统中最为彻底。[④]按照这一叙事，佛教最初提出"三种净肉"之说，是为了回应耆那

---

① Ruegg.Ahiṃsā and Vegetarianism in the History of Buddhism, p.234。下田正弘：《涅槃经的研究》，第390–391页。

② 下田正弘：《涅槃经的研究》，第399–400页。

③ 《十诵律·医药法》，T23，no.1435，p.190，b1–20；《巴利律》Vinayapitaka，（i.237.20–238.9）；《五分律·八食法》，T22，no.1421，p.149，b27–c25；《四分律·药揵度之一》，T22，no.1428，p.872，a18–b17。值得注意的是，《根本说一切有部律》和《摩诃僧祇律》的记述有较大不同，参见下田正弘《涅槃经的研究》，第401–402页；第668–669页注145。

④ 参见姚卫群：《印度宗教哲学概论》，北京：北京大学出版社，2006年，第124页。

教徒的嘲讽、讥嫌做出的一个折中方案。

"三种净肉"还被作为提婆达多分裂教团的主张之一，相关记载散见于诸经、律。这里仍引《十诵律》：

> 佛在王舍城方黑石圣山……食后诣讲堂随次第坐，坐已调达僧中唱言："比丘应尽形受着纳衣、应尽形受乞食、应尽形受一食、应尽形受露地住、应尽形受断肉鱼。是五法随顺少欲知足、易养易满、知时知量、精进持戒清净、一心远离、向泥洹门。若比丘行是五法，疾得泥洹。"……佛言："痴人！……我不听啖三种不净肉：若见、若闻、若疑。见者，自眼见是畜生为我故杀。闻者，从可信人闻为汝故杀是畜生。疑者，是中无屠卖家，又无自死者，是人凶恶，能故夺畜生命。痴人！如是三种肉我不听啖。痴人！我听啖三种净肉。何等三？不见、不闻、不疑。不见者，不自眼见为我故杀是畜生。不闻者，不从可信人闻为汝故杀是畜生。不疑者，是中有屠儿，是人慈心，不能夺畜生命。我听啖如是三种净肉。"①

提婆达多是佛陀的堂弟，他提出的"五法"诸部广律略有出入，但"断肉鱼"是共通的。按照这个叙事，则佛陀没有允许这些提议，而开许"三种净肉"。仍然坚持素食的提婆达多最终引起教团的分裂。②

下田正弘认为，后者的叙述中提及"三种净肉"相对简略，从文脉判断，"五法"的讨论当是以"三种净肉"的成立为前提的。③这样看来，"三种净肉"之说起初是为了回应教团外部的指责，随着时间的推移，是否推行全面素食，也在佛教教团内部引起了显著的分歧。最终以戒律的形式确定下来的教团主流意见则相对温和保守，"三种净肉"的理论规定从屠户处购买或者提供自然死亡的生物之肉，供养者和僧人便都可以免除杀生的罪恶。这一原则在后世引起了很大争议，在一些大乘经典中甚至否定或者重新界定了这一说法。

（二）如来藏系大乘经

《断酒肉文》中作为支持全面素食论据的佛经凡五种，除了引用最多的大乘《大般涅槃经》，还有《楞伽经》《央掘魔罗经》《缚象经》《大云经》。最后的两部只提到了经题，连同《央掘魔罗经》，都在《楞伽经》里被引用到。④《断酒肉文》(2-C)抄录了前三部经与素食有关的段落，今检藏经，也可在另外两部经

---

① 《十诵律·杂诵中调达事》，T23，no.1435，p.264，b23-p.265，a7。《巴利律》Vin.（iii.171.1-172.14）对五法的记载与《十诵律》同，且均以"三种净肉"为理由拒绝提婆达多的建议。《四分律》《五分律》《根本说一切有部律》没有提及"三种净肉"之说，《摩诃僧祇律》则完全没有出现"五法"，对破僧事有不同的记载。参见下田正弘《涅槃经的研究》，第404-407页。

② 关于提婆达多的研究很多，代表性的成果参见季羡林：《佛教开创初期一场被歪曲被遗忘了的路线斗争——提婆达多问题》，载《季羡林文集》第七卷，南昌：江西教育出版社，1998年，第278-313页。

③ 下田正弘：《涅槃经的研究》，第404-407页。

④ 《楞伽阿跋多罗宝经·一切佛语心品》："《缚象》与《大云》，《央掘利魔罗》，及此《楞伽经》，我悉制断肉。"(T16, no.670, p.514, b6-8)Schmithausen注意到《楞伽经》的魏译本、唐译本都加入了《涅槃经》，梵文本当读作 Nirvāṇe(′)ṅgulimālike，因此推测宋译本可能意识到《涅槃经》说时在《楞伽经》之后，但也有可能是宋译本出现后加入了《涅槃经》的经名，参见上引 Meat-eating and Nature: Buddhist Perspectives.p.102.

中找到素食相关的论说。

《缚象经》(Skt. Hastikaksya)，对应刘宋昙摩蜜多译《象腋经》(T814)。①经文中说佛告诫文殊："若有菩萨欲通达此陀罗尼章句，当好净行，不食于肉"。②《大云经》(Skt. Mahāmeghasūtra)，实即北凉昙无谶译《大方等无想经》(T387)，经云："如是经典凡有三名，一名《大云》，二名《大般涅槃》，三名《无想》"，又云"世尊不听受畜一切不净之物，贪味食肉。"③

在南朝影响比较大的是《涅槃》《楞伽》《央掘魔罗》三经，三经集中在5世纪初的元嘉年间译出并在江南扩散开来，并且经文的主题都与如来藏思想有关，在经典成立史上称为如来藏系大乘经。这里简单介绍其在南朝的接受史。

《涅槃经》有3个汉译本④：东晋义熙十三年(417)法显、佛陀跋陀罗译《大般泥洹经》六卷(T376)，简称"法显本"；北凉玄始十年(421)昙无谶译《大般涅槃经》四十卷(T374)，简称"北本"；刘宋元嘉七年(430)慧观、谢灵运改治北本，并根据法显本重新区分品题，简称"南本"。

从《断酒肉文》中援引"四相品"及其文字来看，所据当为南本。《涅槃经》的改治本身即说明此经在南朝颇受重视，关于"一阐提成佛"的争议更是牵动朝野。南朝僧人对经文的解释，集中保存于《大般涅槃经集解》(T1763)。此书收录了十九位南朝僧人的经说，卷首有梁武帝所作宝亮《涅槃经义疏》序。此书的作者存在争议，成立年代大概在天监八年(509)以后。⑤

《楞伽经》和《央掘魔罗经》，译者是求那跋陀罗。中天竺人，早年习学说一切有部的《杂阿毗昙心论》，后辞小乘师，进学大乘。元嘉十二年(435)，被宋文帝从广州迎至建康，开始了译经事业。《楞伽经》在丹阳郡译出之时，"徒众七百余人，宝云传译，慧观执笔"，后随谯王刘义宣至荆州辛寺，译出《央掘魔罗经》。⑥

《楞伽经》有三个汉译本⑦：刘宋元嘉二十年(443)，求那跋陀罗译《楞伽阿跋多罗宝经》(T670)，简称"宋译"；北魏延昌二年(513)，菩提流支译《入楞伽经》(T671)，简称"魏译"；周长安四年(704)，实叉

---

① 此经有两个汉译本，除宋译本还有竺法护译《无希望经》(T813)，以及梵、藏、于阗语本。在魏、唐译《楞伽经》中，经题分别作"象腋""象胁"，刘震、陈怀宇解释了这一比喻的含义，参见Liu Zhen, Chen Huaiyu.Some Reflections on an Early Mahāyāna Text Hastikakṣyasūtra, Bulletin of SOAS, 77, 2 (2014): 293-312.

② 《佛说象腋经》，T17, no. 814, p. 787, a10-11。

③ 《大方等无想经·增长犍度》，T12, no. 387, p. 1099, c8。

④ 《大般涅槃经》还有2个藏译本和若干梵文片段，参见Shimoda Masahiro. Mahāparinirvāṇamahāsūtra. in Brill's Encyclopedia of Buddhism. Leiden: Brill Academic Publishers, 2019, pp.158-170.

⑤ 菅野博史指出此书作者有宝亮、明骏、法朗三说，他认为是建元寺法朗(或作"僧朗")，参见氏著《南北朝隋代的中国佛教思想研究》，东京：大藏出版社，2012年，第358-361页。今案：宝亮是《集解》所收的一家，应当不是全书编撰者。《集解》引诸家学说以"案"字领起，引明骏则作"明骏案"，很可能明骏是全书最后的裁定者。不过明骏和法朗都有僧传和目录记载可为旁证，也都存在疑点，此处暂且存疑。梁武帝序文说"以天监八年五月八日乃敕亮撰《大涅槃义疏》，以九月二十日讫"，则《集解》之成立大概在此后不久。

⑥ 《高僧传》卷三《求那跋陀罗传》，第131页。

⑦ 《楞伽经》的藏译本和梵文本，参见Shanshan Jia. Laṅkāvatārasūtra. in Brill's Encyclopedia of Buddhism, vol.1, pp.138-143.

难陀译《大乘入楞伽经》（T672），简称"唐译"。①

这里特别需要关注的是，以上三部经在南朝都有抄略本，这表明其中的素食主张被时人充分地注意到。《楞伽经》关于素食的论述，集中见于《一切佛语心品》，魏译、唐译皆单立一品，题为"遮食肉品"或"断食肉品"，梵文本题作 *amāṃsabhakṣaṇaparivarta*②。今检《出三藏记集·新集续撰失译杂经录》有"《楞伽阿跋多罗宝一切佛语断食肉章经》一卷"。注云："《大楞伽经》所出，或云《楞伽抄经》。"③则是僧佑撰录以前，原本宋译本并无分品的这一段落，被冠以"断食肉章"的题目抄出单行。

《央掘魔罗经》（T120）④提倡素食的相关文字，已见《断酒肉文》（2-C）部分。但宋译本无论著录还是藏经中的版本均为四卷，而此处抄录的经文，本来位于卷一和卷四，却在此题为"第一卷"和"第二卷"。《出三藏记集》著录萧子良有"抄《央掘魔罗经》二卷"，则梁武帝的引文很可能来自萧子良的抄经。⑤

最后，被梁武帝邀请讲说《大般涅槃经》的法云，《续高僧传》记载了这样一则故事：

> 夷陵县渔人于网中得经一卷，是《泥洹·四相品》，末题云："宋元徽二年（474），王宝胜敬造，奉光宅寺法云法师。"以事勘校，时云年始十岁，名未远布，寺无光宅，而此品正则，初云弘法，次断鱼肉。验今意行，颇用相符。⑥

如果相信僧传所述的年代细节，大概刘宋末年，便有《涅槃经·四相品》的节抄本出现。至少在普通年间五月二十三日大会以前，法云曾经屡次讲说《涅槃经》，而《四相品》的素食主张，则是重要内容。

（三）素食与如来藏

《涅槃》《楞伽》《央掘魔罗》三经，与素食相关的教说彼此呼应，但也存在一些差异。其中《涅槃经》的成立年代最早，而引用若干经典的《楞伽经》成立年代最晚，《央掘魔罗经》受到前者的强烈影响，又被后者所引用，则大致位于两者之间。⑦

《涅槃经》给出的最重要的理由，是"断大慈种"之说，此说见于南本《涅槃经·四相品》，平行文本如下：

---

① 《历代三宝纪》卷一〇："《楞伽阿跋多罗宝经》四卷（元嘉二十年，于道场寺译，慧观笔受。见道慧、僧佑、法上等录）"（T49，no. 2034，p. 91，a26-27），《出三藏记集》《高僧传》皆不载出经年代。《历代三宝纪》卷九："《入楞伽经》一十卷（延昌二年译，是第二出……沙门僧朗、道湛笔受）"（T49，no. 2034，p. 85，c15-16），《开元释教录》卷九："《大乘入楞伽经》七卷（第四出……久视元年五月五日于东都三阳宫内初出，至长安四年正月五日缮写功毕）"（T55，no. 2154，p. 565，c24-26），《历代三宝纪》卷九著录昙无谶译《楞伽经》四卷（T49，no. 2034，p. 84，b7），《出三藏记集》不载此经，似不足凭信。

② Lambert Schmithausen. Some Philological Remarks on Chapter VIII of the Laṅkāvatārasūtra. p.86.

③ 《出三藏记集》卷四，第170页。

④ 《央掘魔罗经》还有 1 个藏译本，参见 Michael Radich. Tathāgatagarbha Sūtras. in Brill's Encyclopedia of Buddhism，vol.1，pp.261-273，esp. pp.268-69.

⑤ 《出三藏记集》卷五，第218页。

⑥ 《续高僧传》卷五《法云传》，第164页。"四相"，别本作"四法"，此从元、明本。《涅槃经》无"四法品"。

⑦ 下田正弘认为目前所见主张素食的大乘经典，尚无确证存在早于《涅槃经》的作品，参见氏著《涅槃经的研究》，第407-408页。然而诸经成立的绝对年代，仍然争议较大。一般认为，刘宋译本出现的5世纪上半期，接近各经成立的年代。

南本:善男子!夫食肉者,断**大慈种**。(T12, no. 375, p. 626, a10)

法显本:诸佛所说,其食肉者,断**大慈种**。(T12, no. 376, p. 868, c25-26)

藏译本:sha za ba ni <u>byams pa chen po</u> chad par 'gyur ro zhes ngas bstan to ①

经文的意思似乎只是说,食肉行为断绝了慈悲的可能性,或者说与慈悲的精神相悖。藏译本也简单地表示为"大慈"。下田正弘指出,《涅槃经》中的素食论述实与佛性、如来藏思想没有关系。②

然而由于汉译本引入了"大慈种"的概念,后世的注疏中逐渐发展出了对这一概念具有如来藏思想特色的解释。这是一个比较显著的趋势,在此简单追溯其源流。梁初成立的《大般涅槃经集解》中对此句经文的解释是:

道生曰:滋味之浓,莫深肉食。肉食苟浓,必忘慈恻。慈恻之大,谓之种也。种既断,长寿理绝也。

僧宗曰:夫杀伤大慈,而啖伤小慈,因小得大,故小慈是大慈种也。又释云:果为大慈,因为小慈,是则因慈为果慈种也。今既啖肉,违因地之慈,故言断慈种也。

惠诞曰:食肉障生厚集善根之小慈也,何有能生种性以上之大慈耶?③

可以明确,六朝诸家皆以小大、因果来理解"种子"之意。惠诞(亦作"慧诞")的解释则引入了修行阶位的理论,按照《菩萨璎珞本业经》规定,种性以上四十二贤圣位为菩萨(不包含预备阶段的十信位)。

再看梁武帝本人的解释,《断酒肉文》云:

若食肉者障菩提心,无有菩萨法。以食肉故,障不能得初地。以食肉故,障不能得二地,乃至障不能得十地。以无菩萨法故,无四无量心。无四无量心故,无有大慈大悲。以是因缘,佛子不续。所以经言,食肉者断大慈种。④

这仍然是从食肉妨碍修行者菩萨道之阶次的角度立论。但到了灌顶撰《大般涅槃经疏》,则有两解:

第二云断大慈种有三解:一云佛是大慈,二云初地是大慈,三云性地是大慈。大慈必藉小慈为种,若食肉者则无小慈,故言断种。又云:只众生是大慈种,定应作佛。《华严》名诸众生以为佛子,食之即是断佛种也。⑤

---

① 经文对勘参见 Lambert Schmithausen. Fleischverzehr und Vegetarismus im indischen Buddhismus, Teil 3, p.17.

② 下田正弘:《涅槃经的研究》,第411页。

③ 《大般涅槃经集解》卷一一,T37,no.1763,p.428,a8-15。

④ 《广弘明集》卷二六,T52,no.2103,p.296,a19-23。

⑤ 灌顶撰,湛然再治:《大般涅槃经疏》卷九,T38,no.1767,p.88,a29-b5。

"又云"以后的第二解明显受到如来藏思想的影响。如来藏思想主张,有情众生内部具备成佛的可能,称为"如来藏"或者"佛性"。因此,从众生绍续如来种性这个角度理解,食肉的行为切断了众生成佛的可能,因此不仅在伦理意义上是不人道的,而且在形而上层面是罪恶的。

这一新理解的出现,是印度和汉地语境中普遍的思想倾向。《涅槃经》中佛陀告诫弟子不应食肉,"若受檀越信施之时,应观是食如子肉想。"①这个主题在另外两部经里得到发挥。《楞伽经》云:"一切众生从本已来,展转因缘,常为六亲,以亲想故,不应食肉。"②《央掘魔罗经》把这个意思演说得更为详尽:

> 文殊师利白佛言:"世尊!因如来藏故,诸佛不食肉耶?"佛言:"如是。一切众生无始生死生生轮转,无非父母兄弟姊妹,犹如伎儿变易无常,自肉他肉则是一肉,是故诸佛悉不食肉。复次,文殊师利!一切众生界、我界即是一界,所宅之肉即是一肉,是故诸佛悉不食肉。"③

这里众生经过生死轮回,皆为父母眷属的观念,是本经中反复出现的主题。④众生与佛同属一界,"界"的梵文原语当为"dhātu",最朴素的含义是"构成要素",《涅槃经》和受其影响成立的如来藏系经典利用了这个词的多义性,由佛身/舍利的用法,发展出了佛性的概念(buddha-dhātu),成为如来藏的同义语。《央掘魔罗经》格外明确地指出了如来藏思想与素食的联系。

考虑到《央掘魔罗经》与《楞伽经》同由求那跋陀罗译出,以及两经在内容主旨上的亲缘性,前者的主张自然会影响到后者的解释。我们注意到,魏译《楞伽经·遮食肉品》比其他平行文本多出许多内容,其中特别援引了《涅槃经》的"大慈种"之说,又强调"若食肉者,当知即是众生大怨,断我圣种"。⑤一般认为,魏译《楞伽经》掺入了汉译者解释经文的内容,这段经文显然是根据如来藏学说对"断大慈种"所作的阐释。

上文谈到,《断酒肉文》所引若干大乘经典,都是以如来藏思想为主旨的作品。以至于有学者认为,素食运动在印度的兴起,既非早期佛教不杀生戒的直接推演,也与印度社会的文化语境无关,而是与大乘佛教中的如来藏思想这一特定的理论相联系。⑥然而综合以上的考察,我们可以更加细致地描述这批经典的成立史及其在东亚的展开。

这里暂且不谈素食与印度其他宗教传统的关系,只想指出素食与如来藏思想的合流经历了一个过程。《涅槃经》是一部内容庞杂的经典,根据下田正弘的研究,汉藏译本重合的部分,可以大致分为两

---

① 《大般涅槃经·四相品》,T12, no.375, p.626, a8-9。
② 《楞伽阿跋多罗宝经·一切佛语心品》,T16, no.670, p.513, c13-14。
③ 《央掘魔罗经》卷四,T02, no.120, p.540, c22-27。藏文本的对应部分参见 Ruegg. Ahiṁsā and Vegetarianism in the History of Buddhism. p.236.
④ 同经云:"佛告央掘魔罗:'勿作是说。一切众生有如来藏,一切男子皆为兄弟,一切女人皆为姊妹……如来一切智知一切,观察世间一切众生,无始已来无非父母兄弟姊妹,升降无常迭为尊卑,如彼伎儿数数转变,是故如来净修梵行。'"《央掘魔罗经》卷四,T02, no. 120, p. 540, a29-b17。
⑤ 《入楞伽经·遮食肉品》,T16, no. 671, p. 561, c4-5。
⑥ Ruegg.Ahiṁsā and Vegetarianism in the History of Buddhism.pp.236-237.

组三个层次。第一组中经文的宣讲者常以法师(Skt.*dharmakathika)、比丘自称,第二组则自称菩萨。第二组根据教理学的内容,又可以分为两个层次。从第一组向第二组内容的过渡,反映了巡行乡间的说法师到重视教团规制的菩萨修行者的社会背景变化。《涅槃经》主张素食的段落以及如来藏思想,都出现在该经较晚成立的第二组。①然而从经文的表述上看,素食的理由与如来藏没有直接而明确的联系。时代较晚的《楞伽经》和《央掘魔罗经》则大大发挥了轮回众生为父母眷属的思想,从而建立了素食与如来藏的关联。这样的新思想影响到魏译《楞伽经》的汉译者,也影响到隋代的注疏家对《涅槃经》的解释。

在这个思想脉络中,反观梁武帝的《断酒肉文》,笔者认为尽管文中援引了《楞伽经》《央掘魔罗经》等如来藏系统的经典,梁武帝本人乃至《集解》所见诸家涅槃师在"断大慈种"的理解上尚未见到如来藏思想的影响。

(四)素食与"外道"

印度佛教的研究者大多认为,素食运动的兴起,与婆罗门教、耆那教的外部压力有关。这一点在戒律中制定"三种净肉"的因缘谭中已有反映,大乘经典中也能察觉类似的迹象。

宋译《楞伽经》素食相关的讨论,是以大慧菩萨与佛的对话开始的。大慧请求道:"恶邪论法,诸外道辈,邪见断常,颠倒计着,尚有遮法,不听食肉。况复如来,世间救护,正法成就,而食肉耶?"②其余诸本进一步将"外道"指实为顺世论者(Lokāyata),但也有学者指出,该词汇常被用以泛称所有外道。③因此,素食原则的提出,是以同其他宗教传统的竞争为背景的。

《涅槃经》没有明确表示提倡素食的背景,但迦叶菩萨根据素食的原则,进一步提出五种美食、憍奢耶衣、皮革等物亦应禁断的时候,佛陀拒绝了这一请求,"善男子!不应同彼尼乾所见。"④所谓"憍奢耶衣"(Skt. kauśeya)是指绢做的袈裟,关于禁绝绢衣的问题,中古时期同样引起了许多讨论,此处不拟展开⑤,只想强调佛教在因应素食主义的潮流,与其他宗教传统在同一方向上竞争的同时,又在刻意保持自身的身份区隔。这也是宗教间竞争的普遍现象。

《楞伽经》还将肉食与"五辛"并提加以避忌。《楞伽经》云:"不净气分所生长故,不应食肉。众生闻气,悉生恐怖,如旃陀罗及谭婆等,狗见憎恶,惊怖群吠故,不应食肉……凡愚所嗜,臭秽不净,无善名称故,不应食肉。令诸咒术不成就故,不应食肉……彼食肉者,诸天所弃故,不应食肉。令口气臭故,不应食肉。"又云:"酒肉葱韭蒜,悉为圣道障。"⑥这一思路在《涅槃经》中已有暗示,"善男子!如人啖蒜,臭秽可恶,余人见之,闻臭舍去。设远见者犹不欲视,况当近之?诸食肉者亦复如是,一切众生闻其肉气悉

① 参见Shimoda Masahiro. Mahāparinirvāṇamahāsūtra. pp.163-164.
② 《楞伽阿跋多罗宝经·一切佛语心品》,T16,no. 670,p. 513,c7-9。
③ 《入楞伽经·遮食肉品》:"诸外道等说邪见法,卢迦耶陀堕俗之论。"(T16,no. 671,p. 561,a25-26)《大乘入楞伽经·断食肉品》:"路迦耶等诸外道辈。"(T16,no. 672,p. 623,a6-7) 参见Hyoung Seok Ham. Manipulating the Memory of Meat-Eating. p.137.
④ 《大般涅槃经·四相品》,T12,no. 375,p. 626,a23-24。
⑤ 参见诹访义纯:《中国佛教禁绝绢衣思想的展开与挫折》,《中国中世佛教史研究》,第92-128页。
⑥ 《楞伽阿跋多罗宝经·一切佛语心品》,T16,no. 670,p. 513,c16-23;p. 514,b13。

皆恐怖，生畏死想。"①

这一主张显然与佛教的不杀生戒和慈悲原则无关，而是考虑到食用者散发出令人不悦的气味，也会影响传法者的社会形象和传教效果，背后同样反映了印度社会的阶级划分。以食物的洁或不洁区隔种姓的高低，在印度文化中十分普遍。②

《断酒肉文》开篇(1-B,1-C)，梁武帝历数僧人饮酒食肉不如外道者九事，不如白衣者九事。其中对外道的描述其实杂取自各种经典，在汉地佛教的语境里，显得有些无所准的。但如果深入观察印度佛教教团对素食主义的接受过程，汉地佛教又与之处于十分相似的情境。对印度佛教来说，素食的需求主要来自印度社会对修道者形象的期许，以及其他宗教传统的竞争压力；而对汉地佛教来说，则中古社会对于方外之人，也有某种形象期许。另一方面，正如本文上文谈到的，在家的居士自觉而且真挚地实践素食，这是推动僧团走向全面素食的主要动力。

（五）随事渐制

大乘经典主张全面素食，则必须克服戒律中的"三种净肉"之说。经文中提示的解释原则，在梁武帝与僧团的辩难中得到运用，并且有所发展。

《涅槃经·四相品》云：

> 迦叶又言："如来何故先听比丘食三种净肉？""迦叶，是三种净肉，随事渐制。"迦叶菩萨复白佛言："世尊，何因缘故十种不净，乃至九种清净而复不听？"佛告迦叶："亦是因事渐次而制，当知即是现断肉义。"③

经文中提及的遮止"十种"，以及开许"三种净肉"之说，前文已经介绍过。"九种清净"在经典中没有明确的讲法，《集解》引僧宗云：

> 九种受者，昔日一往唱言"离见闻疑听食"。当时虽制，而损命犹多，故第二重制除十之外，离见闻疑听食也。虽尔而伤损尚多，故第三稍令精尽。向者三事，各有前后方便，一事有三，合成九也。见中三者，谓见断命时，见牵去时，见杀后屠割时。闻中三者，闻杀时，闻牵去时，闻屠割时。疑三者，亦不离见闻也。疑此为是为我杀耶，为他杀耶，乃至前后方便亦疑也。又释疑者，如向在彼家，今于此家得肉，情中生疑，为是向肉，为非向肉，亦不得啖。如前后方便生疑，悉不得啖。闻中生疑，类如前也。但见闻事异，各分为三，则成六也。二家之疑，不复分别，同是一疑耳。今常教既兴，一切悉断，此则去滞有渐，不可顿也。④

这段文字仍然有些费解，大致的解释方向则是将见、闻、疑按照动作发生的先后，拆分为九种，是对"三种净肉"更加细密的规定。

---

① 《大般涅槃经·四相品》，T12，no. 375，p. 626，b3-6。

② 参见下田正弘：《涅槃经的研究》，第412-414页。康乐《洁净、身份与素食》，第12-46页。Hyoung Seok Ham. Manipulating the Memory of Meat-Eating. pp.138-140.关于"五辛"，参见船山彻：《东亚佛教的生活规则〈梵网经〉：最古的形成发展的历史》，京都：临川书店，2017年，第366-369页、478-482页。

③ 《大般涅槃经·四相品》，T12，no. 375，p. 626，a11-15。

④ 《大般涅槃经集解》卷一一，T37，no. 1763，p. 428，a22-b7。值得注意的是，此处注疏引用的经文"九种受"，出自法显本《佛说大般泥洹经·四法品》，T12，no. 376，p. 868，c28-29。

《楞伽经》云：大慧！我有时说，遮五种肉，或制十种。今于此经，一切种、一切时，开除方便，一切悉断。[①]

这里的"遮五种肉"含义不明，魏译、唐译则意为开许三种，Schmithausen建议将梵本修订为 *nava uddiśyakṛtāni*（九种为僧所杀之肉），并主张此与《涅槃经》所述之"九种肉"对应。[②]

注经家的解释虽然烦琐，但其解释原则是清晰的。《涅槃》《楞伽》两经提示的第一条解释思路，是认为戒律中前后不同的规定，是一个标准不断提高，禁网不断收紧的过程，随着时间的推移，僧团的自我约束越发严格，最终导向全面素食。

然而，有学者指出，《楞伽经》还提供了另一种解释的思路。经云："凡诸杀者，为财利故，杀生屠贩。彼诸愚痴食肉众生，以钱为网而捕诸肉。彼杀生者，若以财物，若以钩网，取彼空行水陆众生，种种杀害，屠贩求利。大慧！亦无不教不求不想，而有鱼肉。以是义故，不应食肉。"[③]

上文指出，"三种净肉"中的"不疑"，免除了食用自死肉和从屠夫处购买行为的罪责。此处经文的逻辑则是今日熟知的"没有买卖就没有杀害"，消费肉食本身，就背负了杀生的罪责。换句话说，开许"三种净肉"就等于全面素食，因为根本不存在这样的肉食。[④]

在《断酒肉文》中，梁武帝和诸律师就戒律与大乘经典的关系反复辩论，从中可以看到两种解释策略都在起作用：

> 法超奉答："律教是一，而人取文下之旨不同。法超所解，律虽许啖三种净肉，而意实欲永断。何以知之？先明断十种不净肉，次令食三种净肉，末令食九种净肉。如此渐制，便是意欲永断。法超常日讲，恒作如此说。"
>
> 制又问僧辩法师："复作若为开导？"僧辩奉答："僧辩从来所解大意，亦不异法超。但教有深浅，阶级引物。若论啖三种净肉，理当是过。但教既未极，所以许其如此。"
>
> 制又问宝度法师："复若为开导？"宝度奉答："愚短所解，只是渐教。所以律文许啖三种净肉。若《涅槃》究竟，明于正理，不许食肉。若利根者，于三种净肉教，即得悉不食解。若钝根之人，方待后教。"

法超引《涅槃经》解律，律文是渐教，《涅槃》是究竟，这是几位律师的共识，与《集解》所引僧宗的看法也完全一致。他们的分歧在于，如何决定当下的实践？僧辩主张现阶段"教既未极"，戒律中的渐教仍然适用。宝度则建议针对读者的不同根器，"钝根之人，方待后教"。法超的立场最为激进，认为律文本身就意味着全面禁止肉食。

在接下来的几个回合里，梁武帝反复发问"律教起何时"，僧辩奉答"起八年已后，至涅槃"，道恩则答"集前四时，不集涅槃时"。梁武帝运用各种手段，迫使僧人承认，优波离所撰集的戒律，包含了佛陀入涅槃以前最后的教说，虽然没有亮明自家论点，实则暗示戒律的本文与《涅槃经》并无矛盾。这接近

---

① 《楞伽阿跋多罗宝经·一切佛语心品》，T16，no. 670，p. 514，a8-10。

② Lambert Schmithausen. Some Philological Remarks on Chapter VIII of the *Laṅkāvatārasūtra*. pp.96-102.

③ 《楞伽阿跋多罗宝经·一切佛语心品》，T16，no. 670，p. 514，a3-8。

④ Hyoung Seok Ham. Manipulating the Memory of Meat-Eating. pp.142-143.

《楞伽经》所示的第二种解释思路。①

回到辩论两方的共识，以戒律为渐教、《涅槃经》为究极的观念，这种将不同经典安排在线性的时间顺序上的解释方法，是南朝教相判释的典型特色。众所周知，判教是中国佛教独有的整理、调和佛教各派学说的思想方法。最初出现于5世纪初鸠摩罗什的弟子僧睿、竺道生、慧观等人的作品中。竺道生提出四种法轮说，慧观提出顿渐二教、五时教判说，虽然细节上的判释不同，南朝教判的主流是以"说时论"为基调，认为佛陀生涯中讲说顺序的先后，意味着所说教义的由浅入深。②

梁武帝与僧人之所以在戒律应该执行渐教还是究极之教的问题上反复纠缠，争执的实质是如何将渐进的教理体系对应到现实的历史阶段。需要指出的是，这种教理体系与历史观的平行建构，不仅限于佛教。在儒佛关系的辩论中，六朝士人构筑起了一个更为宏大的理论架构。这不仅关乎时人对经典文本的理解，更触及整个中古时期基底的政教观、历史观，需要仔细分梳。

（六）儒佛调和

前文谈到，佛教在印度的出现，即伴随着对婆罗门祭祀传统的激烈批评。传入汉地以后，虽然佛教的戒律可与儒家的伦理价值如"仁""义"等加以比附，但如何处理居于儒家礼制核心地位的祖先祭祀，却始终是一个棘手的问题。如果地方淫祀的裁撤尚可以通过行政手段，若要撬动儒家的祭祀礼仪，则必须在理论上给予解释。

现存史料中最早提出儒佛调和方案的大概是东晋的孙绰。《论语·述而》："子钓而不纲，弋不射宿"。皇侃《义疏》引孙绰曰："杀理不可顿去，故禁网而存宿也。"③《隋志》著录孙绰撰《集解论语》十卷④，今已散佚，孙绰之说或来源于此。此外在《喻道论》中尚可看到完整的论述。

孙绰首先提出，儒家"王者之常制"的刑杀较之报应之理仍有精粗之别。当被问及报应之理丝毫不爽，则圣人执掌诛杀的必要性何在时，他说："圣人知人情之固于杀，不可一朝而息，故渐抑以求厥中。犹蝮蛇螫足，斩之以全身，痛疽附体，决之以救命。亡一以存十，亦轻重之所权。故刑依秋冬，所以顺时杀。春蒐夏苗，所以简胎乳。三驱之礼，禽来则韬弓。闻声睹生，肉至则不食。钓而不网，弋不射宿。其于昆虫，每加隐恻。至于议狱缓死，眚灾肆赦，刑疑从轻，宁失有罪。流涕授钺，哀矜勿喜。生育之恩笃矣，仁爱之道尽矣。所谓为而不恃，长而不宰。德被而功不在我，日用而万物不知。举兹以求，足以悟其归矣。"

这里孙绰谈论的话题不是杀牲祭祀，而是刑罚。他广泛援引了《论语》《孟子》《礼记》等儒家经典中的段落⑤，强调圣人"无心于杀，杀故百姓之心耳"，圣人的制礼作乐，乃至刑杀，都是与具体时代的民情

---

① 《断酒肉文》：僧辩"奉答：'若约教解，不全言不许；若论其意，未尝开许。'问：'今正问约教时为许，为不许？'"之后又"问：'以钱买鱼肉，是疑非疑？'答：'若理中，理自是疑。'问：'不得以理中见。'答：'若理中为论，众僧不应市鱼肉。今所问事中是疑不，答若约教非疑。'问：'今正问，约教时为许，为不许？'"（《广弘明集》卷二六，T52，no. 2103，p.299，b23-c5）梁武帝反复强调"约教""事中"，意在坚持戒律的本文与《涅槃经》不矛盾，而非从中逻辑地推演出后者的结论。其中提及买鱼肉是疑，正是延续了《楞伽经》的解释思路。

② 藤井淳：《中国教判的形成与展开》，《大乘佛教是什么》，东京：春秋社，2011年，第222-251页。

③ 皇侃撰，高尚榘点校：《论语义疏》，桂林：广西师范大学出版社，2018年，第174页。

④ 《隋书》卷三二《经籍志一》，第936页。

⑤ 参见牧田谛亮：《弘明集研究》卷三注释，第151页。

妥协的结果，最后，他将儒、释两教的关系概括为"周孔救极弊，佛教明其本耳。共为首尾，其致不殊"。①这个概括包含两个层面的含义，它首先意味着佛教为本，儒家的教化是权宜的，另外也暗示着儒家的教化随着时间的推移，会朝佛教的价值不断推进。这后一种声音会在东晋以后逐渐加强，并在齐梁达到高潮。

元嘉年间，当时著名的士大夫何承天与颜延之发生了一场辩论，来往一组书信被收录在《弘明集》中，题曰"达性论"。②论辩的核心问题正是祭祀与不杀生戒的冲突。何承天主张作为"三才"之一的人类，不应"与夫飞沈蠉蠕并为众生"，具有享用其他生物的权利，道德的体现只在于"取之有时，用之有道"。这里的"取"和"用"，在儒家礼制中最为刚性的义务，无疑便是祭祀。如果拘忌于一己的轮回果报（"外惮权教，虑深方生"），而不能履行社会义务，这是何承天无法接受的立场。

何承天引用了与孙绰大致相同的儒家经典，却得出了相反的结论。二者的分歧便在于，何氏认为圣人制礼，已经去其泰甚，达至了中道。而在信仰佛教的颜延之看来，圣人只是"哀其若此，而不能顿夺所滞"，而"与道为心者，或不剂此而止"。在之后的几番论辩中，何承天始终认为，这样的逻辑推演"意必欲推之于编户"，将会从少数较高道德追求的人，导向一场社会运动，这是两人都无法想象这样的社会图景，尽管颜延之引经据典，提出了若干肉食替代方案，何承天却说："夫禋瘗茧栗，宗社三牲，膮芗豆俎，以供宾客，七十之老，俟肉而饱。岂得唯陈列草石，取备上药而已？吾所忧不立者，非谓洪论难持，退嫌此事不可顿去于世耳。"

在以宗庙祭祀为代表的特定场合，肉食是无法被废除的。在这个问题上，颜延之的态度也缓和下来了，在辩论的最后，他说："神农定生，周人备教，既唱粒食。又言上药既用牺牢，又称苹蘩祭膳之道，故无定方。前举市庖之外复有御养者，指旧刳瀹之滞，以明延性不一，非谓经世之事，皆当取备草石。然刍豢之功，希至百龄，芝术之懿，亟闻千岁，由是言之，七十之老何必谢恩于肉食？但自封一域者，舍此无术耳。想不顿去于世，犹是前释所云不能顿夺所滞也。始获符同，敢不归美。既知不可顿去，或不谓道尽于此。"③

这样的回应只是在原则上援引三代上古的传说，强调祭祀用品并无定法，但仍然达成了一个共识，祭祀活动中的牺牲是"不可顿去"的。

到了梁初，沈约构建了一套全新的历史观，在这个奇异的历史叙述里，祭祀的素食改革呼之欲出。《广弘明集》保存了两篇文献，前后连贯起来，可以窥见沈约设想的历史图景。第一篇是沈约和陶弘景辩论的记录——《均圣论》，写作年代是天监三年（504）或稍后。④第二篇是《究竟慈悲论》，年代不详，只能判断早于沈约卒没的天监十二年（513）。

---

① 《弘明集》卷三，T52，no. 2102，p. 16，c15-p. 17，a11。

② 《高僧传·慧严传》记载元嘉十二年（435）宋文帝对何尚之说："近见颜延之折《达性论》、宗炳难《白黑论》，明佛汪汪，尤为名理，并足开奖人意"。可知这一系列论文作于元嘉十二年稍早。参见牧田谛亮：《弘明集研究》中册，第197页注1。

③ 《弘明集》卷四，T52，no. 2102，p. 21，c17-p. 27，a29。

④ 陈庆元：《沈约集校笺》，杭州：浙江古籍出版社，1995年，第149页。文献中沈约的官职是"镇军将军"，据《梁书·武帝纪》，天监三年"前尚书左仆射沈约为镇军将军"。

《均圣论》云：

> 炎昊之世，未火未粒，肉食皮衣。仁恻之事，弗萌怀抱。非肉非皮，死亡立至。虽复大圣殷勤，思存救免。而身命是资，理难顿夺。实宜导之以渐，稍启其源。故燧人火化，变腥为熟，腥熟既变，盖佛教之萌兆也。何者？变腥为熟，其事渐难。积此渐难，可以成著……自此以降，矜护日广……周孔二圣，宗条稍广。见其生不忍其死，闻其声不食其肉。草木斩伐有时，麛卵不得妄犯。渔不竭泽，佃不燎原。钓而不网，弋不射宿。肉食蚕衣，皆须耆齿。牛羊犬豕，无故不杀。①

在沈约的叙述里，人类的历史从茹毛饮血的蛮荒时代开始，经历燧人氏、神农氏，一直到周公、孔子制礼作乐，是一个"导之以渐"的过程，儒家礼制对杀生的限制日趋严密（"宗条稍广"），圣人对众生的矜护之情渐次彰显。沈约不仅继承了孙绰、颜延之以来对周、孔制礼的解释，还把远古的圣人也编织到进化论的历史叙述中。儒家的礼法被视为"佛教之萌兆"。

与此相配合，沈约又在《究竟慈悲论》对未来做了展望。其中回顾了佛陀制戒从许开三净肉，到全面素食的历程，佛教内部的各种教说也被认为是"立教设方，每由渐致"。上文介绍过，《涅槃经·四相品》在谈及素食问题时，明确拒绝了断绝绢衣的实践，声言"不应同彼尼乾所见"。而沈约则主张彻底禁止使用桑蚕。之所以能做出超越经典规定的激进提议，他给出的理由是：

> 夫常住密奥，传译迟阻，《泥洹》始度，咸谓已穷。中出河西，方知未尽。关中晚说，厥义弥畅，仰寻条流，理非备足。又案《涅槃》初说阿阇世王、大迦叶、阿难三部徒众独不来至，既而二人并来，惟无迦叶。迦叶佛大弟子，不容不至，而经无至文，理非备尽。昔《涅槃》未启，十数年间，庐阜名僧已有蔬食者矣，岂非乘心暗践，自与理合者哉？且一朝裂帛可以终年，烹宰待膳亘时引日。然则一岁八蚕，已惊其骤，终朝未肉，尽室惊嗟。拯危济苦，先其所急，敷说次序，义实在斯。②

这段表述有两点值得关注：第一，沈约认为佛陀的所有教说是因应时势的，经典中没有明文规定，甚至明确否定的文字，也不妨碍读者根据佛教慈悲的原则，做出自己的推演；第二，沈约这种不拘泥于文字的灵活理解，其实基于南朝，或者更具体地说，是晋宋之际佛典翻译繁盛局面之实感。

笔者曾经注意到刘宋元嘉年间围绕踞食问题的论争中，由于经典的集中译出，佛教内部的教义分歧第一次被突出地展现出来。③竺道生在《涅槃经》大本尚未传到江南之时，孤明先发，提出一阐提有佛性，虽然一时受到僧团的排斥，终于被后出的经典所肯定。沈约这里也援引了庐山僧人率先实践素食的行为。这类"乘心暗践，自与理合"的先例促使南朝僧俗，特别是居士群体，对经典采取灵活的解释，

---

① 《广弘明集》卷五，T52，no. 2103，p. 121，c15–28。
② 《广弘明集》卷二六，T52，no. 2103，p. 293，a8–18。
③ 参见拙文《祇洹寺踞食论争再考》，载《中国中古史研究》（第五卷），上海：中西书局，2015年，第38–54页。

在实践上推导出更严苛的道德要求。因为先前译出的经典，无论多么卷帙浩繁，在理论上也只是佛陀全部教说的一部分，需要读者根据经文的原则去补完。

（七）小结

以上围绕《断酒肉文》及其所引用的佛教经典，分析了梁武帝敦促僧尼实践素食的新理据。笔者试图描述如来藏系大乘经典在印度的形成及其在南朝的接受过程。素食主义在大乘经典中的确立，只有放在印度社会的背景下才能得到理解。汉地素食运动的兴起，也同样不是佛教经典单独作用的结果。

除了本文上一节介绍的实践层面沉默的潜流，在精英辩论的层面，《涅槃经》《楞伽经》所揭示的解释方法，与居士群体独立发展出的调和儒释的思路，二者颇为契合。最终在梁武帝改革前夕，沈约创建了一个精致、复杂的教理体系和历史图景，既包含儒、佛，又包含了小乘戒律和大乘经，并且还导向更激进的实践，构成了完整的进化论史观，或者用福柯的概念，可以说是一种南朝独有的"知识型"（episteme）。这一知识型的独特性，当我们把考察的目光下延，看看梁武帝改革之后的历史走向，便会认识得更加清晰。

四、素食改革的影响

梁武帝的素食改革沿着祭祀和僧团生活两个方向展开，在他治下推展相当顺利的祭祀改革，在后世饱受诟病，"宗庙不血食"被认为是亡国之征；华光殿上几番激辩的僧尼戒律改革，其成果却似乎稳固下来，成了迄今为止中国佛教寺院生活的日常规范。

然而正如本文一再强调的，素食运动绝不是梁武帝个人的异想天开，而有佛教内外、僧俗两界深广的社会历史背景。不能将祭祀改革的挫折归咎于梁武帝的荒唐，也不能以僧尼戒律改革的成就归功于对梁武帝的魄力。评估这场改制运动的实际效果，我们一方面希望观察佛教价值主导对本土传统的冲击及其限度；另一方面也希望反思国家权力介入对教团实践可能造成的影响。

（一）祭祀素食化的挫折及调整

首先需要指出，尽管后世经常批评梁武帝佞佛导致了王朝的覆亡，甚至成为唐代的官方话语，但在实践层面，梁武帝对祭祀制度的素食改革并非完全被历代淘汰，而是经过一番调整，在唐代以相对温和的形式被继承下来。

最初公开批评梁武帝祭祀素食改革的，是梁武帝的朝臣荀济。荀济的上表激怒了梁武帝，惹了杀身之祸，逃至北方。武定五年（547）因参与东魏孝静帝谋杀高澄的政变，事败被杀。[1]荀济上表的内容，最早被编入唐初傅奕所撰《高识传》，此书在宋代以后亡佚，道宣《广弘明集》卷六、七"历代王臣滞惑解"，抄录了其书部分文字，并对其加以驳斥。今日所见荀济上表，是荀济到北方以后回忆，并且经过傅奕、道宣两个带有强烈护教热情，却又立场相反的编纂者两次整理、删改的版本。[2]荀济对梁武帝的指

---

① 《魏书》卷一二《孝静帝纪》，第313–314页。《北史》卷八三《荀济传》，北京：中华书局，1974年，第3786页。《资治通鉴》卷一六〇《梁纪》载此事发生于梁太清元年（547），北京：中华书局，1956年，第4959–4960页。

② 关于傅奕《高识传》，参见张蓓蓓《傅奕〈高识传〉所述排佛人物考略》，氏著《中古学术略考》，台北：大安出版社，1991年，第277–346页。

责，其中一项便是祭祀制度的素食化：

> 济表云：稽古之诏未闻，崇邪之命重沓。岁时禘祫，未尝亲享，竹脯面牲，欺诬宗庙。违黄屋之尊，就苍头之役。朝夕敬妖怪之胡鬼，曲躬供贪淫之贼秃，耽信邪胡，谄祭淫祀。恐非聪明正直，而可以福祐陛下者也。

> 济吐斯言，故动怒也。梁祖享祀于晦朔，四时交易于温清，流涕动于臣下，兴言赋于孝思。故景阳台、至敬殿，咸陈文祖献后之奠，何得言未尝亲享？故反前事，肆情骂之。竹脯面牲，用替牺栗，苹藻礿祭，岂惟有梁之时？屈尊就卑，乃万代之希有。遗若脱屣，岂百王之虚构哉！自非行总八恒，位邻上忍，安能行慈绝欲于盛年，长斋竭诚于终事哉。①

荀济第一次点明梁武帝在祭祀上的更张是出于佛教信仰，是对宗庙的欺骗和亵渎。道宣指出，荀济的指控颇有故意激怒梁武帝的意思，本文已经指出，梁武帝在祭祀制度的改革，从来是以儒家的话语自我辩护的，祭祀素食有齐武帝的先例，前代也有不同程度的改制措施，梁武帝不仅没有怠慢宗庙，反而敦崇孝道，他在《孝思赋》自道断肉经历，正是如此标榜的。这些事情历历在目，时人不容不知。此后南朝系统的历史书写，如《金楼子·兴王篇》《梁书·武帝纪》，都对梁武帝之恭俭、持戒加以赞扬。②

史书中没有明确记载荀济上表的年代，从文本内证判断，大致在大通初年。③是时恰逢东西魏分裂前夕，南方则"江表无事"，荀济的批判即使确有其事，也难对梁武帝的威信构成实际的威胁。时移世易，侯景乱起，梁武帝困死台城。天保五年（554），魏收奏进国史，佞佛就成了梁武帝悲剧结局的祸根。④《魏书·岛夷萧衍传》的结尾历数梁武帝奉佛情事，其中提到："衍自以持戒，乃至祭其祖祢，不设牢牲，时人皆窃云：虽借司王者，然其宗庙实不血食矣。"⑤从此梁武帝祭祀素食改革，便成为佞佛亡国论的口实。

南北敌国，北人著史，当然对南朝君主极尽诋毁之能事。然而在祭祀素食的问题上，魏收这样批评是一件危险而尴尬的事，因为此时文宣帝高洋正在朝同一方向迈进。史载天保七年（556）五月，"帝以肉为断慈，遂不复食。"次年，"夏四月庚午，诏诸取虾蟹蚬蛤之类，悉令停断，唯听捕鱼。乙酉，诏公私鹰鹞俱亦禁绝"。八月，"庚辰，诏丘、郊、禘、祫、时祀，皆仰市取，少牢不得剖割，有司监视，必令丰备；农社先蚕，酒肉而已；雩、禖、风、雨、司民、司禄、灵星、杂祀，果饼酒脯。唯当务尽诚敬，义同如在。"⑥僧传则

---

① 《广弘明集》卷七，T52，no. 2103，p. 129，a8-20。
② 诹访义纯指出《梁书》对梁武帝日常生活的记载，暗合八斋戒的描述，Mark Strange 详细梳理了6—7世纪史书中对梁武帝的不同评价，道宣提到的"景阳台、至敬殿"等设置，最初来源是萧绎的《金楼子》。参见诹访义纯《梁书〈武帝纪〉记载中的梁武帝斋八戒的奉持》，载《中国南朝佛教史的研究》，第79-84页。Mark Strange. Representation of Liang Emperor Wu as a Buddhist Ruler in Sixth and Seventh-century Texts. Asia Major, 3rd series, 24.2 (2011), pp.53-112.
③ 道宣记载荀济上表前"以不得志，常怀悒怏二十余载"，是则上表在520—530年之间。表文中提到梁武帝在同泰寺舍身的经历（"违黄屋之尊，就苍头之役"），第一次同泰寺舍身是普通八年（527）。因此笔者推测上表时间在527—530年之间。
④ 《北史》卷五六《魏收传》，第2036页。
⑤ 《魏书》卷九八《岛夷萧衍传》，第2187页。
⑥ 《北齐书》卷四《文宣帝纪》，北京：中华书局，1972年，第61-64页。

记载，文宣帝从僧稠"受菩萨戒法。断酒禁肉，放舍鹰鹞，去官畋渔，郁成仁国。又断天下屠杀，月六年三，敕民斋戒。官园私菜，荤辛悉除。"①

笔者曾经指出，高氏父子在东魏后期，引入了南朝的菩萨戒法。②文宣帝的种种举措，如以食肉为断慈，断除虾蟹等水生动物，祭祀以酒脯代牺牲，连同五辛一齐禁断，无一不是参照梁武帝的剧本，体现了天保后期热切模仿南朝文化的风潮。

这种激进的举措，最终没有成为北齐礼制的主流。《隋书·音乐志》云：北齐"武成之时（r.562—565），始定四郊、宗庙、三朝之乐。群臣入出，奏《肆夏》。牲入出，荐毛血，并奏《昭夏》。"③其后所附诸歌辞，也都有用牲的内容。又《北史·高元海传》载："元海好乱乐祸，然诈仁慈，不饮酒啖肉。文宣天保末年敬信内法，乃至宗庙不血食，皆元海所为。及为右仆射，又说后主禁屠宰，断酤酒。"④实则宗庙祭祀的彻底素食化，只在文宣帝在位后期维持了很短的一段时间，唐初撰齐史，遂将责任推到后来失势的高元海头上。

不过，北齐君主开创了一个新的传统，即提倡"三长斋月"。前文谈到，斋月之说虽已见于东晋郗超《奉法要》，梁初僧佑《法苑杂缘原始集》，但南朝君主没有大规模地推行三长斋月，北魏亦无先例。而此后隋文帝开皇三年（583）下诏，"其京城及诸州官立寺之所，每年正月、五月、九月，恒起八日至十五日，当寺行道。其行道之日，远近民庶，凡是有生之类，悉不得杀。"⑤唐高祖武德二年（619）下诏，正、五、九月，天下普断屠杀。⑥有唐一代大部分时间，虽然制度的细节屡有迁改，三长斋月经常成为断屠的名目，涉及法律刑杀、官吏选任等诸多方面。⑦

前文指出，三长斋月在汉译佛典中没有明确的依据，只有《提谓波利经》之类的疑伪经中可见详细的说明。太武帝灭佛以后，北方佛教受到沉重打击，失去了十六国以来的实践传承，伪经《提谓波利经》应运而生。直到隋初，关中地区"往往民间犹习《提谓》，邑义各持衣钵，月再兴斋，仪范正律，递相监检，甚具翔集云。"⑧这是说当时僧俗仍以此经代替戒律，每月两次对照检查自身之言行。民间教团和社邑组织的实践，最终通过诏敕和国家法令的形式确定下来。刘淑芬指出，北齐、隋唐提倡月六三长的一个背景，正是《提谓波利经》的流行。

六朝前期的素食实践，是在私人领域的一些特定场合零散发生的，例如不定期举行的斋会、亲属

---

① 《续高僧传》卷一六《僧稠传》，第576页。同书卷一五《义解总论》（第549页）记载略同。

② 参见拙文《从〈慧光墓志〉论北朝戒律学》，《人文宗教研究》，2016年第2期，第80–104页。

③ 《隋书》卷一四《音乐志中》，第314页。

④ 《北史》卷五一《高元海传》，第1854页。《北齐书》卷一四《高元海传》（第184页）乃据《北史》所补。

⑤ 《历代三宝纪》卷一二，T49，no. 2034，p. 108，a14-17。案，《佛祖统纪》卷三九云："三年，诏天下正、五、九并六斋日，不得杀生命。"（T49，no. 2035，p. 359，c6-7）史源不详，怀疑是改写《历代三宝纪》的文字。

⑥ 《新唐书》卷一《高祖纪》，"诏自今正月、五月、九月不行死刑，禁屠杀。"北京：中华书局，1975年，第8页。宋敏求编《唐大诏令集》第一一三《禁正月五月九月屠宰诏》，北京：中华书局，2008年，第586页。

⑦ 刘淑芬《"年三月十"——中古后期的断屠与斋戒》，第75–114页。值得注意的是，不宜过高估计斋月对儒家祭祀活动的影响。例如，三长斋月规定正月不得宰杀，但南郊祭祀等若干大型仪式集中在正月，断杀基本上并不影响祭祀活动。《册府元龟》记载，武德九年皇帝亲祀稷，仍然提到"禋燎"，说明燔燎仪节中仍然有牲牢的存在。参见王钦若等编《册府元龟》卷三三《帝王部·崇祭祀》，北京：中华书局，1960年，第356页。此条幸蒙牛敬飞、赵永磊两位老师教示，谨此致谢！

⑧ 《续高僧传》卷一《昙曜传》，第13页。

服丧期等等,梁武帝的改革将素食主义制度化,并且推向礼仪的所有方面,自然与本土传统产生冲突。三长斋月的意义在于,从制度上将素食实践收缩回特定场合,但这个场合具有全民共享的时间起止,并且在其中充实了忏悔、俗讲之类的种种活动,从而改变了整个社会的岁时行事。①

隋唐时期祭祀制度的素食化,还有一个重要的变化,就是道教对国家祭祀的参与。道教同样反对杀牲祭祀。玄宗朝的高道司马承祯,声称道教仙真高于血祀之神,试图以道教的五岳真君祠等制度,参与改造儒家传统的岳渎祭祀,但最终效果仍然有限,雷闻认为,真君祠的建立并未对五岳祭祀构成实质的挑战,晚唐杜光庭的洞天福地学说,进一步放弃了道教仙真的优势地位,体现出国家权威的影响②。吴丽娱先生提出从公、私关系理解唐代礼制中佛道因素与儒家礼仪的分界,则启发尤多。③

纵览北朝隋唐时期祭祀制度的变化,可以看出两种倾向。一方面,北齐、隋唐的素食实践很大程度上仍然继承了梁武帝改革的制度化方向,不过是以三长斋月的规定,为素食参与公共生活"赋形";另一方面又避开了素食主义与最为敏感的宗庙、郊祀祭之间的冲突,而在山川岳渎祭祀中部分地采取儒道并行的方式,体现了明显的部门化倾向。

(二)素食改革前夕的僧团状况

考察梁武帝推行僧团全面素食的实际效果无疑非常困难。诹访义纯曾经全面统计了《高僧传》《续高僧传》在梁武帝改革前后实践素食僧人的人数和分布④,但由于蔬食苦节在佛教传入的早期就是僧传书写中被表彰的行为,即使拈举梁代以后坚持素食的个案,也无法证明素食主义经过梁武帝的提倡变得更加巩固,从践行素食的人数数据也难以描述僧团实践的总体趋势,因为数字受制于史家搜集材料的客观条件。

近年来,Eric Greene更提出了一个颠覆性的结论,通过仔细对勘若干早期的汉译佛经,他注意到汉译本比其他平行文本在涉及饮酒的文句处经常多出了不食肉的内容,这种差异大体可以断定是汉译者的加笔,并且也存在于汉地僧俗撰述之中,本文上文谈到郗超《奉法要》将素食写入八关斋的规定,正是这样的例子。5世纪前期,不仅是主张全面素食的《涅槃经》等译出的时代,同时也是开许三种净肉的诸部广律流行的时代。于是,汉地的素食运动呈现出完全不同于以往认识的图景。在佛教传来的初始阶段,素食主义并非如印度佛教僧团中是少数派的主张,在汉地早期接受素食毫无压力。因为素食是佛教、道教区别于其他杀牲祭祀的信仰传统的身份标签。素食之所以在五六世纪之交成为问题,引起广泛的讨论,其原因不在于此时传来的主张素食的经典,而在于时人第一次读到开许肉食的经典。⑤

① 玄宗朝以后,道教的十斋日被吸纳到佛教之中,并与地藏信仰相融合,产生了《地藏菩萨本愿经》这样影响深远的汉地撰述,呈现出丰富的社会生活面相,参见刘淑芬《"年三月十"——中古后期的断屠与斋戒》,第93-98页。
② 雷闻:《郊庙之外:隋唐国家祭祀与宗教》,北京:生活·读书·新知三联书店,2009年,第200-219页。
③ 吴丽娱:《皇帝"私"礼与国家公制:开元后礼的分期与流变》,《中国社会科学》,2014年第4期,第160-181页。
④ 诹访义纯:《菜食主义思想的形成(一)》,氏著《中国中世佛教史研究》,第41-63页。同作者《梁武帝的〈断酒肉文〉提倡的文化史意义——从南北朝隋唐僧侣的动向看》,《中国南朝佛教史的研究》,第118-136页。
⑤ Eric Greene. A Reassessment of the Early History of Chinese Buddhist Vegetarianism. Asia Major (3rd Series) 29.1(2016), pp. 1-43, esp. pp. 30-38.

如果此说能够成立，那么梁武帝素食改革的意义将会大大消解。然而这样的论述错失了梁武帝素食改革的层次和目标。本文开头指出，梁武帝的素食改革包含祭祀和僧团实践两个方向，在祭祀活动中废除杀牲，和僧尼日常生活中实践全面素食，本来是两个问题。佛教区别于其他信仰传统，其重要的宗教身份能指（signifier of religiosity）是废除杀牲，但不是僧尼素食，二者不能混淆。早期汉译佛经和撰述中的相关表述，的确表明素食作为方外之士的理想生活，在佛教传入的初期即被广泛接受。①但是梁武帝对僧团实践的改革所针对的，其实是推行全面素食面临的几种非常顽固的角落，正如周颙、何曾斤斤计较地研讨素食的食谱。在这样严肃、严格的讨论兴起之前，素食主义是否在僧团日常生活中得以确立，是一个无法证实也无法证伪的问题。

因此，为了评估梁武帝素食改革对僧团实践的效果，我们需要把考察的范围集中在改革之前之后一段相对较短的时代范围以内，并且考察的方式一定是思想史的，而非定量统计的社会学方法，素食主义的确立本质上是某种理想型（ideal type）被接受的过程。具体来说，是要看改革前夕在思想层面遇到哪些阻力，以及改革提出的新观念在之后一段时间是否得到加强。

按照这个思路，两个事实浮现在视野中。第一个事实是，梁武帝改革的前夕，戒律中开许"三种净肉"之说，确如Greene氏所设想的那样，成为僧人全面素食的障碍，这种情况尤其集中出现在身份地位较高的学问僧之中。

《断酒肉文》中梁武帝曾经询问各寺执行素食的情况，立场最为激进的法超向来不食肉，僧辩"中年疾病，有时暂开"，宝度的答复是定林、光宅两处不允许食肉，"若在余处，为疾病亦不免开"。②定林寺是律师僧佑的住寺，光宅寺是梁武帝旧宅，两处寺院与齐梁皇室关系密切，除此之外，建康寺院没有强制素食的硬性规定，特别是患病之时，以肉为药，以肉进补是普遍状况。

《历代三宝纪》还记载了这样一则轶事。扶南僧人僧伽婆罗到建康以后，"太尉临川王问曰：'法师为当菜食、鲑食？'答云：'菜食，病时则索。'又问：'今日何如？'答曰：'四大之身，何时不病？'王大悦，即为设食。"③后注云出自《宝唱录》《名僧传》，宝唱当时人写当时事，不仅可靠，而且生动神。对话中，僧伽婆罗巧妙地运用维摩诘"众生病，从四大起，以其有病，是故我病"的典故④，为自己食用肉食开脱，一座尽欢。此事年代不详，大致判断是在普通以后，梁武帝改革以前。⑤

还有一条间接的例证，见于《冥祥记》。根据小说的叙述，刘宋元嘉十六年（439）河东人阮稚宗由于好渔猎，堕入地狱，备受荼毒，还阳之际，"见有蚁数头。道人指曰：'此虽微物，亦不可杀，无论复巨此者也。鱼肉自死，此可啖耳。'"⑥这则灵验记一面谆谆教诲世俗的信仰者要严格戒杀，同时还不忘告诫他可

---

① 诹访义纯也指出实践木食、辟谷的黄老之徒、方士、道士对早期佛教徒的熏染，参见《菜食主义思想的形成（二）》，氏著《中国中世佛教史研究》，第64页。

② 《广弘明集》卷二六，T52，no. 2103，p. 299，b11-19。

③ 《历代三宝纪》卷一一，T49，no. 2034，p. 98，c10-13。

④ 《维摩诘所说经·文殊师利问疾品》，T14，no. 475，p. 544，c16-17。

⑤ 《梁书》卷二二《临川静惠王宏传》，"普通元年，迁使持节，都督扬南徐州诸军事、太尉、扬州刺史，侍中如故。"第341页。

⑥ 释道世撰，周叔迦、苏晋仁校注：《法苑珠林校注》卷六四《渔猎篇》，北京：中华书局，2006年，第1915页。参见王国良：《冥祥记研究》，台北：文史哲出版社，1999年，第201页。

以食用自死之肉。创作者想必熟知戒律中"三种净肉"之说。①

这些情况表明,在学理上确立大乘经典对戒律的优势地位,对"三种净肉"之说做出新的解释,对于在实践中推行素食,无疑是必要的。梁武帝改革以后,除了标榜示迹同凡的圣者菩萨,再难见到援引"三种净肉"之说为食肉辩护的记载。梁武帝发起的论辩,应当起到了廓清疑惑的作用。

(三)新理据的自觉运用

从一些迹象来看,梁武帝动用国家行政的力量,推动僧尼戒律的变革,受到僧界的抵制。笔者曾经考证过梁武帝欲自任白衣僧正,智藏与之抗辩之事,认为此事当发生在天监末年。②结合《断酒肉文》的写作年代来看,此举必然是素食改革前夕的准备工作,由于智藏的反对,遭遇了挫折。但梁武帝的改革决心甚为坚定。陈代马枢《道学传》云:"东乡宗超,字逸伦,高密黔诹人……日中而食,餐止麻麦。门人眷属,皆慕蔬肴,所处精庐,鲜味不进也……梁武帝三教兼弘,制皆菜食。虽有诏敕,罕能遵用。逸伦奉行。于是馆中法众,莫不菜蔬。私有犯触,即加斥遣。乃至厨醯不血味,远近嗟称,独为清素也。"③

这是反映梁武帝素食改革在地方执行情况的唯一直接记载。传中时间、地点均不明确,孙齐指出,从下文"庐陵威王在镇"之语看,此事发生在庐陵王萧续大同五年至中大同二年(539—547)任荆州刺史期间或稍早。④由此可知,梁武帝的改革是在全境范围内推开的,细玩文义,似乎也是在儒、释、道三教之内展开。推行的效果不理想,除了僧团对自身独立性的捍卫,也有宗教修行者普遍的惰性。但另一方面,我们也看到地方上存在着宗超这样主动践行素食的人士,道教中有,佛教中更多。

值得关注的第二个事实是,梁武帝改革之后的一段时期,在四处散见的素食实践中,越来越多地出现了自觉运用《涅槃经》等新理据的案例,有个别案例甚至在文字上袭用了《断酒肉文》中的语句。

首先,在梁陈之际南朝境内有傅大士(497—569),东阳郡乌伤县人。他曾经三次入都活动,面见梁武帝。死后弟子请求徐陵撰碑,叙述其人生平,作品经过历代整理,最终结集为《善慧大士录》四卷。笔者曾经指出,徐陵《碑》的碑阴"记大士问答语,并题眷属、檀越弟子名",很可能构成《善慧大士录》卷二后半傅大士与弟子问答的内容主体。⑤在这一部分中,傅大士回答了弟子关于"菜食经久或致病""天下人民学道,不尽菜食,大士何独执菜食耶?"以及食用自死之肉的问题,傅大士给出的理由有自由发挥的成分,但弟子们的疑虑,与《断酒肉文》所着力澄清的问题高度重合。这至少说明,傅大士在梁武帝改革前后,在地方教团中也在同一方向上积极推动素食运动。

时代稍晚,有益州僧崖(488—559),其人出生于广汉金渊山谷,众所周知,益州是由梁朝控制易守为北周辖境的地区。北周武成元年(559)以降,僧崖在益州城中几度烧身,劝信者行慈断肉。"有孝爱寺

---

① 《冥祥记》中也有声称食肉堕恶狗地狱的(第69条竺慧炽事),关于《冥祥记》中的素食内容,参见 Robert Campany. Signs from the Unseen Realm: Buddhist Miracle Tales from Early Medieval China. Honolulu: University of Hawaii Press, 2012, pp.59-60.

② 参见拙文《内律与俗法——从〈续高僧传·智藏〉再探南朝政教关系》,《中华文史论丛》,2017年第4期,第231-252页。

③ 陈国符:《道学传辑佚》,收入氏著《道藏源流考》,北京:中华书局,1963年,第468页。

④ 孙齐:《唐前道观研究》,山东大学2014年博士学位论文,第181-182页。

⑤ 参见拙文《傅大士作品早期流传考》,载《魏晋南北朝隋唐史资料》(第44辑),上海:上海古籍出版社,2021年,第87页。

僧佛与者，偏嗜饮啖，流俗落度。随崖舆后，私发愿曰：'今值圣人，誓断酒肉。'及返至寺，见黄色人曰：'汝能断肉大好，汝若食一众生肉，即食一切众生肉。若又食者，即食一切父母眷属肉矣。必欲食者，当如死尸中虫，虫即肉也。'"①僧崖自言"我在山中，初不识字"，早年为悉禅师侍者，出身甚为卑贱。但他凭借宗教极端行为，在益州信众中获得巨大的社会影响，以致有菩萨之号。僧崖所言众生肉即父母眷属肉，出自《楞伽经》。难以考证他从何种渠道获知这一说法，但《续高僧传》所依据的史源之一是亡名的《僧崖菩萨传》，而亡名出身南阳宗氏，受梁元帝礼接，是从后梁入蜀，显名于北周的人物。②如果圣者的事迹经过圣徒传作者的加工，那么传记中所反映的思想，也有可能是从梁朝文化的继承者后梁地区扩散所致。

北齐文宣帝高洋在僧稠影响下实践素食，已如上述。北周境内，还有僧妙(?—570)，居河东蒲坂。其人"妙讲解《涅槃》，以为恒业……化行河表，重敬莫高，延及之乡，酒肉皆绝，现生葱韭，以土掩覆。并非由教令，而下民自徙其恶矣"。③降及初唐，有法聪(586—656)，居苏州常乐寺，贞观十九年(645)，"嘉兴县高王神，降其祝曰：'为我请聪法师受菩萨戒。'依言为授。又降祝曰：'自今以往，酒肉五辛，一切悉断。后若祈福，可请众僧在庙设斋行道。'又二十一年(647)，海盐县鄱阳府君神，因常祭会，降祝曰：'为我请聪法师讲《涅槃经》。'道俗奉迎，幡花相接，遂往就讲，余数纸在。"④

后两个事例都很难说是梁武帝改革的直接后果，但都自觉地强调了《涅槃经》的重要性，僧妙还排斥五辛，体现了《楞伽》等经的影响。

除了史传材料，再来看几件汉地撰作的疑伪经。这些以翻译佛典的形式创作的作品，如果能大致判断其产生和流行的时空范围，则可以窥见其所反映的社会现状。后世影响最大的作品是《梵网经》，此经是以十重四十八轻的形式，将大乘佛教的实践伦理整理成与声闻戒律相似的教团规制。禁止食肉和断绝五辛的内容，分别构成菩萨戒的第三、第四轻戒。此经成立年代在450—480年这段时间，较梁武帝改制的年代略早。⑤

《华严十恶(品)经》，《法经录》以降均著录为疑伪经。经文中强调了"一切众生食肉者，断大慈种"，此说来自《涅槃经》。经文又说"煮肉、炙肉、斩肉"与杀生之人都要堕入地狱，食肉意味着君臣、父子、兄弟、姊妹、夫妻、内外眷属相互吞噬，显然是对《楞伽经》六道众生皆父母兄弟的思想做了发挥。此经有15件敦煌、吐鲁番写本，此外还有山东巨野县北齐河清三年(564)刻经碑，以及南宋时期的大足石刻石佛湾地狱变刻经。⑥可以推断，此经成立年代大概在法经撰录的开皇十四年(594)稍早。⑦

萧子良抄略《央掘魔罗经》两卷，为梁武帝《断酒肉文》所引用，已如上述。《法经录》将萧子良抄经

① 《续高僧传》卷二九《僧崖传》，第1144页。
② 《续高僧传》卷七《亡名传》，第240-241页。
③ 《续高僧传》卷八《僧妙传》，第266页。
④ 《续高僧传》卷二七《法聪传》，第1073页。
⑤ 船山彻：《东亚佛教生活规则〈梵网经〉：最古老的形态与发展的历史》，第18-19页。
⑥ 参见曹凌：《中国佛教疑伪经综录》，上海：上海古籍出版社，2011年，第182-186页。
⑦ 据笔者调查，敦煌写本的年代大概在7—10世纪之间。北齐刻经碑系节抄经文中破斋者入地狱的内容，因此尚难判断《华严十恶经》整体在北齐已经成立。

一律著录为疑伪，这是对抄经性质的理解不同。然而《开元录》著录"《央崛魔罗经》二卷"，注云："亦直云《央崛经》，与真经名同。萧子良抄撰中有《央崛魔罗经》二卷，疑此经是。"①根据这一描述，智升所见的二卷本《央崛经》，显然与今本存在较大差别。今检《法苑珠林·酒肉部》在引用一段《央掘魔罗经》之后，以"又此经云"领起一段引文。这段文字不见于今本《央掘魔罗经》，但与《断酒肉文》的辩论文字颇多重合，对比如下：

表3 《法苑珠林》与《断酒肉文》经文对比

《法苑珠林》引《央掘魔罗经》②	《断酒肉文》
又此经说：众生身内有八十万户虫。若断一众生命，即断八十万户虫命。若炙若煮，若淹若暴，皆有小虫、飞蛾、蝇蛆而附近之。如是展转，傍杀无量生命。	又敕舍云：众生所以不可杀生，凡一众生具八万户虫，经亦说有八十亿万户虫。若断一众生命。即是断八万户虫命。自死众生又不可食者：前附虫虽已灭谢。后所附虫其数复众。若煮若炙此断附虫，皆无复命。利舌端少味，害无量众生。其中小者，非肉眼能观。其中大者，炳然共见。灭慈悲心，增长恶毒。其实非沙门释子所可应行。(T52，no.103，p.303，a26-b4)
虽不自手而杀，然屠者不敢自食，皆为食肉之人杀之。故知食肉之人，即兼有杀业之罪。	又外道虽复非法说法法说非法，各信经书死不违背。今出家人啖食鱼肉，或云肉非己杀犹自得啖，以钱买肉，亦复非嫌。如是说者是事不然。《涅槃经》云："一切肉悉，断及自死者。"自死者犹断，何况不自死者？《楞伽经》云："为利杀众生，以财网诸肉。二业俱不善，死堕叫呼狱。"何谓以财网肉？陆设置罘，水设网罟，此是以网网肉。若于屠杀人间以钱买，此是以财网肉。若令此人不以财网肉者，习恶律仪捕害众生，此人为当专自供，亦复别有所拟？若别有所拟，向食肉者岂无杀分？何得云我不杀生？此是灼然违背经文，是则七不及外道。(T52，no. 2103，p. 295，a1-13)
或有出家僧尼，躬在伽蓝，共诸白衣，公然聚会。饮酒食肉，荤辛杂秽，污染伽蓝，不愧尊颜。如斯浑杂，岂胜外道？	在家人虽复饮酒啖肉，各有丘窟，终不以此，仰触尊像，二不及居家人。在家人虽复饮酒啖肉，终不吐泄寺舍，此是三不及居家人。(T52，no. 2103，p. 295，b18-21)

《断酒肉文》的风格是引经据典，夹杂议论，语气连贯而雄辩。第一段引文众生身上有八万户虫的说法，也见于今本《央掘魔罗经》。梁武帝引用了某种不知名的经，云有"八十亿万户"，我们当然可以设想可能在《断酒肉文》写作以前，已经存在一个文本，就是左边一栏所引的异本《央掘魔罗经》。但观察左栏文字，不难看出三段文字语意并不连贯，将出家僧尼与白衣、外道的比较，更使人想起《断酒肉文》(1-B，1-C)独特的论辩方式。因此笔者认为，《法苑珠林》所引异本《央掘魔罗经》，很可能也就是智升所见到的疑伪经，它是将《断酒肉文》的文字撮要、点窜，从而形成了比较简洁精练的佛经文体。③

(四)小结

梁武帝作为一个结合了学识和权力的士人君主、菩萨皇帝，同时既是开国之君，又是梁朝实际的

---

① 《开元释教录》卷一八，T55，no.2154，p.673，a16-18。参见曹凌《中国佛教疑伪经综录》，第479-480页。

② 释道世著，周叔迦、苏晋仁校注：《法苑珠林校注》卷九三《酒肉部》，第2700页。点校本以碛砂藏为底本，高丽本文字稍有出入，江南系统诸本则与《诸经要集》接近。又《诸经要集》卷一七，T54，no. 2123，p.161，b17-24。

③ 王微认为《断酒肉文》(2-B)部分引用的是伪经《央掘魔罗经》，并且认为《法经录》著录的《华严十恶经》是萧子良之抄经，皆误。《法经录》言《华严经》以下23经是萧子良所抄，没有包括《华严十恶经》。但他指出《华严十恶经》央掘魔罗事迹乃改篡《涅槃经》阿逸多故事，值得注意。参见 Françoise Wang-Toutain. Pas de boissons alcoolisées，pas de viande-Une particularité du bouddhisme chinois vue à travers les manuscrits de Dunhuang. Cahiers d'Extrême-Asie，vol. 11(1999)，pp.91-128；esp.，pp.96，115.

终结者，如何理解他的种种创制留给后世的遗产？或者如何理解不同时空尺度下的逆与顺，必然与偶然？素食改革这一个案，向我们展开了思想与社会之间丰富的历史层次。

在僧团戒律的方向上，我们在长时段观察到这样的趋势：戒律中开许"三种净肉"的说法逐渐衰落，代之而起的是《涅槃经》《楞伽经》等如来藏系的大乘经典所宣传的全面素食主张，弘扬这一主张的僧人，在南北朝后期，形成了浩浩洪流。纵观唐代以降的中国戒律学，根本的学术方法，就是《涅槃经》等大乘经为原则，引导声闻律的解释，是保守的部派戒律与大乘菩萨行的结合。

在此消彼长的交替中，梁武帝的改革恰好站在一个关键的时间节点上，因此虽然无法逻辑地证实此后的潮流都是梁武帝开辟鸿蒙之功，但至少可以推测他的改革和辩论有推波助澜之效。《断酒肉文》对一些重要问题的体察和辨析，在傅大士与弟子的对话中回响，甚至部分文字，也在伪经《央掘魔罗经》中再现。

在祭祀和公共生活的领域，后世的意识形态话语和实践存在很大的分歧。这种分歧在东魏、北齐业已出现。出于敌对的立场，必须对梁武帝加以批判。然而梁武帝虔诚的佛教信仰，和他在制度上的革新，也是北齐僧俗模仿的对象。唐初君主的表态和历史书写的定调，使得梁武帝以佞佛亡国，成为唐人的一个基本认识。[1]然而到具体的实践层面，素食运动的影响还在继续，只要确保素食与国家祭祀各行其是，素食、断杀的实践仍在向社会生活的各个方面推展。

五、余论

素食问题是儒佛交涉的界面，僧俗交净的战场，梁武帝的素食改革，由于扭结了若干思想——实践的传统，显得格外复杂。在这一个案的考察中，如同此前考察过的其他个案，我都尝试将六朝佛教描述为一个自下而上、从隐至显的连续过程。急速输入的佛教新学说，经过居士群体的倡导和灵活解释，最终导向激进的实践。梁武帝动用国家权力推动变革，只是此前百余年社会思潮的最为激烈的表达。而从整理的演进过程来看，繁荣的译经活动、居士的积极参与、三教调和的解释思路，始终是南朝佛教连贯的构成要件。

---

① 唐太宗在贞观二年对侍臣说："至如梁武帝父子，志尚浮华，惟好释氏、老氏之教……未尝以军国典章为意。"吴兢撰，谢保成点校：《贞观政要集校》卷六《慎所好》，北京：中华书局，2009年，第330—331页。贞观十七年，萧瑀请求出家，太宗又说"至若梁武穷心于释氏……子孙覆亡而不暇，社稷俄顷而为墟，报施之征，何其缪也。"《旧唐书》卷六三《萧瑀传》，第2403页。这一立场也反映在《南史》的史臣论赞中，论曰："帝留心俎豆，忘情干戚，溺于释教，弛于刑典。"《南史》卷七《梁本纪中》，第226页。

魏晋时代丝绸之路上的口簧艺术与相关的文学书写

——以六盘山地区古代口簧艺术之遗存为参照

范子烨

（中国社会科学院文学研究所）

口簧,俗称为口弦、口弦琴和响篾等,古人又称为口琴或嘴琴(西方人称为Jew's Harp,jawharp或mouthharp等),不同民族对口簧有不同称谓。[①]而"口弦"的"弦"实际是"衔"的讹字,"口弦琴"本来应作"口衔琴",是指衔于口中的琴;其实它根本不是弦乐器,而是一种拨奏体鸣乐器。曾遂今指出:"口弦,是一种构造非常简单的原始乐器……最早的口弦,起源于人类新石器时代……由于口弦和其他乐器比较,较多地保留着原始时代的特点,因此它可视为人类远古音乐文化形态的'化石'。"[②]莫尔吉胡指出:"口弦是极为古老的弹拨乐器,是人类第一乐器,是具有胚胎型意义的最为原始的古乐器。""口弦更为重要的功用便是在人的听觉神经里埋下对音的美感情趣与对音与音之间的距离感,也就是为人类听觉意识种下了音的逻辑思维种子。""口弦音列应是人类第一音列,亦可称之为自然大调式音列。"[③]根据近年的考古发现,最初的口簧是骨制的,后来才有竹木的和金属的。竹制口簧起源于原始人的狩猎、生产活动。古《弹歌》云:"断竹续竹。飞土逐宍。"[④]在制作狩猎工具的过程中,古人很容易发现竹子因破裂而发声的现象。我们读撒尼人长诗《阿诗玛》中的一段:"破竹成四块,划竹成八片,青青的竹子啊,拿来做口弦。口弦轻轻地响,弹出心里的话,甜甜的声音啊,爱它和宝贝一样。"[⑤]《阿诗玛》"破竹""划竹"与《弹歌》"断竹""续竹"的相似恐非巧合。今云南纳西族的象形文字中有竹口簧和演奏竹口簧的字符[⑥],足以表明竹簧的出现也比较早,但无论其出现多么早,都是依赖于锋利的金属工具才得以

---

① 关于口簧的基本情况,可参看薛艺兵:《中国乐器志·体鸣卷》第五章"拨奏体鸣乐器",北京:人民音乐出版社,2003年,第213-224页。乐声:《中华乐器大典》"竹簧"条和"铁簧"条,北京:文化艺术出版社,2015年,第500-505页。

② 曾遂今:《口弦的科学价值》,《音乐研究》,1987年第1期,100-103页。并参见(日)山口修:《人类远古音乐文化的"活化石"——口弦》,程天健译,《交响》(《西安音乐学院学报》),1996年第1期。

③ 莫尔吉胡:《音的逻辑》,呼伦贝尔:内蒙古文化出版社,2013年,第2-3页。

④ (清)沈德潜:《古诗源》,北京:中华书局,1963年,第21页。《吴越春秋·勾践阴谋外传第九》,周生春撰《吴越春秋辑校汇考》,上海:上海古籍出版社,1997年,第152页。刘勰认为,诗起源于二言。《文心雕龙·章句》:"至于诗颂大体,以四言为正,唯祈父肇裑,以二言为句。寻二言肇于黄世,竹弹之谣是也。"《文心雕龙·通变》:"黄歌《断竹》,质之至也。"分别见范文澜:《文心雕龙注》(下册),北京:人民文学出版社,1958年,第571页、519页。足见古《弹歌》的重要意义。

⑤ 转引自牛龙菲:《古乐发隐》,兰州:甘肃人民出版社,1985年,第297-298页。

⑥ 见应有勤、孙克仁:《口弦的综合考察》,《中国音乐学》,1988年第2期。

产生的，因为材料越软，对所用工具的锋利程度要求就越高，反之亦然。竹簧的制作取材于大自然，其律制也是最原始的自然律制。①

口簧是一种自夏商以来就流行于宫廷和民间的乐器。《诗经》有四首诗涉及了这种乐器，其中最著名的是《小雅·巧言》的"巧言如簧"。这个比喻蕴含着非常专业精准的乐理机制。牛龙菲指出："所谓'巧言如簧'，是说巧伪人之舌像口弦那样，可以发出变化多端的音调。如若是指笙中之簧，那只能是一簧一音，哪里还有什么'巧舌'可言。"②曾遂今说："人的口腔、咽腔仿佛是一根一端闭合的开口管，平均长度约17厘米……当口形一定时，舌面向里收缩，位置放低，固有频率相应变小；舌面外延，向上抬起，固有频率相应变大……变化嘴形与口腔舌位，口腔的固有频率有产生变化。"③他的解释非常具有科学性。目前，这种乐器已经退出汉族文化系统，但在其他民族中还有很多遗存。目前，口簧在我国，少量存在于东北地区（满族、赫哲族、蒙古族），更多地存在于六盘山地区（回族）和川藏甘地区（藏族和羌族）。

六盘山地区的回族人称口簧为"口口儿""口衔子"或者"口琴子"，使用的口簧主要有竹制绳振拉奏式和铁制钳形弹拨式。

图1　竹制口簧　　　　　　　　　图2　铁制口簧

对口簧的基本形制和演奏方式的记载最早出现在汉代。汉刘熙《释名》卷七载：

> 竹之贯匏，象物贯地而生也，以匏为之，故曰匏也。竽亦是也，其中污（汗，谓洼也）空以受簧也。簧，横也，于管头横施于中也。以竹、铁作，于口横鼓之，亦是也。④

在这里，刘熙明确记载了两种簧：一种是管乐器内的簧片，即笙簧和竽簧，这是笙、竽发声的关键性部件；另一种是作为独立乐器的口簧，或用竹制，或用铁制。所谓"于口横鼓之"，正是口簧的基本演奏方式。六盘山的口簧遗存，与刘熙关于口簧的记载完全对应，所以堪称古代音乐的"活化石"。

在民间艺术的层面上，口簧艺术的主要功能在于它的娱乐性，即为歌舞伴奏；同时，口簧多用

---

① 参见陈其射：《自然纯正律及其回归》，《温州师范学院学报》，2000年第4期。

② 牛龙菲：《古乐发隐》，兰州：甘肃人民出版社，1985年，第293页。

③ 曾遂今：《口弦的发音原理初探》，《乐器》，1986年第4期、第5期。

④ 王先谦撰集：《释名疏证补》，上海：上海古籍出版社，1984年，第333-334页。

于男女社交活动,特别是青年男女的爱情生活,表达爱情也是口簧的基本功能之一。陆云在诗中对口簧的描写,正是这些功能的体现,而笙则不具备这种艺术表达功能。

表1　六盘山地区传承口簧艺术的主要代表人物

序号	口簧传承人	属　　地	特　　长
1	安宇歌	宁夏群众文化艺术馆	口弦弹奏、制作
2	马兰花(大)、马兰花(小)、马义珍等10余人	灵武郝家桥口弦村	口弦弹奏
3	马汉东等	海原县	口弦弹奏
4	何生兰等	海原县九彩坪	口弦弹奏
5	黎存福	海原县李庄	竹口弦制作
6	黑义贵	海原县李庄五队	铁口弦制作
7	温生科等	泾源县	竹口弦制作
8	马彦芳等	同心县	口弦弹奏制作
9	丁生林	同心县	铁口弦制作
10	李凤莲及其母亲等	西吉县	口弦弹奏
11	王德琴等10余人	吴忠市	口弦弹奏
12	李静等	永宁县	口弦弹奏
13	马兰花	平罗县渠口村	口弦弹奏制作

本文以六盘山地区的口簧遗存为参照,对魏晋时代的口簧艺术及其文学书写加以考察。

一、"鸣簧发丹唇,朱弦绕素腕"——陆云诗中的曹魏遗音

西晋时代,陆云所作《为顾彦先赠妇往返》四首其四是一篇描写口簧艺术的重要作品。其原诗共有四首,徐陵《玉台新咏》收录之①,而《文选》卷二五"赠答"类选录了其中二首,题作"《为顾彦先赠妇》"。李善所作解题说:"《集》亦云'为彦先',然此二篇,并是妇答,而云'赠妇',误也。"所谓《集》,就是《陆云集》。《隋书》卷三五《经籍志》载《晋清河太守陆云集》十二卷,梁十卷,录一卷。李善所见,或即此本。看来《文选》的题误,由来已久。李善的意见是正确的。这种低级错误的发生,是因为与陆机的《为顾彦先赠妇》二首(见《文选》卷二四)发生了混淆。类似的情况在《文选》中有不少,如陶渊明《饮酒》诗被误题为《杂诗》,与陶渊明的《杂诗》混淆。萧《选》编纂工作的粗糙可见一斑。其实,陆云的这组诗在东晋时代就已经是驰誉诗坛的名篇了。其一之"我在三川阳,子居五湖阴。山海一何旷,譬彼飞与沉"四句,为陶渊明《庚子岁五月中从都还阻风于规林》二首其二所本:"自古叹行役,我今始知之。山川一何旷,巽坎难与期。""目想清慧姿,耳存淑媚音"二句,为陶渊明《始作镇军参军经曲阿》"目倦川涂异,心念山泽居"所本。其二之"悠悠君行迈,茕茕妾独止。山河安可逾?永路隔万里"四句,为陶渊明《赠羊长史》"岂忘游心目?关河不可逾……闻君当先迈,负痾不获俱"所本。②可见陶渊明对陆云的这组诗是非常欣赏

---

① (清)吴兆宜注:《玉台新咏笺注》(上册),北京:中华书局,2017年,第119–122页。

② 陶诗化用陆云诗,上举例一和例三,古直已经揭示出来,分别见其《陶靖节诗笺定本》,台湾广文书局,1999年,第71页,第63页。

的。后来其中的第二、第四两首进入《文选》和整组诗进入《玉台新咏》，更标志着其诗歌经典地位的确立。刘运好先生所撰《陆士龙文集校注》择善而从，也以《为顾彦先赠妇往返》这一诗题为正。对于这四首诗，刘先生的校勘、注释、赏析与汇评，都非常全面、深刻，能够集文献整理的功夫与诗学审美的精髓于一身，令人钦佩。这里，我仅就此组诗的第四首所反映的音乐史问题加以分析。全诗共20句，其中有10句是对音乐的描写：

> 西城善雅舞，总章饶清弹。鸣簧发丹唇，朱弦绕素腕。轻裾犹电挥，双袂如雾散。华容溢藻幄，哀响入云汉。知音世所希，非君谁能赞？

这10句诗隐含着关于魏晋音乐史的重要文化信息，了解和理解这些信息对正确解读陆云这首诗是一个重要的前提条件。

首先是"西城善雅舞，总章饶清弹"二句。李善注："陆机《洛阳记》曰：'金墉城在宫之西北角，魏故宫人皆在中。'崔豹《古今注》曰：'魏文帝宫人尚衣，能歌舞，一时冠绝。'孙盛《晋阳秋》，傅隆议曰：'其总章技，即古之女乐。'"

据此可知，所谓"西城"是指金墉城，位于西晋首都洛阳皇宫的西北角。在魏晋易代以后，曹魏的宫人居住在这里，其中包括曹魏的宫廷乐人。崔豹说的魏文帝宫人尚衣是其中之一。"雅舞"是宫廷乐舞。陆机《日出东南隅行》："悲歌吐清响，雅舞播幽兰。"又《百年歌》："罗衣绰粲金翠华，言笑雅舞相经过。"宋陈旸《乐书》卷一八三"雅舞"条："古者雅舞用之郊庙燕享，莫不以金石奏之，大抵不过文、武二舞而增损之，所以示不相袭也。三代之际，更增缦乐野舞夷乐而兼奏之，迨至秦汉，用之宴私，率多哇淫，而雅舞废矣。"

曹魏宫人之雅舞自然属于文舞，属于曹魏时期的宫廷宴乐。"总章"，是乐官名。《后汉书·孝献帝纪》："八年冬，十月己巳，公卿初迎冬于北郊，总章始复备八佾舞。"李贤注："总章，乐官名。"北周庾信《华林园马射赋》："总章协律，成均树羽。"女乐属于总章的管辖范围。"总章饶清弹"说的是居住在西城中曹魏女乐的首领。"饶"，是多有的意思。"清弹"是指清美的琴曲。陆机《拟今日良宴会》："齐僮梁甫吟，秦娥张女弹。"又《拟西北有高楼》："玉容谁能顾，倾城在一弹。""一弹"即一曲。潘岳《笙赋》："辍《张女》之哀弹，流《广陵》之名散。""哀弹"即情调哀伤的琴曲。

其次是"鸣簧发丹唇，朱弦绕素腕"二句。李善注："《毛诗》曰：'吹笙鼓簧。'《神女赋》曰：'朱唇的其若丹。'《礼记》曰：'清庙之瑟，朱弦而疏越。'《洛神赋》曰：'攘皓腕。'"

唐刘良注："簧，笙也；朱弦，谓筝琴也。素腕在上弹，故云绕也。"[1]

刘氏认为陆诗中之"簧"是笙的代名词，而"朱弦"是筝、琴的代名词。吴兆宜注："晋张骏《薤露》：'义士扼素腕。'案：《汉武内传》：许飞琼鼓震灵之簧。又：邢疏：簧者，笙中金薄叶也。笙必有簧，故或谓笙为簧。《乐记》郑注：朱弦，练朱弦也。不练则体劲而声清，练则丝熟而声浊。"[2]

吴氏所引《礼记·乐记》的原文是："清庙之瑟，朱弦而疏越，壹倡而三叹，有遗音者矣。"清陈澔注："鼓清庙之诗之瑟，练朱丝以为弦，丝不练则声清，练之则音浊。疏通也，越瑟底之孔也，疏而通之，使其

---

① 《六臣注文选》（中册），北京：中华书局，1987年，第464页。
② （清）吴兆宜注：《玉台新咏笺注》（上册），北京：中华书局，2017年，第121页。

声迟缓,瑟声浊而迟,是质素之声,非要妙之音也。"[1]

可知吴氏认为陆诗中的"朱弦"是指瑟。琴、瑟、筝是三种不同的乐器。在以上各家训释的基础上,刘运好将此二句诗概括为:"此二句言鸣簧之声,发于朱红之唇;筝瑟之弦,绕于洁白之腕。"[2]

但"筝瑟之弦",如何"绕于洁白之腕"呢?如果琴弦缠绕在手腕上,还能够演奏吗?在琴、筝、瑟这三种乐器的演奏中,这种情况是闻所未闻,见所未见的。其实,这两句诗描写的是另外一种特殊乐器的演奏,这种乐器叫作"口簧",俗称"口弦琴",古人又称为"口琴"或"嘴琴"。具体说来,陆云写的是一种拉线式竹簧,又称绳振式竹簧。这种乐器在演奏时如果在拉线上没安装横棍,那么,将拉线缠绕在手腕上是比较稳固的,能够很好地震动簧舌,产生音乐。

实际上,"朱弦绕素腕"这句诗的描写蕴含着一个极大的错误。这里诗人使用"朱弦"一词,这是不恰当的,因为"朱弦"本指用熟丝(蚕丝)制的琴弦。《荀子·礼论》:"《清庙》之歌,一唱而三叹也。县一钟,尚拊之膈,朱弦而通越也。"《礼记·乐记》:"《清庙》之瑟,朱弦而疏越。"郑玄注:"朱弦,练朱弦。练则声浊。"孔颖达疏:"案《虞书》传云:古者帝王升歌《清庙》之乐,大瑟练弦。此云朱弦者,明练之可知也。云练则声浊者,不练则体劲而声清,练则丝熟而弦浊。"古人一般把宫廷瑟弦称为"朱弦"。把蚕丝制成的柔弱的琴弦绕在手上演奏琴、筝、瑟之类的乐器,无异于痴人说梦。这句诗表明,陆云对口簧这种乐器是非常陌生的,他可能看过实际的口簧演奏,但距离较远,如果近距离观察或者把玩在手,他就不会说"朱弦绕素腕"了。

"轻裾犹电挥"等六句,前两句写舞蹈之美丽,次二句写歌声之悠扬,后二句写知音之难觅,唯君可以当之。就本诗文本的生成而言,这六句诗实际上导源于陆机的诗作:

> 馥馥芳袖挥,泠泠纤指弹。悲歌吐清响,雅舞播幽兰。丹唇含九秋,妍迹陵七盘。赴曲迅惊鸿,蹈节如集鸾。绮态随颜变,沈姿无定源。俯仰纷阿那,顾步咸可欢。(《日出东南隅行》《文选》卷二八)

> 哀音绕栋宇,遗响入云汉。(《拟今日良宴会》,《文选》卷三十)

> 佳人抚琴瑟,纤手清且闲。芳气随风结,哀响馥若兰。玉容谁能顾,倾城在一弹。(《拟西北有高楼》,《文选》卷三〇)

而陆云这组诗的创作,总体上离不开对陆机《为顾彦先赠妇》二首的依拟:

> 辞家远行游,悠悠三千里。京洛多风尘,素衣化为缁。修身悼忧苦,感念同怀子。隆思乱心曲,沉欢滞不起。欢沉难克兴,心乱谁为理?愿假归鸿翼,翻飞浙江汜。

> 东南有思妇,长叹充幽闼。借问叹何为?佳人渺天末。游宦久不归,山川修且阔。形影参商乖,音息旷不达。离合非有常,譬彼弦与筈。愿保金石志,慰妾长饥渴。[3]

二陆诗属于同一题材,陆云诗前三首的思想情调与陆机诗相近,而第四首的思想情调则与之差异

---

① 《礼记》,上海:上海古籍出版社,1987年,第205–206页。

② (晋)陆机著,刘运好校:《陆士龙文集校注》(上册),南京:凤凰出版社,2010年,第617页。

③ (晋)陆机著,刘运好校:《陆士衡文集校注》(下册),南京:凤凰出版社,2007年,第421–424页。

甚大。以上两点为历代注家所忽略，故特为捻出之。

陆云这首诗涉及了器乐演奏——琴（清弹）和口弦琴（鸣簧），还有舞蹈（雅舞）和声乐（哀响）。这些乐人均在总章的统摄之下。可见陆云这首诗反映了这支前朝宫廷乐队的大致情况。这支乐队在当时应当有很大的名气，所以能够进入"洛阳三俊"（二陆一顾）这些出自江南望族的文化名人的视野。当然，这也说明曹魏的文化影响力还是很大的。

在曹魏（220—265）覆亡24年后，即西晋太康十年（289），二陆入洛，此时距曹操辞世也已有60年之久。但是，魏武帝的流风遗韵依稀尚存。陆机在《吊魏武帝文并序》中写道："元康八年，机始以台郎出补著作，游乎秘阁，而见魏武帝遗令，慨然叹息伤怀者久之。"元康八年就是公元298年，陆机在秘阁见到了曹魏的机密档案，"魏武帝遗令"也就是曹操的临终遗言，他提到了曹操的四条遗言，其中的一条是："吾婕好妓人，皆着铜雀台。于台堂上施八尺床、繐帐，朝晡上脯糒之属，月朝十五日，辄向帐作妓。汝等时时登铜雀台，望吾西陵墓田。"[1]

据此，陆机写道："悼繐帐之冥漠，怨西陵之茫茫。登雀台而群悲，眝美目其何望。"铜雀台正是著名的邺城"三台"之一（还包括金凤台和冰井台）。陆云在《登台赋并序》中说："永宁中，参大府之佐于邺都，以时事巡行邺宫三台。登高有感，因以言崇替，乃作赋云：承后皇之嘉惠兮，翼圣宰之威灵。肃言而述业兮，乃启行乎北京。巡华室以周流兮，登崇台而上征……曲房萦而窈眇兮，长廊邈而萧条。于是迥路透迤，邃宇玄芒，深堂百室，曾台千房。"[2]

永宁年间（301—302），陆云任职于邺都（今河北临漳县）。根据他的描写，"三台"是非常雄伟壮丽的，其中长廊环绕，栋宇萧森，有成百上千的房间，不仅如此，他在这里还亲眼看到了曹操的许多遗物并且偷走了几个小物件，具体情况见于他的《与兄平原书》。[3]由此，我们可以推断，陆云诗中所写的曹魏宫廷女乐即发源于当年曹操对酒当歌的邺城铜雀园（即西园）的女乐。这就是陆云此诗所写"西城总章"的历史背景。

"凄凉蜀故妓，来舞魏宫前。""商女不知亡国恨，隔江犹唱后庭花。"历史总有一些惊人的相似。

二、西方的"吟啸之国"

晋王嘉《拾遗记》卷五载："太始二年，西方有因霄之国，人皆善啸，丈夫啸闻百里，妇人啸闻五十里，如笙竽之音，秋冬则声清亮，春夏则声沉下。人舌尖处倒向喉内，亦曰两舌重沓，以爪徐刮之，则啸声逾远。故《吕氏春秋》云'反舌殊乡之国'，即此谓也。有至圣之君，则来服其化。"[4]

《拾遗记》是一部著名的志怪小说，书中虽然以杂录和志怪为主，但也有某些可信的历史内容，本则故事即是一例。但对现代读者而言，这则故事是很难读懂的。这里，我们结合民族音乐学以及相关的音乐史料对其加以解读。

太始为汉武帝年号，太始二年即公元前95年；所谓"因霄之国"，当为"吟啸之国"，这是发音相近

---

① （晋）陆机著，刘运好校《陆士衡文集校注》（下册），南京：凤凰出版社，2007年，第905页。
② （晋）陆机著，刘运好校《陆士龙文集校注》（上册），南京：凤凰出版社，2010年，第121-122、128页。
③ （晋）陆机著，刘运好校《陆士龙文集校注》（下册），南京：凤凰出版社，2010年，第1034-1041页。
④ （晋）王嘉撰，齐治平校注《拾遗记校注》，北京：中华书局，1981年，第124页。

而导致的讹误,校勘学称为"音近致讹",这种现象在古籍传刻的过程中是经常发生的。这个"吟啸之国"的故事文本包含三个语段:(1)从"太始"句到"春夏"句,以"啸"为核心,说该国无论男女,都善于长啸;(2)从"人舌"句到"则啸"句,是以如何"啸"为核心,就是卷舌的技巧;(3)最后四句表达了作者对此国啸艺的认知。

我们先从第二个语段出发来看如何"啸"的问题。"人舌尖处倒向喉内"是指卷舌发声的技巧,但通常卷舌是不能发声的,如清钮琇《觚剩续编》卷三"哑樵"条(清康熙三十九年临野堂刻本)记一樵夫发现一条大蛇藏在山洞中,回家后"遂不能言",三年后"复过前遇蛇处","有龙从洞中出",樵夫言:"向我卷舌不能出声者,正此物为之也!"于是恢复了说话的能力。事实上,在一般的情况下,人在卷舌时不仅不能说话,而且也不能唱歌。但是,长啸的基本技巧就是卷舌发声。元刘赓《啸台》诗曰:"舌如卷叶口衔环,裂石穿云讵可攀。鸾凤不鸣人去久,荒台无语对共山。"

"舌如"一句将长啸的发声方法和口型特征说得既贴切又形象,"裂石"句则是说长啸的艺术效果。而唐人孙广《啸旨》记载的十种啸法主要是用舌之法,如"以舌约其上齿之里,大开两唇而激其气,令出入,谓之外激也",说的都是卷舌,可见卷舌之法对长啸是最为关键的技巧。《拾遗记》说的"两舌重沓",就是卷舌的意思。

在人类的声乐艺术中,只有呼麦艺术采用卷舌的方式发声。根据当代音乐学者的研究以及我个人的吟唱体会,呼麦发声的要领有二:一是缩喉,一是反舌。缩喉在先,反舌在后,但先后相承的间隔是很短的,几乎缩喉的同时就要反舌。正如郭云鹤所言,呼麦的要领,"一个是反舌,就是舌尖上卷,一个是缩喉,所谓的憋气。反舌时气流直冲上颌,会发出金属般的泛音。缩喉时胸腔和口腔被连接共振,出现低音。"缩喉的作用在于通过"憋""顶""挤"的过程,将丹田之气提升到喉部,用回旋气流同时冲击主声带和次声带;反舌的作用在于分气,如郭云鹤所言,"呼麦是人体发音体的相对性艺术","利用舌把气流分开,所谓分气法的喉音艺术","呼麦的唱法是,先发出主音上的持续低音,接着便同时在其上方唱出一个音色透明的大调性旋律,最后结束在主音上。全曲似乎是一口气唱完的。气流冲击声带发出低音声部,同时气息在口腔内被一分为二。"[1]舌头正是这种将气息一分为二的工具,由此而创造一种神奇的复音声乐。格日勒图指出,"'舌尖处倒向喉内'这个简短的说明重若千斤,一语道破天机,确实指出了呼麦艺术发声方法的关键所在。"[2]这里同时指明了舌与喉对啸的重要意义。所谓"舌尖处倒向喉内",是说用舌头制造一个封闭的共鸣咽腔,在气流对声带的冲击下,喉头不断震动,发出持续的啸声。我们试看台湾学者蔡振家博士从物理学和发声学的角度对呼麦唱法所进行的科学测试(《泛音唱法的物理基础》):由此足见舌头对浩林·潮尔的重要性。至于《拾遗记》所说的"以爪徐刮之,则啸声逾远",则似乎更令人费解;实际上,这两句话说的是以钳形金属手拨口簧的潮尔音乐演奏方式。口簧,蒙古族人有舌头琴、铁琴和口琴等多种称呼,汉语俗称口弦琴。这种口簧是一种内置于口腔当中来弹奏的微型体鸣乐器,而且在弹奏时还几乎被手遮住,所以只要距离弹奏者稍远一点,就很难发现它的存在。由

---

① 郭云鹤:《试论呼麦及其演唱方法》,中央民族大学2007年硕士学位论文。
② 格日勒图:《呼麦艺术初探》,《内蒙古艺术学院学报》,2007年第2期。

于簧音与啸声非常相似,所以便有人认为这是"吟啸之国"的国民在用手指刮舌头,因而将啸的伴音与啸本身混为一谈。实际上,舌头是刮不出声的。但是,《拾遗记》的这种错误恰好传达了"吟啸之国"长啸艺术的实况:人们在长啸的时候,经常用口簧来伴奏。就音质而言,呼麦与簧非常相似,这是由相近的音理造成的,二者都借助于口腔作为共鸣体:前者的音高依靠舌的调节,而后者实质就是"内置于口腔

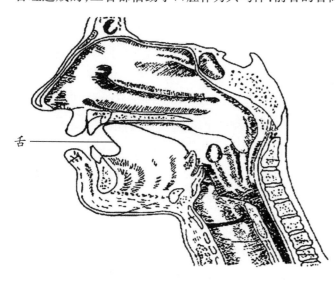

图3　舌头拱起,在前端造出共鸣腔

中的舌"。在具体的艺术实践中,口簧与呼麦是相匹配的,因此,在今日蒙古族人的呼麦艺术演唱中,口簧也是一种经常使用的伴唱乐器。而口簧与呼麦的关联性主要表现为持续性基音的存在。换言之,拨动口簧的同时,还可以借助气息发出持续的喉音,从而在口腔内制造出音响丰富的共鸣,产生一种喉音和簧声相结合的复音声乐。笙和竽都属于编簧乐器,尽管内置于其苗管中的簧片不同于口簧,但其音色具有同质性,则是无可置疑的。所以,说啸"如笙竽之音",也是合理的,但无论笙簧还是竽簧,随着不同季节气温的变化,其膨胀系数都会相应地发生改变,因而就会产生音质的差异,即所谓"秋冬则声清亮,春夏则声沉下"。

在今日蒙古族人的喉音艺术演唱中,簧也是一种经常使用的伴唱乐器。蔡振家在《泛音唱法的物理基础》一文中指出:要奏出旋律可以有两种方式,第一种方式是改变音高,第二种方式是固定基音的音高但依次凸显泛音列上的不同的音,由这些泛音串成一条旋律线。以第二种方式来演奏音乐的乐器非常少,主要有口簧琴、口弦,而用这种"另类"方式来唱歌的艺术,则称为"泛音唱法"(overtone singing)。这些泛音旋律线的产生,都是以口腔作为共鸣腔,因为舌头可以调整此共鸣腔的大小……由傅立叶理论可知,任何周期波都可以分解为许多正弦波的叠合,这些正弦波的频率是该波频率的整数倍,称为泛音。不同乐器的音色不同,主要的差别便是它们所产生的声音各个泛音间的相对强度不同所致,所谓的频谱(spectrum)可将这些泛音的相对强度显示出来。图4是拨动口簧琴后所产生的声波,经过傅里叶分析可得到其频谱(图5),可以观察到,它的基音最强(约167赫兹),高泛音则弱得多,另外,它的偶数倍的泛音比较弱,这暗示着口簧琴的振动颇为对称。

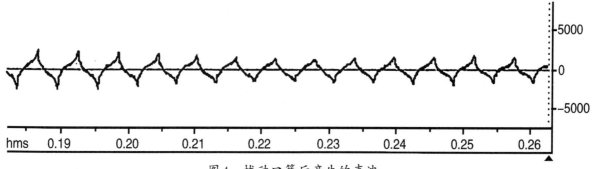

图4　拔动口簧后产生的声波

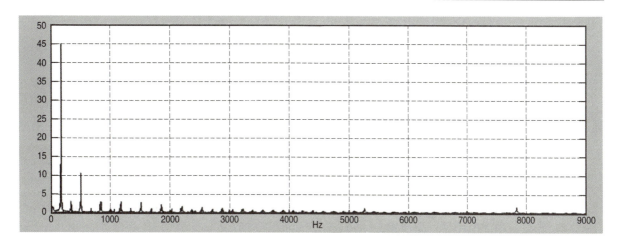

图5　拔动口簧后产生的频谱

因此，口簧与呼麦在音质上相似，就不足为怪。蔡振家的科学实验足以证明《拾遗记》的上述记载。

至于所谓"丈夫啸闻百里，妇人啸闻五十里"，是说"吟啸之国"国民的长啸传播距离很远，类似的记载古代文献中有很多。经现代科学检测，同等身高的人，女子的声道要比男子短三分之一，因此，女子之啸不及男子之啸传得远，这是可以理解的。但即使是魏晋时代的"五十里"，折合为现代的里数，那也是不近的距离。为何啸声传播如此之远？首先，是山地的环境，宛如一个共鸣极好的自然音箱，能够将啸声送到很远的地方；其次，古代绝对静音的社会，使人们很容易听到啸声；另外，山中的潮湿度比较大，林木郁茂，溪泉争流，有助于啸声的传送；还有，低音之啸比高音之啸传播更远，以低音呼麦而论，其声音不仅可以转弯，而且在传送的过程中在一定阶段还具有加强的功能。当"一个人可能把泛音加强至令人难以置信的第43级"的时候，在特殊的山地环境中传送到几十里地以外是根本不成问题的，因为此时的音频已经达到4200赫兹以上。如果没有喉音的作用，如果没有泛音列的音乐呈现，任何人要把自己的歌声传送到这么远的地方都是不可能的。

《拾遗记》记载的"西方"的"吟啸之国"，实际就是汉晋时代西域的一个国家。这个国家正处于"阿尔泰蒙古古音乐文化圈"的核心区域，这就是今日蒙古国科布多省和我国新疆交界之阿尔泰山区。《拾遗记》关于呼麦与口簧的记载足以表明，在汉晋时期，今日新疆阿尔泰山区的潮尔艺术已经高度发达。在

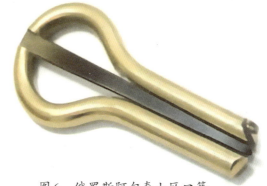

图6　俄罗斯阿尔泰山区口簧

图7　和林格尔汉墓壁画中的口弦演奏

图8　清代宫廷蒙古乐队中的口弦演奏，清郎世宁《塞宴四事图》（局部）

图9　骨制口弦（石峁遗址距今约4000年，长约9厘米，宽约1厘米，厚约0.1厘米；出土于陕西省榆林市神木市高家堡镇石峁村；收藏于陕西省考古研究院）

俄罗斯阿尔泰共和国的匈奴墓中曾经出土骨簧，用牛骨或马骨制作，年代在公元1580—1740年前。[①]

三、王遥的"五舌竹簧"——通神的法器

晋葛洪《神仙传》卷八《王遥》：王遥者，字伯辽，鄱阳人也。有妻无子。颇能治病，病无不愈者……遥有竹簏长数寸，有一弟子姓钱，随遥数十年，未尝见遥开之。常一夜大雨晦暝，遥使钱以九节杖担此簏，将钱出，冒雨而行，遥及弟子衣皆不湿，又常有两炬火导前。约行三十里许，登小山，入石室。室中先有二人，遥既至，取弟子所担簏发之，中有五舌竹簧三枚，遥自鼓一枚，以二枚与室中二人，并坐鼓之。良久，遥辞去，三簧皆内簏中，使钱担之。室中二人出送，语遥曰：'卿当早来，何为久在俗间？'遥答曰：'我如是当来也。'遥还家百日，天复雨，遥夜忽大治装。遥先有葛单衣及葛布巾，已五十余年未尝着，此夜皆取着之。其妻即问曰：'欲舍我去乎？'遥曰：'暂行耳。'妻曰：'当将钱去否？'遥曰：'独去耳。'妻即泣涕。因自担簏而去，遂不复还。后三十余年，弟子见遥在马蹄山中，颜色更少，盖地仙也。"[②]

葛洪是东晋时期的著名道教徒和道教学者。《新唐书》卷五九《艺文志》载："葛洪《神仙传》十卷。"[③]葛洪叙述了王遥成为"地仙"的过程。在这一神奇的升仙历程中，王遥藏在那个十几年不开的竹簏中的三枚五舌竹簧发挥了重要的作用。这个故事告诉我们，口簧之音乃沟通人神的手段，口簧乃神仙家的绝妙法器。王遥是道教中的神仙人物，他弹奏的五舌簧是罕见的，可能与古代的五行观念和五音系统有关。北周庾信《道士步虚词十首》其七："归心游太极，回向入无名。五香芬

---

① Anna Liesowska：《关于俄罗斯阿尔泰共和国境内考古发掘的口弦琴》，见 http://siberiantimes.com/science/casestudy/news/ancient-jews-harps-found-in-altai-mountains-as-musical-instruments-reappear-after-1700-years/。

② （晋）葛洪撰，胡守为校释：《神仙传校释》，北京：中华书局，2010年，第285-286页。

③ 《新唐书》，北京：中华书局，1975年，第1520页。

紫府,千灯照赤城。凤林采珠实,龙山种玉荣。夏簧三舌响,春钟九乳鸣。绛河应远别,黄鹄来相迎。"①

庾信描写的三舌簧发出的簧音无疑也是一种通神之音,是天地人三个世界的交响,在钟鸣簧响的音乐中,一位道士完成了他游心太极、回向无名的游仙历程。无论是三舌口簧,还是五舌口簧,现在的文化遗存都见于台湾泰雅人的口簧琴。但泰雅人的口簧是半圆形竹管内置的金属琴舌,在用材上已经发生了部分变异,与陈旸《乐书》著录的雅簧图样有很大差别,尽管如此,泰雅人的此类口簧一定渊源于纯粹的竹簧。

图10　陈旸《乐书》著录的五舌竹制雅簧②

由此可见,在神仙道教的文化系统中,口簧具有通神的文化功能,是沟通人神的一种声音法器。

黑格尔说:"在音乐领域里,灵魂的自由音响才是旋律。"当一个人弹起口簧的时候,常常只有天地、自然和牲畜倾听他的声音,这种和大自然的共鸣乃演奏者对自我灵魂的抚慰。口簧之声是灵魂的声音显现。簧音是内在的,是与人的存在并存的,由此人人可以将音乐带进精神活动的其他领域,包括政治、宗教和哲学等。口簧音乐体现了一种弥沦万物的音乐精神。因为这种音乐精神的存在,整个世界便不再是一片沉寂静止的死水,而呈现出从混沌无序向和谐有序运动的有声状态,体现了音乐最深邃的内涵,体现了内在心灵的真实。音乐是文化的先行者,语言之隔阂与民族之争战,赖音乐之传播得以化解,而音乐之传播,乃是实现异型文化之总体输入的重要前提。因为在人类的所有艺术形式中,音乐是心灵化程度最高、距人类心灵最近的一种艺术形式,在沟通地域不同、种族不同、风俗不同、文化不同、信仰不同和语言不同的各种人类群体方面,音乐艺术占有绝对的优势,因为音乐常常能够超越这些差异,成为维系人心、建立人类心灵秩序的基石,由此而创造一个又一个人类文化的奇迹。魏晋时代,口簧艺术在丝绸之路上的传播,其意义正在于此。

① (北周)庾信撰,(清)倪璠注:《庾子山集注》卷之五,北京:中华书局,1980年,第398页。
② 陈旸:《乐书》,《影印文渊阁四库全书》(第211册),台北:台湾商务印书馆,1997年,第588页。

隋唐时期宁夏境内沿丝路
入华粟特人的艺术交流及华化

冯　敏

（宁夏师范大学政治与历史学院）

西北陆路丝绸之路是隋唐时期沟通中原王朝和东南亚、中亚、西亚以及欧洲的通商大道，经济交往、商品交换、商旅往来、艺术文化交流等是联结这条横贯亚欧通道的重要历史内容。

一、粟特人是西北陆路丝路上最重要的商人

隋唐时期以昭武九姓为名的粟特人拥有非常悠久的历史，他们是一个独立的民族，更是4—8世纪丝路上最活跃的商人，他们大批来到中国，在丝路沿线的西域及中原地区经商或定居，充当了中西丝绸贸易的转运者，特别是把产自中原内地的丝绸等珍稀物资输送至波斯、印度和东罗马等地，以获取巨额利润。

（一）商业活动促进了中粟交往

隋唐王朝统一中原和西域地区后，粟特人沿着繁荣的丝绸之路源源不断地前来中国。隋唐王朝统治集团的皇室血统是胡汉融合的，他们比之前的统治者在对待外来民族的态度上更开明，政策也更开放。一统天下的伟大功业与国富民强的繁华盛世，铸就了他们最深刻的文化自信。这也进一步刺激了隋唐帝王们想建立"四海一家，以怀远人"的"协和万邦，恩泽广被"的域外朝贡体系。

入华粟特人是丝路上最杰出的使者，他们连接起了东西方之间的不同民族，沟通了黄河流域与中亚、南亚以及欧洲的联系，同时也为缔结中华民族共同体建立了历史功勋。其中，产自中国的丝绸扮演了重要角色，中国是世界丝绸的故乡。丝织工艺是纺织工艺的重要门类，中国于此独盛，隋唐时期纺、织、染等丝织工艺有很大发展，其独特的方法，在世界上独领风骚。

（二）粟特与突厥间复杂密切的关系

6世纪中叶，突厥兴起，公元554年联合波斯打败嚈哒并瓜分其领土，占领了粟特地区，突厥接受粟特的臣服与朝贡。最强盛时，突厥人进入所有古代世界文明的边界。突厥人经营商业的能力并不及粟特人，而突厥因军事实力成为粟特人长途商业活动的庇护者。突厥人对丝绸贸易的巨额利润非常感兴趣，他们利用善商贾的粟特人，在东西方之间进行贸易取利。

入华粟特人为了在中华文化区域内更好地生存及开展商业活动，必须依靠强权或官府的庇护。西域地区具有强势影响的突厥人是他们的最优选择，与突厥人建立贸易及外交关系是粟特人一直积极

经营的结果，因为粟特与突厥的关系对其拓展商业贸易意义重大。正如英国学者吉布所指出的："粟特人同东方的商业贸易联系，要比同西方的联系强得多，这就促使他们在不得不进行选择的时候努力培植同突厥人和中国人的联系"。

贞观四年（630），突厥突利可汗投降，颉利可汗被俘，其部众或投奔薛延陀，或逃往西域，但仍有十万多人归降唐朝。唐朝设置羁縻府州，"即其部落列置州县，其大者为都督府，以其首领为都督、刺史"。这种用突厥首领管理其降人的羁縻府州设置，实际上是一定程度的民族"自治"政策。他们成为唐王朝的臣民，在这些突厥羁縻府州有很多粟特人。

当时，汉人、粟特人及突厥人成为隋唐时期西北地区的主要居民。西北地区成为多族共居和多元文化共融的边疆地区，反映了华夷一统的西北边陲的多元地域文化。进入西北地区后，粟特人凭借其雄厚的经济和政治势力，与汉人或突厥人通婚，粟特重商特点深刻地渗入当地的生活。他们巴结权势，进行权钱交易，积极向官府靠拢，文化习俗上向中华民族的传统靠近，身份地位上向汉人转变。

爆发于公元755年的"安史之乱"导致了唐人对粟特胡人的反感，民间掀起排斥胡人的浪潮。但唐对中亚地区的文化影响并没有中断，唐朝灭亡后，在中亚各族人民的心目中，仍然只知有唐，把自己称为唐家子，突厥统治者仍以自称"唐家子汗"为荣。

二、中原对中亚地区的艺术文化渗透

粟特故地——中亚沙漠绿洲地带，干旱少雨。早在西汉武帝时，井渠法传入中亚，极大地提高了劳动生产力，并推动了游牧地区向农耕生产转化。随之中原内地的冶铁技术亦传入中亚地区，井渠法和冶铁技术的传入，使得中亚地区对中华技术与文明有了相对深刻的了解。

隋唐时期中原政权的政治势力及文化影响深入中亚地区，对其社会生活及文化艺术有较大的促进作用，加强了彼此间政治、经济、文化上的交往，中原内地的生产技能、科学知识及物质文化的传播进一步扩大。同时，唐朝的灿烂文化强烈地吸引了粟特人，在文学、艺术及思想等方面都对他们形成了巨大吸引。中原内地先进的物质文化与科学技术等对中亚地区的影响主要表现为一种物质成果，比较容易被粟特人吸收。

唐朝在中亚各地设立的都督府，但主要通过当地人统治管辖。中亚实际上归于大唐的版图，唐派驻中亚的官员有很大实权。又设立安西都护府，统辖整个中亚地区。中亚经过自汉朝以来与中国800多年的交往，对汉文化也有了较为深入的了解，愿意向唐朝学习，近年来在中亚发现了不少唐代风格的绘画作品。内外因素的共同作用使中亚文化中汉文化的成分进一步增加。

粟特地区与唐朝保持了数十年的隶属关系。唐代前期对中亚实现了卓有成效的统治，使节往来频繁。怛罗斯之战中被俘的中国丝绸织工，有可能把养蚕法传到中亚，中亚还学习了中国的造纸术。造纸术与诗书礼乐、儒家思想相伴输入中亚，使得粟特人对中华文化的钦慕和向往更为强烈。唐文化对粟特地区的影响也比其他地区更明显，两者的交往比任何时候都更密切，粟特使用的方孔圆形铜币模仿的是汉地形制。他们还以撒马尔罕为中心，在各处用中国技术经营手工业，其中纸张最为精良。粟特人不仅输入中国的工艺品，而且雇佣唐代工艺家，或者自己掌握技术，在当地制造与贸易，获取高额利润。

三、宁夏地区是粟特人最早华化的区域

位于东西方交通中枢地带的宁夏地区，长期以来都是各种政治势力和游牧民族激烈争夺的区域。自6世纪突厥人出现在中亚后，这一地区开始突厥化。西域地区突厥系民族的西向大规模迁徙及军事活动等，促进了突厥对西域的强烈渗透，其文化变异深度也非同一般。突厥需要粟特人的商业经营网络及其才能为其发展跨地域贸易服务。

（一）唐代入华粟特人在宁夏地区开始华化

"粟特"，一说意为"闪耀""燃烧"，那里长期进行着长距离贩运贸易，大多数是通过丝绸之路上一系列更短路线的不断接力，连接起了欧亚大陆的两头。"粟特商胡"的足迹踏遍中亚、西亚、南亚、欧洲及天山南北、河西走廊、长安、洛阳等地，是名副其实的"世界商贩"。

隋唐时期粟特等民族的内迁，促进了宁夏地区各族的跃进式发展。宁夏游牧民族与定居农业经济的频繁交流和接触，使各民族吸收了汉族的先进生产技术和封建经济体制，迅速地产生了汉化的趋同倾向，导致居住、生产工具、服饰、食物等物质文化的趋同化，并使精神文化的一体化因素增强，明显表现出宁夏地区各族接受儒家文化的水平空前提升。模仿汉制，学习儒家诗书礼乐，体现了中华民族的强大向心力和凝聚力，有助于多民族文化上的相互接近与一体化意识的形成。尤其是随之产生族际间的杂居与通婚，使自然同化成为这一时期民族融合、同化的主要形式。

陆路贸易是沟通古代亚欧文明的动力，随着丝路贸易的发展，丝路贸易中商品交换的结构也发生了变化，大量的日用生活品代替了过去的贵重奢侈品，粟特人的商业活动已经深入到丝路沿线人民生活的各个方面，使这里的生活水平得到一定程度的提高。

（二）宁夏地区入华粟特人的文化认同较早发生

粟特人沿丝绸之路自西向东迁移，许多人在宁夏地区定居下来，并与当地民族较快地融合，成为当地多元文化的一部分。这个充满冒险精神、极富商业才能的民族，当在故地受到统治者压迫时，便向外部世界发展。神秘的中国宁夏地区成为他们的第二故乡。经过多年的努力，辗转进入唐朝势力范围，其中相当一部分成为富商巨贾，也有不少人迈入贵族行列。

粟特人善于审时度势，文化适应能力非常强。迁徙中国的粟特人中，商人、僧侣、手工业者等具有一技之长者是主流，有的人还以杰出技艺出仕官府。而唐朝采取开放态度，没有严格的华夷之分，在多民族、多文化的互相交往中，彼此影响，使得中原内地和边疆四夷始终处于交往和流动之中。

8世纪末至9世纪上半叶，安史之乱以后，宁夏地区因安史之乱产生了排斥胡人的社会风潮，粟特人为了更好地适应汉地生存的需要，他们用改变姓氏、郡望等方法极力抹掉自己的胡人特征，逐渐融合于汉族，其文化变异则多表现为接受汉文化，或为汉文化所涵化，随着交流的加深，其"汉化"更为彻底。

（三）西北边地宽松的文化氛围更有利于深化粟特人的文化认同

位于西北边地的宁夏地区本是多元民族交错杂居之处，农牧杂处从而带来了更多的商业机会，粟特人在丝路沿线建立了庞大的贸易网络，为其远途贸易的补给站、市场和信息交换站。粟特人也通过他们的财力来影响和联结当地的政治势力，以谋取稳定的政治安全和商业垄断权。

宁夏地区丝路沿线的粟特人考古发现丰富,以固原地区为例,固原发现的多座北周、隋唐时期的粟特人墓葬,如史射勿、史索岩、史诃耽、史铁棒、史道德墓等,汉化程度很高,已经看不到粟特人的特征。固原史姓粟特人墓地采取了汉地的长斜坡墓道,由天井、过洞、封门、甬道、土洞单室墓所构成的基本墓葬形制,学者认为是从北周葬制直接模仿和承袭而来的。不仅墓葬形制上汉化极深,带有严格等级色彩的墓穴封土制度也是对汉地葬制的模仿。史姓人的葬具也明显受到汉地"棺殡椁葬,中夏之制"的汉化影响,与粟特传统用纳骨瓮等殓葬习俗明显不同,尤其是使用汉地化墓志,志盖四周用中国传统的青龙白虎朱雀图案等,这些都是其汉地适应和中华文化认同的结果。证明粟特人入居固原地区后,连丧葬方式都开始汉地化,这是深刻的华化文化认同的表现。

（四）文化认同促进了民族融合

隋代,文帝立胡人血统的独孤氏为皇后。源于关陇,胡汉、文武混合的李唐集团,起兵灭隋时就曾与突厥人联合。李唐皇族"女系母统杂有胡族血胤","华夷之际了无芥蒂"。贞观年间平定北方诸族,李渊自豪地赞叹"胡越一家,自古未有也"。隋唐王朝与突厥关系因此特别密切,注入塞外各族的文化便被容纳吸收,使一统的帝国充满生机,多种文化混合互动,滋生巨大的活力。成功地由外部的互动转化为内在的胡汉交融。

隋唐时期也是一个快速的民族迁徙与流动的时代。民族迁徙,其重要特征之一是汉族由中原向四方辐散,而少数民族则从周边向中原内聚。民族迁徙既是华夏与"四夷"的人口流移,也是中心文化与边缘文化的互动,文化互动是对自然和社会调适性变迁的过程。胡族由边地向中原汉地的迁徙,不仅是人口流动迁移的过程,也是游牧文化向农耕文化调适变迁的过程。中亚以及东、西亚的农业和城市定居者与其间的游牧民的接触由来已久。隋唐时期他们组成商团,成群结队地东来中国贩易,许多人逐渐在经商之地留居下来。

民族融合需要很长时间,即便是被武力同化,也只能在短期内使其服饰、发型、礼仪等外在形式有所改变,而民族心理素质的变化,仍需要很长的历史过程。但隋唐时期的入华粟特人在前期已经了解和熟悉汉地文化的基础上,由于双方极其亲密与频繁的交往,隋唐盛世的国际影响力,更加深了其对中华民族的文化认同。他们迁居各地,与其他民族融合,从而成为中华民族的来源之一。

四、宁夏境内的入华粟特人聚落

宁夏地区为关中之屏蔽,河陇之咽喉,在中西交通史上具有重要地位。尤其是宁夏南部的固原,是古代丝绸之路由长安到河西走廊最短线路的必经之地,也是陇右丝路的重要枢纽,宁夏境内的其他两条路线也都由此分出。[①]

从公元4世纪开始,大量的粟特人陆续移居中国,并逐渐向东发展。公元7世纪初中西交通的状况,吐鲁番以东,沿河西走廊到西安、洛阳,又自河西走廊北上到宁夏(固原、盐池)、大同,再奔向朝阳。即丝绸之路中国境内东段的中路、南路和北路,都有胡人移民聚落。当时丝绸之路沿线的胡人移民聚落,主要居住的是波斯、粟特和塔里木盆地周边王国的移民。由于粟特人是善商贾的民族,东迁贩易者

---

① 吴忠礼主编:《宁夏历史图经》(上册),银川:宁夏人民出版社,2009年,第238页。

最多,因而这些胡人聚落以粟特胡人最多。①他们不辞劳苦,沿丝绸之路东西往返,由之形成了许多粟特聚落。

固原《史索岩墓志》载:"公讳索岩,字元贞,建康飞桥人也"。这里的建康是指河西的建康,具体位于甘州西二百里处。但从其曾祖、祖父都曾封西平郡公来看,后着籍固原的史索岩家的郡望在西平,而且其祖还任鄯州刺史。这样看来,史索岩一家是经过河西走廊的建康,先到西平,然后再到固原的。②

（一）灵州境内的粟特人聚落

有唐一代,宁夏地区的战略地位十分重要,成为屏障京畿的藩篱和门户。唐太宗曾赴灵州大会"百王",被各游牧民族共尊为"天可汗";唐肃宗在安史之乱中,又在灵州登基,完成反攻复国的中兴大业;设在灵州的朔方军节度使,成为全国兵马最盛的天下第一军事指挥中心,从而成就一大批蕃汉高级军事人才;灵州和原州境内,先后设置的许多羁縻州,也是少数民族和平安全生活的乐土。灵州黄灌区也是唐代北方营田的重要区域,农牧业经济发达,又有渔盐之利,更是中西交往的一条大通道,所以宁夏虽然只是一隅之区,但在政治上、军事上和经济上都占有非常重要的地位。③

为落实"灵州民族团结大会"中的诺言,唐廷决定在北方特设六都督府、七州,以妥善安置内迁的各少数民族,让他们在民族和睦的大家庭中享受团结、和平的生活。其中在宁夏境内设有燕然府,安置都蓝部;皋兰州,安置浑部;鸡田州,安置阿跌部;鸡鹿州,安置跌结部;烛龙州,安置俱勃罗部;祁连州,安置阿史德特建俟斤部。各府州均以各部原酋长担任都督、刺史,按原有的政治结构自主管理内部事务,其民族礼仪和习俗也保持不变。这些羁縻府州的确切地望已无法考证,但公认多在唐灵州所管辖范围内。④

粟特胡人入居宁夏,可以追溯到南北朝时期,当北魏打败赫连夏国时,曾把夏国境内的胡户集体迁徙到位于今宁夏北部的薄骨律镇境内,在黄河以西单设"胡地城"让他们居住⑤,以便于进行管理。唐朝在边地设立这种带有自治性质的羁縻府州,不同于内地的州郡。据《新唐书·地理志》所载:"唐兴,初未暇于四夷,自太宗平突厥,西北诸蕃及蛮夷稍稍内属,即其部落列置州县。其大者为都督府,以其首领为都督、刺史,皆得世袭。虽贡赋版籍,多不上户部,然声教所暨,皆边州都督、都护所领,著于令式。"所以这些羁縻府州,一般都是只有州府之名,而无城郭之建和户籍管理,当然也就不承担赋税劳役。唐朝的羁縻州形式,实际上就是汉代的"属国"制和魏晋以来的"都护"和"护军"制的发展。这种让少数民族(一般都是游牧民族)自主管理本民族内部事务的办法,是我国历史上中央政权有效管理边政与少数民族的一种比较成功的形式。

"六胡州"于长安四年(704)合并为匡、长二州。神龙三年(707),又升改为兰池都督府,后又分设为六县。开元元年(713),更名为东皋兰、燕然、燕山、鸡田、鸡鹿、烛龙六州。原来的自治性质已大大下降,朝廷对其管制日益加强,许多优惠政策也被取消。唐朝在灵州等地所设立的六胡州,主要是安置粟特

---

① 池田温:《八世纪中叶敦煌的粟特人聚落》,《欧亚文化研究》,1965年第1期。荣新江:《塔里木盆地周边的粟特移民》,《西域考察与研究》,乌鲁木齐:新疆人民出版社,1994年。

② 荣新江:《中古中国与粟特文明》,北京:生活·读书·新知三联书店,2014年,第29页。

③ 吴忠礼主编:《宁夏历史图经》(上册),银川:宁夏人民出版社,2009年,第260页。

④ 吴忠礼主编:《宁夏历史图经》(上册),银川:宁夏人民出版社,2009年,第267页。

⑤ 吴忠礼主编:《宁夏历史图经》(上册),银川:宁夏人民出版社,2009年,第284页。

胡人，他们来自西域和中亚地区的康国、米国、伊国、史国、曹国、石国、安国和火寻、戊地等九国的部落。这些小部落城邦国家的人民以善于经商闻名，长期以来，大多以在丝绸之路沿线从事中西贸易为生业，一般都比较富有，所以也就成为唐朝边吏和将领们剥削的主要对象。

六胡州就是唐代于灵州境内安置归附的北方少数民族（六胡州最先是为安置突厥人而设置的，但之后其居民成分发生了变化，主要是粟特人）所置各州的总称。粟特人进入宁夏地区，大约在北朝时期，北魏破大夏国，曾收胡户徙至胡地城，此胡户中就有粟特人。①唐代影响最大的昭武九姓移民聚落首推六胡州。

646年，唐太宗西进灵州后，曾派粟特人安永寿送信安慰铁勒首领。后唐、后晋、后汉三朝一部分将领就出自六胡州部落之昭武九姓，六胡州之一的鲁州刺史安思慕也是粟特人。朔方节度使李怀光的部将石演芬"本西域胡人"，是粟特人。盐州裨校石璟亦为粟特人，其五代孙为后晋皇帝石敬瑭。

"六胡州"的刺史分别由昭武九姓各部首领担任，属于羁縻性质。可任用少数民族贵族为官，可以使用各族传统的法律，允许保留自己的兵马。中央政府一般不直接征收羁縻府州治下百姓的赋税，而由各族统治者按旧有方式自行征收，向中央政府纳贡。少数民族风俗习惯受到尊重，也不强迫改变其生产方式和生活方式。这种行政模式稳定了近50年。六胡州之乱被平定后，六胡州的部落组织开始逐渐被打破，安史之乱后，聚落中之粟特人分散迁徙，六胡州的粟特聚落也逐渐消失。②

中亚地区与宁夏经济的繁荣和交通的发展，必然促进对外经济交流。尽管可供我们考察的历史文献不多，但仍可从一些资料中管窥当时宁夏地区对外经济交流的状况。

宁夏北部地区是殷富之地，为历代统治集团必争之地。唐初，宁夏地区仍受突厥的不断袭扰，唐王朝对宁夏地区的统治并不稳固。对此，李唐王朝采取"剿抚并用"的方针。一方面，以灵、原二州为中心，对侵扰的突厥军事势力实施打击，削弱其军事力量；另一方面，对归降的人员进行妥善安置，并采取和亲方式。贞观十六年（642），唐太宗李世民许以公主嫁薛延陀，后因故未果。与突厥统治者修好。为了彻底解决北部边境的民族争端，唐太宗于贞观二十年（646）亲临宁夏南北视察，在灵州接受了铁勒诸部朝贺，结束了长达26年的民族纷争，稳定了社会秩序。从此，宁夏地区进入和平发展社会经济的时期。经过唐朝前期多年的开发，耕地面积已大幅度增加，灌区面积不断扩大，宁夏地区已成为"兵食完富"、百业兴旺的"塞上江南"。

（二）宁夏南部地区——固原境内的粟特人聚落

以养马业为中心的畜牧业大发展。宁夏地区一向为宜农宜牧之地，古代不少王朝均以"农牧并举"为经济发展的方针，唐朝前期将大批归附的突厥、党项、吐谷浑等族部落安置于灵州、原州境内，令部落不革其俗，在经济生活方面，尊重他们的习惯，对善于经营畜牧业的部族给予支持。唐代初年，由于官马的需求量很大，唐朝政府在陇右地区恢复了隋代以原州为中心的牧监基地。政府在赤岸泽得到牝马3000匹，便"于秦、渭二州之北，会州之南，兰州狄道县之西，置监牧使，以掌其事。仍以原州刺史为监牧使，以管四使。南使在原州西南一百八十里，西使在临洮军西二百二十里，北使寄理原州城内，东宫使寄理原州城内"。《元和郡县图志》卷三云："监牧地东西约六百里，南北约四百里"。盛唐时期形成

---

① 陈育宁：《宁夏通史·古代卷》，银川：宁夏人民出版社，1993年，第103页。

② 王义康：《后唐、后晋、后汉王朝的昭武九姓胡》，《西北民族研究》，1997年第2期。

了以今宁夏固原为中心的甘宁青牧马基地。这一基地的牧马业兴旺，是与国有监牧制的建立相联系的。由于政府重视，设置东、南、西、北四监牧使掌管牧马业，马匹饲养量大为增加；至高宗麟德年间，又于陇右四郡增设"牧监48所，置八使以掌管其事，置田1230顷，募民耕种，以供刍秣。牧马数量由贞观年间的3000匹增加到70.6万匹"。[1]唐代的监牧使下又设若干监，马5000匹为上监，3000匹为中监，余为下监。至天宝年间，"宁夏境内至少有16监"。[2]

盛唐时期以原州为中心，陇右地区的国有养马业得到很大发展，但这种畜牧经济具有很强的军事性质，即其产品主要是补给军队的战马，供征战使用。同时，也有一部分为役畜，用以耕地和拉车，表明养马业的发展对于宁夏地区农业和交通运输业的发展起了积极作用。

原州作为中西交通线上贸易中转站的地位早在西汉和北魏时期就已经奠定，到盛唐时期，在"绢马贸易"以及与中亚各国的贸易中，其地位更为重要。原州向东直达长安，向西则通中亚和西亚，原州到长安道在宁夏内的长度约为385公里，正是通过这条中西交通干线，沟通了唐王朝与边疆地区及至中亚、西亚地区的经贸往来。当时，中外商人往来于丝绸之路上，中国的丝织品不断输往国外，外国的金银珠宝首饰等则输往中国。[3]固原地区发现的许多重要文物，如萨珊银币、萨珊金币仿制品、东罗马金币仿制品、异域风格的金花饰、黄金覆面以及须弥山石窟等，都是盛唐时期宁夏地区商品经济活跃和社会繁荣的证据。

当时的原州当也存在这种民族集中居住而逐渐"在地化"的粟特移民聚落。从北周李贤墓出土了鎏金银壶、青金石金戒指和玻璃杯等文物。该墓的相关研究近年来非常丰富，学者们从不同角度着眼，对李贤墓出土的器物从原料、起源地、器形到纹饰等方面进行了周密细致的考察[4]，经研究，这些物件均是从西亚和中亚传入的。[5]20世纪80年代，宁夏考古研究所在固原南郊发现了粟特史氏墓葬群，有5座墓葬出土了墓志。墓志中显示史氏聚族而居，有"万福里第""招远里私第""劝善里舍""延寿里第"等。而且，史索岩之妻安娘为中亚安国人后裔；史道洛妻康氏出身于萨马尔罕，为康国人后裔。据史射勿墓志记载，北魏中期，史射勿祖先就来到了中国，老祖先妙尼、波波匿还当过萨宝这类的大官，管理本民族的宗教事务。

固原南郊发现的两个史姓家族墓地的成员就来自昭武九姓之"史姓"，这也证实了粟特人举家、举族迁徙，聚族而居固原的情况。另外从固原九龙山隋墓[6]的发现来看，虽则没有出土墓志等资料证明墓主身份，但出土的下颌托及韩康信先生对其人骨的鉴定结果等都指向其极有可能就是中亚人。在编号为M33的墓葬中出土了一组金冠饰、腭托。冠饰下部为两端穿孔的弧形长条，上有三道联珠纹饰带。弧

① 钟侃：《宁夏古代历史纪年》，银川：宁夏人民出版社，1988年，第87页。
② 陈育宁：《宁夏通史·古代卷》，银川：宁夏人民出版社，1993年，第115页。
③ 陈育宁：《宁夏通史·古代卷》，银川：宁夏人民出版社，1993年，第119页。
④ 可参阅罗丰：《20世纪宁夏考古的回顾与思考》，《考古》，2002年第8期。王晓娟：《北朝联珠纹样探微》，暨南大学2010年硕士学位论文。朱浒：《北朝器物中的域外设计因素：以胡人形象为中心》，《装饰》，2015年第10期。毛阳光：《北朝至隋唐时期黄河流域的西域胡人》，《寻根》，2006年第2期等。
⑤ 宁夏回族自治区博物馆、宁夏固原博物馆：《宁夏固原北周李贤夫妇墓发掘简报》，《文物》，1985年第11期。
⑥ 宁夏回族自治区文物考古研究所：《宁夏固原九龙山隋墓发掘简报》，《文物》，2012年第10期。

形长条正中上方为一横长方形叶片状装饰,周边饰联珠纹。其上为一半月形,周边饰联珠纹,中间为凸弦纹。半月形上方为一圆片,周边及中部饰联珠纹。半月形外侧为对称的鸟形装饰,张翅,内侧轮廓饰联珠纹。鸟形装饰外侧与正中上方相似。外侧两端各有一鸟形装饰,外侧轮廓饰联珠纹。腭托为两端穿孔的长条形,上饰三道联珠纹。中部椭圆形,周边饰联珠纹,两端有三角形凸棱。

M33墓葬无纪年,通过比较研究推定为隋代。①墓主鼻骨隆起、鼻棘发达、面部水平方向明显突出、矢向突度弱、侧视眶口平面位置垂直,这些特征显示其与西方高加索种关系密切,推测与中亚两河地区的类型更接近。②M33墓主头戴金冠饰与腭托,口含东罗马金币等,可能也都与中亚人的习俗有关。③金冠饰上的联珠纹、半月形,以及口含金币的葬俗等都与粟特人甚至祆教有一定关联。

(三)中西之间的丝路艺术交流

自中原通往中亚以及西亚、南亚、欧洲的陆上丝绸之路,作为一条中西之间的商业通道,虽然在很早以前就已自然存在,但其真正的辉煌与繁荣及世界历史意义的体现,则始于汉唐时期。从此,中国逐步走向世界,同时,也以海纳百川的胸怀接纳了世界,中西文化交流的序幕正式拉开。④

横贯西部的四条商道是中国古代西部地区经济文化交流的标志,它为东西部交流和外交往来提供了一条主要通道,成为连接中原和西域、汉民族和西部少数民族的纽带,是西部地区对内对外开放的象征。两汉时期,西域与内地商业往来频繁,物资交流十分畅通。张骞两次到西域,都携带巨额币帛赠予当地。此后,中央政府经常将大量的绸缎绢帛赠予西域各地贵族。大批西域商人不断来到内地经商,许多西域的特产也进入内地,有玉石、毛织品和葡萄、胡麻、胡椒、胡豆、胡桃、石榴等。在相当长的时期内,民族间的物资交换主要通过少数民族建立的政权向中央王朝朝贡和中央王朝对这些政权的封赏。边疆经济贸易的发展,丰富了我国社会经济的内容,民族地区的特色经济与中原地区的经济形成相互支持、相互依存、相互促进的密切关系。经济上的相对自由发展,为各民族之间的平等交流和融合创造了重要条件,隋唐长安城成为当时世界上国际化水平最高的大都市,中亚昭武九姓胡商、西域商人、波斯人等齐聚一堂,创造了空前开放的民族交流协作局面,也成为中华民族多民族形成、发展史上至关重要的时代。

1.隋唐时期中西之间频繁的商贸往来

隋代是我国历史上统一的多民族国家得到巩固和发展的重要时期。隋朝建立后,中央政府立即采取了一系列行之有效的措施,阻止强大的北方游牧民族对农耕民族的侵扰,保证丝绸之路的畅通,使不同地区、不同民族间的经济贸易和文化交往更加密切,特别是中原地区与民族地区的贸易往来,以及当地各民族之间的以商品交流活动为主要内容的"互市"得到了长足的发展。地处中西交通孔道的河西地区,表现得尤为突出,不论是民族间自由贸易还是官方组织的贸易,均远超前代。隋代开创了我国历史上中央政府主持"互市"之先河,并成为隋代社会经济繁荣、国势强盛的重要标志。特别是由隋

---

① 宁夏回族自治区考古研究所:《宁夏固原九龙山隋墓发掘简报》,《文物》,2012年第10期。

② 韩康信、谭婧泽:《固原九龙山—南塬出土高加索人种头骨》,《宁夏古人类学研究报告集》,北京:科学出版社,2009年,第232-246页。

③ 罗丰:《胡汉之间:"丝绸之路"与西北历史考古》,北京:文物出版社,2004年,第48-51页。

④ 张国刚、吴莉苇:《中西文化关系史》,北京:高等教育出版社,2006年,第39页。

代中央政府筹划并积极组织实施的"互市"这一形式，更在中外交流中占有重要地位，"隋代之盛，极于此矣"，当是有根据的。

唐代前期，最高统治者已经对正常的民族贸易有了比较深刻的认识，清楚这是和平年代互惠互利的经济活动，正如唐玄宗在开元九年（721）所指出的："国家旧与突厥和好之时，蕃汉非常快活，甲兵休息，互市交通，国家买突厥马、羊，突厥将国家彩帛，彼此丰足，皆有便宜"。如玄宗所言，当时已经认识到民族"互市"的作用远远超过了经济意义。唐朝所生产的绫、罗、绣、绢、丝和金、铁等大量输入西域，或由西域再运往西方，西域各族的特产如名马、玉带、葡萄酒等也传入内地。由于经济交流频繁，长安成为当时有名的国际大都市，西域商人很多，西域和中原的艺术文化交流十分频繁。

盛唐时期，由长安至四境的驿道十分通畅，其中陇右的中西方通商大道尤为重要，沿途数十里即设有驿站，驿站附近皆列店肆以供商旅，一直到达河西节度使驻地凉州。这为西域各国的通商往来和贸易提供了十分便利的条件。当时的西域胡商中，有不少是昭武九姓商人。昭武九姓以旧居河西昭武城（今高台县境）得名，汉初因躲避匈奴的武力而西迁，其后裔分散西域各地，建康国、史国、米国、石国、曹国、安国等。九姓国"善于商贾"，据说男子满20岁就纷纷离家经商，许多人"来适中夏，利之所在，无所不到"。有的九姓胡商还挈家侨居河西交通重镇，开设邸店，既贸易往来，又寄存货物，还可供来往客商住宿。《册府元龟》载：康国"多葡萄酒，富家或致千石，连年不败"。而河西之肃州（今酒泉）在唐代又产"夜光杯"（即祁连玉所制的酒杯），葡萄酒与夜光杯齐名于西北，固然与唐代诗人王翰所写"葡萄美酒夜光杯，欲饮琵琶马上催"的著名诗句分不开，也与当时九姓胡商在陇右丝路开设酒肆有关联。[①]

宁夏固原发现的粟特人墓地其墓志资料表明，唐朝还以善养马匹的粟特人担任马政官。"秦、汉以来，唐马最盛"，极大地改善了军队的装备，如临洮军有兵一万五千人，配有八千四百匹马，平均不到两人就有一匹马。马在唐朝的特殊地位，直接影响到政治，如果掌握对马匹的管理，便是抓住了兵权，唐玄宗在"唐隆政变"后，当上皇帝前，便亲自兼知内外闲厩一职，即位以后，则让家奴出身的心腹王毛仲检校内外闲厩兼知监牧使，足见其对马匹管理的重视。精美的"昭陵六骏"和隋唐墓葬中出土的大量骏马雕塑，成为独具特色的文物，也反映出马在军事战争、中西交通和礼仪制度上的重要地位。[②]

隋唐时期，气候又进入温暖期，原州一带作为丝绸之路北段的中心，因为优良的生态环境，从秦汉时这里就适宜养育良马，东汉时"饶谷多畜"，及至西汉昭、宣时期更是"人民炽盛，牛马布野"。唐代前期，原州是全国养马业的中心，都监牧使由原州刺史兼任，天宝十三载（754），这里的马匹饲养量有近33万匹。[③]

固原南郊发现的两个史姓墓地的墓主，基本上就是以军功显达于世的。史射勿从北周保定四年（564年），就跟从晋荡公东讨北齐。天和元年（566），又从平高公坐镇河东。二年正月，蒙受都督。隋开皇二年（582）从岐章公李轨出凉州，与突厥战于城北。十七年，迁大都督。十九年，又随越国公杨素绝大

①　参见孔经纬：《手工业与中国经济变迁·引论》，载彭泽益主编《中国社会经济变迁》，北京：中国财政经济出版社，1990年，第4页。
②　王小甫等：《古代中外文化交流史》，北京：高等教育出版社，2006年，第61页。
③　薛正昌：《丝路之驿·固原——丝路要冲》，《新消息报》，2009-09-02。

漠，大歼凶党，即蒙授开府仪同三司，以旌殊绩。同年十一月，授骠骑将军。①可以看出史射勿南征北战的艰辛历程，其子孙辈后来任唐朝监牧官，管理马匹，有的任中书省译语人，都表现了粟特人见长的技能。同时他们也已经脱离粟特聚落的主体，逐渐融合到中原汉文化当中去了。

2. 墓葬壁画反映的中西艺术交流

固原南郊隋唐墓葬中的壁画，主要分布在墓道和墓室，壁画中的人物形象栩栩如生。其中最引人注目的是梁元珍墓壁画，墓道两侧为人物牵马图。壁画中的人物头戴黑色幞头，徒手或手持短鞭牵马作行进状；马的颜色虽有不同，但体态肥圆，神态十足，是唐马中的珍品。墓室中的侍从，有的捧包袱，有的端果盘，有的牵波斯犬，形态各异，宛如生人。②

马及骑兵在唐朝的进攻政策中起决定性的作用，7—8世纪马匹饲养得以系统发展，不仅官马发达，私人养殖似乎也在甘肃东部、陕西、山西发展起来。"府兵制"规定，骑士要自备马匹。8世纪初叶，皇族成员、高级官员、军事将领都拥有马群、牛群、骆驼群。725年，由于饲养业复兴以及向草原牧人买马，马匹增至40万匹。727年，在黄河上游的宁夏银川设立了第一个马市集。突厥人来市集卖马，买回丝绸、金属。但754年，安史之乱前夕，马场管理部门拥有的马匹数仅有325700匹。因得到中亚各国及帕米尔以外地区的进贡，蒙古小马曾流行于整个草原地带及中国北部，但今天其濒临灭种，仅留存于准格尔盆地。其中包括703年带进皇宫的纯种阿拉伯马，654年西藏地区奉献的小野马，浩罕、撒马尔罕、布哈拉、基什、喀什、米国、骨咄等地的马，及甘达拉、于阗、龟兹的马，贝加尔湖的吉尔吉斯马等。

7—8世纪，北方贵族酷爱马匹。上层社会人士骑马代步，马球盛行于长安。马匹之所以在唐代绘画与雕塑中占有重要的位置，大概可以从爱马热潮中找到原因。若干画家（如韩干）专攻骑士画。雕塑方面，唐太宗墓的豪华浅浮雕，以及陪葬俑便是明证。③马不仅是非常重要的役畜，而且是衡量武力强弱的重要指标。永隆二年（681）唐朝监牧的马死了18万匹，史臣在评价这件事时说："马者，国之武备，天去其备，国将危亡。"可知当时马对于国家武装力量的重要意义。引进外来马，不仅意味着唐朝廷控制马匹数量的增多，而且对马匹品种的改良也具有重要意义，所以唐朝对于马的引进非常重视。唐朝的外来马主要是从中亚昭武九姓诸国和大食国引进的，前者是自汉代以来盛传的所谓"天马"的大宛马的产地，而后者则是优良的阿拉伯马的故乡。《唐会要》卷七二《诸蕃马印》明确记载康国马"是大宛马种，形容极大。武德中，康国献四千匹，今时官马，犹是其种"。可知唐朝廷非常重视官马品种的改良，而外来马也在官马中占据重要地位。

五、宁夏文化艺术的开放性为中西方交流提供了条件

（一）丝绸之路东段的地域条件

唐代前期中国传统文化在宁夏地区居主导地位，但由于宁夏地区位于农牧交界带上，天然形成一种文化多元开放的环境，不排斥外来文化的输入。正是在唐朝最盛时期，通过畅通的丝绸之路，西方的

---

① 罗丰：《固原南郊隋唐墓地》，北京：文物出版社，1996年，第7-30、185-196页。
② 马平恩：《固原史话》，银川：宁夏人民出版社，2009年，第71页。
③ （法）谢和耐著，黄建华、黄迅余译：《中国社会史》，南京：江苏人民出版社，北京：人民出版社，2010年，第206页。

文化源源东来，佛教、基督教、祆教及雕刻、绘画、音乐、舞蹈等艺术一并输入。我们的老祖宗对它们既不排斥，也不盲目接受，而是以传统文化为基础，加以吸收、消化，融会成为独具民族特色的新文化。[①]

事实上，原州作为中西交通线上贸易中转站的地位早在西汉和北魏时期就已经奠定，直到唐代前期，长安到原州的路线，依然是丝路北线的主干道。在"绢马贸易"及与中亚各国的贸易中，其地位更为重要。原州向东直达长安，向西则通中亚和西亚，原州到长安道在宁夏地区的长度约为385公里，正是这条中西交通干线，沟通了唐王朝与边疆地区，及与中亚、西亚地区的经贸往来。当时，中外商人往来于丝绸之路上，中国的丝织品不断输往国外，外国的金银珠宝首饰等输往中国。固原地区发现的许多重要文物，如萨珊银币、萨珊金币仿制品、东罗马金币仿制品、异域风格的金花饰、黄金覆面，以及须弥山石窟等，都是盛唐时期宁夏地区商品经济活跃和社会经济繁荣的证据。

灵州的战略地位同样十分重要，是屏障京畿的藩篱和门户。唐太宗曾赴灵州大会"百王"，被各游牧民族共尊为"天可汗"；安史之乱中，唐肃宗在灵州登基，完成反攻复国的中兴大业。灵州境内，先后设置许多羁縻州，是少数民族和平安全生活的乐土。灵州黄灌区也是唐代北方营田的重要区域，农牧业经济发达，又有渔盐之利，更是中西交往的一条大通道，所以灵州在政治、军事和经济上都占有非常重要的地位。[②]

(二)宁夏地区经济发展提供的贸易条件

宁夏地区的民族贸易古来比较活跃，但真正出现比较固定的互市管理机构，却始于隋唐时期。隋炀帝时西域各族或政权使者纷纷前来河西地区从事"互市"，中央政府派遣重臣裴矩前去张掖主持"互市"，开中央政府主持"互市"之先河，在宁夏地区民族贸易史上具有非常重要的意义。

宁夏地区是多民族居住区，又是外来商人往来的必经之地，具有发展丝路贸易的地理优势。这里有汉、突厥、吐谷浑等民族，农耕区与畜牧区犬牙交错的自然条件也决定了当地民族间的经济贸易异常活跃，构成了宁夏地区经济的一大特色。尤其重要的是，丝绸之路贯穿河西，及中亚、欧洲等世界各地；西亚、欧洲等地的马匹、金银珠宝等奢侈品又通过宁夏地区流向中原内地。

隋代对西域地区苦心经营，攻打突厥、吐谷浑和开展屯垦，在河陇地区发展官营畜牧业，对外籍商人给予优惠政策，隋炀帝西巡并亲自主持张掖互市等一系列重大活动，都是保障丝绸之路畅通的有效措施。

盛唐时期以原州为中心，陇右地区的国有养马业得到很大发展，但这种畜牧经济具有很强的军事性质，补充军队的战马，供征战使用。同时，也有一部分为役畜，用以耕地和拉车，养马业的发展对于宁夏地区农业和交通运输业的发展起了积极作用。

(三)便利的邮驿系统为其贸易经商提供了条件

政府在中原通向欧亚的重要地区设立驿站，方便使者、商旅往来。盛唐时期，由于生产力水平的提高和交换规模扩大，许多重要的商路上，既设立了驿站以通邮，又出现了"夹路列店肆"，"以供商旅"的景象。中外贸易，国内各地区之间的商品交换十分活跃。宁夏地区的原州、灵州、盐州均通了邮路，保障了区域间商品交换的发展。宁夏地区除了以畜产品与境外交换外，还有盐、中药材等商品。唐高宗仪凤

---

① 陈守忠：《河陇史地考述》，兰州：兰州大学出版社，2007年，第28—59页。
② 吴忠礼主编：《宁夏历史图经》（上册），银川：宁夏人民出版社，2009年，第260页。

年间，怀远县境内有盐所3所、灵州境内有7所。[1]白居易的诗句"郇州驿路好马来，长安药肆黄芪贱"，反映的就是盐州与京都商路上的繁忙情景，表明宁夏地区的商品在长安等地的市场上占有一定份额。

隋唐时期，长安至四境的驿道通畅，沿途数十里即设有驿站，驿站附近皆列店肆以供商旅。驿站为商队提供给养。[2]正是有了唐朝在西域实施的各项行政措施和完备的驿站系统，使通过陆路进行的经济、文化交流有了可靠保障。不少粟特胡商挈家侨居宁夏地区，开设邸店、客栈等。[3]一边发挥其特长经商取利，一边安居宁夏。在聚落内部，粟特人之间应该是有类似同乡会的组织来联络往来丝路的商人们，形成巨大的民族文化凝聚、保持和传播力。商队还会拜会当地游牧部落的首领，目的是要得到游牧民族首领的保护。昭武九姓胡人在中原及驿站、聚落的活动，是注入大唐帝国的一股新鲜血液，是盛唐气象的参与者和创造者，是一支生机勃勃的力量。[4]

（四）政策激励

汉唐对宁夏地区的经营取得比较大的成效，与当时在这里采取农牧并重的基本政策分不开。这是因为农牧并重可以合理利用土地资源，因地制宜，实行资源的合理配置，使经济形式多样化，收到了比较明显的经济效益和社会效益。[5]宁夏地区民族人口较多，基本上都是汉人与诸胡杂居。随着东西方贸易的兴盛，河西西部、伊州、西州、罗布泊沿岸等地的商贾往来如梭；漠北各族也纷纷南下，宁夏地区胡汉混杂的程度更高。

事实上，中原王朝的贵族统治者对于来自异域的奇珍异宝、供奢侈享乐之舶来品有强烈的猎奇心理和需求，而且将远道而来的不同国家的珍稀物品摆在我天朝的厅堂本就是一种荣耀和威望，所以像隋炀帝等帝王君臣对外国商人采取了优待政策。[6]来华商人因此可以获得超乎寻常的收益，且优越的后勤保障和服务供给等对胡商们的人身、财务安全都有保障，这就为粟特商人的大规模来华提供了更大的推动力，因此，中亚商人在宁夏地区居住的很多。[7]

综上，隋唐时期中西方艺术文化从两个方向在宁夏汇聚，无疑对宁夏地区文化起了催化作用。当中西方文化在宁夏初期相遇汇聚时，曾不断遭遇、相撞、冲突、融合。在经过一个适应期后，到了隋唐时期宁夏地区本土艺术文化在整合中广泛吸纳中西方文化，使自身艺术文化的发展更上一层楼。如果没有中西方艺术文化的汇聚、融合，宁夏地区传统艺术文化仍会处在文化闭锁中。正是经过了外来艺术文化的催化，大大开阔了宁夏境内人们的视野，容纳了异域风格的审美情趣，并将之与本土艺术不断融合，在吸收、改造的基础上，转化创造为新型的适宜本土审美习惯的艺术风格。宁夏地区在中西艺术文化交流的中介作用，促使中西之间的艺术文化，无论是绘画、音乐、舞蹈、书法、诗歌，还是染织技艺、金银器工艺、养马技艺、军事技术等，从形式到内容都更加丰富多彩。

---

① 钟侃：《宁夏古代历史纪年》，银川：宁夏人民出版社，1988年，第82页。

② 李瑞哲：《胡商在丝绸之路上的活动追踪》，罗宏才《从中亚到长安》，上海：上海大学出版社，2011年，第395页。

③ 参见孔经纬：《手工业与中国经济变迁·引论》，载彭泽益主编《中国社会经济变迁》，北京：中国财政经济出版社，1990年，第4页。

④ 李少雷：《唐代长安昭武九姓的婚姻类型》，西北大学2007年硕士学位论文。

⑤ 魏明孔：《西北民族贸易研究：以茶马互市为中心》，北京：中国藏学出版社，2003年，第20页。

⑥⑦ 乌廷玉：《隋唐时期的国际贸易》，《历史教学》，1957年第2期。

固原北魏墓漆棺见证丝绸之路文化的互鉴融通

郭勤华

（宁夏社会科学院）

固原自古就是各民族密切交往的地区。六盘山一带，是我国农耕文明与游牧文明的接合部。在新石器时代，六盘山地区属于仰韶文化系统，诠释了宁夏北部多样的民族成分与多彩的社会生活。公元前623年左右，秦穆公攻灭西戎，宁夏南部的固原地区开始纳入秦国的管辖。固原城北的秦长城，见证了秦国攻取义渠戎，抵御北方匈奴，推动长城内外商贸移民的迁徙、农耕文明与游牧文明的交汇，形成农牧兼重的经济文化。《史记·匈奴列传》记载："后秦灭六国，而始皇帝使蒙恬将十万之众北击胡，悉收河南地。因河为塞，筑四十四县城临河，徙适戍以充之。"西汉统治者在匈奴攻破固原萧关之后，沿用了秦始皇时期的移民政策。移民行动始于汉文帝时期，此时的徙民实边只是一个开端，为汉武帝时期进一步屯田拓边奠定了基础。《汉书·武帝纪》记载："遣将军卫青、李息出云中，至高阙，遂西至符离，获首虏数千级。收河南地，置朔方、五原郡。"至此，宁夏大部与中原王朝紧密联系在一起。随后，汉武帝派苏建募集10万中原百姓修筑朔方城。元狩四年（前119），漠北会战大破匈奴后，又有关东贫民70余万人迁移到朔方、新秦中等地。

固原是丝绸之路中段北线上的重要城镇，在中西交通史上具有重要的地位。魏晋南北朝时期，我国虽然处于战乱割据状态，但丝绸之路文化链接并没有完全被阻断，各民族在"战"与"和"中寻求各自的发展空间和交往路径，呈现出政治经济文化的互鉴融通。月氏国使节曾在这里被汉武帝接见。南北朝时期，西域的大量物产沿着丝绸之路到达这里。北魏建义元年（528），波斯使者向北魏进贡狮子一头。在今原州区南郊的北魏墓葬中，出土一枚波斯萨珊朝卑路斯王时（459—484）铸造的银币，墓主人生前在银币上面穿孔作为珍品佩戴。1983年，在固原抢救性发掘的北周柱国大将军李贤墓中，出土了鎏金银壶、萨珊金银器等大量珍贵文物，这些都是中西汇通的重要见证。

一、髹漆工艺与绘画艺术展示了丝绸之路上各民族交往、交流、交融

（一）髹漆工艺与绘画艺术

北魏以及西魏、北周时期，固原地区社会环境相对稳定，经济的恢复和发展，以及民族间交往的加强，使来自中原和西域的工艺、绘画艺术，与本地鲜卑族的文化交相融汇，焕发出瑰丽的色彩。原州区发现的北魏时期夫妇合葬墓中，男主人的棺具有漆画。髹漆是我国古老的传统工艺。早在6000年前的河姆渡原始文化遗存里，就曾发现有漆器。商周到秦汉，漆器工艺盛行于中原地区，被广泛运用于各类

容器、祭器、兵器、生活用品以及墓棺的制作。原州区北魏漆画棺的发现，说明在魏晋南北朝民族文化大融合的浪潮中，髹漆工艺已为边远的固原人所掌握。原州区发掘的北魏漆棺，是先在木棺上贴敷织物并做好灰底子，然后髹漆绘画。漆画以红色为底色，用彩色或墨线在底色上勾描出图案轮廓，再用铁朱(赭色)、石青、石绿、黄色等调漆绘制。绘画中还大面积使用贴金工艺。整个漆棺的盖、左右侧及前后挡，均绘有精美的装饰图案和儒、佛以及世俗生活题材的图画。其内容之丰、技艺之高，令人叹为观止。其中分布在棺左右侧的孝子故事尤具特色，共绘有舜、郭巨、蔡顺、丁兰、尹伯奇5个孝子的故事。孝子舜的故事保存较完整，共有8幅，每幅之间均以形制相同的三角火焰纹相隔；各幅画面不论内容繁简，其面积大小相等；一幅画面表现故事的一个情节，并附题记说明画面的内容；数幅画面连贯起来，构成一个完整的故事。这是我国早期连环画的初次发现，在我国连环画史上占有重要地位。

北周李贤夫妇合葬墓的墓道、过洞、天井、甬道以及墓室等处的数十幅壁画，是我国极罕见的北周时期绘画艺术珍品，其内容有武士、侍女和伎乐女侍等。武士们形体健壮，头戴高冠，身着明甲，且形态各异。有的双手捧刀于腹前；有的一手执刀，一手屈于腹前；有的则一手握刀，一手拿刀穗。侍女面容丰润，神情自若，或手执团扇，或手捧拂尘。伎乐女侍则身着宽袖衫，腰系腰鼓，尽情弹奏。北周壁画的技法是，以墨线勾出轮廓，再施以红色晕漆，浓淡适宜，用笔简洁、质朴，线条豁达流畅，既继承了魏晋绘画线条简练、色泽明快、构图活泼而奔放飞动的艺术传统，又开创了形象秀丽、活泼流畅的新风，对我国隋唐绘画艺术有重大影响。

(二)漆棺画上文化溯源体现出多民族之间的文化交融

漆棺画集中展示多民族之间的文化交融，贯彻着汉文化思想理念。漆棺画中可见草原文化与中原文化并而未合、汇而未融的时代气息，又有中原传统文化的强力影响。比如漆棺盖上一幅带有道教色彩的天象图，主题花纹是在银河两侧的日轮和东王父，以及月轮和西王母。秦汉以来，在墓顶上绘天象本属常见之举，但也有将这类图画转移到棺盖上的，如固原漆棺将这种图画绘于棺盖顶部，已开6世纪以降高昌墓葬在棺盖上覆以绘有天象和伏羲、女娲的绢画之先河。至于此漆棺不画伏羲、女娲而画东王父、西王母，则是与十六国以来的风气有关。漆棺画中的东王父、西王母穿的是汉式服装，头戴鲜卑帽；古代往往用服装标志着人的等级和属性，如由冠、帽的式样服装决定。漆棺画中的汉化因素是透过鲜卑气氛显现出来的。漆棺上既画孝子像，又画道教的东王父、西王母像及佛教的菩萨像，有祈求冥福的意思。类似的棺画如江苏仪征烟袋山西汉墓的棺盖内就嵌有北斗七星。洛阳出土的北魏石棺在棺盖内刻有天象和伏羲、女娲，仍然沿袭着汉代的传统。

(三)漆棺画中人物着装和花纹图案体现了各民族交往、交流、交融

棺画上的人物皆着鲜卑装。故漆棺的制作应早于孝文帝开始实施新服制的太和十年(486)。漆棺上绘的孝子故事，均为汉族传统故事，但人物形象都是鲜卑族。他们面有长须，着夹袍、窄袖长袍，脚蹬乌靴；男戴高冠，女作高髻。漆画将汉族传统故事用鲜卑族形象表现，是多民族文化艺术融合的绝好体现。而装饰图案中的联珠纹，则是中西文化交流的具体反映。从孝子身边的榜题可知是虞舜、郭巨，一律鲜卑装扮。孝子着鲜卑服装，在目前中国艺术史上仅此一例。棺画在艺术处理上显然有以我为主、为我所用的意图和创新。

（四）漆棺画中孝文化体现了儒家文化与民族文化的融合

孝道本是儒家伦理思想的一个组成部分，西汉提倡，东汉尤盛。《后汉书·荀爽传》说："汉为火德，火生于木，木盛于火，故其德为孝。"《孝经》遂成为教育孩子的课本。因此，南朝有顾欢八岁诵《孝经》《诗》《论》，伏挺七岁通《孝经》《论语》，马枢六岁能诵《孝经》《论语》《老子》。北朝时亦不落后，如徐之才五岁诵《孝经》，颜之仪甚至三岁能读《孝经》。尤其是北魏用鲜卑语翻译《孝经》，《隋书·经籍志》中有《国语孝经》一卷，据志中《经部·小学类·小序》说，"国语"即鲜卑语，这是推行汉化的结果。同时，在语言方面，孝文帝"断诸北语，一从正音"，即禁用鲜卑语，以汉语为通用语言。据北魏早期的《北史·魏高祖孝文帝纪》所载："有魏始基代朔，廓平南夏，辟土经世，咸以威武为业。文教之事，所未遑也。"拓跋鲜卑出自大兴安岭，本是很落后的渔猎游牧部落，道武帝拓跋珪定都平城后，登国九年（394）才分土定居，成为真正的国家，这时当然还谈不上翻译儒家经典。至太武帝拓跋焘时，虽然他能征善战，灭北燕、北凉，统一了黄河流域；又经略江淮，与刘宋形成南北对峙的局面。但他自称"常马背中领上生活"，是一介武夫。《魏书·食货志》称："世祖（拓跋焘）即位，开拓四海。以五方之民各有其性，故修其教不改其俗，齐其政不易其宜。"可见，当时的鲜卑人并没有中原的礼俗，比如拓跋鲜卑同姓为婚的原始习俗。至冯太后时，中原礼俗得到重视，冯太后断然禁止同姓通婚，并下诏："夏、殷不嫌一族之婚，周世始绝同姓之娶。斯皆教随时设，治因事改者也。皇运初基，中原未混。拨乱经纶，日不暇给，古风遗朴，未遑厘改……自今悉禁绝之，有犯以不道论。"她在各地设乡学，在诸郡署博士，在京师立孔庙。并"改析国记"，确认"魏之先出自黄帝轩辕氏，黄帝子曰昌意，昌意之少子受封北国，有大鲜卑山，因以为号"之说。这样，鲜卑民族遂纳入羲农正统，汉化政策名正言顺地开始推行。同时，她还要求全国民众都遵守儒家"父慈子孝，兄友弟恭，夫和妻柔"的伦理道德规范。并指出："三千之罪，莫大于不孝"《孝经》为北魏政权接受汉化奠定思想基础。而与读《孝经》相辅相成的"孝子图"遂被摹绘到漆棺上，漆棺上画的孝子图，正应了《后汉书·向栩传》说："会张角作乱，栩上便宜，颇讥刺左右，不欲国家兴兵，但遣将于河上北向读《孝经》，贼自当消灭。"赋予《孝经》消灾辟邪的神秘色彩。西晋皇甫谧在《笃终》中说，他下葬时"平生之物，皆无自随，唯赍《孝经》一卷"，这跟当时对《孝经》的崇拜有关。

（五）漆棺画中宗教文化体现了各民族的交融

从服饰文化看，孝子像体现儒家思想的同时，也能迎合时尚的殡葬装点，又能顺应政权阶层对汉文化的追求。从这个角度考察，漆棺画中有汉化元素，底色却以鲜卑崇尚的红色为主基调，反映出民族文化融合发展的特征。南北朝时，除了用《孝经》，还兼用道经和佛经随葬。如南齐张融遗命，入殓时左手执《孝经》《老子》，右手执《小品》（《般若经》）、《法华经》，以此表明自己三教同习，以保冥途平安。张融卒于建武四年（497），与固原漆棺制作的时间（484—486前后）相距甚近。可见，从漆棺前挡所绘墓主像中可见端倪。像中的墓主着鲜卑装坐于榻上，右手举杯，左手持小扇，形象有嚈哒的派头。据专家考证，在今乌兹别克斯坦南部铁尔梅兹市西北的巴拉雷克（Balalyk-Tepe）嚈哒建筑遗址壁画上的人物，展现的宴饮场面，壁画中嚈哒贵族持杯的手势很特殊，皆以拇指与食指、中指、无名指相对捏住杯足，小指跷起，一手持酒杯，一手执小扇，与固原漆棺画中的墓主像相同。嚈哒贵族主人与漆棺画上的墓主坐姿相似，据《南齐书·魏虏传》称该坐姿为"跂据"，《南齐书·王敬则传》中称为"跂坐"。如果其相向的两足交叉起来，便是佛像造型中所称"交脚坐"。这种坐姿在今中亚和新疆一带仍然流行，据学者考证这属于鄯善国特有的坐姿。519年，宋云在赴印求法途中经过嚈哒时，说嚈哒王"着锦衣，坐金床，以金凤凰为床脚"。据《南海寄归内法传》卷三所称"凡是坐者，皆……双足履地，两膝皆竖"。当然，双足可以并垂，亦可交脚。这与漆棺画中墓主像的坐姿大致相同。

二、漆棺中出土的文物见证了丝绸之路各民族交往、交流、交融

（一）北魏漆棺出土文物镂空龙配饰反映了北魏政权中华民族的祖根文化

北魏古墓，其中有鲜卑特色的镂空牌饰三件，图案为两条相对的龙，尾部交错连接，两龙张口吐舌，龙角卷曲，怒目圆睁，背上又各站一鸟，中立一佛，威武有力。在漆棺上的铺首二件，上方为双龙对称交错，下方为兽面，形象错综复杂，龙首吻处为一佛形象，双脚踏于龙尾。这个铜牌饰上的龙头较长，具有北朝龙造型的特征。在技法和内容上却更为别致。龙的背、腹皆省去了鳞甲，代之疏密得当的线条。阳线粗细匀称，遒劲流畅。它浑然一体，主题突出，造型生动，动态感很强，体现了中华民族的祖根文化心理。据《北史·嚈哒传》说："嚈哒国，大月氏之种类也，亦曰高车之别种，其原出于塞北。"5世纪末，嚈哒奄有康居、粟特、大夏、吐火罗、富楼沙等地，成为继贵霜而崛起的中亚大国。固原漆棺画绘制之际，嚈哒正处于盛世。嚈哒虽为中亚强国，但他们过的是游牧生活。宋云对嚈哒国的描述是："土田庶衍，山泽弥望。居无城郭，游军而治。以毡为室，随逐水草。夏则随凉，冬则就温。"又说他们在"四夷之中，最为强大。不信佛法，多事外神。煞生血食，器用七宝。诸国奉献，甚饶珍异"。由于嚈哒既强大富足，又与北魏不相接壤，两国间没有发生过战争，故北魏与嚈哒互相通好。《北史·嚈哒传》说，嚈哒"自太安（指太安二年，456）以后，每遣使朝贡"，固原漆棺即属这一时期。

（二）鎏金银壶见证了丝绸之路各民族的文化交融

在固原深沟村北周李贤墓（天和四年，569）出土的鎏金银壶，器腹呈小头向上的卵形，高足修颈，瓶口有平直外侈之鸭嘴状短流，无盖，通高37.5厘米，最大腹径12.8厘米。因其外轮廓与萨珊壶瓶相似，故出土初期曾认为是萨珊王朝的制品。随着考古和研究领域的不断深入，关于宁夏固原李贤墓出土鎏金银壶的艺术渊源至今还存有争议，如吴焯先生主张此银壶的作者"是嚈哒占领区内的土著工匠或者客籍于这一地区的罗马手艺人"。[①]虽然他只就其艺术渊源立论，未援引嚈哒器物予以证明，但孙机却从五个方面认为鎏金银壶与萨珊制品有明显不同。一是李贤墓出土的银壶底座纹饰独特。李贤墓出土的银壶在其高圈足的底座下缘饰有一周凸起的大粒联珠纹。这种装饰既与巴拉雷克嚈哒壁画宴饮图中所绘高足杯的底座纹饰相似，又与粟特银器底座纹饰相同。而萨珊银器之高圈足的底座多是平素无文的，这一点与中亚地区不同。二是银壶的把手顶部饰人头像。与内蒙古赤峰市敖汉旗李家营子1号墓出土的银壶相比，认为李家营子1号墓出土的银壶把手与器口相接处饰一人头像，该银壶为粟特

---

① 吴焯：《北周李贤墓出土鎏金银壶考》，《文物》，1981年第5期。

制品。萨珊胡瓶在把手顶部立一小圆球，本是拴瓶盖用的。而有些嚈哒与粟特瓶无盖，遂将萨珊胡瓶上有实际用途的小圆球改成装饰性的人头像。三是此银壶的把手两端与器身连接处各饰一骆驼头。在器物上用骆驼的形象作装饰，是河中地区的一种风尚。而萨珊胡瓶的把手两端多饰以长耳朵的野驴头或羚羊头等。四是李贤墓中的银壶把手上的人头和器腹上锤鍱出的一个披斗篷的男子均戴出檐圆帽，这是嚈哒式的帽子。它和粟特之仅扣在脑顶上的小帽不同，萨珊更没有这种式样的帽子。而俄罗斯圣彼得堡爱米塔契博物馆所藏5世纪制作的嚈哒银碗和上述巴拉雷克壁画中描绘的锦纹中，却都有戴这种圆帽的实例。五是李贤墓出土的鎏金银壶上锤鍱出的人物，其造型全然不似萨珊风格。萨珊银器上表现人物时，有相对固定的几种姿势。李贤墓出土的鎏金银壶则不然，上面的人物无论动作，还是装束均与萨珊有别。特别是那个与持短矛者对话的女子，头部扭转向后，双足却一径前行，与乌兹别克斯坦撒马尔罕历史博物馆所藏5世纪后期的嚈哒银碗上之女像的姿势全然一致。并且李贤墓鎏金银壶上由六个人组成的画面，表现的似是某一希腊罗马神话故事。①由于宗教信仰的隔阂，此类题材也不可能出现在萨珊银器上。

孙机为了印证李贤墓出土的银壶为嚈哒制品，还提供了一条可供考虑的线索。《北史·嚈哒传》说："正光末，遣贡师子一，至高平，遇万俟丑奴反，因留之。丑奴平，送京师。"同书《李贤传》载："魏永安中，万俟丑奴据岐、泾等州反，孝庄遣尔朱天光击破之。天光令都督长孙邪利行原州事，以贤为主簿。累迁高平令。"李贤在这次平叛事件中起的作用很大。当时嚈哒使臣正滞留于此，李贤本人应参与保护过这些使臣和贡品，在他的墓葬中发现嚈哒器物是正常之事。故这件银壶应为世所罕见之嚈哒文物中的珍品。与嚈哒有关之事物频频发现于固原，看来当时的原州确实是丝路东段北线，即自长安通陇西出敦煌赴中亚这条大道上的重要节点。

嚈哒器物制作精致，造型典雅，反映出他们具有较高的审美能力，嚈哒文明和他们的生活方式对北魏鲜卑贵族中的保守分子具有一定的吸引力。固原漆棺画中的墓主像的艺术造诣，正反映出其追求与向往。但艺术水平与社会发展阶段并不总是同步的，大量役使外族工匠的情况下更是如此。在5世纪时，与中国成熟的封建制度相比较，嚈哒国家是落后的。而将固原漆棺之墓主所代表的思想倾向置于北魏的现实政治生活中，从侧面反映了当时多民族共同寻求文化融合的路径。当孝文帝迁都洛阳之后，不少鲜卑贵族"雅爱本风，不达新式"。为此，孝文帝的太子元恂，在迁洛之后仍"追乐北方"。可见当时各民族交往、交流、交融中也有固守本分，不与他族相容的情况。因此，北魏在征服北方后，处在"佛狸（拓跋焘）已来，稍僭华典，胡风（西域风俗）国俗（鲜卑风俗），杂相揉乱"的十字路口，能力排阻滞，推陈出新，通过汉化，接受中原文明，完成向封建制的飞跃抉择，推进了丝绸之路各民族交往、交流、交融。

---

① 《古代文化》（44卷4号），1989年。转引自孙机：《从历史中醒来：孙机谈中国文物》，北京：生活·读书·新知三联书店，2016年，第419页。

（三）漆棺出土的萨珊银币见证了丝绸之路各民族交往、交流、交融

固原漆棺画墓出土一枚萨珊银币，为卑路斯B式，年代为457—483年。萨珊在文成、献文、孝文各朝均曾遣使来北魏，这枚银币怎么会在墓主随葬品中？历史上，卑路斯是由嚈哒王派军队支持才得以即位的，后来他又屡次组织军队进攻嚈哒，均遭失败，卑路斯几度被俘，向嚈哒支付了巨额赔款。484年，他本人也在与嚈哒的战争中丧生。故嚈哒应有大量卑路斯银币。在我国河北定县北魏塔基出土的一枚萨珊耶斯提泽银币。我国迄今为止发现的1174枚萨珊银币中，有相当一部分可能是经嚈哒人、粟特人或突厥人之手传入的。

三、北魏丝绸之路各民族互鉴融通的历史影响及时代价值

（一）各民族互鉴融通的历史影响

1.促进了固原农牧业的繁荣发展

自魏以来，"安定、北地、上郡、陇西、天水、金城，于古为六郡之地，其人性犹质直。然尚俭约，习仁义，勤于稼穑，多畜牧。"[①]割据战争的宁息，人民的俭朴勤劳，使北魏的"农职之教"很容易得到推行，从太武帝统一北方，到孝文帝在全国颁行三长制、均田制，这半个世纪前后，是固原社会经济发展的重要时期，农业生产得以恢复。太平真君七年（446），太武帝令薄骨律（今宁夏青铜峡境）镇将刁雍，及高平、安定（治今甘肃泾川）、统万四镇共出车5000辆，将50万斛粮食运到沃野镇（今内蒙古乌拉特前旗东南）以应军需。从这些地方到沃野镇，路途遥远，还需经过沙漠地带，困难重重，将这些粮食全部运完至少需3年时间。刁雍经过考虑后，奏请太武帝同意，决定改用水运。在牵屯山靠近高平川的地方，就近建造木船200只，每船可装运粮食2000斛，60天即可往返一次，运输量比车运超过10倍，还节约畜力和人力，不致因运输而影响农业生产。这件事说明了当时固原林木多，有力量建造200艘木船。北魏一市斤合今0.2225公斤，一斛合今26.5公斤，2000斛就是53000公斤。可见木船的体积很大。同时也说明了屯田已能生产较多的粮食，否则，哪里会有粮食外运？太和十二年（488）五月，北魏孝文帝下令高平、薄骨律镇等地兴修水利，发展农业。古代，"凉州之畜为天下饶"[②]，到北魏时，包括秦、凉和今固原在内，《魏书·食货志》载："以河西水草善，乃以为牧地。畜产孳息，马至二百余万匹，橐驼将半之，牛羊则无数"。魏初，魏兵讨没奕于，在高平获马4万匹，骆驼、牛羊9万余头，畜牧业可见一斑。丝绸之路的贸易活动，到北魏时更加通畅。这是因为胡商的往来增加了政府的财政收入，按照入市一人交税一文及店铺分五等纳税的条例，庞大的胡商商队与经营奇珍异宝的番客邸肆，是北魏官府最欢迎的纳税对象。北魏的高平镇，是北方重要军镇之一，也是东西商道重要的商业经营地区。近年来，固原出土的波斯银币和波斯萨珊王朝的鎏金银壶、玻璃碗、青金石戒指等，都是历史的见证。

2.均田制在固原得以推广实行

西魏、北周统治者吸取各族人民反魏斗争的教训，一开始便注重吏治的整肃。宇文泰先后颁布《六

---

① 吴焯：《北周李贤墓出土鎏金银壶考》，《文物》，1987年第5期。

② 侯丕勋：《中国古代历史地理概论》，兰州：甘肃人民出版社，2018年，第219页。

条诏书》，将"清心、敦教化、尽地利、擢贤良、恤狱讼、均徭役"作为各级官吏行政中遵循的准则。而且规定："其牧守令长，非通六条及计帐者，不得居官。"均田制从北魏太和九年（485）创立，以后时废时兴。因为它对抑制土地兼并、劝督农民尽力于农桑，以及增加国家赋税收入等方面有一定作用，所以，西魏、北周在《六条诏书》中的第三条就是"尽地利"，鼓励农民垦田种地，搞好农副业生产。为了执行均田，北周法律还规定了"正长隐五户及十丁以上、隐地三顷以上者，至死"，力求严格执行均田制。除田令、法律上的规定外，《六条诏书》还规定了劝课办法，即每当岁首，地方官要戒励百姓，无论少长，"但能操持农器者，皆令就田，恳发以时"，要使"农夫不废其业，蚕妇得就其功"。如果是"单劣之户，及无牛之家，劝令有无相通，使得兼济。三农之隙，及阴雨之暇，又当教人种桑植果，艺其蔬菜，修其园圃，畜育鸡豚，以备生生之资，以供养老之具"。这些规定，正好与田令相互补充，来劝课农桑，发展生产。这些劝农措施，和均田法令相辅而行。原州刺史李贤、窦炽在任期内积极劝农，发展了当地生产。"甚得民和"就是原州居民对他们的赞誉。

（二）各民族交往、交流、交融的时代价值

1. 展示古丝绸之路文明

固原地区，是丝绸之路上的重要节点，作为农耕文化与游牧文化交替过渡地区，自古以来就是多民族交错杂居地区，是各民族交往互动活跃的地区之一。历史上由于迁徙互动及交错居住，各族民众在日常生活中存在广泛的经济与社会交往，展现多民族从相交到相融的原生态图景及动态历程，为新时代丝绸之路共建互动发展奠定了坚实的基础。

2. 保护传承丝绸之路文化

党的二十大报告提出，要"繁荣发展文化事业和文化产业，坚持以人民为中心的创作导向，推出更多增强人民精神力量的优秀作品……健全现代公共文化服务体系……实施重大文化产业项目带动战略"。实现繁荣发展文化事业和文化产业的重要途径之一是文物和文化遗产保护传承。固原丝绸之路文物与文化遗产积淀丰厚，创新活化利用文物和文化遗产，对于坚定文化自信，全面推进乡村振兴，实现共同富裕具有重要意义。乡村振兴上升为国家战略所蕴藏的巨大价值潜力日益显现。地域特色突出，在让文物"活起来"，持续推进文化产业发展的新时代，乡村作为一种整体性、系统性生态空间和文化场域，丝绸之路文物和文化遗产保护传承是带动乡村文化旅游产业发展的特殊文化资源。

3. 弘扬丝路精神

丝绸之路作为人文社会的交往平台，多民族、多种族、多宗教、多文化在此交汇融合，在长期交往过程中各个国家之间形成了"团结互信、平等互利、包容互鉴、合作共赢，不同种族、不同信仰、不同文化背景的国家可以共享和平，共同发展"的丝路精神。丝绸之路之所以能历千年而交流不断，是由于中国文化敢于并善于汲取世界文明的成果。从这一意义上讲，丝绸之路的开通与持续繁荣，是中国文明的强大生命力、创造力，以及持久魅力的象征。丝绸之路是新时代全面推进乡村振兴作用于固原社会经济的重要地标和杠杆，也是固原走向世界，接受世界其他地区文明营养的主要通道，固原文化性格形塑、固原历史发展，与丝绸之路息息相关。

参考文献：

[1] 魏书·太祖纪.

[2] 魏书·食货志.

[3] 魏书·世祖纪.

[4] 资治通鉴·梁纪.

[5] 魏书·肃宗纪.

[6] 魏书·崔延伯传.

[7] 周书·李贤传.

[8] 隋书·地理志.

丝路精神贯穿古今开新篇

韩学斌

（石嘴山市文物保护中心、石嘴山市博物馆）

　　盛夏时节，万物竞秀，原州大地，胜友如云。今天，我很荣幸受邀参加此次丝绸之路暨北朝时期固原区域文化国际学术研讨会，与各位专家学者共同探讨交流古代丝绸之路的历史价值及对共建"一带一路"的启示，我将围绕丝绸之路在宁夏的走向以及古代丝绸之路对于宁夏文化传承的意义进行讨论交流，若有不足，还请批评指正。

　　丝绸之路作为一条沟通中西经济文化交流的世界之路，有着"塞上江南"之称的宁夏位于丝绸之路上，自古以来就是内接中原，西通西域，北连大漠，各民族南来北往频繁的地区。缓行的驼队，悠扬的铃声，黄河流域的古代文明、古波斯文明、古希腊文明和欧亚草原文明在这里碰撞融合，在这条道路上的传播与交汇都留下了丰富的文化遗址。

　　著名历史学家岑仲勉先生曾发表了《穆天子西征地理概测》，用历史地理学的方法对《穆天子传》中的历史地名进行了考证，我们从穆天子西行的路线可以看出，早在春秋战国时期，中西交通路线经过宁夏固原地区，它的走向和汉代的丝绸之路的走向是密切关联的。汉魏时期，丝绸之路东段即从长安经河西走廊到敦煌有南、北两条路线。南道是从长安出发，沿渭河西行，经宝鸡、天水、陇西、临洮、金城（今兰州），由此渡过黄河，进入河西走廊。北道路线是从今天的西安出发，沿泾河向西北行，经陕西的乾县、永寿、彬州和甘肃的泾川、平凉进入宁夏固原境内，过三关口、瓦亭，经青石嘴、开城抵达固原，再往北经三营、黑城，沿苋麻河到海原的郑旗、贾塘，过海原县城、西安州、干盐池，进入甘肃境内，从靖远县东北的石门附近渡过黄河，经景泰县抵达武威（凉州），再转河西走廊去敦煌。这条经固原的北道路线在宁夏境内长近200公里，行程比南道少100公里，路途平坦易行，开辟的时间要比南道和中道早，是秦汉时期关中通向河西的主要道路，西北草原游牧民族东进和建都关中的政权西出常常走的是这条道路，也是丝绸之路形成后东段的一条最佳路线。

　　唐代，丝绸之路经过宁夏的路线发生了变化。安史之乱以后，吐蕃乘唐朝国力衰弱之机，从青海北上，逐步占领了秦、兰、原、会各州。781年，吐蕃占领了沙州，控制了西北，从长安通向敦煌的南北两路都受到阻隔。丝绸之路东段在宁夏境内的路线不再经过原州往西，而是从今天的西安北上彬州（邠州）、庆阳（庆州）、环县（环州）到灵武（灵州），再从青铜峡渡过黄河，经中卫到甘肃武威，或者经过银川，向西翻越贺兰山，从内蒙古阿拉善左旗境内到达凉州（今甘肃武威）或肃州（今甘肃酒泉）。此时灵州就成了通向河西、漠北的交通枢纽。唐末、五代直至宋朝初年，经过灵州的道路比较畅通。1271年，成吉思汗的孙子忽必烈建立元朝，1276年统一了全国。元朝初年，在固原开辟了新的路线，把原来从长安西去河西的北道路线改为从西安出发，行至瓦亭后，直接向西翻越六盘山，经过今天的隆德县和甘肃的会宁、定西到达兰州。六盘山此时就成了东西交通的要道。这条路线一直沿用到清代。现在横贯中国东西的312国道西兰公路段走的就是这条路线。

在古代，经过宁夏的丝绸之路是传统意义上的丝绸之路，也就是绿洲丝绸之路。宁夏，正是这条"经贸玉带"上的必经驿站。古老的驼铃声似乎穿越时空而来，中国要再现丝绸之路的辉煌。古代丝绸之路是一条贸易之路、一条文明对话之路，更是一条友谊之路，延续千年，积淀了以和平合作、开放包容、互学互鉴、互利共赢为核心的丝路精神。这种精神薪火相传，推进了人类文明进步，是促进沿线各国繁荣发展的重要纽带，是东西方交流合作的象征，是人类文明的宝贵遗产。

历史表明，没有哪一个民族的智慧能独立支撑整个人类的进步和发展，不同国家和民族只有相互尊重、彼此包容，才能创造出引领时代的文明成果。我国的繁荣发展源于改革开放，中华民族伟大复兴离不开改革开放，而"一带一路"倡议最显著的特征就是开放。习近平总书记指出："中国开放的大门不会关闭，只会越开越大。"文明互鉴是动力源泉。古代丝绸之路是人类文明交流的重要通道，持续的跨文明交流对话，记录也见证了沿线不同国家、众多民族的成长历程，丝绸之路成为全人类的集体记忆。

2023年是习近平总书记提出共建"一带一路"倡议十周年，通过此次丝绸之路暨北朝时期固原区域文化国际学术研讨会，将继续传承丝绸之路精神薪火，不断激活多样文明中的优秀传统，赋予其鲜活的时代内涵，进而促进和谐共融、增进民生福祉、推动社会文明进步。共同把"一带一路"打造成和平之路、繁荣之路、开放之路、创新之路、文明之路，合力奏响各美其美、美美与共的华彩乐章。

从魏晋到唐初：皇位传承与中古时代特质

姜望来

（武汉大学历史学院）

自上古禅让政治结束以来，夏商周三代以下，历代王朝皆以家天下为其基本特征。虽国祚有修短，兴衰难预期，然无论何家何姓之王朝，莫不以传之万世为孜孜以求之目标与理想。典型如秦始皇下令云："朕为始皇帝。后世以计数，二世三世至于万世，传之无穷。"[①]关系皇权代代传递与维持不坠之皇位传承，乃是中国古代皇权政治核心问题之一，并在中古时期（魏晋南北朝隋唐时代）[②]尤为突出，皇位的传承与争夺、皇室的参政与矛盾往往是关涉中古政治走向之关键。

笔者曾较为集中地撰文探讨北齐和隋至唐初皇位传承及两晋南北朝"皇太弟"名号问题，尽量剖析其背后之制度与文化因素，就北族遗俗与汉家传统交互影响、皇帝及其家族在家国之间之困境与冲突、南北发展路径之差异与合流等方面作出一定之揭示。[③]然而我们知道，中古历史之丰富性、多面性与复杂性远远超出我们的考证，甚至也远远超出我们的想象；中古时期各种重要现象、各个特定部分之间的关联性与整体性（无论纵向还是横向）无疑值得加以深入思索和给予适当定位。因此，笔者拟结合前人相关判断和笔者此前论述，尝试对皇位传承进行宏观审视与把握，对相关历史进程予以辩证思考与分析，进而将中古时代置于传统中国之大背景下从某一侧面进行一定的整体观照与定位。

一、民族传统与皇位传承

皇位传承及其矛盾主导并推动中古皇权政治之发展变迁，无论王朝内部之治乱相继，还是王朝之间之盛衰更迭，相当程度上皆受其制约。田余庆先生关于北魏开国史[④]、陈寅恪先生关于唐代政治革命

---

① 《史记》，北京：中华书局，1959年，第236页。

② 自近代以来，在中国历史分期上，海内外学者越来越习惯于使用之"中古"称谓，一般而言主要指魏晋南北朝隋唐时代。有关中国史学上"中古"一词的运用、演变及其含义之基本固定，谢伟杰先生有专文予以细致梳理和讨论，其明确指出："当今学界中，'中古'一词被普遍运用于指称魏晋南北朝和隋唐时代，相当于3—9世纪。"谢伟杰：《何谓"中古"——"中古"一词及其指涉时段在中国史学中的模塑》，载《中国中古史集刊》（第2辑），北京：商务印书馆，2016年，第4页。

③ 姜望来：《高洋所谓"殷家弟及"试释》，《武汉大学学报》，2010年第2期；《祖宗与正统：北齐宗庙变迁与帝位传承》，《首都师范大学学报》，2015年第1期；《家国之间：北齐宗王政治变迁与末年皇位争夺》，《魏晋南北朝隋唐史资料》（第35辑），2017年；《太子勇之废黜与隋唐间政局变迁》，《魏晋南北朝隋唐史资料》（第23辑），2006年；《李渊晋阳起兵左右军考略》，《魏晋南北朝隋唐史资料》（第34辑），2015年；《两晋南北朝"皇太弟"考略》，《魏晋南北朝隋唐史资料》（第30辑），2014年。

④ 田余庆先生以弟及与子继两种继承秩序之竞争为拓跋部落到北魏前期历史之主线，由此将离散部落、后权干政、子贵母死诸重要现象或制度贯通解释，而其流风余韵更几乎影响整个北魏时期，如献文帝、孝文帝父子与文明冯太后之三代纠葛，及明帝与胡太后之母子恩怨。参见田余庆：《拓跋史探》（修订本），北京：生活·读书·新知三联书店，2011年。

与党派分野①、唐长孺先生关于玄武门之变②之典型研究，已经深刻、精辟和极具代表性地揭示了此点。那么，皇位传承问题在中古时代何以如此突出而关键？笔者以为，其深层之支撑因素，至少有二：其一，中古民族大迁徙、融合、碰撞、交流背景下之胡汉不同传统，主要影响北族诸政权；其二，中古兴

---

① 陈寅恪先生一方面以胡汉关系及关陇集团之成立与演变把握从北魏历北齐、北周至隋唐之王朝盛衰与皇权更替，一方面更以政治革命与党派分野作为唐代政治发展之主要脉络，而无论政治革命抑或党派分野，其关键皆系于皇位继承。于后者，先生发人深省地指出："唐代皇位之继承常不固定，当新旧君主接续之交往往有宫廷革命……唐代在'关中本位政策'即内重外轻之情形未变易以前，其政治革命惟有在中央发动者可以成功……然自玄宗末年安史叛乱之后，内外轻重之形势既与以前不同，中央政变除极少破例及极小限制外，大抵不决之于公开战争（唐末强藩与中央政府权臣及阉寺离合之关系构成战乱，其事应列入统治阶级之升降及党派分野范围论之，故凡本文所未能详述者，以义类推之可知也），而在宫廷之内以争取皇位继承之形式出之。于是皇位继承之无固定性及新旧君主接续之交，辄有政变发生，遂为唐代政治史之一大问题也。"（陈寅恪：《唐代政治史述论稿》中篇"政治革命及党派分野"，北京：生活·读书·新知三联书店，2009年，第236-246页。）先生又指出："神龙元年正月癸卯（二十日）玄武门之事变，其事自唐室诸臣言之，则易周为唐为中兴复辟；自武则天方面言之，则不过贪功之徒拥立既已指定而未甚牢固之继承储君而已（凡唐代之太子实皆是已指定而不牢固之皇位继承者，故有待于拥立之功臣也）。"（《唐代政治史述论稿》中篇"政治革命及党派分野"，第249页。）先生再殷勤论证并指出："本篇中专论唐代皇位继承不固定之事实，则至德宗顺宗之交为止。此后以内廷及外朝之党派关系与皇位继承二端合并论证……皇位继承之不固定及阉寺党派之竞争二端，与此唐室中兴英王宪宗之结局有关，则无可疑也……穆宗不久即崩，其（笔者按，指敬宗）皇位继承权所以幸未动摇。然观外廷士大夫如李逢吉、刘栖之流俱藉皇储问题互诋其政敌，并牵涉禁中阉寺党魁，则唐代皇位继承之不固定及内廷阉寺党派与外朝士大夫党派互相关系，于此复得一例证矣……至敬宗及绛王悟之被弑害，与夫文宗之得继帝位，均是内廷阉寺刘克明党与王守澄竞争下之附属牺牲品及傀儡子耳，亦可怜哉！斯又唐代皇位继承不固定与阉寺党争关系之一例证也……会昌季年内廷阉寺党派竞争之史实无从详知，但就武宗诸子不得继位之事推之，必是翊戴武宗即与李党有连之一派失败，则可决言。于是宣宗遂以皇太叔之名义嗣其侄之帝位，而唐代皇位继承之不固定，观此益可知矣……（宣宗时）阉寺已起族类之自觉，一致对外，与文宗时不同，是以无须亦不欲连接外朝士大夫，以兴党争，盖非复宣宗以前由内廷党派胜败，而致外朝党派进退之先例矣。至于唐代帝位继承之不固定，兹又得一例证……唐代皇帝废立之权既归阉寺，皇帝居宫中亦是广义之模范监狱罪囚。刘季述等之废立不过执行故事之扩大化及表面化耳。唐代皇位继承之不固定，此役乃三百年间最后之结局。"（《唐代政治史述论稿》中篇"政治革命及党派分野"，第258-319页。）观陈寅恪先生系统深入发覆之论，则唐代三百年政治之关键与核心在于皇位继承及相关诸问题，可以无疑。

② 唐长孺先生深入剖析唐初李建成、李世民兄弟争夺皇位关键之役玄武门之变之背景与后果，敏锐指出："唐高祖鉴于隋炀之覆辙（炀帝因失关中人心而被弑。此非本题所能述，但史实甚显），故亲关中而仇山东……夫以高祖之仇视山东如此，而太宗幕府，故多魏公故将，宜奉太宗为宗主，今姑立一说曰：太宗不得位，则山东人长在压迫之下，故必竭尽全力以谋拥戴，而太宗培植其势力，亦必厚结山东人以自助。建成为对抗计，则亦结纳关中人为其羽翼，玄武门之变，在表面上仅为兄弟之争立，而其内幕实蕴有关中致山东之冲突……及玄武门一役，既告功成，太宗为关中集团领袖合法继承人之地位业已确定，则向之拥护建成者丧君有君，自不妨转而拥护太宗，盖太宗初非以山东集团领袖之资格继承也。隋文篡周，唐高代隋，关中人加拥护，但问其是否关中集团中人物耳。王朝之更易，尚不关心，而况于建成太宗兄弟之争。太宗本身之地位既已改变，其政策乃随之而异，则即位之后，仍以关中领袖姿态，垂衣南面，亲关中而抑山东者，非不可解释也。然太宗亦终不得不修正向来狭隘之关中政策，故一面排斥山东大族，一面亦容纳新人物参加政治……玄武门之变虽仅为继承之争，而影响唐代全部历史与社会阶层者甚大，若溯其远因，则犹是元魏末期关中与山东之争，但以另一方式进行而又有皇位继承问题为之掩蔽，所以不易察觉耳。"（唐长孺：《读陈寅恪唐代政治史述论稿后记》，收入《山居存稿续编》，北京：中华书局，2011年，第320-328页。）唐长孺先生认为唐初建成、世民兄弟皇位继承之争既"影响唐代全部历史与社会阶层者"，亦是北魏末以来关中与山东之争及诸王朝代兴之延续，可谓卓识。又与皇位传承牵连甚深且几乎始终盛行于魏晋至唐初之宗王政治，唐先生对之相当重视并先后多次论及其主要根源于中古门阀统治。关于此点，后文将进一步引证和讨论，暂且不赘。

起和盛行之门阀统治，影响遍及魏晋至唐初诸政权，且部分地与前述第一点即民族传统因素结合在一起共同发生作用。

我们通常所谓皇位传承，乃是王朝内部代表皇权最高也是唯一统治地位之皇位从旧皇帝到新皇帝之传递继承。由此可见，皇位传承其实也是一种继承关系，只是较为特殊、极为重要和最为稀少。继承关系普遍存在于人类社会不同阶段、不同地区、不同国家、不同阶层，相应之继承制度虽然不会完全一致，但大体上能相通并有基本类似之发展过程，摩尔根关于人类从蒙昧时代经野蛮时代到文明时代发展过程的研究和恩格斯关于家庭、私有制和国家起源的研究①，早已令人信服地揭示和证明了此点。摩尔根指出：

> 随着财产的大量积蓄并具有永久性，随着私有财产比例的日益扩大，女性世系必然会解体，而男性世系相应地必然会取而代之。这样的一种转变仍然保留继承权于本氏族之内，一如既往，不过，它使子女改属于其父亲的氏族，并使他们优先于同宗的其余亲属。很有可能，在一段时期内，子女与其他同宗亲属共同分享遗产；但是，同宗亲属排斥氏族其他成员这一原则一旦扩大，迟早将导致排除子女以外的同宗亲属，而使子女独享继承权。再到后来，就是把儿子放到父亲职位的继承人的行列中了。②

> 在高级野蛮社会，原来由氏族内世袭并由其成员选举产生的各级首领的职位，此时在希腊和拉丁部落中很可能已形成父死子继的惯例。③

恩格斯进而指出：

> 只从母亲方面确认世系的情况和由此逐渐发展起来的继承关系叫作母权制。④

> 根据母权制，就是说，当世系还是只按女系计算的时候，并根据氏族内最初的继承习惯，氏族成员死亡以后起初是由他的同氏族亲属继承的。财产必须留在氏族以内……但是，男性死者的子女并不属于死者的氏族，而是属于他们的母亲的氏族……他们不能继承自己的父亲，因为他们不属于父亲的氏族，而父亲的财产应该留在父亲自己的氏族内……他自己的子

---

① 依摩尔根对人类古代社会发展规律的研究，所谓蒙昧时代、野蛮时代和文明时代这些依序渐进的不同阶段，其标志和分期主要根据食物和经济来源的增加、生产和生活工具及相应技术的进步、语言文字的发展、部落和家庭的演化及国家的出现等，社会进步则包括各种发明和发现体现的智力、政治观念、家族观念和财产观念的发展等主要方面[参见(美)路易斯·亨利·摩尔根著，杨东莼、马雍、马巨译：《古代社会》第一编第一章"人类文化的几个发展阶段"、第三章"人类发展进度的比例"，北京：商务印书馆，1981年]。摩尔根《古代社会》一书及观点得到马克思、恩格斯的基本认同和赞扬，恩格斯以之为重要参考撰成唯物史观经典著作《家庭、私有制和国家的起源》，其中关于人类社会分期的看法基本和摩尔根一致[参见(德)恩格斯：《家庭、私有制和国家的起源》之"一、史前各文化阶段""九、野蛮时代和文明时代"，收入《马克思恩格斯选集》(第4卷)，北京：人民出版社，2012年]。中华文明史上的三皇五帝大概对应于蒙昧时代和野蛮时代，夏商周三代则已进入文明时代。
② 摩尔根：《古代社会》，第343–344页。
③ 摩尔根：《古代社会》，第555页。
④ 恩格斯：《家庭、私有制和国家的起源》，收入《马克思恩格斯选集》(第4卷)，北京：人民出版社，2012年，第50页。

女则被剥夺了继承权。因此，随着财富的增加，财富便一方面使丈夫在家庭中占据比妻子更重要的地位；另一方面，又产生了利用这个增强了的地位来废除传统的继承制度使之有利于子女的原动力……因此，必须废除母权制，而它也就被废除了……这样就废除了按女系计算世系的办法和母系的继承权，确立了按男系计算世系的办法和父系的继承权。①

习惯地由同一家庭选出他们的后继者的办法，特别是从父权制实行以来，就逐渐转变为世袭制，他们最初是耐心等待，后来是要求，最后便僭取这种世袭制了；世袭王权和世袭贵族的基础奠定下来了……这样，我们就走到文明时代的门槛了。②

笔者之所以不厌其烦地摘引前贤经典判断，主要目的在于尽量清晰地展现如下一种事实或者说规律：随着从母权制向父权制之过渡，相应地，继承方法或制度亦发生变化，主要走向乃是继承范围愈趋于缩小和继承人选愈趋于固定（后期兄弟继承可能比较常见，但父子继承至少已经萌芽），世袭王权由此渐渐滋生和日益强大，文明时代随之来临。人类社会早期继承制度发展状况大致如此，并在世界各地区各民族历史上得到相当印证，如摩尔根和恩格斯上述著作中重点讨论之北美易洛魁人、阿兹特克人，欧洲希腊人、罗马人、凯尔特人和斯拉夫人，澳大利亚一些土著部落，太平洋群岛夏威夷人，等等。进入文明时代以后，继承制度更趋精密和明确，兄终弟及终究要为父死子继所取代，如辜燮高先生关于古代英国、日本和中国历史上兄终弟及制与父死子继制两种继承制度斗争与发展过程之比较研究。③作为世界文明体系中成熟度和连续性格外突出之中国古代文明，历史上之继承制度（包括最重要之王位继承制度）当然也经历了由兄弟继承向父子之间嫡长继承发展转变之过程，如王国维先生和前述辜燮高先生之研究所揭示。④大体上，中国古代自上古以下，三皇五帝传说时期王位主要由公推禅让而出，夏商时期王位传承以兄弟相继为主并辅之以传子，西周时代王位传承则确立传子之相当高级和完善形态即嫡长世及之制，自此以后为历代王朝所主要遵循和为后世儒家所鼓吹和坚持，中古时代之魏晋经南朝宋齐梁陈至隋唐诸朝自然亦是如此。然而，西晋末年以后之北方十六国北朝诸政权，则呈

① 恩格斯：《家庭、私有制和国家的起源》，收入《马克思恩格斯选集》（第4卷），北京：人民出版社，2012年，第64-65页。
② 恩格斯：《家庭、私有制和国家的起源》，收入《马克思恩格斯选集》（第4卷），北京：人民出版社，2012年，第181页。
③ 参辜燮高：《从继承制看马克白斯在苏格兰历史上的地位》，《世界历史》，1981年第6期。《苏格兰、日本、英格兰和中国的兄终弟及制》，《世界历史》，1983年第1期。
④ 王国维："殷以前无嫡庶之制……以颛顼以来诸朝相继之次言之，固已无嫡庶之别矣。一朝之中，其嗣位者亦然。特如商之继统法，以弟及为主，而以子继辅之，无弟然后传子……舍弟传子之法，实自周始……由传子之制，而嫡庶之制生焉。夫舍弟而传子者，所以息争也。兄弟之亲本不如父子，而兄之尊又不如父，故兄弟间常不免有争位之事。特如传弟既尽之后，则嗣立者当为兄之子欤？弟之子欤？以理论言之，自当立兄之子；以事实言之，则所立者往往为弟之子。此商人有中丁以后九世之乱，而周人传子之制，正为救此弊而设也。然使于诸子之中可以任择一人而立之，而此子又可任立其欲立者，则其争益甚，反不如商之兄弟长幼相及者犹有次第矣。故有传子之法，而嫡庶之法亦与之俱生……所谓'立子以贵不以长，立适以长不以贤'者，乃传子法之精髓。"［王国维：《殷周制度论》，收入王国维《观堂集林》，《王国维全集》（第8卷），杭州：浙江教育出版社，广州：广东教育出版社，2010年，第304-306页。］王国维先生之论，固已抉出殷、周继承制度之差别及各自主要特征，此后虽诸家更有发挥和推进，具体或细微方面亦有所争议，而观堂先生谓殷及以前以兄终弟及为主、周及以后以嫡长继承为本之基本判断则得到较为一致之认同。

现较为特殊之情形。唐长孺先生指出："由于晋末动乱和北方少数民族政权的建立,北方封建社会的发展走上了一条特殊道路,从而与直接继承汉末魏晋传统的南朝出现了显著的差异。"①此种特殊与差异体现在诸多方面,其中当然亦包括皇权政治中极为重要之皇位传承。

西晋末年,政局动荡不安,朝廷孱弱无力,原主要居于华夏东北、北及西北边境地带之匈奴、羯、鲜卑、氐、羌等北族陆续进入中原腹地并纷纷建立政权,史称十六国;十六国后期,鲜卑拓跋部所建立之北魏逐渐统一北方,至北魏末期又分裂为东魏、北齐,西魏、北周,史称北朝。匈奴、鲜卑等北族,从历史长远来看,自然在不断与汉族之接触中逐渐融合同化并成为中华民族之一分子,但民族融合并非一蹴而就,而是在较长时期内缓慢又坚定地推进。当北族进入中原之初,社会发展尚处于较为落后之阶段(当然此种"落后"只是相对而言,事实上任何民族,包括汉族在其发展历程中也必然经历较为落后之阶段,只是先后不同而已),一般属于部落或部落联盟时代,故在与汉族社会频繁而深入之接触中自然互相受到影响和产生交流,此种武力之外文化上之影响和交流显然以汉文化为主导和主流。②对北族而言,新的、更先进的,同时也是本来就受历史与社会发展规律所要求的文化主要成为学习和接纳之对象,旧的、不合时宜的部落传统则变得艰难,又新旧之调适本非易事,从而在整体进步之趋势下难免产生碰撞和矛盾甚至反复。③在北族由部落而国家之转型与演进过程中,至关重要之君位传承就成为各方势力角逐之焦点,而呈现复杂之面貌;加之诸北族各自情形不一、进入中原之时间有先后、面临之环境有所差异、所取立场也不尽相同等因素,更加剧君位传承之复杂程度。

在上述社会转型背景之下,十六国诸政权中皇太弟名号较为流行,皇位传承普遍经历了兄终弟及与父死子继之重重矛盾与冲突④,并或者在矛盾与冲突中走向分裂与衰败(如匈奴刘氏、羯石氏、賨李氏、鲜卑慕容氏),或者在矛盾与冲突尚未较好解决时主要因其他因素而覆灭(如氐苻氏、羌姚氏),或者在付出沉重代价、历经种种探索后基本解决矛盾与冲突并步入更具活力之发展轨道(如鲜卑拓跋氏)。⑤北魏道武帝以后,皇位传承中父死子继传统基本确立、兄终弟及现象基本消失,汉制取代原来的

---

① 唐长孺:《魏晋南北朝隋唐史三论》,北京:中华书局,2011年,第473页。

② 汤因比:"在军事边界蛮族一侧集聚的精神力量主要来自堤坝所保护的文明宝库,只有微不足道的极小部分是来自境外蛮族自身贫乏的社会遗产……把蛮族挡在门外的文明社会深刻地影响和改变了蛮族的精神。"[(英)阿诺德·汤因比著,(英)D·C·萨默维尔编,郭小凌、王皖强、杜庭广、吕厚量、梁洁译:《历史研究》,上海:上海人民出版社,2010年,第709-711页。]汤因比主要讨论的是古代欧洲的情况,对于其所谓"蛮族"即较落后民族也带有一种固执的偏见,但其所揭示的较落后民族与较先进文化接触时主要是前者深受后者影响之一般规律则相当准确,值得重视和借鉴。

③ 汤因比:"蛮族主动开始有选择地效仿文明社会。他们的主动性表现在,他们在效仿所接纳的文明要素时,总是掩饰效仿对象令人不快的来源……境外蛮族靠近边界时会产生不适的反应,文明迸发出来的精神力量有如狂风暴雨,越过边界,把境外蛮族原有的原始经济和制度打得七零八落。"汤因比:《历史研究》,第710-717页。

④ 前揭姜望来:《两晋南北朝"皇太弟"考略》。

⑤ 汤因比:"效仿邻近大一统国家的君主政治,往往会形成并非依据部落法律而是凭借军事威望的不负责任的王权……蛮族征服者在衰亡的大一统国家疆域内建立的后继国家的命运表明,蛮族幼稚的政治才能孕育出来的这些粗糙的产物不足以承担和解决大一统强国的政治家都难以应付的重任和难题。"(汤因比:《历史研究》,第710-718页。)参考汤因比的论述,笔者认为,中古中国的北族进入中原建立政权时所面临的"难以应付的重任和难题",主要和突出地表现在皇位传承上;十六国政权中绝大多数在混乱中走向衰亡,往往与此深有关系,而作为少数例外代表之北魏则采取果断和适当的汉化政策,尤其在皇位传承上坚决地确立父死子继新传统,从而基本克服此种困境。

胡制,拓跋鲜卑由部落向国家、由胡化而汉化的历史进程初步完成。[①]北魏也愈趋强盛并最终统一北方,结束十六国之局面,开启北朝之历史。[②]

北朝后期,承六镇鲜卑胡化潮流而起之东魏北齐高氏政权,兄终弟及与父死子继之矛盾重又尖锐,皇位传承极不稳定,皇位争夺极其残酷,终于在皇族内部连绵冲突与严重内耗之下不可避免地走向衰亡。[③]同期之西魏北周宇文氏政权,虽同承六镇鲜卑胡化潮流而起,但创业奠基者宇文泰因应形势之需要、随顺时代之潮流,施行陈寅恪先生所谓关中本位政策,凝聚胡汉一体之关陇集团,以行《周礼》为旗帜,基本确立传子之主导地位,宇文氏皇位传承虽有矛盾但尚可控,内部较为团结,国势蒸蒸日上,故能转弱为强吞并北齐,继北魏之后再次统一北方。

二、门阀统治与皇位传承

十六国北朝诸政权主要系北族建立,其皇位传承深受汉族与北族双方面民族传统之影响,而呈现复杂面貌。两晋南朝诸王朝及大一统之隋唐帝国,则均系汉族所建立,基本沿袭汉魏以来之传统,嫡长世及之皇位传承制度无所更改亦未受外力之强烈冲击,依常理而论,两晋南朝与隋唐皇位传承应较平稳缓和。然而事实却不尽然,尽管皇位传承整体上矛盾不如十六国北朝激烈,但较之汉魏以前和唐以后则显突出,某些时段更是相当尖锐。其中原因,主要应与中古盛行之门阀统治有关,唐长孺先生早已在《西晋分封与宗王出镇》一文中指出:

> 值得注意的是,像西晋那样用宗室,如《晋书·八王传序》所说的"或出拥旄节,莅岳牧之荣;入践台阶,居端揆之重"的情况,既不见于秦汉,也不见于唐以后,但却在不同程度上通行于南北朝,甚至延续到唐初。前人议论,通常认为西晋重任宗室是有鉴于曹魏禁锢宗王,"思改覆车",这当然是一个重要原因。但是经过"八王之乱"的教训,为什么刘宋、齐、梁和北魏却没有鉴晋的"覆车"而继续任用皇子和宗室入辅出镇呢?北朝如果诿之部落遗风,那么南朝又怎样解释呢?我想这是否可能与这一历史时期的政权结构有关?人所共知,当时高踞于政权上层的是门阀贵族,西晋政权结构是以皇室司马氏为首的门阀贵族联合统治。皇室作为一个家族凌驾于其他家族之上,皇帝是这个第一家族的代表以君临天下,因而其家族成员有资格也有必要取得更大权势以保持其优越地位。西晋以后,除了东晋皇帝在流离之余,十分衰弱,无法争取强大权势以外,南北诸皇朝纵使其皇室本非高门如南朝,或出于鲜卑如北朝,其政权结构依

---

① 前揭田余庆:《拓跋史探》(修订本)。

② 汤因比:"一个成功入侵的文明必须付出的社会代价在于,被侵略者的异族文化渗入到入侵社会内部无产者的生活之中,相应扩大了离心离德的无产者与自以为大权在握的少数人之间本已存在的精神隔阂。"(汤因比:《历史研究》,第805页)北魏显然是十六国诸政权中汉化较为成功之典范,然而也难免付出一定代价,北魏后期六镇军民与洛阳权贵之间各方面的悬隔终致六镇变乱而使北魏陷入衰败之境(参万绳楠整理:《陈寅恪魏晋南北朝史讲演录》之"第十七篇 六镇问题(附魏齐之兵)"之"(三)六镇起兵的原因",合肥:黄山书社,1987年)。但从长远和整体而言,北魏全面汉化终究代表历史之主流,于中古中国民族融合与国家统一之大业亦有相当助力,无疑值得肯定和赞扬。

③ 前揭姜望来:《高洋所谓"殷家弟及"试释》《祖宗与正统:北齐宗庙变迁与帝位传承》《家国之间:北齐宗王政治变迁与末年皇位争夺》。

然以皇室为首的门阀贵族联合统治，皇室作为联合统治中的第一家族驾于其他家族之上的基本特征并没有变化，重用宗室的政策就得延续下去。这种情况与门阀统治共始终恐怕不是偶然。[①]

后来唐先生又多次强调此点，基本看法大致不变，同时也表明先生对此问题之重视。[②]门阀统治相当程度上制约着魏晋至唐初政权结构与政治发展[③]，重用宗室即是其显著表现；而我们知道，中古皇位传承与争夺中，宗王往往是积极参与者，对皇权构成某种威胁。由此而言，中古时代显著存在而又主要作为影响皇位传承之不利因素之宗王政治，很大程度上就是皇权自身放任和纵容之结果；此种看似古怪和矛盾之政策，根源如唐长孺先生所论在于门阀统治，也就意味着，门阀统治、宗王政治基本上和皇位传承问题相伴始终，其间利弊不可一概而论。

王夫之云：

> 魏削宗室而权臣篡，晋封同姓而骨肉残，故法者非所以守天下也；而怀、愍陷没，琅邪复立国于江东者几百年，则晋为愈矣。天下者，非一姓之私也……然而三代王者建亲贤之辅，必欲享国长久而无能夺……晋武之不终也，惠帝之不慧也，怀、愍之不足以图存，元帝之不可大有为也；然其后王敦、苏峻、桓温相踵以谋逆，桓玄且移天步以自踞，然而迟之又久，非安帝之不知饥饱，而刘裕功勋赫奕，莫能夺也。谓非大封同姓之有以维系之乎？宋文帝宠任诸弟，使理国政、牧方州，虑亦及此；而明帝诛夷之以无遗，萧道成乃乘虚而攘之……然则以八王之祸咎晋氏之非，抑将以射肩请隧咎文昭武穆之不当裂土而封乎？法不可以守天下，而贤于无法。[④]

船山先生首先指出"魏削宗室而权臣篡，晋封同姓而骨肉残"，可见无论抑削宗室还是崇重宗室皆有其深弊，中古皇权政治下如何安排宗室之权位始终是一个两难问题。然而其后，王夫之在比较权衡之后得出结论：晋封同姓优于魏削宗室，合乎先王规制之"大封同姓之有以维系"之法"贤于无法"，即

---

① 唐长孺：《西晋分封与宗王出镇》，收入《魏晋南北朝史论拾遗》，北京：中华书局，2011年，第141-142页。
② 唐长孺："这种重用宗室子弟特别是以之充当握有重兵的地方军政长官的现象，既不见于秦汉，也不见于唐以后，大致萌芽于曹魏，显著于西晋，下延至南北朝乃至唐初基本未变。如果说西晋重用宗室还在于思改曹魏孤立的覆车，那么经过八王之乱的教训，为什么宋齐梁和北朝诸帝却没有鉴晋之弊，而继续重用皇子宗室入辅出镇呢？我认为问题的症结还在于贵族政权之下，皇室作为第一家族凌驾于其他家族之上，皇帝作为这个第一家族的代表君临天下，其家族成员有资格也有必要取得更大权势以保持其优越地位。门阀贵族政权之重用宗室，其基础仍然是以王室为首的中央集权。""曹操、曹丕都力图恢复统一的专制主义集权制。司马炎建立晋皇朝，也是努力加强中央集权，他在当时形势下使皇室成员充任朝廷宰辅，特别是充任拥有地方军政大权的都督，以使皇族凌驾于所有其他士族豪门之上，巩固司马氏的统治，本质上是加强皇权，削弱地方势力及各士族的重大措施。"唐长孺：《魏晋南北朝隋唐史三论》，第50、459页。
③ 黄永年："武德年间秦王李世民和皇太子李建成、齐王李元吉之间的矛盾斗争，这同时仍继续体现了李世民和高祖李渊之间的矛盾斗争。这种性质的矛盾斗争，并非开始于李氏父子兄弟，最迟在南北朝时已经出现了。这是因为门阀制度产生以来，高门大族结党争权，从而在皇室内部太子和诸王也相应地形成各个政治小集团……而都以取得最高权力登上帝位为其共同争夺的标的。远的不说，李渊等目睹的隋文帝杨坚、太子杨勇、晋王杨广父子兄弟间就曾为此展开过一场残酷的斗争，李渊、李世民以及建成、元吉间的斗争也同样是遵循此规律来进行。"黄永年：《六至九世纪中国政治史》，上海：上海书店出版社，2004年，第128-129页。
④ 王夫之：《读通鉴论》卷——《晋·一》，北京：中华书局，1975年，第297-298页。

重任宗室仍是维护统治之必要措施。循此而发，王夫之对南北朝残害宗室尤甚之诸帝王如刘宋孝武帝与明帝、萧齐明帝、陈文帝、北齐武成帝等作出严厉抨击，谓其害国以至亡国。[1]帝王之优待重用宗室者，其逻辑大概即类似于船山先生之论，自然也合乎儒家主流之观念，根本旨意在于拱卫皇室、制衡异姓大臣以防国家倾覆[2]；至于门阀统治盛行之中古时代，如唐长孺先生所指出，"皇室作为一个家族驾于其他家族之上，皇帝是这个第一家族的代表以君临天下，因而其家族成员有资格也有必要取得更大权势以保持其优越地位"，宗王政治突出自然不难理解。然而，即使在中古时代，即使重用宗室有其必要性和一定积极意义，但其干涉皇位传承、引发内部纷争之种种危害也始终难以完全避免，而且有时极为剧烈地爆发而导致严重后果（如西晋八王之乱、刘宋义嘉之乱、北齐末年内乱），故对宗室用而又疑、削而又复，如此矛盾循环并成为皇权政治之常态，无论南北胡汉，皆难避免。

两晋南朝至隋唐诸政权，因门阀统治盛行，皇位传承深受宗王政治之影响，内争、内乱时有发生，但与兄终弟及和父死子继间的矛盾并无多少牵连，汉儒传统之嫡长继承制度并未动摇；十六国北朝诸政权皇位传承，一方面因民族传统而深受胡汉纠葛之影响，兄终弟及和父死子继之冲突此起彼伏，另一方面因门阀统治而亦深受宗王政治之影响，宗王参与或助长皇位争夺较为常见，故二者交混，整体上问题更为突出，政权兴灭更为频繁。可以说，从两晋十六国南北朝至隋唐，南北胡汉诸政权或多或少皆受皇位传承问题之困扰。

在北朝后期民族融合接近尾声、门阀统治相对趋于衰弱和南北统一趋势逐渐明显之背景下，在经历诸多教训和形势发生某些变化之后，如何尽量妥善地处理和解决皇位传承问题（即使受制于皇权政治本身的局限很难完全根除），就成为时代和历史赋予之重任，落在较后起王朝之肩上。笔者认为，中古皇位传承问题之相对妥善处理和解决，如同其在中古长期存在一样，亦非短期可以毕其功，而有摸索渐进之过程。此过程，大致上始于西魏北周宇文氏统治时期关陇集团之形成，中经隋及唐初之波折，再到唐太宗贞观年间基本完成。

---

① 如《读通鉴论》卷一五《宋孝武帝·一》："孝武以藩王起兵，而受臣民之推戴，德望素为诸王所轻，不自安也；于是杀铄，诛义宣，忍削本枝，以快其志……（江夏王义恭）以希合孝武未言之隐，剥削诸王以消疑忌……而违心以行颠倒之政，引君以益其慝，敛众怨以激其争，而后天理亡，民彝绝，国亦以危矣。"（王夫之：《读通鉴论》，第438页。）同书同卷《宋明帝·一》："杀机动于内，祸乱极于外……帝与子勋争立，而尽杀孝武二十八子，是石虎之所以歼其种类者……明帝据非所有，逞惎毒以殄懿亲，宁养假子而必绝刘氏之宗……孝武忌同姓亦至矣，子业虐诸父亦酷矣，其后高湛、陈蒨相踵以行其残忍，皆不能再世。"（王夫之：《读通鉴论》，第446页。）同书卷一六《齐明帝·一》："明帝之凶悖，高、武之子孙，杀戮殚尽而后止。"（王夫之：《读通鉴论》，第469页。）又赵翼亦对南朝宋齐诸帝屠戮宗室之恶行加以统计和批判，参赵翼：《廿二史札记》卷一一"宋子孙屠戮之惨"条、卷一二"齐明帝杀高武子孙"条，北京：中华书局，1984年。

② 《白虎通疏证》卷四《封公侯》："王者立三公、九卿、二十七大夫，足以教道照幽隐，必复封诸侯何？重民之至也。善恶比而易知，故择贤而封之，以著其德，极其才。上以尊天子，备蕃辅。下以子养百姓，施行其道。开贤者之路，谦不自专，故列土封贤，因而象之，象贤重民也。""何以言诸侯继世？以立诸侯象贤也。大夫不世位何？股肱之臣任事者也。为其专权擅势，倾覆国家。"［(清)陈立疏证，吴则虞点校：《白虎通疏证》，北京：中华书局，1994年，第133、145—146页。］王国维先生概括封建制之主要作用，可谓简明扼要："有封建子弟之制，而异姓之势弱，天子之位尊。"《殷周制度论》，收入王国维《观堂集林》，《王国维全集》（第8卷），第316页。

三、从魏晋到唐初：皇位传承与中古时代特质

如前所论及，西魏北周宇文氏政权，施行关中本位政策，凝聚胡汉一体之关陇集团，以行《周礼》为旗帜基本确立传子之主导地位，宇文氏皇位传承相对而言较为有序和可控；至于宗王政治，其实在西魏恭帝三年宇文泰死后至北周武帝建德元年诛宇文护时止，宇文氏权柄主要操于宇文泰之侄宇文护之手，但此期朝政较为平稳，大规模内乱亦未发生，可谓宗王参政之正面意义远大于负面影响，且其后武帝亲政更压抑防范宗室。总而言之，宇文氏政权在关中本位政策总体大政之下，皇位传承未深受北族传统影响，虽受宗王政治影响而能基本保持稳定，固宜其崛起而统一北方。可惜武帝英年早逝，继立之宣帝荒淫罕及且亦早逝，故政移于出自关陇集团之外戚杨坚而建立隋朝。隋文帝崇树诸子，诸王或据大功（如晋王杨广以元帅之名平陈），或拥强兵（如汉王杨谅总统山东五十二州），自然难免觊觎之心，加以文帝及独孤皇后之猜忌与偏爱，终致开皇年间废嫡立庶之祸，其余三子（秦王杨俊、蜀王杨秀、汉王杨谅）亦先后被废被杀，可谓对于皇位传承问题之处理相当失败。杨隋二世而亡，李唐代兴，而困扰中古历朝已久之皇位传承问题之解决，终于在唐初迎来迫切需要与具备良好契机。

且不说历代皇位争夺及相应动荡混乱，唐太宗近所闻见甚至部分亲历之隋太子勇被废、炀帝江都遇弑及唐初玄武门之变，其事实之残酷与影响之深刻，以太宗之雄才伟略远见卓识自当深感戚戚，势必筹谋施策加以调整，以巩固自身及李唐长远之统治。又贞观年间，帝国一统，国势强盛，民心思定，西晋末十六国以来北方之民族问题已基本消弭，魏晋以来南北门阀贵族历经冲击兼自身逐渐腐朽已难成气候，太宗自属一代英主，诸大臣人才济济，凡此种种，亦为太宗之政治调整提供了良好外部条件。贞观元年李孝常谋逆，乃是太子勇被废以来隋唐间政局变迁之余波，与太宗本身关联甚密，故太宗之政策调整即借此展开。

镇压李孝常谋逆事件后不过半年，唐太宗针对原本颇受唐室礼遇之宇文化及逆党及其子孙连发三诏进行严惩，对直至武德年间唐王朝一直坚持之指斥隋炀帝而同情太子勇之政治态度做了相当调整，对己身类似于当年炀帝而惨烈更甚之夺嫡行为进行一定程度之辩护；而调整之核心在于贞观二十年重修《晋书》。[①]

《晋书》重修以房玄龄为首，亦题云御撰。《旧唐书》卷六六《房玄龄传》：

> 寻与中书侍郎褚遂良受诏重撰《晋书》，于是奏取太子左庶子许敬宗、中书舍人来济、著作郎陆元仕刘子翼、前雍州刺史令狐德棻、太子舍人李义府薛元超、起居郎上官仪等八人，分功撰录……太宗自著宣、武二帝及陆机、王羲之四论，于是总题云御撰。[②]

又《唐会要》卷六三《史馆上·修前代史》：

> （贞观）二十年闰三月四日，诏令修史所更撰《晋书》……于是司空房玄龄、中书令褚遂良、太子左庶子许敬宗掌其事……其太宗所著宣、武二帝及陆机、王羲之四论，称制旨焉。房玄龄已下，称史臣。[③]

---

① 参姜望来：《李孝常家族与隋至唐初政局》，收入《"唐代江南社会"国际学术研讨会暨中国唐史学会第十一届年会第二次会议大会学术报告暨考古、文献及对外关系组论文汇编》，南京师范大学，2013年。

② 《旧唐书》，第2463页。

③ 《唐会要》，第1288页。

《晋书》所以题御撰，乃因"太宗自著宣、武二帝及陆机、王羲之四论"。陆机是著名文学家，王羲之是著名书法家，唐太宗附庸风雅故为之作论，无甚深意；宣帝司马懿乃曹魏擅权专政之臣、晋室创业奠基之主，唐太宗为之作论评其功过，不足深论；最可注意者，乃在于唐太宗为晋室开国之君武帝所作之论。兹先全录《晋书》卷三《武帝纪》卷末唐太宗御撰之论如下：

> 制曰：武皇承基，诞膺天命，握图御宇，敷化导民，以佚代劳，以治易乱。绝缣纶之贡，去雕琢之饰，制奢俗以变俭约，止浇风而反淳朴。雅好直言，留心采擢，刘毅、裴楷以质直见容，嵇绍、许奇虽仇雠不弃。仁以御物，宽而得众，宏略大度，有帝王之量焉。于时民和俗静，家给人足，聿修武用，思启封疆。决神算于深衷，断雄图于议表。马隆西伐，王濬南征，师不延时，獯虏削迹，兵无血刃，扬越为墟。通上代之不通，服前王之未服。祯祥显应，风教肃清，天人之功成矣，霸王之业大矣。虽登封之礼，让而不为，骄泰之心，因斯以起。见土地之广，谓万叶而无虞；睹天下之安，谓千年而永治。不知处广以思狭，则广可长广；居治而忘危，则治无常治。加之建立非所，委寄失才，志欲就于升平，行先迎于祸乱。是犹将适越者指沙漠以遵途，欲登山者涉舟航而觅路，所趣逾远，所尚转难，南北倍殊，高下相反，求其至也，不亦难乎！况以新集易动之基，而无久安难拔之虑，故贾充凶竖，怀奸志以拥权；杨骏豺狼，苞祸心以专辅。及乎宫车晚出，谅暗未周，藩翰变亲以成疏，连兵竞灭其本；栋梁回忠而起伪，拥众各举其威。曾未数年，纲纪大乱，海内版荡，宗庙播迁。帝道王猷，反居文身之俗；神州赤县，翻成被发之乡。弃所大以资人，掩其小而自托，为天下笑，其故何哉？良由失慎于前，所以贻患于后。且知子者贤父，知臣者明君；子不肖则家亡，臣不忠则国乱；国乱不可以安也，家亡不可以全也。是以君子防其始，圣人闲其端。而世祖惑荀勖之奸谋，迷王浑之伪策，心屡移于众口，事不定于己图。元海当除而不除，卒令扰乱区夏；惠帝可废而不废，终使倾覆洪基。夫全一人者德之轻，拯天下者功之重，弃一子者忍之小，安社稷者孝之大；况乎资三世而成业，延二尊以丧之，所谓取轻德而舍重功，畏小忍而忘大孝。圣贤之道，岂若斯乎！虽则善始于初，而乖令终于末，所以殷勤史策，不能无慷慨焉。[1]

唐太宗之论晋武帝，洋洋洒洒数百言，除起首稍论其承基开国之功业外，绝大多数篇幅则对其进行严厉抨击，抨击之重心在于对武帝立惠帝为太子并传位惠帝持彻底否定之态度，其谓武帝："建立非所，委寄失才……良由失慎于前，所以贻患于后。且知子者贤父，知臣者明君。子不肖则家亡，臣不忠则国乱……惠帝可废而不废，终使倾覆洪基。夫全一人者德之轻，拯天下者功之重，弃一子者忍之小，安社稷者孝之大……所谓取轻德而舍重功，畏小忍而忘大孝。圣贤之道，岂若斯乎。"按，晋惠帝为武帝嫡长子，武帝传位惠帝，本是合乎历代被奉为圭臬之嫡长继承制度之正当行为。然而，在《晋书·武帝纪》之御撰史论中，太宗针对惠帝为白痴太子之特殊情形，避开皇位传承中嫡长继承之基本原则，倡言储君之选择应依据拯天下之重功、安社稷之大孝，以不问嫡庶、专重事功之功业论对抗传统之嫡长继承

---

[1] 《晋书》，第81–82页。

原则。①太宗之御撰史论，不仅是为玄武门之变弑兄登位而作之自辩状，也对历代所遵循之皇位传承制度作出了相应调整。太宗虽不公开反对父死子继，但一定情形下可抛开嫡长承统原则束缚之意则明白可见（当然，其中也可能含有为贞观十七年废太子李承乾改立晋王李治为太子而辩护之意味）。事实上，太宗对于兄终弟及亦隐晦表示过某种认可。在此之前，贞观十年由太宗亲信姚思廉负责修成之《陈书》已经提出类似论调。《陈书》卷四《废帝纪》卷末"史臣曰"评陈宣帝之夺侄陈废帝（陈文帝之嫡长子）之位而以弟继兄之事："临海虽继体之重，仁厚儒弱，混一是非，不惊得丧，盖帝挚、汉惠之流也。世祖知神器之重，谅难负荷，深鉴尧旨，弗传宝祚焉。"②

同书卷五《宣帝纪》卷末"史臣曰"再论其事云："高宗器度弘厚，亦有人君之量焉。世祖知冢嗣仁弱，弗可传于宝位，高宗地居姬旦，世祖情存太伯，及乎弗念，大事咸委焉。"③

又《旧唐书》卷七一《魏徵传》："（贞观）十二年，礼部尚书王珪奏言：'三品以上遇亲王于涂，皆降乘，违法申敬，有乖仪准。'……太宗曰：'国家所以立太子者，拟以为君也。然则人之修短，不在老少，设无太子，则母弟次立。以此而言，安得轻我子耶？'徵曰：'殷家尚质，有兄终弟及之义；自周以降，立嫡必长，所以绝庶孽之窥觎，塞祸乱之源本，有国者之所深慎。'于是遂可珪奏。"④

贞观十二年太宗与魏徵之对话，太宗"设无太子"之语隐含太子可废之意，又言无太子时兄弟可相及，故魏徵强调嫡长继承原则加以回答。

自西魏历周隋至唐前期，统治阶级皆为陈寅恪先生所谓关陇集团，李唐出自关陇集团核心家族，可谓关陇新门阀之代表而居帝位，政治地位崇高，社会地位亦不低⑤；山东、江南、代北等旧门阀历经风吹雨打趋于衰落，其政治地位与门户盛衰主要取决于关陇集团（唐长孺先生则称之为武川系贵族集团）⑥；隋代以来，科举制渐渐兴起，至唐代更成为朝廷选拔人才和新兴地主阶级入仕之最重要途径。⑦凡此种种，意味着中古时代长期盛行的门阀统治已经大为削弱和将要退出历史舞台，意味着皇权之进

---

① 唐太宗主张之特殊情形下皇位继承功业论（功业大致上也相当于贤能），至少在儒家理论中亦可找到部分依据，尽管不是主流。如张星久老师指出："在最高权力的继承和转移问题上，本来基于'公天下'理想，把传贤奉为圭臬的《韩诗外传》说，'五帝官天下，三王家天下。官以传贤，家以传子'，就是把传贤与传子作为区别两种政治境界、即'王道'（官天下）与'帝道'（家天下）的主要依据……如果按照儒家理想中'官天下'的传贤制度，皇位继承应该是'不私一姓'，而后世普遍采行的嫡长子继承制显然属于'家天下'之法，明显不符合儒家的'传贤'理想。"张星久：《"圣王"的想象与实践——古代中国的君权合法性研究》，上海：上海人民出版社，2018年，第207-208页。
② 《陈书》，第71页。
③ 《陈书》，第100页。
④ 《旧唐书》，第2558-2559页。
⑤ 参见陈寅恪先生《唐代政治史述论稿》《隋唐制度渊源略论稿》（北京：生活·读书·新知三联书店，2009年）有关关陇集团及西魏至唐代统治阶级变迁升降之论述。
⑥ 唐长孺："大抵从南北朝后期以来，旧门阀的衰弱是一种历史倾向，尽管有的已经衰弱，有的正在衰落；有的衰弱得急遽，有的衰弱得缓慢。旧门阀日益脱离乡里，丧失他们固有的或者说使他们得以成为门阀的地方势力，不论江南、关中、山东和代北诸家，无不如此……西魏北周以至隋唐中央政权的权力核心是武川系贵族集团，因而隋唐间各地旧门阀的门户盛衰决定于与武川系集团的亲疏关系。"唐长孺：《魏晋南北朝隋唐史三论》，第364页。
⑦ 唐长孺："唐代中叶以后政治上最活跃的人物是科举出身特别是进士科出身的人物。进士地位优越，过去士族在经济、政治、文化上的特权和优越地位，逐渐为进士出身者所取代。由世袭性的门阀地主阶级专政转向以科举制为杠杆的更广泛的非世袭性地主阶级专政，这是和封建社会后期土地转移加速、商品经济发展的形势相适应的。"唐长孺：《魏晋南北朝隋唐史三论》，第389页。

一步加强，过分崇重宗室以维持皇室第一家族之地位已无太大必要。在此种背景下，唐太宗对于中古时代盛行之宗王参政现象亦进行一定干预与调整并取得相当成效。

《晋书》卷五九《八王传·序》：

> 自古帝王之临天下也，皆欲广树藩屏，崇固维城……洎乎周室，粲焉可观，封建亲贤，并为列国。当其兴也，周召赞其升平；及其衰也，桓文辅其危乱。故得卜世之祚克昌，卜年之基惟永……爰及暴秦，并吞天下，戒衰周之削弱，忽帝业之远图，谓王室之陵迟，由诸侯之强大。于是罢侯置守，独尊诸己，至乎子弟，并为匹夫……事不师古，二世而灭。汉祖勃兴，爰革斯弊。于是分王子弟……然而矫枉过直……逾越往古……然虽克灭权偪，犹足维翰王畿。洎成哀之后，戚藩陵替，君臣乘兹间隙，窃位偷安。光武雄略纬天，慷慨下国，遂能除凶静乱，复禹配天……宗支继绝之力，可得而言。魏武忘经国之宏规，行忌刻之小数，功臣无立锥之地，子弟君不使之人，徒分茅社，实传虚爵，本根无所庇荫，遂乃三叶而亡。
>
> 有晋思改覆车，复隆盘石，或出拥旄节，莅岳牧之荣；入践台阶，居端揆之重。然而付托失所，授任乖方……机权失于上，祸乱作于下……胡羯陵侮，宗庙丘墟，良可悲也。
>
> 夫为国之有藩屏，犹济川之有舟楫，安危成败，义实相资……向使八王之中，一藩繄赖……则外寇焉敢凭陵，内难奚由窃发！纵令天子暗劣，鼎臣奢放，虽或颠沛，未至土崩……西晋之政乱朝危，虽由时主，然而煽其风，速其祸者，咎在八王，故序而论之，总为其传云耳。①

主要因应唐太宗需要而重修之《晋书》，特意将西晋末参与八王之乱之"八王"聚为一卷，并在卷首之序中对自西周以来历代封建宗室之举措与得失作出系统总结与评价（唐以前正史中首次），对八王乱晋亡国作出严厉批评，鉴戒之意甚为明显，很可能也是太宗之意之体现。对于封建宗室之总体看法则可归纳为：封建维城之制，自古所有，不宜废弃；宗室过抑或过纵皆足以亡国，故需取中间路线，不纵不抑。回顾中古时代常见之宗室乱政和屠戮宗室，应该说此种中间路线较为合适，事实上也得到较好执行。《旧唐书》卷六〇《宗室·淮安王神通传》：

> 贞观元年，拜开府仪同三司，赐实封五百户。时太宗谓诸功臣曰："朕叙公等勋效，量定封邑，恐不能尽当，各自言。"神通曰："义旗初起，臣率兵先至，今房玄龄、杜如晦等刀笔之人，功居第一，臣且不服。"上曰："（前略）今计勋行赏，玄龄等有筹谋帷幄定社稷功，所以汉之萧何，虽无汗马，指纵推毂，故功居第一。叔父于国至亲，诚无所爱，必不可缘私滥与勋臣同赏耳。"……初，高祖受禅，以天下未定，广封宗室以威天下，皇从弟及侄年始孩童者数十人，皆封为郡王。太宗即位，因举宗正属籍问侍臣曰："遍封宗子，于天下便乎？"尚书右仆射封德彝对曰："（前略）先朝敦睦九族，一切封王，爵命既隆，多给力役，盖以天下为私，殊非至公驭物之道。"太宗曰："朕理天下，本为百姓，非欲劳百姓以养己之亲也。"于是宗室率以属疏降爵为郡公，唯有功者数人封王。②

---

① 《晋书》，第1589—1590页。
② 《旧唐书》，第2341—2342页。

《新唐书》卷七八《宗室传》卷末：

> 始，唐兴，疏属毕王，至太宗，稍稍降封。时天下已定，帝与名臣萧瑀等喟然讲封建事，欲与三代比隆，而魏徵、李百药皆谓不然……百药称帝王自有命，历祚之短长不缘封建……而颜师古独议建诸侯，当少其力，与州县杂治，以相维持。然天子由是罢不复议。①

唐太宗抑宗室中元勋功臣淮安王神通之实封在房、杜等文臣之下，普降唐高祖以来宗室之封爵，从诸臣多数之意见不复议封建之事，其言亦有云"朕理天下，本为百姓，非欲劳百姓以养己之亲也"，皆可见对宗室并无过分优待②；又自贞观以后，李唐诛夷宗室和宗室干预朝政之事均极少见。宗室既少干朝政，又基本不为祸百姓，且多能子孙繁衍保其平安，则李唐宗室乃中古以来难得一见之正面特例。中古时代宗室积极参与皇位争夺、乱政害国或惨遭屠戮之常见现象，至唐太宗贞观年间调整宗室政策之后基本得以消弭，尽量避免了中古时代过崇宗室或苛虐宗室之两大弊端。其所以能至于此，太宗功不可没。王夫之云："乃魏之削诸侯者，疑同姓也；晋之授兵宗室以制天下者，疑天下也。疑同姓而天下乘之，疑天下而同姓乘之。"③太宗之政策，可谓既不疑同姓，亦不疑天下，待之以平常，处之以公道，而宗室与天下各得其所、皆受其益。

总之，唐太宗提出功业论作为皇位继承一般原则之补充，将宗室尽量地从皇位继承纷争中解脱出来，从而使唐代皇位继承得以尽量减少破坏性和灾难性后果。陈寅恪先生指出唐代皇位继承权往往不固定（笔者按，此种情形显然受太宗功业论之影响），皇位继承往往通过中央革命（安史乱前）或宫廷政变（安史乱后）而实现，不决之于公开战争，意谓范围与影响一般可控，不致社会与人民横受战乱之苦。④

曹魏创设九品中正制度以后，门阀士族逐渐兴起，门阀统治遂成中古皇权政治之常态；西晋末动乱以后，匈奴、羯、鲜卑、氐、羌等北族纷纷进入中原，十六国北朝诸北族政权在其无论是主动还是被动之接受汉文化影响过程中，均面临不同民族传统如何调适之难题。两晋历十六国南北朝至隋唐，历朝皇位传承问题均较为突出、重要与复杂，一定程度上可以说，皇位传承及其矛盾主导并推动中古皇权政治之发展变迁，王朝内部之治乱相继和王朝之间之盛衰更迭相当程度上皆受其制约。之所以形成此种明显有别于此前和此后时代之局面，则与中古时代特殊性质有关，主要即民族传统与门阀统治两大因素深刻影响中古皇位传承。随着时代之演进和形势之变化，在南北朝后期，困扰中古历朝已久之皇位传承问题进入逐步调整和适当解决之轨道，最终在唐初贞观年间随着太宗系列具针对性之举措和政策调整而得以基本缓和并进入新阶段、呈现新风貌。所谓新阶段新风貌，既不是对传统之完全回归也不是对传统之彻底割裂，而是在汉魏传统和中古漫长时期内历史演进所积

---

① 《新唐书》，第3537页。
② 《新唐书》卷七〇上《宗室世系表上》："唐有天下三百年，子孙蕃衍，可谓盛矣！其初皆有封爵，至其世远亲尽，则各随其人贤愚，遂与异姓之臣杂而仕宦，至或流落于民间，甚可叹也。"第1955页。
③ 王夫之：《读通鉴论》卷一一《晋·九》，第304—305页。
④ 参见陈寅恪：《唐代政治史述论稿》中篇"政治革命及党派分野"。

累之经验和教训之基础上，将皇位传承之方式加以一定之补充或改进，将皇位传承之不利影响尽量控制在一定之范围，从而使储君、皇族与国家在皇位传承中之命运纠葛、利益冲突达到某种平衡，相较于中古常见之皇位争夺导致血流成河、国破家亡，可谓一种历史性进步。

魏晋南北朝隋至唐初是中国历史上一特殊时期，其发展路径与整体面貌与之前秦汉、之后唐宋皆有明显差异，陈寅恪先生隋唐制度三源说、唐长孺先生南朝化理论及楼劲先生魏晋至唐初周期说，皆从不同角度不同程度上体现此点。[①]在此约四百年较长时期内，历史演进有其内在连续性和周期性。[②]此种连续性和周期性意味着其所属时代有特定之问题和需要寻觅相应之出路，当特定之问题持续发展演化、出路渐渐清晰和形成之际，则新的时代即将来临。此种连续性和周期性意味着其所属时代既连接着此前和此后时代，也不同于此前和此后时代，而是在继承前代之基础上，结合此时代之新因素，加以不断地调整、适应与探索，重新确立适当身份和重新形成某种面貌，并成为历史继续向前发展之起点和基础。本文所关注和讨论之皇位传承问题，一直存在于从秦汉到明清整个中国古代皇权政治时代，但其在魏晋至唐初期间之具体表现，则受到一些在汉以前和唐以后都不存在或至少不典型之特殊因素（主要是中古门阀统治、胡汉不同传统）之影响和制约，从而具有独特风格和反映历史进步，并在此过程中也参与塑造中古时代特殊性质和成为中古时代特殊性质之一部分。

---

① 参见陈寅恪：《隋唐制度渊源略论稿》之"一、绪论"；唐长孺《魏晋南北朝隋唐史三论》之"综论"；楼劲《构建中古各时期的历史场景和发展脉络》（收入《六朝史丛札》，南京：南京大学出版社，2022年）。按照学界日渐凝聚、日渐清晰之共识，中古确实是中国古代历史上相当特殊和重要之时期。陈寅恪、唐长孺、田余庆及日本学者川胜义雄、谷川道雄等海内外诸位前辈大家有关中古史之经典论断、深入研究和卓著成绩，已经有力地证实此点；近来学界对中古时代特色与地位等之反思与总结，则在前人基础上更有推进。诸家之说，各有胜义，限于篇幅，恐有遗漏，故不一一列举。

② 楼劲："从门阀等级、占田均田、三省制度、古文经学、文学自觉、玄学兴衰、谶纬符命、方技术数，乃至于北族汉化或各族融合、法律儒家化、佛教中国化等，这些对当时各领域具有头等重要意义的大事均在汉魏至隋唐经历了势头形成、特征凸显直至消退终结的完整周期。这些周期的存在和展开，不仅揭示了在此背后存在着更为基本的历史过程，否定了仅在其内部，或仅以其中一二来解释这些事态的合理性；且亦分别在终点和起点上指明了秦汉和唐宋历史的发展方向，从而直接关联着先秦和近代中国的发展态势。而魏晋南北朝正是相关事态从定型展开到消亡完成，同时又新绪再发而源流间出的关键时期。"（楼劲：《构建中古各时期的历史场景和发展脉络》，收入《六朝史丛札》，南京：南京大学出版社，2022年，第17-18页。）楼先生认为汉魏至隋唐间历史发展的各个重要方面基本上皆经历了完整周期，周期的终点和起点又分别连接着秦汉与唐宋。在另处楼先生又明白指出："这些周期明确的起讫点大都可断在魏晋至唐初……大略亦皆孕育于汉，至于魏晋则因某种标志性举措或事件而定型展开，并随原有问题的消解和新问题的发生而趋于终结。"（楼劲：《贯穿于魏晋南北朝史的诸多发展周期》，收入《六朝史丛札》，第3-5页。）

高平与南凉、后秦、西秦、赫连夏的连环盛衰

李 磊

（华东师范大学历史系）

一、两秦之际的高平与岭北

西晋泰始四年（268），傅玄上书言及高平的地理位置的重要性："惟恐胡虏适困于讨击，便能东入安定，西赴武威，外名为降，可动复动。此二郡非烈所制，则恶胡东西有窟穴浮游之地，故复为患，无以禁之也。宜更置一郡于高平川，因安定西州都尉募乐徙民，重其复除以充之，以通北道，渐以实边。"①

姑臧为武威郡治，安定郡为岭北核心地区。在傅玄的描述中，岭北、河西在同一政治地理单元内，高平川是咽喉要害之地，能阻断"胡虏"在武威、安定间的"浮游"。

在后秦，陇山以东、关中西北的泾河上游地区被称为"岭北"。②岭北族群以鲜卑、氐、羌、杂胡为主。皇初二年（395），薛干部帅太悉伏"亡归岭北，上郡以西诸鲜卑、杂胡闻而皆应之"③，"遂围安远将军姚详于金城"，太悉伏亦"自三交趣金城"。④上郡地望在安定之东、子午岭之西，后秦金城在陇山附近。⑤太悉伏叛逃后秦引发上郡以西地区的连锁反应，冲突最激烈之处在偏西的金城。可见"岭北诸豪"声息相通。岭北地区自成一个政治地理单元。

岭北关乎前秦、后秦的国运。姚苌建政时，新平、安定"羌胡降者十余万户"。⑥然而，"岭北诸豪"对后秦叛伏不常，他们依违于姚苌与苻登之间，导致二秦战争旷日持久。皇初元年（394）苻登为姚兴所杀之后，"岭北诸豪"人心未尽附后秦。⑦如平凉东南的贰县，前有虏帅彭沛谷、屠各董成、张龙世支持苻纂

---

① 《晋书》卷四七《傅玄传》，1322页。

② "岭北"地望历来为学界聚讼所在，相关研究史参见吴宏岐：《后秦"岭北"考》，《中国历史地理论丛》，1995年第2期；牛敬飞：《十六国时期"岭北"地望综论》，《西北民族论丛》（第十六辑），北京：社会科学文献出版社，2018年，第63-78页。近年来，学界一般采用吴宏岐的观点，即认为"岭北"指关中以北、河东以西的地区，南界止于关中北山，东界止于黄河。牛敬飞比对文献后提出新说，认为"岭北"指陇山以东、关中西北的泾河上游地区。本文考述勃勃的岭北经略大都在泾北地区，所得结论与牛说暗合。

③ 《魏书》卷一三〇《高车传》，第2313页。

④ 《晋书》卷一一七《姚兴载记上》，第2978页。

⑤ 牛敬飞：《十六国时期"岭北"地望综论》，《西北民族论丛》（第十六辑），第63-78页。

⑥ 《晋书》卷一一六《姚苌载记》，第2966页。

⑦ 李磊：《淝水战后关陇地区的族际政治与后秦之政权建构》，《西南民族大学学报（人文社会科学版）》，2018年第7期。

击姚苌①，后有贰县羌反叛姚兴。②姚兴时，"武都氐屠飞、啖铁等杀陇东太守姚回，略三千余家，据方山以叛"。③

后秦在岭北设有陇东、平原、安定、赵平、新平、赵兴、平凉等郡及若干镇、护军、城。安定为雍州治所，下辖六镇（杏城、三堡、李润、安定、邢望、岭北）、二护军（安定、三原）、七城（我罗城、齐难城，救奇堡、胡空堡、徐嵩堡、密造堡、黄石固）等，这些军镇不少分布于泾河上游，军镇以岭北族群为镇户，他们是后秦军事力量所出。④

高平是进出岭北的枢纽，西汉时为安定郡治所，前赵光初三年（320）设朔州于此。⑤建初六年（391）刘卫辰被北魏攻灭后，勃勃被三城薛干部送之于高平，受没奕于保护。⑥占据高平的没奕于，在弘始二年（400）姚兴征西秦时袭击安定。⑦

刘卫辰部遭遇北魏的毁灭性打击后，卫辰家属被掳，部众被北魏兼并，北魏"诛其族类，并投之于河"⑧，勃勃并没有本部可作根基。秃发氏将领贺连曾蔑称勃勃"以死亡之余，率乌合之众"⑨，姚兴亦称勃勃为"乌合之众"。⑩勃勃随没奕于归附后秦后，姚兴曾打算让他"助没奕于镇高平"⑪，但在姚邕的极力劝谏下收回成命。后秦除授勃勃持节、安北将军、五原公的名号以控制朔方，并配给勃勃三交五部鲜卑及杂虏二万余落。这成为勃勃起家的基本力量。

勃勃由此对高平及岭北有着深入的认识。虽然没被后秦委以镇守高平的权责，但是勃勃随后袭杀高平公没奕于而自行占据高平，控制了在高平的鲜卑多兰部。后秦弘始九年（407）勃勃以高平为根据地，自称天王、大单于⑫，制定了"不及十年，岭北、河东尽我有也"⑬的战略计划。在建政的地望上，勃勃选择高平，而非刘卫辰部长期活动的朔方，正是着眼于岭北。可以说，勃勃占据高平并争夺岭北，这是后秦衰弱的开始。

---

① 《晋书》卷一一五《苻登载记》，第2949页。

② 《晋书》卷一一八《姚兴载记下》，第2997页。

③ 《晋书》卷一一七《姚兴载记上》，第2978页。

④ 洪亮吉：《十六国疆域志》卷五《后秦》，上海：商务印书馆，1936年，第247—278页。牟发松先生在此基础上进行考证，参见《十六国地方行政机构的军镇化》（《晋阳学刊》，1985年第6期）、《北魏军镇起源新探》（《社会科学》，2017年第11期）。

⑤ 魏俊杰：《十六国疆域与政区研究》第一章"汉赵"，上海：复旦大学出版社，2018年，第74页。

⑥ 《魏书·高车传》称"薛干部"，《晋书·赫连勃勃载记》称"叱干部"。《魏书·高车传》称"木易干"，《魏书·铁弗刘虎传》称"没弈于"，《晋书·赫连勃勃载记》称"没奕于"。见《魏书》卷一三〇《高车传》，第2312—2313页；《晋书》卷一三〇《赫连勃勃载记》，第3201—3202页；《魏书》卷九五《铁弗刘虎传》，第2056页。

⑦ 《晋书》卷一一七《姚兴载记上》，第2981页。

⑧ 《魏书》卷九五《铁弗刘虎传》，第2055—2056页。

⑨ 《晋书》卷一三〇《赫连勃勃载记》，第3203页。

⑩ 《晋书》卷一二六《秃发傉檀载记》，第3151页。

⑪ 《晋书》卷一三〇《赫连勃勃载记》，第3202页。

⑫ 《太平御览》卷一二七《偏霸部一一·夏赫连勃勃》引崔鸿《十六国春秋·夏录》，第615页下栏。

⑬ 《晋书》卷一三〇《赫连勃勃载记》，第3203页。

二、弘始四年至九年间(402—407)高平局势与河东、河西战局的联动

对于勃勃与姚兴的反目，《魏书·贺狄干传》的记载是："天赐中，诏北新侯安同送唐小方于长安。后蠕蠕社仑与兴和亲，送马八千匹。始济河，赫连屈孑忿兴与国交好，乃叛兴，邀留社仑马。兴乃遣使，请以骏马千匹赎伯支而遣狄干还。太祖意在离间二寇，于是许之。"①

《魏书》认为姚兴为处理柴壁战俘问题而转变对魏政策，引发勃勃的不满。加之北魏有意离间，造成勃勃叛秦。《资治通鉴》亦采纳《魏书》的说法，将该事系于东晋义熙三年(407)五月条。②《魏书》的记载源自北魏官方史料，是北魏对勃勃叛秦事件的判断与解释，固当有其合理之处。但勃勃选择弘始九年(407)五月与后秦决裂，与不久前姚兴的河西退却及秃发傉檀顾盼自雄的示范效应亦有密切关联。"勃勃初僭号，求婚于秃发傉檀"③，意在联合秃发氏以抗衡后秦。这表明勃勃的叛秦行动是秃发傉檀在河西驱逐后秦的后继。

姚兴的河西退却源于柴壁之战的失败。弘始四年(402)五月至十月间，后秦与北魏展开了柴壁之战。此战是后秦与北魏的战略决战。《晋书·姚兴载记上》载："遣姚平、狄伯支等率步骑四万伐魏"，"光远党娥、立节雷星、建忠王多等率杏城及岭北突骑自和宁赴援，越骑校尉唐小方、积弩姚良国率关中劲卒为平后继，姚绪统河东见兵为前军节度，姚绍率洛东之兵，姚详率朔方见骑，并集平望，以会于兴"。④

除姚平所部四万人，姚兴还动员了杏城及岭北突骑、关中劲卒、河东见兵、洛东之兵、朔方见骑，后秦各区域皆遣精锐参加此次战役。姚平所部被俘三万余人，包括唐小方、姚良(梁)国所统的关中劲卒、雷星所率的杏城及岭北突骑。姚平被困后，"兴乃悉举其众救平"，"兴远来赴救，自观其穷，力不能免，举军悲号，震动山谷，数日不止"。⑤崔浩在与明元帝定策时称"姚兴好养虚名，而无实用"⑥，应该是柴壁之战后北魏君臣一致的看法。正是基于这一认识，北魏将后秦视作周边政权中最弱的一环，明元帝主动提议与后秦联姻，以便应对柔然与东晋的南北威胁。⑦

弘始五年(403)后秦接受吕隆所请，派遣齐难率众入姑臧。这乃是顺应后凉所请，而非出自后秦的积极谋划。以四万之众迎接吕隆，在后秦新败于柴壁的背景下，其实是虚张声势。四万步骑中除镇西姚诘、镇远赵曜所部之外，还有新归附的西秦乞伏干归部。后秦几乎将能动员的西境军队均配于齐难。

弘始八年(406)，姚兴将姑臧让与秃发傉檀。在保留散骑常侍、广武公的同时，增授秃发傉檀使持节、都督河右诸军事、车骑大将军、领护匈奴中郎将、凉州刺史。武兴、番禾、武威、昌松四郡也随姑臧一同被秃发傉檀控制。⑧姚兴弃守姑臧实与后秦国策转向有关，秃发傉檀的使者史嵩向姚兴言道："王尚

---

① 《魏书》卷二八《贺狄干传》，第685页。
② 《资治通鉴》卷一一四《晋纪三十六》"义熙三年五月"条，北京：中华书局，1956年，第3597页。
③ 《晋书》卷一三〇《赫连勃勃载记》，第3203页。
④ 《晋书》卷一一七《姚兴载记上》，第2981-2982页。
⑤ 《魏书》卷九五《羌姚苌传》，2083-2084页。
⑥ 《魏书》卷三五《崔浩传》，第810页。
⑦ 《晋书》卷一一八《姚兴载记下》，2999页。陈勇：《拓跋嗣与姚兴联姻考》，《文史哲》，2017年第5期。
⑧ 《晋书》卷一二六《秃发傉檀载记》，第3149-3150页。

孤城独守，外逼群狄，陛下不连兵十年，殚竭中国，凉州未易取也。今以虚名假人，内收大利，乃知妙算自天，圣与道合，虽云迁授，盖亦时宜。"①

史嵩点破后秦经营河西的成本问题：须"连兵十年，殚竭中国"。当齐难完成迎接吕隆的任务后，所聚合的步骑四万只能随之东返，留下三千人镇守姑臧已是尽其所能了。齐难给王尚配给兵士仅三千人，不仅难以攻取整个凉州，即使是守卫姑臧也略嫌兵力不足。姚兴在河西的退却其实是后秦与北魏争夺天下失败的结果，丧失了"连兵十年""殚竭中国"以争河西的能力。

后秦势力撤出河西后，姚兴以秃发傉檀为凉州刺史，乃出于以夷制夷的考虑。秃发氏与沮渠氏疆界相接，二者间的矛盾将成为后秦保留影响力的契机。此即傉檀使者史嵩向姚兴所言之"今以虚名假人，内收大利"。尽管秃发傉檀对姚兴的谋划有着清晰的判断，但占据姑臧是秃发氏的既定国策，故配合后秦河西政策的调整以寻求利益的最大化。双方博弈的结果是，秃发傉檀在政治名号上"受制于秦"②，后秦在名义上继续统治河西。另一方面，秃发傉檀又以河西霸主自处③，"车服礼制一如王者"。入姑臧后，"宴群僚于宣德堂，仰视而叹曰：'古人言作者不居，居者不作，信矣'"。④

姚兴的河西退却及秃发傉檀顾盼自雄的示范效应，成为勃勃在高平自称天王、大单于的重要动因。"勃勃初僭号，求婚于秃发傉檀"⑤，意在联合秃发氏以抗衡后秦。这表明勃勃的叛秦行动是秃发傉檀在河西驱逐后秦的后继。

三、勃勃高平政权的河西、陇右经略

勃勃建政时，曾有人建议："高平险固，山川沃饶，可以都也。"⑥勃勃于高平称天王、单于，向东指向安定等岭北地区，向西指向武威等河西地区。

正是基于这一战略构想，当秃发傉檀拒绝联姻的请求之后，勃勃随即发动对秃发氏的战争，这场战争是勃勃建政后首次深入河西作战。《资治通鉴》将这场战争系于"义熙三年（407）十月条"下。⑦勃勃进军三百余里到黄河以西的广武郡支阳县（甘肃永登），杀伤万余人，驱掠人口二万七千、牛马羊数十万。在返回途中，又在阳武下峡（甘肃靖远黄河渡口）击败秃发傉檀，杀伤万人，斩大将十余人，并就地将尸首堆积为京观，号称"髑髅台"。⑧勃勃此战深入到秃发氏控制的广武郡境内劫掠、杀伤以及堆积"髑髅台"，表明除掠夺人口与牲畜之外，立威于河西也是其主要目的。

阳武之战成为秃发氏由盛转衰的转折点。⑨勃勃对河西的征战引发秃发氏严重的统治危机。"傉檀

---

① 《晋书》卷一二六《秃发傉檀载记》，第3150页。
② 《太平御览》卷一二六《偏霸部一〇·秃发傉檀》引崔鸿《十六国春秋·南凉录》，609页下栏。
③ 周伟洲：《南凉与西秦·南凉篇》第三章"南凉的兴盛及其与邻国的关系"，桂林：广西师范大学出版社，2006年，第45页。
④ 《太平御览》卷一二六《偏霸部一〇·秃发傉檀》引崔鸿《十六国春秋·南凉录》，609页下栏。
⑤⑥ 《晋书》卷一三〇《赫连勃勃载记》，第3203页。
⑦ 《资治通鉴》卷一一四《晋纪三十六》"义熙三年十月条"，北京：中华书局，1956年。
⑧ 《晋书》卷一三〇《赫连勃勃载记》，第3203-3204页。
⑨ 周伟洲：《南凉与西秦·南凉篇》第四章"南凉的衰弱与灭亡"，桂林：广西师范大学出版社，2006年，第48页。

惧东西寇至，徙三百里内百姓入于姑臧，国中骇怨"，屠各成七儿发动叛乱，"一夜众至数千"。傉檀属下向叛乱者解释阳武之败的原因及傉檀的反省态度（"主上阳武之败，盖恃众故也，责躬悔过，明君之义"），才将众人劝散。①可见秃发傉檀的河西霸业因阳武之败而遭到广泛的质疑。这是高平势力的崛起对河西政局的深刻影响。

除了干预河西政局，勃勃也力图将陇右囊括其中。勃勃建政后定下的战略是："不及十年，岭北、河东尽我有也"。②"岭北"为泾水上游地区③，后秦在该地密集地设置军镇，是后秦军事支柱所在。④在勃勃的规划中，"河东"与"岭北"同为战略重点，计划在十年内夺取。以高平为参照坐标，"河东"是指黄河甘肃段以东至高平川、陇山的地区，这一地区即西秦故地，渭水上游地区的秦州与洮水流域的河州。弘始三年（401），北魏袭击高平鲜卑没弈于（没奕于），没弈于率数千骑与勃勃奔于秦州。⑤可见高平与秦州之间具有地利之便。

勃勃的"河东"战略与"岭北"战略并不相割裂，经略"河东"是为了夺取"岭北"。陇右与岭北地域相连，西秦的东界曾推进到安定郡泾阳县西的牵屯山⑥，这里已近岭北核心地区。弘始十二年（410），勃勃遣尚书金纂攻平凉。⑦平凉（甘肃华亭）在安定之南，临近陇右，可见勃勃绕过泾北防线，重点攻击陇右与岭北的接合部。同年，勃勃寇陇右，攻破白崖堡，进逼清水，后秦略阳太守姚寿都弃城逃亡秦州。⑧勃勃兵锋已经指向渭水上游地区。弘始十四年（412），勃勃更是"议讨乞伏炽磐"⑨，准备以西秦为战略方向。

后秦在河陇地区的统治危机主要来自两个方向。一是乞伏氏以河州为根据地，自西向东攻略秦州，弘始十二年（410）夺后秦秦州的侨置东金城郡、陇西郡、南安郡。⑩二是勃勃以高平为据点，由北向南经略秦州，其战法是破坏性与掠夺性的，"以云骑风驰，出其不意"，"使彼疲于奔命，我则游食自若"。⑪

姚兴选择与乞伏氏合作以稳定陇右局势。弘始十二年（410），姚兴遣使署乞伏乾归为使持节、散骑常侍、都督陇西岭北匈奴杂胡诸军事、征西大将军、河州牧、大单于、河南王。⑫在后秦授予的职衔中，"河南王"为乞伏乾归在太初元年（386）所自称，后秦册封这一爵位，相当于在事实上承认西秦的复国，但又试图将之纳入后秦官爵体系中。"河州牧"为实授，这是明确将乞伏氏的统治权限定在河州，限制其经略秦

① 《晋书》卷一二六《秃发傉檀载记》，第3150–3151页。
② 《晋书》卷一三○《赫连勃勃载记》，第3203页。
③ 牛敬飞：《十六国时期"岭北"地望综论》，《西北民族论丛》（第十六辑），第63–78页。
④ 洪亮吉：《十六国疆域志》卷五《后秦》，上海：商务印书馆，1936年，第247–278页。牟发松先生在此基础上进行考证，参见《十六国地方行政机构的军镇化》（《晋阳学刊》，1985年第6期）、《北魏军镇起源新探》（《社会科学》，2017年第11期）。
⑤ 《魏书》卷九五《羌姚苌传》，第2082页。
⑥ 魏俊杰：《十六国疆域与政区研究》第十一章"西秦"，第357页。
⑦⑧ 《晋书》卷一一八《姚兴载记下》，第2994页。
⑨ 《晋书》卷一三○《赫连勃勃载记》，第3206页。
⑩ 魏俊杰：《十六国疆域与政区研究》第十一章"西秦"，第359–361页。
⑪ 《晋书》卷一三○《赫连勃勃载记》，第3203页。
⑫ 《晋书》卷一二五《乞伏乾归载记》，第3122页。

州。"大单于""都督陇西岭北匈奴杂胡诸军事"，则是直接针对勃勃。陇西、岭北正为勃勃所规划夺取的河东、岭北之地。《晋书·姚兴载记》亦明确说姚兴除授乞伏乾归是源于"勃勃之难"。[1]姚兴此授的目的是挑起乞伏乾归与勃勃之间的斗争。

授予乞伏乾归"都督陇西岭北匈奴杂胡诸军事"之权，具有瓦解勃勃集团的意图。十六国后期的陇西、岭北地区，主要族群是鲜卑、氐、羌等，而非匈奴。姚兴除授乞伏乾归都督号中的"杂胡"，从政治地理来看，指河东、岭北的鲜卑、氐、羌等。[2]在十六国语境中，"杂胡"通常指国人（主体族群）之外的其他少数族群，因而这一"杂胡"也指向勃勃治下的"乌合之众"。

乞伏乾归官号中的"匈奴"指勃勃宗族，乃勃勃自己所塑造的族群身份。《魏书·铁弗刘虎传》将勃勃世袭上溯到"南单于之苗裔"，塑造了刘虎为左贤王去卑之孙、北部帅刘猛之从子的身份，并构建了"刘虎—刘务桓—刘卫辰"的世系。[3]这一记载或出自赵思群、张渊于赫连勃勃真兴年间（419—425）、赫连昌承光年间（425—428）编纂的国书。[4]"南单于之苗裔"及先世谱系在史实上存在着问题，但这一历史叙事反映出勃勃的族群身份认同。姚兴授予乞伏乾归都督匈奴诸军事的权力，指向的便是勃勃宗族。

四、北魏势力的介入与勃勃政权从高平迁都统万城

虽然弘始十四年（412）之前，西秦或许与勃勃之间达成某种妥协，被勃勃军师中郎将王买德称为"与国"，但勃勃仍"议讨乞伏炽磐"[5]，显然没有过于看重西秦"与国"的身份。只要勃勃的"河东"经略继续存在，双方之间仍存在无法调和的矛盾。正因如此，西秦引入北魏力量干预勃勃势力的愿望最为强烈。据《魏书·鲜卑乞伏国仁传》，乞伏乾归"遣使请援，太宗许之"。[6]明元帝时代的北魏不仅不以后秦为敌人，反而主动促使秦魏交好。[7]明元帝同意西秦的"遣使请援"，主要不是针对后秦，而是为了应对勃勃的"河东"经略。

然而明元帝时期北魏并没有积极用兵朔方。北魏与勃勃间的军事冲突主要在后秦弘始十五年（413）、十六年（414）两年间。后秦弘始十五年（413），勃勃推行新的国制建设，改元凤翔，改称赫连氏，并开始营建统万城。次年又立王后、太子、分封诸子。[8]与龙昇年间（407—413）相比，凤翔年间的政治中心由高平北移到统万城，勃勃与北魏的矛盾趋于激化。

勃勃置吐京护军，随后入寇河东蒲子，杀掠吏民。北魏三城护军张昌等击走勃勃，西河胡曹成、吐京民刘初原亦攻杀勃勃所置吐京护军及其守三百余人。[9]吐京、蒲子皆在汾州，蒲子更是汾州州治所在

---

① 《晋书》卷一一八《姚兴载记下》，第2995页。

② 鲁西奇：《观念与制度：魏晋十六国时期的"杂胡"与"杂户"》，《思想战线》，2018年第4期。

③ 《魏书》卷九五《铁弗刘虎传》，第2054页。

④ 刘知幾撰，浦起龙通释：《史通通释》卷一二《古今正史》，上海：上海古籍出版社，2008年，第257页。

⑤ 《晋书》卷一三〇《赫连勃勃载记》，第3206页。

⑥ 《魏书》卷九七《鲜卑乞伏国仁传》，第2199页。

⑦ 陈勇：《拓跋嗣与姚兴联姻考》，《文史哲》，2017年第5期。

⑧ 《太平御览》卷一二七《偏霸部一一·夏赫连勃勃》引崔鸿《十六国春秋·夏录》，第615页下栏至616页上栏。

⑨ 《魏书》卷三《太宗明元帝拓跋嗣纪》，第54页。

地。①勃勃与北魏之间的军事冲突规模虽不大，但是战争在北魏一侧展开，实为勃勃利用吐京胡与北魏的矛盾，试图在河东建立据点。勃勃与北魏间的冲突虽再未见诸记载，但刘卫辰部覆灭的历史恩怨与双方沿黄河对峙的现实局势，都使北魏成为牵制勃勃的有生力量。勃勃凤翔六年（418）占据关中后，拒绝了定都长安的建议，坚决返回统万城，他的理由便是"东魏与我同壤境，去北京裁数百余里，若都长安，北京恐有不守之忧，朕在统万，彼终不敢济河"。②可见后秦弘始十五年（413）勃勃开始营建统万城的目的之一便是防备北魏，弘始十五年、十六年渡过黄河置吐京护军及攻击蒲子，均是为建都统万城营造更广阔的战略空间。

弘始十八年（416）姚兴去世及随后后秦的快速衰落。勃勃、西秦、仇池皆对后秦趁火打劫。次年九月后秦覆灭于东晋，随后勃勃又将东晋势力逐出关中。随着勃勃称帝，北凉与赫连夏间的盟友关系转化为臣属关系。吐鲁番出土资料中有真兴、承阳年号，王素先生推断北凉奉赫连夏年号是在真兴六年（424）年初或真兴五年（423）③，这一时间可以看作是北凉遵奉赫连夏正朔的开始时间。

西秦仍然秉持援引北魏、对抗赫连夏的地缘战略。《资治通鉴》卷一一九记载："秦王炽磐谓其群臣曰：'今宋虽奄有江南，夏人雄据关中，皆不足与也。'独魏主奕世英武，贤能为用，且谶云'恒代之北当有真人，吾将举国而事之。'乃遣尚书郎莫者阿胡等入见于魏，贡黄金二百斤，并陈伐夏方略。"④

《资治通鉴》将乞伏炽磐与群臣的这一对话系年于刘宋景平元年（423），即赫连夏真兴五年，正是北凉开始遵奉赫连夏正朔的时间。可见西秦、北凉间的竞争进一步巩固了赫连夏与北凉为一方⑤、西秦在北魏策应下为另一方的既有格局。这一格局之所以在后秦覆灭后依旧存在，乃是因为北魏成为赫连夏的地缘政治中心的主要敌人，其向河陇地区的经略受到了牵制。同时，西秦与北凉也试图将河陇的地区矛盾分别纳入到夏、魏的天下格局中予以解决。可以说，夏、魏的天下之争约束着河陇政局的走向。

赫连夏承光二年（426）正月，西秦"遣其尚书郎莫胡、积射将军乞伏又寅等贡黄金二百斤，请伐赫连昌，世祖许之"。⑥北魏第一次伐夏，不仅掠夺了统万城周围，而且占领关中。但同年夏军也在北凉的请求下对西秦作战并夺取秦州⑦，西秦由此转衰。⑧次年北魏第二次攻夏，赫连昌退保秦州上邦。

此后上邦、平凉成为赫连夏最后的根据地。魏夏战争、夏秦战争、秦凉战争几乎均在陇右地区。胜光四年（431）赫连夏亡国，此前不久，西秦受赫连夏挤压，先亡于赫连夏。

---

① 《魏书》卷一六〇《地形志二上》，第2483页。

② 《晋书》卷一三〇《赫连勃勃载记》，第3210页。

③ 王素：《沮渠氏北凉建置年号规律新探》，《历史研究》，1998年第4期。

④ 《资治通鉴》卷一一九《宋纪一》"营阳王景平元年四月"条，北京：中华书局，1956年，第3757页。

⑤ 赫连夏与北凉的关系史参见三崎良章：《五胡十六国的基础的研究》第三部"夏的年号与国家"第七章"夏的年号"，东京：汲古书院，2006年，第139-159页。杨荣春：《北凉五王探研》第二章"沮渠蒙逊研究"第五节"沮渠蒙逊时期北凉与周边政权关系"，兰州：甘肃文化出版社，2018年，第106-120页。

⑥ 《魏书》卷九九《鲜卑乞伏国仁传》，第2199页。

⑦ 魏俊杰：《十六国疆域与政区研究》第十一章"西秦"，第361-362页。

⑧ 周伟洲：《南凉与西秦·西秦篇》第四章"西秦的衰亡及其原因"，桂林：广西师范大学出版社，2006年，第145-146页。

五、结论

就后秦、赫连夏时期的西北地区而言，第一层是关中与关东的地缘关系；第二层是关中与朔方的地缘关系；第三层是围绕着岭北控制权而出现的朔方与陇右间的矛盾关系；第四层是陇右与河西之间的地缘关系。上一层地缘关系制约着下一层的地域矛盾。

后秦在柴壁之战中败于北魏，迫使其从河西战略退却。后秦河西退却所形成的权力真空被秃发氏填补，形成威胁后秦的河西霸权，继而引发朔方势力勃勃的叛秦及陇右西秦势力的复国，后秦的西部领域分裂为关中、岭北及朔方、陇右、河西等四个相对独立的板块。关中的后秦与朔方的勃勃围绕着岭北的对抗是主要矛盾，陇右的西秦与勃勃的矛盾从属于这一矛盾。因陇右牵涉河西政局，陇右、河西间的地缘矛盾又受到西秦与勃勃之间矛盾关系的牵制。

这一格局的开启与终结均取决于关中政权与关东政权天下之争的结果。后秦柴壁之战败于北魏，开启了河陇雍朔的矛盾构造，赫连夏败于北魏，终结了这一矛盾构造。由此我们似可作出如下推论，因各地域间的地缘关系具有重层构造性，每一层次的矛盾运动均会成为下一层次矛盾运动的约束性条件，同样也会成为打破上一层次均衡的因变量，这使得各个层次的地缘关系均难以保持平衡，最终促成十六国后期北方统一趋势的形成。高平，正居于多重矛盾叠加的地理枢纽位置上。

彭阳人驼形青铜牌饰与丝路文化探析

李进兴

（宁夏海原县文化旅游广电局）

2022年6月，由宁夏师范学院主办，宁夏师范学院固原历史文化研究中心承办，固原市地方志研究室、宁夏固原博物馆、须弥山文物管理所协办的"区域历史文化学术研讨会"期间，安排、组织了专家、学者的学术考察活动。在彭阳县博物馆陈列的一件人驼纹青铜牌饰，其上人物及其特殊的装束等，引起了笔者的极大兴趣。驼铃声声成为古代丝路上富有诗情画意的一大景观，长久印在人们脑海里，因此骆驼便作为丝绸之路的交通符号和运输标志。其实，骆驼作为外来"奇畜"不为人知与熟悉，也缺少相应精湛造型的艺术品，与唐代出现的大量骆驼文物相比，汉代及其更早的骆驼文物寥寥无几。因此，汉代张骞通西域之后，骆驼才被逐步引进汉地。而彭阳出土的人驼形青铜牌饰，对骑使骆驼起到了一个教学示范的作用，另外从其上的人物衣着形象来看，应属中亚一带，不像是中原人，这体现出了丝绸之路经济、文化的交流。为此略抒管见，借此机会与各位专家探讨。

一、彭阳人驼形青铜牌饰概述

彭阳县位于宁夏南部，固原市的东部，六盘山的北麓，历史非常悠久，早在公元前272年就始设"朝那县"。夏商属雍州，居淳维、鬼方等族落。西周为古大原，仍属雍州。春秋战国属义渠戎国。秦昭襄王三十五年(前272)，灭义渠国，以朝那邑为中心设置朝那县(今彭阳县古城镇)，属于北地郡。秦始皇统一全国之后，推行了郡县制，分天下为36郡，在今彭阳县境，置朝那县，属北地郡。彭阳的地理位置十分重要，丝绸之路与战国秦汉长城交相辉映，成为历代兵家必争之地，也是重兵防御之地，将相云集。《史记·匈奴列传》载："孝文十四年，匈奴单于十四万骑入朝那、萧关，杀北地都尉卬，虏人民畜产甚多，遂至彭阳。使奇兵入烧回中宫，候骑至雍甘泉。"由于其地理位置的重要性，历代帝王、将相派兵战守、生活、丧葬的必选之地。陕西省考古研究院研究员张天恩认为彭阳县姚河塬的"墓主人地位与西周早期齐、鲁、燕诸侯相当，并且与中央王朝联系紧密。至少是西周王朝派出驻守管控西北边陲战略要地的重要王室贵族"。[①]位于宁夏彭阳县东北约25公里处的草庙乡张街村，就处在战国秦长城与丝绸之路(彭草公路)的交会处，其地就有一处墓地，当地村民称这里为"蕃王墓地"。墓地坐落在村北一处两面环山的台阶坡地上。现存范围南北长500米、东西宽200米。在这个墓地出土了很多战国时期的青铜

---

① 李政：《商周考古的重要发现：宁夏彭阳姚河塬遗址发现西周早期诸侯级墓葬、铸铜、制陶作坊等重要遗迹》，《文博中国》，2017-12-04。

器为主的文物。其中就有人驼形牌饰(见图1-1)。《彭阳县文物志》有较为简略的记载："人驼形牌饰,春秋战国装饰品。1987年出土于草庙乡张街村。通长5厘米,高6.5厘米,一骆驼前肢后屈,作平卧状,尾藏于臀下,昂首,目圆睁,正视前方。上骑一人,身着长服,下摆宽松,腰系带,回首,目视后方。右手握驼鬃,左手扶骆驼后峰。背有一弓形小钮。"①

这块人驼形牌饰的独到之处,是将人骑骆驼初始状态显示得淋漓尽致。骆驼身躯高大,人如果不借助梯凳很难爬上骆驼的脊背。如果使用梯凳,首先是梯凳体大体重,携带不方便;其次,在旅途中要减少携带的货物量。为此,人们就训练骆驼卧下,降低高度,以便于人更容易爬上去,骑坐好后,再让骆驼站起来行走。因此,这块人驼形牌饰,很像是教授年轻人如何训练骆驼的一个教学示范。

二、彭阳人驼形牌饰的铸造与工艺

彭阳县位于六盘山脉东北侧,商周时期,属雍州,一度是猃狁等北方游牧民族聚集之地,《诗经》中关于"大原"的记载,当与固原地区有关,也是东西方文化交流传播的重要通道。骆驼本身的肉、血、奶等可供人食用,毛皮和粪便也可用于生产。骆驼对于游牧经济更重要的是在牵引运输上的独特优势。骆驼的生理特性使得它能够适应缺水、植被贫乏的环境。在较为恶劣的环境下,相对于其他牲畜,骆驼在负载、长距离通行方面都更有优势,使得人们能够最大程度地利用资源。游牧经济是以家庭为最基本的生产单位,作为转场时的主要负载役力,一头骆驼即能够负载起一个家庭生产和生活所需的全部物品。当环境发生变化,或是游牧社会本身发生剧烈变动的时候,骆驼能够极大地提高每个家庭的机动性,从而提高整个游牧群体的流动性。因此,尽管骆驼的重要性不及马、牛、羊这三种主要牲畜,但是对于游牧生活来说也是不可或缺的补充。因而,其艺术品已成为人们最喜爱的装饰品之一,制作量在当时也是相当可观的。

图1-1　彭阳人驼形青铜牌饰(正面)

多数专家把青铜牌饰划入"鄂尔多斯牌饰"的范畴,认为牌饰是从西域或由北方游牧民族带入或流滞此地。但在彭阳红河流域开展区域系统考古调查时,发现了姚河塬商周遗址,其中就有制作青铜器的作坊,从出土的陶片、陶范、青铜车马器等判断,该遗址从商代晚期延续到西周中期,以西周遗存为主,遍

图1-2　彭阳人驼形青铜牌饰(背面)

① 杨宁国主编:《彭阳县文物志》,银川:宁夏人民出版社,2003年,第182页。

布整个遗址区。虽然没有人驼形青铜牌饰陶范出土的报道，但已具备生产这种牌饰的能力。为此有两种可能，一是通过丝绸之路传入，另外就是当地铸造。

从彭阳人驼形青铜牌饰来看，正面有清晰的纹饰，而背面无纹饰，高低不平（见图1-2），应是浇铸工艺，并非灌铸工艺。浇铸工艺是将铜、锡等金属混合熔化的液体浇在单片陶范上，待冷却后所形成的牌饰。灌铸工艺，是将铜、锡等金属混合熔化液体灌入两个陶范合起来的注入孔内，所铸造的青铜艺术品。

三、国内人驼纹青铜牌饰的发现

华东师范大学美术学院的侍行和魏鸿宇两位硕士对有明确出土报告的骆驼图案牌饰进行梳理统计，共搜集到8件牌饰，时代从春秋至东汉，根据形态可分为不规则骆驼形牌饰和有边框骆驼纹样牌饰两类。[①]但人驼纹青铜牌饰存量还是比较少的，据目前的资料记载，存量不到5例。现选4例，进行比对研究。

地处六盘山北麓的宁夏彭阳县出土了人驼形青铜牌饰，而地处六盘山南麓的甘肃省平凉市庄浪县良邑镇良邑村，在1988年出土了一块人驼纹铜鎏金牌饰（见图2），现藏庄浪县博物馆。[②]铜牌鎏金，长方形。长8.8厘米，宽5.2厘米，厚0.2厘米。骆驼跪卧状，神态安详，头部上仰，嘴巴张开，一人正爬骑在骆驼双峰之间，只露出头和双手。牌饰部分透雕，线条刻画生动流畅，真实反映出北方游牧民族的生活场景。

鄂尔多斯市博物院从当地文物商店征集到一块青铜牌饰（见图3），与平凉市庄浪县良邑镇良邑村出土的人驼纹青铜牌饰如出一辙，尺寸大小接近，应是同一个工匠、模具所铸造。其长8.9厘米，宽5.2厘米。牌饰背部有两个竖拱形钮，鎏金。整体造型为屈足骆驼形象，骆驼屈腿缩颈，尾巴上扬呈"S"形，装饰有螺旋纹，立体感强。该牌饰写实，表现出骆驼温顺、无攻击性的形象。骆驼双峰间趴一童子，童子宽面、细眼睛，鼻子不高。其面部造型与西安郊区战国晚期秦墓出土的牌饰模具陶范中的"匈奴人物形象的母子相拥纹样陶范"上的匈奴人物面部特征一致，应为匈奴人或蒙古人种。[③]

图2　庄浪县博物馆馆藏人驼纹铜鎏金牌饰　　图3　鄂尔多斯市博物院征集到一块人驼纹青铜牌饰

---

① 侍行、魏鸿宇：《鄂尔多斯市博物院馆藏骆驼牌饰年代考》，《文物鉴定与鉴赏》，2021年第24期，第23页。

② 庄浪县博物馆：《庄浪博物馆文物精品图集》，兰州：甘肃人民出版社，2018年，第114页。

③ 侍行、魏鸿宇：《鄂尔多斯市博物院馆藏骆驼牌饰年代考》，《文物鉴定与鉴赏》，2021年第24期，第23页。

李文龙创办北京玉麟文化艺术传播有限公司,从20世纪90年代初期,开始收藏鄂尔多斯式青铜文化艺术品,至今仍致力于欧亚草原游牧民族文化的研究与推广,以及丝绸之路沿线国家古代文化艺术的研究。2017年1月编著出版《草原丝路文明:戎狄匈奴青铜文化》一书。该书收录了一块人驼形青铜牌饰(见图4),正在行走的骆驼,背上骑着一个人,头冠护耳圆帽,颈部系围巾,身着小翻领胡服,腰束带,脚穿短靴,目视前方,一手搭在骆驼头部,一手扶在骆驼的臀部。从骆驼的头至脚用一根绳纹连接,似山坡造型优美和谐。

图4 人驼形青铜牌饰
(《草原丝路文明:戎狄匈奴青铜文化》收录)

四、骆驼驯化随丝路的扩散与普及

《山海经·北山经》载"(貔山)其兽多橐驼",《史记·匈奴列传》称:"唐虞以上有山戎、猃狁、薰鬻,居于北蛮,随畜牧而转移。其畜之所多则马、牛、羊,其奇畜则橐驼、驴、骡、駃騠、騊駼、騨騱。"橐驼,郭璞注"有肉鞍,善行流沙中,日三百里,其负千斤,知水泉所在也"。从汉文文献来看,中原地区至迟在战国时期就知道了骆驼这种动物,称之为橐驼、牮牛、封牛等。文献还表明,早在殷商时期(约前1600—前1046)骆驼就已经被进贡到中原地区。《逸周书》记载了一次北方游牧民族,包括匈奴部落对中原王朝的朝贡,其中就有骆驼:"正北空同、大夏、莎车、姑他、旦略、豹胡、戎翟、匈奴、楼烦、月氏、孅犁、其龙、东胡。请令以橐驼、白玉、野马、騊駼、駃騠、良弓为献。"当然,所贡之骆驼,也是驯化好。

有关骆驼的最初驯化时间和地点,学术界目前仍未能确定。早期材料较多地集中于伊朗东部和土库曼斯坦南部,年代在公元前4千纪晚期到公元前3千纪。尽管大部分作为驯化直接证据的骨骼材料或多或少都存在着一定问题,但很多遗址出土了骆驼造型的人工制品,如陶塑像、青铜像等,这些被认为是骆驼已经驯化的间接证据。然而,中亚西南部地区的新石器时代地层中从未发现过野生骆驼骨骼材料,部分学者据此认为骆驼的驯化应是在野生骆驼分布较多的地区,由对其习性较为熟悉的人群完成。哈萨克斯坦南部和蒙古高原西北部发现了公元前2千纪的完整的驯化骆驼骨骼材料,被认为是另一个可能的驯化地点。到了公元前1千纪,骆驼在欧亚草原已被普遍驯养。这正是游牧经济在欧亚草原形成和兴盛的时期。骆驼正是随着游牧经济的发展而在欧亚草原逐渐扩散和普及的。[1]甘肃玉门火烧沟遗址亦出土有骆驼骨骼,很有可能是驯化的骆驼,年代在距今3700年左右。如果该材料被证实,那么公元前3千纪家养骆驼就已扩散到河西走廊。[2]

---

① 王煜:《文物、文献与文化——历史考古青年论集(第一辑)》,上海:上海古籍出版社,2017年。
② 傅罗文、袁靖、李水城:《论中国甘青地区新石器时代家养动物的来源及特征》,《考古》,2009年第5期。

彭阳县草庙乡张街村出土的战国时期的人驼形青铜牌饰上的骆驼，应是一峰驯化好的骆驼。说明早在战国时代的六盘山地区，随着丝绸之路的商贸物流，骆驼的驯化和使用，以及以骆驼为图像的艺术品，也已经在这里开始盛行了起来。

五、彭阳人驼形牌饰上的人种

彭阳县草庙乡张街村出土的战国人驼形青铜牌饰上的人物，正在攀爬骆驼，虽然他的面部向内，背部面向观众，无法看清他的面容，但其身着竖条形长服，下摆宽松，腰系带，脚穿高腰皮靴。服饰装束，是一个民族文化的符号。竖条形服饰应是西域中亚一带之人的装束，并非中原人衣着服饰。

《东京梦华录》卷六载："回纥（西域诸国）皆长髯高鼻，以匹帛缠头，散披其服。于阗皆小金花毡笠、金丝战袍束带，并妻男同来，乘骆驼，毡兜铜铎入贡。"以前看过系列动画片及电影《阿凡提》，很多人包括阿凡提本人都穿竖条形的长服，腰间系蹀躞带。阿凡提头戴一顶民族花帽，身着竖条形长服，背朝前、脸朝后地骑着一头小毛驴，这个形象也早已深入人心。阿凡提的笑声也富有特色，温和而极具某种穿透力。阿凡提是中亚民间传说中的一个典型人物，据传他出生在现在的乌兹别克斯坦共和国布哈拉州，生活年代为1208—1284年，是一位广为人知的智者，通过自己的口才曾为百姓解难，"阿凡提"意思是老师、有知识的人，是个尊称，而不是名字，他的名字叫纳斯列丁，为了对他表示尊敬，大家又称他为霍加·纳斯列丁·阿凡提（霍加也是称号，意思也是"老师"）。

如果阿凡提的衣着不能说明、证明彭阳人驼形牌饰上的人物。那么，让我们从敦煌壁画中，寻找一些相似的人物服饰来了解彭阳人驼形青铜牌饰上的人物及其生存地区。敦煌壁画首先应用传统绘画的变形手法，巧妙地塑造了各种各样的人物、动物和植物形象。时代不同，审美观点不同，变形的程度和方法也不一样。其次是真实地记录了当时的市井百态的影像资料，是专家学者研究历史人物和生活的第一手资料。敦煌莫高窟第329窟，是初唐时开凿的一处石窟，此窟平面为正方形，窟顶呈覆斗形，四面斜坡内收至中心形成一个方形倒斗，故称"覆斗顶"。龛顶画佛传故事乘象入胎、夜半逾城。

乘象入胎讲的是2000多年前，喜马拉雅山脚下有一个十分富饶的国家——迦毗罗卫，其国王净饭王是释迦族的首领，妻子是摩耶夫人，他们婚后一直没有儿子。有一天摩耶夫人做了一个梦，梦中她在菩提树下乘凉，突然一朵洁白的云自远方飘然而来，云端站着一头大象，一菩萨骑在大象背上，头戴宝冠，饰璎珞。摩耶夫人看着菩萨心里一阵紧张，恍惚间，菩萨好像变成一个男孩钻入她的右腋下，于是，摩耶夫人孕育了太子悉达多。夜半逾城则讲的是悉达多太子因为出游四门，看见了生老病死，感到人生无常，决心出家摆脱生老病死，寻找真理。一天夜晚他骑了一匹高头大马，四天王托起马蹄，飞越城墙出了王宫，去到深山里潜心苦修。在这个窟里，只绘制了佛教故事的"乘象入胎"和"夜半逾城"两个较为重要的情节，前一个情节表示释迦牟尼降生，也可说是入世，后一个情节表示释迦牟尼脱离人生的初始走向成佛的道路，因此这两个情节最能代表释迦牟尼一生从入世到出世而成道的经历。

夜半逾城壁画中的悉达多太子与随从所穿的正是竖条形长服，束腰带（见图5）。竖条形衣服应是这一地区流行的也是常见的服装之一，彭阳人驼形青铜牌饰上的人物衣着（见图6）如出一辙。

需要说明的是，在鄂尔多斯青铜博物馆藏有一件人驼形柄的铜镜（图7），认为此件铜镜手柄处造型是一胡人骑骆驼，骆驼昂首挺立，其前后肢均处于半卧的状态，再现了丝绸之路上的场景。仔细观察

图5 敦煌第329窟夜半逾城壁画上
人物身穿条纹服饰

图6 彭阳人驼形青铜牌饰人物
身穿条纹服饰

图7 鄂尔多斯博物馆馆藏胡人骑驼纹柄青铜镜（右图为镜柄）

铜镜柄上的人物，短衣窄袖，腰束带，其特征亦似"胡人"，故博物馆将此铜镜命名为"胡人骑驼纹柄青铜镜"。宋沈括《梦溪笔谈》："中国衣冠，自北齐以来，乃全用胡服。窄袖、绯绿短衣、长靿靴、有蹀躞带，皆胡服也。窄袖利于驰射，短衣、长靿皆便于涉草。胡人乐茂草，常寝处其间，予使北时皆见之。虽王庭亦在深荐中。予至胡庭日，新雨过，涉草，衣裤皆濡，唯胡人都无所沾。带衣所垂蹀躞，盖欲佩带弓箭、帉帨、算囊、刀砺之类。自后虽去蹀躞，而犹存其环，环所以衔蹀躞，如马之鞦根，即今之带銙也。天子必以十三环为节，唐武德、贞观时犹尔。开元之后，虽仍旧俗，而稍褒博矣。然带钩尚穿带本为孔，本朝加顺折,茂人文也。"①因此,彭阳人驼形青铜牌饰上的人物是西域胡人无疑。

六、结论

综上所述,彭阳出土的战国人驼形青铜牌饰,所含信息量大。首先可以看出是属于单模浇铸而成的青铜牌饰。从近些年的彭阳县境考古发现的青铜作坊来看,此牌饰有可能系当地所铸造。牌饰也作为出口之物,游牧民族的骑驼纹饰,更是深受西方人的喜爱,在相当长的一段时间里,西方人都把"中国风"视为一种时尚。因而,人驼形牌饰也是一种通过丝绸之路的贸易品。其次是牌饰上的人物应属于西域人物,所骑的双峰骆驼应是已驯化好或者是正在驯化的骆驼。彰显了骆驼这一物种和驯化使用,通过丝绸之路之商贸、贡使、游牧转场,或者战争等原因,从中亚一带传播到了宁夏南部的六盘山地区,并被这里的人所钟爱,被艺术家们用铸造牌饰的方式记录了下来,成为一种艺术品。

---

① (宋)沈括撰,施适校点:《梦溪笔谈》,上海:上海古籍出版社,2015年,第3页。

北魏羌人王遇姓名的华夏化（摘要）

凌文超

（北京师范大学历史学院）

拓跋鲜卑建立北魏王朝后，日益服膺先进的中原汉文化，凭借强有力的皇权，主动推行一系列华夏化改革，促进了政治集团迅速华夏化与北方民族大融合。其中，鲜卑人名和姓氏的先后汉化是北魏华夏化改革的重要组成部分，尤其是孝文帝诏改汉姓在短时期内系统推行，取得了很好的效果。

关于鲜卑以及与其关系密切的北族人名和姓氏的华夏化，学界积累了大量的研究成果。然而，其他边裔族群，在这次姓名华夏化改革浪潮中，是选择固守本族传统，还是顺应时代潮流，又如何创造条件实现其姓名的华夏化，乃至跻身高门姓族之列，学界对此还缺乏专门的研究。本文尝试以羌人王遇姓名的华夏化为例，考察羌人姓名改革的曲折历程，进而考察北魏各族姓名华夏化过程中的一些复杂情况。

王遇更名改姓经历了曲折历程。王遇本名钳耳他恶，"钳耳"为羌族大姓，而"他恶"之名或有可能是羌语汉译。钳耳他恶进入北魏宫廷后，凭借突出才干受到冯太后的赏识，一步步从中散、内行令，升迁至散骑常侍、吏部内行尚书，甚至晋爵为宕昌公，成为北魏内廷能够影响政局的人物。在北魏皇室、贵族人名汉化风潮的影响下，至迟太和十二年（488）前后，钳耳他恶的名字也随着雅化，改名为"庆时"，这在太和八年至十三年开凿的云冈石窟崇教寺铭记以及太和十二年"宕昌公晖福寺碑"都有反映。钳耳庆时为人所熟知，如北魏郦道元《水经注·灅水》云："东郭外，太和中阉人宕昌公钳耳庆时立祇洹舍于东皋。"南朝齐武帝永明七年（北魏孝文帝太和十三年，489）时，王融上疏请给虏书云：北魏"执政则目凌、钳耳"。这里的"钳耳"指的就是钳耳庆时。

据《魏书》本传记载，"王遇，字庆时"，明确记载"庆时"是王遇的表字。从鲜卑皇室、贵族人名汉化的整体情况来看，往往是先将鲜卑人名雅化为汉名，因当时取双名（两字人名）成为新潮，鲜卑人名初步雅化时也多取双名。但在后来的姓名改革中，北魏王朝倾向于远承东汉魏晋名、字传统，以双名作为表字，并据此另取单名，从而形成单字为名、两名表字的名字形式。王遇名字的华夏化大抵也是如此，即"钳耳他恶→钳耳庆时→钳耳遇，字庆时"。以"庆时"为表字，再取单名"遇"，应是他更名的最后一步。

相比名字华夏化，姓氏华夏化普遍要晚一些，钳耳庆时改王姓就是如此，而且经历了曲折的历程。《魏书》本传载，王遇"自云其先姓王，后改氏钳耳，世宗时复改为王焉"。所谓"自云其先姓王"，往往被视为伪托汉族大姓王氏，但是，从一些迹象看来，十六国时期，钳耳氏可能经历过一次改王姓。羌族改汉姓可能早就经历过反复。对于王遇改汉姓，其墓志有更为具体的记录："公其先，周灵之苗，子晋之胤，氏族之起，始于伊南。远祖逃秦垄右，避洊西戎，改姓钳耳，仍居羌氏。逮正始之初，被诏还姓，禋复王门。"

结合两者的记载看来，在孝文帝太和十九年（495）前后大规模诏改汉姓与分定姓族的过程中，钳耳庆时未在改姓之列。宣武帝继位后，一开始钳耳氏仍未改姓。《元和姓纂》载："天监初，有箝耳期凌自河南归化，父同、祖光，并仕魏为三品也。"梁武帝天监（502—519）初，此时已是北魏宣武帝景明年间（500—503），北魏高官之后、注籍河南的"箝耳期凌"仍未改姓"王"。直至正始元年（504），方才"被诏还姓"。此次改姓王氏是王遇家族特别重视和引以为豪的事情，他们特地将其家乡"宕昌公晖福寺碑"上的"钳耳"二字凿去，补刻"王"姓，并且补刻王遇父兄子弟的姓名，以此彰显"被诏还姓"的荣耀。

王遇的更名改姓反映出，对待姓名的华夏化，不同的族群可能有不同的态度，即使鲜卑贵族内部也有不同的声音。然而，在北魏华夏化改革过程中，姓名的华夏化逐渐成为一种"政治正确"，甚至成为皇权支配各部族的一种重要手段。

东魏《邑义五百余人造像碑》
及其所见的义邑组织研究

邵正坤

（吉林大学古籍研究所）

　　东魏武定元年（543）《邑义五百余人造像碑》体量庞大，雕刻精美，书法俊逸，具有很高的历史文化价值，民国时期的金石学家顾燮光称其"为河朔魏碑之冠"。[①]范寿铭亦云："镂刻之精，得未曾有，河北各碑，无与伦者，叹观止矣。"[②]该碑自造讫之后，便立于河南省淇县浮山上的封崇寺，遗憾的是，此碑于民国十九年（1930）为人所盗，金石学家马衡在为《河朔访古新录》作序时曾对其前后经纬进行记述："顾君叹为河朔魏碑之冠者，已于民国十四年为强有力者截而为二，潜徙以去，辗转货卖，流落海外。"[③]该碑先被日本人购得，后来又辗转进入美国，现藏于纽约大都会艺术博物馆，成为该馆不可多得的精品之一。由于此碑声名远播，故曾有多家进行著录，如《增补校碑随笔》《善本碑帖录》《北京图书馆藏中国历代石刻拓本汇编》《北朝佛教石刻拓片百品》等。也有人从雕刻、书法、文字和美术等角度对该碑予以考察。除此以外，近年来，更有学者从造像组合及其内涵、铭文和题名、造像碑的命名等方面着眼，对其中所蕴含的历史信息进行解读，在该碑的研究上取得了很大的进展。但是，到目前为止，仍有一些关键性的问题，如该碑的合理命名，邑义五百余人结邑的目的等还没有最终解决，此外，这五百余人是以组织形态从事福业，对于该组织的结构和运作情况，也未见有人涉及，本文就以上几个问题为核心展开论述，希望能对《邑义五百余人造像碑》[④]的研究有所推进。

一、造像碑的命名

　　该碑有多种命名方式，具体情况如下。

　　其一，截取题记中"遂割损家资，率诸邑义五百余人"这一句中的部分内容，称《邑义五百余人造像碑》，王壮弘《增补校碑随笔》便是如此。此后这一命名方式屡被沿用，如钟稚鸥、马德鸿对该碑进行总

---

① 顾燮光：《河朔访古新录》卷六《淇县》，载《石刻史料新编》（第2辑第12册），台北：新文丰出版公司，1995年，第8915页。

② 范寿铭：《循园金石文字跋尾》卷上《东魏封崇寺造像碑跋》，载《石刻史料新编》（第2辑第20册），台北：新文丰出版公司，1995年，第14473页。

③ 马衡：《〈河朔访古新录〉序》，载《石刻史料新编》（第2辑第12册），台北：新文丰出版公司，1995年，第8887页。

④ 本文所引《邑义五百余人造像碑》铭文，以颜娟英主编《北朝佛教石刻拓片百品》所录释文为主，并参照他本及拓片互校。参见颜娟英主编：《北朝佛教石刻拓片百品》，台北："中央"研究院历史语言研究所，2008年。

体上的考究时，题目作《东魏〈邑义五百余人造像碑〉考释》[①]，姚美玲也有研究性的文章，称《邑义五百余人造像碑研究》[②]，《北京图书馆藏中国历代石刻拓本汇编》翻拍该碑拓片时，称《邑义五百余人造像记》[③]。《邑义五百余人造像碑》是从参加造像的全体成员的角度命名，在题记中领衔人物泐失的情况之下，有一定的合理性。问题在于，北朝时期的义邑，参加者大多几十、几百人，甚至上千人，如果皆以人数命名，会出现许多重名的现象。举例说来，北周天和五年《王迎男造像记》云："今有邑师比丘道先，合邑子五百二十人等，自慨上不值释迦初兴，下不睹弥勒三会……遂相率化，割削名珍，敬造石像一区。"该碑称《王迎男造像记》，是因为供养人题名中有"檀越主王迎男"字样[④]，根据题记内容，此团体也是由五百余人组成，因此该造像亦可称为《邑义五百人等造像碑》或者《邑义五百余人造像碑》，这样一来，就无法突出造像碑的个体差异，而且容易造成大量重名的现象。

其二，以碑阴题名中的都邑主李道赞领衔，称《李道赞率邑义五百余人造像碑》。哈佛大学藏拓和颜娟英主编《北朝佛教石刻拓片百品》[⑤]皆是如此命名。在北朝时期的佛教义邑中，经常出现邑主之名，邑主是佛邑的管理者，若一个义邑中存在多个邑主，前面还经常冠以"大""都"等字以示区别。大邑主、都邑主是团体中的总负责人，造像碑命名时，以邑主领衔甚至径取邑主之名命名的并不鲜见，但在该造像碑上，邑主地位并不是最尊，都邑主李道赞的题名位于碑阴，而在碑阳的上部，还有若干题名，他们在义邑中的地位，可能要高出邑主，因此，该碑称《李道赞率邑义五百余人造像碑》，尽管相对于《邑义五百余人造像碑》更利于辨识，但并不是最佳选择。

其三，以位于碑阳第一排之首的寺主赫连子悦领衔，称《魏寺主赫连子悦率邑义五百余人造像碑》，顾燮光《河朔访古新录》[⑥]即是。寺主镇东将军、林虑太守赫连子悦的题名位于碑阳上部，除了两位邑师和禅师，在造像碑上的位置最为显要。该碑是为了庆祝寺成而造（详见后文），寺主又是修建寺院时的金主，而赫连子悦兼具朝官的身份，故而造像碑命名时以他领衔，亦未尝不可，至少相对于以都邑主李道赞领衔，更为合理，但是，这种命名方式也是退而求其次，事实上，还有更为合宜的命名方法。

其四，选取造像记中的部分内容，以武猛从事领衔。如顾燮光《河朔访古新录》将此碑命名为《武猛从事汲郡□□率邑义五百人造像碑》，陈汉章《缀学堂河朔碑刻跋尾》基本沿用此称，但在"武猛从事"之前，加"东魏"二字，称《东魏武猛从事汲郡□□率邑义五百余人造像碑》。[⑦]马衡在为此造像碑命名时也以武猛从事领衔，但又加以缩略，他在为《河朔访古新录》作序时称该碑为《武猛从事五百人等造像碑》，民国二十四年《河南政治视察日记》亦然，称《武猛从事五百人造像》。[⑧]他们采用"武猛从事"，而将

① 钟稚鸥、马德鸿：《东魏〈邑义五百余人造像碑〉考释》，《故宫博物院院刊》，2009年第3期。

② 姚美玲：《邑义五百余人造像碑研究》，《中国文字研究》（第二十五辑），2017年第1期。

③ 北京图书馆金石组编：《北京图书馆藏中国历代石刻拓本汇编》（第6册，以下简称《拓本汇编》），郑州：中州古籍出版社，1989年，第96—97页。

④ 张弘杰：《咸阳碑石》，西安：三秦出版社，1990年，第14页。

⑤ 颜娟英主编：《北朝佛教石刻拓片百品》，台北："中央"研究院历史语言研究所，2008年，第112页。

⑥ 顾燮光：《河朔访古新录》卷上《淇县》，载《石刻史料新编》（第2辑第12册），台北：新文丰出版公司，1995年，第8870页。

⑦ 陈汉章：《缀学堂河朔碑刻跋尾》，载《石刻史料新编》（第2辑第20册），台北：新文丰出版公司，1995年，第14483页。

⑧ 河南省政府秘书处：《河南政治视察日记》，1936年。

"汲郡"之下的内容省略，当是因为接下来的碑文磨损太甚，无法辨识，因此取相对独立和完整的武猛从事作为领衔者，为造像碑命名。以上命名方式，皆来源于造像题记中的以下内容："天人慕感，像法兴灵，惟敬真颜，寄存宝色，然州武猛从事、汲郡□□□□□六邑人秀老，遂割损家资，率诸邑义五百余人，并著信清源，崇宗□□□□□千劫。"①近年来，也有学者根据题记中的上述内容为造像碑定名，如姚美玲认为"然州武猛从事"为"地名+官职名"，"汲郡"下面所缺应为官职加人名，即"汲郡官职名+人名"，因此，该碑符合历史事实的命名应是《然州武猛从事汲郡□□□□□率诸邑义五百余人造像碑》②。应该说，汲郡下面泐失者当为官职加人名，这种推测有一定道理，但认为"然州武猛从事"为"地名+官职名"，则站不住脚，无论北魏还是东魏，都没有"然州"这个地名，"然"为发语词，主要用来引起下文，因此以《然州武猛从事汲郡□□□□□率诸邑义五百余人造像碑》为该碑定名，亦不可取。

　　一般说来，造像碑若自带碑名，则应以该碑所刊刻者为准，若无，传统的命名方式是根据发愿文的陈述为其定名。人数众多的义邑组织，通常在发愿文中明确指出像主、邑主、化主、维那或者其他核心人物，并以此人领衔，定名时直接选取该人姓名为造像碑命名，或者采用"核心人物+义邑人数"的方式为该碑命名，如北魏建义元年(528)六月《常申庆共妇女邑子五十人等造像记》："檀越主荡逆将军马户尉常申庆，共妇女邑子五十人等，造玉石像一躯，高二尺五。"③北齐武平元年(570)《杨暎香造像碑》："清信士女杨映香、任买女等邑义八十人……并割舍肌肤之外，敬造涅槃经一部。"④仅此而言，在未知"武猛从事"究系何人的情况下，将《邑义五百余人造像碑》称为《武猛从事五百余人造像碑》《东魏武猛从事率邑义五百余人造像碑》《武猛从事汲郡□□□□□率邑义五百余人造像碑》皆可。不过，据范寿铭所云，根据其所见精拓本，汲郡下所泐之字尚可辨识，为"阳山李道□与乡人"⑤，若是如此，则此句当为"然州武猛从事、汲郡阳山李道□与乡人秀老，遂割损家资，率诸邑义五百余人……"联系碑阴首行有都邑主李道赞题名，那么"李道□"当即李道赞，汲郡之下，仍为"地名+人名"，由此，造像碑可定名为《武猛从事汲郡阳山李道赞率邑义五百余人造像碑》，或省略地名，径称《武猛从事李道赞率邑义五百余人造像碑》。以上几种，也是较为合理的命名方式，只是由于约定俗成，目前学界使用《邑义五百余人造像碑》较多。

二、造像目的

　　该石碑上雕有佛、菩萨、弟子以及供养人像，属于典型的佛教造像碑。以往的著录者以及研究者，也一致认为，此碑为"造像碑"。那么，造像的目的是什么呢？事实上，这就不可避免地涉及该碑的性质。

　　根据造像记的发愿文、造像题名，并结合其他材料，我们推测，武猛从事李赞邑率五百余人结成佛

① 《拓本汇编》(第6册)，第96页。
② 姚美玲：《邑义五百余人造像碑研究》，《中国文字研究》(第二十五辑)，2017年第1期。
③ 《拓本汇编》(第5册)，第95页。
④ 上海鲁迅博物馆、北京鲁迅纪念馆：《鲁迅辑校石刻手稿》(2函4册，简称《石刻手稿》)，上海：上海书画出版社，1987年，第811页。《拓本汇编》(第8册)，第12-13页。
⑤ 范寿铭：《循园金石文字跋尾》卷上《东魏封崇寺造像碑跋》，载《石刻史料新编》(第2辑第20册)，台北：新文丰出版公司，1995年，第14474页。

邑,雕佛造像,其主要目的是纪念佛寺的落成。原因如下:

其一,该义邑存在时间非常之长,碑文称"维大魏永熙二年岁在甲寅兴建,至武定元年岁次癸亥八月功就"。关于此纪年存在的问题,民国时期便有学者进行过探讨,陈汉章在《缀学堂河朔碑刻跋尾》中指出:"碑称永熙二年岁在甲寅兴建,至武定元年岁次癸亥功成,是首尾十年矣。但甲寅为永熙三年,非二年,其二年是癸丑。岁且永熙三年,既东魏天平元年碑,何以不称孝静帝之元,而仍纪入关孝武帝之年号乎!盖永熙二字不误,而甲寅字误也。"①陈氏所言极是,"永熙二年岁在甲寅"干支有误,但纪年不误,应为永熙二年岁在癸丑。自北魏永熙二年(533)至东魏武定元年(543),前后达十年之久。造像碑虽然体量庞大,用工较繁,但基本在一二年之内便可完工,这个十年,当是建寺的时间,而非造像。就具体使用的语词而言,造寺碑文常用"兴建""功就"来表达从建造至完成这一过程,而造像通常称"造讫",如北魏太和十八年(494)四月八日《尹受国造像记》:"维大代太和十八年,岁次甲戌,四月乙巳朔八日壬子敬造讫。"②景明三年(502)五月《孙秋生等二百人造像记》云:"景明三年岁在壬午五月戊子朔廿七日造讫。"③普泰二年(532)四月八日《比丘尼法光造像记》称:"普泰二年四月八日造讫。"④东魏武定二年(544)三月《李洪演等造像记》亦称:"武定二年三月一日造讫。"⑤无论团体造像还是个人造像,无论造像者是僧人还是俗众,在佛像完工之后,都称"造讫",而非"兴建",兴建一词,通常用于大型建筑物上。

其二,造像碑竣工以后,便立于寺院附近。该碑的发现者金石学家顾燮光在1929年出版的《河朔访古新录》中云:"县北三十五里浮山封崇寺,魏永熙二年建,山门外有穹碑树立,高三丈余,广三尺余,厚一尺余。"⑥顾氏所说的封崇寺,据清顺治十七年刻本《淇县志》记载:"封崇寺在县北二十五里高材社,魏熙二年创建,元至正元年重建。"⑦封崇寺于北魏永熙二年(533)初建,元至正二年(1342)重建,改名为浮山寺。又据1996年新编的《淇县志》称:"浮山寺元至正二年创建,原有古寺、石碑,民国初无存。"文中所谓"古寺",即封崇寺,"石碑"即"邑义五百余人造像"。该碑在民国初为顾燮光发现时,尚立在山门之外,这个山门,当为在封崇寺遗址上重建的浮山寺山门。即便封崇寺已毁,仍可见其与造像碑之间关系密切。值得注意的是,上文所记封崇寺的建造年份,与造像碑铭文中的起始时间"大魏永熙二年"恰好相合,由此我们推测,前后耗时十年之久的,是修建封崇寺,而不是雕凿造像碑,造像碑的雕凿,是为了纪念封崇寺的竣工。这类石碑,一般称为造寺碑,如北齐天保九年(558)二月八日《鲁思明等造寺碑》:"遂舍伽蓝地两区,立寺置僧……于是近者不劝而来,远方自率而至。合邑千人,共(下缺)八,绣像一区,合有千佛,人中石像两区,宝车一乘。"⑧就是为立寺而建。

其三,一般的造像题名,通常以像主、邑主或都维那居首,该碑则不然,碑阳的题名中,寺主镇东将

① 陈汉章:《缀学堂河朔碑刻跋尾》,载《石刻史料新编》(第2辑第20册),台北:新文丰出版公司,1995年,第14483页。
② 金申:《中国历代纪年佛像图典》,北京:文物出版社,1994年,第454页。
③ 《拓本汇编》(第3册),第52页。陆增祥:《八琼室金石补正》卷一二,北京:文物出版社,1985年,第70页。(清)王昶:《金石萃编》卷二七,北京:北京市中国书店,1985年。
④ 《拓本汇编》(第5册),第161页。《八琼室金石补正》卷一三,第77页。
⑤ 《拓本汇编》(第6册),第102页。《金石萃编》卷三一。《中国历代纪年佛像图典》,第494页。
⑥ 顾燮光:《河朔访古新录》卷六(淇县),载《石刻史料新编》(第2辑第12册),台北:新文丰出版公司,1995年,第8915页。
⑦ (清)白龙跃:《淇县志》,清顺治七年刻本。
⑧ 《拓本汇编》(第7册),第71页。《石刻手稿》(1函6册),第979~982页。

军、林虑太守赫连子悦赫然居于首位，其次为大像主雷齐，再其次为都维那雷芃，都邑主则位于碑阴，这一点极不寻常，说明寺主的地位在该团体中至关重要，几乎超出了其他所有的邑职，由此我们推测，该碑是为纪念寺成而立，只有在建寺的团体中，寺主的地位才如此重要。

其四、体量庞大的造像碑，在造像题记中，通常不惜耗费笔墨，描述石碑的置立地点，该造像记对造像碑的置立地点只字不提，却用了大量篇幅描述佛寺的建造和周边环境。发愿文中有"莫不尚祇园而结慕"，祇园即"祇树给孤独园"，后用来指代佛寺，义邑的信众向往祇园的精妙，因此共同发心，建造佛寺，这里说的应是造寺的缘起。"眷兹一山，咸共嘉力"，讲的是佛寺的选址情况，此"山"即浮山，信众择取浮山这块宝地，共同出资，兴造福业。"峻壁单悬，遥峰叠□"说的是山势之陡峭。"宝塔五层""金棠百刃"，描述的是寺院内的宝塔和嘉木。"复即石以拓玄基，因木而架□□。"讲的是建造佛寺时所用的材料，以石为基，用木为梁。"引长廊而交映，接户牖以相经。堂庑霞舒，阶墀绮合。云生枅向，风出檐轩。花□秀美，光开七净。泉流藻注，鸿澧八解。虽谢菩提吉祥之胜地，方同竹园伽蓝之妙哉"，长廊、户牖、堂庑、阶墀说的是佛寺的构造情况。云、风、花、光、泉流、鸿澧讲的是周边的自然环境。铭赞中有一句与此呼应："宝刹层严，金盘累饰。檐宇高临，长楹峻极。庭流桂水，园开净色。既曰福地，实唯净土"，宝刹、金盘、檐宇、长楹、讲的都是寺内的建筑，桂水、净色描写的是流水和花卉，也即建筑物周围的环境。寺成之后，"名僧德众，烟集如林"，吸引了众多淄林高僧来此驻锡。以上可以说是该团体以立寺为主要目的的直接证据。纵观造像题记，与佛像有关的只有以下文字："又真仪应像，则辉映龛室；神光照烂，则□□太清。□空隐现，无复等级。威神相好，不可思议。"但文中既曰"龛室"，说的也可能是寺庙内供奉的佛、菩萨等神祇，未必一定指称造像碑上雕凿的佛像。

总之，碑铭中所涉及的团体，活动以造寺为主，佛寺完工之后，又立碑加以纪念，在这个意义上，可以说，该碑既为造像碑，复为造寺碑。义邑造像的目的，是希望通过"题表金石"这种方式，"德标千劫，声传万古"，使自己的兴造之功千秋万代永远传扬下去。至于题记之末的"仰为皇家，愿国祚永延，化隆遐劫，疆静境安，民宁道泽，法界有形，等成正觉"，应为造寺目的，即将兴建封崇寺的功德，回向给皇家、全体民庶以及法界众生，祈愿统治者江山永固，边境安宁，庶民安乐，与此同时，亦使法界众生，满菩萨之因行而成等正觉。

三、义邑的结构

造像题名显示义邑题名中含有多种邑职，各种邑职的存在，对于义邑的正常运转和各项活动的有序开展功不可没，为了方便探讨，特列如下表格。

表1 《邑义五百余人造像碑》所设职事表

邑职	邑师	禅师	寺主	大像主	菩萨主	维摩主	光明主	八关斋主	斋主	都邑主	都维那	维那
人数	1	1	2	1	1	1	1	4	1	1	4	60

该邑共有邑师、禅师、都邑主、大像主、菩萨主、维摩主、光明主、斋主各1人，寺主2人，八关斋主4人，都维那4人，维那60人。这些人有的负责教化，有的属于施主，有的是管理者，现分别述之。

（一）义邑的教化系统

北朝的僧侣承担着"以教辅政"之责，义邑作为一个由共同宗教信仰统合的社会群体，通常也有僧尼参与其中，其中的高僧大德，往往充任邑师的角色，带领僧俗二众讲经、诵经，举办斋会、法会，为俗众主持受戒仪式，并且按照佛教的有关戒律，使相关活动如法如仪。邑师是义邑中的精神领袖，他们虽然不承担具体的职务，却对团体成员的聚合起着至关重要的作用。北朝的造像碑上，邑师通常位于最显赫的位置，该造像碑也是如此。碑阳顶部释迦牟尼造像之下，有一博山炉，博山炉两侧有两位僧侣相对跪坐，左侧刻有"邑师慧刚供养佛时"，右侧题名，有学者释为"邑师汇训供养佛时"[1]，然核对拓片，我们发现，应为"禅师慧训供养佛时"。虽然一为邑师，一为禅师，但二人在造像碑上的形象完全一致，位置亦无高下之别，在义邑中起的作用应当相同。

以上两位邑师均刻在碑阳，除此以外，碑阴也刻有大量僧尼题名。碑阴既有僧人，也有俗众，但僧侣皆位居俗众之前。

其中比丘32人，2人法号泯失，可辨识者如下：僧隐、法贤、昙义、法进、法因、法荣、静渊、法和、道双、惠究、法林、法显、惠隐、僧虬、惠遵、法永、法乐、法海、法愍、昙献、道聪、宝藏、僧显、法化、僧旷、惠岳、法晖、法赞、僧标、僧贵。

比丘尼14人，分别为昙敬、圆称、法晖、智度、宝贵、员思、昙静、法聪、惠遇、昙好、法仙、僧仙、法智、员通。

比丘题名排在比丘尼之前，这也是现实社会中尼众地位低于僧众，并且从属于僧众的一个体现。

普通的比丘、比丘尼地位与邑师相比不可同日而语，但他们与邑师一样，也承担着"导俗化方"之责，在义邑中协助邑师讲经说法，教化俗众。义邑中的僧徒通常来自附近的寺院，此造像碑立于封崇寺之外，义邑中还有寺主这一头衔，由此我们推测，该义邑的僧尼皆隶属于封崇寺，这应该是一个以寺院为活动中心的信仰团体。

（二）义邑的施主系统

施主是为各项佛事活动出资的人，寺主、大像主、菩萨主、维摩主、光明主、八关斋主都属于施主系统。

其中，寺主原属于寺院三纲（寺主、上坐、维那）之一，北朝佛教大盛，造寺活动风行，寺主逐渐开始指称为造立佛寺出资的人。郝春文先生认为，寺主是寺邑主的省称，"这些寺主，多是俗人。不可能是寺院中的寺主，只能是佛社中寺邑主的略称"[2]。刘淑芬则认为，俗人姓名上冠以"寺主"者，其实是"俗人寺主"的略称。[3]为什么造像碑上会出现"寺主"这一职名，笔者以为，这应该与该义邑成立的初衷有关。李道赞等四百多人结成义邑，最初就是为了纪念寺院竣工。而寺主赫连子悦在题名中的位置之所以特殊，是因为他既是佛寺的主要出资人，同时又身居要职。

赫连子悦于《北齐书》和《北史》中皆有传，其墓志也已出土，另据《中州金石考》载许昌有《赫连子悦清德颂》。根据上述文献记载，子悦字士欣，大夏国主赫连勃勃之后，以征南府长史起家，武定四年卒

① 姚美玲：《邑义五百余人造像碑研究》，《中国文字研究》（第二十五辑），2017年第1期。
② 郝春文：《东晋南北朝佛社首领考略》，《北京师范学院学报》，1991年第3期。
③ 刘淑芬：《香火因缘——北朝的佛教结社》，黄宽重主编《中国史新论——基层社会分册》，台北：联经出版事业股份有限公司，2009年，第264页。

于太常卿之任,终年七十三岁。《齐开府仆射赫连公铭》称:"(子悦)笃好玄门,雅怀空寂。"①是一个虔诚的佛教徒。由此,他不惜耗费财力,与众人一同"割损家资",建造佛寺,也就在情理之中了。根据造像题名可知,修建封崇寺时,赫连子悦任镇东将军、林虑太守。据《北齐书》卷四〇《赫连子悦传》记载:"魏永安初,以军功为济州别驾。及高祖起义,侯景为刺史,景本尔朱心腹,子悦劝景起义,景从之。除林虑守。"②似乎是由济州别驾直接转为林虑太守,事实上并非如此,根据墓志所言,在任林虑太守之前,还曾除征虏将军、西南道行台郎中,徙东南道大行台右丞,又任安东将军、定州长史,此后还为左丞,又"除开府长史,寻兼吏部郎中,仍转林虑太守"。③永安为北魏孝庄帝年号,前后共三年(528—530),封崇寺的动工时间为永熙二年(533),也就是说,在这五年左右的时间里,赫连子悦的官职屡经迁转,直到转为林虑太守时,才算稳定下来。正是这一段相对安宁的时光,为他率领众人立寺造像提供了条件。

除了赫连子悦,还有一个人任寺主之职,即寺主李兴宗。此人虽与赫连子悦同为寺主,题名却位于碑阴,在诸维那之后,从地位上看,远远不如赫连子悦,甚至低于人数众多的维那。缘何如此?可能与李兴宗未在朝中任职,或者即便在朝中任职亦官职不显有关。但他能为造寺出资,并且姓名得以刊刻于碑石之上,至少经济实力还是相当雄厚的。

大像主、菩萨主、维摩主都属于为造像出资者,也就是广义上的像主。同一个造像碑上的像主,称呼之所以各不相同,主要因为该碑有多尊造像。全碑造像自上而下可分为三层,第一层为双龙环绕、结跏趺坐的释迦牟尼佛像,该佛像高98厘米,是该碑主尊,因此,大像主雷齐当即释迦牟尼像主。第二层中间为菩提双树,树下有两人对坐,左为文殊,右为维摩诘,展现的是《维摩诘经》中维摩诘居士与文殊菩萨辩论的场景。菩萨主是为雕凿文殊菩萨出资者,维摩主则是为刻画维摩诘居士出资之人。菩萨主共有2人,一为张充,一为王法欢,维摩主1人,乃是轻车将军、朔州录事参军赫连思远。造像题名中以赫连为姓者只有两人,一个是前文提到的赫连子悦,另一个就是赫连思远,二人当是同宗,具体关系不详。

光明主也称开光明主,亦与佛像有关,确切地说是与佛像的开光点眼有关。各种佛、菩萨的尊像雕凿完成之后,通过僧侣主持的开光仪式,才能将该尊佛、菩萨所代表的神明引入像中,佛像才具有了无边的法力,而"光明主或开光明主可能是因其负责给予主持开光仪式僧人的僎施,而被赋予这个头衔"。④该造像碑的光明主1人,名为雷苌。

斋主和八关斋主也属于义邑中的施主系统。北朝的义邑,在造像、建塔、立寺的同时,往往也举办斋会,斋主的存在便是证明。一般说来,为了表示庆祝,设斋通常在造像、立寺等活动完成之后进行。因此,这种斋会通常是一次性的,"题名中的斋主就是佛社仅有一次斋会的斋主"。⑤至于斋主的职责,可能主要是供给参加斋会之人的饮食,以及在斋会之后,给予僧侣僎施。⑥该义邑的斋主为苏叔昭。除了斋主,这个团体中还有四位八关斋主,分别是庞颜、庞众贵、马昙显和苏珍辉。其中庞颜在朝中任职,为

① 赵超:《汉魏南北朝墓志汇编》,天津:天津古籍出版社,1992年,第275页。
② (唐)李百药撰:《北齐书》,北京:中华书局,1972年,第529页。
③ 赵超:《汉魏南北朝墓志汇编》,天津:天津古籍出版社,1992年,第275页。
④ 刘淑芬:《五至六世纪华北乡村的佛教信仰》,《"中央"研究院历史语言研究所集刊》(第63本第3分册),第524页。
⑤ 郝春文:《东晋南北朝时期的佛教结社》,《历史研究》,1992年第1期。
⑥ 刘淑芬:《五至六世纪华北乡村的佛教信仰》,《"中央"研究院历史语言研究所集刊》(第63本第3分册),第530页。

租曹从事、郡中正、魏德令，其他三人姓名之前则未见有官职，这可能也是庞颜排在所有斋主、八关斋主之前的主要原因。八关斋主与八关斋戒有关，八关斋戒也叫八关斋、八支斋、八戒斋或者八斋戒，要求信徒在一日一夜之间奉持八种戒律，即不杀生、不偷盗、不邪淫、不妄语、不饮酒、不非时食、不歌舞倡伎、不坐卧高广之床，因为是斋戒一体，故合称八关斋戒。据学者研究，八关斋主的角色，应与斋主相似，即为信徒提供饮食、修习的场所，以及布施参加八关斋会的僧人。①与一般斋会不同的是，由于八关斋戒需要在每年的三长斋月或六斋日长期奉持，因此八关斋会也需定期举行，也就是说，八关斋会的举行不是一次性的，而且在立寺造像结束后，很可能还会延续下去，而八关斋主是一直由这四个人担任，还是定期在义邑的其他信徒之间轮换，就不得而知了。

（三）义邑的管理系统

该义邑人数众多，造像题记中说"率诸义邑五百余人"；存在时间较长，前后达十年之久。团体成员为了共同的目标，在佛教信仰的感召之下，聚集在一起，募集资金，纠集工料，雇请工匠，建塔、立寺、造像，在义邑的存续期间，还时不时召集信众，举办斋会，受持斋戒。事务繁殷，成员众多，为了使各项事务按部就班，有序进行，以顺利达成预期目标，必然要进行统筹规划，并且将责任落实到具体的执行人，这就涉及团体的管理工作，义邑的管理系统，承担的就是这方面的职责。

首先是都邑主。关于邑主的起源、职掌，有多位学者进行过论述。提及起源，有学者认为邑主源于寺院的寺主，有些造像记中，将"邑主"称为"寺邑主"。②如果这种说法成立，那么寺主与邑主除了称呼有别，实际上没有任何差异，但此义邑的题名中既有寺主，也有邑主，说明二者并不相同。事实上，邑主可能是借用县邑、乡邑首领的一种称呼，如西汉焦赣《易林·困之兑》："国将有事，狐嘈向城。三日悲鸣，邑主大惊。"寺主是以出资人的身份出现的，关于邑主的地位和职掌，有研究指出，"邑主一职在佛社中的地位较高，作用也较重要。在有邑主的佛社内，大多由邑主负总责"③；"邑主为此一团体之首，极有可能是发起者"④；也有人认为，"主"表专主之义，是义邑中的当事者。⑤笔者同意以上观点，即邑主在义邑中地位举足轻重，当为此一团体的首领，主持义邑中的各项事务。当然，义邑这种社会组织具有很强的地域性，不同地区的邑主所起的作用可能也不尽相同。但至少对于这个由五百余人组成的义邑来说，都邑主是负总责的。该义邑的都邑主名为李道赞，题名位于碑阴第四排之首。既然邑主负总责，为何题名刻于碑阴，在碑阳没有一席之地，而且即便是碑阴，也并未列于第一排。这是因为，碑阳的题名，基本都是施主，他们是义邑进行各种活动的主要资金来源，而且大多在朝廷任职，这些人在世俗社会中的权势和实力，也在义邑这样一个以宗教信仰整合、号称众生平等的社会组织里得到彰显。碑阴前三排刻录的都是比丘和比丘尼题名，僧尼在南北朝时期的义邑组织里地位超然，题名通常列于俗众之前，这也是都邑主不能在碑阴居首的主要原因。但我们也应看到，都邑主在碑阴的四百多个俗众题名中，处于绝对的领先地位，排在都维那、维那和所有邑子之前，这也证明了他在义邑中的主导地位和关键作用。

① 刘淑芬：《五至六世纪华北乡村的佛教信仰》，《"中央"研究院历史语言研究所集刊》（第63本第3分册），第530页。
②③ 郝春文：《东晋南北朝佛社首领考略》，《北京师范学院学报》，1991年第3期。
④ 刘淑芬：《五至六世纪华北乡村的佛教信仰》，《"中央"研究院历史语言研究所集刊》（第63本第3分册），第524页。
⑤ 杜莹：《〈汉魏六朝碑刻校注〉未收北魏碑刻整理与研究》，西南大学2014年硕士学位论文，第106页。

其次是都维那。都维那原为僧官，据《魏书》卷一一四《释老志》载，北魏孝文帝延兴二年(472)夏四月诏："无籍之僧，精加隐括，有者送付州镇，其在畿郡，送付本曹。若为三宝巡民教化者，在外赍州镇维那文移，在台者赍都维那等印牒，然后听行。"①又宣武帝永平四年(511)尚书令高肇奏言："都维那僧暹、僧频等，进违成旨，退乖内法，肆意任情，奏求逼召，致使吁嗟之怨，盈于行道，弃子伤生，自缢溺死，五十余人。"②都维那是设在都城的僧官，由沙门统辖。义邑兴起之后，逐渐将这一职名引进自己的管理体系，"在义邑、法义里的维那应是负责管理此一团体一般性的事务，都维那则是总理其事者"。③如同僧官系统中的都维那为沙门统之副一样，义邑中的都维那也在邑主的领导之下，其在义邑管理体系中的地位，仅次于邑主。这从造像题名的排列顺序上也可以看出来，碑阴中的都维那，紧随邑主之后。该义邑的都维那共有4人，即李盖宗、雷苌、苏叔昭，还有1人题名磨泐，无法辨识。其中雷苌和苏叔昭两人皆位于碑阳，这是因为，此二人在担任都维那之外，还为造像和立寺出资，同时又任光明主和斋主，属于复合型的题名，而其他二人则仅有都维那之衔。

都维那之下，还有维那。维那又称"悦众"，为一梵汉兼举之词。"维"即纲维，管理；"那"是梵文"羯磨陀那"音译之省，意为授事，即将诸事分派于众人。维那亦属寺院三纲之一，负责掌理众僧杂事，主要涉及唱时、打揵稚、洒扫、铺床、净菜、行水以及弹指令人肃静等。义邑中的维那，明显是借用于僧职，承担团体集会时洒扫庭除、点灯行香、供奉佛像、供养僧众、维持秩序等各种琐务。人数较多的义邑，各种事务较为烦冗，所需维那也不止一人，李道赞等五百人结成的义邑，共有维那60人，其中1人题名漫漶不清，其余的59人分别是：上官伏、雷安宗、庞惠和、卢永都、张买胜、庞世珍、庞颜、吴景和、刘天庆、苏道兴、雷显、苏照、庞显宾、上官香、李安德、南灵安、雷继伯、庞详玩、赵次□、孙树□、庞石头、杨恃贵、李荣族、雷道、庞仵、丘僧归、李贵贤、高盖、雷珍贵、上官长、庞泉贵、张景和、刘贵、庞珍、庞沙建、李侍先、庞承叔、庞仲遵、庞盖族、王惠、张凤阳、赵广贤、李道惠、李承信、卢奉祖、张承、张洪达、吴仲兴、李敬和、杨敬邕、高次兴、苏湛、张景达、雷肆、庞浪虎、吴清郎、庞□仁、鲜于定、李世□。庞颜之名，在碑阳也曾经出现过，即八关斋主、租曹从事、郡中正、魏德令庞颜，在碑阴则冠以维那之职，至于是二人重名，还是实为一人，则不得而知。这60名维那，在前述四位都维那的领导之下分担义邑中的各项杂事，他们是义邑中的骨干力量。

维那之下，是在义邑中占绝大多数的邑子和邑女，他们是团体中的普通成员。造像碑上题名之前带有"邑子"二字的共计219人，除此以外，还有数人虽然与邑子刻于一处，但姓名前未带"邑子"标识，这几人分别是太师祭酒杨太、西河太守李温、幽州刺史卢遵、临洮太守雷珍、镇远将军葛珍、龙骧将军王建宗。其中太师祭酒杨太和邑子贺兰思达一道，与维那及寺主列于同一排，西河太守李温、幽州刺史卢遵、镇远将军葛珍、龙骧将军王建宗皆居于各排邑子之首，只有临洮太守雷珍位于邑子题名中间，说明这些人即便是邑子，身份地位也与普通邑子有别。造像碑的题名通常体现着严格的等级差异，在朝为官者一般不与庶民刻在一起，这些人之所以与邑子题名混杂，可能是加入时间较晚，碑阳、碑阴及碑

---

① （北齐）魏收：《魏书》（点校本二十四史修订本），北京：中华书局，2018年，第3300页。

② （北齐）魏收：《魏书》（点校本二十四史修订本），北京：中华书局，2018年，第3304页。

③ 刘淑芬：《五至六世纪华北乡村的佛教信仰》，《"中央"研究院历史语言研究所集刊》（第63本第3分册），第524页。

侧的显赫位置已经被别人占据,无奈之下,只能与普通邑子为伍。此外,还有一种可能,这些人仅是名义上加入,并未对立寺和造像有任何实际上的贡献,因为即便是邑子和邑女,也具有"会员"性质,需要在进行有关佛事活动时尽绵薄之力。但是,这些人在世俗社会又身份显赫,他们题名于造像碑之上,对立寺和造像便是一种无形的支持,因此,在题名排列上,也必然给予一定的关照。

邑子以外,还有邑女,该团体共有邑女64人。在题名的排列顺序上,体现出男女有别,邑子与邑女分别刊刻,且邑子居于邑女之前,这也是现实社会中男女社会地位和性别差异的直观反映。纵观全碑,女性皆为邑女,即普通成员,而没有在佛邑中充任邑职者,说明这虽然是一个男女混合的义邑,但由男性主导。

四、成员的姓氏构成

(一)义邑中的男性成员

义邑中的男性成员涉及多个姓氏,为了便于讨论,现列表如下:

表2　佛邑中诸姓氏

姓氏	庞	李	雷	张	苏	上官	卢	丘	王	吴	杨	刘、赵	董、郭	范、南、高、许
人数	52	38	36	26	18	17	12	9	8	7	6	5	4	3

庞姓52人,人数最多。其中有两个庞姓男子的名字出现两次:庞颜与庞景和。碑阳的庞颜为八关斋主、租曹从事、郡中正、魏德令,碑阴的为维那,两个庞景和皆在碑阴,俱为邑子。究竟是同名还是重复雕刻,尚难以确定。这52位庞姓男子当中,有2人任八关斋主,15人担任维那之职,其余皆为普通邑子,庞姓邑子35人。

李姓38人,都邑主、都维那、寺主各1人,维那7人,余者皆为邑子。李姓成员也有担任世俗官职者,李温任西河太守。

雷姓36人,其中雷苌出现两次,一在碑阳,一在碑阴,在碑阳者为都维那、光明主,在碑阴者为都维那,从头衔来看,二者应为一人。这36人中,1人为大像主,1人为都维那、光明主,6人为维那,余下的28人皆为邑子。根据供养人题名,雷氏家族在朝中任官者为雷珍,担任临洮太守之职。

张姓26人,其中菩萨主1人、维那6人,其余都是邑子。无人在朝中任职。

苏姓18人,都维那、斋主1人,八关斋主1人,维那3人,其余皆为邑子。

上官氏17人,共有3人担任维那之职,分别为上官伏、上官香、上官长,其余都普通的邑子。范寿铭指出碑阴题名如上官香、上官伯达、上官继叔等"皆见于魏武公祠西摩崖兴和造像之题名中","兴和造像列姓上官者十八人,此碑又列十五人,当时上官实为邑中巨族"。[1]文中所谓"魏武公祠西摩崖兴和造像",即兴和四年(542)十一月二十五日《上官香等合邑造像记》,该造像题名中的上官香、上官伯达、上官继叔亦见于此碑,这说明上官氏三人先后参加了两次造像,作为邑中的"大族",他们对于佛事活动

---

① 范寿铭:《循园金石文字跋尾》卷上《东魏封崇寺造像碑跋》,载《石刻史料新编》(第2辑第20册),台北:新文丰出版公司,1995年,第14474页。

十分积极。

卢姓12人，其中维那2人，分别为卢永都、卢奉祖。在朝为官者1人，即幽州刺史卢遵，卢遵姓名之前未带邑职，题名与邑子排列在一起，但位于该行邑子之首，说明他即便是邑子，也与普通邑子有别。

丘姓9人，只有丘僧归1人担任维那，其余8人都是邑子。

王姓8人，菩萨主1人、维那1人，余为邑子。

吴姓7人，吴景和、吴仲兴、吴清郎等3人在义邑中担任维那，其他为邑子。

杨姓6人，两人为维那，即杨恃贵和杨敬邕。

刘、赵二姓都是5人，并且这两个姓氏各有两位维那，其他人等为邑子。

董、郭二姓各有4人，这两个姓氏的成员皆为邑子，无任何人承担邑职。

范、南、高、许四个姓氏各有3人。其中范氏无人充任邑职，但有人在世俗社会担任官职，即平东将军、魏德令范伯丑，此人题名刻于碑阳，与寺主、像主、斋主、都维那等人刻于一处，虽无邑职，在义邑中的地位却不同凡响。与庞颜一样，二人都曾担任魏德令。南姓有一位维那——南灵安，高姓有两位维那，即高盖和高次兴，许氏无人担任邑职。

赫连、孙、胡三姓皆有2人。赫连氏两位成员在义邑中的地位和角色都很重要，其中赫连子悦为寺主，赫连思远为维摩主，此二人在义邑中都以施主的身份出现，而且皆有官职，前者为镇东将军、林虑太守，后者为轻车将军、朔州录事参军。孙姓有1位维那，胡姓皆为邑子。

贺兰、晁、连、杜、成、其、牛、员、鲜于、淳于、弥紫、解、贾、霍、郝、侯、葛、詹、乐、吕、宋等姓氏皆1人。其中，鲜于氏有一维那鲜于定，葛氏中有一人带将军号——镇远将军葛珍，其他皆为义邑中的普通成员。

综合以上叙述，我们可以得出如下认识：

第一，义邑中人数最多的五个姓氏，庞、李、雷、张、苏等，在邑职的承担上也占有绝对优势。这五个姓氏的成员，都有为佛事活动出资，担任寺主、像主、斋主、光明主等，与此同时，也有成员承担重要的邑职，如都邑主、都维那，为义邑的管理作出了贡献。而义邑的骨干力量——维那，也都有这几个姓氏的成员。这就说明，佛邑的建立与运转，与这几个家族的大力支持是分不开的。不过，这几个家族在义邑中所起的作用，也有些微差别。比如庞姓仅有两位八关斋主，而无邑主、都维那，这说明他们在出资中比较积极，而在义邑的管理中起的作用不大。张姓也是如此，有人出资成为菩萨主，但无人冠邑主、都维那之衔，这说明他们在义邑的管理中作用有限。而李、雷、苏三个姓氏的成员，则与之不同，既有出资者，也有管理者，如李氏有1寺主、1都邑主、1都维那，管理和出资并重。雷、苏二姓亦然，雷姓有1人为大像主，1人为都维那、光明主，苏姓有1都维那、斋主，1八关斋主，在出资和管理上起的作用亦不容小觑。

第二，在义邑的骨干力量——维那的分布上，各个姓氏比较均衡。4个人以上的姓氏，皆有成员担任维那，4人以下者，则有部分姓氏皆为邑子，无人任维那之职。整体看来，人数较多的姓氏，固然维那的数量比较多，但是我们应该看到，那些仅有两三个人的姓氏，也有担任维那的情况。此义邑中的维那，在都维那的管理之下，承担各项具体事务，如果没有维那侍奉邑师、清洁道场、准备斋食、维护秩序，这个义邑很难有序运行下去。那些财力有限，在当地影响不是很大的家族，便通过争取维那之职，为佛寺的营建、佛像的雕凿、斋会的举行尽自己的一份力量。

第三，赫连氏比较特殊，仅有2人，赫连子悦和赫连思远。为何赫连氏的人数在义邑中如此之少，这可能与赫连子悦刚调任林虑太守之职，家人还未在当地充分繁衍，而当地亦无赫连氏的其他宗支有关。但赫连思远甫一上任，便与义邑的其他成员，尤其是雷、李、庞等几个当地的大姓聚合在一起，在浮山上建寺、立像，无疑表明其试图通过共同的佛教信仰，与地方上的豪族建立联系，并取得对方支持的愿望。

第四，根据成员的姓氏，我们还可以看出，这是一个胡汉结合的义邑。其中有些姓氏，如张、高、赵、杜等胡汉难辨，而另一些，则具有非常明确的胡族特征。如赫连本出匈奴；贺兰，属拓跋鲜卑的勋臣八姓之一；鲜于，乃丁零种姓，属高车部族，弥紫，疑为弥姐，为羌族大姓。单姓亦然，如雷氏，据姚薇元《北朝胡姓考》："南安雷氏，本西羌累姐种，以种名为氏。"[1]由此可知，雷氏属西羌种类。连氏，据《魏书》卷一一三《官氏志》："是连氏，后改为连氏。"《古今姓氏书辨证》卷二一《是连氏》下云："代北是连氏，随魏南徙，孝文太和中改为连氏，望出河南。"解氏，《魏书》卷一一三《官氏志》称："解批氏后改为解氏。"又《魏书》卷一〇三《高车传》云："其种有解批氏。"可见解批亦出自高车，孝文南迁，改其姓为解氏。盖氏，《魏书》卷一一三《官氏志》："盖楼氏，后改为盖氏。"《魏书》卷四《世祖纪》载太平真君六年"卢水胡盖吴聚众反于杏城"姚薇元认为，所谓卢水胡即羯胡，"盖楼氏乃羯族也"[2]。而其他姓氏，虽为单姓，亦可能是胡族。当然，复姓中也有汉族，如上官、淳于，这都是传统的汉族姓氏。由此可见，此义邑含有多个民族的成员，是一胡汉混杂的信仰团体，正是共同的宗教信仰，将胡、汉信众聚合在一起，佛教对中古时期民族融合所起的黏合剂作用，或可于此窥见一斑。

（二）义邑中的女性成员

该义邑共有邑女64人，其中4人名字漫漶不清，无法辨识，另有3人姓氏泐失。就姓氏而言，邑女所涉及的姓氏，远没有邑子那么集中。邑女使用的姓氏主要有以下几个：孙、淳于、贺、李、司马、王、马、吴、郭、雷、丘、张、乐、任、庞、杨、姚、桑、苏、陈、翟等。其中，李姓出现频率最高，共13次；张姓次之，出现8次；庞姓再次之，共6次；吴姓5次；王姓和雷姓各出现3次；孙姓、丘姓、乐姓、姚姓各出现2次；淳于、贺、司马、马、郭、任、杨、桑、苏、陈、翟等姓氏出现较少，各1次。

其中，李、张、庞、雷等几个姓氏，在男性邑子中也是居于前四位的。王、吴二姓的男性邑子，虽然不在前四，但人数也在前十位。男性邑子与女性邑子人数较多的，主要集中于以上几个姓氏，这种现象，并非偶然，说明同一姓氏的男女，很可能出自同一家族，该族在当地人数较多，加入义邑的自然也多。孙、丘、乐、淳于、郭、杨、苏等姓氏，也有男性邑子，而贺、司马、马、任、姚、桑、陈、翟等姓氏，则没有男性，只有女性。由于时人奉守同姓不婚的原则，因此，上述姓氏的女子，很可能是从外地嫁入本地的，她们同义邑中的男性，可能存在婚姻关系。

该义邑主要由男性主导，女性皆为邑子，没有在佛邑中充任邑职，即便是维那之职，也未见有女子担任。无论是邑子题名的排列位置，还是邑职的分配，都可看出，邑子在该佛邑中的从属地位。

---

[1]　姚薇元：《北朝胡姓考》，北京：中华书局，1962年，第321页。

[2]　姚薇元：《北朝胡姓考》，北京：中华书局，1962年，第150页

试论侯景之乱对南朝士族的影响

孙学锋

（宁夏中卫博物馆）

一、侯景之乱原因分析

（一）梁的原因

早在梁武帝接纳侯景投降之前，梁与东魏一直通好，因此当侯景愿以十三州投梁时，梁朝内部出现了两种声音，一是反对，一是同意接纳。那梁武帝本人的态度如何呢？史书记载，梁武帝曾多次问自己："我国家如金瓯，无一伤缺，今忽受景地，讵是事宜？脱致纷纭，悔之何及？"从这一段记载中，可以明显看出，对于侯景的归降，梁武帝其实持愿意的态度，但是却缺少一个契机，而这个契机，则是武帝所做的一场梦，迎合君王所想的佞臣中书舍人朱异深知君王之想，于是说道："今侯景分魏土之半以来，自非天诱其衷，人赞其谋，何以至此？若拒而不纳，恐绝后来之望。此诚易见，愿陛下无疑。"朱异这一番言论，让梁武帝做出了接纳侯景的最终决定，并派萧渊明前去援助，但是寒山之战后，侯景逃奔寿阳，东魏与梁朝再次议和通好，梁武帝同侯景之间的关系日益紧张，侯景也多次上书，通过索求物资等试探梁武帝的态度，同时秘密联系对梁武帝有不满之心的临贺王萧正德，此时的侯景反叛之心昭然若揭。侯景的这些举动，难道梁武帝不知道吗？事实上，早有人在梁武帝面前反映过此事，但梁武帝却还自谴说："朕唯有一客，致有忿言，亦朕之失也。"梁武帝对于侯景的放纵，侯景反梁的进度进一步加快，自侯景从寿阳起兵，到渡江围攻台城，仅有两个月之余，最终终于用大半年时间拿下梁朝的军政大权。

侯景之乱的出现归根到底是梁武帝决策上的失误，最初同意接纳侯景，是梁武帝看中了侯景所占据的地区，预想以河南之地为跳板，进一步深入东西魏腹地，东西出击，同时利用侯景的归降，鼓舞民众，乃是一举两得之事。但是梁武帝没有坚持初衷，寒山之战的失败，彻底打乱他的脚步，最终导致了侯景之乱。

（二）东魏的原因

侯景之乱的出现，究其源头，一方面是侯景同高澄存在罅隙的现实原因所导致的，从另一个方面来考虑，侯景同高欢之间的关系也间接引发了后期侯景叛离东魏，出现南朝历史上最大的一次祸乱。

侯景同高欢之间的关系要从六镇兵变说起，六镇兵变后，尔朱荣趁边镇起兵反魏，中央政局不稳之时，抓住天下之乱，各地方武装起兵的契机，招募豪杰，以图大事。此时侯景与高欢都去投奔，但两方加入尔朱荣势力早晚不同，导致高欢始终处于权力外围地带。在此种状况下，高欢用尽手段，一心想要打入尔朱氏的权力内部，但引来了在高欢之前投靠尔朱荣的人的仇恨，再加上高欢本人能力十分出众，在两个因素的相互影响下，高欢难以被尔朱氏权力所信任，成为不了尔朱氏的核心力量，在尔朱荣死后，高欢从尔朱氏集团分化出来已成为可能，于是高欢在葛荣等人的支持下，势力不断强大，普泰六月，高欢抗表罪状尔朱氏，并最终将其灭亡。

而侯景也是在高欢击败尔朱氏后投降高欢的，史书记载，"侯景一介役夫，出自凡贱，身名沦蔽，无或可纪，直以趋驰便习，见爱尔朱，小人叨窃，遂忝名位。及中兴之际，义旗四指，元恶不赦，实在群胡。景荷人成拔，藉其股肱，主人有丹颈之期，所天蹈族灭之衅。虽不能蔽捍左右，以命酬恩，犹当惨颜后至，义形于色。而趋利改图，速如覆手，投手麾下，甘为仆隶。献武王（高欢）弃其瑕秽，录其小诚，得厕五命之末，预在一队之后，参迹驱驰。庶其来效"详细说明了侯景投降，以及高欢接纳侯景等原因，侯景投降高欢是形势所迫，不得已而为之。高欢同侯景已然不如六镇兵变前那样友好了，二人早已疏远。高欢之所以接纳侯景，一方面侯景作为武将来说，能力出众，可以重用；另一方面，作为原尔朱氏权力中心成员，侯景是尔朱氏残余势力的代表，高欢是聪明人，怎么会看不到这一点呢？因此除了接纳侯景，高欢纳尔朱荣、尔朱兆之女为妾，通过一番举动，高欢维系了同尔朱氏的关系，为更好地统辖部众、巩固权力奠定了基础。侯景投降高欢后，高欢封侯景为尚书仆射、南道大行台、济州刺史，虽然地位得到了提高，但是从根本来看，侯景投降的只是高欢，而且高欢也始终未将侯景当作自己人看待，这一点可以从所封的官职来印证，侯景对东魏内政其实并未过多参与。东魏武定四年（546）十二月，高欢病重之际对高澄说道，景专制河南十四年矣，常有飞扬跋扈志，顾我能养，岂为汝驾御也……少堪敌侯景者唯有慕容绍宗，我故不贵之，留以与汝，宜深加殊礼，委以经略。"这说明高欢对侯景一直存有戒备之心，其次，史书记载，"侯景素轻世子，尝谓司马子如曰'王在，吾不敢有异，王无，吾不能与鲜卑小儿共事。'"作为东魏接班人的高澄同侯景之间也处于紧张态势，武定五年正月，高澄决定先发制人，召侯景入京，侯景也深知此次入京等待自己的是一个什么样的结局，为了躲避祸患，侯景于是占据河南之地起兵反叛东魏。

在侯景降梁后，太清元年八月，梁武帝决定举兵讨伐东魏，命萧渊明率领军队进攻彭城以牵制东魏军队，同时援助侯景，但由于萧渊明对军事指挥一窍不通，不懂得把握战机，在对东魏作战中致主力队伍损失惨重，自己也被东魏俘虏。而侯景也在东魏军队的追击下，落荒而逃至寿阳（今安徽寿县）。此时东魏又采取外交攻势，命被俘的萧渊明修书梁武帝，两家重修旧好，离间梁朝和侯景的关系，坐收渔翁之利。梁武帝知道此事后，当即打算同东魏议定和平之事。而侯景恐"南北复通"，自己沦为东魏的阶下之囚，侯景伪造了一封书信，要求以萧渊明来交换侯景。结果梁武帝收到书信后，一时间并未分辨书信的真假，直接复信"贞阳旦至，侯景夕返"。侯景自知此时自己已然陷入绝境，不能等死，便准备起兵反梁，开始在寿阳进行一系列叛乱准备。

综上所述，东魏寒山之战的胜利，以及后面修书同梁交好等一系列举动，让侯景成了"惊弓之鸟"，加速了侯景反叛梁朝的进程，最终爆发了南朝历史上影响最为深远的一次争斗——侯景之乱。

（三）侯景本人的原因

史书记载，"侯景，字万景，魏之怀朔镇人也。少而不羁，为镇功曹史。魏末北方大乱，乃事边将尔朱荣,甚见器重。初学兵法于荣部将慕容绍宗,未几绍宗每询问焉。后以军功为定州刺史。"在魏晋南北朝时期,世家大族地位超然,在经济、政治、文化方面都具有特权,而作为寒门出身的武将,侯景在尔朱荣帐下时,利用军功一路晋升。投降高欢后,也位居高职,但是侯景始终是寒门出身,即使已然在政治上取得了一定地位,但是对于世家大族来说,侯景仍处于末流。在投靠梁武帝时期,侯景曾向王、谢两个世家大族提亲,惨遭拒绝,这对于侯景而言,加深了对世家大族的仇恨。梁武帝的复信作为导火索,侯景内心的仇恨以及野心被点燃,认为唯有起兵造反,争权夺利,才能捍卫自身的威严,保住性命。

二、南方世家大族情况分析

门阀制度起自汉代,东汉时期的累世公卿、经学世家等豪强世族是门阀的前身,魏晋南北朝时期,世家大族成为统治阶级内部的权力集团,把持着朝政,掌握着国家统治大权。

在政治上,曹魏时期的九品中正制,通过评定,将士人分为九等,作为南北朝时期重要的选官制度,推贤举能无不出世家大族左右,正所谓"贵仕素资,皆由门庆,平流进取,坐至公卿",凭借着门第,不管是否有能力、有本事,只要品级高,拥有显赫的门第,便可以随意进入朝堂,获得很高的政治地位,而那些具有真才实学的寒门子弟,却被排除在外,看不到提拔重用的前路,国家官员选拔被世家大族利用族姓门第所垄断,形成了"上品无寒门,下品无士族"等级秩序森严的门阀制度。到了南朝,南方士族的权力依旧强盛,以门第高低作为官员选拔的依据,士族可凭借累世的资历,得到官位,世家大族子弟二十岁即可入仕做官,可见士族同庶族之间的不平等。

在经济上,自永嘉南渡以来,北方大量的世家大族来到江南富庶之地,利用政治上的特权大肆侵占土地、山林,并把大量的自耕农变为私有的奴隶、部曲,使得国家编民入户数量大幅度减少。封建庄园经济成为士族赖以生存的经济基础。

政治和经济上的双重保障给了世家大族无比的优越感,也因此使得门阀制度愈加腐朽,如颜之推所言:"江南朝士,因晋中兴,南渡江,卒为羁旅,至今八九世,未有力田,悉资俸禄而食耳。假令有者,皆信僮仆为之。未尝目观起一墢土,耘一株苗;不知几月当下,几月当收,安识世间余务乎?"不认五谷,靠着剥削奴隶、部曲,士族子弟享受着优越奢华的生活,在政治上不思进取,不喜武事,抛弃了以军功进取的传统,导致军政大权旁落,寒门通过军权进而上位。清代赵翼在《江左世族无功臣》中说:"立功立事,为国宣力者,亦皆出于寒人。"同时,在文化上,南朝士族子弟"无不熏衣、剃面,傅粉施朱,驾长檐车、跟高齿屐,坐棋子方褥,凭斑丝隐囊,列器玩于左右"。江南士族自身的腐朽,加之士族同庶族之间不可避免的矛盾,门阀制度衰落已是不可避免的趋势。

三、侯景之乱对南方士族的影响

侯景之乱,自548—552年,历时五年,给南方经济造成严重破坏的同时带给南方士族一次毁灭性的打击,具体表现在,一是摧毁南方士族政治特权。侯景自寿阳起兵以来,大举招募奴隶,重用奴隶为官,对于投降于自己的奴隶,通过"超擢"的做法,任命他们为开府、行台等,让大批士族失去了原有的官位，又无重新获得官爵的方法，在政治上使得士族的基础随之坍塌。

二是通过招募奴隶为兵，瓦解了南方士族的经济基础。魏晋南北朝以来，门阀士族通过占田制获取了大量土地，同时将大量自耕农变为自己私有的奴隶、部曲，在南朝时期，蓄奴之风盛行，几乎所有世家大族都拥有数量颇多、可供役使的奴隶，如刁协、刁逵等，"有田万顷，奴婢数千人"。谢灵运家"生业甚厚，奴僮既众，义故门生数百"。高门世的奴隶众多，直接导致社会阶级矛盾的尖锐。侯景之乱爆发后，侯景利用奴隶这一力量，加强自身武装力量，同时利用这种阶级矛盾，对梁王朝进行打击。史书记载，"景乃密不发丧，权殡于昭阳殿，自外文武咸莫知之。二十余日，升梓宫于太极前殿，迎皇太子即皇帝位。于是矫诏赦北人为奴婢者，冀收其力用焉。"侯景假借梁简文帝之手，赦免奴隶，就是为了收编奴隶，利用奴隶对梁王朝统治阶级的仇恨去反梁，让奴隶们成为自己反梁的有力支持者。

侯景初期反梁之时，仅有千人，到后期，已有十万军队，其中大多数都是侯景所招募的奴隶。虽说侯景是利用奴隶来扩大自己的军事力量，为了权位之争。但客观上，这些奴隶是士族封建庄园经济的基础，士族通过剥削奴隶来获得收益，大批奴隶得到解放，走出庄园，使得封建庄园经济遭到了巨大的破坏，影响了当时社会阶级结构，同时也让南方门阀士族丧失了劳动力，对于生产生活都要依靠奴隶的士族来说，无疑是毁灭性的打击。

三是在战争中大肆屠杀，使得南方门阀士族数量骤减。史书记载："景性残酷，于石头立大碓，有犯法者捣杀之。常戒诸将曰：'破栅平城，当净杀之，使天下知吾威名'。故诸将每战胜，专以焚掠为事，斩刈人如草芥，以资戏笑。"在侯景围攻台城之际，大肆屠杀门阀士族，使得南方士族数量骤减。

综上所述，侯景在反梁的过程中，通过任用奴隶为官、大肆屠杀士族地主等方式，扩大了武装，增强了自己的力量，这种做法客观上直接破坏了士族地主依赖的经济基础，打击了门阀士族的利益，加速了他们的衰亡。

四、侯景之乱的深层次影响

侯景之乱是南朝历史上的一次重大事件，陈寅恪先生曾指出："侯景之乱不仅于南朝历史上为巨变，并在江东社会上，亦为一划分时期之大事。"《资治通鉴》对此有一概括性描述："自晋氏渡江，三吴最为富庶，贡赋商旅，皆出其地。及侯景之乱，掠金币既尽，乃掠人而食之，或卖于北境，遗民殆尽矣。"从上述记载来看，侯景之乱作为南朝统治阶级内部一次争权斗争，在战乱过程中破坏了江南经济的发展，削弱了南朝军事力量。但是站在长远、客观的角度来看，侯景之乱对于解放奴隶，打击江南士族等也是具有一定进步意义的。侯景之乱加速了北强南弱局势的形成，为北方吞并南方奠定了基础。具体来看，侯景之乱发生在南方较为富裕的三吴地区，在持续四年的战乱中，江南人口大幅度缩水，劳动力锐减，社会生产一时间难以恢复，陈朝建立后一直国力衰微，同北方同时期的朝代相比，此时的南方在经济实力、人口数量、军事力量方面已然不能与之抗衡了。历史记载，陈文帝天嘉元年诏令中说"自丧乱以来，十有余载，编户凋亡，万不遗一，中原氓庶，盖云无几。"南朝势弱，北朝日益壮大，陈朝占据的疆域被不断侵占，且无力夺回，北方吞并南方已成为必然趋势。

周济《晋略》的生成、构造与传播

唐燮军

（宁波大学人文传媒学院）

由于唐初新修《晋书》存在褒贬"略实行而奖浮华"、采择"忽正典而取小说"①等缺陷，更因为司马氏得国的非正当性、晋室南渡后的南北正统之争，无论学术层面抑或政治伦理层面，都有重新加以审视的价值和意义，故对《晋书》的批评、诠释、考订、改写，成为明清学界的一大热潮。基于《晋书》框架改写而成的茅国缙《晋史删》、蒋之翘《删补晋书》、郭伦《晋记》、周济《晋略》四史，便是其中的佼佼者。而《晋略》更因注重阐扬政教义理的关系，自道光十九年（1839）刊行以来，愈益为学界内外所关注，甚至进入当代美国汉学家何肯的研究视野。②尽管如此，该书不但被范希曾《书目答问补正》、梁启超《中国近三百年学术史》、柴德赓《史籍举要》、方壮猷《中国史学概要》、仓修良《试论乾嘉史学》、陈廷亮《中国古代史学史概要》等论著误认为编年体史书，就连其成书时间，迄今仍缺乏明确的论断。是以不揣简陋，拟按时序、分阶段考察《晋略》文本的生成过程，尔后探究其史料来源、编纂体例、史论特色，以及成书后在学界内外的传播，用以深化对《晋略》的认知。

一、《晋略》文本的生成过程

荆溪人周济（1781—1839）的人生轨迹，其实存在两个比较明显的转折点。一是嘉庆十年（1805）举进士时，"以对策戆言，抑置丙科，出为淮安府学教授"。③这就不但葬送了自己的仕进前途，且其境遇每况愈下，以至于无论碑传笔记对其此后20余年行迹的叙述多么富有传奇色彩（详参表1），都难以掩盖周济有意经世却又日益被边缘化的无奈和落寞，魏源《荆溪周君保绪传》对此也有所揭示："尝言'愿得十万金，当置义仓、义学，赡诸族姻，并置书数万卷，招东南士友之不得志者，分治经史，各尽所长，不令旅食干谒废学'，所志皆恢阔难就。"④二是道光八年（1828），基于对过往的深刻反思⑤，47岁的周济毅然改变其处世方式，转而隐居于金陵春水园，从此杜门著述，"先成《说文字系》四卷、《韵原》四卷，辑平日古今体诗二卷、词二卷、杂文二卷。最后乃成《晋略》十册"。⑥

① 永瑢等撰：《四库全书总目》，北京：中华书局，1965年，第405页。

② （美）何肯著，卢康华译：《在汉帝国的阴影下：南朝初期的士人思想和社会》，上海：中西书局，2018年，第52页。

③ 丁晏：《止安先生本传》，见周济著，段晓华点校《周济词集辑校》，上海：华东师范大学出版社，2016年，第123页。

④ 魏源：《荆溪周君保绪传》，魏源著《魏源全集》（第13册），长沙：岳麓书社，2011年，第250页。

⑤ 周济：《自责五十二韵》，周济撰《清代诗文集汇编》（第535册），上海：上海古籍出版社，2010年，第350页。

⑥ 魏源：《荆溪周君保绪传》，魏源著《魏源全集》（第13册），长沙：岳麓书社，2011年，第250页。

表1　碑传笔记所载周济事迹之分类

类别	事迹	出处
急人所难，好义轻财	无惧路途遥远且途中盗贼出没，癸酉(1813)春远赴巨野，替宝山县令田钧葬其母	丁传、沈传、魏传、徐钞
	抵押房屋、田产，替宝山县令田钧处理"以亏帑失职"的危机	丁传、魏传
崇尚实学	助丹徒县令屠倬用开方法丈量民田	魏传
主办盐务，武装缉私	受两江总督孙玉庭之委任，前往淮北缉办食盐走私难题	丁传、沈传、徐书、魏传、徐钞
备注：丁传即丁晏《止安先生本传》，沈传即沈铭石《周止庵先生传》，徐书即徐士芬《书周进士济》，魏传即魏源《荆溪周君保绪传》，徐钞即徐珂《清稗类钞》，今皆可见《周济词集辑校》附录一。		

有别于魏源《荆溪周君保绪传》的语焉不详，周济在所作《晋略·序目》中，自称《晋略》动笔于其"始衰之年"："自揆举羽之力，恒怀绝骹之虑，顾念始自弱冠，即存斯志。泊乎壮岁，虽复酬酢人事，独居深念，未尝去怀。日月不居，学殖弗益，始衰之年，忽焉已过，释今弗图，逝将靡及。勉就剚劙，彰其要害。事即前史，言成一家。"①但周氏此说，疑未可从，这一方面是因为那年周济大概正忙于精读《史记》，并据以研撰《味隽斋史义》②；另一方面是因为其弟子冯元燿作于光绪十三年(1887)的《求志堂存稿汇编书后》，不仅明言《晋略》始撰于道光十二年(1832)，且其对周济编纂《晋略》一事的追忆，既相对完整又有细节支撑，故其说更值得采信：

> 犹忆先生之作《晋略》也，起草于道光之十二年壬辰，告成于十九年己亥，历八载而三易稿耳。初稿草写，次稿付门人誊录。录者五人，则戴希斋、陈自堂、谌秉之、谌展卿与燿。是其三次定本，则已在淮安，燿未及见。③

尤其是冯氏所宣称的"历八载而三易稿"之说，更为考察《晋略》文本的生成过程，确立了范围、指明了方向。

倘若将冯氏"历八载而三易稿"之说，与下列包世臣(1775—1855)的信札相互参看，似可进一步确定《晋略》"三易稿"的详情：

> 保绪二弟足下：春杪承寄示《晋略》，核阅累月，纪传俱未及卒，而目力殊苦不给。属张君司衡为卒其业，各签商数十百事，大都与原书较优劣于章句之间，无关大义，以未能知足下作书之旨故也。及足下至扬，面述叙目必宜改作，使读者知己意所在。昨承见过，示以删定纪传三首，更造叙目一首，文采灿然，义例辨晰，虚怀果力，无异少壮，推此以论，其必举盛业无疑也。欣喜无量，故愿与足下尽言之……暑湿，珍重不具。癸巳六月十九日。④

---

① 周济：《晋略》，四库未收书辑刊编纂委员会《四库未收书辑刊》(第2辑20册)，北京：北京出版社，1997年，第431页。

② 周济：《味隽斋史义》，顾廷龙《续修四库全书》(第451册)，上海：上海古籍出版社，2002年，第481页

③ 冯元燿：《求志堂存稿汇编书后》，周济著，段晓华点校《周济词集辑校》，上海：华东师范大学出版社，2016年，第138页。

④ 包世臣：《与周保绪论〈晋略〉书》，包世臣著，况正兵、张凤鸣点校《艺舟双楫》，杭州：浙江人民美术出版社，2017年，第47—52页。

简言之，第一阶段上起道光十二年，下迄次年春末。其间，周济在金陵春水园纂成初稿。据冯元燿追忆，乃师"方起草时，每日出而起，据案走笔，如风扫籜，到午餐，率二千余言。午餐后，则优游园林，作书写画，或与朋友谈宴，与门人讲解，闲暇如常时。往来诸公无有知先生著书者，惟包慎伯、汪均资两先生尝知之"。①但周济作于道光十二年秋冬时节的诗词，例如《哨遍》的"痛饮张翰，生前杯酒浇黄土"，又如《六州歌头》的"正夸裙屐，矜门第，生兰玉，绍勋名。乌衣巷，重来燕，认雕楹"②，仍隐约透露出周济正在撰写《晋略》的消息。

第二阶段始于道光十三年（1833）春末。彼时，周济不但将《晋略》初稿寄示包世臣，更亲赴扬州当面请教，并在盘桓扬州的十日间，既参照包氏建议而重撰《序目》，又修改了三篇纪传；包世臣阅后"欣喜无量"，随即在六月十九日提笔作《与周保绪论〈晋略〉书》，提出了更为详尽的修改意见。于是此后，直至道光十五年（1835）秋任职"淮安校官"③之前，周济参酌包世臣《与周保绪论〈晋略〉书》中的构思，对《晋略》初稿的内部结构作了较大幅度的调整，一是新置《甲子》《州郡》《执政》《方镇》四表；二是采纳包氏"纪之所名，史例专属帝者，自宜循欧阳之旧，别为国传"的建议，将初稿所设《外纪》悉数改为《国传》。作于道光二十三年（1843）四月的包世臣《晋略序》，对此也有所述及，内称："保绪深达治源，取《晋书》斟酌之，历廿余载，至道光癸巳写出清本，走使相质。既得余复，又解散成书，五阅寒暑，乃成今本。"④至此，大体上确立了"《本纪》六篇、《表》五篇、《列传》三十六篇、《国传》十一篇、《汇传》七篇、《序目》一篇"并"编为十册"⑤的基本框架，并将修改稿交由戴希斋、谌秉之等五弟子誊录，是即冯元燿所宣称的"次稿"。

第三阶段始自道光十五年秋任职淮安校官，下迄道光十九年（1839）周济辞职追随湖广总督周天爵莅任武昌之前。在将近四年间，周济复就"次稿"加以增损，其修改情形虽不得其详，但从蛛丝马迹中仍可推知：其一，新增《石苞传》《魏浚魏该传》《刘牢之传》等34篇传记（详参表2），同时摒弃原先拟定的诸如《贾荀列传》《王丞相列传》《王兖州列传》《仇池列传》之类的传名；其二，《目录》标注列传二二设有《丁潭传》，但正文实无此传，又正文业已改称"国传一《成汉李氏》"，而《序目》仍复题作《成汉国传》，以及《王浑传》夹注误认"庚夐"为"庚专"⑥，诸如此类的抵牾与讹误，表明周济病卒那年由周天爵出资刊印的《晋略》，归根结底仍属于尚未完成修改的未定稿。

---

①　冯元燿：《求志堂存稿汇编书后》，周济著，段晓华点校《周济词集辑校》，上海：华东师范大学出版社，2016年，第138页。

②　周济著，段晓华点校：《周济词集辑校》，上海：华东师范大学出版社，2016年，第77-81页。

③　丁晏：《止安先生本传》，周济著，段晓华点校《周济词集辑校》，上海：华东师范大学出版社，2016年，第124页。

④　包世臣：《晋略序》，包世臣著，况正兵、张凤鸣点校《艺舟双楫》，杭州：浙江人民美术出版社，2017年，第53页。

⑤　周济：《晋略》，四库未收书辑刊编纂委员会《四库未收书辑刊》（第2辑20册），北京：北京出版社，1997年，第430-431页。

⑥　周济：《晋略》，四库未收书辑刊编纂委员会《四库未收书辑刊》（第2辑20册），北京：北京出版社，1997年，第152页。

表2　第三阶段对《晋略》的部分修改

《晋略·序目》的构想	修改后的模样
述《贾荀列传》第十三	另增《石苞传》《裴秀传》，使与贾充、荀勖合传
述《羊杜列传》第十四	另增《王濬传》《陶璜传》，使与羊祜、杜预合传
述《扶风列传》第十五	另增《马隆传》《周处传》，使与扶风王骏合传
述《齐王列传》第十六	另增《王浑传》《卫瓘传》《和峤传》，使与齐王攸合传
述《傅刘列传》第十七	另增《刘颂传》《段灼传》，使与傅玄、傅咸，刘毅、刘暾合传
述《八王列传》第二十一	另增《卢志传》，使与八王合传
述《祖豫州列传》第二十六	另增《刘遐传》《李矩传》《郭默刘胤传》《魏浚魏该传》，使与祖逖合传
述《周顾列传》第二十七	另增《纪瞻传》《贺循传》《熊远传》，使与周𫖮、顾荣合传
述《王丞相列传》第二十八	另增《刘隗传》《刁协传》，使与王导合传
述《周陶列传》第二十九	另增《应詹传》，使与周访、陶侃合传
述《温郗列传》第三十	另增《毛宝传》《王舒王允之传》《虞潭传》《顾众传》《张闿传》，使与温峤，郗鉴、郗愔合传
述《郭谯周戴卞刘钟桓列传》第三十二	另增《羊曼传》，使与郭璞、谯王承、周颢、戴渊、卞壶、刘超、钟雅、桓彝合传
述《华陆褚孔列传》第三十三	另增《陶回传》，使与华恒、陆晔、陆玩、褚翜、孔愉、孔坦合传
述《蔡王列传》第三十五	另增《孙绰传》，使与蔡谟、王羲之合传
述《会稽列传》第三十九	另增《王珣传》《车胤江绩殷颢传》《郗恢传》，使与会稽王道子合传
述《王兖州列传》第四十一	另增《刘牢之传》，使与王恭合传

二、《晋略》的史源、编次及史论特色

在周济看来，唐初所修新《晋书》不但存在着诸如"文皇手制，意存曲艺；诸臣承旨，竞采春华。裁非一手，抵牾屡见"之类的缺陷，且其被列为"二十四史"之一，充其量只是清廷因暂无替代品而不得不"取备正史"的权宜之计。[1]也正是基于这一理解，周济勉力编纂《晋略》，冀以取代《晋书》而成为典午史册之正典。为达成这一自我期许的宏愿，周济贯彻落实包世臣在《与周保绪论〈晋略〉书》中所构思的"事略而义详"原则，致力于排除"无系从违"之事与"无当兴衰"之人。[2]其具体做法，一是摒弃包括《何曾传》《阮籍传》在内的诸多《晋书》传记[3]；二是删节，将原本多达10卷的《晋书》本纪缩写至6

---

① 周济：《晋略》，四库未收书辑刊编纂委员会《四库未收书辑刊》（第2辑20册），北京：北京出版社，1997年，第430页。

② 包世臣：《与周保绪论〈晋略〉书》，包世臣著，况正兵、张凤鸣点校《艺舟双楫》，杭州：浙江人民美术出版社，2017年，第48页。

③ 与此同时，《晋书》之《天文》《地理》《律历》《礼》《乐》《职官》《舆服》《食货》《五行》《刑法》十志也遭废弃，其理由是："至于诸志，杜、马善矣。"（《晋略·序目》）亦即在周济看来，《通典》《文献通考》已经足够完美，根本没有必要重新梳理两晋典章制度史。

篇，以及将1366字的《晋书·王祥传》删略为仅有390字的《晋略·王祥传》，即其典型实例；三是调整，或将《晋书》中的多篇传记合而为一，或将《晋书》附传升格为专传，且在合并、升格的过程中，亦往往予以删节。

在此基础上，《晋略》采用了小字夹注与正文分列相配的编纂体例。这些小字夹注，既广泛分布于本纪、表、列传、国传、汇传，又可分为两类，一类就像《史通》"定彼榛楛，列为子注"①那样，意在广纳史料并简洁行文，譬如《晋书·虞预传》对虞预其人其学的评述，经剪裁后就被纳入《文学汇传》小字夹注中，且此类措置多达91处；二是效法《资治通鉴考异》，自我交代校勘考证的结果或说明取此舍彼的原因，例如《北燕冯氏传》在义熙五年（409）十月冯跋"自称天王，仍国号曰燕，改年太平"后，自注："（《晋书》）载记及《十六国春秋》并误作晋太元二十年，此从《通鉴》。"②

同时也不难发现，《晋略》的个别传记及其小字夹注中的部分内容，显系《晋书》所未有。倘若追本溯源，可知《晋略》的这些文字，或如列传三三《何无忌传》注引王元德小传，取材于沈约《宋书》；或如国传十一《代魏拓跋氏传》，系据魏收《魏书》改编而成；或如列传三二《卢循传》，兼取《晋书·卢循传》及《资治通鉴》而定稿。至如对崔鸿《十六国春秋》的援引，亦时或可见，例如《后燕慕容氏传》小字夹注："《晋书》以（翟）辽为真子，此从《十六国春秋》。"③这就以无可辩驳的事实，彻底否定了赵慎修所持《晋略》"不过是一部缩写的《晋书》"④之推断。

考四库馆臣评茅国缙《晋史删》云："大旨以《晋书》原本繁冗，故删存其要。然不深知史例，刊削者多不甚当，如诸志概行删去，使一朝制度典章无可考证……至于以一传原文而前后移置，又有节录传中数语移为他传之分注，大都徒见纷更而毫无义例。以是而改《晋书》，恐无以服修《晋书》者之心也。"⑤平心而论，《晋略》对《晋书》《宋书》等前史的摒弃、删节和调整，确实也像《晋史删》那样存在诸多删略不当之处。进而言之，《晋略》既非如钱基博《古籍举要》、徐浩《廿五史论纲》、刘明水《国学纲要》所论，乃删繁扼要、文省事增的佳构，更不曾对《晋书》"正史"地位构成所谓的"冲击与消解"。⑥相比较而言，金毓黼《中国史学史》的下列判断，无疑更令人信服："史籍之用有二，或以繁为贵，如记注是，或以简为贵，如撰述是。居今之世，应视诸古史皆如记注，以详而有体者为上选，《晋记》《晋略》，差能比于干宝、孙盛，略备别史之一体，而于详而有体之《晋书》，度尚无以胜之。"⑦

① 刘知幾撰：《浦起龙释·史通通释》，上海：上海古籍出版社，1978年，第132页。

② 周济：《晋略》，四库未收书辑刊编纂委员会《四库未收书辑刊》（第2辑20册），北京：北京出版社，1997年，第365页。

③ 周济：《晋略》，四库未收书辑刊编纂委员会《四库未收书辑刊》（第2辑20册），北京：北京出版社，1997年，第355页。

④ 赵慎修、周济、吴慧鹃等：《中国历代著名文学家评传》（第9卷），济南：山东教育出版社，2009年，第380页。

⑤ 永瑢等撰：《四库全书总目》，北京：中华书局，1965年，第457页。

⑥ 崔壮：《别史类的设置、演变及其学术史意义》，《山东图书馆学刊》，2019年第3期，第107–110页。

⑦ 金毓黼：《中国史学史》，石家庄：河北教育出版社，2000年，第195页。

表3 《晋略》史论统计表

（单位：条）

	位置与数量	位置与数量	位置与数量	位置与数量	位置与数量
论曰	本纪一,2	列传六,3	列传十七,1	列传三十四,1	国传十,3
	本纪二,1	列传七,1	列传十八,1	列传三十五,1	国传十一,1
	本纪三,2	列传八,1	列传十九,4	列传三十六,1	汇传二,4
	本纪四,1	列传九,1	列传二十,1	国传一,1	汇传三,1
	本纪五,1	列传十,2	列传二十一,1	国传二,2	汇传四,1
	本纪六,1	列传十一,1	列传二十四,1	国传三,1	汇传五,5
	列传一,1	列传十二,1	列传二十五,1	国传四,2	汇传六,3
	列传二,3	列传十三,1	列传二十七,2	国传五,2	汇传七,2
	列传三,2	列传十四,1	列传二十八,1	国传六,2	
	列传四,2	列传十五,3	列传三十一,1	国传七,2	
	列传五,2	列传十六,1	列传三十二,1	国传九,1	
序	甲子表,1	执政表,1	笃行汇传,1	任达汇传,1	文学汇传,1
	州郡表,1	方镇表,1	清谈汇传,1	良吏汇传,1	隐逸汇传,1
	割据表,1				

　　尚需辨正的是，《晋略》最值得称道的所在，既不是刘咸炘（1896—1932）推崇的《甲子表》[①]，也并非叶景葵（1874—1949）所认可的《州郡表》[②]，而是本纪、列传、国传、汇传之中的"论曰"与汇传及各表之前"序"等98条史论。这些长短不一的史论，共计21264字，约占《晋略》总字数的4.8%。相对于位置固定的11条前序，87条"论曰"在书中的分布呈现出较大的随意性，或如列传十九，一传多至四论，或如国传八，全篇竟未予置评（详参表3）。倘若加以深入考察，不难发现《晋略·序目》所宣称的"折衷依于涑水，庶几无悖'资治'之意[③]，既是周济衡评前史的尺度，更是《晋略》史论的主要特色，以致即便是对晋末孙恩之乱的反思，也归结为崇尚礼教的必要性：

　　　　老氏之教，以退为进，以让为争，可谓工于言利者也。由其道者，处则为乡愿，出则为鄙夫。其究至于弃蔑伦常，荡绝廉耻……晋之季年，君臣并惑，崇饰塔庙，归诚道门……是以好乱乐祸之徒，得逞浮诞之辞，倡无稽之说，施煽惑之技，诱愚迷之众，毒流东南，蚩钟再世。是知拔本塞源，必崇礼教，岂徒镌肌刻肤、陷匈决脰之所能禁约者乎！[④]

---

① 刘咸炘：《史学述林》，黄曙辉、刘咸炘《学术论集·史学编》（下），桂林：广西师范大学出版社，2007年，第410页。

② 柳和城：《叶景葵年谱长编》，上海：上海交通大学出版社，2017年，第1072页。

③ 周济：《晋略》，四库未收书辑刊编纂委员会《四库未收书辑刊》（第2辑20册），北京：北京出版社，1997年，第431页。

④ 周济：《晋略》，四库未收书辑刊编纂委员会《四库未收书辑刊》（第2辑20册），北京：北京出版社，1997年，第280—281页。

周济《晋略》的部分史论，就学术渊源而言，大抵从其另一部史著，亦即定稿于道光十二年（1832）二月的《味隽斋史义》拓展而来。譬如《味隽斋史义》的"除租不除赋，民争趣田，务本抑末之道也"[①]，显然就是下列这条《晋略》史论的先导：

> 欲重农，莫若使士必出于农，非农不得为士，非士不得受爵禄。大小之官，必其家世力田，而能修孝悌、忠信达于从政者也。苟非世农，皆为杂流，虽有才颖，乡论不得推择为士，学校不得收。仕路既一，则父兄顾念子弟，必相率而致力于南亩，工商杂流亦将舍末业而趋于田，此重农之本计也。[②]

若从自今而古的角度加以回溯的话，则又不难发现《晋略》之所以备受学界内外的关注，在较大程度上也正源自其史论。

三、《晋略》的刊刻与传播

《晋略》自道光十九年（1839）下半年刊行后，受到姚莹（1785—1853）、李慈铭（1829—1894）等人的严厉批评，或被视作"徒为鲁莽""好轻易著书"的反面典型[③]，或被斥为"枯寂陋略"的"枉费笔墨"之作。[④]与此同时，予以好评者却也很多，例如作于道光二十三年（1843）四月的包世臣《晋略序》，就曾从叙事角度予以充分肯定：

> 保绪嗣孙炜以刻本来，将遗命乞序言。其分合故籍，若网在纲，简而有要，切而不俚，抉得失之情，原兴衰之故，贬恶而不没善，讳贤而不藏慝，大之创业垂统之猷，小之居官持身之术，不为高论，不尚微言，要归于平情审势，足以救败善后而已。匪典午之要删，实千秋之金鉴。至于州郡纷错，详核为难，展卷豁然，庶无遗憾。虽峻洁稍逊承祚，而视永叔之原委不具君纪、情势不了臣传者，亦已远矣。[⑤]

而湖州人戴望（1837—1873），同治七年正月廿四日（1868年2月17日）在致函友人时，亦明确表示拟"仿周保绪先生《晋略》之例"以纂《明略》[⑥]，就连曾国藩也在所作日记中予以正面评价："夜阅周保绪所著《晋略》，赵惠甫所寄来者。周名济，荆溪人。书成于道光十八年，亦近世著作才也。"[⑦]

由于《晋略》印本无多，更因其原版被毁于咸丰十年（1860），故其后嗣有意重加刊行，遂有光绪二年味隽斋重刊本的问世，此则潘树辰《晋略跋》言之甚详：

---

① 周济：《味隽斋史义》，顾廷龙《续修四库全书》（史部第451册），上海：上海古籍出版社，2002年，第485页。

② 周济：《晋略》，四库未收书辑刊编纂委员会《四库未收书辑刊》（第2辑20册），北京：北京出版社，1997年，第157页。

③ 姚莹：《东溟文集·文外集》，顾廷龙《续修四库全书》（第1512册），上海：上海古籍出版社，2002年，第623页。

④ 李慈铭著，由云龙辑：《越缦堂读书记》，上海：上海书店出版社，2000年，第409页。

⑤ 包世臣：《晋略序》，包世臣著，况正兵、张凤鸣点校《艺舟双楫》，杭州：浙江人民美术出版社，第2017年，第53页。

⑥ 赵一生、王翼奇编：《香书轩秘藏名人书翰》，杭州：浙江古籍出版社，2005年，第385页。

⑦ 曾国藩：《曾国藩全集·日记》，石家庄：河北人民出版社，2016年，第347页。

辛未四月，树辰奉檄宰荆溪……丹文参佐名炜，其孙也，适因公来谒，问其书则原版已毁于庚申之乱，出其家藏遗本见示。披诵回环，恍如旧识，因谓先生是书洵足千古，盍谋重锓以广其传？丹文曰："此意蓄之有年矣！徒以卷帙浩繁，需费过巨，力不足而中道止，非所以重先泽，故迟迟未果。辱承谆谕，敢不力图！"归告其叔艮堂司马，遂定议焉。时山西巡抚鲍花潭中丞，与先生有私淑谊……邮书乞序，中丞忻然手答许之，并分廉泉为倡。树辰亦勉竭绵余，以为之助……（丙子）十二月，中丞跋语由驿递至。今年四月书成，而丹文遽于五月归道山……其哲嗣铿甫农部奉遗命，嘱弁言简端，固辞不获，且将丹文重刻《晋略》颠末联缀数行，附诸书后……时光绪三年，岁次丁丑夏六月既望，归安潘树辰书于临津公廨之求是斋。①

据此，可知光绪二年味隽斋重刊本是在山西巡抚鲍源深、荆溪知县潘树辰的资助下，最终问世于光绪三年（1877）四月。是书，"框高一九四毫米，宽一四五毫米""白口"②，较诸道光十九年初刻本，虽未必后出转精，却也增补了包世臣、鲍源深等人所作的序跋及参与刊刻人员名单等重要史料（详参表4）。这就既有助于后人深入了解《晋略》，也明显扩大了周济此书的影响力，不但康有为认定该书"比《晋书》好，能看出历史事件的真面貌"③，顺天府尹周家楣更将之用作礼物，馈赠给远道而来的日本学者冈千仞。④

表4　光绪二年味隽斋重刊本的新增内容

位置	增补内容	作年	位置	增补内容	作年
卷首	包世臣《序》	道光二十三年四月	卷首	刊刻人员名单	约光绪三年四月
卷首	鲍源深《跋》	光绪二年十一月	卷首	曹文焕《跋》	光绪三年五月
卷首	潘树辰《跋》	光绪三年六月	书末	周艮堂《跋》	光绪三年三月

与清末有所不同的是，辛亥革命以来世人更多地从学术层面点评《晋略》。细加考察，这些点评又大抵可分为四类。一则以恽毓鼎《澄斋日记》为代表，将《晋略》置于宋元以来改写"正史"之举寖以成风的框架内加以审视与评判："取正史而删订之，莫善于周保绪《晋略》，莫不善于萧常《续汉书》、陈鳣《续唐书》。唐修《晋书》，芜杂琐碎，于一代大势无所发明。周氏则挈领振纲，简赅而得体要《地志》尤佳，非漫焉删节者。"⑤

事实上，恽氏的这种做法又带动学界展开对《晋略》《晋书》关系的研讨，遂有内藤湖南"不证史实，只改史法"之说的提出："周济作《晋略》不以考证史实为主，而是将《晋书》当中自认为不合史家笔法之处，按照自己的想法加以改编。"⑥二则就像秦锡圭（1864—1924）那样，着眼于探究周济设置《执政》《方镇》诸表的旨趣，指陈《晋略》诸表的缺失，进而撰作《补晋执政表》《补晋方镇表》以补正其失：

---

① 周济：《晋略》，四库未收书辑刊编纂委员会《四库未收书辑刊》（第2辑20册），北京：北京出版社，1997年，第9页。
② 黄永年、贾二强撰集：《清代版本图录（四）》，杭州：浙江人民出版社，1997年，第71页。
③ 许姬传：《戊戌变法侧记（选录）》，夏晓虹《追忆康有为（增订本）》，北京：生活·读书·新知三联书店，2009年，第291页。
④ 冈千仞著，张明杰整理：《观光纪游》，北京：中国旅游出版社，2017年，第145页。
⑤ 恽毓鼎著，史晓风整理：《恽毓鼎澄斋日记》，杭州：浙江古籍出版社，2004年，第611页。
⑥ 内藤湖南著，武琼译：《清史九讲》，北京：华文出版社，2019年，第142页。

周济《晋略》有《执政表》三、《方镇表》四，本班氏《汉书》表例也，第班表藉以补纪传之缺，补表特以纠纪传之伪，用意不同，体例即不能尽合。周氏疏舛尚多，附列之人，牵连及之，可议尤众。兹表之作，虽未敢以信后，然错综全书，详加校订，有审且慎者焉。异于周表者，逐处注明。非敢訾议前人，窃附于争臣之列尔。①

三则如同刘咸炘（1896—1932），致力于通过前后左右之比较，突显《晋略》在裁断、叙述等方面的独特性："周济《晋略》，意旨深笃，重民命，详地势。体虽异乎马、班，而词直追乎蔚宗，沈、萧而降，盖不能及也。近代史学家多尚考据，一二考修前史者，徒以补苴为长，不足称也。"②

可知在刘咸炘看来，《晋略》无论叙事抑或史论，既重视民本，又善于分析，从而有别于彼时崇尚考据的学风。四则以柳诒徵《中国史学之双轨》为典范，不复拘泥于微观考索，转而尝试界定《晋略》在中国史学发展史上的地位与作用："夫重修前史，昔所艳称。欧宋刘薛，并行不悖。周济《晋略》，誉溢长孙。柯氏《元史》，谓驾金华。虽有陈编，诟病重复。"③

总体来看，辛亥革命后中外学者对《晋略》的点评，既有所侧重又各有理据。但与此同时，仍有部分点评并不理性。譬如唐弢（1913—1992）作于1935年9月16日的《读史有感》，竟称《晋略》的缺陷源自周济"还没有新的世界观"④，这就颇有苛责古人的嫌疑。又如漆绪邦等人合著的《中国诗论史》，无端臆测周济"在鸦片战争前夕致力于编著《晋略》，应是有感于其时外患濒临、国势危殆如西晋末年之五胡乱华同"，"不仅意在以史为鉴，可能还有实用上的考虑"。⑤民国十七年（1928）三月，张尔田跋道光十九年初刻本《晋略》凡两条，其一在充分肯定周济史才、史识的同时，针对《晋略》的行文风格，给予"追大雅而不逮，道丽之辞，无闻焉尔"的客观评价：

> 保绪此书有声当世，乡前辈谭复堂亦极称之。观其穿穴群籍，错综本始，叙事简而有力，下笔质而不俚，虽袭旧典，独见镕裁，洵乎别史之良已。属文律度，思规六朝，捶字造语，颇复不类，承挽季文敝俗，尚未能尽涤变流，竞则有余，追大雅而不逮，道丽之辞，无闻焉尔，斯其类欤。然当嘉道之末，鬼儒浅夫，群溺于考据襞绩之学，成家宏作，有此斐然，亦可谓不自诡随者也。⑥

其二则从正反两方面评述《晋略》史论及其行文之得失："书中诸论卓有风轨，虽学六代，神思不侔，良由隶典太纤而用字近犷故也……独其骈散不分，文笔互用，深得古人潜气内转之妙耳。"⑦这一点评虽然并不全面，也未必完全准确，但较诸唐弢《读史有感》与《中国诗论史》，显得尤为平实可信，理当成为今后探究周济及其《晋略》时的重要参考。

① 秦锡圭：《补晋执政表序》，载《二十五史补编（第3册）》，北京：中华书局，1955年，第3373页。
② 刘咸炘：《部次流别以造统学：刘咸炘目录学论集》，北京：生活·读书·新知三联书店，2018年，第303页。
③ 柳诒徵著，张昭军等整理：《柳诒徵文集（第10卷）》，北京：商务印书馆，2018年，第58页。
④ 唐弢：《唐弢杂文集》，北京：生活·读书·新知三联书店，1984年，第217页。
⑤ 漆绪邦、梅运生、张连第：《中国诗论史》，合肥：黄山书社，2007年，第1215页。
⑥ 张尔田撰，王继雄整理：《遯堪书题》，载《历史文献（第20辑）》，上海：上海古籍出版社，2017年，第393页。
⑦ 张尔田撰，王继雄整理：《遯堪书题》，载《历史文献（第20辑）》，上海：上海古籍出版社，2017年，第393-394页。

在丝绸之路上的宁夏昭武九姓

王生岩

（宁夏盐池县文物管理所）

宁夏位于黄河中上游地区及沙漠与黄土高原的交接地带，与内蒙古、甘肃、陕西等省区为邻，北倚贺兰山，南凭六盘山，黄河纵贯北部全境，有"塞上江南"之美誉，素有"关中屏障，河陇咽喉"之称，处于少数民族进入中原的丝绸之路要冲。丝绸之路的开通，将中原与西域、中原与草原连在一起，北方游牧民族大量涌入，东西来往更加密切，在宁夏形成了汇聚点和中转站。位于丝绸之路东段北道必经之地的原州（今固原）和盐池，不仅是西北边陲军事要塞之地，拱卫着汉、唐古都长安，更是丝绸之路古道上东西方经济、文化交流的重要驿站，其中的粟特人更是发挥着重要作用。

一、中国历史上的昭武九姓

由于古丝绸之路在西域的南北两道越过葱岭均进入大月氏境内，因此，大月氏诸国曾是古代沟通欧亚经济文化联系的咽喉要道和中转站，是中西方文化交汇区域。自东汉开始，历经魏晋南北朝隋唐，粟特人是胡商中最活跃的角色，而历史上的粟特人正是昭武九姓的组成部分。"昭武"一词最早见于《汉书》中，昭武所属张掖郡昭武县（今甘肃临泽），昭武九姓是中国南北朝、隋唐时期对从中亚粟特地区来到中原的粟特人或其后裔10多个小国的泛称，其王均以昭武为姓，康、安、米、石皆为粟特姓氏。史载康国粟特"善商贾，好利，丈夫年二十去旁国，利所在无不至"。粟特人的商业活动几乎覆盖了一切重要交易领域，控制了丝路贸易的命脉，也多依附一定政治势力开展商业活动，敦煌莫高窟壁画、唐三彩中的胡商俑等，都为我们提供了生动的图像资料。从北魏开始，出自粟特地区的家族成员已成为凉州胡人首领，并形成比较聚集的部落，势力极大且拥有武装。

二、在固原地区的昭武九姓

古代的固原地区，是我国重要的边关重镇，自张骞通西域，丝绸之路开通后，北魏时北部重镇高平改建为原州，位于丝绸之路东段路线的中心位置，加强了北朝与西域诸国的交通贸易。隋唐以后丝绸之路进入鼎盛时期，原州在国防、政治、商贸活动中的地位更加显赫。通过迁徙的游牧民族和中、西亚的贡使、商贾、僧团的频繁往来，将古代希腊文化和欧亚草原文明、中原文化和古波斯文明融会于此，为今人留下了珍贵的文化遗存。

在固原地区挖出的墓葬中，重要的是昭武九姓中的史姓，在北朝的时候来到固原，在北魏时期也有任职。经过考古挖掘，在固原地区先后挖掘出魏晋南北朝时期的贠标墓、北魏漆棺画墓、李岔北魏墓等墓地。原州刺史李贤夫妇合葬墓和原州刺史宇文猛墓、原州刺史田弘夫妇合葬墓出土了大量的珍品，北周李贤墓出土文物凸钉装饰玻璃碗基本上保留了原有玻璃的色泽和光亮度，是典型的萨珊王朝制品，对于确定波斯萨珊王朝类似的玻璃制品的年代具有标尺性意义。环首铁刀为李贤生前佩刀，也是目前所发现的北朝墓葬中唯一保存完整的铁刀，为我国古代兵器以及中西文化交流的研究，提供了重要的实物资料。波斯鎏金银壶，为我国首次发现的波斯萨珊王朝金银器珍品，三组人物构成了一幅连续的希腊神话金苹果的故事。是一件具有萨珊贵金属工艺风格的巴克特里亚制品。田弘墓出土的5枚东罗马金币，且查士丁尼一世大帝时期这枚金币，截至目前，在我国只有田弘墓出土，是中西文化交流重要的发现，证实了北朝时期丝路沿线中西文化传播的兴盛和文化交流的发达，再现了丝绸之路沿线文化交流由西向东逐渐传播的过程，以及对丝绸之路沿线商业贸易所产生的重大影响。

三、在盐池地区的昭武九姓

黄河东岸的盐池地区，由于盐业和畜牧业的发展，带来了古丝绸之路商贸交换的繁荣。679年，唐朝设置六胡州，其名称分别为：鲁州、丽州、含州、塞州、依州和契州，为的是进一步采取强化措施，加强对河套地区突厥降户的统治。六胡州与昭武九姓人的活动密不可分，到了那里，他们中的一些人以昭武九姓后裔自居，但大多数人都称自己是灵州或灵武人。

六胡州中的鲁州在今宁夏盐池县境，窨子梁的何氏墓地就是见证，墓葬形制比较特殊，是少见的石室墓，六座墓葬皆采用平底墓道和小墓门、主室、侧室或多壁龛的做法，同中原地区盛唐、中唐时期墓葬中盛行天井和甬道的做法明显不同，反映出强烈的地方特点。相当规模的家族墓地，形制别具一格，保存尚好的，出土的国宝级文物唐代墓葬，在中国北方河套地区仅此一处。其中出土的胡旋舞石刻墓门就是昭武九姓人对本民族乐舞艺术的传承和文化习俗的移植，是1985年在盐池县花马池镇苏步井硝池子村南窨子梁唐代墓葬中发掘出土的，出土时它是成套的两扇紧闭的石门，单扇石门呈长方形，长88厘米，宽42.5厘米，厚5.4厘米。上下有圆柱状榫，两扇门闭合处各有一孔，出土时用铁锁锁扣。

胡旋舞是唐代非常流行的一种乐舞，起源于西域中亚康国，具有实物佐证，只有西安的碑林、敦煌的壁画还有盐池出土的胡旋舞图案。北朝至隋朝流行于西域地区的胡旋舞，人物生动，舞姿形态优美，盐池出土的胡旋舞图案是弥足珍贵的胡旋舞图像资料，具有极高的历史和艺术价值。出土的墓志铭记载墓主人是昭武九姓中的何国人，"以久视元年九月终于鲁州"，说明何国人的后裔在周久视元年（700）已定居今天的盐池地区，并在所居地流行极具民族特色的胡旋舞。

四、反映的文化交流

（一）华夏认同逐渐加深

今天的我们看到，何姓墓主人能在墓志里说出他是"大夏月氏人"，这是他对自己民族的一种自信，而20世纪80年代在宁夏固原发现的史射勿墓，其墓志书写、墓葬形制及墓葬壁画等各方面，均清晰展现史射勿家族对于华夏文化的强烈认同，通过这些墓葬，感受到我国尤其是唐朝不存在排外心理，特别是粟特等民族的婚姻逐渐从族内通婚发展为与其他民族通婚，对于女性姓氏、名讳、字及封号等信息的记载，也逐渐采用了中原地区常见的方式。《大唐故平凉郡都尉史公夫人安氏墓志》也记载："夫人讳娘，字白，安息王之苗裔也"。其妻为"武威安氏，累封燕国、魏国、楚国夫人"，粟特等民族通婚范围的扩大和家世渊源、籍贯、声望都发生了变化。盐池的窨子梁唐墓六座墓分布在一条线上,墓葬形制大同小异,可看出这是一处唐代世官家族墓地,这些从西域来的民族把他乡当故乡,渐渐融入中华民族这个大家庭中。在宁夏发展的历史长河中,这些在宁夏的粟特人见证了这片土地上的民族融合。通过各民族广泛地交往、交流、交融,巩固和发展了对中华文化的认同。

(二)中华文化兼收并蓄

历史上,我国对于外来文化并不排斥,而是吸收其中优秀的文化,融入中华文化之中。固原北朝隋唐文物考古中带有或受中亚与波斯风格影响的北魏漆棺画、波斯银币、联珠纹银耳杯、胡旋舞绿釉扁壶;北周波斯鎏金银壶、凸钉装饰玻璃碗、嵌宝石金戒指、银装环首铁刀、彩绘吹奏骑俑、东罗马金币;隋唐波斯银币、东罗马金币、萨珊金币、蓝宝石印章等反映中西文化交流的重要文物,大多是由中亚、西亚传入我国的稀世珍品。在盐池出土的石刻胡旋舞墓门,其墓葬结构为典型的中原形式,墓志书写为汉字,石刻胡旋舞墓门所反映的是北周时期通过丝绸之路从西域传来的旋转性舞种,集中体现了东西方文化的交流和融合。它的产生和流传,是古代民族大融合条件下各族艺术的相互吸纳和借鉴,是西域各族文化乃至西亚文化与中原文化在河西走廊共同孕育的结晶,深受河西各族人民的喜爱,并很快风靡唐都长安,还被引入宫廷,成为宫廷乐舞,见证了丝绸之路的兴盛和中西文化交流的繁荣。

(三)融入政商两界

由于中原王朝重农抑商的政策,粟特商人成为从事中西贸易的主力,也因为粟特人不但善于经商,而且也善于养马,因此粟特人最早进入中原王朝担任与养马等事务相关的官职,也有担任外交使臣和军职。从固原出土的北魏贠标,北周李贤、宇文猛、田弘以及史姓家族等的墓志铭,在内容上记载了死者的生平事迹,讲述了他们在中原王朝任职的经历。盐池的窨子梁唐墓从发现的墓志中知道3号墓主人官至都尉。父亲也是都尉,其祖父官至上柱国。以及在史书中记载的西魏时,酒泉胡安诺盘陀曾奉使突厥;粟特人马涅亚克曾代表突厥,奉使波斯、东罗马。如今,史、安、康等姓氏已成为百家姓中普通的一员,昭武九姓的演变,也成为中华民族大融合的历史见证。

(四)较高的研究价值

由于宁夏在丝绸之路上的重要位置,包括中亚一带外来民族的互动很频繁,作为其中重要一员的粟特人具有重要的学术研究价值,昭武九姓人墓地一直为学术界所瞩目。原州史姓墓地是在我国发现最重要的唐代粟特人墓地,其中固原地区的"史姓",是魏晋以来由今乌兹别克斯坦沙赫里萨布兹地区东迁,后定居于原州的。因此,史姓墓地的发掘以及出土文物,使原州与西域的密切关系得到了进一步确证。对于我们了解粟特人的生活习俗以及丝路贸易、丝路文化、中西文化交流具有重要的学术价值。另外,在固原发掘出土的北魏漆棺画墓,是丝绸之路考古的重要成果,其中夫妇合葬墓中的男棺髹漆,反映出了"仙道思想"以及中国的孝道文化。在固原发现的北周墓壁画,填补了西魏至北周壁画史的空白,这些都为研究西魏、北周墓葬壁画的全貌提供了重要的实物资料。

参考文献:

[1] 中国考古学会丝绸之路考古专业委员会,宁夏文物考古研究所.丝绸之路考古[M].北京:科学出版社,2019.

[2] 宁夏固原博物馆.固原历代碑刻选编[M].银川:宁夏人民出版社,2010.

后凉的天王

——吕光正统性的由来

小野响

（电气通信大学）

　　自秦始皇以来，"皇帝"这一君主称号就在中国长期传承。然而，这并不代表中国历史上不存在其他的君主称号，"天王"就是其中之一。"天王"原本是周朝使用过的君主称号[1]，但在秦始皇之后的中国历史上，这一称号大多集中出现于魏晋南北朝，尤其是五胡十六国时期[2]的一些政权。

　　"天王"称号的大量使用，是这一历史时期的一大特征。关于魏晋南北朝时期"天王"称号的研究也不在少数。笔者也对五胡十六国时期的"天王"研究史作过一些整理。[3]基于此，将先行研究的主要观点大致可以总结为，"天王"的地位大体介于王与皇帝二者之间，是在特殊情况下掌控皇帝废立大权之人所用的称号。谷川道雄和雷家骥两位学者对这里所说的"特殊情况"曾有如下考察。谷川道雄指出，当君主的权力受到身居高位的宗室成员掣肘之时，国主不称"皇帝"而用"天王"号[4]；雷家骥则认为一些统治者由于身为胡人[5]的自卑感，迟迟不愿以"皇帝"自居，遂称"天王"。[6]但无论哪种观点，都认为"天王"位在皇帝之下，是统治者在无法称帝的情况下，退而求其次使用的称号。

　　对此，内田昌功整体考察了五胡十六国时期的"天王"称号，指出"天王"的实际含义与其使用的具体情况紧密相连，认为"天王"有如下三大特点：

　　在石虎自称"大赵天王"（337）之后，"天王"的性质有所变化。具体地说，在这之前以及后燕的慕容熙、慕容盛等人的"天王"称号，都是低于皇帝称号的存在。而其他"天王"称号则沿用周制，不以晋位称帝为前提。

　　"天王"称号的使用者均为胡人，或是与汉、晋等朝无直接关系的君主。考虑到自己的出身和自身与中原正统王朝之间的关系，很难直接以皇帝自居。于是这些胡人君主决定仿效周朝古制，以"天王"

---

①　参见松井嘉德：《周王的称号——王、天子或天王》，《被记忆的西周史》，朋友书店，2019年，首次刊登于2012年。

②　参见宫崎市定：《关于天皇称号的由来》，《宫崎市定全集》21，岩波书店，1993年收录，首次刊登于1978年。

③　参见小野响：《后赵的君主称号与国家体制》，《后赵史的研究》，汲古书院，2020年，首次刊登于2018年。为避免内容的重复，相关研究史整理的详细内容请参考该文。本文中仅介绍与本研究相关的内容。

④　参见谷川道雄：《五胡十六国、北周的天王称号》，《增补隋唐帝国形成史论》，筑摩书房，1998年，第330页，首次刊登于1966年。

⑤　为行文方便，本文将非汉族人统称为"胡人"。

⑥　参见雷家骥：《后赵的文化适应及其两制统治》，《"国立"中正大学学报人文分册》（第5卷第1期），1994年。雷家骥：《前后秦的文化、国体、政策与其兴亡的关系》，《"国立"中正大学学报人文分册》（第7卷第1期），1996年等。

自称，从而向天下宣示其统治的合法性。

在五胡十六国早期，很多胡人君主也曾表示出强烈的称帝意愿。前秦的苻坚之后，"天王"称号一跃成为当时的主流。然而，随着前秦在淝水之战中一败涂地，"天王"称号也逐渐退出历史舞台。

此外，内田昌功还按照年代顺序，将"天王"称号的发展脉络整理如下[①]：

第一阶段王号期：靳准、石勒、石虎

第二阶段初成期：石虎、苻健

第三阶段确立期：苻坚

第四阶段扩散期：翟辽、翟钊、吕光、吕绍、吕纂、吕隆、姚兴、姚泓

第五阶段北扩期：慕容盛、慕容熙、高云、赫连勃勃、冯跋、冯弘

内田昌功还指出："天王"的意义并非仅仅是"皇帝"的低级替代，某些情况下是与皇帝平起平坐的最高君主地位。这一观点值得我们参考。

这样一来，我们就理清了"天王"一词所蕴含的多个意义及其历史变迁。在此基础之上，本文主要考察后凉政权的"天王"。后凉自建国至灭亡始终沿用"天王"作为君主的称号，这在魏晋南北朝时期是极为罕见的。[②]因此，探讨"天王"的来龙去脉，首先有必要考察后凉"天王"之实质。遗憾的是，先行研究大多未曾针对后凉的"天王"展开具体讨论。

因此，本文期望通过对后凉的"天王"的探讨，继而为"天王"称号的研究提供新的视点。为此，本文首先理清后凉政权采用"天王"称号的背景。可能显得有些啰唆，本文将在第一节回顾后凉开国之君吕光的建国之路。[③]

一、后凉的建立及其立国之本

吕光，氐族人，略阳出身，原为前秦武将。其父吕婆楼曾在前秦苻坚的夺权政变过程中立下大功。吕光在公元383年奉命统率西域远征军[④]，一路势如破竹，进抵龟兹。在龟兹，吕光听从诸将的请求，决

---

① 参见内田昌功：《东晋十六国的皇帝与天王》，《史朋》，2008年41号。此外，内田昌功还指出，不以承认皇帝为前提的"天王"制有如下特征，即"天王"之下不设其他"王"，贵族最高爵位止于"公"。不以"皇帝"的存在为前提。"天王"称号前通常不冠以国号。反之，则在国号前加"大"字，如石虎的"大赵天王"等。这三条特征，同样适用本文考察的后凉"天王"和苻坚的"天王"。

② 同样自始至终以"天王"称呼君主的政权，还有北燕和翟魏。然而尽管翟魏政权的建立者翟辽自称"天王"，其子翟钊如何自称，却不得而知。虽然宫崎市定在《关于天皇称号的由来》和内田昌功在《东晋十六国的皇帝与天王》两篇文章中认为，翟钊以"天王"自称的可能性很大，但不得不说的是，这种推测没有相关史料支撑。即使将翟魏一国君主称号的变迁置之不问，但很少有政权将"天王"称号自建国传至灭亡。

③ 本文的"后凉"一词，并非严格的王朝概念，而是指吕光所建立的政权。严格来说，公元396年吕光自称"天王"，以大凉为国号，才标志着后凉政权的正式建立，但实质上当吕光以姑臧为据点开始收服河西时，其作为独立政权的倾向已然十分明显。因此出于行文考虑，本文将开始割据姑臧以后的吕光势力统称为"后凉"。而只有在"后凉建国"等语境下，"后凉"才专门指代396年吕光自称"天王"后正式建立的政权。

④ 《晋书》卷一二二《吕光载记》："坚既平山东，士马强盛，遂有图西域之志，乃授光使持节、都督西讨诸军事，率将军姜飞、彭晃、杜进、康盛等总兵七万、铁骑五千，以讨西域。以陇西董方、冯翊郭抱、武威贾虔、弘农杨颖为四府佐将。"

意班师返回长安。①随后，385年，凯旋途中抵达河西②的吕光大军被前秦凉州刺史梁熙拒之城外。③

众所周知，在淝水之战后，前秦境内叛乱四起，陷入崩溃的边缘。其后不久，公元385年7月，苻坚被姚苌所杀，前秦政局动荡不定。

这一时期诸多信息错综复杂，凉州刺史梁熙及当时形势如下所述：

《晋书》卷一一五《苻丕载记》：

> 高昌太守杨翰言于熙曰："吕光新定西国、兵强气锐、其锋不可当也。度其事意，必有异图。且今关中扰乱、京师存亡未知，自河已西迄于流沙，地方万里，带甲十万，鼎峙之势实在今日。若光出流沙，其势难测。高梧谷口，水险之要，宜先守之而夺其水。彼既穷渴，自然投戈。如其以远不守，伊吾之关亦可距也。若度此二要，虽有子房之策，难为计矣。地有所必争，真此机也。"

可见，梁熙当时已知晓前秦首都长安周边已然陷入混乱，但并不清楚苻坚的生死。在这种形势下，梁熙决定脱离前秦，与后秦开始接触。④那么，彼时的吕光又是如何应对这一乱局的呢？

统率前秦远征军的吕光，这时在河西并没有安稳的立足之地。所以，吕光能做的，要么是力战梁熙立足河西之地，或是率军重出西域另谋出路。学者贾小军认为，身处如此境地，引军割据于河西是最佳选择。⑤权衡之后，吕光选择了与梁熙交战，并最终取胜。⑥大获全胜的吕光一时名声大振，"四山胡夷皆来款附"（《晋书·吕光载记》），由此，吕光所控制的人力资源大为增强，不仅得到了姑臧（日后的后凉首都）作为立身之地，并几乎掌控了凉州全境。⑦

分析后凉政权初建时的结构，不难发现这一割据河西的政权中，上下均由非河西出身的前秦官僚

---

① 参见《晋书》卷一二二《吕光载记》。为避免行文冗长，本文没有逐一引用史料，省略了具体引用内容。

② 河西，大致范围为西抵敦煌、东达武威，涵盖大部分河西走廊和内蒙古自治区西部部分地区，相当于现在甘肃省黄河以西地区。虽然"河西"这一概念与前秦的"凉州"势力范围基本一致，但由于前秦的凉州所辖地区历史上发生过变动（在某些阶段，凉州部分地区曾独立为河州。详细区域划分参见魏俊杰《十六国疆域与政区研究》"第六章　前秦"，上海：复旦大学出版社，2018年），因此本文把地域名称"河西"与前秦的"凉州"分开使用。

③ 《晋书》卷一一五《苻丕载记》："是时安西吕光自西域还师，至于宜禾，坚凉州刺史梁熙谋闭境距之。"

④ 参见吴震《吐鲁番文书中的若干年号及相关问题》（《文物》，1983年第1期）、关尾史郎《"白雀"臆说——〈吐鲁番出土文书〉札记补遗》，《上智史学》，1987年32号）、关尾史郎《〈后秦白雀元年九月某人随葬衣物疏〉补说》（荣新江、朱玉麒主编《西域考古·史地·语言研究新视野——黄文弼与中瑞西北科学考查团国际学术研讨会论文集》，北京：科学出版社，2014年）等。两位学者都注意到梁熙使用了后秦年号"白雀"这一点。后面会对此另行分析。

⑤ 参见贾小军：《魏晋十六国河西史稿》，天津：天津古籍出版社，2009年，第94页。

⑥ 《晋书》卷一二二《吕光载记》杜进谏曰："梁熙文雅有余，机鉴不足，终不能纳善从谏也，顾不足忧之。闻其上下未同，宜在速进，进而不捷，请受进言之诛。"光从之。及至玉门，梁熙传檄责光擅命还师，遣子胤与振威姚皓、别驾卫翰率众五万，距光于酒泉。光报檄凉州，责熙无赴难之诚，数其遏归师之罪。遣彭晃、杜进、姜飞等为前锋，击胤，大败之。胤轻将麾下数百骑东奔，杜进追擒之。于是四山胡夷皆来款附。武威太守彭济执熙请降。光入姑臧，自领凉州刺史、护羌校尉，表杜进为辅国将军、武威太守，封武始侯，自余封拜各有差。

⑦ 《资治通鉴》卷一○六"东晋孝武帝太元十年(385)九月条"："光入姑臧，自领凉州刺史，表杜进为武威太守，自余将佐，各受职位。凉州郡县皆降于光，独酒泉太守宋皓、西郡太守宋泮城守不下。"

和将领(下文将这一群体统称为"前秦集团"①)把持。也就是说,吕光势力的核心,就是包含吕光及其族人在内的"前秦集团"和河西本地的世家大族(下文将这一群体统称为"河西士族"②)这两股势力。③然而,吕光势力的根基并不稳定,其原因是吕光与"河西士族"间的矛盾。④

《晋书》卷一二二《吕光载记》:

> 光主簿尉祐,奸佞倾薄人也。见弃前朝,与彭济同谋执梁熙,光深见宠任,乃谮诛南安姚皓、天水尹景等名士十余人,远近颇以此离贰。

所以,"河西士族"和吕光之间想要构建稳定良好的关系十分困难。⑤此外,吕光还杀害了以河西周边为据点的卢水胡沮渠罗仇等卢水胡人,导致沮渠氏叛离。

《晋书》卷一二九《沮渠蒙逊载记》:

> 会伯父罗仇、麴粥从吕光征河南,光前军大败……俄而皆为光所杀。宗姻诸部会葬者万余人,蒙逊哭谓众曰:"昔汉祚中微,吾之乃祖翼奖窦融,保宁河右。吕王昏耄,荒虐无道,岂可不上继先祖安时之志,使二父有恨黄泉!"众咸称万岁。遂斩光中田护军马邃、临松令井祥以盟,一旬之间,众至万余。

---

① 此外,对于出身河西本地的前秦官僚,必要时本文会据其政治立场判定其属哪一派。"河西出身的前秦官僚"这一群体中既包括由河西迁入前秦疆土后出仕前秦之人,也包括前凉统治期(前秦之前)以来长期手握重权,后为前秦承认的本地势力。如后文所述,本文的目的在于以"外来"和"本地"的标准对人物的派别归属进行认定,进而大致把握各派力量的变化。因此,虽然可能遇到难以认定的情况,但本文依然希望通过这种方式理清各派势力。

② 本文提到的"河西士族"概念,没有刻意区分胡人和汉民。采用这种区分方式,主要是为了提供一种以外来势力(前秦集团)和本地势力(河西士族)来分析后凉这一外来势力的新视角。然而,尽管没有刻意对胡汉加以区分,这并不意味着"河西士族"排除了胡汉之分,力行一体,也不代表"河西士族"完全不与"前秦集团"合作。而以河西为根据地的卢水胡人沮渠男成、蒙逊两兄弟与出身京兆的段业(原在杜进帐下任记室)合作,脱离后凉建立北凉就是典型的"前秦集团"与"河西士族"合作的产物(北凉脱胎于后凉,其统治模式主要基于"前秦集团"和"河西士族"的合作)。但我们无法忽视的一个事实是,经济与社会根基均在河西之地的"河西士族"与"前秦集团"这一外来势力在方方面面都有一些不同。正如沮渠男成所说,"(段)业羁旅孤飘,我所建立,有吾兄弟,犹鱼之有水。"(《晋书》卷一二九《沮渠蒙逊载记》),"前秦集团"要想掌控河西之地,就必须要有"河西士族"的支持。这种支持有可能是基于利害关系的主动合作,也有可能是迫于强大武力的强制性合作。另一方面,无论有没有"前秦集团","河西士族"都能在当地建立起有效统治(敦煌李氏建立的西凉就是典型的例子)。这便是"河西士族"与"前秦集团"之间最大的区别。

③ 虽然赵向群将后凉看作以氐族为中心的政权(赵向群:《五凉史》"后凉篇",北京:社会科学出版社,2019年,首次发表于1996年),但考虑到后凉的建国历程,我们无法证明前秦的西域远征军以氐族人为中心。因此,这一说法尚存疑点。此外,值得注意的是,吕光最为提防的梁熙也是氐族人。

④ 以下引用的《晋书·吕光载记》部分没有记载具体年代,但据《资治通鉴》卷一〇六,吕光大败梁熙与吕光处死河西名士这两大事件,都发生在385年九月。由此可知,吕光在姑臧自立门户时,就已经与"河西士族"有了矛盾。为《资治通鉴》作注的胡三省也对此写道"吕光始得凉士而无以收凉人之心,宜其有过不永也",指出吕光创业时埋下的隐患。

⑤ 《魏书》卷九五《吕光传》记载,这次杀害名士的事件造成的影响是"于是远近失望,人怀离贰"。此外,齐陈骏、郭锋在《氐人吕光和他的后凉政权》(《西北地史》,1985年第1期)中指出,在《魏书》中被立传的一众河西名士均不曾出仕后凉,而是被同为河西割据政权的西凉、北凉登用。由此可见,"河西士族"与后凉之间存在很大的隔阂。

三崎良章指出，后凉以胡人为中心，汉人在后凉为官只能官至郡太守。[1]然而，从卢水胡人的事例也能看出，并非所有胡人都拥护后凉的统治。而且，"前秦集团"的内部也存在反对吕光的声音。

《晋书》卷一二二《吕光载记》：

> 其将徐炅与张掖太守彭晃谋叛，光遣师讨炅，炅奔晃。

此处的彭晃，是吕光西域远征时就跟在身旁的旧部。[2]股肱之臣尚且参与反叛，足见"前秦集团"内部与"河西士族"群体一样并不完全支持吕光。对此，吕光又是如何应对的呢？本文将在接下来的章节中解读。

二、后凉政权基础的确立

如前章所述，后凉的政权基础主要为"前秦集团"和"河西士族"两大群体，但这两个群体并非完全支持后凉政权。那么吕光是如何巩固自身的执政基础的呢？

吕光建国自立前的身份是前秦远征军统帅。因此，身为将领的吕光想要成为一国之君，首先就须以非凡的手段从"前秦集团"众人中脱颖而出，并将行伍关系转变为君臣关系。这样一来就不难想象，实力与吕光不分伯仲的人，自然也就成了他的眼中钉。

这一阶段，在名望上可以和吕光相提并论的，只有在远征西域、攻略河西的过程中立下汗马功劳的杜进了。吕光畏其功高，遂将杜进诛杀。

《晋书》卷一二二《吕光载记》：

> 初，光之定河西也，杜进有力焉，以为辅国将军、武威太守。既居都尹，权高一时，出入羽仪，与光相亚。光甥石聪至自关中，光曰："中州人言吾政化何如。"聪曰："止知有杜进耳，实不闻有舅。"光默然，因此诛进。

---

[1] 参见三崎良章：《五胡十六国：中国史上的民族大移动（新订版）》（东方书店，2012年，第121-122页，首次发表于2002年）。另外，在后凉任职的汉族高官还有籍贯弘农的杨桓。他作为著名大儒，曾在后凉灭亡后出仕秃发利鹿孤，后被久仰其名的后秦姚兴登用。《晋书》卷一二六《秃发利鹿孤载记》："于是率师伐吕隆，大败之，获其右仆射杨桓……以为左司马……时利鹿孤虽僭位，尚臣姚兴。杨桓兄经佐命姚苌，早死，兴闻桓有德望，征之。"正如前文所引赵向群《五凉史》"后凉篇"中所言，这位杨桓之所以能在重胡抑汉的后凉官居高位，和他把女儿嫁给后凉第三代君主吕纂有很大关系。《晋书》卷九六《吕纂妻杨氏传》："吕纂妻杨氏，弘农人也……（吕）超将妻之，谓其父桓曰：'（杨）后若自杀，祸及卿宗。'桓以告杨氏，杨氏曰：'大人本卖女与氏以图富贵，一之已甚，其可再乎。'乃自杀。"由于出身弘农，杨氏一族在河西的身份同样是外来者。杨桓是利用自身的学识和联姻在河西求得了安身之地。鉴于杨桓在出仕吕光前是否也曾任官于前秦这一问题并不明确，因此很难将杨桓归入"前秦集团"。但需要指出的是，前文引用的《晋书·吕光载记》中提到了"弘农杨颖"在吕光的西域远征军中为将。因此，杨桓有可能与杨颖一同参加了西域远征，又或者是通过杨颖的介绍认识了吕光。不论杨桓其人来历如何，在外来的汉人之中也有人通过出仕后凉来为自己谋求生路，这个事实值得引起我们注意。也就是说，除"胡汉之别"，我们有必要注意到当时各人物所处的特殊境遇。

[2] 参见《晋书·吕光载记》。

总而言之，吕光十分忌惮那些与自身不相上下的部将。究其原因，出身"前秦集团"的吕光想要以君主的姿态统治昔日同僚，就必须用尽一切手段确保部下对自身的绝对支持。

那么，吕光赢得部下支持的有效手段又有哪些呢？笔者认为，其一便是高超的军事领导能力。作为外来势力，"前秦集团"必须对本地的"河西士族"时刻保持军事上的优势。秃发乌孤在即将自立为君时的一番言论①佐证了这一观点。

《晋书》卷一二六《秃发乌孤载记》：

> 乌孤谓使者曰："吕王昔以专征之威，遂有此州，不能以德柔远，惠安黎庶。诸子贪淫，三甥肆暴，郡县土崩，下无生赖。吾安可违天下之心，受不义之爵。帝王之起，岂有常哉！无道则灭，有德则昌。吾将顺天人之望，为天下主。"

秃发乌孤认为，吕光得以建立自身势力，全凭"专征之威"。秃发乌孤曾一度臣服于后凉，因此其观点有一定说服力。

秃发乌孤曾听从石真若"光德刑修明，境内无虞，若致死于我者，大小不敌，后虽悔之，无所及也。不如受而遵养之，以待其衅耳"（《晋书》，同上文）的建议臣服于后凉。而后，石亦干又进言"光年已衰老，师徒屡败。今我以士马之盛，保据大川，乃可以一击百，光何足惧也"（《晋书》，同上文），于是秃发乌孤答道"光之衰老，亦吾所知"（《晋书》，同上文），并决心脱离后凉自立。

也就是说，后凉与鲜卑秃发氏之间的关系，也反映着后凉与秃发氏的力量强弱对比。而这种力量强弱，又要根据两方势力的内政治理能力（即"德刑修明，境内无虞"）和军事战备力量（即"光年已衰老，师徒屡败"）等来判断。

秃发乌孤曾直言"但我祖宗以德怀远，殊俗惮威，卢陵、契汗万里委顺。及吾承业，诸部背叛，迩既乖违，远何以附，所以泣耳"（《晋书》，同上文），指出自身战力不足是之前难以反抗吕光的重要原因之一。换言之，既然吕光"以专征之威，遂有此州"，那么一旦"专征之威"不复存在，吕光的统治也难以维系。

因此，在后凉与秃发氏的关系当中，军事力量对比是非常重要的一环。这一点不仅仅适用于后凉与秃发氏之间的关系，同样也适用于后凉与整个河西的关系。由于当时的河西形势极不稳定②，因而在动荡不安的社会状况下，军事力量自然比平时变得更加重要。而谈到军事力量，高超的军队统率能力也是重要因素之一。对于后凉来说，军队统率能力关系到部下的支持，也是由当时不稳定的外部环境造成的。

---

① 以下引用的《晋书·秃发傉檀载记》内容并未明确标注年代，但根据《资治通鉴》卷一〇八"东晋孝武帝太元二十一年（396）六月条"可以推断事件的具体年份。秃发乌孤于隆安元年（397）称西平王宣告自立，所以这段话出现的时间大体可推断在秃发乌孤自立前，吕光自称天王建立后凉后不久。

② 淝水之战后的河西地区，呈现了以后凉为代表，南凉、北凉、西秦、后秦等五胡十六国诸国相争的局面。此外，也有张大豫等人，以过去控制河西的前凉后裔为名号举兵。后凉割据时期的河西便处于这样一个各个势力交错的形势之下。有关这一时代河西的详细情况，可参考周伟洲《南凉与西秦》（北京：社会科学文献出版社，2021年，首次刊登于1987年）。

综上所述，保证"前秦集团"支持的前提条件，就是统治者必须具备优秀的军队统率能力。吕光将实力与功绩作为统治的重要基础，因此一旦"前秦集团"当中出现了实力或功绩能够匹敌甚至凌驾于吕光的人物，吕光的统治基础就会大幅削弱。所以，吕光必须诛杀杜进。然而，吕光不可能杀光所有功臣，便开始向外寻求自身作为统治者的正统性。

在自身势力之外寻求维系吕光统治的正统性，就是一种有效的手段。不难想到，前秦旧主苻坚就可以作为利用对象。①之所以这么说，是因为在淝水之战以后，苻坚在包括河西在内的关西地区依然有着相当大的影响力。②所以，吕光为巩固自身统治而在政治上利用苻坚的这一举动，并不新鲜。此外，由于吕光领导的势力以"前秦集团"为主，因而旧主苻坚在吕光部下中影响力颇强。

得知苻坚死讯的吕光，作出了如下行动。

《晋书》卷一二二《吕光载记》：

> 光至是始闻苻坚为姚苌所害，奋怒哀号，三军缟素，大临于城南，伪谥坚曰文昭皇帝，长
> 吏百石已上服斩缞三月，庶人哭泣三日。

吕光下令全体官吏和百姓为苻坚发丧哀悼，还为苻坚上了谥号。为苻坚上谥号的行为，既代表着对苻坚正统性的认可，也暗含自己继承了苻坚的正统。同时，由吕光带头进行的对苻坚的追悼，也会让其部下产生一种连带感。③导演了这一切的吕光由此昭告了自己是苻坚继承者的身份。

此外，吕光还巧妙地利用了苻坚生前发布的诏书为自己提供依据。如吕光在攻打不愿臣服的宋皓、宋沣时就发生了如下事件：

《资治通鉴》卷一〇六"东晋孝武帝太元十年（385）九月条"：

> 光入姑臧，自领凉州刺史，表杜进为武威太守，自余将佐，各受职位。凉州郡县皆降于光，
> 独酒泉太守宋皓、西郡太守宋沣城守不下。光攻而执之，让沣曰："吾受诏平西域，而梁熙绝我
> 归路，此朝廷之罪人，卿何为附之？"沣曰："将军受诏平西域，不受诏乱凉州，梁公何罪而将军
> 杀之？沣但苦力不足，不能报君父之仇耳，岂肯如逆氏彭济之所为乎？主灭臣死，固其常也。"
> 光杀沣及皓。

---

① 本文提到的"证明正统性的方法"，除利用苻坚的名义，还有"天降玉玺"之事。虽然这一手段已不新奇，但它同样是吕光为加强自身正统性而做的戏份之一。《北堂书钞》卷一三一《玺十三》陈冲得玉玺所引段龟龙《凉州记》：吕光时，陈冲得玉玺博三寸，长四寸，直看无文字，向日视之，字在腹中，有三十四字，言光当王云。

② 参见小野响：《前秦崩溃与华北动乱——淝水之战前后的关西与关东》，《立命馆东洋史学》，2016年39号。

③ 前秦的末代君主苻登，也打出为苻坚报仇雪恨的旗号来拉拢人心。《晋书》卷一一五《苻登载记》："立坚神主于军中，载以辒辌，羽葆青盖，车建黄旗，武贲之士三百人以卫之，将战必告，凡欲所为，启主而后行。缮甲纂兵，将引师而东，乃告坚神主曰：'维曾孙皇帝臣登，以太皇帝之灵恭践宝位。昔五将之难，贼羌肆害于圣躬，实登之罪也。今合义旅，众余五万，精甲劲兵，足以立功，年谷丰穰，足以资赡。即日星言电迈，直造贼庭，奋不顾命，陨越为期，庶上报皇帝酷冤，下雪臣子大耻。惟帝之灵，降监厥诚。'因歔欷流涕。将士莫不悲恸，皆刻鈚铠为'死休'字，示以战死为志。"无法否认的是，吕光服丧有可能发挥了与苻登举动同样，甚至更大的效果。

通过这种方式，吕光将自身行为解释为奉诏而行，将与自己对立的梁熙斥为"朝廷之罪人"。自此，吕光利用苻坚和前秦朝廷的余威完成了自己权力的正当化。①

此外，年号也是一大问题。在一段时间内，吕光奉前秦年号（《吕光关联元号表（384—389年）》，下文简称"表"）。依据"表"，可以从后凉的年号使用变迁中总结出如下结论：

公元384年九月，处于梁熙管辖下的吐鲁番地区使用的是"白雀"年号②。

公元386年一月，处于吕光统治下的吐鲁番地区使用"建元"年号③。

公元386年十月，收到苻坚死讯的吕光，将年号改为了"太安"④。

众所周知，使用其他人制定的年号，就代表着承认其正统性并接受其统治（至少思想上是这样）。相对地，自己制定年号，就代表要构建以自己为顶点的权力体系。

从年号来看，吕光在公元389年以前奉前秦为正朔的态度一目了然⑤，这可以理解为吕光将前秦作为自身正统性的依据和来源。无论是否真心，既然奉前秦年号，就可以对"前秦集团"发挥出巨大的凝聚力。可以说，前秦和苻坚为吕光不稳定的政权提供了正统性。

此处必须要注意的是，前秦在苻坚死后依然作为一个政权存在。苻坚死后，苻丕、苻登等人继承的前秦陷入了与杀害苻坚的姚苌，以及姚苌建立的后秦之间的长期苦战之中。所以，这时以前秦为正统，就代表着承认苻丕、苻登等人的政权为正统，这与吕光的最初目的相悖。这也是吕光选择苻坚，而非前秦的原因。

如果利用前秦来确保正统性，那通过这种方式获得的影响力，显然是远不如与苻坚有着血缘关系且继承了前秦大位的苻丕、苻登的。但如果能直接利用苻坚本人来增强吕光的正统性，那么即使没有血缘，也能像上文提及的那样，通过追尊、服丧、诏令等方式利用苻坚的巨大影响力。

正如前章所述，后凉难以从本应是立国之本的"前秦集团"和"河西士族"手中获得足够的支持。因此吕光不得不用尽各种手段加强自身的正统性。其手段之一就是消灭竞争对手，另一个手段则是利用前秦和苻坚来强化自身的正统性。总而言之，通过政治上对苻坚的利用，吕光从正统性的角度加强并巩固了统治基础。在吕光完成了上述行动后，我们就正式迎来了后凉的建国，也就是吕光自称天王的开始。本文基于上述内容，将进一步探讨吕光自称"天王"的原因。

---

① 针对吕光的所有批判言论，也都以苻坚的诏书为依据。当然，宋泮有可能以吕光的逻辑反对吕光，但值得注意的是，反对吕光的人大多没有通过否认苻坚的正统性来批判吕光（至少表面上是这样）。

② 参见吐鲁番出土的《后秦白雀元年九月某人随葬衣物疏》，史树青主编《中国历史博物馆藏法书大观》12卷，柳原书店，1994年收录。这证明了梁熙试图投靠后秦。

③ 参见吐鲁番出土的《前秦建元二十二年大女刘弘妃随葬衣物疏》（大谷文书11032（橘文书），小田义久责任编集《大谷文书集成》4卷，法藏馆，2010年收录）。这一内容表明吕光在年号方面认同前秦的正统性。此外，这也让我们想到吕光此前可能一直使用"建元"年号。

④ 此处的"太安"，关尾史郎：《"白雀"臆说——〈吐鲁番出土文书〉札记补遗》（如前，第70页）等资料认为这是吕光自创的年号，但《晋书》中华书局本的校勘记则显示，"太安"是前秦苻丕制定的年号。此外《魏书》卷九五《吕光传》中记载，后凉自创的年号始于吕光自称三河王时的"麟嘉"。因此，吕光在这一时期并未自创年号，仍奉前秦年号。对此，与其说是吕光作为原前秦将领，出于偶然选择使用同时期的同名年号，倒不如说是吕光得知苻坚已死（可能同时也接到了苻丕即位的消息）后主动选择了这一年号。

⑤ 由于史料不足，尚不确定苻登即位后吕光采用的年号究竟是换成了新的"太初"还是沿用之前的"太安"（出于主观原因还是客观原因的问题此处放下不论）。但是根据吕光之前的行动判断，吕光一定会选择"太初"或"太安"二者之一。

表1　吕光年号表(384—389)

公历	月	前秦	吕光	梁熙	后秦	备注
384年	一	建元二十年	建元二十年？			
	二					
	三					
	四				白雀元年	四月，姚苌自立为王，建立后秦，选定年号。
	五					
	六					
	七					
	八					
	九			白雀元年		梁熙的年号见本文。
	十					
	十一					
	十二					
385年	一	建元二十一年	建元二十一年？		白雀二年	
	二					
	三					
	四					
	五					
	六					
	七					
	八	太安元年				八月，前秦天王苻坚被杀，苻丕即位，更改年号。
	九					九月，吕光击败梁熙，平定凉州。
	十					
	十一					
	十二					
386年	一	太安二年	建元二十二年		白雀三年	吕光的年号见本文注。
	二					
	三					
	四		建元二十二年？			四月，后秦皇帝姚苌正式称帝，更改年号。
	五					
	六					
	七				建初元年	
	八					
	九					
	十		太安二年？			十月，吕光得知苻坚之死，改年号为太安。
	十一	太初元年				十一月，苻丕亡，苻登即位，更改年号。
	十二					
中略						
389年	一	太初四年	太安？太初？		建初四年	二月，吕光自称三河王，建立年号。
	二		麟嘉元年			
	三					

※若无特别说明，表格内容均出自《晋书》和《资治通鉴》。

三、"天王"称号在后凉的意义

关于五胡十六国时期的一部分国主为什么选择"天王"，而非"皇帝"的称号，前人主要指出了两点原因。

由于君主权力受到拥有强大权势的宗族掣肘，故不称帝而止于"天王"称号①（下文简称原因①）。

胡人出身的自卑感使其对称帝有所顾虑，故只称"天王"②（下文简称原因②）。

此外，在原因②之外，内田也指出自称天王的五胡各国与魏晋这个正统王朝之间的关联性较弱，很难从正统论的角度将王朝正当化，因此，他们选择了与周朝直接相关的天王这一称号③。笔者将重新探究后凉使用"天王"称号的原因。

首先看后凉政权和原因①。春名宏昭在原因①的基础上指出："新天王吕绍由长兄和二哥辅佐，并没有称帝的打算。另一方面，没有与吕光对抗的人物存在。也就是说，吕光可以选择皇帝称号，相对于吕绍而言，是属于'太上皇'似的存在。吕光的'太上皇帝'称号或许可以这样去解释"。④

事实上，后凉并没有能够与吕光抗衡的宗室势力。既然如此，那吕光为何只称"天王"呢？由于没有可以牵制吕光的存在，在解释吕光即位"天王"这一问题上原因①并不成立。

那么，后凉政权和原因②是否成立呢？吕光出身氏族，即为胡人，不能完全排除他对胡族出身存有自卑感的可能性。⑤然而，同一时期，割据于后凉周边的国家中，西秦、南凉、北凉等国的国主同样是胡人，却没有采用"天王"称号，而是自称"皇帝"（有一些政权在存续期间的某一时期采用过帝号）。

为什么吕光和他的家族一直怀有出身的自卑感呢？先行研究并没有对此做出解释。鉴于这种自卑感本身很难从史料中得到证实，因此，原因②并不具有说服力，不足以成为后凉采用天王称号的原因。

当然也有一些从不同于原因①、原因②的角度，如尝试用佛教来研究"天王"称号。古正美认为，吕光一族受到鸠摩罗什的影响，基于佛教传统以"天王"自居。⑥虽然这或许是吕氏一族称"天王"的积极动机，但鉴于吕光一族对佛教并无太大兴趣，不能盲目赞同这一观点。

《高僧传》卷二《鸠摩罗什传》：

> 什停凉积年。吕光父子既不弘道，故蕴其深解，无所宣化。

因此，很难认为后凉使用"天王"称号是受到佛教的影响。那么，吕光究竟为什么没有称帝而是称"天王"呢？笔者认为，这与前一章提到过的对符坚的政治利用有关。

---

① 参见谷川道雄：《增补隋唐帝国形成史论》"五胡十六国、北周的天王称号"（如前）。

② 参见雷家骥：《后赵的文化适应及其两制统治》《前后秦的文化、国体、政策与其兴亡的关系》等。

③ 参见内田昌功：《东晋十六国的皇帝与天王》（如前）。

④ 春名宏昭：《太上天皇制的成立》，《史学杂志》，1990年99-2，第6页。

⑤ 准确地说，目前并没有史料能够证明吕光对于出身感到自卑。

⑥ 参见古正美：《从天王传统到佛王传统》第二章"东南亚的天王传统与后赵石虎时代的天王传统"（台北：商周出版社，2003年，第97页）。

众所周知，符坚即位以来，始终自称"天王"。符坚是一位贤明的君主，他将曾经仅是长安周边地方政权的前秦扩大为一个统治华北和四川的帝国。并且，正如笔者所指出的，符坚的影响力相当大（尤其是在关西地区）①。正如前述所确认的那样，吕光通过追尊符坚为帝并追封其谥号，表明自己是符坚的继承者，利用符坚来补充、完善自身的正当性。既然如此，也可以将吕光采用"天王"称号的做法理解为其对符坚进行政治利用后的延续措施。

川胜守认为，虽然吕光和后秦的姚兴都通过"天王"这一称号来强调自己是符坚的继任者，但吕光不热衷于佛教，而姚兴热衷于保护佛教，因此，姚兴才是符坚的正统继任者。②

正如川胜所指出的，事实上，吕光对佛教的态度很冷淡。③川胜评价道："吕光对佛教的弘教宣布并不热心，从这一点来看，吕光并非大秦天王符坚的正统继任者。"④然而，值得注意的是，在利用符坚作为正当性根据时，"天王"称号可以成为一种媒介。虽然吕光并不热衷于佛教，但应当认为，他试图通过"天王"称号将符坚的正当性与自己联系起来。

观察符坚死后前秦的君主称号，可以发现，符坚死后，继承前秦的符丕自称皇帝，而并非"天王"。⑤虽然史料并未表明其原因，但可作如下推测。如果只是"天王"，那么可授予臣子的最高爵位是"公爵"，而如果是皇帝，则可授予臣子"王爵"爵位。⑥在授予周边势力爵位并将其纳入自身势力范围时，爵位等级的提高可以达到收揽人心的效果。符丕之所以自称皇帝，而非天王，可能是为了扭转淝水之战后的不利局势。

符丕虽是庶子，但毕竟是符坚的亲生儿子，并且，在即皇帝位前也有无可挑剔的实绩。⑦可以说，无论是血统还是能力，符坚都完全有资格成为前秦的继承者。然而，对于吕光来说，如果将其看作保证自身正当性的理由，"前秦集团"就会变得极为棘手。

如果吕光自称皇帝，公然自立，那就意味着与前秦彻底决裂。当时，吕光与"河西士族"的关系并不稳定。对他来说，必须避免与"前秦集团"之间的对立。然而，吕光要成为君主，就必须与"前秦集团"建立君臣关系。因此，吕光撇开仍然存在的前秦不谈，以"天王"称号作为媒介，将自己与符坚联系起来。这正是他所采取的策略。

通过"天王"称号，将符坚所具有的正当性与自身联系起来，从而构建以自己为顶点的权力机构，同时进一步将符坚的影响力掌握在自己手中。即，必须有"天王"这一媒介，才能有"符坚的接班人吕

---

① 参见小野响：《前秦崩溃的华北动乱——淝水之战前后的关西与关东》（如前）。

② 参见川胜守：《五胡十六国与"天王"称号》，《圣德太子与东亚世界》，吉川弘文馆，2002年，第67-70页。

③ 与吕光相反，姚兴十分青睐佛教。关于这一点，参考俄琼卓玛：《后秦史》，上海：上海古籍出版社，2018年。

④ 川胜守：《五胡十六国与"天王"称号》（如前），第68页。此外，川胜的主要论点为"天王"称号与佛教的关联，没有太多涉及后凉政权中天王称号意义的论述。

⑤ 《晋书》卷一一五《符丕载记》："王永留守冲守壶关，率骑一万会丕，劝称尊号，丕从之，乃以太元十年僭即皇帝位于晋阳南。立坚行庙，大赦境内，改元曰太安。"

⑥ 符丕当权后，出现了符坚政权中所没有的"王爵"这一爵位。《晋书》卷一一五《符丕载记》："符冲为左光禄大夫、尚书左仆射、西平王。""坚尚书令、魏昌公符纂自关中来奔，拜太尉，进封东海王。"在天王符坚当权期间，"公爵"是臣子的最高爵位，可以说，随着符丕即皇帝位，先秦最高爵位的等级也得到了提高。

⑦ 在即皇帝位前，符丕曾指挥荆州之战，与宗室重臣符融轮番镇守邺城，并担任统领前秦东半部地区的地方要官。关于符丕的事迹，参考《晋书》卷一一三《符坚载记上》、卷一一四《符坚载记下》、卷一一五《符丕载记》等。

光"一说。①

这里也隐含着后凉一直使用"天王"作为君主称号的原因。吕光及其一族通过苻坚继任者这一身份寻求自身权力的正当性。由于他们不是苻坚的血亲，只有"天王"才能成为他们将自己与苻坚连接起来的重要纽带，后凉的君主称号必须是苻坚使用过的"天王"。这正是"天王"作为君主称号贯穿后凉始终的原因。

内田认为，无法继承魏晋国家正统地位的君主才会自称"天王"。②然而，在后凉，"天王"称号反而是使其能够继承苻坚权威的重要因素，出于积极意义被采用，而并非如内田所言具有消极意义。因为"天王"这一君主称号曾为苻坚所用，并与他所具有的影响力相结合，成为保证同样自称"天王"的吕光的统治正当性的一个要素。这也体现了"天王"称号的部分历史意义。③

综上所述，吕光之所以采用"天王"称号，是因为"苻坚也采用了（这一称号）"。此处，"天王"并非"皇帝"之外的、消极被动的选择，而是一种"积极自称的称号"；这一结论也不是从佛教视角推理得出的。在研究"天王"称号的定位时，这一点极其重要。"天王"未必是"皇帝"的替代品，也不一定与佛教有关。

四、结论

吕光曾担任前秦西域远征军的总司令，在凯旋河西的同时，也被卷入淝水之战失败后的混乱之中。吕光率领着失去据点的远征军，不得不在河西建立自己的势力。为此，吕光必须依靠原来率领的远征军和由分散在河西地区的前秦官僚组成的"前秦集团"，以及扎根于河西地区的"河西士族"，来打造自己的势力基础。

然而，"河西士族"与曾和吕光相争的梁熙建立了良好的关系④，很难认为他们从一开始就与吕光交好，再加上吕光杀害了河西名士以及沮渠罗仇等有权势的胡人首领，吕光与"河西士族"之间出现了明显嫌隙。⑤另一方面，吕光与"前秦集团"原是同僚关系，要将这种关系转变为君臣关系，需要一些策

---

① 此外，苻丕未使用天王称号这一偶然事件，也使得吕光的"天王"称号得以成立。如果苻丕作为苻坚的骨肉至亲，在成为前秦君主后自称"天王"，那么，吕光未必能够通过"天王"称号来将苻坚的权威与自己联系起来。由此看来，吕光自称"天王"，很大程度上受到苻坚及其直系继任者的动向的限制。

② 参见内田昌功：《东晋十六国的皇帝与天王》（如前）。

③ 虽然也有学者指出，"天王"这个称号是由胡人提出的，带有与中原"天子"相对抗的意思。参见 Sanpin Chen.Son of Heaven and Son of God:Interactions among Acient Asiatic Cultures regarding Sacral Kingship and Theophoric Names.Journal of the Royal Asiatic Society.Series3,Vol12,No.3（2002），p311.但按照本文观点，暂且不论"天王"本义，吕光所采用的"天王"称号的核心意义在于"这是苻坚的称号"。如果这样理解吕光的"天王"称号，那么就会出现新的问题，即一些不需要"这是苻坚的称号"这一意义的人，例如北燕诸君主等，为何自称"天王"。这是一个今后仍需研究的问题。不过，至少可以认为，北燕使用"天王"称号的原因与后凉使用"天王"称号的原因并不相同，这也暗示"天王"称号具有多种意义。内田广泛追溯、考证"天王"称号的历史，并按照时间顺序论述其变化。但笔者认为，并不一定要拘泥于时间顺序。由于可能同时存在多个意义不同的"天王"称号，所以有必要考虑这一可能性，重新研究所有"天王"称号。

④ 《资治通鉴》卷一〇四"东晋孝武帝太元元年（376）九月条"："梁熙清俭爱民，河右安之。"

⑤ 当然，当地的有权势者会优先考虑自身利益，因此，如果吕光势力强大，那么他们也极有可能追随吕光。但是，从自我保护的角度来看，鉴于吕光曾杀害河西名士，河西士族可能会对他有所戒备。

略。于是，吕光利用了前秦朝廷及其国主符坚的影响力。他沿用前秦年号，追尊符坚，令百姓为其服丧，从而表明自己是符坚的继任者，将前秦及符坚作为自身正统性的依据。

吕光自称"天王"，进一步对符坚进行政治利用。尽管前秦政权仍然存在，由符坚之子符丕等人继续统治，但为使自己成为符坚的继任者，吕光将自己的称号定为符坚所使用的"天王"，通过这一媒介与符坚相连，继而主张自己是符坚的继任者。也就是说，"天王"是用于证明后凉正统性的依据。

由于"天王"是支撑后凉正统性的重要因素，所以后凉的君主一直以"天王"自居。在后凉，君主之所以没有称帝，并不是因为受到某些消极因素影响而无法称帝，而是因为"有必要称天王"。如果这样理解的话，那么，从建国开始，最高君主"天王"就在后凉的国家构造中具有重要意义。

吕光在临死之前自称"太上皇帝"，并将"天王"的位子传给太子吕绍。[①]由于篇幅有限，本文未能讨论吕光"太上皇帝"称号的意义，以及后凉国主称号的定位，仍有许多需要探讨的课题。今后，笔者将基于本文得出的后凉"天王"称号定位，对这些问题展开研究。

---

① 《晋书》卷一二二《吕光载记》："光疾甚，立其太子绍为天王，自号太上皇帝。"

丝路视域下北朝固原政治军事与文化

薛正昌

（宁夏社会科学院）

魏晋南北朝时期，是继春秋战国之后我国历史上第二次民族大融合时期。北方各少数民族政权此起彼伏，政治动荡。其后，社会逐步走向统一，各民族文化呈现大整合，在政局的不确定性中孕育着新的可能，各政权一波一波汉化，各民族之间文化交融，最终在北朝孕育出强大的王权。[①]北魏"立国伊始，它就是一个半汉化的政权，而至此时，文化融合的速度被进一步加快了……至5世纪末期，融合愈加迅速，北魏朝廷也开始实行有意识的汉化政策。"[②]即使北朝以后的隋唐，其政治、社会、宗教上的变化，也是通过五胡十六国的汉族、非汉族的大规模迁徙、融合形成的。[③]这是北魏政治文化大背景。北魏时期的原州，是在经历了少数民族整合与发展的基础上出现的全新的地方政权格局。原州称谓的出现和原州城的再筑，则是固原历史文化跨越传承的一次飞跃，奠定了明代以前固原城市的基本格局，成为强化固原军事政治地位、经济文化发展的象征。

北朝（386—581）是一个特殊的历史时期，经历了北魏、东魏、西魏、北齐、北周五个朝代，历时近二百年。其间，固原经历了北魏、西魏、北周三个朝代，衍生了影响固原历史进程的许多重大历史事件和重要历史人物。从历史层面看，建立过两个地方政权：一是十六国时期赫连勃勃建立的大夏国，为北魏所灭。二是万俟丑奴高平起义建立的陇东政权，为北魏宇文泰所灭。地方政权建制层级高，北魏太延二年（436）设立高平镇，是北魏在西南部设立的军事重镇。正光五年（524），改高平镇为原州。三是宇文泰关陇集团经营原州。从文化层面看，一是丝绸之路文化在北魏、西魏、北周的兴盛，留下了丰富的中西文化遗产；二是须弥山石窟的开凿，承载着丝路文化且千余年不衰；三是北周天和四年固原城的修筑，传承影响至今。以上所列重大事件和重要人物，从地域历史文化层面上，对固原历史文化产生过重大影响，远远超出了地域时空，尤其是文化影响力。丝路通道与中西文化积淀、高规格地方政权建制、城市与城市文化发展、民族多元融合共存，创造了独特而丰富的固原历史文化。

一、丝绸之路与固原

丝绸之路，是古代中国经河西走廊通往中亚、西亚、北非和欧洲的陆上贸易与文化交流的路网通道；丝路文化遗产，是丝路文明交融碰撞的结晶。《穆天子传》详细记载了西周时期周穆王驾八骏西巡

---

① 袁行霈、严文明：《中华文明史》（第二册），北京：北京大学出版社，2006年，第74页。

② 费正清等：《东亚文明与变革》，天津：天津人民出版社，1992年，第96页。

③ （日）三崎良章著，刘可维译：《五胡十六国：中国历史上的民族大迁徙》，北京：商务印书馆，2020年，第3页。

会西王母的故事，说明早在商周时期丝绸之路已具雏形。固原是丝绸之路东段北道必经之地，中国与中亚五国联合申报丝绸之路世界文化遗产的过程中，固原古城、须弥山石窟、固原北朝和隋唐墓地、开城遗址4处遗产进入备选名单。其后，这4处丝路遗产虽未能最终进入丝路世界文化遗产，但进入预选名单就已经显现了它的多元价值和历史意义。

（一）丝绸之路在固原

丝绸之路的得名，缘起于19世纪80年代德国地理学家李希霍芬（Ferdinand von Richthofen）。这主要是指公元前2世纪以后逐渐形成的横贯欧亚的陆路交通干线。丝路东段走向分为南、中、北三道，固原地处东段北道的交通要道上。其走向，从长安（今西安市）经咸阳县驿西北行，经醴泉、奉天（今乾县东），到邠州治所新平县（今邠州市），沿泾水河谷北进，过长武、泾川、平凉，入固原南境弹筝峡（三关口），过瓦亭关，北上原州（固原）。此后，再沿清水河谷，向北经石门关（须弥山沟谷）折向西北经海原县，抵黄河东岸的靖远，渡黄河即乌兰关（景泰县东），由景泰直抵河西武威（凉州）。居延汉简，对汉代长安通往河西走廊的交通要道与驿站里程已有记载，而且是最便捷的丝路干道。

汉代长安到敦煌有两条线，其中一条是主线，一条是辅线，主线即途经高平（固原）的这条通道。[①]

月氏至乌氏五十里

乌氏至泾阳五十里

泾阳至平林置六十里

平林置至高平八十里 [②]

这是汉代人记载丝绸之路走向与里程的最原始记录，是对丝绸之路早期途经固原的见证。泾阳县治，在今甘肃省平凉市安国镇泾水（河）之北岸油坊庄。[③]依据文献资料，当代学者对丝路东段北道有清晰的研究。张德芳先生认为，汉简所列月氏、乌氏、泾阳、平林置、高平五处地名相距240汉里，折合今天的公里约100公里。[④]"这是当时东段的主要线路，是官员、使者和商旅的首选。只有当这条路线受阻时，人们才选择另一条路线。"[⑤]固原至长安，是古代丝绸之路的干线。[⑥]

丝绸之路是一个网状格局。丝路东段北道泾河流域主线外，还有两条通道。一条由咸阳、岐山、凤翔、千阳、陇县、崇信、平凉、固原，即千河流域丝路通道。至陇州（今陕西陇县）后，不再翻越大震关，而是沿陇山东麓过甘肃华亭县，可穿越秦汉时的鸡头道（六盘山），即可抵达陇西郡。过鸡头道向西北行，

① 张德芳：《从汉简材料看汉晋时期丝绸之路全程的走向和路线》，收入《第一届中日学者中国古代史论坛文集》，北京：中国社会科学出版社，2010年。

② 甘肃省文物考古研究所、西北师范大学人文学院历史系编：《简牍学研究》（第二辑），兰州：甘肃人民出版社，2009年，第230页。

③ 李春茂：《平凉古地名初探》，兰州：兰州大学出版社，1996年，第6页。

④ 张德芳：《从汉简材料看汉晋时期丝绸之路全程的走向和路线》，收入《第一届中日学者中国古代史论坛文集》，北京：中国社会科学出版社，2010年。

⑤ 张德芳：《西北汉简一百年》，《光明日报》，2010-06-17。

⑥ 荣新江：《中古中国与粟特文明》，北京：生活·读书·新知三联书店，2014年，第26页。

也可沿祖厉河而下，在甘肃靖远北石门川黄河东岸或鹯阴口渡河进入河西走廊，也可由崆峒山东峡进入宁夏泾源县，出东山坡与萧关道汇合，此为丝路早期中道。公元前110年冬十月，汉武帝巡狩西北，"西临祖厉河而还"即走此道。一条是由咸阳，沿泾河流域北上，在彬州过泾河上董志塬，经北地郡治所宁州（今甘肃宁县）北行，在北石窟寺脚下蒲河与茹河交汇处西北行，沿茹河进入固原。

东段路的修筑，既是固原筑城史的契机，也是固原筑城史上的一个里程碑。

高平城"西遮陇道"，是连接关中和河西走廊的中枢之地，这是高平城优越的军事地理位置所在。建武八年（32）四月，光武帝刘秀（前6—57，汉高祖九世孙）亲征西北的割据者隗嚣，由长安抵安定高平，至"高平第一"①。北魏太延二年（436），置高平镇（今固原）。当时高平镇系军镇，不领郡县，但军镇发挥着重要作用，城池功能相对稳定。北魏正光五年（524），改置高平郡，同年改为原州，领有二郡四县，固原政权建制格局的提升，成为固原筑城史上的又一个重要时期。

北周天和四年（569）六月，"筑原州城"。这是历史典籍里第一次明确记载修筑原州城及其时间，也说明筑原州城的特殊意义。特殊在原州城与宇文泰的关系，与北周皇帝宇文邕的关系。从宇文泰发迹以及对原州的经营，看得出原州在宇文泰心中的位置。他虽未来得及修筑原州城，但对于筑城事影响较大，包括周武帝宇文邕，故有北周时期原州城的修筑。城市格局与它的政治军事地位、政治地位、文化影响力是一体的。北周时期的固原城，既是其特殊地位的象征，也是丝路文化繁荣融合、民族融合发展的体现。

（二）北朝墓地

北朝墓地，是指20世纪80年代在固原城及其周围陆续发掘的一系列墓葬。历史上的固原，地处中原与西北边地。特殊的历史地理位置决定了在文化方面的相融交汇。古代印度、希腊、罗马等几大文化的影响通过丝路源源不断进入中原，固原成为丝路多元文化的融会与过渡地带。北周墓地，是一个跨越时代的墓葬群。就北朝而言：

一是李贤夫妇的合葬墓。1983年，在固原县南郊乡深沟村发掘的北周大将军李贤夫妇合葬墓。李贤作为地方势力的代表，不仅为北魏宇文泰等提供战马及军事物资，还为宇文泰出谋划策。在参与镇压万俟丑奴起义的过程中获得卓著战功，为宇文泰大为赏识，迁骠骑大将军、开府仪同三司，成为北魏的柱国之臣。李贤墓出土了一批中亚、西亚东来的金、银器，包括铜、铁、陶、玉等各种质地的随葬品700多件，仅彩绘的陶俑就有200多件，尤其是鎏金银壶、玻璃碗、漆棺画、陶俑等最为珍贵，都是从西方传入的手工艺制品。②鎏金银壶是反映东西方文化交流的极为重要的遗物。③鎏金银壶的周身，是由三组人物图像构成，银壶底缘饰有联珠纹一周，口部有流，柄部和口缘相接处有一个带有两撇胡须的胡人头像。银壶造型别致，图像精美，已有许多研究成果问世。"鎏金银壶上的人物故事，实际上表现了中世纪早期西方古代艺术在东方地区的渗透传播。其内容取材于古代希腊神话，艺术风格明显带有希腊罗马烙印。"④银壶上男女卷发很有特点，鎏金银壶的产地是波斯还是他地，也是学者们所关注的。银壶是

---

① 《资治通鉴》卷四二，第1356页。
② 宁夏博物馆等：《宁夏固原北周李贤夫妇墓发掘简报》，《文物》，1985年第11期。
③ 宿白：《宁夏固原北周李贤墓札记》，《宁夏文物》，1985年第3期。
④ 罗丰：《胡汉之间——"丝绸之路"与西北历史考古》，北京：文物出版社，2004年，第92页。

萨珊本土以外的产物,理想的制造地便是中亚的大夏地区。①银壶艺术风格及其来源地考证清晰。鎏金银壶的影响力远远超出地域与时空,也奠定了固原在丝绸之路上的特殊地位。

二是北朝田弘墓。田弘,字广略,北周时期原州人,《周书》《北史》皆有传。他是历经北魏、西魏、北周的三朝元老,勇谋兼备,战功卓著。依1996年在宁夏固原县南郊乡(今宁夏固原市原州区开城镇)王涝坝村出土的《使持节少师柱国大将军大都督襄州总管襄州刺史故雁门公(田弘)墓志铭》载,大统十四年(548),授持节刺史、都督原州诸军事、原州刺史,随宇文泰破沙苑、战河桥等大战后,再授使持节、车骑大将军、仪同三司等。之后,再迁骠骑大将军,进爵雁门郡公,食邑三千七百户。北周天和六年(571),授柱国大将军。建德二年(573)拜大司空②,是西魏、北周时期影响较大且有重要作为的人。575年死于襄州(今湖北襄阳),同年四月归葬于原州。北周著名文学家庾信为其撰写《周柱国大将军纥干弘神道碑》。③

1996年中日联合发掘田弘墓,出土东罗马金币及玉钗、玉环、玉璜、玻璃器、漆器、壁画等珍贵文物,体现了中西文化合璧的历史特点。"仅以数量而言,在考古发现中尚属首例。"④数百枚玻璃珠、玻璃残片,对研究萨珊玻璃器传入中国亦有重大意义。

三是中亚粟特人在固原。固原城南塬墓地史姓家族早在北魏时已迁居固原,北周时已步入仕途,是以商团东迁而形成聚落的方式落籍固原。从文化融合的意义说,史射勿、史诃耽的经历,就有代表性。他们以族聚的形式出现在固原历史上,再现了当时中西文化交流过程中固原的历史地位,也反映了在中西文化交流过程中西域人的汉化程度。

(三)须弥山石窟

须弥山石窟,全国十大石窟之一,是丝绸之路文化的重要遗存。须弥山石窟初创于十六国时期的后秦和北魏,兴盛于北周和唐代,石窟已延续了1500多年。

须弥山早期石窟开凿,有其深刻的历史背景。一是途经固原的丝绸之路的畅通以及中西文化的融会。二是源于北魏时期统治阶级的信仰及其崇佛政治环境。北魏迁都洛阳后,西域各国使节络绎不绝地来到京师洛阳"朝贡",其中共同的佛教信仰是一个重要因素。胡太后对佛教的笃信程度超出了此前北魏帝后,其临朝听政期间,在接待大量西域使节的同时,还专门派敦煌僧人出使西域。⑤三是北周政权奠基人宇文泰对原州(固原)的着意经营。十六国前秦、北朝时期,是须弥山石窟的开创期。北魏以前开凿的石窟,集中分布在子孙宫区,以第14、24、32、33窟为代表。北魏孝文帝太和改制在佛教文化方面的影响和反映,已表现在佛造像与服饰方面。须弥山北魏石窟造像的造型和衣服穿戴,就是孝文帝改制的折射,也是南朝汉式"秀骨清相"艺术风格流传到北朝之后在须弥山石窟造像过程中的反映。

北周时期,是须弥山石窟开凿的重要时期,数量多,规模大,造像精,在整个须弥山石窟造像中占

---

① 罗丰:《北周李贤墓中亚风格的鎏金银瓶》,《胡汉之间——"丝绸之路"与西北历史考古》,北京:文物出版社,2004年,第87页。

② 宁夏固原博物馆编:《固原历代碑刻选编》,银川:宁夏人民出版社,2010年,第80页。

③ 庾信:《庾子山集》,北京:中华书局,1980年,第834—852页。

④ 原州联合考古队编:《北周田弘墓》,北京:文物出版社,2009年,第211页。

⑤ 张金龙:《北魏政治史(九)》,兰州:甘肃教育出版社,2008年,第131页。

有重要地位。这一时期开凿的窟室主要分布在圆光寺、相国寺区域，现存主要洞窟有第45、46、51、67窟等，其中第51窟规模最大，虽因地震破坏严重，但石窟前室、主室和左右耳室构成的格局依旧清晰。尤其有观赏价值的是窟后壁长方形的宝坛上，并列雕凿有3尊6米高的盘腿大坐佛，造型精美，气势雄伟，栩栩如生，是须弥山石窟造像中的精品。

北周时期石窟佛造像的装饰有了新的发展，即洞窟的装饰已按照殿堂庙宇中佛帐的形式雕刻佛龛，富丽华美。壁画多为伎乐飞天、伎乐人等，有的吹着横笛，有的弹着琵琶，有的击羯鼓，有的奏箜篌；窟顶围绕塔柱还有翱翔的飞天。佛像底座上的莲瓣，叶宽瓣厚，古朴典雅。这种装饰性的图案和各种各样的造型壁画，为欣赏者提供了一个多角度的艺术审美空间。南北朝时期，中国的佛教艺术完成了本土化第一个阶段，体现了中国传统艺术对外来艺术的巨大融合和改造能力……伴随着北魏的汉化改革，穿上了褒衣博带的服装，面容、形体也由雄劲逐渐向清秀转变。[①]北魏、西魏、北周须弥山石窟造像，同样经历了这样一个时代，再现了北朝、北周以来须弥山佛教与佛教文化的兴盛和繁荣景象。

（四）彩绘漆棺画

彩绘漆棺画，为北魏时期描金彩绘。1981年，出土于固原县西郊乡雷祖庙村。漆棺由底、盖、左右侧板、前后挡组成，出土时棺板全部腐朽，但漆皮上精美的彩画还在。棺盖上彩画内容有涡纹曲波状金色长河、房子和人物画像、缠枝卷草纹图案、各类鸟兽、人面鸟身的仙人等。前挡漆画，画面为墓主人生前生活图。左右侧板有孝子故事、狩猎图等。北魏墓的描金彩绘漆棺及棺画里的宴饮图、萨珊银币、漆棺画波斯画风的影响等都明显地表现出中亚文化、草原文化与中原文化的高度融合。波斯的萨珊银币，再现了丝绸之路东段北道原州丝绸贸易之繁荣。

（五）绿釉乐舞扁壶

北魏时期，西域、中亚许多国家遣使进贡，商人和乐舞者不断进入，以胡腾舞、胡旋舞为装饰的器物亦进入固原。北周绿釉乐舞扁壶，1986年出土于固原县城粮食局院内。壶体扁圆，口部残缺，上窄下宽，两边各有一系，通体施以绿釉。壶腹两面装饰有相同的花纹图案，外圈饰有联珠纹，壶腹面中部为一组（7人）人物造型。外围四人分坐莲花台伴奏乐器，中间三人载歌载舞，一人为舞者主角，身穿大翻领胡服，头戴宽条帽。他们深目高鼻，身着窄袖胡服，怀抱乐器（琵琶、箜篌类，都是源自胡、羌的弹拨乐器），举手投足，皮鞋踩莲花台上，翩翩起舞。[②]

绿釉扁壶上的舞姿，是胡腾舞还是胡旋舞？胡腾舞与胡旋舞的差异表现在三个方面：一种以男子为主，一种以女子为主；一种舞来自石国，一种舞来自康国、俱密等国；一种以双腿踢蹬腾跳为主，一种以身体稳健急速旋转为主，从而证明他们不是一种舞，而是两种舞。男性表演适宜于"腾"，女性表演适宜于"旋"，故为"胡腾舞"。[③]具体到绿釉扁壶，有人认为北齐卷草纹胡人乐舞绿釉扁壶，正反面都有跳"胡腾舞"之形象，其中为一舞蹈者，脚踏小圆毯，旁也有四人伴奏。舞者跳胡腾舞，表演者为男性，伴奏之乐器主要是横笛与琵琶。[④]绿釉乐舞扁壶，考证年代为北周似乎比北齐要准确。绿釉乐舞扁壶上的舞

① 袁行霈、严文明：《中华文明史》（第二册），北京：北京大学出版社，2006年，第320页。
② 宁夏固原博物馆编：《固原文物精品图集》（中册），银川：宁夏人民出版社，2012年，第214页。
③ 《法国汉学》丛书编辑委员会：《粟特人在中国——历史、考古、语言的新探索》，北京：中华书局，2005年，第390页。
④ 张庆捷：《民族汇聚与文明互动——北朝社会的考古学观察》，北京：商务印书馆，2015年，第376-377页。

者,与胡腾舞的几个条件吻合。

胡腾舞是以疾速的节奏、连续的旋转,再配以艳丽的胡服来诉诸观众视角的艺术造型。作为一种文化现象,能从遥远的中亚来到固原安家落户,这是丝绸之路文化的结晶,是民族迁徙与融合的必然。绿釉乐舞扁壶折射的是北周时期丝绸之路东西方文化交流在固原的繁荣程度,也是固原古城丝路文化繁荣的见证和象征。

北魏丝绸之路畅通,与西域各国商贸往来较多。丝绸之路带给固原的波斯萨珊银币、罗马金币、鎏金银壶等,是研究丝绸之路货币形式和流通程度与范围的重要资料。"萨珊波斯银币和一部分西域银币仍起着国际通货的作用"。[①]在固原考古出土银币不是偶然的,这与北朝丝绸之路背景下固原历史文化有直接关联,它最能说明固原与丝绸之路的关系——在当时已是丝路文化往来的一条商道。

(六)波斯狮子

528年秋七月,万俟丑奴在高平建都称帝,置百官。巧合的是,当时波斯国为北魏统治中枢洛阳敬献的狮子,正沿着丝绸之路途经高平。"正光末,遣使贡狮子一,至高平,遇万俟丑奴反,因留之。丑奴平,送京师。"[②]此事《北史》卷九八亦有记载。狮子虽是稀有的动物,但万俟丑奴没有把它当作怪异,而是把它当作神兽,并把狮子的到来与他的政权诞生联系在一起,遂改元神兽。《资治通鉴》卷一五二,记载了波斯狮子在固原的经历。

狮子最早进入中国,大约是在东汉。魏晋以前,在史书里没有发现更多的关于狮子的记载。因而,魏晋时高平(固原)有关狮子的记载,就显得非常珍贵。万俟丑奴失败之后,北魏军队占据高平,万俟丑奴被解往洛阳。自528年秋到530年夏,波斯狮子在高平约两年时间。北魏攻占高平后,遂将狮子送往洛阳。

波斯狮子在原州,印证的是北魏时期丝绸之路原州大驿站的兴盛。由狮子我们看到了丝绸之路上的商队、使者、僧侣,发现北朝时期丝绸之路的走向。从地域文化的角度看,再现了北魏时固原在中西文化融合过程中的地位。

二、北朝地方政权建制

北魏是中国历史上一个特殊时期,是在经历了三国两晋民族大融合、中西文化交流空前的历史大背景下建立的。北魏设置高平镇,在固原历史上是一个承前启后的重要发展时期,奠定了政治、军事建制的格局。北周时期曾设置原州总管府,地域进一步扩大,政权建制层级呈上升趋势。西魏废帝时,再改高平县为平高县。20世纪80年代,固原城南塬考古发掘了不少与丝绸之路相关联的文物,再现了中西方文化在原州的交融。

(一)地方政权建制

《晋书·地理志》载:"朔州牧镇高平"。前后赵时期(304—350),在高平置朔州牧官都尉,仍以高平(固原)为朔州治所,刘曜曾以朔州牧镇守高平。前后秦时期(351—417),固原地属雍州陇东郡,后于固

---

① 张庆捷:《民族汇聚与文明互动——北朝社会的考古学观察》,北京:商务印书馆,2015年,第241页。

② 《魏书》卷一〇二《西域传》,第2279页。

原东部置平凉郡。北魏早期，高平地域隶属于后秦。402年二月，北魏取得后秦所属高平，徙其民于代（今大同）。说明当时高平境内人口相对较多，在动荡的社会背景下仍是一处繁华之地。二十余年后，北魏在这里设立高平镇，仍十分看重高平城的地位与影响，可能与刘曜经营有关。

北魏时期，固原境内分属高平镇、秦州和泾州。北魏太延二年（436），设军事重镇高平镇，驻重兵防守。正光五年（524）改高平镇为原州，州治高平城。同时设立郡县，辖高平、长城二郡。高平郡辖高平、默亭二县；长城郡辖黄石、白池二县。西魏后期，改高平为平高，增设瓦亭县。北魏视高平为当时要镇，称为"国之藩屏"。北周天和四年（569）六月，修筑原州城。之后在原州设置总管府，是区域性军事管理机构，开唐代萧关道总管府的先河。

（二）两次建都

讨论北朝的历史文化，同样需要追溯北朝之前固原的政权建制与历史归属。赫连勃勃建立大夏国之际，正当北魏统一的前夜。三国对峙时，安定郡内迁，固原属曹魏雍州。这一时期军阀割据，战乱频仍，安定郡所辖县治随着隶属关系变化而变化。西晋时期，出现了短暂的统一，安定郡仍属雍州所辖。永嘉以后，北方再度掀起战乱，固原不断陷入氐、羌、鲜卑等少数民族割据政权的势力范围。西晋灭亡之后，司马氏集团迁于江南，北方的少数民族纷纷内迁并建立各自区域性的政权，史称"十六国"时期，这一时期固原行政区划和隶属关系更迭频繁，且有两次建都的经历。

1. 赫连勃勃高平建都

赫连勃勃（？—425），十六国时"夏国"国君，字屈孑，匈奴右贤王"去卑"后裔。初事后秦，姚兴任用为骁骑将军，加奉车都尉，迁安远将军，封阳川侯，进持节安北将军、五原公，镇朔方。407年六月，赫连勃勃自称大夏王、大单于，定都高平，国号大夏，建元龙昇。同时，署置百官，分封群臣，国称大夏。[1]义熙九年（413），筑新都统万城。在位十九年，先后四次改元：龙昇、凤翔、昌武、真兴，谥武列皇帝，庙号世祖。大夏政权，是赫连勃勃凭借武力征服而建立起的少数民族割据性统治王国；统万城，是体现大夏政权历史的象征。十六国时期的高平，是赫连勃勃称帝建国的地方。

《魏书》《北史》《晋书》记载，赫连勃勃的祖先是匈奴民族的一支。他的曾祖、祖父、父辈分别在十六国时期的前赵、后赵、前秦等政权中担任过地方官吏，统治过朔方郡大片土地。赫连勃勃的父亲刘卫辰曾雄踞朔方，兵马强盛。后秦姚苌，曾以刘卫辰为大将军、大单于、河西王、幽州牧。391年七月，盘踞高平的鲜卑人没弈干投靠刘卫辰。刘卫辰败亡后，赫连勃勃投奔鲜卑薛干部帅太悉伏，太悉伏将其送后秦姚兴。镇守高平的高平公没弈干，以女妻赫连勃勃。[2]当时的高平实际上是一个相对独立的小邦国，有利于勃勃的发展。[3]没弈干为鲜卑破多罗部，"高平公"是爵位，"破多罗"是姓，"没弈干"是名。[4]赫连勃勃投奔没弈干，为其在固原建都称帝奠定了基础。

407年五月，赫连勃勃以后秦与北魏相通为由，同年六月袭击高平。因为勃勃与北魏有国仇家恨，

① 《晋书·赫连勃勃载记》。
② 《魏书》卷九五《铁弗刘虎传》，第2056页。
③ 殷宪：《贺多罗即破多罗考》，《学习与探索》，2009年第5期。
④ 张庆捷：《民族汇聚与文明互动——北朝社会的考古学观察》，北京：商务印书馆，2015年，第127页。

他的父亲刘卫辰就死于魏主拓跋珪之手。更大的良机是，此时有柔然可汗社伦给后秦所献八千匹战马到了大城(朔方郡辖境)，勃勃在攻掠并获取这批战马后，率3万余人前往高平川(固原以北清水河流域)，造成围猎的假象。其目的是要夺取关中北出塞外的军事重镇高平城。勃勃以迅雷不及掩耳之势袭取高平城，高平公没弈干无以应对而死。大夏国的建立，是宁夏历史上第一个少数民族建立的割据性地方政权。北魏灭掉大夏国之后，在高平城复设高平镇。

2.万俟丑奴与高平城

万俟丑奴(?—530)，北魏末年关陇人民起义军领袖，鲜卑族。北魏太延二年(436)，在长城以北设置有六大军镇。这一年，设置高平镇(固原)。此时，关陇地区为氐羌等少数民族聚居区，社会矛盾复杂。"高平镇，正是后来酋长胡琛反叛的策源地"。[1]523年，北魏爆发了声势浩大的北方六镇起义。正光五年(524)四月，高平镇民赫连恩等推敕勒酋长胡琛为高平王，响应破六韩拔陵。其间，因受挫于北魏卢祖迁部的袭攻，不得已向北撤退。不久，秦州(今甘肃天水)人莫折大提遣部将卜朝袭攻高平，杀镇将赫连略、行台高元荣。胡琛借机反攻高平。十一月，高平人攻杀卜朝，迎胡琛入主高平镇城，遂派部将宿勤明达(复姓)率军攻取泾州(今甘肃泾川县)，大败魏军。起义军推进顺利，接连取胜，北魏朝廷大为震惊。

526年，破六韩拔陵杀胡琛，万俟丑奴并胡琛部，受命在陇东大败北魏军队，阵斩岐州刺史崔延伯，继续抗击北魏军队。528年正月，北魏尚书令萧宝夤投奔万俟丑奴。七月，万俟丑奴在高平称帝，设置百官，因劫波斯国献北魏之狮子，建年号神兽，创建了陇东起义政权，这是宁夏历史上第二个少数民族建立的地方性割据政权。随之有两大事件，一是北魏尚书萧宝夤投降万俟丑奴，说明万俟丑奴当时的军事实力；二是原州劫获波斯国贡献给北魏的狮子，印证丝绸之路东道北段的走向与固原的密切关系。

北魏永安三年(530)，万俟丑奴率部向关中推进，围攻岐州。九月，攻陷北魏东秦州(今陕西陇县)之地，杀刺史高子朗。此时，北魏已扑灭了河北起义之火，开始调动大军西进镇压关陇起义。尔朱荣以尔朱天光为使持节、骠骑大将军、雍州刺史，与贺拔岳进兵至雍州。宇文泰是贺拔岳的前锋，率轻骑先进，诸路大军随后。平凉长坑一战，万俟丑奴被俘。尔朱天光大军进逼高平城，太傅萧宝夤投降。530年四月，北魏尔朱天光击败并俘获万俟丑奴。五月，万俟丑奴、萧宝夤解往洛阳被杀。

三、宇文泰经营原州

三国两晋十六国时期的民族迁徙、征战与融合。固原所处的地域，成为北方少数民族迁徙、融合最为集中的地区之一，也是宇文泰刻意经营过的地方，尤其对固原的历史文化建设作出过重大贡献，如须弥山石窟开凿、北周固原城的修筑等。

宇文泰(507—556)，又名黑獭，代郡武川(今内蒙古武川县)人，鲜卑族。524年，北魏爆发了声势浩大的六镇起义，拉开了北魏末年各族人民起义的序幕。宇文泰青年从军，顺应和利用了这一历史潮流。

(一)宇文泰父子与原州城

高平起义后，北魏统治者调集大军前来围剿，宇文泰是镇压这次起义的前锋和主要人物之一。战争结束之后，他得到了征西将军的头衔，金紫光禄大夫的荣誉，增邑三百户；尤其是在与北魏权臣高欢

---

① 张金龙：《北魏政治史》，兰州：甘肃教育出版社，2008年，第290页。

争夺原州的过程中获胜并主政原州。从此，原州成为宇文泰着意经营的地方，原州成了整个关陇统治集团形成过程中的重要舞台。北魏孝武帝入都长安，北魏解体分裂为东魏、西魏之后，宇文泰成了西魏权臣。在这个过程中，特定的历史环境为宇文泰提供了难得的机遇：一是原州地方势力的代表李贤家族对宇文泰收复原州城所给予的配合与支持，包括军用物资的援助，使宇文泰得以顺利入主原州。二是宇文泰家族与李贤家族的亲密关系：宇文泰第四子——其后的北周武帝宇文邕及其弟齐王宇文宪，自襁褓时即寄养原州城李贤家中。宇文泰、宇文邕父子曾数次西巡原州，亲往李贤府上拜望。此外，原州的蔡祐、田弘等身经百战，他们都是宇文泰关陇集团的重要人物。20世纪80年代以后固原考古发掘了他们的墓地，出土了大量文物，也提供了诸多丝绸之路与固原的佐证。

宇文泰经营原州的过程中，虽然原州的行政建制未得以提升，但他的政治视野与军事格局却远远超出了"原州刺史"的范畴。因此，北魏以来的原州政权建制与那段特殊的历史一样，充满着诱人的魅力。到了宇文邕统治的北周时期，又在原州置总管府，权力进一步提升，运作能力继续呈上升趋势，这种特殊现象持续到唐代。

宇文泰原本是贺拔岳部将。贺拔岳死后，诸将拥立其为主帅。在镇压万俟丑奴关陇起义的过程中，以原州(固原)为大本营，重用高平镇李贤。在经营其关陇政权过程中，命李贤率精骑千人赴洛阳接迎魏孝武帝入居长安，并建立西魏政权。宇文泰进位丞相，开始控制西魏政权。他与原州李贤家族有着特殊的关系。自宇文泰入关，李贤就协助他收复原州城，并提供千匹马帮助宇文泰装备骑兵。北魏攻败万俟丑奴、攻占高平城之后，朝廷论功行赏，"太祖(宇文泰)功居多，迁征西将军、金紫光禄大夫，增邑三百户，加直阁将军，行原州事。"宇文泰开始经营原州。宇文泰建立关陇集团的过程中，始终与原州关系十分密切。无论从史书记载，还是地下考古出土文物的见证看，李贤及其家族是代表。

宇文泰与原州李贤家族有着特殊关系。宇文泰入关之初，李贤就协助收复原州城，且献出宝马千匹助军。宇文泰西征过程中，李贤与其弟李远、李穆密应侯莫陈崇来剿灭侯莫陈悦。孝武帝西迁长安，李贤率兵相迎。宇文泰的两个儿子、北周武帝宇文邕和齐王宇文宪在襁褓时，因讲究避忌，不宜在宫中养育，就选在李贤家中抚养，"六载而还宫"，时间达六年之久。

537年冬十月，宇文泰大破东魏(北魏分裂为东魏、西魏)军于沙苑，拜柱国大将军。548年五月，以宇文泰为太祖太师。此后，宇文泰分别于548年五月、554年七月西巡至原州，回归第二故乡。其间登六盘山、游长城、狩猎，观览原州山川风光，在六盘山刻石记事。561年，北周武帝宇文邕(宇文泰第四子)登基，563年七月亲临原州视察，追念自己童年的时光。直到九月登六盘山后才离开，《周书·李贤传》有一段详细的记载。表明宇文邕与李贤家族的亲密无间，对李贤家族的感激，对原州六年的怀旧与感念，李贤对宇文氏政治集团的帮助与功绩等。同时，也可以看出宇文泰对原州多年的苦心经营。正因为这是一段特殊的历史，20世纪80年代固原陆续发掘出土了李贤、田弘等人的墓葬，出土有大量的珍贵文物，不仅揭示了宇文泰刻意经营原州及其在政治上的影响，而且从文化融合的层面再现了北朝时期固原独特的历史文化风貌。宇文泰与原州城的经历，也关系到他们父子对原州地方建设和文化发展，如原州城的修筑、须弥山石窟的开凿等，让后人看到宇文泰对地方社会发展和文化繁荣所作出的特殊贡献。

为建立北周王朝打下了基础。宇文泰556年十月病逝于云阳宫，陵迁回长安安葬，他的儿子孝闵帝宇文觉建立北周后，追尊其父宇文泰为文王，庙号太祖。武成元年(559)，追尊为文皇帝。宇文泰在经营统治集团的过程中，原州三杰——李贤、蔡祐、田弘，是协助宇文泰建立关陇集团的智囊和军事人才。他们的事迹，史书都有记载，地下考古发掘出土的文物印证他们与原州城关系密切，尤其是西魏、北周时期，李贤、蔡祐、田弘三人功绩卓著且影响很大。

（二）新筑原州城背景及其意义

魏晋南北朝时期，社会动荡，战乱破坏严重，这种局面反过来成为城池修筑的契机。尤其在北魏以前，政权更迭，郡县隶属关系变化频繁，城池的修筑与战乱的毁坏又随着这种军事背景的更迭而发生变化。高平县"至曹魏后废"即属于这一类，政权建制不存在了，城池会遭到不同程度的毁坏。北魏统一北方后，社会相对安宁平稳。北朝时期，城市建设复兴，鲜卑拓跋氏崛起，统一了中国北部，结束了长达100余年的割据争霸的混乱局面，社会趋于安定，经济逐渐好转，"一般郡县城市逐渐恢复"。原州城的大规模修筑是在北周时期。

北周天和四年（569）六月，"筑原州城"。这是历史典籍里第一次明确记载修筑原州城及其时间，也说明筑原州城的特殊意义。特殊在原州城与宇文泰的关系，与北周皇帝宇文邕的关系。在击败万俟丑奴的过程中，北魏大将宇文泰"功居多"，北魏朝廷擢升宇文泰为征西将军，赐金紫光禄大夫，加直阁将军，增邑三百户，行原州事。北魏分裂为东、西魏之后，宇文泰刻意经营原州，将这里作为他关陇统治集团的大本营。西魏改元大统，宇文泰成为西魏政权的实际操纵者。548年，宇文泰奉旨巡抚西境，"至原州，北历长城，大狩"。554年秋七月，宇文泰再次巡狩至原州。561年，宇文泰第四子宇文邕即位，称周武帝。三年后的秋七月"行幸原州"。九月，"自原州登陇山（六盘山）"，再次巡视原州。次年，即北周天和四年（569）六月，"筑原州城"。

从宇文泰发迹以及对原州的经营，看得出原州在宇文心中的位置。他虽未来得及修筑原州城，但对于筑城之事影响较大，包括周武帝宇文邕。宇文邕登基后，依然牵念原州，某种程度上他对原州的怀念和经营是超过乃父的。他"行幸原州"在七月至九月期间，虽然中间尚有他处巡行，但都以"原州"为出入地。这无论从宇文邕在原州逗留的时间，还是以原州为中枢的别处巡视，皆以原州为下榻的行宫，说明宇文氏父子对原州的特殊感情。当时的原州，山清水秀，植被丰茂，宇文泰每次到了原州，都要在原州"大狩"。由宇文泰父子与原州的特殊关系可知，569年"筑原州"，体现了宇文泰父子的情思。在客观上，也是当时原州政治、军事、经济和文化发展的需要。

北朝时期，随着北方游牧民族鲜卑拓跋部入主中原，以鲜卑拓跋部为主的多民族进入固原。古罗马、波斯、粟特等地商人都不远万里云集固原，开展广泛的贸易活动，在带来多元文化的同时，增进了民族融合。入华胡商带来大量金银币，增添了胡商贸易存在以货易货和使用银币两种方式的新证据。[①]北朝政权是以鲜卑拓跋部为主，鲜汉联合的统治集团，其中不乏中亚人，对外商的政策远比两汉优惠。原州城不仅是军事重镇，也是丝绸之路西出北上的重要驿站，承载着东西方文化交流与商贸往来的重任。原州城的修筑，一是体现了原州城的政治军事地位，二是丝绸之路中西文化交融。

总体来看，无论政治军事，还是文化发展，北朝时期的原州，都是固原历史进程中的一座里程碑。

---

① 张庆捷：《民族汇聚与文明互动——北朝社会的考古学观察》，北京：商务印书馆，2015年，第190页。

北魏的平原郡

严耀中

（北京师范大学历史学院）

由于北魏先后有过五或六个地理位置不同的平原郡，它们兴废之背景，以及其中所置的一些平原郡还附带着相当的特殊性和由此引出的一系列问题，皆鲜为史家所瞩目，故有叙说一番之必要。

一、北魏在不同时空设置的多个平原郡

在北魏的地方行政单位里，曾经有不下五个平原郡，它们之间的存在有时空上的区别，尤其是在北魏迁都前后。此并非北魏同时有着五或六个平原郡，但由于史料的残缺，有的仍需把一些蛛丝马迹串联起来加以说明。

其一，《魏书·太祖纪》载天兴二年（399）二月"征虏将军庾岳破张超于勃海。超走平原，为其党所杀"。此"平原"当为平原郡，且和勃海郡相近，张超被杀前此郡尚不在魏手。不久该平原郡即为北魏占领，史载大将和跋与"常山王遵率众五万，讨贺兰部别帅木易于，破之。出为平原太守"。[①]拓跋遵在天兴元年四月被封为常山王，天兴四年十二月"常山王遵等率众五万讨破多兰部帅木易于"[②]，和跋为平原太守当在此年之后。天兴"五年十一月，秀容胡帅、前平原太守刘曜聚众为盗，遣骑诛之"。[③]刘曜叛乱或许就是由于他的"平原太守"位置被和跋替代了。这些说明当时平原郡已在北魏版图中，并沿用此郡名。不过因为和跋"好修虚誉，眩曜于时，性尤奢淫。太祖戒之，弗革。后车驾北狩豺山，收跋，刑之路侧"。[④]道武帝拓跋珪是在天赐三年（406）"春正月甲申，车驾北巡，幸豺山宫。校猎，至屋孤山"。[⑤]《天象志二》："四年五月，诛定陵公和跋"。据《通鉴》，和跋被杀时的头衔是"平原太守"。[⑥]此后，泰常七年（422）"十有二月，遣寿光侯叔孙建等率众自平原东渡，徇下青、兖诸郡。刘义符兖州刺史徐琰闻渡河，弃守走，叔孙建遂东入青州"[⑦]，可证该郡一直是北魏属地。由于史料稀少，《地形志》里也难觅踪迹，因

---

① 《魏书》卷二八《和跋传》。

② 《魏书》卷二《太祖纪》。

③ 《魏书》卷一五二《天象志二》。不能确定刘曜的"前平原太守"是后燕时的官衔还是北魏的，若是后者，就很可能在张超被杀后，魏军于399年已经占领了平原郡，但这还需要更直接的证明。

④ 《魏书》卷二八《和跋传》。

⑤ 《魏书》卷二《太祖纪》。

⑥ 和跋之死，《资治通鉴》卷一一三"晋安帝元兴二年七月"条："魏主珪北巡，作离宫于豺山。平原太守和跋奢豪喜名，珪恶而杀之"。其所系年份稍有差异，但不影响对当时平原郡存在之认定。

⑦ 《魏书》卷三《太宗纪》。

此北魏属下第一个平原郡的已知存在时间只能限于401—422年的时间段之内,但它确实是首先出现在北魏境内以"平原"命名的郡。

其二,《水经注》"涿水"条云:"涿水又东迳平原郡南,魏徙平原之民①置此,故立侨郡,以统流杂"。②这个平原郡和《汉书·地理志上》所说的"平原郡,高帝置,莽曰河平。属青州",显然不是一个地方。此平原郡之设,时间当在太武帝世。《北史·拓跋素传》云其"世祖初,复袭爵。休屠郁原等叛,素讨之,斩渠率,徙千余家于涿鹿之阳,立平原郡以处之。及平统万,以素有威怀之略,拜假节、征西大将军以镇之"。按行文次序,此郡之设是在431年北魏灭夏之前,而拓跋素征讨休屠郁原等反叛,则应发生在太武帝始光三年(426)十月开始"车驾西伐"之后。始光四年六月夏主赫连昌"弟平原公定拒司空奚斤于长安城,娥清率骑五千讨之,西走上邽。辛酉,班师,留常山王素、执金吾桓贷镇统万"。③拓跋素所袭之爵正是"常山王",故而新设之平原郡的时间在426年底和427年上半年之间。④关于太武帝所置这个平原郡的地理方位,《拓跋素传》和《水经注》已经说得较为明白,谭其骧先生主编的《中国历史地图集》第四册的相关图上做了一个带虚线的标识。

其三,《魏书·地形志下》所载平原郡仅"领县一:阴槃,二汉属安定,晋属京兆,后属。有安城、安武城"。⑤鉴于阴槃的地理位置不出于关陇范围,和始光年间所设平原郡相距甚遥,故此郡之置当在北魏平定夏及北凉之后,至少要在神䴥三年(430)十二月"平凉平"和"关中平"⑥之后。范围也要小得多。如神䴥二年十月,夏主赫连定"是月,畋于阴槃〔胡三省注:阴槃县,汉属安定,晋属京兆。魏收《地形志》:属平原郡〕,登奇蓝山〔胡注:《五代志》,平凉郡平凉县南〕,望统万城"。⑦说明当时阴槃还在夏的手中,没有这唯一的属县,当地就肯定不存在北魏的平原郡。魏军平夏之后,此平原郡归属北魏,至少延续到孝文帝太和十九年,时"魏主诏雍、泾、岐三州发兵六千人戍南郑〔胡三省注:魏雍州治长安,领京兆、冯翊、扶风、咸阳、北地等郡。太和中,置泾州,治临泾城,领安定、陇东、新平、平凉、平原等郡〕"。⑧然史载延和二年(433)二月"征西将军金崖与安定镇将延普及泾州刺史狄子玉争权构隙"⑨,证明此时北魏已有泾州,牟发松先生等认为所属平原郡也应该在神䴥三年已经存在⑩,泾州虽然重新设置,但所属之郡皆早已有之,此平原郡当依旧是太武帝时所设。但这两个平原郡的设立都应该在北魏以平城为京都之

① 这里所谓"平原之民"可能是与"山地之民"相对而称。当时北魏尚未占领汉、晋所设之平原郡故地,所以不应该理解为被迁徙的"平原郡之民",系"流杂"而已。
② 《水经注》卷一三,王国维校本,上海:上海人民出版社,1984年,第443页。
③ 《魏书》卷四上《世祖纪上》。
④ 林干先生将此郡之设立定于始光元年(424),见氏著《匈奴历史年表》,北京:中华书局,1984年,第222页。
⑤ 《魏书》卷一〇六下《地形志下》。
⑥ 《魏书》卷四上《世祖纪上》。
⑦ 《资治通鉴》卷一二一"宋文帝元嘉六年十月夏主少凶无赖"条及胡注。
⑧ 《资治通鉴》卷一四〇"齐明帝建武二年(495)四月"条及胡注。如果胡注确有所本,这很可能是罢镇而重新设置泾州。另据《魏书·尉古真传附尉长寿传》说尉长寿"高宗时,除泾州刺史。和平五年(464)卒"。又《灵徵志》上云:"高祖延兴四年(474)四月庚午,泾州大雹,伤稼",说明文成帝至孝文帝初时都一直有着泾州的建制。
⑨ 《魏书》卷四上《世祖纪上》。
⑩ 牟发松、毋有江、魏俊杰:《十六国北朝卷》上,载周振鹤主编《中国行政区划通史》,上海:复旦大学出版社,2017年,第569-570页。

时，至多延续到太和末年。史载太和十四年五月"沙门司马惠御自言圣王，谋破平原郡，擒获伏诛"①，说明这个平原郡依旧是镇守一方的要地。

其四，是所谓"东平原郡"。胡三省对526年北魏齐州平原民刘树等反叛一事注曰："宋武帝侨置平原郡于梁邹，属冀州；后入于魏，改冀州为齐州，平原为东平原郡"。②鉴于公元469年"青、冀之地尽入于魏"③之后，南北大体上以淮河为界。原本属刘宋领土的平原郡被北魏接管，为了和先前已在泾水畔所设之平原郡相区别，故称之为"东平原郡"。《魏书·地形志中》云："东平原郡（刘裕置，魏因之，治梁邹）：领县六，户一万三千九百二十九，口四万四百三，平原（有黄山）④、鬲（有高苑城、平原城）、临济（有邹平城、建新城）、茌平（有□城）、广宗（有胡山、平郭城）、高唐"。这个"东平原郡"的地名意味着当时北魏还有一个平原郡的存在，其所属不仅有平原县，而且鬲县地域里也有个"平原城"。该郡加个"东"字表示与另外那个平原郡系两处，非一地。与此相对，当时还有个"西平原郡"的郡名。如冯僧集曾"官至东清河、西平原二郡太守，赠济州刺史"。⑤不知道这西平原郡之所指，因为是孤例，有待以后考证。东平原郡既然是刘宋"侨置"，虽然归入北魏版图后，行政建制还会保留，直至孝庄帝建义元年（528）六月"通直散骑常侍高乾邕及弟等，率合流民、起兵于齐州之平原，频破州军。诏东道大使元欣喻旨，乃降"。⑥表明这个东平原郡一直维持到魏末。其实东平原郡的位置和该郡分隔于黄河两岸，故此处"东"是针对位于泾水的平原郡，并非与太和二十三年所置之平原郡相对。

其五，孝文帝迁都洛阳之后，"魏太常七年，安平王镇平原所筑，世谓之王城。太和二十三年，罢镇立平原郡，治此城也"。⑦此"王城"位于漯水流域，与聊城比邻，即和传统平原郡地域范围基本相符。魏收云该郡系"汉高帝置"，以及"领县四，户二万二千二百五十，口五万九千四百三十七，聊城（二汉属东郡，晋属。魏置太平镇，后罢并郡。有王城，郡、县治。有畔城）；博平（二汉属东郡，晋属。有博平城、桑叶城、湿水）；茌平（前汉属东郡，后汉属济北，晋属。治鼓城。有茌平城、阳城）；西聊（孝昌中分聊城置，治聊城）"。⑧关于此平原郡之设时间，魏收很可能把泰常七年"王城"之建误以为是平原郡之设，故而在《地形志中》将其与东平原郡并立。又顾炎武《读史方舆纪要》卷三一"德州府条"云："太和十一年，移平原郡治聊城，而以平原县置安德郡，寻罢"。这是否意味着该平原郡存在于太和十一年至二十三年的时间段里？

孝文帝之汉化改革旨在将北魏政权列为华夏道统的承袭者，在地方行政制度上也是如此，因此定

① 《魏书》卷七下《高祖纪下》。此年所叙用兵事件皆在北境，故将这事暂定和该平原郡相关。

② 《资治通鉴》卷一五一"梁武帝普通七年十一月魏齐州平原民刘树等反"条胡注。

③ 《资治通鉴》卷一三二"宋明帝泰始五年正月乙丑"条。

④ 施和金先生据《读史方舆纪要》所说"黄山，在邹平县东南"，认为"此平原县是侨置在邹平县境。按平原县原在今山东平原县西南，刘宋侨置于此"，见氏著《北齐地理志》（卷三），北京：中华书局，2008年，第389页。说明这个平原县是和鬲县、东平原郡等一样，接受刘宋的建制，在地理位置上是与其他有差异的。

⑤ 《魏书》卷七九《冯元兴传》。

⑥ 《魏书》卷十《孝庄帝纪》。

⑦ 《水经注》卷五，第184页。文中太常七年即献文帝泰常七年（422），此安平王无考，太和二十三年（499）所罢之镇为平原镇。

⑧ 《魏书》卷一○六中《地形志中》。

都洛阳后恢复的是汉晋相沿的平原郡,同时也不会允许其他地方还存在着各色"平原郡"。还要补充说明的是,该郡"在汉为东郡聊城县之地。后魏明元帝于此置平原镇,孝文帝罢镇置平原郡。葛荣之据冀州也,又于今理置冀州,寻废。孝武帝复置平原郡"。[①]即此平原郡曾一度被废,魏末再得到恢复,故而严格地说,可以一分为二成前平原郡和后平原郡。

关于此郡还有一个插曲,即在宣武帝时一度变为"平原公国"。据《魏故使持节抚军将军瀛洲刺史王简公墓志铭》说王温"景明年,释褐平原公国郎中令。于时国主尚书令高肇,居衡石之任,待公亲密"。[②]"从行政的角度看,封国与郡县无异"[③],所以二者之间的僚佐职名有变而职能不变,所以彼此转化并不困难。作为权臣的高肇所受的是实封,公国属下的官吏是很齐全的,郎中令即其中之一。鉴于高肇于景明二年(501)受封,延昌四年(515)被杀[④],所以平原公国存在的时间不长,但以"平原"命名的郡又被中断了一次。不过由于北魏曾册封过多位平原公或平原王,所以也有过不止一个平原公国或平原王国,时不时地改变处于不同时空的平原郡的名号。如罗道珍曾"除齐州东平原相,有治称"[⑤]这说明东平原郡也曾经被改称为东平原国。又如辛穆曾在"正光四年(523),以老启求致仕。诏引见,谓穆志力尚可,除平原相",此时高肇已死,后来其子辛子馥也在庄帝时"除平原相"[⑥],时间就更晚了。如此一来,北魏的平原郡名称的变化无疑更复杂而难以厘清了。

其六,《魏书·地形志中》载霍州属下有"平原郡:领县一,清化"。霍州以霍山而得名,魏收亦在州名下注曰:"萧衍置,魏因之"。这里的"魏"应是东魏而非北魏,但既然出现在《魏书》中,就顺便提一下。

二、关于平原镇

平原镇和平原郡关系密切,不仅在于皆以"平原"为名,而且彼此也曾经作为同一个地域单位之前后名称,如太和二十三年之"罢镇立平原郡"。鉴于北魏在不同时空有着多个平原郡,平原镇可能也不止一个。

北魏的军镇都是屯兵处,其发布反映了当局的战略意图,也是内外政治形势所促成的结果。但由此不仅造成军镇设置和废除较为频繁,而且和传统的州郡关系复杂起来。因此需要特别进行讨论的是这样一条记载:太和六年"八月,徐、东徐、兖、济、平、豫、光七州,平原、枋头、广阿、临济四镇大水"。[⑦]也就是说,当时如果"东平原郡"还在,那么太和六年时其属下的临济县与平原城就成了有着"镇"的建制单位。严耕望先生根据《后魏显祖献文帝一品嫔侯夫人墓志》(载《芒洛冢墓遗文三编》)所载侯夫人之父伊莫汗曾"出镇临济"等史料认为"孝文帝前期有临济镇,位与州均也",何况"北魏前期,州镇并称,

---

① 《元和郡县图志》卷一六"博州"条,贺次君点校本,北京:中华书局,1983年。

② 录文引自罗新、叶炜:《新出魏晋南北朝墓志疏证》,北京:中华书局,2005年,第134页。

③ 俞鹿年:《北魏职官制度考》,北京:社会科学文献出版社,2008年,第355页。

④ 参见《魏书》卷八三下《高肇传》。高肇被封为"平原郡公"之"是年,咸阳王禧诛"。据《世宗纪》,此事则发生在景明二年五月。

⑤ 《魏书》卷七一《江悦之传附罗道珍传》。

⑥ 《魏书》卷四五《辛绍先传附辛穆、辛子馥传》。

⑦ 《魏书》卷一一二上《灵徵志上》。

而论其实，镇之地位远在镇上"，且就临济而言"是太武、文成时或已置此镇矣"。^①不过这样子一来就连带出一系列问题。

第一，《魏书·地形志中》说孝文帝所罢之镇为"太平镇"，但严耕望先生以为"太平疑平原之讹，或者孝文帝改平原镇为平原郡，其时或其后又于故地置太平镇，地位盖较旧平原镇为低，旋复并入平原郡欤？"^②周一良先生则根据《元和郡县志》"博州"条："后魏明元帝于此置平原镇，孝文帝罢镇"。及《水经注·河水注》以平原镇和平原郡皆以"王城"为治所，显然赞同平原郡是继承平原镇的。^③但假若这个于太和二十三年被废之镇是平原镇，那么它和太和六年发大水的平原镇显然不在同一个地理位置上，后者是属于齐州东平原郡的，难以解释。

这中间还有一个情况是《水经注》所说罢镇立置郡的治所是"王城"，和属于鬲县的平原城显然不是同一个地方。与此相关还有一条史料：文成帝和平二年（461）"七月，戊寅，魏立其弟小新成为济阳王，加征东大将军，镇平原（胡三省注：平原，河津之要。时魏未得青、齐，故于此置镇）"。^④此条材料透露出三点，一是这个"平原"当时已是军镇，可称作"平原镇"；二是此镇之建立在魏拥有东平原镇之前；三是按照胡三省说法，该平原镇位处"河津之要"，似乎在河水之沿岸。综合这三点，似乎可以说这个平原镇是有可能设在平原城的，而且确定是建于东平原镇之前。还需指出的是，据出土的《元郁墓志》，小新成的头衔是"平原镇都大将"^⑤，为镇将中最高阶，与其王爵是相配的。

第二，如果太武帝或文成帝时临济镇已经存在，且一直维持到太和年间，而在设立东平原郡时以临济为其属县，那么是否意味着北魏之军镇也有县一级？而与临济镇并列的平原镇也是同样的级别？东平原郡属齐州，而临济镇和平原镇之行政地位又相当于州，那么夹在中间的东平原郡的行政关系怎么处理？郡太守和镇将的品位谁高谁低？还是说这些军镇并不和对方行政级别挂钩，仅是治所在同处而已？不过北魏在迁都前后因为胡、汉官制相杂并行，军政之间职衔对应也颇现混乱，若"镇将或都督数州数镇诸军事，或兼其镇所在州之刺史，戍主或以州参军郡太守带之。然亦有以县令兼者"。^⑥但镇将并非戍主，依然疑问多多。

第三，如果说这个平原镇成立，并且至少在太和六年仍在，那么这个"镇"与王城隔河且相距甚远，由此引出的疑问是与太和二十三年所罢的平原镇是什么关系？是否意味着太和二十三年前北魏有两个平原镇？还是说孝文帝在当时所罢之镇是"太平镇"而非平原镇？由于不可能同时有两个前面没有冠以方位的平原镇（若"东平原镇"之类）分别位于河水之两岸，且"太平"与"平原"字形差异颇大而不至于误写，及太平镇所在地则无着落，因此《地形志》所云"魏置太平镇，后罢并郡"，可能并非有错。

① 均引自严耕望：《中国地方行政制度史——魏晋南北朝地方行政制度》，上海：上海古籍出版社，2007年，第746、796页。

② 严耕望：《中国地方行政制度史——魏晋南北朝地方行政制度》，2007年，第719页。

③ 参见周一良：《北魏镇戍制度考及续考》，载氏著《魏晋南北朝史论集》，2020年，第180页。

④ 《资治通鉴》卷一二九"宋孝武帝大明五年七月"条及胡注。

⑤ 录文转引自王连龙：《新见北朝墓志集释》，北京：中国书籍出版社，2015年，第2页。在同书所载的《元瓒墓志》录文里小新成头衔则是"平原镇大将"（第31页）。然元郁是其子，元瓒是其孙，且前者墓志成于491年，后者为516年，当以前者为准。

⑥ 周一良：《北魏镇戍制度考及续考》，载氏著《魏晋南北朝史论集》，北京：中国书籍出版社，第177页。

第四，此外当东平原郡设置之后，平原镇的治所究竟是设置在平原县还是鬲县的平原城①？还没有充分的证据予以完全解决。

这些问题由于缺乏史料，都难以解决，或只能等待新资料的发现。

三、匈奴族与平原郡的特殊关系

北魏作为一个少数民族统治的王朝，无论是对内统治还是境外作战，主要对象都是鲜卑之外的各族。这中间还可分成汉族和其他少数民族两大部分，匈奴族即是后者里面的一个主要部分。在秦汉叱咤风云一时的匈奴族至魏晋南北朝不仅余势尚在，而且由于和鲜卑等诸胡杂居混合而衍生出许多"匈奴别部"或"匈奴杂胡"，若在拓跋诘汾率部南迁时曾"始居匈奴故地"②，所以匈奴依然在北方的政治形态里发挥不容忽视的作用力。即使具体如北魏设置平原郡的变动中，也可窥见匈奴族在其中有着不小的影响。

《中国历史地图集》在属于燕州的平原郡名下画虚线大概是因为它存在的时间不长，而且未被《魏书·地形志》所列入，相关记载甚少。其实至少有两个平原郡和当时北魏政治有不少关联，除了时空上的不同，还具有以下几种较为特别的情况。

第一，建立于"逐鹿之阳"的平原郡是个"侨郡"，特地为接纳新征服之地迁移来的民众所设，郦道元沿袭当时话语习惯称其为"侨郡"，也是对语词的一种变义借用。③而且拓跋焘知道"南国侨置州，不依城土，多滥北境名号"，以消解本州郡已不在所控制的境内之窘况。他借此模仿"不因土立州，招引亡命"④的方便，照东晋南朝之样板设立侨郡，所以亦可说此平原郡在当时北魏版图里是很特殊的。

第二，拓跋素是将反叛的休屠郁原等属下千余家迁移组建成平原郡的，说明该郡的最初居民是少数族人。而其中"休屠"可能是这些反叛者的原居住地，胡三省云："休屠县，汉属武威郡，因休屠王城以为名也；晋省县。《水经注》：姑臧城西有马城，东城即休屠县故城也"。⑤休屠之名原本来自匈奴休屠王之属地，所以这些和魏军作战又被俘虏的人很可能也是匈奴族人。马长寿先生指出："'屠各'是'休屠各'（xiutsuga）的简译，但在文献内，或者省词头'xiu-'音，译为'屠各'，或者省词尾'-ga'音，译为'休屠'，所以'屠各'和'休屠'由同一语源变化而来"。且他们"大部分是从匈奴族分化出来的部落"，其他亦"可称为'匈奴的别部'"。⑥不仅如此，"按《晋书》卷九七《匈奴传》，屠各乃十九种匈奴之最贵者"⑦，魏人直接称"屠各匈奴"。⑧而"郁鞞种"亦为这些部落之一，因此完全可以说"休屠郁原"不单单是匈奴族

---

① 其实这个平原城本来也是个县城。《魏书·地形志上》冀州安德郡属下有四个县，其中平原县"二汉、晋属平原。真君三年（442年）并鬲，太和二十一年复，属勃海，后属"。这就是说在442年至497年期间原本的平原县失去了"县"的建制，成了鬲县的一座城，直到497年才恢复县级建制，却先后属于勃海郡和安德郡。当东平原郡组建时，不仅将鬲县划入此郡为其属县，而且另行设置以黄山为地标的平原县，因此平原镇存时，平原县和平原城确实是两个地方。

② 《魏书》卷一一二下《灵徵志下》。

③ 在东晋南朝的主流话语中，"侨州郡县的政治含义是正统观念与规复失地的决心"（葛剑雄《中国移民史》（第二卷），福州：福建人民出版社，1997年，第389页），显然两者大相径庭。

④ 《宋书》卷九五《索虏传》。

⑤ 《资治通鉴》卷一○九"晋安帝隆安元年（397）八月凉人张捷等反于休屠城"条胡注。

⑥ 马长寿：《北狄与匈奴》，桂林：广西师范大学出版社，2006年，第89—90页。

⑦ 姚薇元：《北朝胡姓考》，北京：中华书局，2007年，第302页。

⑧ 《魏书》卷二三《卫操传》。

还是属于匈奴"贵种"。或按《通志》卷三〇"变姓"谓："郁原甄之为甄",据此"郁原"也可能为一匈奴族部落之简称,犹如"休屠",故于此句可读为"休屠、郁原"。鉴于后来被遣送到燕地的这些人是在太武帝西伐时所俘房的,征讨的主要对象是匈奴族赫连勃勃所建立的夏政权。武威、张掖等地不仅和夏国相邻,也是匈奴族聚居地之一,有着唇齿相依的关系,故而他们和西征的魏军作战,也是自然而然的事情。该郡位于涿水畔,匈奴称涿水为"涿耶水",或与此相关。对这些降众,拓跋素先是"斩渠率",掐去了他们的首领,打乱了原本的部落结构,再以"郡"的行政机构来管束他们。此举措含有"离散诸部,分土定居,不听迁徙。其君长大人,皆同编户"①之意,实际上也是一种消弭反叛潜因之政治改造。

第三,此平原郡不仅远离太武帝西征的作战地域,而且也不在当时北魏天兴初所"制定京邑,东至代郡,西及善无,南极阴馆,北尽参合,为畿内之田"②范围内,实际上是处于魏境的东北边缘。又,其地多山,和郡名"平原"颇不相称,应该是出于一个比较仓促的建郡决定,因为此时夏与诸凉尚未平定,甚至危机四伏。如神麚元年正月,北魏大将"(丘)堆、(奚)斤合军与(夏主赫连)昌相拒击。士马乏粮,堆与义兵将军封礼督租于民间,士卒暴掠,为昌所袭,败绩。堆将数百骑还城。斤追击赫连定,留堆守辎重。斤为定所擒,堆闻而弃甲走长安,复将高凉王礼弃守东走蒲坂"。③又如同年"六月丁酉,并州胡酋卜田谋反伏诛,余众不安"④等等。在多事之秋将这些叛而复降安置在原地是不能放心的,所以要将他们迁到千里之外。同时,这也表明当时北魏地方行政体制里恐怕不存在另一个平原郡。还有一个附带的情况也应该注意,魏太武帝在始光三年十月返平城时曾于统万"徙万余家而还",而在次年正月初,史载这些人"在道多死,其能到者才十六七"。⑤既然到涿鹿的路途更远,徙民死者比例当更高,生者能有一半就不错了,后来此郡之被取代或亦与此相关。

第四,时北燕尚存,此平原郡和燕境相离不远。以夷制夷也是北魏政权的惯用手段,用该郡之匈奴族人作为和北燕作战的兵源之一,很可能也是太武帝在延和年间对燕用兵经营辽西的备战考虑之一。

以匈奴族人为主干的平原郡之设在相当程度上改变了该族在中国的分布。一度强大的匈奴在两汉屡遭打击后分裂而逐渐衰弱,汉魏之间"魏武帝始分其众为五部,部立其中贵者为帅,选汉人为司马以监督之。魏末,复改帅为都尉。其左部都尉所统可万余落,居于太原故兹氏县;右部都尉可六千余落,居祁县;南部都尉可三千余落,居蒲子县;北部都尉可四千余落,居新兴县;中部都尉可六千余落,居大陵县"。⑥由此可见当时的匈奴族众主要聚集在今之山西。晋末大乱,随着前赵、夏、北凉等匈奴政权的先后建立,其族人有更广泛的分布,但依然主要分布在西北,幽燕之地则很是罕见,所以新设的平原郡改变了地域的民族成分之比例,即使该郡存在时间可能并不很长。

继之而设的第三个平原郡是北魏基本统一北方后,战略重心再一次转移的结果。当其时,随着辽西的平定,在北魏前期整个东北方向已无大的战事可言,而在西北方向虽然夏及诸凉已被北魏所灭,

---

① 《北史》卷八〇《贺讷传》。
② 《魏书》卷一一〇《食货志》。
③ 《魏书》卷三〇《丘堆传》。
④⑤ 《魏书》卷四上《世祖纪上》。
⑥ 《晋书》卷九七《匈奴传》。

西北边外的高车、柔然等游牧民族却成了长期主要作战对象。所设北方诸镇主要是对付他们，故而"计六镇东西不过千里(六镇并在今马邑、云中、单于界。后魏宣帝正始中，尚书源思礼抚巡北蕃，以跂野置镇，居南，与六镇不齐，更立三戍，亦在马邑等郡界)"。①且又"于六镇之地修建城郭，置戍以防柔然"。②在这种形势之下，处于东北边境在平原郡名义下聚集的匈奴族一方面无所事事且思归心切，一方面匈奴族已不是拓跋鲜卑统治者的敌人而是可以利用的兵源之一，故而在薄骨律、沃野、高平等重要军镇的后方设立一个新的平原郡以取代位于燕州的同名之郡，可谓一举数得。具体就北魏平原郡来说，最早建于涿鹿之阳的平原郡之消失，或许是在魏军扫平夏及诸凉之后，北边的用兵对象主要是位于西北一带的高车、柔然等游牧行国，彼时已作为北魏军队的重要兵源之一的匈奴族人，没有必要再孤立于东北，让他们以郡为单位成建制地迁回西北故地，既是安抚也是为了能更便利地使他们效力。唐长孺先生指出，"大抵当北魏时期屠各族的分布西起凉州，夹陇坻东西，直至渭北"。③北魏第二个平原郡民众主体为匈奴屠各种，第三个平原郡则处于唐先生所说的屠各族分布范围里，这难道仅仅是巧合吗？

如果从北魏末期匈奴族的历史作用来看，不仅可以明了太武帝初设平原郡为一时权宜之计，亦能知道第二与第三个平原郡兴废之影响。《魏书·肃宗纪》载正光五年(524)"三月，沃野镇人破落汗拔陵聚众反，杀镇将，号真王元年"。周一良先生就此认为："发动六镇的大乱，第一个揭竿而起的北人并非鲜卑，乃是少数民族中的匈奴。从'世领部落''部下一万人'等话看起来，他们在北边也有相当的实力"。④高敏先生认为在隋末的动乱中，依旧有"秦陇地区的屠各胡人之参加"⑤，也反映出族群在地域聚居上的一种惯性。

可以说在整个北魏一朝，有关匈奴在今之山西、宁夏、甘肃、陕西活动的记载不绝于史，这也成了第三个平原郡设立之背景及意义，故而这个郡虽然和其他的平原郡相比所辖的地域最小，但就北魏本朝(至于534年)而言，却可能是存在时间最长的一个。

四、地方行政单位变迁中的"汉化"因素

北魏统一北方的进程，也是逐步接受中原传统的行政制度的过程，体现着孝文帝"汉化"改革之前的不断量变。但这并不等于其间没有反复，北魏在设置平原郡上的变化，一半以上与此直接相关。

如果说北魏建国之初出现的平原郡是取得幽燕之地后在地方行政制度上的一种自然延伸，那么接下来就是为了军事考虑而另行安排，于是在涿鹿之阳另立新的平原郡取代前者。两者相比，后者已无传统汉制之实，只是借了个名头，反映了当时河北胡汉力量对比的实际形势。

此后设立的作为侨郡的平原郡，标志着北魏政权对被征服地区民族政策之改变，即从把他们纳入鲜卑化的分部制，转为由传统的州郡制来进行管辖，或许是后者有着更鲜明的地域范围，便于厘清权

---

① 《通典》卷一九六《边防典十二》。宣帝当为宣武帝元恪，跂野当为沃野。
② 周伟洲：《敕勒与柔然》，上海：上海人民出版社，1983年，第123页。
③ 唐长孺：《魏晋杂胡考》，载氏著《魏晋南北朝史论丛》，北京：生活·读书·新知三联书店，1955年，第396页。
④ 周一良：《北朝的民族问题与民族政策》，载氏著《魏晋南北朝史论集》，北京：北京大学出版社，1997年，第124页。
⑤ 高敏：《隋末农民起义中的少数民族初探》，载氏著《中华古史求索集》，北京：中华书局，2005年，第132页。

力运用之界线。北魏建立之初，道武帝亦曾大量迁徙被征服区域的居民以充实京畿及周围地带，"既定中山，分徙吏民及徒何种人、工伎巧十万余家以充京都，各给耕牛，计口授田。天兴初，制定京邑……其外四方四维置八部帅以监之，劝课农耕，量校收入，以为殿最"。①这些迁入平城及周边地区的各族民众是被收纳在鲜卑传统的部落制里，作为部落的新加入者，也是他们称为"新民"的原因。而在426—427年间所设的平原郡却是以传统的地方行政制度来管辖迁徙来的其他族众，无疑是北魏政治体制上的一大变革。将这些民众由"部名"转化为州郡制下的"编民"，至少在一定程度上反映出他们的经济形态从游牧转向农耕过程中的一个片段。在中古史里，农业化也意味着汉化，所以对"平原郡"作为地名地位的坚持，无论如何都可以看作汉化的一种象征，从而在不经意间成了制度变换的标志之一。

侨置的平原郡并非孤例，此后北魏又设置了一些类似的"侨郡"。如"魏天安三年齐平，徙其民于县，立平齐郡"。②这里被迁的民是指魏军攻占刘宋的青州、齐州之后降服的所谓"青齐士望"。又如太和八年司州所属的万年郡和平凉郡，也是与太延元年（435）二月安置"长安及平凉民徙在京师"③相关，而非原本的万年、平凉。④此外，东魏孝静帝天平年间"于时朝廷分汲郡、河内二界挟河之地立义州，置关西归款户，除（朱）元旭义州刺史"。⑤以"归款户"所组建的"义州"的地方长官并非出于归款户中的领头人，而由朝廷指派，从这点上看已经不是侨置了，但作为统治策略的体现，和早先的平原郡性质上是一致的，且因为郡民多是汉族，因而更趋近于传统的行政体制了。

由于都是出于如何更好地管治被征服地域民众之目的，不管他们是匈奴族还是汉族，都有着一些较为特殊的制度设计。《魏书·官氏志》载北魏前期"制诸州置三刺史，刺史用品第六者，宗室一人，异姓二人，比古之上中下三大夫也。郡置三太守，用七品者。县置三令长，八品者"。魏军占领青、齐诸州后，将一部分当地士民迁至平城附近设"平齐郡"安置，另一部分则留下来分治之，大概东平原郡也是如此。若房法寿降魏后，"诏以法寿为平远将军，与韩骐骥对为冀州刺史，督上租粮。以法寿从父弟灵民为清河太守，思顺为济南太守，灵悦为平原太守，伯怜为广川太守，叔玉为高阳太守"。⑥这里，一是房灵悦所任的平原太守当为东平原郡太守；二是，其职务恐怕亦和其从兄同为该郡三太守之一。其实，北魏由拓跋素所组建的平原郡有民众但无关于郡守的讯息，相关记载中唯一披露的名词是休屠郁原。这些族众的首领也应该出任此平原郡的长官，且很可能依照"郡置三太守"之例而为郡守之一。而北魏置三太守或三刺史的州郡之民众基本上系被征服的非鲜卑族人，不管他们是汉族还是匈奴族，在边缘地区更是如此。这也是军镇和州郡能够重叠设置与变换的原因之一，不过太和改革之后，这个非传统的制度恐怕也随之放弃了。取而代之的是根据皇帝的旨意对地方行政体制规范化，若太和末罢军镇以重置平原郡，使之承袭汉晋旧制。

北魏设置平原郡等所谓"侨郡"都是出于政治策略上的考虑，基本上是根据形势而定，当然也会随

---

① 《魏书》卷一一○《食货志》。

② 《水经注》卷一三，第419页。天安三年当为皇兴三年（469）。

③ 《魏书》卷四上《世祖纪上》。

④ 参见严耀中：《北魏平凉郡考》，载《北朝研究》，1996年第3期。

⑤ 《北史》卷四五《朱元旭传》。

⑥ 《魏书》卷四三《房法寿传》。

形势变化而变化，甚至废除或移位，故而在时空上有着很明显的临时性。这中间，北魏统一中国北方是一条时间线，孝文帝将国都由平城迁至洛阳是一条更重要的时间线，一些较为特殊的地方行政单位往往以这两条线为界而发生变动。如第五个平原郡的出现是和孝文帝改革的大潮分不开的，迁都洛阳标志着北魏政治和军事重心的南移，也是促使拓跋鲜卑的汉化走向高潮。"至孝文锐意华化，对于此一为魏晋南朝所无之军镇制度，逐渐废除，尤以太和十一年至迁都前后所废尤多"。[①]这一体制变更体现着《易·系辞传上》所谓"化而裁之存乎变，推而行之存乎通"，而形成再也难以回头的大趋势。

五、导致北魏平原郡情况复杂多变的主要因素

平原郡在北魏只是地方上的一个中等行政单位，前后竟发生了以上所述的如此复杂之变化，原因是什么？各种情况表明平原郡之设置是为了适应当时北魏的政治形势，制度是为政治服务的，虽然背景各异，先后存在于北魏的各个平原郡之兴废也都一样。具体说来有着以下几个原因：

首先，北魏始终处于战争状态，无论是在定都平城的前期还是以洛阳为京师的后期，因此地方行政单位的设置与废止都要从军事、政治等各个角度进行考量。军镇和州郡之间的相互转换也是迎合形势需要的应变之道。尤其是战争带来数量众多的流民或移民，不便与他们迁入地的原住民混居，需要设立诸如"侨郡"等新地方单位，却又往往随地势而借用旧名，所谓"平原"郡可以作为典型。此外，因为"平原"是常见的重要农业之地理现象，平原郡又是两汉以降传统名郡，所以不仅东晋南朝，而且后燕、前秦、南燕等政权也是或继承或侨置着各自的平原郡。在北魏扩展疆域的过程中占领了这些地区后，一般先是临时保留原有地方建制以求稳定，接着根据需要决定存废，或者加上方位前缀以示区别，但这样子一来就不可避免地增添地名上的混乱。

其次，北魏作为拓跋鲜卑统治的王朝，如何摆平包括汉族在内的诸异族始终是政治上的第一考虑。这包括地方行政建制的废立，一如本文前面所述说。

再次，北魏自身的政治变故所致。这包含两个方面，一是京都从平城迁至洛阳，不仅使一些地名随之改变，如平城所在从司州变成恒州，更重要的是由于政治中心的转移也连带着地方重要性变化而进一步使行政单位变动。如太和改革的汉化使平齐民依例还乡后，"平齐郡在组织与名称当然都无存在必要了"[②]，其实平原郡郡名在时空中的变化也是受此影响。二是北魏后期政治上的严重腐败，其中也含有利用制度争权夺利，所谓"魏自孝昌之季，数钟浇否，禄去公室，政出多门……是使豪家大族，鸠率乡部，托迹勤王，规自署置。或外家公主，女谒内成，昧利纳财，启立州郡。离大合小，本逐时宜，部竹分符，盖不获已，牧守令长，虚增其数，求功录实，谅足为烦，损害公私，为弊殊久"。[③]陈仲安和王素先生由此认为这是北魏后期乃至东魏、北齐"州郡县的分割也非常零碎"[④]的一个重要原因，这当然也会造成地名上的混乱。前文所提及各个平原王国、平原公国和平原郡在地名上的不断交错切换，可证陈、王两

① 严耕望：《中国地方行政制度史——魏晋南北朝地方行政制度》，上海：上海古籍出版社，2007年，第794页。
② 严耀中：《平齐民身份与青、齐士族集团》，载《上海师范学院学报》，1983年第1期。
③ 《北齐书》卷四《文宣帝纪》载天保七年（556）十一月诏。
④ 陈仲安、王素：《汉唐职官制度研究》，北京：中华书局，1993年，第167页。

位先生所见极是。

最后，是出于史料方面的因素。由于北魏前期的史料相对稀少，后期则陷于混乱，尤其是地方制度方面的。一如《魏书·地形志序》中有关地方建制的往往只能记载凌乱而互不连贯，尤其是"孝昌之际，乱离尤甚。恒代而北，尽为丘墟；崤潼已西，烟火断绝；齐方全赵，死如乱麻。于是生民耗减，且将大半。永安末年，胡贼入洛，官司文簿，散弃者多，往时编户，全无追访……州郡创改，随而注之，不知则阙"。此外，魏收身处分裂中的北朝，致使他所见史料乃至其自身的视角未免褊狭，应该也是一个主客观兼有的原因。

总之，鉴于上述种种，对北魏一朝所设立的诸平原郡要进行更多的考证，对此现象之背景和意义还需要作更多的探索和诠释。

陕北地区的丝绸之路

杨　蕤

（北方民族大学）

“无数铃声遥过碛，应驮白练到安西。”这是唐代诗人张籍对丝绸之路繁盛景象的描写：长安城中成群结队的西域胡商、琳琅满目的西域商品、热情奔放的西域胡旋舞业已成为包容、开放盛唐气象的文化表征。长安、河西走廊、敦煌、西域等这些地名也与丝绸之路紧紧联系在一起。在常人眼里，历史上陕北地区既无经济上的富庶，也无经商贸易的传统，似乎和丝绸之路没有什么关联。其实不然，陕北地区也曾是丝绸之路经过的重要区域。拙文分四个阶段，大致梳理出陕北地区丝绸之路发展演变的历史脉络。

玉石为媒：早期的陕北地区与西方的交往

“人猿相揖别，只几个石头磨过，小儿时节。”史前时期，陕北大地上发生了什么，目前难以说得很清楚，但还是能寻摸到一些东西方交流的信息，其中最具有价值的便是2012年中国十大考古发现之一的石峁遗址。石峁遗址中流失以及出土的大量玉器极大地提升了遗址的文化内涵。高品质的玉器诉说着这里曾经有过的高度文明，但也留下难以解开的谜团，其中之一便是这些玉器从何而来？此问题成为了解陕北地区早期阶段与西方交往交流的重要窗口或观察点。关于石峁遗址中玉器玉料的来源问题，学术界存在两种看法，一种认为，陕北地区史前遗址包括石峁遗址中的玉料基本来自陕北本地或者附近地区；另一种则认为石峁遗址中的玉料是外地输入的，并且有可能来自三个地方：一是辽宁岫岩，二是今天俄罗斯的贝加尔湖地区，三是甘肃、青海甚至新疆地区。由于目前在陕北及周边地区尚未找到合适的玉料产地或者玉矿资源，玉料从外部输入的可能性更大一些。因此，我们可以做出这样的判断：在早期阶段，陕北地区以玉料为媒介的东西方交流交往就已存在。事实上，这样的判断不仅仅立足于石峁遗址出土玉器的单一证据，有关欧亚大陆东西方交流已经是学术界关注多年的问题，也有一些其他方面的有益证据。例如在宁夏银川市东部的水洞沟遗址中就出土了大量与欧洲同时期极为相似甚至相同的石器，而在中国其他地方却极少发现此类石器。水洞沟遗址属于旧石器时代晚期，大约距今3万—4万年。学者们由此推测，在旧石器时代晚期欧洲或者西伯利亚地区的一群原始居民迫于严寒或其他原因，经过长途跋涉，来到今天宁夏水洞沟这个地方居留，成为丝绸之路的“先行者”。这一观点已经引起国外考古学界的关注。有关玉器东传的典型例子就是安阳殷墟遗址妇好墓中出土了大量精美的玉器，经测定这些玉器的玉料基本上来自今天新疆和田地区，是为玉料东传的铁证。甲骨文中有不少记述商王不断征讨北方少数民族的记载，一些学者推测其根本原因就是迫使他们不断地向商王贡玉,具体运输路线就是通过北方草原地带进入中原腹地。近年来,朱鸿、叶舒宪等学者提出距今4000年左右,新疆的和田玉就开始进入内地,而石峁遗址就位于这条"玉石之路"的黄河段上。这样的推测也并非空穴来风,事实上,由于陕北地区刚好处于北方草原与中原农耕的"中间地带",这一地理特征决定其在沟通东西方交流方面的枢纽作用,相信今后随着考古资料的增多,这一特征将更为凸显。

沙漠古都:丝绸之路上的统万城

"茫茫沙漠广,渐远赫连城。"在今人的印象中,统万城就是静立在毛乌素沙地中的一处古代废墟,繁华尽落,容颜不再。事实上,就是这样一座废墟,曾经是沟通中西方的"国际都会"。

大约距今1600年前,匈奴人赫连勃勃建立大夏政权,并在毛乌素沙地南缘兴筑统万城,势力盛极一时;可惜好景不长,大夏政权只存活了二十多年的时间就被北魏政权所灭,但这座城市并不短命,它并未随着大夏政权的覆亡而退出历史舞台,而是为后世所沿用。《魏书》卷四记载,北魏攻占统万城后,除了将大夏国皇室成员、宫女妻妾数万人当了俘虏,一并掳掠的还有不可胜计的奇珍异宝:"车驾入城,昌群弟及其诸母、姊妹、妻妾、宫人万数,府库珍宝车旗器物不可胜计,擒昌尚书王买、薛超等及司马德宗将毛修之、秦雍人士数千人,获马三十余万匹,牛羊数千万。以昌宫人及生口、金银、珍玩、布帛班赍将士各有差。"这些金银财宝中有一部分应该是从西域地区贩运而来的物品,因为统万城就处于当时的丝路要道上。《统万城铭》中也有"九域贡以金银,八方献其瑰宝"的信息。

北魏攻占统万城以后,在此设立统万镇,后又改设夏州治所,并成为通往西域的重要驿站。北魏前期的都城在平城,即今山西大同。当时从大同到西域的交通路线大致为:从山西北部越过黄河进入鄂尔多斯地区,沿今毛乌素山地南缘途经统万城后,西南行,直抵高平镇,即今宁夏固原,继而西行进入河西走廊,最终到达西域地区。北魏时期,西域诸国的商人、使节就沿着这条道路往来于丝绸之路上,尤其是北魏征服北凉政权后,控制了河西走廊,中西交通畅通无阻,往来的丝路商人、使团更为频繁,而统万城则是他们的必经之地。这种局面持续到北周时期。这一情况也能得到文物考古方面的证据支持,最有说服力的就是20世纪90年代在靖边县红墩界乡席季滩村的北周翟曹明墓。该墓墓志中明确讲到墓主人翟曹明为"西国人也",实际上就是汉唐时期丝绸之路上的主要商人粟特人的后代,说明统万城不仅是丝绸之路上的重要节点,而且一些西域商人在此居留下来。统万城在国际商道上的地位和影响由此可见一斑。

天可汗道:唐代通往漠北的丝绸之路

"献号天可汗,以覆我国都。"隋唐时期以长安为首都,开创了丝绸之路最为辉煌的时代,但丝路繁盛的局面只是局限在唐朝中前期,唐代后期的情况就大为不同:由于黄巢起义以及藩镇割据的影响,唐后期实际上是一个乱世。这在杜甫的诗文中有真切的体现:"世乱遭飘荡,生还偶然遂""万国尽征戍,烽火被冈峦"。诸如此类的表述无疑成为杜甫诗作中的主题,足以看出唐代晚期社会的动荡不安。更为棘手的是,吐蕃等势力占领了河西走廊等地区,"要从此路过,留下买路财。"割据政权的战乱、抢夺以及重税政策严重地影响西域商旅的往来。因此这一时期丝绸之路的路线发生一些变化:改走从长安北上,进入蒙古高原,再西行到达西域地区的路线。此路线又称"天可汗道"。

从长安到蒙古高原，大致有东、中、西三条路线：东线是途经今山西方向的；中线是途经今陕西省方向的；而西线则是途经今甘肃、宁夏方向的。其中中线和西线要经过陕北地区。

根据严耕望《唐代交通图考》一书，唐代陕北地区进入长安有两条道路可走：一条为从今府谷、神木出发，途经银州即今横山党岔继而沿无定河南下，再经今清涧、延川，折而西南到达延安，继续南下进入关中。实际上与今天的210国道基本重合；另一条是从延安北上途经今安塞，翻越芦子关（今靖边县天赐湾镇楼关梁一带）到达夏州（统万城），然后穿越毛乌素沙地，抵九原县，即今内蒙古后套地区，继续西北行进入蒙古高原。此条路线与今天的包茂高速公路基本一致。延安市就成为两条路线的交会点，以南的部分合二为一。需要指出的是，途经夏州的路线就是唐代后期通往西域的丝绸之路一部分。这条路线在史籍中也有记载，如《新唐书》卷四三记载了唐代与周边各国各民族的交通道路共有七条，其中就有"夏州塞外通大同云中道""中受降城入回鹘道"两条道路，实际上就是从长安出发途经陕北地区，穿越毛乌素沙地进入塞外蒙古高原的道路。北方少数民族尤其是回鹘人就沿着这条道路源源不断地进入中原地区进行丝路贸易，影响甚广。

唐代的灵州也是进入蒙古高原的重要据点，其位置大致位于今宁夏吴忠市附近，与今天的宁夏灵武关系不大。如果从灵州到长安，中间要经过五原县或盐州这个点。关于唐代盐州的确切位置，现在没有一个统一的说法，也没有发现相关的考古证据。学者们大致推测唐代盐州应该位于今定边县城以南一带的区域。由此可见，隋唐时期今陕北地区的西缘地带也是丝绸之路经过的区域。

党项渔利：西夏时期陕北地区的丝路贸易

"北买党项马，西擒吐蕃鹦。"党项势力的崛起是唐末五代以来西北地区政治格局的重要变化之一。学术界有一种观点认为，由于党项、吐蕃、回鹘等割据势力的存在，唐末以来陆上丝绸之路从此断绝不通。客观地讲，唐末以来陆上丝绸之路的确有衰落颓废之势，丝路贸易的规模、文化的影响大不如前，但丝绸之路不至于到了断绝不通的地步，只是贸易方式、贸易路线等方面与前朝相比发生了不少变化。这一时期，陕北地区基本为党项或西夏政权所控制，仍然有一些丝路商贾或域外丝路商品进入陕北地区。

《册府元龟》卷九八〇记载："鄜州以回纥可汗所与书来上，制以左监门卫上将军杨沼为右骁卫上将军，押领回纥等还蕃。"鄜州即为今天陕西延安富县一带。文献讲的是鄜州官员与回鹘首领接洽的有关事宜。回鹘为今天维吾尔族的祖先，西夏时期居住在西域及河西走廊一带。这些回鹘人出现在陕北富县一带，所走的路线应该是从河西走廊进入西夏的京畿地区，然后东行至夏州再折而南下。有学者认为夏州城（统万城）在宋初就毁弃于宋朝军队之手，事实并非如此，夏州城一直是西夏东部的重要据点，并且继续发挥着丝路驿站的功能。《宋史》卷四九〇讲道："回鹘使不常来，宣和中，间因入贡散而之陕西诸州，公为贸易，至留久不归。朝廷虑其习知边事，且往来皆经夏国，于播传非便，乃立法禁之。"西夏时期的陕西诸州包括今陕北北部的部分州县。这则文献明确讲到西夏时期西来的回鹘商人在陕西进行贸易买卖的史实。夏州应是其重要的途经据点。夏州还处于从西域或今甘青地区进入辽朝的交通孔道上，实际上就是沿着毛乌素沙地南缘进入辽朝腹地，大致相当于今天陕北地区的北部边缘地带。这在宋代文献中也有明确记载。《续资治通鉴长编》卷三一四记载："麟府路最当契丹、夏人交通孔道。"

麟府路就是今天的神木、府谷一带。日本人把这条商道称之为"漠南路"。而在陕北定边、靖边、内蒙古乌审旗等地发现不少西夏时期的钱币窖藏也可以间接地证实这条商道的存在。

西夏政权还利用地缘优势大做丝绸之路的转手贸易。西夏境内有不少来自西域或更远地区的商品，如珊瑚、琥珀、乳香、琉璃、玛瑙等，实际上就是转手贸易的丝路商品。在西夏与北宋边界地带，即今吴旗、安塞、绥德一线就有不少边贸市场，这些丝路商品就可以在这些市场上交易、流通。例如今天吴起县顺宁镇一带在西夏时期就是一处比较大的榷场（市场）。可见在这一时期，陕北地区也是丝绸之路商品流通和丝路商旅往来的重要区域。

综上可见，陕北地区的确与丝绸之路有着许多瓜葛，是今后丝绸之路研究中应该予以关注的区域，也应成为陕北地方史研究中的重要内容。通过对陕北地区丝绸之路历史演变的梳理，我们发现其具有三方面的特点：

第一，从时间的维度看，丝绸之路的兴衰演变总能在陕北大地上找到相应的历史印痕。无论是迷雾待解的史前时期，还是丝路畅通的李唐盛世，陕北地区都是丝绸之路经过的区域；换句话说，陕北地区"全程参与"了东西方物质文化交流的历程。明清之后，由于闭关自守的国策和海上贸易的繁荣，通过陆上与西方的交流、交往活动日趋减少，丝绸之路在西北地区逐渐演变为区域性的贸易活动，陆上丝绸之路也就基本偃旗息鼓了。当然，明清时期陕北地区与蒙古族所居地区有着频繁的贸易活动，一些陕北民众甚至组织驼队，长途贩运茶叶等物品。这当为丝绸之路以外的话题了。

第二，从地理的维度看，陕北地区具有"南北交会、贯通东西"的丝路交通特点。经过陕北地区的丝路商道，既有东西向的，如前文提及的"漠南路"，也有南北向的，如唐代的"可汗道"。这一现象与陕北地区所处的地缘特征有一定关联，既处于中原腹地与北方草原的连接带，又处于东部汉族区与西部少数民族区的中间带。需要指出的是，在很长的历史阶段，统万城一直是丝绸之路上的重要节点，而且还是东西南北丝路交通路线的重要交会点，是丝绸之路通行陕北地区最有力的一个地理坐标，因此切不可低估其在丝绸之路上的作用和地位。

第三，从传播的维度看，丝路文化也是陕北文化中的重要因子。多元性是陕北文化的重要特征，丝路文化恐怕就是其中的"一元"。一方面，丝绸之路经过陕北地区，给陕北文化带来包容开放、勇于吸纳的文化气质。今天，我们仍然能够在陕北文化中找到大量丝路文化的因子，限于篇幅，恕不枚举。另一方面，一些丝路商旅留居在陕北地区，杂居交融，形成了现在的陕北人。例如，近年来在陕北地区出土了不少唐代粟特人的墓葬。粟特人原居地在中亚地区，又称"昭武九姓"人，是汉唐时期丝绸之路上的主要商人，以康、安、曹、石、米、何、火寻、戊地、史九姓为主。今天陕北地区的上述姓氏有可能与丝绸之路上的粟特商人存在一定关联。

试论家族在中华民族发展过程中的历史地位

——以建立前凉政权的安定郡乌氏县张氏家族为例

杨永成

（宁夏固原市地方志研究室）

中国是一个家族传统浓厚的国家，聚族而居是中国传统民众生活的主要方式。历代王朝借助家庭伦理、家族制度及道德教化实行社会控制，不同时期家族与国家的关系及家族的治理方式不尽相同。春秋战国以前家族治理表现为家国不分，东汉至南北朝时代则表现为少数豪门大族对社会的控制，而宋代以后则是大众化的家族对社会的组织与管理。

东汉后期至魏晋南北朝时期，家族的典型形式是世族门阀大家族，原有的小家庭和小家族逐渐被以世族门阀为典型形式的大家族所代替，他们已经在社会中占统治地位。"豪人之室，连栋数百，膏田满野，奴婢成群，徒附万计"[①]，"一宗近将万室，烟火连接，比屋而居"[②]，"豪人货殖，馆舍布于州郡，田亩连于方国"[③]，"郡县大姓各拥兵众"[④]，是当时世族门阀大家族统治社会的真实写照。

在西晋丧乱之际，建立前凉政权的安定乌氏县（今宁夏固原东南）张氏家族，自晋惠帝永宁元年（301），张轨出任护羌校尉、凉州刺史，至前秦苻坚建元十二年（376），张天锡战败投降，亡于前秦。世族门阀大家族张氏在前凉割据，控制地方政权，作为西晋王朝的残留部分，是当时中国西北部唯一政局较为安定的地区。张氏及其家族的继承者顺应历史发展采取一系列行之有效、切合实际的治国安邦措施，促进管辖的凉州地区在政治、经济、文化和教育等方面得到进一步发展。

一、张轨及其家族在凉州统治地位的形成

（一）张轨及其家族谱系

张轨（255—314），字士彦，安定乌氏县人，为汉朝常山景王张耳的第十七代孙。家族世代举孝廉，以专攻儒学著名。父张温，为太官令。张轨年少聪明好学，颇有才能声望，姿态仪表文雅端庄，与同郡人皇甫谧交好，隐居在宜阳女几山。晋泰始初年（265），继承叔父恩荫为五品官。中书监张华与张轨谈论经义及政事利弊，十分器重他。卫将军杨珧召他为属官，授职为太子舍人，累迁散骑常侍、征西军司。溢

---

① 《昌言校注·前言》，第251页。

② 《通典》卷三《食货典·乡党》，第265页。

③ 《昌言校注·前言》，第145页。

④ 《后汉书·冯异列传》，第427页。

曰"武公"。①

张轨子张寔、张茂。张寔（273—320），字安逊，314年为都督凉州诸军事、凉州刺史、西平公②，私谥曰"昭公"，晋元帝赐谥曰"元"。张茂（278—324），字成逊，私谥曰"成"。

张寔子张骏（307—346），字公庭，私谥曰"文公"，晋穆帝追谥曰"忠诚公"。324年，前赵主曜拜骏为上大将军、凉州牧、凉王。③

张骏子张祚、张重华、张天锡。张祚（？—355），字太伯，自称大将军、凉州牧。张重华（327—353），字泰临（一字"太林"），私署使持节、大都督、太尉公、护羌校尉、凉州牧、西平公、假凉王，私谥曰"昭公"，后改谥曰"桓公"，晋穆帝赐谥曰"敬烈"。张天锡，字纯故，初字公纯，小名独活，卒于晋桓玄年间。④

张重华子张耀灵、张玄靖。张耀灵（344—355），字元舒，自称大司马、凉州牧，以重华兄祚为抚军将军辅政，私谥曰"哀公"。张玄靖（350—363），字士安，自署使持节、大都督、大将军、凉王，私谥曰"冲公"，晋孝武帝赐谥曰"敬悼公"。张天锡子张大怀、张大豫。⑤

（二）张轨在西晋王朝的影响

晋惠帝时，西晋政权内部为争夺权势，发生了一系列的政治残杀和战争，政局混乱，动荡不安。张轨准备到距洛阳都城较远的河西走廊一带，保据一方，以待发展，于是"以时方多难，阴有保据河西之志，故求为凉州。"⑥当时，晋室公卿也认为张轨"才堪御远"。⑦永宁元年（301），张轨出为持节、护羌校尉、凉州刺史。⑧《晋书·地理志》记载，西晋凉州刺史治所在姑臧（今武威市），辖金城郡、西平郡、武威郡、张掖郡、西郡、酒泉郡、敦煌郡、西海郡8郡，大致范围相当于现在的兰州以西，包括河西走廊、内蒙古部分地区、青海东部地区等。张轨以东汉窦融为榜样，采取了一系列行之有效、切合实际的措施，开始了治理凉州、建功立业的征程。

1.谋略得当，稳定地方

张轨到任凉州后针对不安宁的社会局面，恩威并重，妥善安置分布在河西一带的鲜卑族人，对自漠北西移、侵扰地方的鲜卑贵族若罗拔能部族，张轨曾两度出兵讨伐，斩首若罗拔能及其部族万余级，俘十万余口，安置在河西走廊一带，此举一时威名大震，"遂威著西州，化行河右。"⑨305年，陇西太守韩稚因与秦州刺史张辅不和，便派人将其诛杀，一时之间，朝野震动。张轨得知消息，立即派兵讨伐韩稚，并给韩稚写了一封信，晓之以理，动之以情，韩稚便向张轨投降。张轨平息内讧后，派人觐见南阳王司马模，说明事情的经过。司马模听后，对张轨采用刚柔相济的策略处理内乱一事十分赞赏，当即将一把

---

① 《晋书》卷八六《列传五十六·张轨传》，第1481页。
② 《资治通鉴》卷八九《晋纪十一》，第2356页。
③ 《资治通鉴》卷九三《晋纪十五》，第2446页。
④ 《魏书》卷九九《张轨传》，第1484页。
⑤ 《魏书》卷九九《张轨传》，第1485页。
⑥ 《资治通鉴》卷八四《晋纪六》，第2217页。
⑦ 《晋书》卷八六《张轨传》，第1481页。
⑧ 《资治通鉴》卷八四《晋纪六》，第2217页。
⑨ 《晋书》卷八六《张轨传》，第1481页。

天子所赐之剑送给张轨,明确自陇地以西,一切军政大事皆委托于张轨。

2.匡扶朝廷,效忠西晋

张轨积极辅助西晋王朝,扩大其政治影响。先后遣军讨降杀死秦州刺史张辅的东羌校尉韩稚;拱卫京师,击破围困洛阳的王弥和匈奴贵族刘聪、石勒的军队。当时,京师歌之曰:"凉州大马,横行天下。凉州鸱苕,寇贼消;鸱苕翩翩,怖杀人。"①由此可见,当时凉州张氏在西晋王朝时局动乱中所产生的重大政治影响。张轨骁勇善战,也忠于朝廷。312年,张轨听从凉州主簿马鲂建议,"驰檄关中,共尊辅秦王","遣前锋督护宋配帅步骑二万,径趋长安。"②在当时西晋王朝丧乱之际,"州郡之使,莫有至者,轨独遣使贡献,岁时不绝。"③为此晋帝嘉其忠,大加恩宠,倚为国柱,屡降玺书慰劳。晋惠帝加号张轨为安西将军,封安乐乡侯,邑一千户。晋怀帝进拜张轨为镇西将军,都督陇右诸军事,封霸城侯,寻进张轨为车骑将军、开府辟召、仪同三司。晋愍帝初拜张轨为司空,封西平公,邑三千户,后进拜张轨为侍中、太尉、凉州牧。④316年,张寔"遣将军王该帅步骑五千入援长安,且送诸郡贡计",诏拜寔都督陕西诸军事,以寔弟茂为秦州刺史。⑤张轨卒前曾遗令:"文武将佐咸当弘尽忠规,务安百姓,上思报国,下以宁家。"⑥表明张轨具有多干实事、不图升迁的高风亮节,同时也向世人及子孙表明自己对西晋朝廷的一片忠心,绝不做位高权重、图霸一方之人。315年,凉州军士张冰得玺,文曰"黄帝行玺",献于张寔,僚属皆贺,寔曰:"是非人臣所得留",遣使归于长安。⑦

3.置郡设县,大城姑臧

张轨摄政凉州以后,面对动乱带来数量巨大的难民,上书朝廷将流民安置于姑臧西北,另设武兴郡,下辖武兴、大城、乌支、襄武、晏然、新鄣、平狄、司监等八县,后又在西平郡(今青海西宁市)设置晋兴郡(今青海民和县西北,湟水南岸)以收容流民。同时大兴土木,便修建城姑臧(今甘肃武威),作为其统治中心,积极扩充势力、外御强敌,加强其统治地区的政治、经济及文化教育等方面的建设,逐步确立了张氏家族在凉州的统治地位。西夏时期《凉州重修护国寺感应塔碑》记载张轨曾在姑臧旧城内修筑宫殿⑧,张氏继任者又对姑臧城进行扩建,张茂"大城姑臧,修灵钧台"⑨,张骏又于姑臧城南筑城⑩使得凉州城"王公设险,武夫重闭"⑪,从而使姑臧城成为河西政治中心、军事重镇。张氏家族经五代,历九主,计七十六年,以凉州姑臧城(今甘肃武威)为统治中心,"跨据三州(凉州、河州、沙州),带甲十万,西包葱岭,东距大河。"⑫

---

① 《晋书》卷八六《张轨传》,第1482页。
② 《资治通鉴》卷八八《晋纪十》,第2323页。
③ 《资治通鉴》卷八六《晋纪八》,第2289页。
④ 《魏书》卷九九《张轨传》,第1483页。
⑤ 《资治通鉴》卷八九《晋纪十一》,第2368页。
⑥ 《晋书》卷八六《张轨传》,第1484页。
⑦ 《资治通鉴》卷八九《晋纪十一》,第2364页。
⑧ 李元辉:《张轨治理凉州》,《甘肃日报》,2023-04-13(9)。
⑨ 《资治通鉴》卷九二《晋纪十四》,第2441页。
⑩ 《资治通鉴》卷九五《晋纪十七》,第2516页。
⑪ 《资治通鉴》卷九二《晋纪十四》,第2442页。
⑫ 《资治通鉴》卷一〇〇《晋纪二十二》,第2642页。

（三）摄政前凉的张氏家族其他成员

自前凉开国之祖张轨（301—314）摄政凉州，先后继统前凉的张氏家族成员有：张寔（314—320）、张茂（320—324）、张骏（324—346）、张重华（346—353）、张耀灵（353—354）、张祚（354—356）、张玄靖（356—363）、张天锡（363—376），历九主、凡七十六年。其间，张氏家族始终将凉州作为其长期发展自保的基地。

张茂自称："承先人余德，假摄此州，以全性命，上欲不负晋室，下欲保全百姓。"①324年，张茂疾病，执世子骏手泣曰："吾家世以孝友忠顺著称，今虽天下大乱，汝奉承之，不可失也。"②327年，张骏闻赵兵为后赵所败，乃去赵官爵，复称晋大将军、凉州牧。③330年，赵遣鸿胪孟毅拜骏征西大将军、凉州牧，加九锡，骏耻为之臣，不受，留毅不遣。④332年，凉州僚属劝张骏称凉王，领秦、凉二州牧，置公卿百官如魏武、晋文故事。骏曰："此非人臣所宜言也。敢言此者，罪不赦！"⑤

二、张氏家族与前凉的政治兴盛

张轨及其后代为凉州社会安定、经济繁荣、文化发展及人文教化等作出了卓越贡献。《晋书》中这样评价张氏家族：三象构氛，九土瓜分；鼎迁江介，地绝河渍；归诚晋室，美矣张君；内抚遗黎，外攘逋寇；世既绵远，国亦完富；杖顺为基，盖天所佑。

（一）六拒封官，青史流芳

张轨治理凉州，有一段"六拒封官"的佳话。308年，因为张轨派兵击退叛军、保卫洛阳之功，晋怀帝派人晋封张轨为西平郡公，张轨认为勤王本是为臣应尽之责，拒绝封官；311年，因为张轨送物资接济洛阳，晋怀帝又派使者晋拜张轨为镇西将军、都督陇右诸军事，封霸城侯，又升张轨为车骑将军、开府仪同三司，被张轨谢绝，第二次辞谢封官；312年，秦王司马邺立为皇太子后，立即派使者前往凉州，拜张轨为骠骑大将军、仪同三司，张轨坚决辞谢，第三次拒绝封官；同年，皇太子司马邺又派使者向张轨重申先前的授命，张轨依旧推辞，第四次拒绝封官；313年，晋怀帝被刘聪杀害，司马邺正式继位，是为晋愍帝，司马邺再次派出使者升张轨为司空，张轨坚辞不受，第五次拒绝封官；314年，晋愍帝派大鸿胪辛攀拜张轨为侍中、太尉、凉州牧、西平公，张轨又坚决辞谢，第六次拒绝封官。

（二）招贤纳士，任人唯贤

张轨治理凉州时任用有才干的地方豪杰宋配、阴充、汜瑗、阴澹等人为股肱之谋，稳定地方统治秩序。张轨命有司将凉州自立州以来的清贞德素、嘉循遗荣者，高才硕学、著述经史者，临危殉义、杀身为君者，忠谏而婴祸、专对而释患者，权智雄勇、为时除难者，谄佞误主、伤陷忠贤者，详细具状以闻，分别给予任用和处置。张轨此举，深得人心，"州中父老，莫不相庆。"⑥

---

① 《晋书》卷八六《张轨传》，第1489页。
② 《资治通鉴》卷九三《晋纪十五》，第2449页。
③ 《资治通鉴》卷九三《晋纪十五》，第2465页。
④ 《资治通鉴》卷九四《晋纪十六》，第2492页。
⑤ 《资治通鉴》卷九五《晋纪十七》，第2500页。
⑥ 汤球：《十六国春秋辑补》卷六七《前凉录·张轨传》，第2356页。

（三）德政有为，深得民心

张轨晚年患风，口不能言。时任酒泉太守张镇，企图以秦州刺史贾龛取而代之，贾龛也有意统治凉州。贾龛之兄对其说："张凉州一时名士，威著西州，汝何德以代之？"①此事遂作罢。当时，凉州大族张越计言张氏霸凉，企图取代张轨统治凉州。张轨迫于压力，亦有意去职归老。其长史王融、参军孟畅等谏曰："晋室多故，人神涂炭，实赖明公抚宁西夏"，"刺史之莅臣州，若慈母之于赤子；百姓之爱臣轨，若旱苗之得膏雨……当有迁代，民情嗷嗷，如失父母。"②这些话语虽有吹捧之嫌，但从侧面也能反映出张轨在凉州的德政是深得民心的。

（四）内抚百姓，修己安民

晋永嘉年间，长安城广泛流传的一首歌谣："秦川中，血没腕，唯有凉州倚柱观。"③在西晋王朝战乱纷争之际，张氏统治的凉州地区，是中国西北部唯一的政局较为安定的地区。当时后汉兵"覆关中，氐、羌掠陇右，雍、秦之民，死者什八九，独凉州安。"④中原大批人民为避免战祸，纷纷逃亡于此。尤其在晋都城洛阳陷落后，"中州避难者日月相继"⑤，逃奔凉州的情况下，张轨"上表请合秦、雍流移人于姑臧西北，置武兴郡"，"又分西平界，置晋兴郡"⑥，妥善安置逃亡于此的大批流民。当时，晋秘书监缪世征和少府挚虞相与言曰："天下方乱，避难之国唯凉土耳。"⑦由于大批中原避难者来到凉州，加之晋室南阳王司马保卒后，"其众散奔凉州者万余人"⑧，张轨都予以收容，妥善安置，这虽然增加了凉州地方的负担，但这些来自中原地区的人民，同样也带来了先进的劳动生产技术和大量的劳动力，使凉州地区得以进一步加速开发和建设。

（五）轻刑纳谏，民富兵强

张寔"凡百政事，皆延访群下，使各尽所怀，然后采而行之。""所部吏民有能举其过者，赏以布帛羊米。"⑨321年，张茂筑灵钧台，武陵阎曾夜叩府门呼曰："武公（张轨谥武公）遣我来，言'何故劳民筑台'。"有司以为妖，请杀之，茂曰："吾信劳民，曾称先君之命以规我，何谓妖乎！"乃为之罢役。⑩张骏继统前凉，"历操改节，勤修庶政，总御文武，咸得其用，远近嘉诵，号曰积贤君。"⑪"骏勤修庶政，总御文武，咸得其用，民富兵强，远近称之以为贤君。"⑫324年十二月，凉州将辛晏据袍罕，张骏将讨之，从事刘庆谏曰："霸王之师，必须天时、人事相得，然后乃起。"骏乃止。⑬326年，张骏畏赵人之逼，徙陇西、南安民二千余家于

---

① 《晋书》卷八六《张轨传》，第1482页。
② 《晋书》卷八六《张轨传》，第1483页。
③④ 《资治通鉴》卷九〇《晋纪十二》，第2378页。
⑤ 《晋书》卷八六《张轨传》，第1483页。
⑥ 《晋书》卷一四《地理志》，第280页。
⑦⑧ 《晋书》卷八六《张轨传》，第1481页。
⑨ 《资治通鉴》卷八九《晋纪十一》，第2368页。
⑩ 《资治通鉴》卷九一《晋纪十三》，第2416页。
⑪ 《晋书》卷八六《张骏传》，第1492页。
⑫ 《资治通鉴》卷九五《晋纪十七》，第2516页。
⑬ 《资治通鉴》卷九三《晋纪十五》，第2454页。

姑臧。①328年，张骏欲乘虚袭长安，理曹郎中(掌刑狱)索询谏曰："刘曜虽东征，其子胤守长安，未易轻也，借使小有所获，彼若释东方之图，还与我校，祸难之期，未可量也。"骏乃止。②这时前凉"境内渐平""刑轻国富""尽有陇西之地，士马强盛，虽称臣于晋，而不行中兴正朔。"③国力强盛，政局更加稳定。

(六)治理凉州，疆域广大

张氏政权以凉州为基地，逐步拓地扩疆，尤其向西发展，控制葱岭西域诸国。333年，东晋成帝司马衍诏拜张骏为镇西大将军、校尉、刺史、西平公，都督陕西雍、秦、凉州诸军事。335年，张骏遣将杨宣率众越流沙，征伐西域龟兹、鄯善等地。345年，伐焉耆，西域并降，"西域诸国焉耆、于寘之属，皆诣姑臧朝贡。"④献给前凉汗血马、火浣布、犎牛、孔雀、巨象及诸珍品二万余品，"鄯善王元孟献女，号曰美人，立宾遐观以处之。"⑤345年，张骏分武威、武兴、西平、张掖、酒泉、建康、西海、西郡、湟河、晋兴、广武十一郡为凉州，以长子张重华为刺史；分兴晋、金城、武始、南安、永晋、大夏、武成、汉中八郡为河州，以宁戎校尉张瓘为刺史；分敦煌、晋昌、高昌、西域都护、戊己校尉、玉门大护军三郡三营为沙州，以西胡校尉杨宣为刺史。张骏自署大都督、大将军、假凉王，督摄三州。并"始置诸祭酒、郎中、大夫、舍人、谒者之官，官号皆拟天朝，而微辨其名。舞六佾，建豹尾，车服旌旗，一如王者。"⑥《晋书》的编者房玄龄等人认为，张氏统治前凉时期，"茂、骏、重华资忠踵武，崎岖僻陋，无忘本朝，故能西控诸戎，东攘巨猾，绾累叶之珪组，赋绝域之琛寶，振曜遐荒，良由杖顺之效矣。"⑦前凉张氏政权达到鼎盛期时，其疆域"南逾河湟，东至秦陇，西包葱岭，北暨居延"⑧，继续发挥着河西走廊经济文化的中心作用。

三、张氏家族与前凉地区的经济社会发展

张轨及其继任者修身与治国并举、虚心纳谏，执行选贤任能的用人政策，推行修己安民的重民政策，扶持儒家名教的文化政策，对前凉地区的经济社会发展影响极大。

(一)注重民生，劝课农桑，发展地方经济

前凉统治的河西、陇右地区，地处丝路要冲，各路商贾云集，从来都是有名的牧区，盛产良马等畜牧产品。凉州地区也有比较发达的农业，尤其在甘州和凉州之间，早在汉代便开始利用祁连山的雪水，开凿渠道，引水灌田，"民物富庶，与中州不殊。"⑨但由于长期的战乱，凉州地区的农牧业经济和商品交流遭受到极大的破坏。

晋泰始年间，"河西荒废，遂不用钱，裂匹以为段数。缣布既坏，市易又难，徒坏女工，不任衣用。"⑩

---

① 《资治通鉴》卷九三《晋纪十五》，第2464页。
② 《资治通鉴》卷九四《晋纪十六》，第2478页。
③ 《晋书》卷八六《张骏传》，第1492页。
④ 《资治通鉴》卷九五《晋纪十七》，第2516页。
⑤ 《晋书》卷八六《张骏传》，第1490页。
⑥ 《魏书》卷九九《张骏传》，第1484页。
⑦ 《晋书》卷八六《张轨传》，第1502页。
⑧ 《读史方舆纪要》，第2451页。
⑨ 《文献通考》卷三二二，第2516页。
⑩ 汤球：《十六国春秋辑补》卷六七《前凉录·张轨传》，第278页。

这种以布帛来代替货币职能的原始的商品交换方法，已不适应当时社会经济发展的状况和需要。因此，张轨自摄政凉州后，采纳其太府参军索辅的建议，"复五铢以济通变之会"，下令铸造五铢钱，并"立制准布用钱"①，成为魏晋时期的重大经济事件，其意义和影响无比深远。此后，五铢钱在凉州地区广泛流通，"人赖其利"②，凉州与西域的贸易很快畅通起来，西域商品大量流入河西等地，有力地促进了凉州地区商品经济的交流和发展。

为了恢复和发展凉州地区的农业经济，张轨自统治凉州之初，便下令"课农桑"。③太宁三年（325）正月，张骏继统之初，便"亲耕籍田"④，以示注重农耕，发展生产。前凉建兴二十一年（333），是年雨水充沛，"五稼谷于武威、敦煌种之皆生，因名天麦。"⑤使前凉的农业生产获得大丰收。凉州的牧业也得到发展，无名氏《京师为张轨歌》云："凉州大马，横行天下"。⑥

由于前凉统治地区政局较为安定，加之某些地区有较好的自然条件，中原大批逃亡难民带来先进生产技术在此得到传播，尤其是张氏注重农耕，发展商品交流。张重华继统时，又在前凉境内"轻赋敛，除关税，省园囿，以恤贫穷"⑦，减轻人民负担，发展社会经济，从而使前凉的社会经济得到迅速的恢复和发展。后来，当张天锡投奔东晋时，会稽王道子尝问其西土所出，张天锡应声答曰："桑葚甜甘，鸱鸮革响，乳酪养性，人无妒心。"⑧

（二）重文崇儒，兴学重教，发展文化事业

自张氏统治凉州后，重文崇儒，提倡办学，延请一批当地隐逸的文人儒士授教，奖励著述，包括其在朝卿士、郡县守令受业儒学，其姑臧都城文人儒士济济，四方风物荟萃，文化教育兴盛一时。史载："凉州虽地处戎域，然自张氏以来，号有华风。"⑨在当时诸多割据地区中，前凉儒学可谓最盛，一时蔚然成风，是当时西北部保留中国传统古典文化最多的地区，在文化空间上成为一座精神高地，与张氏家族几十年大力倡导儒学不无关系。从某种意义而言，隋唐高度发达的文明与魏晋时期河西地区对汉晋以来传统文化的保存、传播密不可分。

张氏家族"家世孝廉，以儒学显"。⑩

张轨自幼"明敏好学"。⑪自摄政凉州之初，便"拔贤才"⑫，"征九郡胄子五百人，立学校。始置崇文祭酒，位视别驾，春秋行乡射之礼。"⑬并对当地"高才硕学，著述经史"⑭者加以任用。

---

① ② 汤球：《十六国春秋辑补》卷六七《前凉录·张轨传》，第278页。

③ ④ 《晋书》卷八六《张轨传》，第1489页。

⑤ 《太平御览》卷八三八引补，第3574页。

⑥ 侯冬：《明清诗歌中的凉州意象》，《光明日报》，2021-07-29。

⑦ 《晋书》卷八六《张重华传》，第1494页。

⑧ 《晋书》卷八六《张天锡传》，第1502页。

⑨ 《魏书》卷五二《胡叟传》，第776页。

⑩ ⑪ 《晋书》卷八六《张轨传》，第1481页。

⑫ 汤球：《十六国春秋辑补》卷六七《前凉录·张轨传》，第278页。

⑬ 《晋书》卷八六《张轨传》，第1481页。

⑭ 汤球：《十六国春秋辑补》卷六七《前凉录·张轨传》，第278页。

张寔出身秀才，"学尚明察，敬贤爱士。"①在位时，曾遣督护王该贡献前凉的"经史图籍于京师"。②

张茂"虚靖好学，不以世利婴心"③，在位时，敦煌人索袭（字伟祖），"游思于阴阳之术，著天文地理十余篇，多所启发。"④敦煌太守阴澹与之结为好友，畅谈"经日忘返"。阴澹欲行乡射之礼，请索袭为三老。索袭病卒后，阴澹素服会葬，赠钱三万。

1. 张骏"十岁能属文"⑤

339年，张骏建立教育机构，"以右长史任处领国子祭酒，立辟雍、明堂而行礼。"⑥当时，敦煌人索绥（字士艾），"家贫好学"，张骏"命西曹掾集阁内外事付索绥，以著凉春秋"。⑦

张重华亦重经义，酒泉人祈嘉（字孔宾），"至敦煌，依学宫诵书……博通经传，精究大义。西游海渚，教授门生百余人。"⑧张重华征其为儒林祭酒，祈嘉终日"教授不倦，依《孝经》作《二九神经》。"⑨当时，前凉在朝卿士、郡县守令，"受业独拜床下者二千余人"。⑩前凉永乐五年（350），张重华亦附庸风雅，"宴群僚于闲豫庭论讲经义"。⑪

2. 张祚"博学雄武"⑫

在位时，敦煌人宋纤（字令艾），初隐居于酒泉南山，明究经纬，弟子受业者有三千余人。宋纤"注《论语》及为诗颂数万言"⑬，后被张祚邀请至姑臧，拜为太子太傅。略阳人郭荷（字承休），"明究群籍，特善史书。"⑭张祚便遣使，以安车束帛，征郭荷为博士祭酒。当时，敦煌人索绥（字士艾），"著《凉春秋》五十卷，又作《六夷颂》《符命传》十余篇"⑮，张祚以其著述之功劳，封索绥为平乐亭候。

张天锡在位时，敦煌人郭瑀（字元瑜），"精通经义，雅辨谈论，多才艺，善属文……作《春秋墨说》《孝经错纬》，弟子著录千余人。"⑯张天锡于是遣使，以"蒲轮玄纁，备礼征之"⑰，召郭瑀至姑臧。

作为丝绸之路上多民族融合和多元文化汇聚交流的枢纽，"凉州"成为中国文化史上的一座高地和诗歌创作中的典型意象，是历代士人建功立业、施展抱负的舞台。前凉时期，敦煌人张斌（字洪茂）"作《葡萄酒赋》，文致甚美"⑱，受到世人称颂。唐代以后许多诗人都曾在这里留下足迹并写下脍炙人口的诗篇，从不同的角度反映这个边塞古城的风貌，使得"凉州"之名远播，并以其豪迈奔放的意境和异域情调，在诗歌创作领域逐渐形成了独具特色的"凉州词"，这一创作传统一直延续到明清时期。

---

① 《晋书》卷八六《张寔传》，第1485页。

② 汤球：《十六国春秋辑补》卷六八《前凉录·张寔传》，第279页。

③ 《晋书》卷八六《张茂传》，第1487页。

④ 《晋书》卷九四《索袭传》，第1634页。

⑤ 《晋书》卷八六《张骏传》，第1489页。

⑥⑦ 汤球：《十六国春秋纂录校本》卷七〇《前凉录·张骏传》，第280页。

⑧⑨⑩ 《晋书》卷九四《祈嘉传》，第1638页。

⑪ 汤球：《十六国春秋纂录校本》卷七一《前凉录·张重华传》，第281页。

⑫ 《晋书》卷八六《张祚传》，第1497页。

⑬⑭ 《晋书》卷九四《宋纤传》，第1637页。

⑮ 汤球：《十六国春秋纂录校本》卷七二《前凉录·张玄靖传》，第282页。

⑯⑰ 《晋书》卷九四《郭瑀传》，第1637页。

⑱ 《太平御览》卷九七二，第2125页。

图1　前凉政权铸造的"凉造新泉"货币

图2　贮藏封泥的金错泥筒底部
［前凉末主张天锡时铸造的用器。底部有金错铭文47字：灵华紫阁服乘金错泥筒/升平十三年（369）十月凉中作部造/平章殿帅臣范晃督/臣慕册务舍人臣史/融错匠邢苟铸匠王虏］

（三）繁荣音乐，修葺姑臧，艺术特色明显

前凉所控制的区域，作为丝绸之路上多民族融合和多元文化汇聚交流的枢纽，是汉魏时期接触西方文化最前沿的地区，为东西方文化的进一步交流、传播创造了条件。西凉乐一直被传承了下来，可以说是凉州对历史时期音乐的重大贡献，同时也是凉州丝路文明的主要标志。

348年，天竺送给前凉音乐一部，乐器有凤首、箜篌、琵琶、五弦、笛、铜鼓、毛圆鼓、都昙鼓等，乐工十二人，歌曲有《沙石疆舞曲》《天曲》等。[①]西方音乐在前凉的引进和融合，填补了由于战乱使我国汉魏相传的音乐散失这段空隙，对隋唐时期凉州音乐、词曲在中原地区广泛流行，起到了至关重要的枢纽作用。

建筑艺术是文化发展的象征和凝聚点。张轨摄政凉州后，开始大规模修建姑臧城[②]，作为其统治中心。张茂继统后，于晋大兴四年（321）继续修筑姑臧城，"筑灵钧台，周轮八十余堵，基高九仞。"[③]张骏在位时，管辖地区经济文化强盛。335年，张骏在姑臧南筑城，起谦光殿于其中，画以五色，饰以金玉，穷珍极巧，又四面各起一殿，东曰宜阳青殿，春三月居之；南曰朱阳赤殿，夏三月居之；西曰政刑白殿，秋三月居之；北曰玄武黑殿，冬三月居之。章服器物皆依色随四时居之，其旁有直省内官寺署，一依方色。[④]这种堪称奇特的宫殿建筑，集中反映了前凉文化艺术的成就。

四、新时代研究家族文化的历史意义

总而言之，不同姓氏的家族之间在社会发展中并不是孤立的，相反，每一个家族的故事都可能融入不同地区、不同民族之间团结互助、文化交流和共同奋斗的历史中，表达出他们共同适应自然、改造自然和推动社会发展的历史画卷，反映出人类文明进程中顺势有为的民族精神和团结奋斗的家国情怀。尽管许多家族中的宗族观念有时会与"氏族""部落"混为一谈，有些家族或家族支系的名称也可能

① 范文澜：《中国通史》（第2册），北京：人民出版社，1987年，第340页。
② 《晋书》卷八六《张轨传》，第1482页。
③ 《晋书》卷八六《张轨传》，第1487页。
④ 《魏书》卷八六《张骏传》，第1484页。

会发生变化,甚至许多古老的家族已经消失,但从根本上说,无论哪一个家族都拥有一个共同的名称——中华民族。

凉州在中华民族多元文化发展史灿烂星河中耀眼的光芒,值得今人以历史的眼光重新审视。纵观中古历史,自汉代以来,河西走廊在很长时期是中西文明交流的中心,中国传统文明与外来文明的融合从未停止过,这种融合表现在宗教、文化、艺术、服饰、饮食、音乐、舞蹈等各个方面,非常广泛。

"天下丧乱,凉州独全"的局面使得中原士人学者名流渡陇而西,源远流长的中原文化也随之西移。随着前凉对西域的经营、丝绸之路的畅通,凉州与西域咫尺为邻,是西域与内地交通的必经之路,无论使臣往来,还是商旅往返、僧侣云游,都必须途经凉州,这种优越的地理位置,使凉州地区成为中西文化的汇合点。各种不同流派的学术思想,各种不同风格的文化艺术,都在这里汇合、交融,较之战乱频仍、经济凋敝、文化衰废的中原,魏晋时期经济相对丰饶,秩序相对安定,从而使凉州地区成为一个天然的社会文化交流场所,社会安定,百姓富足,经济文化持续发展。区域内各民族杂相错居,相互学习、相互交融,中原文化、西域文化、游牧文化在这里交流融合、兼收并蓄,成为凉州文化的高光时刻,在中华文明嬗变历史进程中发挥独特而重要的作用。

中国家族文化的丰富叙事熔铸了以爱国主义为核心的伟大民族精神,也是表达中华民族文化认同和文化自信的重要形式之一。任何时代的家族都是人类社会活动的一个重要方面,是构成人类社会的基本因素,一部家族发展变化的历史,以缩影的形式再现了整个人类社会发展史。张氏家族建立的前凉地方割据政权,作为西晋王朝的残留部分,在战乱纷争的年代,外御强敌,内抚百姓,其政治的兴盛、经济的发展和文化教育等方面的成就,具有积极的历史意义。

从中华民族自古以来生息繁衍的这片土地的地理结构、多民族小聚居与大杂居的分布特点,到各民族之间长期以来交往、交流与交融,都客观形成了各民族之间我中有你、你中有我的事实,这种情况会非常自然地进入家族文化的传承中。先辈们在追梦路上筚路蓝缕、栉风沐雨,却没有丢弃中华民族信仰的根本,而是将其视为一种文化信念和前行的力量,一个重要的原因就是一代代传承者在不断继承、创新和发展着积极有为的家族文化,因而也促成了各民族生存的高度自适性。

在新时代深化民族团结进步教育、全面推进中华民族伟大复兴历史进程中,必须铸牢中华民族共同体意识、促进各民族像石榴籽一样紧紧抱在一起,发掘好、研究好、阐释好和应用好这些弥足珍贵的家族文化资源,不仅恰逢其时,也是一种义不容辞的文化担当。

读庆阳北石窟寺"杨元裕造像题记"札记

姚潇鸫

（上海师范大学）

　　庆阳北石窟寺第32窟正壁（东壁）中间稍偏南的"如意年大龛"内，南侧力士头部上方有印刻题记一方。由甘肃省文物工作队和庆阳北石窟文物保管所合编的《庆阳北石窟寺》中附录有《石窟内容总录》①，最早刊布了这篇题记的录文。其后出版的《陇东石窟》一书中也有该题记的录文。②詹社红、米万忠两位先生对北石窟寺现存的150余方题记进行过仔细的校正，对《总录》中的录文有不少的修正。③此外，张宝玺先生也刊布了题记的临摹图（见图1），补正过不少缺字，并对相关问题进行过深入的探讨。④

图1　"杨元裕造像题记"临摹图

　　2013年，《庆阳北石窟寺内容总录》（以下简称《总录》）正式出版，录文的内容又有多处修改⑤，如下：

---

①　《庆阳北石窟寺》，北京：文物出版社，1985年，第80页。

②　甘肃省考古研究所、庆阳北石窟文物保管所：《陇东石窟》，北京：文物出版社，1987年，第4页。

③　詹社红、米万忠：《北石窟寺历代题记辑录》，《敦煌研究》，2013年第4期，第43页。

④　张宝玺：《庆阳北石窟几则唐代造像铭记》，《敦煌研究》，2000年第4期，第58-60页。

⑤　甘肃北石窟寺文物保护研究所：《庆阳北石窟寺内容总录》（上），北京：文物出版社，2013年，第91页。

1. 大周如意元年岁次壬
2. 辰四月甲午廿八日戊
3. 戌太州仙掌县人奉
4. 义郎行泾州临泾县
5. 令杨元裕敬造阿弥
6. 陀像一铺
7. 凡夫普明五眼慧润
8. 六通海镜万去而临
9. 有际倾心无缘□愿
10. □大者欤泾□临泾
11. 县令杨元裕奉为□
12. 亡父银青光禄大夫
13. 行□台侍郎行泾州
14. □□亡□弘农郡夫
15. 人京兆秦氏敬造阿
16. 弥陀像一铺记□
17. □□□□□□□□

　　该篇题记的1—4行,是对造像时间的记载,《总录》记为:"大周如意元年岁次壬辰,四月甲午,廿八日戊戌"。詹社红、米万忠将其中的"廿"校正为"朔",他们的录文是"大周如意元年岁次壬辰,四月甲午朔,八日戊戌"。①查陈援庵《二十史朔闰表》,大周如意元年为公元692年,这一年是壬辰年没错。但这年的四月是丙申朔,因而初八是癸卯日,廿八是癸亥日,戊戌日则是初三,且整个四月并没有甲午日。这一年的七月倒是甲午朔,但戊戌日是初五而不是初八。可见月日和干支完全对不上号。这些月日与干支的错乱是否与武周时期频繁的改元有关?692年前后使用过3个年号,先是天寿三年,在四月的时候改元如意元年,九月的时候再次改元长寿元年。从四月到甲午朔的七月,如意元年正好经过了4个月,这是否可以解释出现了"四月甲午朔"这个实际不可能存在的日期?当然这只是笔者的臆测。无独有偶,北石窟寺留存的另一方武周时期的造窟铭记——"安守筠造窟铭记"——月份与干支也是错乱的。《总录》记为:"惟大周证圣元年□□□未,六月己酉朔廿五日"。证圣元年为公元695年,这一年是乙未年,因而缺少的三字应该是"岁次乙",但这年六月并不是己酉朔而应是丁丑朔,这一年的二月反倒是己酉朔。干支错乱的原因笔者尚无法解释,在此提出问题,希望引起更多学者的关注。

　　杨元裕见于《新唐书·宰相世系表》,"杨氏出自姬姓,周宣王子尚父封为杨侯……越公房本出中山

---

① 詹社红、米万忠:《北石窟寺历代题记辑录》,《敦煌研究》,2013年第4期,第43页。

相（杨）结次子继。生晖，洛州刺史，谥曰简。生河间太守恩，恩生越恭公钧，号越公房。"①杨钧子暄，生岳，隋万年县令，苍山公。岳生弘礼、弘文、弘武，唐太宗、高宗时都入仕为官。再下一代有元亨、元裕、元禧、元祎、元咸等人，杨元裕官至博州刺史。张宝玺先生曾据《旧唐书·杨纂附族子弘礼传》中"（贞观）二十年，（杨弘礼）拜中书侍郎。明年，加银青光禄大夫"②的记载；《新唐书·杨弘礼附弟弘武传》中"会帝（太宗）崩，大臣疾之（杨弘礼），下迁泾州刺史"；"弟弘武。弘武少修谨……三子：元亨、元禧、元祎"等记载以及题记第12行"亡□银青光禄大夫"的文字。得出以下结论："造像铭记中，两处提到造阿弥陀像一铺，前者述杨元裕敬造阿弥陀像一铺，后者述杨元裕奉为亡故的亲属敬造阿弥陀像一铺。这个亡故的亲属可能是曾任泾州刺史的父亲杨弘礼，及其母弘农郡夫人京兆秦氏。"③相应的，题记第12—14行的完整文字应该是：

12. 亡父银青光禄大夫，
13. 行中书侍郎，行泾州
14. 刺史，亡妻弘农郡夫

但张先生的结论似有不妥之处。首先，据《新唐书·宰相世系表》，杨元亨、杨元裕等5人都记为杨弘武的儿子，且元裕排在元亨和元禧中间，要推翻《宰相世系表》的记载，还需要更多的史料依据。其次，据《旧唐书·杨纂附族子弘礼传》，贞观二十一年，杨弘礼"加银青光禄大夫"后不久，就"迁司农卿，兼充昆丘道副大总管，诸道军将咸受节度……凯旋，未及行赏，太宗晏驾。弘礼颇忤大臣之旨，由是出为泾州刺史。永徽初，论昆丘之功，改授胜州都督。寻迁太府卿。四年卒，赠兰州都督，谥曰质"。④据《旧唐书·职官志》，银青光禄大夫为从三品的文散官，中书侍郎为正四品下（笔者按：据《旧唐书》卷四二《职官志一》：门下侍郎、中书侍郎，旧正四品下阶，《开元令》加入上阶也。然同书卷四三《职官志二》：武德定令，中书、门下侍郎，同尚书侍郎，正四品上。大历二年九月，敕升为正三品也。同卷又云：隋炀帝大业三年，尚书六曹，各置侍郎一人，以贰尚书之职，并正四品。国家定令，诸曹侍郎降为正四品下。此处的国家定令，指的应该就是唐初制定的《武德令》，这与《职官志一》的记载相吻合，因此，《职官志二》中所记"正四品上"应为"正四品下"之讹）⑤的职事官，司农卿、太府卿都是从三品的职事官。不论杨弘礼是杨元裕的父亲，抑或伯父，杨元裕对他任官的情况应该是很了解的。而且唐代对三品以上官用"册授"，五品以上官用"制授"。可见就官职而言，从三品和正四品上是一条重要的界线。但是题记中只提到位阶较低的正四品下的中书侍郎，对位阶较高的从三品的司农卿和太府卿却只字未提，这显然是极不合常理的。再次，据上引《总录》所公布的题记录文第13行可知，这位杨元裕的亡亲的官职被记为

---

① 《新唐书》卷七一下《宰相世系表》，第2346、2365、2368页。
② 《旧唐书》卷七七《杨纂附族子弘礼传》，第2674页。
③ 张宝玺：《庆阳北石窟几则唐代造像铭记》，《敦煌研究》，2000年第4期，第60页。
④ 《旧唐书》卷七七《杨纂附族子弘礼传》，第2674页。
⑤ 《旧唐书》卷四二《职官志一》、卷四三《职官志二》，第1793、1843、1818页。

"□台侍郎"，而非中书侍郎。当然有人会提出，唐高宗龙朔二年"二月甲子，改京诸司及百官名：尚书省为中台，门下省为东台，中书省为西台"①，相应的中书侍郎改称为西台侍郎，因而此处题记中是用改名后的官称，并不矛盾。但是嗣圣元年（684年）"九月甲寅，大赦，改元。旗帜尚白，易内外官服青者以碧，大易官名"②，改中书省为凤阁，中书侍郎相应的改称凤阁侍郎。而杨元裕造像的时间为如意元年，即692年。因此，即使造像时使用的是改易后的官名，那也应该称凤阁侍郎而非西台侍郎。另外，据《元和郡县图志》，泾州为上州。③唐代制度，上州刺史也应是从三品。而且据上引《旧唐书·杨纂附族子弘礼传》，杨弘礼因为"颇忤大臣之旨，由是出为泾州刺史"。可见，杨弘礼只是被外放，而未被贬官。而外放前杨弘礼已任从三品的司农卿，因此外放的泾州刺史也应是同一官阶的。"《贞观令》，以职事高者为守，职事卑者为行，仍各带散位。其欠一阶，依旧为兼，与当阶者，皆解散官。"④可见，太宗时规定，散官官阶高而所任之职事官官阶低者称为"行"某某官，但银青光禄大夫也是从三品，与泾州刺史官阶相同，前面再加"行"，就无法理解了。综合以上四点可以肯定，杨元裕造像题记中的亡亲，一定不是杨弘礼。笔者认为应该是杨弘武。

据《旧唐书·杨纂附族子弘武传》：

> 弘武少修谨，武德初，拜左千牛备身。永徽中，为吏部郎中。孝敬初为皇太子，精择僚采，以弘武为中舍人。麟德中，将有事于东岳，弘武自荆州司马擢拜司戎少常伯。从驾还，高宗特令弘武补授吏部选人五品已上官，由是渐见亲委。后母荣国夫人杨氏以与弘武同宗，又称荐之，俄迁西台侍郎。乾封二年，与戴至德、李安期等同东西台三品。及在政事，颇以清简见称。总章元年，卒于官，赠汴州刺史，谥曰恭。⑤

前述《新唐书·宰相世系表》明确记载，杨元裕是杨弘武的儿子，儿子为亡父造阿弥陀像，愿亡魂早归西方极乐世界，本就是当时造像的常情。且从上引《弘武传》可知，"西台侍郎"是杨弘武一生担任过的最高的官职。而据上引《总录》所公布的题记录文第13行可知，这位杨元裕的亡亲曾担任过"□台侍郎"的官职。文献记载和题记内容高度吻合。前文提及，西台侍郎由中书侍郎改称而来，也是正四品下的职事官。如此，题记中"银青光禄大夫，行西台侍郎"的官职记载也符合当时的规制。但问题在于，《弘武传》中并未记载杨弘武拥有银青光禄大夫的文散官阶。然依唐代前期制度，"凡九品以上职事，皆带散位，谓之本品。"⑥可见，只要任职事官者都应有散官阶，因此，杨弘武必然拥有散官阶，只是史书缺载而已，那问题的关键在于杨弘武是否有可能获得从三品的银青光禄大夫的散官阶？唐代前期，散官从

① 《旧唐书》卷四《高宗纪上》，第83页。
② 《新唐书》卷四《则天皇后》，第83页。
③ 李吉甫撰，贺次君点校：《元和郡县图志》（卷三），北京：中华书局，1983年，第55页。
④ 《旧唐书》卷四二《职官一》，第1785页。
⑤ 《旧唐书》卷七七《杨纂附族子弘武传》，第2675页。
⑥ 《旧唐书》卷四二《职官一》，第1785页。

从一品到正五品下，此为贵和通贵阶层，贞观时期，进入三品、五品都需要皇帝的特别诏令。在武则天时期确立了泛阶制，泛阶入三品、五品也有许多的条件限制。散官进阶三品的条件是现任职事官四品以上，本品正四品上，有一定次数考核的资历，为官从未触犯过唐朝的法律制度。①虽然这是武则天时期的规定，但对此前高宗时期的情况，也可做一些参考。以此为标准来衡量一下杨弘武的情况。杨弘武担任过正四品下的西台侍郎，符合职事官四品以上的要求；杨弘武武德初年入仕为官，到乾封二年为"同东西台三品"时，为官将近50年，一定次数的考核资历想来没有问题；"弘武无它才，特谦慎自守，然居职以清简称"②，可见个人品行操守方面也符合要求。唯一不清楚的还是他的本品也就是散官的情况。

同时，高宗时期，以中书侍郎（西台侍郎）或黄门侍郎（东台侍郎）为同中书门下（东西台）三品后，加银青光禄大夫的散官阶是十分普遍的现象。如"永徽二年春正月乙巳，黄门侍郎、平昌县公宇文节加银青光禄大夫，依旧同中书门下三品。"③"来济，扬州江都人……永徽二年，拜中书侍郎，兼弘文馆学士，监修国史。四年，同中书门下三品。五年，加银青光禄大夫，以修国史功封南阳县男，赐物七百段。"④永徽五年"夏四月，守黄门侍郎颍川县公韩瑗……并加银青光禄大夫，依旧同中书门下三品。"⑤"上官仪，本陕州陕人也……龙朔二年，加银青光禄大夫、西台侍郎、同东西台三品，兼弘文馆学士如故。"⑥"李敬玄，亳州谯人也……总章二年，累转西台侍郎，兼太子右中护、同东西台三品……咸亨二年，授中书侍郎，余并如故。三年，加银青光禄大夫。"⑦"郝处俊，安州安陆人也……总章二年，拜东台侍郎，寻同东西台三品……（咸亨）三年，加银青光禄大夫，转中书侍郎。"⑧综上可见，杨弘武在乾封二年以西台侍郎为同东西台三品时或其后，很有可能被加授银青光禄大夫的散官阶。

据《总录》中录文，杨元裕的这位亡亲应有在泾州任职的经历，但两唐书的《杨弘武传》中都没有相关的记载，显然存在矛盾。上文已经排除了泾州刺史的可能，且从唐书的记载中也可以推断，杨弘礼、杨弘武兄弟没有担任刺史以下的地方官的经历。因而有必要重新审视这段录文。所幸张宝玺先生刊布了题记的临摹图。据临摹图，此官职应是"□□州□□"，因此，录文"行泾州□□"中的"行"与"泾"原本都已漶漫不清，是学者释读出来的，严格来说，录文中的泾字也需要和行字一样加上方框。释读是否正确？职事官比散官官阶低，在职事官前须加"行"，但一人同时任多个职事官时，也只需加一个"行"即可。而且据唐书，杨弘武任西台侍郎时，也没有兼任其他职事官的情况。因此对"行"字的释读是有问题的。抛开录文的限制，我们将临摹图和唐书记载相结合。唐书中除了杨弘武职事官的记载，只有死后赠官的情况。杨弘武"总章元年，卒于官，赠汴州刺史"。"汴"与"泾"字形相近（张宝玺先生的临摹图中有

① 马小红：《试论唐代散官制度》，《晋阳学刊》，1985年第4期，第53页。
② 《新唐书》卷一○六《杨弘礼附弟弘武传》，第4046页。
③ 《旧唐书》卷四《高宗纪上》，第68-69页。
④ 《旧唐书》卷八○《来济传》，第2742页。
⑤ 《旧唐书》卷四《高宗纪上》，第72页。
⑥ 《旧唐书》卷八○《上官仪传》，第2743页。
⑦ 《旧唐书》卷八一《李敬玄传》，第2755页。
⑧ 《旧唐书》卷八四《郝处俊传》，第2799页。

"泾"字的写法可以参照）。因此，笔者认为此处题记的内容应该是杨弘武赠官的记载，题记中的这段文字应该是"赠汴州刺史"。

综上，笔者认为，该篇题记是武周时期泾州临泾县令杨元裕为其亡父母杨弘武及秦氏造阿弥陀像时所留的，其中第12—14行的文字应为：

12. 亡 父 银青光禄大夫，

13. 行 西 台侍郎， 赠 汴 州

14. 刺 史 ，亡妻 弘 农 郡夫

烟标上的三国文化

张晓刚

（河南南阳市博物馆）

烟标，是卷烟制品包装盒、商标的雅称，俗称烟盒、烟纸。在我国，烟标已有百年历史。一般来说，香烟的名字、相关图案以及生产厂家等内容为烟标的基本要素，而其名字和图案往往相关联。历史和现实生活中的人物故事、重大事件、文物古迹、风景名胜、风土人情等内容，都是烟标名称和图案的最佳选择。烟标，具有一定的知识性、艺术性和时代特征。

魏、蜀、吴三国时代，是一个人才辈出、精彩纷呈的耀眼时代，是一个金戈铁马的英雄时代，是一个文韬武略的智慧时代，加之《三国演义》的渲染，老百姓对"三国"的了解，远远超过其他历史时期。老百姓喜欢"三国"，"三国"烟标也丰富多彩。在此，介绍一些烟标上的三国文化。

四川南充的西山，有"万卷楼"，传为陈寿读书和完成史书《三国志》的地方。

20世纪90年代，四川蓬安卷烟厂抓住这一历史题材，出品了"万卷楼"牌香烟。"万卷楼"属套装，即一套（一条）为10盒（包），10个画面。画面的内容，展现了汉末三国十位代表性人物，其中就有曹操、刘备和孙权。

"万卷楼"烟标上，带有说明性文字，十分精练地点明了主题："万卷楼，坐落于南充西山。据考，西晋陈寿在此写下了举世瞩目的史书《三国志》，后由《三国演义》脍炙人口，其人物、其韬略计谋，令人拍案叫绝，实乃当今学习借鉴之本也。"

曹操（155—220），本名吉利，字孟德，小名阿瞒，沛国谯县（今安徽亳州）人。东汉末年杰出的政治家、军事家、文学家，曹魏政权的奠基人。

当东汉末年天下大乱时，曹操曾挟献帝迁都于许，献帝乃拜其为司空，行车骑将军。他以汉朝天子的名义征讨四方，对内消灭二袁、吕布、刘表、马超、韩遂等割据势力，对外降伏三郡乌丸等，统一了中国北方。赤壁之战后，用人唯才，抑制豪强，加强集权，扩大屯田，兴修水利，奖励农桑，重视手工业，安置流亡人口，从而使中原社会渐趋稳定、经济出现转机。

建安十八年（213），曹操获封魏公，建立魏公国，定都河北邺城，建安二十一年（216）进爵魏王。建安二十五年（220）病卒于洛阳。其子曹丕称帝，追尊曹操为武皇帝（魏武帝），庙号太祖。

曹操好文学，善诗歌，常用诗歌、散文来抒发自己政治抱负，反映民生疾苦，是魏晋文学的代表人物。

"魏武"，即魏武帝曹操。

曹操没有当过皇帝。他只是进爵"魏王"，死后"谥曰武王"。但其子曹丕称帝后，为表达对父亲的敬

图1　安徽亳州卷烟厂的"魏武"

图2　四川蓬安烟厂的"万卷楼——刘备"

图3　四川武陵卷烟厂之"蜀都——刘备"

仰，便追赠谥号"武皇帝"，庙号"太祖"，这便是"魏武帝"的由来，也是烟标"魏武"的由来。

刘备（161—223），字玄德，涿郡涿县（今河北涿州）人，西汉中山靖王刘胜之后，蜀汉开国皇帝、政治家。

在东汉灵帝时，刘备曾率兵镇压黄巾起义军，后为起义军所败。在军阀混战中，他先后依附过公孙瓒、陶谦、袁绍等人。建安初年，曹操、孙权已割据一方，而他在穷途中投奔了荆州牧刘表。刘表让其驻守新野以御曹操。

此时，徐庶向其举荐了躬耕于南阳的诸葛亮。刘备三顾茅庐，诸葛亮向其规划出了兴复汉室的大政方略。刘备、诸葛亮关系日渐亲密。

后刘表卒，其子琮举众降曹操。刘备仓促出逃。他弃新野、奔樊城，携民渡江，采纳诸葛亮建议联吴抗曹，于长江赤壁大败曹军，并乘胜进取荆州及武陵等四郡，势力壮大。尔后他带兵入川，又占领汉中。蜀章武元年（221）于成都称帝，史称"蜀汉"。

次年，刘备在猇亭（今湖北宜都北）被吴军击败。章武三年（223）病逝于永安（今重庆奉节东）。刘备弘毅宽厚，知人待士，百折不挠。临死前将国事家事一并托付给丞相诸葛亮。谥号昭烈皇帝。

"蜀都"，即四川成都的别称。赤壁之战，奠定了魏、蜀、吴三分天下的基础。之后，诸葛亮辅佐刘备于成都建立了蜀汉政权。

20世纪90年代，四川武陵卷烟厂出品了一套八盒的软包"蜀都"香烟。

在这套烟标上，展现了汉昭烈皇帝刘备等蜀汉政权八位主要人物。

1984年，河南南阳卷烟厂研制出了多种"茅庐"牌卷烟，有些品种是颇有特色的。

其中一款，烟标主版是南阳卧龙岗上的草庐图案，并有文字说明："南阳诸葛茅庐为汉昭烈皇帝刘备三顾诸葛亮的故址"。

烟标正面：刘备率关羽、张飞顶风冒雪三顾茅庐；诸葛亮手持羽扇、彬彬有礼迎接客人于门外；柴门的茅草上，覆盖着厚厚的积雪；青松让积雪压弯了枝头……好一幅脍炙人口的"三顾"情景。

三国历史的画卷，就从这个场面渐渐展现！

这也不禁让我想起《三国演义》中描述刘关张之前拜访卧龙岗的诗篇：

> 一天风雪访贤良，不遇空回意感伤。
> 冻合溪桥山石滑，寒侵鞍马路途长。
> 当头片片梨花落，扑面纷纷柳絮狂。
> 回首停鞭遥望处，烂银堆满卧龙冈。

刘、关、张历经风雪，坚忍不拔，三请诸葛共谋霸业的可贵精神，真是让人感动。

诸葛亮说，他是在受刘备三顾之后，首先遇到长坂坡之战军事失利，是在兵败的时候承担重任，在危难关头接受任务出使东吴。诸葛亮促成了刘备和孙权的联合，共同抗击曹操。接着，发生了中国历史上著名的以少胜多的战役——赤壁之战。

这段历史后经精心加工，成为《三国演义》中的精彩篇章。

河南南阳卷烟厂于1992年至2006年，生产有数十个品种的"群英会"牌香烟。"群英会"系列烟标中，有一款人物画面与其出品的"茅庐"中的一款相同。

北固山，位于江苏镇江市，是镇江三山名胜之一。其北临长江，山壁陡峭，形势险固，因名北固。相传三国时"甘露寺刘备招亲"的故事发生于此，遂名闻天下。这里的亭台楼阁、山石涧道，无不与三国时期孙刘联姻等历史传说有关。

在北固山，还有三国东吴战略家、外交家鲁肃的墓冢。

烟标图案上，展现的是北固山胜景"甘露寺铁塔"。

图4　河南南阳卷烟厂之刘备"三顾茅庐"

图5　河南南阳卷烟厂
刘备"三顾茅庐"图案之"群英会"

四川巫山卷烟厂，出品有多款"白帝城"香烟。

白帝城位于长江三峡西口的北岸，在重庆奉节城东约15里处。白帝城之名源于西汉末年公孙述在此自称白帝，并命名此地为白帝城。

自明代开始，这里开始祭祀刘备、诸葛亮等蜀汉人物，遂形成了"白帝庙内无白帝，白帝庙祭刘先帝"的格局。

在有些"白帝城"烟标上，还介绍有白帝城与刘备关系的文字："相传'刘备托孤'于此"。

还有些烟标，不仅有"白帝托孤"的文字，还印上了白帝城再现1700多年前历史悲剧的雕塑场景。

上场人物共有21个，除侍妃和太监无名外，其余19人均有名有姓。

"托孤"的主角是刘备，中心人物是诸葛亮。除去刘备儿子刘永、刘理之外，还有15位蜀汉核心人物。

"白帝托孤"，是蜀汉政权和诸葛亮人生的重大转折。刘备和诸葛亮，他们由南阳相识相知而于此将要永别了。

刘备无奈地将国事、家事一并托付于诸葛亮，这是刘备和蜀汉政权多大的悲哀呀！

我每每来到这峭壁摩天之处，俯视滚滚大江东去，回望"托孤"悲剧，总是思绪万千：当年，刘备、诸葛亮于南阳相识相知，之后，他们打出一片江山。

可16年后，他们将在这里阴阳相隔了。假如，之前没有夷陵之战……

孙权（182—252），字仲谋。吴郡富春县（今浙江杭州富阳区）人，是三国时期孙吴的建立者。

孙权依靠父亲孙坚和兄长孙策在江东创下的基业而成为一方诸侯。建安十三年（208），他与刘备建立孙刘联盟，并于赤壁之战中击败曹操，奠定三国鼎立的基础。

图6　江苏镇江烟草分公司的"北固山"

图7　四川巫山卷烟厂带有"刘备托孤"之"白帝城"

图8　江苏吴县烟草公司的"东吴"

黄武元年（222），在夷陵之战中大败刘备。黄龙元年（229），在武昌正式称帝，国号吴，不久后迁都建业。孙权称帝后，设立农官，实行屯田，设置郡县，并继续剿抚山越，促进了江南经济的发展。

东吴，即指三国之一吴国，也称"孙吴"。

图9　河南南阳卷烟厂带孙权形象的"群英会"

黄龙元年（229），孙权在武昌（今湖北鄂州）称帝，后迁都于建业（今江苏南京），国号为"吴"。史学界称之为"孙吴"。由于吴国与北魏、西蜀呈鼎立之势，所统治地区又基本上居于三国之东，故亦称"东吴"。

"东吴"牌号烟标上注明"江苏吴县烟草公司经销"。

吴县与"东吴"有着一定的关系，魏曾封孙权为吴王，而吴县所在的吴郡，隶属吴国。

"东吴"烟标副版上，当为孙权的形象。

河南南阳卷烟厂"群英会"系列烟标中，有一款为"舌战群儒"场景。画面再现了诸葛亮、孙权在联盟过程中的形象。

这些烟标，对于我们了解三国历史人物及其影响，具有一定的作用。

南京大学北园东晋墓出土的"晋式金属带具"

张学锋

（南京大学历史学院）

南京大学北园东晋墓位于今南京大学鼓楼校区北园北大楼西北，1972年4月在校园防空洞建设中发现，发掘简报《南京大学北园东晋墓》刊于《文物》1973年第4期（以下称《简报》）。文物入藏南京大学历史系文物资料室，今由南京大学博物馆收藏管理。

该墓发掘至今50年，虽然公布的资料相对有限，但却是研究魏晋南北朝帝陵不可回避的资料。2018年起，由笔者负责对该墓的出土资料进行重新整理，编辑出版《南京大学北园东晋墓》。报告由南京大学博物馆、南京大学六朝研究所共同编撰，收入"南京大学六朝研究所系列丛刊（资料编）"，2023年10月由南京大学出版社出版。

南京大学北园东晋墓还出土了部分金属制品，以饰件为主，计有桃形金叶片、花瓣形金叶片、圆形金饰片、镂金饰片等。其中，桃形金叶片、花瓣形金叶片、圆形金饰片等是南京地区帝王陵墓及高等级六朝墓葬中常见的种类，镂金饰片又称"蝉纹金珰"，资料自公布以来一直是六朝文物研究的重要对象。但其中的鎏金铜带具、长条形金饰品，最初发掘及《简报》撰写之际，未得到充分认识，图片资料亦未。在这次《南京大学北园东晋墓》撰述过程中，笔者对其有了新的认识，今略述于下。

南京大学北园东晋墓出土的一种金属制品（图1），《简报》名"错金铜片"，推测其为漆器的缘饰。然而，随着相关出土资料的增加及视野的扩大，这个命名及

图1　南京大学北园东晋墓出土的鎏金铜带具①

---

① 南京大学博物馆藏。见张学锋主编：《南京大学北园东晋墓》，南京：南京大学出版社，2023年。

用途的推测有必要更正。

首先，经仔细辨认，铜片表面的金色不是错金，是鎏金。其次，其用途并非漆器缘饰，而是革带上的附属用具，本文将之命名为"鎏金铜带具"。

该墓出土的鎏金铜带具，《简报》报道3件，现存残件4件，均有残损。长条形，正面鎏金，錾刻缠枝纹及葡萄纹（或荔枝纹）。两端及中段有相距3厘米左右的卯孔，部分尚存铆钉。背面平整，素面，未鎏金。残长3.2—8.8厘米，宽1厘米，厚约0.2厘米。

中国境内最早发现的这类金属带具，见于1931年发掘的广州大刀山东晋墓（太宁二年，324）[①]，但长期以来并未引起人们的重视。南京大学北园东晋墓出土的这4件，虽然《简报》予以了公布，但因数量较少，残损严重，加之图片欠清晰，没有受到相应的重视。1987年武汉汉阳熊家岭14号墓出土了数量较多的金属带具，这批资料经整理于1994年公刊后[②]，才引起长期以来关注金属带具研究的日本和韩国学界的重视。2002年，日本学者东潮来新成立的南京大学考古与艺术博物馆参观，在展柜中看到南大北园东晋墓出土的这件遗物，认定其为3—4世纪"晋式金属带具"。[③]

武汉熊家岭14号墓是一座晋墓，出土的金属带具附件有10件：带扣，1件，透雕龙凤纹；带头，1件，透雕对虎纹；琵琶形莲花銙，1件，在六瓣莲花纹的圆座上装饰三叶卷草纹，其上部顶端亦呈圆形，长3.8厘米；圭形銙，7件，与心形垂饰相配，表面雕出缠枝纹，间饰葡萄纹或荔枝纹，枝茎的端部为波状纹或联点纹，铜片上有将其固定在革带上的两个卯孔，两孔相隔2.7厘米（图2）。

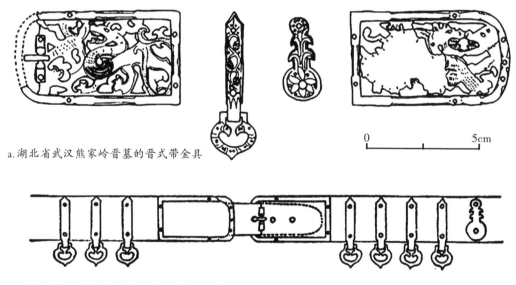

a.湖北省武汉熊家岭晋墓的晋式带金具

b.湖北省武汉熊家岭晋墓的晋式带金具（复原图）

图2　武汉熊家岭晋墓出土的金属带具(a)及复原示意图(b)[④]

① 胡肇椿：《广州西郊大刀山晋冢发掘报告》，《考古学杂志》创刊号，黄花考古学院，1932年。
② 刘森淼：《湖北汉阳出土的晋代鎏金铜带具》，《考古》，1994年第10期。
③ 东潮：《晋式金属具与马韩、百济》，《地域与古文化》，地域与古文化刊行会，2004年3月。
④ 此图引自藤井康隆：《中国江南六朝考古学研究》第二编"晋式金属带具研究"图67，东京：六一书房，2014年。

与武汉熊家岭晋墓出土金属带具的多种类型相比，南京大学北园东晋墓出土的4件圭形銙虽残损严重，但不难发现其形制、纹饰以及上下卯孔之间的间距，与熊家岭晋墓出土的几近一致，是金属带具无疑。

金属带具形制多样，但从考古出土的实物和部分馆藏品来看，其时代主要集中在两晋时期，因此又有"晋式带具""晋式带扣"等名称[①]，日本、韩国学界多称其为"晋式金属带具"。

晋式金属带具一般指由前部边缘呈弧状、后部边缘平直且透雕龙虎凤鸟等变形纹的长方形金属带扣、金属带头，与不同形状、不同纹饰的銙为主构成的金属制革带附件。这类金属带具均出土于中国两晋时期（265—420）及同时期周边地区的墓葬中，是由晋王朝确立的、样式独特的带具，是一种展现制度文化的服饰要素。"晋式金属带具"最初形成于中原王朝，并被分赐给周边的国家、集团，在这一过程中，"晋式金属带具"得以在东亚范围内广泛传播。[②]

然而，"晋式金属带具"虽然以西晋都城洛阳为中心分布，但其风格有别于中原及三燕地区，带具中的圭形銙，迄今为止仅发现于中国南方地区的武汉、南京和广州，即武汉熊家岭晋墓、南京大学北园东晋墓和广州大刀山东晋墓。此外，1985年在韩国首尔郊区的梦村土城也发现过一例。[③]以上四例属同一系统，不仅圭形銙是其特点，且圭形銙上的纹饰亦相近，以缠枝纹配葡萄纹或荔枝纹为主要特征。首尔梦村土城，被认定为马韩至百济前期的都城遗址，时代在三世纪末至四世纪。该遗址还出土了不少钱纹罐、青瓷器等两晋时期中国南方地区的手工业产品，可见与中国南方地区的交往相当频繁。梦村土城出土的圭形銙金属带具，亦当从中国南方所获。

对南方系统"晋式金属带具"的研究，近期见有刘德凯《广州大刀山与武汉熊家岭东晋墓出土鎏金铜銙带的比较研究》[④]一文，通过对广州大刀山晋墓和武汉熊家岭晋墓所出銙带的比较分析，力图揭示两者在带具形制和组合等方面所具有的同一性。该文同样认识到，这种同一性，在两晋时期的金属带具中具有鲜明的地域特征，是晋式金属带具发展演变的一个支系，是两晋时期南方地区产生的新范式。这种新范式，一方面继承了西晋金属带具的制作工艺，另一方面在新的社会格局中，酝酿出了具有南方地域特征的支系。这种制作范式在带具形制上以圭形銙和琵琶形銙为显著特征，在纹样上创造了单瓣莲花纹和葡萄纹，在錾刻技法上出现了不同于其他晋式金属带具的加工方式。刘德凯的论述，如果加上南京大学北园东晋墓和韩国首尔梦村土城出土的同类资料，则更具说服力。通过以上论述，南京大学北园东晋墓出土的鎏金铜饰片的性质得以大白，不仅如此，同墓出土的几件长条形金饰片的性质与用途亦可由此推定（图3）。

---

① 参见孙机《中国古代的革带》，载其《中国古舆服论丛》（增订版），上海：上海古籍出版社，2013年。又见其《我国古代的革带》，载其《文物考古论集》，北京：文物出版社，1987年。

② 参见藤井康隆：《中国江南六朝考古学研究》第5章"晋式金属带具的研究史"、第6章"晋式金属带具的发展过程"相关论述，东京：六一书房，2014年。

③ 朴淳发：《汉城时期（早期）百济与中国交往之一例——对梦村土城出土金属带饰的考察》，见南京师范大学文博系编《东亚古物》（B卷），北京：文物出版社，2007年。相关的资料介绍亦可见上引东潮、藤井康隆论著。

④ 刘德凯：《广州大刀山与武汉熊家岭东晋墓出土鎏金铜銙带的比较研究》，《考古学集刊》（第23集），北京：社会科学文献出版社，2020年。

图3　南京大学北园东晋墓出土的长条形金饰片①

　　长条形金饰片现存5件，背面残留漆痕。4件完整者，长6.7厘米，宽0.3厘米，两端均有卯孔，其中一个卯孔内还存有长0.9厘米的银合金铆钉。正面等距离有圆形凹槽，用于镶嵌宝石类饰件。1件残损，残长3厘米，仅留两处圆形凹槽。长条形金饰片的一侧边缘和圆形凹槽周围饰粟米纹。这几件金饰片还有一个重要特征，这就是长边的一侧明显向内弯折，可见是包裹器物边缘的条状饰件，即缘饰。综合这类长条形金饰片合理的长度，粟米纹、镶嵌宝石等装饰，两端供固定的卯孔，合金铆钉等要素，推测其与鎏金铜带具一起作为革带上下缘饰的可能性最大。

　　金属金带具的源头无疑是草原文化。草原文化因素的金属饰品，自先秦时期尤其是赵武灵王引进胡服骑射后，对中原文化产生了深刻的影响。中原地区是文明融合的舞台，草原文化因素的金属带具，在吸纳中原文明的理念后，其形制、材料、装饰纹样及思想内涵都发生了重要变化。作为其完成形态的"晋式金属带具"，又成为中原文明的象征，随着文明的交流，影响到了中国遥远的南方地区及朝鲜半岛、日本列岛等周边地区。这就是中国文明的根本特征。

---

②　南京大学博物馆馆藏。见张学锋主编：《南京大学北园东晋墓》，南京：南京大学出版社，2023年。

北朝时期的固原历史文化述略

张志海

（宁夏固原市地方志研究室）

北朝结束了中国从八王之乱起的中原混战局面，奠定了隋唐盛世和民族大融合的基础。北朝时期的固原地区先后经历了北魏、西魏、北周的统治，鲜卑族经营固原近二百年，在这特殊的地域造就了武人群体并逐步发迹形成关陇官僚集团，其间各民族在迁徙、冲突、交融中繁衍生息，共同在固原历史上书写了浓墨重彩的一笔。本文比较完整地厘清了北朝时期固原历史发展的脉络，全方位展现了北朝时期固原政治、军事、经济、社会、文化各方面的历史风貌。

一、北朝时期的固原基本情况

（一）北魏对固原的统治和设置原州

北魏是鲜卑族拓跋氏建立的政权。太延五年（439），北魏统一北方，结束割据战争局面，社会秩序日渐稳定。然而，经过长期战乱破坏的高平"生民道尽，或死于干戈，或敝于饥馑，其幸而自存者盖十五焉"。[①]高平作为北方重要军镇之一，又是多民族杂居之地，境内汉族与鲜卑、匈奴、敕勒（又称高车）、羌、氐等各少数民族共同生活，民族构成情况十分复杂，人民居住分散，各民族的生产水平和语言文化不尽相同，这给统治方面造成许多困难，既不利于社会的稳定和经济的发展，也不利于边防的巩固。于是，北魏政府采取恩威并施的办法，注意缓和民族矛盾，重视发展农业，稳定社会秩序，在新占领的地方推行优抚政策，包括减免徭役、兵役，安置流民，赈恤灾害等。神䴥三年（430）初北魏占据固原一带时，太武帝就下诏："安慰初附，赦秦、雍之民，赐复七年"。[②]一次免去7年徭役、赋税，这是很大的优待。太安五年（459），因秦、雍遭受旱灾，政府开仓赈济，令州郡官吏体恤民情，"有流徙者，谕还乡梓。欲市籴他界，为关傍郡，通其交易之路"。[③]通过安抚政策及有关措施的推行，安定了北魏初的统治秩序。同时，为了解决农业生产劳动力不足问题，北魏统治者采取了安置少数民族降众和从内地移民的办法充实人口。皇兴四年（470），柔然万余户降魏，北魏分徙其众于高平、薄骨律（今灵武西南）两镇；延兴二年（472）高平等六镇敕勒反，为了安抚，孝文帝下诏"曲赦""召集豪右……以利民为先，益国为本，随其风俗，以施威惠。其有安土乐业、奉公勤私者，善加劝督，无夺时利"[④]，而且严令官员务必

---

① 《魏书》卷一一〇《食货志》。
② 《魏书》卷四《世祖纪》。
③ 《魏书》卷五《高宗纪》。
④ 《魏书》卷五一《吕罗汉传》。

做到上恩下达,下民上赡,否则将课以重罪。这些措施推动了社会经济的恢复和发展,固原地区经济尤其是农业比前代有所发展。

北朝的地方行政体系,基本上保持了汉晋以来的州、郡、县三级制。但是由于少数民族入主中原的现实,也给行政区划带来许多变革,固原地区的地方建置也多次发生变化。北魏时期,为了加强边防,防御北方柔然族的南下,在北方沿边地区不设州而设镇。因此,北魏在攻取固原地区后不久,即于太延二年(436)设立高平镇(今原州区),作为军事重镇,驻重兵防守战国秦长城以北地区,长城以南属泾州陇东郡朝那县。北魏孝明帝正光五年(524),改高平镇为原州,置高平、长城(治黄石县,今彭阳县友联古城址)两郡,州治高平城,视高平为"国之藩屏"。北魏原州的设置,是固原历史上的又一座里程碑,再度奠定了原州政治、军事建制的格局,稳固了政权中心,但今天的隆德县属于秦州,泾源县属于安定郡。北周天和四年(569)六月再修筑原州城,遂成为强化固原政治、经济中心的象征,后又在原州设置总管府,成为唐代萧关道总管府的先河。

(二)北魏前期的社会矛盾

北魏前期统治者采取一系列有利于恢复和发展生产的措施,而且对官吏的贪腐行为制裁非常严厉,尤其是孝文帝改革缓和了阶级矛盾和民族矛盾,推进了民族融合和生产力的发展。但迁都洛阳后,各族人民的负担和徭役开始加重,拓跋贵族大肆兼并土地,掠夺财富,迫使各族人民充当他们的依附户,均田制等改革成果不满三十年就遭到破坏,而且怀柔优抚政策并不能掩盖北魏俘掠北方各族人民的残酷压迫本质。尤其是孝明帝后,政治黑暗,官场腐败,民心丧失,阶级矛盾日趋激化。官府公开卖官鬻爵,贿赂公行;贵族官僚竞相贪纵,肆意搜刮民脂民膏。正如《资治通鉴·梁纪》所载:"至郡县小吏,亦不得公选,牧、守、令、长,率皆贪污之人由是百姓穷困,人人思乱。"鲜卑政权已失去大多数人民的支持。军事重镇的镇将,大多数又是极其贪婪残暴的鲜卑贵族,他们肆无忌惮地剥削和压迫手下的镇兵,使鲜卑贵族与边将之间的矛盾日益加剧。北魏初在北方边境设立军镇,旨在防御柔然南下,护卫京都,因而受到重视。但迁都洛阳以后,用兵的重点也转向与南朝的争夺,北方边镇的位置开始降低。政府陆续将敕勒等族的"降户"和充军到边关的死囚徒们,一起编入军籍,称为"府户"。这样,在边镇戍守的拓跋族人与降户、刑徒为伍,其优越地位一落千丈,比起中原各个显荣的"本宗旧类",镇守北方边镇的将领与洛阳的统治者成为对立阶级。而后期的边镇,将官多如牛毛,仅沃野镇(今内蒙古乌拉特旗黄河南岸)"自将以下八百余人"。而镇守将官"专事聚敛","政以贿立",他们霸占良田、牧场,把瘠土荒畴给百姓,民众"因此困弊,日月滋甚"。被安置在边镇的敕勒等族部众,深受民族歧视和阶级压迫,北魏政府或征发他们服兵役,为统治者卖命;或将他们编作"营户",在军中承担各种杂役。尖锐的阶级矛盾、民族矛盾和统治阶级内部矛盾交织在一起,使边镇地区成为北魏末年各类社会矛盾的焦点,高平镇等北方边镇的敕勒、匈奴、羌等民族的反抗斗争不断掀起,旋起旋灭。太武帝延和二年(433),统治者上层之间的争权夺利开始凸显,驻守平凉的休屠族首领、征西将军金崖举兵征讨安定镇将延普,金崖兵败被杀,金崖的弟弟金当川带领休屠族起兵反魏,也以失败告终。太武帝太平真君六年(445),卢水胡人盖吴起事,盖吴自称天合王,生活在安定郡等地的休屠、氐等少数民族纷纷响应,太武帝紧急调遣驻高平的敕勒骑兵赴长安防守,起义遭到北魏的残酷镇压。孝文帝延兴元年(471)三月,刚刚继位的北魏孝文帝派殿中尚书胡莫寒到高平的敕勒部落挑选豪富家庭中的丁壮充当殿中武士,胡莫寒趁机大受贿赂,中饱私囊，引起六镇敕勒奋起反抗，杀死胡莫寒和高平镇将奚陵。四月，敕勒诸部相继起义。孝文帝派天赐帅罗云领兵征讨，罗云战死。十月，孝文帝又派源贺领兵进讨高平，杀死3万多敕勒人。这些起义虽然持续的时间和发展规模有限，但次数多，参与者广泛，为更加波澜壮阔的起义拉开了序幕。

（三）北魏后期的高平起义

北魏后期，地方的刺史、太守聚敛无度。他们征收租调时，恢复长尺、大斗、重秤。繁重的兵役和徭役使大批农民家破人亡，破产者或重新沦为依附农民，或逃避赋役，入寺为僧尼。北魏统治者除加重剥削未逃亡的农民外，还大肆搜捕逃亡的农民，引起各族人民的强烈反抗。

孝明帝正光四年（523）三月，沃野镇镇民、匈奴人破六韩拔陵聚众杀镇将起义，相继攻占了沃野镇（今内蒙古乌拉特前旗南黄河南岸）、怀朔镇（今内蒙古固阳县西南）等处，其他各镇的兵、民纷起响应，北边处于各族人民大起义的风暴中。正光五年（524），高平镇（今固原）敕勒族人胡琛称高平王，攻占高平镇以响应破六韩拔陵，并派军进攻泾（今甘肃宁县）、夏（今陕西靖边）等地，北魏别将卢祖迁出兵镇压，义军失利，遂向北撤退，寻求援兵。高平起义后，秦州起义爆发，秦州（今甘肃天水）羌人莫折太提率众起义，自称秦王，不久，莫折太提病逝，其子莫折念生代立。

起初两支起义军之间不但缺乏必要的联系，而且相互攻伐。莫折念生出兵攻占高平后，派部将卜朝占据高平，自己率军到达岐州（今陕西凤翔区）。十一月末，高平镇民袭杀卜朝迎接胡琛，胡琛再次占据高平，并派部将万俟丑奴（鲜卑人）进军泾州，威胁着关中的安危。孝昌元年（525），北魏孝明帝先派雍州刺史元志领军镇压起义军，后又派吏部尚书元修义为西讨诸军节度，以加强关陇政府军的力量。八月，莫折念生大败魏军于陇东，俘斩北魏都督元志。孝明帝急忙下诏派遣北魏名将崔延伯和幽州刺史萧宝夤，代替元修义西拒莫折念生。莫折念生战败后请求投降，萧宝夤派崔士和进驻监管，企图控制莫折念生的起义军，但率领北魏军队西进的大都督元修义等却心有余悸，停军陇口，不敢西进，给了起义军休整的机会。此时，崔延伯、萧宝夤乘胜率领甲士12万人、铁马8000匹，进驻安定，集中力量进攻胡琛。胡琛派遣大将万俟丑奴安大营于泾州西北70里的当原城，大败魏军，死者万余人，阵斩崔延伯，魏廷朝野俱叹。起义军方面士气大振，泾水的上游地区为起义军所控制。这次胜利消灭了北魏西征军的一部分主力，成为关陇起义军由衰复盛的转折点。

孝昌二年（526），莫折念生再次举起义旗，囚禁崔士和，送到高平后被杀。从此以后，莫折念生领导的以羌族为主的秦州起义军和胡琛领导的以匈奴、鲜卑族为主的高平起义军走到一起，由前期相互抵牾、牵制甚至残杀，终于结成了同盟，秦陇地区形成了以高平义军为主体的义军联合体，关陇起义进入了联合发展的新阶段。不久，胡琛被破六韩拔陵的部将费律诱杀，万俟丑奴继领其众。孝昌三年（527）正月，万俟丑奴义军再次大败萧宝夤于安定，这次战役是一次歼灭战，高平义军取得了辉煌的胜利，北魏西征军十余万主力大部分被消灭。起义军乘胜东下，占领汧阴（今陕西陇县），屡战皆捷，兵锋直逼雍州（治长安，今陕西西安市）。在泾州北部方面，莫折念生向幽州挺进，城民积极响应起义，但由于北魏派间谍收买起义军将领，分化起义军内部，莫折念生的部将常山王杜粲叛变，杀了莫折念生及家人，但起义军并没有解散，而是团聚在了另一支起义军万俟丑奴的周围，与北魏王朝继续战斗。二月，高平起义军一举攻克军事要地天险潼关。幽州刺史萧宝夤因征讨不力，引起北魏朝廷追究，遂派御史中尉郦道元到关中调查。萧宝夤刺杀郦道元，害怕朝廷追究，在长安叛魏自称齐帝。建义元年（528）正月，走投无路的萧宝夤投降万俟丑奴。这样，万俟丑奴兵势日众，便于七月在高平称帝，置百官。恰好波斯国送狮子一头给北魏，路经高平，万俟丑奴截留了狮子，遂建年号为神兽，创建了陇东起义政权，这是固原历史上第二个少数民族建立的封建割据政权。

高平起义军的发展，对北魏的统治是严重威胁，统治者不得不承认"丑奴，劲敌也"①，认为要镇压下去，不能仅靠武力，还要智取。孝庄帝永安三年(530)，专权擅政的尔朱荣(契胡族)任命族侄尔朱天光为骠骑大将军、雍州刺史，率贺拔岳、侯莫陈悦等人讨伐万俟丑奴。三月，北魏军队在岐州击败万俟丑奴，迫使起义军退守泾州。四月，尔朱天光率部众到达泾州东南，停军牧马，并向远近宣称："今气候渐热，非征讨之时，待秋凉更图进取。"万俟丑奴信以为真，把军队分散到一百多千米的田间地头，且耕且守。尔朱天光见万俟丑奴放松了戒备，暗中集结兵马，突然发起进攻。万俟丑奴放弃安定(今甘肃泾川西)，返回高平途中，被贺拔岳轻骑追上，双方在平凉长平坑(甘肃省平凉市东北红河畔)力战一夜，万俟丑奴兵败被俘。尔朱天光大军进驻高平，擒获降将萧宝夤，尔朱天光把万俟丑奴和萧宝夤押解到洛阳，分别被处以"弃市"和"赐死"。余部在部将万俟道洛的率领下，转入牵屯山(今六盘山北段)凭险据守，继续坚持斗争。当时，原州大旱，战马缺少草料，尔朱天光退屯高平城东25千米，留都督长孙邪利行原州事，万俟道洛乘机攻城，捕杀长孙邪利。七月，尔朱天光在水洛城(今甘肃庄浪县)俘获万俟道洛，并坑杀17000多名被俘的起义军。而尔朱天光也在次年的北魏王朝宫廷斗争中，被高欢(鲜卑族)斩于洛阳，时年37岁。至此，一场持续六年十个月的轰轰烈烈的关陇各族人民大起义，最后归于失败。高平起义是北魏末年各族人民大起义的重要组成部分，它与六镇义军、秦州义军互为应援，在关陇、河套以及陕北各地攻拔州县，沉重打击了北魏的黑暗统治，不仅迫使北魏政府调整其统治政策，如改军镇为州，变府户为一般平民，改变了广大镇民的社会地位，也使北魏以后诸政权吸取教训，采取缓和民族矛盾、阶级矛盾的统治政策。然而高平起义与历次农民起义一样，有其不可克服的弱点，各支义军各自为政，没有形成统一的组织，有时反而互相攻击、自相残杀。在这次起义中，鲜卑、匈奴、敕勒、氐、羌等民族的相互斗争，极大地促进了彼此间的深度融合，在此后的半个多世纪里，民族大融合基本完成，除了在姓氏上还可看出鲜卑族特点，从生活、风俗习惯等方面，已完全分辨不出汉族和鲜卑族或其他各族的差异。

(四)北魏孝文帝改革对固原的影响

东汉以后，除今隆德、彭阳部分地区，固原大部长期生活着鲜卑、羌等少数民族，政局混乱、战乱不断，各少数民族政权无法对固原全境进行长期稳定的有效管理，但北魏孝文帝实施的均田制、"三长制"和汉化政策改革对固原地区发展具有重要影响。

北魏初期，固原地区主要是各少数民族的牧地，少数民族酋豪占社会的主导地位。他们保留原有的生产方式和社会组织，酋豪的地位也被保留，有些酋豪还被授予官职，承认他们对部民统领的地位。酋豪宗主一户往往有数十个荫蔽的家庭，而给国家交纳的赋税有限，朝廷收入受到很大影响，双方矛盾逐渐严重。实行均田制之后，又下令实行"三长制"，规定：五家为邻，设一邻长；五邻为里，设一里长；五里为党，设一党长。"三长制"是用来代替宗主督护制的基层政权制度，也是符合中央集权制要求的

---

① 《资治通鉴·梁纪》。

新制度。"三长"挑选乡里能办事而又谨守法令的人担任，其职责是掌握乡里人家的田地、户口，征收赋税（户调），调发徭役，维持治安。"三长"直属郡县管理，过去不属于朝廷的户籍，现在都成了国家编户。这些改革对削弱宗主权力，增加朝廷赋税，减轻人民负担，促进社会安宁具有积极的作用。

为了加强对中原地区的统治，接受汉族文化，消除鲜卑和汉族之间的隔阂，北魏孝文帝迁都洛阳后，改鲜卑姓为汉姓，禁止鲜卑族同姓通婚，鼓励与汉族通婚，要求士民一律改穿汉服；禁止说胡语，规定30岁以上的人可以慢慢改，30岁以下的人要立即改，在朝为官说胡语就降爵黜官。以上措施在固原这个众多民族杂居的地区推行，意义重大，在固原地区生活的少数民族，不仅成了国家的编户，而且由于均田制的推行，也从经营畜牧业转变成了经营农业的农民。他们与汉族相互通婚，穿汉服，说汉语，写汉字，生活、生产上相互帮助，风俗民情上相互影响，形成了内涵更加丰富多彩的隋唐汉族，他们共同创造着固原辉煌的古代文明。

（五）西魏、北周对固原的经营

北魏在镇压各族人民起义的过程中，军阀势力开始崛起、左右朝政。北魏普泰二年（532），高欢拥兵自重，进入洛阳，废杀孝闵帝元恭，另立孝文帝的孙子元修为帝，是为孝武帝。北魏永熙三年（534），孝武帝摆脱高欢控制，投奔长安的宇文泰。十月，高欢又另立孝文帝的重孙元善见为帝，是为孝静帝，迁都邺城，史称东魏。至此，立国148年的北魏王朝在分裂中灭亡，而东魏王朝仅仅存在16年，就被高欢的儿子高洋建立的北齐政权取代。孝武帝元修到达长安后，宇文泰也把他当作傀儡皇帝，主相之间的矛盾不断尖锐，十二月，宇文泰将孝武帝毒死，立北魏孝文帝另外一个孙子元宝炬为帝，史称西魏。公元557年，宇文泰子宇文觉代西魏称周天王，史称北周。

西魏、北周的统治中心主要在秦州、原州等关陇地区，废帝二年（553）改黄石县为长城县，废乌氏县设立乌氏驿（今宁夏泾源县）。北周时置原州总管府，领平高（今原州区）、长城二郡。北周武帝建德元年（572）在阳晋川平凉城（今彭阳县红河镇）置平凉县，属长城郡。行政建置的增设，说明固原地区人口有较大幅度增加，居民点不断增多，但号称"天府"的关中产粮区，经过数百年的战火，已元气大伤。

西魏北周时期，统治者吸取各族人民反魏斗争的教训，一开始便注重吏治的整肃，继续执行均田制，北周法律还规定"正长隐五户及十丁以上、及地三顷以上，皆死"①，要求严格执行北魏时期的均田制。同时为了夯实经济基础和争取与汉族豪强大族的合作，西魏和北周从建立开始，就仿效北魏不间断地在经济、吏治、废除佛教方面进行改革，重视儒学教育和选贤任能，加强农业生产，建立了编制户籍及国家预算等制度。李贤和其继任者窦炽任原州刺史时，积极推行北周的一系列改革措施，原州百姓感其恩惠。

废帝元年（552），北周大臣窦炽改任原州刺史，在任10年，抑挫豪强，清理冤狱，亲临田间，劝民垦耕。当时的原州城北有一水泉，就是现在的北海子。窦炽常到北海子祭祀。有一次幕僚在泉边设宴，大家争相向窦炽敬酒，他跑到泉边舀了一杯泉水，边喝边说自己为老百姓没有办多少实事，不配喝酒。窦炽离开原州后，老百姓都很思慕这位清官。后历任宣州刺史，进上柱国兼雍州刺史等职，一生清贫廉洁，是难得的好官。

---

① 《隋书》卷二五《刑法志》。

北魏时期把大量占领区的人口变为奴隶，孝文帝改制时忽视了奴隶问题的解决，西魏统治者也未认识到奴隶大量存在的严重后果。北周武帝宇文邕时期开始大规模放免奴婢与杂户，使更多的劳动力掌握在封建国家手中，不但增加了国家税收，也是对复杂的劳动人民阶层结构的一次大净化。通过广泛放免奴婢与杂户，原来带有民族性的阶层划分失去了民族内容，阶级矛盾进一步取代了民族矛盾，这为北方民族大融合的进一步发展提供了必要条件。

十六国时期，北方无论是汉族政权还是少数民族政权，统治者都很重视儒学，北魏孝文帝非常推崇儒学，但更多的则是重于形式，限于礼仪，缺乏实用，与社会经济相脱离，致使崇佛日益严重，僧尼达到二百万人，寺庙超过三万座，仅固原地区在魏晋时期就开凿了须弥山、西吉禅佛寺等佛教寺庙数十处。西魏宇文泰出于经济和政治的原因，开始"崇尚儒术"，确定了儒学的思想统治地位，开始打压佛教。周武帝宇文邕也是"重道尊儒"，而且在建德三年（574）"初断佛、道二教，下令毁佛，这是政教冲突的必然，也掺杂着佛、道之争教，经、像悉毁，罢沙门、道士，并令还民"。①周武帝毁佛，使一万余所寺院土地归国家所有，百万僧侣还俗，变为均田户。通过毁佛，百姓的徭役相对减轻，北周军事、经济实力日渐强大，为后来隋朝统一全国准备了条件。

二、关陇集团的形成

（一）关陇集团发迹

北魏末期从镇压各族人民起义到西魏北周创置府兵制的过程中，逐步形成了以鲜卑族为核心，代表鲜卑族和汉族地主阶级利益的关陇统治集团，其代表人物就是西魏的实际掌权者、北周政权的奠基者周文帝宇文泰。

宇文泰字黑獭，代郡武川（今内蒙古武川西）人，鲜卑宇文部落的后裔，汉化鲜卑人。北魏末期的高平镇胡琛、万俟丑奴领导的陇东起义，为宇文泰进入关陇提供了历史舞台。作为先锋和战将角色出现的宇文泰，在北魏镇压关陇起义后的论功行赏中，"太祖（字文泰）功居多，迁征西将军、金紫光禄大夫，增邑三百户，加直阁将军，行原州事"②，可见宇文泰在镇压关陇起义过程中发挥了重要作用。关陇起义使宇文泰得以入关，也使宇文泰得以加官晋爵，特别是从此与原州结下缘分。宇文泰"抚以恩信，民皆悦眼"③，声称"早值宇文使君，吾等岂从逆乱"④，恩信并施，赢得了原州各族的拥护。

永熙三年（534），北魏重臣高欢与贺拔岳的矛盾日益激化，并逐渐公开化。贺拔岳针锋相对，于二月召令秦州刺史宇文泰、侯莫陈悦北上会师高平，共讨投靠高欢的灵州刺史曹泥。可是，侯莫陈悦早已暗中投靠高欢，贺拔岳对此没有察觉，反而令侯莫陈悦为先锋。当进军至河曲（今黄河宁夏中宁段一带）时，侯莫陈悦诱杀了贺拔岳。贺拔岳部下推举夏州刺史宇文泰统帅关陇诸军，宇文泰驰返平凉（今固原），并派兵扼守弹筝峡（今泾源县三关口）。宇文泰统领贺拔岳的军队后，首先开始了平定关陇的行动。永熙三年（534）三月，宇文泰进军原州（今固原），攻讨侯莫陈悦。原州城内李贤、李远、李穆兄弟为内应，原州城很快被攻克，宇文泰率部众及家人进入原州。四月，宇文泰留其侄宇文导为都督，镇守原

---

① 《广弘明集》卷十。
②③④ 《周书》卷一《文帝纪》。

州,自领大军南下追歼侯莫陈悦。宇文泰驻兵原州和木峡关(今原州区张易镇叠叠沟口)期间,军令严肃,秋毫无犯,得到当地居民的积极支持。侯莫陈悦兵败被杀后,宇文泰以王盟为原州刺史,至此,宇文泰控制了关陇地区。宇文泰执掌西魏军政大权20余年,对外拓疆辟地,对内重用关中汉人,依靠关陇地主集团支持,进行各方面的改革。在军事上,收编关陇豪族武装,与原以鲜卑为主的军队一起,建立府兵制,以扩大兵源,形式上采取鲜卑旧八部制,立八柱国、十二大将军,使六镇军人与关陇大族结合,形成关陇统治集团,为宇文氏取代西魏创造了条件,同时也奠定了其身后关陇政权一统天下及隋唐王朝强盛的基础,例如柱国大将军李虎,是唐高祖李渊的祖父;柱国大将军独孤信的长女是宇文泰子周明帝的皇后,第四女是唐高祖李渊的母亲;十二大将军中杨忠是隋文帝杨坚的父亲。可见周、隋、唐三朝的创业皇帝,基本都和关陇统治集团有着血缘上的关系。自周、隋迄唐初的将相大臣,也有很多是关陇统治集团中重要组成分子的后裔。

(二)原州"三杰"

在宇文氏关陇集团的形成过程中,蔡祐、李贤、田弘等人发挥了重要作用。

蔡祐(506—559),祖籍河南开封,其曾祖蔡绍为夏州刺史时,迁居高平。蔡祐聪敏孝行,膂力过人,善于骑射。北魏永安三年(530),宇文泰镇守原州,将蔡祐召为帐下亲信,并收为义子。宇文泰改立元宝炬为帝,建立西魏后,加封蔡祐为宁逆将军,不久,蔡祐担任青州刺史,后又改任原州刺史,加封大都督。蔡祐跟随宇文泰南征北战数十年,奋勇当先,所向披靡,功勋卓著。宇文泰患病期间,蔡祐与宇文护(宇文泰侄子)、贺兰祥(宇文泰外甥)一同侍奉汤药。宇文泰死后,蔡祐悲痛欲绝,因此患上气疾,武成元年(559),蔡祐在原州病逝,北周明帝追赠蔡祐为柱国大将军,谥号为庄。

李贤(655—684),先祖陇西成纪(今甘肃静宁)人。西汉骑都尉将军李陵的后代。当年李陵被匈奴俘虏之后,全家便生活在北方少数民族境内,直到鲜卑族拓跋部建立的北魏政权南迁,李氏才随同南下,返回故里。父亲李文保曾在高平等地当地方官。李贤就出生在高平城。在高平起义中,北魏尔朱天光秘密派人前往原州联络李贤,要他在城内想办法配合官兵做内应。李贤巧妙利用民族军的矛盾,使用调虎离山之计,把盘踞在原州城内的民族军诱出城外,使尔朱天光的部队顺利恢复了对原州的管辖。尔朱天光任命李贤为主簿,掌管文书,办理行政事务。万俟丑奴反攻原州时,李贤又冒死出城到雍州(今陕西西安西北)向尔朱天光求援解救了原州。李贤又因功被授为威烈将军、殿中将军、高平令。从此,李贤步入仕途。北魏永熙三年(534),大将军宇文泰西征进军驻原州,任李贤为都督,全权镇守原州。宇文泰控制西魏朝政时,升李贤为左都督、安东将军,封上邽县公,继续镇守原州。西魏大统二年(536),原州人豆卢狼据州城反叛,李贤组织敢死队,亲率300人奇袭原州,杀死豆卢狼。李贤由此迁升原州刺史,掌管原州军政大事。大统十二年(546),李贤第一次从军远征,随独孤信征凉州;之后,又抚慰张掖五郡,凯旋。不久,北方少数民族柔然围逼原州城,剽掠居民,驱拥畜牧。李贤把握战机,组织兵力出击,大获全胜。李贤迁授车骑大将军。大统十六年(550),西魏再次晋升李贤为骠骑大将军、开府仪同三司。宇文泰入关后,李贤协助收复原州城;宇文泰西征,又与其弟李穆、李远牵制侯莫陈悦,并参加了追歼战。李贤与宇文泰的关系已非同寻常。宇文泰凡到原州,必在李贤家中欢宴终日,不分上下级,情同手足,特别是周高祖(宇文邕)及齐王寄居李贤府邸前后,更能说明宇文氏与原州李贤家族的亲密关系。高祖(宇文邕)与齐王宪在襁褓时,因避忌,不利在宫中,"太祖(字文泰)令于贤家处之,六载乃还宫"。①这种亲情关系在中国历史上恐怕也是空前绝后的。说明宇文泰是将原州作为可依赖之地。当年寄养在李贤家中的宇文邕，在登上皇位后，于保定三年(563)七月至九月西巡原州，宇文邕多有感慨，在周武帝心中，李贤已经是北周的皇亲国戚，而且李贤的侄儿李基还娶了北周的义归公主。宇文邕除了颁诏彰扬外，还给李贤家族赏赐很多。时李贤已年逾花甲，主要赏赐金银服饰，子侄辈30余人得到赏赐，门生辈10余人授官拜将。保定四年(564)，北周与北齐屡屡交兵，突厥等沿边少数民族不断侵扰，遂授李贤使持节、河州总管、三州七防诸军事、河州(今甘肃临夏西南)刺史。李贤到任后，首先开展大规模的屯田，以减轻漕运之费；其次是多设岗哨，侦察敌情，加强防御设施，以防寇掠。措施得力，沿边未起战事。保定五年(565)宕昌(今甘肃宕昌西南)一带少数民族羌、吐谷浑侵扰边境。北周又改任李贤为洮州(今甘肃临洮)总管、七防诸军事、洮州刺史。他亲率骑兵防御，击退扰边者。从此，虏寇震慑，不敢犯塞。北周天和四年(569)三月，李贤在京师长安病故，归葬原州。周高祖宇文邕亲往吊丧，悲恸之情、哀痛之声，使左右皆悲痛不已，闻者坠泪。宇文邕对李贤家族的感激，对原州的向往情真意切。同时，也可看出宇文氏集团在其发展过程中对原州的苦心经营，原州在宇文氏集团统一关陇过程中有不可替代的作用。

田弘(510—574)，字广略，原州长城县(今宁夏彭阳红河镇)人，田弘年少时慷慨激昂，体力过人，勇敢而有智谋，立志建功立业。北魏建义元年(528)，万俟丑奴在高平称帝，田弘投靠起义军。建明元年(530)，北魏大将军尔朱天光、贺拔岳率兵征讨万俟丑奴，田弘乘机归顺贺拔岳，被任命为都督，后又归顺北魏权臣宇文泰。永熙三年(534)，田弘追随宇文泰奉迎孝武帝入关，在长安建立西魏政权，田弘因迎接北魏孝武帝有功，封爵鹑阴县(今甘肃白银平川区)开国子，食邑五百户。后又进爵为鹑阳县公。大统三年(537)，田弘改任帅都督，进封公爵。大统十四年(548)，授任使持节、都督原州诸军事、原州刺史。当时宇文泰与高欢相对抗，双方不断争战，田弘跟随宇文泰收复弘农，战于沙苑，解洛阳之围，破河桥敌阵，屡建战功，多次受到优厚赏赐，赐姓纥干氏。由于田弘功劳声望都很高，朝廷让他衣锦荣归，治理出生之州，授任田弘为车骑大将军、仪同三司。北周孝闵帝元年(557)，宇文泰之子宇文觉受禅登基，建立北周政权后，田弘进封雁门郡公，后又出任岷州(今甘肃岷县)刺史。保定三年(563)，田弘跟随杨忠(隋文帝杨坚父亲)东征北齐，授任大将军。天和二年(567)，田弘出任江陵总管，都督襄、郢、昌、丰、蔡诸州军事兼襄州(今湖北襄阳)刺史。建德三年(574)，病故于任上，天子举哀，死后归葬于原州高平镇山(今宁夏固原原州区)，葬礼依汉霍去病、卫青之例，盛况空前。田弘为北周统一北方立下了赫赫战功，南北朝时期文学家庾信亲自为他撰写《周柱国大将军纥干弘神道碑记》，墓碑现保存在宁夏固原博物馆，碑文写道"公入仕四十五年，身经一百六战。通中陷刃，疾甚曹参；刮骨敷药，事多关羽。而风神果勇，仪表沉雄，事亲无隐无犯。学不专精，略观书籍；兵无师古，自得纵横。青乌甲乙之占，白马星辰之变，九宫推步，三门起伏，天弧射法，太乙营图，并皆成诵在心，若指诸掌。虏青犊之兵，甚有秘计；烧乌巢之米，本无遗策。西零贼退，屈指可知；南郡兵回，插标而待。常愿执金鼓而问吴王，横雕戈而返齐地，有志不就，忠贞死焉"。庾信撰写的这段碑文，对田弘为官45年作了高度评价。田弘的长子田恭曾任北周骠骑大将军、开府仪同三司、幽州总管、雁门郡公。隋朝建立以后，隋文帝对田恭非常宠信，先后封他

① 《周书》卷二五《李贤传》。

为柱国、太子太师、右武卫大将军，进爵观国公。史书记载，隋文帝对田恭"甚见亲重，尝幸其第，宴饮极欢，礼赐殊厚"，死后又诏赠为司空，谥"敬"太师；次子田备曾任北周大都督，隋朝尚书驾部郎、平原郡公；孙子田世师，曾任隋朝右武卫大将军、观国公；孙子田德燃任隋朝尚书驾部郎，加平原郡公。田家三代，是北周和隋朝政权的开国功臣，田氏家族也是固原地区历史上最为显赫的家族之一。

通过原州"三杰"简略生平和作为，可以看出宇文泰进驻关陇后对原州的特意经营和对原州"三杰"的器重与依赖。从文化融合的角度看，西魏以前，在中国的正统王朝中，赐姓行为罕见，而宇文泰却为蔡祐、李贤、田弘均赐复姓，试图通过赐姓、收义子，推动胡、汉融为一体，这种高层次胡汉交融的文化现象推进了民族的深度融合。原州是宇文泰关陇集团形成过程的根基，也是其统一关陇期间进退可资凭借的地方。原州"三杰"是宇文泰关陇集团形成过程中不可多得的战将和智囊，他们西征东战，冲锋陷阵，为宇文氏统一北方奠定了坚实的基础。特殊的历史赋予了原州这块土地特殊的任务，他们生于原州，死后归葬原州，充分说明这些武人对原州重要地位的认同和精神上的依托。20世纪80年代以来，固原考古发掘的李贤、田弘等人墓，出土了大量珍贵文物，从文化融合的角度再现了北朝固原的独特历史文化，是关陇统治集团形成过程在固原的历史缩影，其中李贤夫妇墓出土了金、银、铜、铁、陶、玉等各种随葬品710余件，内彩绘陶俑200余件，壁画23幅，出土的鎏金银壶是波斯萨珊王朝（226—651）的工艺品。田弘墓出土了精美的云母制品、陶俑、东罗马帝国的金币等。这些珍贵文物都是探寻"一带一路"印记和研究魏晋时期我国与中亚文化交流的重要依据。

三、北朝时期的固原经济社会

（一）农业生产

魏晋南北朝时期，由于大规模的战乱多发生在北方并且时间持续很长，使得北方经济遭到严重破坏，固原地区作为北方草原文化和中原农耕文化的结合点，长期为游牧民族占据，农业经济破坏严重，维系人民基本生活的自然经济在农业和畜牧业之间交替。十六国时期的前秦在重视发展农业生产的同时，也注意发展交通事业，固原地区的经济逐渐恢复，但短暂的农业经济发展不断被处于上升阶段的原始社会部落阶段的游牧民族打破，尤其是封建狭隘的民族观念导致在政权争夺中出现民族仇杀，造成农业民族大量沦为奴隶和流民，西晋末年的安定郡人口仅仅为5500户，约3.6万人，其中的鲜卑、匈奴等民族人口不得而知，农业急剧衰退，畜牧业成为固原经济社会的主要组成部分，"安定、北地、上郡、陇西、天水、金城，于古为六郡之地，其人性犹质直。然尚俭约，习仁义，勤于稼穑，多畜牧"[①]北魏太武帝以后，随着民族融合的不断深入，割据战争宁息，人民俭朴勤劳，北魏的劝农政策逐渐重视并形成制度，北魏政府要求各级地方官员必须励精图治，以劝课农桑、课督田农、务尽地利，尽力劝农。若不尽责，轻者免官，重者治罪杀头。禁止随意征发，影响农时。规定凡因徭役不时而影响农业生产的，必须治罪；监察部门对此要严肃处理，不得宽纵。这些规定，均以诏书形式发出，要求各地严格执行。孝文帝认为"农惟政首，稷实民先"，要求"务尽地利，使农夫外布，桑妇内勤"[②]尤其是均田制的推行标志着农业

---

① 《隋书》卷二九《地理志》。
② 《魏书》卷五三《高祖纪下》。

生产在北魏经济生活中占据了决定性的地位,包括鲜卑族在内的许多少数民族人民成为均田户,有利于巩固他们的农业生活,使社会进一步封建化。自孝文帝改革之后,许多曾逃亡异乡的汉族劳动人民相继回乡,开荒种地,耕地面积在不断扩大,粮食生产也在增加。内迁的鲜卑族人民和其他族人民,逐渐减少乃至放弃以狩猎或畜牧为主的谋生之道,转向农业生产,开荒种地,成为农民。农民有了一定数量的可耕土地,租调相对固定和减轻,农民的生产条件有所改善,这对生产的发展是有利的。北魏赋税的征收"各随其土所出",泾州、豳州等处"皆以麻布充税"。①泾州就包括彭阳县东南地区。

北魏、西魏和北周三朝同为拓跋氏鲜卑政治集团衍生和嬗变而来,虽然各有特点,但是在很多经济措施上具有相对的连续性。尤其是迁都洛阳以后,这一情况更加明显。孝文帝实行均田制、"三长制"和新的户调制以后,促进了农业生产的发展。宇文泰吸取北魏的经验和教训,积极推行均田制,轻徭薄赋。周武帝亲耕籍田,劝勉农桑,还下令禁佛,将百万佛教门徒和僧侣变成农业劳动力。这对于土地相对宽裕和寺院较多的固原来说,僧侣还俗,参加农业生产,推动了农业经济发展。从太武帝统一北方,到孝文帝时期,是固原社会经济发展的重要时期,农业生产得以恢复。太平真君七年(446),太武帝令薄骨律镇(今宁夏青铜峡境)镇将刁雍负责,出牛车500辆,将高平、安定(治今甘肃泾川)、统万等四镇50万斛粮食运到沃野镇(今内蒙古包头市西南),以应军需。从这些地方到沃野镇,路途遥远,还需经过沙漠地带,困难重重,将这些粮食全部运完至少需3年时间。刁雍奏请太武帝同意,决定改为水运,在清水河就近建造木船200只,每船装运粮食2000斛,60天往返一次。北魏一市斤合今0.2225公斤,一斛合今13.25公斤,2000斛就是53000公斤。这段史事说明当时固原地区生态很好,林木很多,能够有力量建造200艘木船,清水河的水量很大,能够浮起载有53吨粮食的大船,更说明当时固原不仅可以粮食自给,而且还有余粮供沃野等镇军粮,在北魏的墓葬里出土有陶牛车等文物,这也在一定程度上反映了当时畜牧业发展状况。

太和十二年(488)五月,魏孝文帝还下令高平、薄骨律镇等地兴修水利,发展农业。这个时期在农业生产上用牛的情况增多,铁制农具使用的范围也有扩大,农具种类增加,式样也有改进。主要农具有铁制犁、铲、锄、镰等。其中的全铁曲柄锄增多了,这对于中耕、除草都很有利。农民在生产中很注意精耕细作,关心时令、鉴别土壤、防旱保墒、田间管理等,以及选种、育种、栽培、积肥、施肥等技术,积累了丰富的知识或经验。粮食种植以绿豆为主,小豆、胡麻为辅,农业生产得到恢复和发展,并且取得了一定的成就。北魏后期,随着鲜卑族政权的封建化,各族人民也走上封建化的道路,他们在经济上向定居的农业或半农半牧过渡,这也是封建化的重要内容。

(二)畜牧业生产

魏晋南北朝时期是中国历史上民族矛盾十分尖锐的时期,同时也是民族大融合的重要时期,许多少数民族逐渐南迁到固原地区,与当地民众长期生活在一起。他们的到来,改变了固原固有的民族人口结构和经济结构,增加了畜牧经济的成分。十六国时期,各少数民族政权对畜牧业的发展比较重视,设置的专门机构有太仆、驾部尚书、外牧官等,为官时牧产不滋,或者私占牧田,都会被免官,重的还会被判刑、流放。北魏前期,巨大的军事胜利给鲜卑族带来了数以千万计的牲畜、广袤的牧场和众多的劳

---

① 《魏书》卷——〇《食货志》。

动力,使北魏的畜牧业飞速发展,公元402年,北魏拓跋遵率部在高平袭击后秦车骑将军、高平公没弈干的部队,没弈干兵败南逃,拓跋遵把没弈干仓库中所有的物资积蓄全部收缴,缴获马匹4万多匹,其他各种牲畜9万多头,由此可见当时固原地区畜牧业的发展状况。北魏的官方牧场遍布全国各地,而且规模巨大,仅河西牧场就有马200多万匹、骆驼100多万峰,牛羊不计其数,民间饲养的牲畜也相当多,王公贵族从皇帝的赏赐中也得到大量的牲口,一般百姓家,也有不少牲畜。清水河流域草地增多,地表植被有所恢复,水土流失减缓,为黄河支流的安澜做出了贡献。

(三)丝绸之路的兴盛

固原地区在中西交通史上占有重要的地位,是古代丝绸之路由长安到河西走廊最短线路的必经之地。从西汉起,丝绸之路成为中原与西域通商贸易的重要通道,西域商人始终是成群结队地来中原经商。北魏统一北方之后,首先打击占据西域的柔然部落,扫除了丝路障碍,使西域及中亚各国与北魏都城洛阳间的往来络绎不绝,高平镇作为北方重要军镇之一,成为东西方商道重要的商业经营地区,很多使者、商人经由高平前往洛阳。商队往来增加了朝廷的赋税收入,按照北魏入市一人交税一文及店铺分五等纳税条例,庞大的商队与经营奇珍异宝的蕃客邸肆,是北魏官府最欢迎的纳税对象,正光年间(520—525)各地反魏起义层出不穷,又值水旱频繁,北魏政府下令停断给百官的例酒,但格外规定"远蕃使客,不在断限"。因此,胡商的往来不仅增加了政府的税收,而且庞大的胡商队伍所携的奇珍异宝满足了上流社会达官贵人的奢侈生活需要。北魏建义元年(528),波斯使者不远万里进贡一头狮子给北魏,途经高平时正值高平起义发生,被万俟丑奴截留,高平起义被镇压后,波斯使者再将狮子送往洛阳。20世纪80年代,在原州区南郊的北魏墓葬中,出土有一枚波斯萨珊王朝铸造的银币。李贤夫妇合葬墓中,出土有玻璃碗、金戒指和鎏金银壶等波斯珍品。玻璃碗质薄透明,呈碧玉色,碗外饰两圈凸起的圆钉。这是中国已发现的玻璃碗中最完整的一件,据专家鉴定属伊朗北部吉兰地区的产品。金戒指上镶青金石,石上微雕一双手上举跳花绳的人像。青金石产于伊朗和阿富汗交界地区,说明金戒指来自西亚。出土的鎏金银壶在波斯萨珊王朝文物中极为罕见,对研究萨珊工艺美术、萨珊与罗马的关系、波斯与中国的关系都有重要价值。鎏金银壶造型别致精美,具有浓厚的罗马风格,但主题图案描绘的是古希腊神话故事。鎏金银壶是中外历史文化交流的见证,是丝绸之路商贸频繁的缩影。

四、北朝时期的固原文化艺术

(一)佛教与石窟艺术

北朝经历了190多年,其宗教政策受到政权需要的影响。有利用价值时,放手扩展,失去控制时,则残酷打击;加上民族矛盾和阶级矛盾比南朝更激烈,致使佛教的发展呈现出大起大落的状况。丝绸之路的凿通,加强了中国和中亚、西亚、南亚以及欧洲各国的经济、文化联系,增进了中国人民和世界各国人民的友谊和相互了解。随着丝绸之路的畅通,佛教传入中国,信仰佛教的少数民族也进入固原传教。十六国时期,各个少数民族政权竞相崇佛。民众为了逃避繁重的租役,纷纷营造寺庙,竞相出家。北魏时期,魏文成帝下诏重兴佛教,起用凉州僧人昙曜为沙门统,组织铸造金像,开凿石窟,而且文成帝之后的北魏历代帝王,倾全国赀赋收入,旷日持久地凿窟雕像,开凿石窟寺和广泛流入民间的佛雕造像(金人)也成为佛教在固原地区传播的主要表现形式。孝文帝善谈老、庄,尤精释义,承明元年(476),他为其父亲资福,度良家男女数百人为僧尼,又到永宁寺听讲经,下诏书允许高僧一月三次到宫殿讲论佛经,强化了佛教的经济实力和社会作用,把僧尼推上了特权地位,他的倡佛对民间信仰起到了推波助澜的作用。到北魏末年,佛寺达3万余所,有僧尼200万人。如此多的寺院和僧尼,除极少数大寺由国家或权贵供给外,绝大多数寺院主要靠拥有的土地和奴隶、佃户获得经济收入。以须弥山为代表的佛教石窟,多数开凿于北魏时期,并且在统治者的支持下繁盛一时。须弥山石窟是西域和中亚文化沿丝绸之路在固原留下的文化遗产,是中国十大石窟之一,1982年国务院公布为第二批全国重点文物保护单位。须弥山石窟现存洞窟130多座,有大小雕像315尊、佛龛113座、中心塔柱16个,是标准的北魏中晚期流行的造像艺术风格。开凿于北周时期的石窟有圆光寺、相国寺等窟,现尚存有造像的主要有6个窟,这些石窟以平面方形的中心塔柱窟为主,这样大规模的石窟,在北周废佛时期开凿完成,是不多见的,特别是主室后壁长方形佛坛上并坐的3尊大佛,高达6米,气势雄伟,为我国石窟艺术之杰作。另外还有开凿于北朝时期的西吉县火石寨扫竹岭石窟、蝉佛寺石窟,隆德县凤岭乡八盘山石造像,原州区张易镇的南、北石窟等,都从不同侧面反映了当时佛教在这一地区传播的盛况及其艺术成就,也反映了古代固原的文化与宗教。除石窟寺、佛塔外,还发现和出土了很多石、铜、玉佛造像碑和鎏金、铜等佛造像。例如1981年在彭阳县新集乡出土的北魏前期的8件佛造像(现存宁夏固原博物馆),其中一件造像的左侧至背部阴刻有"使持节假镇西将军镇军将军西征都督泾州□戎县开国子金神庆敬造石像二区,建明二年二月十七日"题记,此造像碑面内容安排紧凑,疏密得当,层次分明。佛、菩萨、弟子等内容随意变化组合,显得整体完美,表明了艺术家们已经熟练地掌握并形成了自己特有的雕铸手法,又创造出新的、精美的造像雕刻技巧。1985年在彭阳县红河乡出土的9尊北魏时期石造像,高为18—30厘米不等。造像材料系用白色滑石雕凿而成,石质细腻柔软,人体比例适中,雕刻技法娴熟,衣纹线条流畅,工艺水平较高,人物形象栩栩如生,具有鲜明的北魏佛雕造像之特点,整体造像布局合理,结构严谨,浑然一体,体现了当时我国雕塑艺术的发展水平。

(二)髹漆与绘画艺术

南北朝是一个政治上混乱,精神上自由、解放,富于热情和艺术精神的时代。中外文化交流、民族文化的冲突和融合对中国传统工艺的影响深远。宗教艺术得到发展,影响和带动整个社会的工艺水平。佛教在这个时候广泛流传,对建筑、器皿、服饰等产生影响。固原作为南北朝时期过往贡使、商客、僧侣教士活动频繁的重要地区之一,始终在东西方文化交流中占有重要地位。由于固原当时所处的特殊地理环境和历史地位,经济文化的繁荣也体现了当时社会的发展状态,尤其是北魏时期,由于政治、经济制度经过一系列的改革,社会经济政治得到了一定的发展,再加上北魏统治阶级推崇儒家文化,从宫廷到民间完善儒家统治制度,所以这一时期的文化艺术发展达到了东汉以后的鼎盛时期。最具代表性的瓷器基本成为人们日常生活中寻常器皿,这给传统漆器以很大冲击。但由于受到少数民族文化和外来文化的直接影响,漆器的装饰及工艺手法有了很大进步与发展,特别是髹漆工艺的提高和构图纹饰的发展变化,体现了外来文化与中原文化的交融。北魏漆棺画于1981年在固原市区西南雷祖庙村的一座北魏夫妇合葬墓中发现,漆棺画的发现说明魏晋南北朝时期的固原居民已经掌握了先进的髹漆工艺,漆棺制作是先在木棺上贴敷织物并做好灰底子,然后髹漆绘画,漆画以红色为底色,用彩色或墨线在底色上勾描出图案轮廓,再用铁朱(赭色)、石青、石绿、黄色等调漆绘制。绘画中还大面积使用贴金工艺。出土的棺盖为两面坡式,前高宽,后低窄,这是鲜卑棺木的重要特征之一,整个漆棺均绘有精美的装饰图案和儒佛以及世俗生活题材的图画,其内容之丰、技艺之高,令人叹为观止。棺盖中央绘有一条金色水涡纹长河,河中点缀着仙鹤,象征天河。棺前档正中画着身穿鲜卑族服装的墓主人像。棺侧挡的画面分上中下三层,上层左右侧以连环画形式绘有舜、郭巨、蔡顺、丁兰、尹伯奇五个孝子的故事,中部为波斯著名的联珠龟背纹图案。画面面积大小相等,一幅画表现故事的一个情节,并附题记说明画面内容。数幅画面连贯起来,构成一个完整的故事,这是我国早期连环画的初次发现,在我国连环画史上占有重要地位。漆棺上绘的孝子故事,均为汉族传统故事,但人物均着鲜卑服装,面有长须。棺侧挡的下层描绘了鲜卑武士策马狩猎的场面。漆棺画融合了非常丰富的文化元素,反映了北魏时期民族大迁徙、文化大融合的社会背景。漆棺画所体现的艺术文化性不仅代表了当时北魏漆器艺术发展的先进水平,而且把中原汉族的观念渗透到少数民族意识和信仰中,尤其是漆棺画中的东王公、西王母像与孝子故事连环画,表现了中原的道教思想与孝道观念,具有汉族文化与少数民族文化共融的多元性、开放性、包容性特色。在绘画方面,南北朝涌现出了不少优秀画家,他们都有较高的艺术成就,创新了不少优良技法,但由于时代的局限,他们绘画的主要内容一方面是为宗教服务,另一方面带有浓厚的贵族享乐情怀。北周李贤夫妇合葬墓的墓道、过洞、天井、甬道以及墓室等处的数十幅壁画,是我国极罕见的绘画艺术珍品,其内容有武士、侍女和伎乐女工等。武士们形体健壮,头戴高冠,身着明甲,形态各异。有的双手捧刀于腹前;有的一手执刀,一手屈于腹前;有的则一手握刀,一手拿刀穗。侍女面容丰润,神情自若,或手执团扇,或手捧拂尘。伎乐女工则身着宽袖衫,腰系腰鼓,尽情弹奏。壁画以墨线勾出轮廓,再施以红色晕漆,浓淡适宜,用笔简洁、质朴,线条豁达流畅,既继承了魏晋绘画线条简练、色泽明快、构图活泼而奔放飞动的艺术传统,又开创了形象秀丽、活泼流畅的风格,对我国隋唐绘画艺术有重大影响。

参考文献:

[1] (汉)司马迁.史记(修订本)[M].北京:中华书局,2014.

[2] (唐)房玄龄等.晋书[M].北京:中华书局,2014.

[3] 沈起炜.中国历史大事年表[M].上海:上海辞书出版社,1983.

[4] (清)徐文范.东晋南北朝舆地表(卷三)[M].北京:中华书局,1985.

[5] 陈育宁.宁夏通史(古代卷)[M].银川:宁夏人民出版社,1993.

[6] 薛正昌.固原历史地理与文化[M].兰州:甘肃文化出版社,1998.

[7] 佘贵孝、郭勤华.固原历史[M].长春:时代文艺出版社,吉林音像出版社,2006.

[8] 刘光华主编,汪受宽著.甘肃通史(秦汉卷)[M].兰州:甘肃人民出版社,2009.

[9] 徐兴亚.西海固通史[M].银川:宁夏人民教育出版社,2012.

[10] 王仲荦.魏晋南北朝史[M].上海:上海人民出版社,2016.

从黄老到《录图真经》

——北魏新天师道与国家转型

章义和　张　真

（华东师范大学历史学院）

　　汉末汹涌的黄巾起义将道教推到了历史的前台，从此，道教作为一支新兴力量频繁出现于中古历史进程之中。严格而言，道教本身的反叛色彩并不浓郁。太平道经典之一的《太平经》即强调"兴国广嗣"，汉中五斗米道领袖张鲁亦称"本欲归命国家"。但在汹汹民意中，道教成为民众反抗国家控制的工具。广大民众在李弘降世等弥赛亚思潮煽动下，挑战着国家对基层社会的统治。道教于其中的关键角色也引起统治集团的注意，促成君主与上层道士的联合，以及道教的清整运动。故在南北朝时期涌现出一批道教改革家，不断推进道教的转型发展。其中，北方寇谦之掀起的道教清整配合太武帝的支持，成功将新天师道确立为北魏国教，奠定此后北方道教发展及政教互动的基础。

　　关于寇谦之新天师道与政治的关系，自陈寅恪、汤用彤以来便多受学界关注。诸位学者认为寇谦之将国家意识形态纳入道教改革，利用弥赛亚思潮去除反抗色彩，从而实现政教合一。[①]这一基于历史逻辑的考察淡化了寇谦之改革及其政治活动的内在宗教因素，曾达辉便试图寻找寇谦之改革的内在动机，认为改革的主要目标是重建天师道体系。[②]须注意的是，寇谦之新天师道的发展不仅在宗教层面存在内在逻辑，其与政治的合作亦受制于既有的政治体制。基于此，本文将发掘《魏书·释老志》中蕴含的丰富历史信息，再次关注寇谦之与北魏太武帝合作的历史过程，借以考察道教与政治合作的深层逻辑。

一、应天之符：《录图真经》与政治转型

　　太平真君三年（442）正月，经过多年的筹备，太武帝在寇谦之的辅助下正式登坛受箓，成为李谱文降诰所称之北方太平真君。自此，新天师道正式成为北魏国教。关于寇谦之与太武帝的合作，学界大体认为政教双方存在利益交换，并受到主张汉化的崔浩的辅助。这一思路虽着力探寻政教合作的深层动

---

① 陈寅恪：《崔浩与寇谦之》，《岭南学报》，1950年第10卷第1期。汤用彤著，汤一介整理：《寇谦之的著作与思想——道教史杂论之一》，《历史研究》，1961年第5期。砂山稔：《从李弘到寇谦之》，《东洋学集刊》，1971年26号。Richard Mather. K'ou Ch'ien chih and the Taoist Theocracy at the Northern Wei Court. Helme Welc and Anna Seidel ed, Facets of Taoism:Essays in Chinese Religion, New Haven: Yale University Press, 1979.

② 曾达辉：《寇谦之的降神与政治意图》，《清华学报》，1998年第28卷第4期。

机，却也忽略了许多历史细节。

《魏书·释老志》载寇谦之"始光初，奉其书而献之，世祖乃令谦之止于张曜之所，供其食物"①，这当是寇谦之与太武帝的初次接触。此前，寇谦之在嵩山的最后一场道教活动发生于泰常八年（423），"十月戊戌，有牧土上师李谱文来临嵩岳"②。在这场降神活动中，寇谦之借李谱文之手制造出《录图真经》，并指出新天师道的政治使命在于辅佐北方太平真君，故而寇谦之动身北上平城。次月，明元帝去世，寇谦之辅佐的太平真君变为新任君主太武帝拓跋焘。从此在寇谦之的参与下，太平真君成为拓跋焘不断追求与展示的重要身份。

寇谦之献书当在泰常八年十月降神结束后不久。太平真君五年，张掖郡发现的石记谶文中称太武帝"太平天王继世主治"，乐安王拓跋范等人将其释为"是以始光元年经天师奉天文图录，授'太平真君'之号"③，故献书当在始光元年，所献经书即《录图真经》。值得注意的是，献书之时太武帝仅将寇谦之置于张曜之所，并未察觉出新天师道的特殊意义。张曜亦见《魏书·释老志》，"天兴中，仪曹郎董谧因献服食仙经数十篇。于是置仙人博士，立仙坊，煮炼百药，封西山以供其薪蒸。令死罪者试服之，非其本心，多死无验。太祖犹将修焉。太医周澹，苦其煎采之役，欲废其事。乃阴令妻货仙人博士张曜妾，得曜隐罪"④，仙人博士设于天兴三年十月，则献书一事当在此前不久。从下文张曜为仙人博士主炼药一事推测，仙经当由张曜借董谧之手献上。张曜任仙人博士后所炼仙药多令罪犯试药，寇谦之献书时亦是"时朝野闻之，若存若亡，未全信也"⑤，显然，拓跋焘仅将寇谦之视为普通方士。

但朝野之中，少数信奉炼养之术的重臣则注意到寇谦之的独特之处，其中最为关键的便是拓跋焘的宠臣崔浩。"既得归第，因欲修服食养性之术，而寇谦之有《神中录图新经》，浩因师之"⑥，崔浩所学道法即寇谦之所献之《录图真经》。《录图真经》久已佚失，其内容已难以确知，仅《魏书·释老志》留存部分信息，或可窥见一二。据《释老志》，《录图真经》出自李谱文降授，其原名《天中三真太文录》，故《崔浩传》又称其为《神中录图新经》。其中最重要的部分当数五等《文录》，载五等神号及其坛位、礼拜、衣冠仪式；其次为修建天宫静轮之法；再次为种民修行途径，如礼拜坛宇与修身炼药等；最后为以三十六天为核心的宇宙模型及佛道关系论述（佛居延真宫）。是以《录图真经》实为寇谦之所创道教理念的总集，并借降神活动成为神仙认可的道教经典。或许是献书之时寇谦之侧重于阐释修身炼养之术，故太武帝等人均以炼养认识《录图真经》，崔浩亦不例外。

或许是亲受《录图真经》后仔细研习，崔浩率先发现《录图真经》的独特之处，故史称"崔浩独异其言"。从崔浩上书赞成寇谦之一事来看，崔浩是将《录图真经》比作《河图》《洛书》，"臣闻圣王受命，则有大应。而《河图》《洛书》，皆寄言于虫兽之文。未若今日人神接对，手笔粲然，辞旨深妙，自古无比"⑦。《河

①　《魏书》卷一一四《释老志》，第3052页。
②　《魏书》卷一一四《释老志》，第3051页。
③　《魏书》卷一一二《灵徵志》，第2955页。
④　《魏书》卷一一四《释老志》，第3049页。
⑤　《魏书》卷一一四《释老志》，第3052页。
⑥　《魏书》卷三五《崔浩传》，第815页。
⑦　《魏书》卷一一四《释老志》，第3052页。

图》《洛书》自西汉以来，作为圣王太平之相进入谶纬体系，《论衡》便称"凤鸟、河图，明王之瑞也"①，又言"太平则凤鸟至，河出图矣"。②《河图》《洛书》既是明王之瑞，亦是天道载体，可以指导人君治民，一如伏羲据《河图》以演八卦。故崔浩根据李谱文降诰"付汝奉持（《录图真经》），辅佐北方泰平真君"，将佐国太平的《录图真经》作为新的《河图》《洛书》，并将太武帝誉为现世的太平圣王。

另一方面，崔浩上疏中又力图将《录图真经》融入为北魏既定的治国理念中。崔浩疏中称"斯诚陛下侔踪轩黄，应天之符也，岂可以世俗常谈，而忽上灵之命"③，"侔踪轩黄"即以黄帝作为为政的最高目标，这一理念正是北魏自道武帝以来确立的治国方略。《魏书·序纪》称"黄帝以土德王，北俗谓土为托，谓后为跋，故以为氏"④，即是道武帝推行黄老之一环。北魏既以黄帝为始祖，黄帝崇拜便频频出现于北魏初期历史之中。天兴三年（400）五月道武帝东巡涿鹿，遣使祭帝尧、帝舜庙，其间是否祭祀涿鹿黄帝庙史无明载。明元帝时"幸涿鹿，登桥山，观温泉，使使者以太牢祠黄帝庙"⑤，此后桥山黄帝庙便多次出现于北魏皇帝的东巡路线中，自然也包括太武帝拓跋焘。崔浩将《录图真经》解释为太武帝侔踪轩黄的标志，正是将该经纳入北魏长久以来的黄老治国理念之中，并以此展现《录图真经》与北魏国家的深度契合。

《录图真经》何处与黄老相近现已无从知晓。从寇谦之献书《录图真经》的目的而言，其并不志于成为仙人博士，而是辅佐北魏皇帝成为太平真君。太平真君的核心在于太平，这是自汉代以来的儒家理想，以及广大民众的集体诉求，甚至进入道教成为道教谶言的思想内涵。⑥南燕时期，"妖贼王始聚众于太山，自称太平皇帝"⑦，王始与太平又见于魏晋之际，史称"襄武县言有大人见，长三丈余，迹长三尺二寸，白发，著黄单衣，黄巾，柱杖，呼民王始语云：'今当太平。'"⑧王卡认为此与太平道有关，王始或为道士化名，值得注意。⑨是以魏晋以来，太平在太平道影响下与道教深度融合，诞生出太平皇帝的政治理念。太平皇帝当是寇谦之太平真君理念的主要来源。

此后，随着与崔浩的不断交往，寇谦之所设想的太平真君逐渐发生改变。在李谱文降授之时，"辅佐北方泰平真君，出天宫静轮之法。能兴造克就，则起真仙矣"⑩，太平真君只是静轮之法的辅助，其作用在于修建静轮天宫进而接引真仙以致长生。但在与崔浩接触后，寇谦之的太平真君理念日渐向儒家太平思想靠拢，其此时认为"陛下神武应期，天经下治，当以兵定九州，后文先武，以成太平真君"⑪，将九州一统以致太平的功业作为太平真君的必要条件。对儒家思想的重视始于其与崔浩的交谈，"天师寇谦之每与浩言，闻其论古治乱之迹，常自夜达旦……因谓浩曰：'吾行道隐居，不营世务，忽受神中之

---

① ② （汉）王充著，黄晖撰：《论衡校释》卷九《问孔篇》，北京：中华书局，1990年，第415页。
③ 《魏书》卷一一四《释老志》，第3052页。
④ 《魏书》卷一《序纪》，第1页。
⑤ 《魏书》卷三《太宗纪》，第55页。
⑥ 关于中古太平理念，可参看孙英刚《"太平天子"与"千年太子"：6—7世纪政治文化史的一种研究》，《复旦学报（社会科学版）》，2010年第6期。
⑦ 《晋书》卷一二七《慕容德载记》，第3170页。
⑧ 《三国志》卷四《魏书·三少帝纪》，第153—154页。
⑨ 王卡：《敦煌道教文献研究：综述·目录·索引》，北京：中国社会科学出版社，2004年，第5页。
⑩ 《魏书》卷一一四《释老志》，第3051页。
⑪ 《魏书》卷一一四《释老志》，第3053页。

诀,当兼修儒教,辅助泰平真君,继千载之绝统'"①,将辅佐太平真君视为《录图真经》与儒教共同的目标,这无疑映射出寇谦之立场向崔浩的靠近。故在崔浩促成的政教合作中,塑造华夏式国家体制成为崔浩与新天师道的共同目标。在崔浩上疏后不久,始光二年太武帝便在崔浩与寇谦之的支持下决意征讨关中,以实现"兵定九州"乃至太平真君。

只是,新天师道与崔浩的设想虽然满足了太武帝的部分需求,但大大超出了北魏贵族所能接受的范围。不仅崔浩本人因国史案遭到鲜卑贵族的抨击进而被杀,寇谦之所规划的太平真君实现路径也未真正完成。在太武帝登坛受箓之时,其仅统一了北方地区。且从太武帝与宋文帝使书来看,"彼此和好,居民连接,为日已久,而彼无厌,诱我边民……若厌其区宇者,可来平城居,我往扬州住,且可博其土地"②,更是将南北视为互相独立的疆域。故而,太武帝所认同的国家并不完全等同于儒家,新天师道所推动的国家转型也只能是部分地实现。

新天师道对国家转型发展的深度参与也影响到新天师道乃至北方道教的发展。在《录图真经》中,修建静轮天宫是其最重要的成仙方式。关于静轮天宫的构想,《水经注》称"(道)坛之东北,旧有静轮宫,魏神麚四年造,抑亦柏梁之流也。台榭高广,超出云间,欲令上延霄客,下绝嚣浮"③,是以寇谦之构想的静轮之法是建造一座上通云霄的天宫,通过与天界真仙相会实现长生。这一虚幻的工程获得太武帝的全力支持,直至太平真君九年寇谦之去世。受寇谦之影响,太武帝比此前道武帝拓跋珪、明元帝拓跋嗣更为积极地追求长生。《魏书·释老志》载"时有京兆人韦文秀,隐于嵩高,征诣京师……遣与尚书崔赜诣王屋山合丹,竟不能就"④,崔赜曾于太延二年"及骠骑大将军、乐平王丕等督诸军取上邽,使赜喻诏于丕前喻难当奉诏。后与方士韦文秀诣王屋山造金丹,不就。真君初卒"⑤,杨难当奉诏在太延二年八月,则崔赜与韦文秀炼丹一事当在太延三年至真君初。此后,又有颍阳绛略、闻喜吴劭、河东罗崇之等相继被召入平城,辅助太武帝求仙。随着寇谦之影响力的不断增强以及新天师道教团的频繁活动,新天师道逐渐向北魏全境扩散。

回顾太武帝与寇谦之的合作,在肯定既往研究成果重要价值的同时,也需要注意到太武帝与寇谦之合作的偶然性,即崔浩的居中运作。崔浩创造性地将《录图真经》纳入自道武帝以来的黄老崇拜之中,使《录图真经》成为验证北魏统治合法性的新《河图》《洛书》,促使太武帝接纳新天师道。也在于崔浩的创造性阐释,寇谦之新天师道脱离炼养之术的身份,成为北魏国教。故而寇谦之常向崔浩立场靠近,将儒家理想纳入新天师道,与崔浩一道推动北魏国家体制向华夏模式的转型。

二、侔踪轩黄:黄老与北魏国家转型

崔浩的疏文之所以能够扭转寇谦之及其新天师道在北魏政治中的地位,其关键在于以太武帝信

---

① 《魏书》卷三五《崔浩传》,第814页。
② 《宋书》卷九五《索虏传》,第2347页。
③ (北魏)郦道元著,陈桥驿校证:《水经注校证》卷一三《灢水》,北京:中华书局,2007年,第314页。
④ 《魏书》卷一二四《释老志》,第3054页。
⑤ 《魏书》卷三二《崔逞传》,第759页。

服的理念解释了《录图真经》的意义，即侔踪轩黄。故而轩黄成为认识北魏初期政治发展乃至与新天师道合作的关键。轩黄即黄帝轩辕氏，北魏君主对黄帝的推崇源自此期特殊的治国理念——黄老。《魏书·释老志》载"太宗践位，遵太祖之业，亦好黄老"①，将北魏道武、明元二朝的政治理念概述为黄老，从而为后人所沿用。关于北魏初期的黄老，吕思勉指出："夫道武岂能知黄、老者？即谓所谓黄、老，乃方士所托，道武好服食，故知其名，亦安能说其义？且方士之为药物者，亦曷尝有义可说？"②肯定北魏黄老与道家方士传统的关联，但另一方面又否认此黄老即为道教，"所信者实方士耳，与道教无涉也"。③郭硕则提出北魏黄老是通过儒生学习汉家制度而产生的政治理念，其背后有着儒家色彩。④如何认识黄老不仅是认识太武帝与寇谦之关系的关键，也是认识崔浩与寇谦之以"侔踪轩黄"推动北魏国家转型的关键。

《魏书·曲阳侯素延传》载："中山平，拜幽州刺史。豪奢放逸，左迁上谷太守。后赐爵曲阳侯。时太祖留心黄老，欲以纯风化俗，虽乘舆服御，皆去雕饰，咸尚质俭，而素延奢侈过度，太祖深衔之"。⑤学界一般认为道武帝黄老政治的目的在于纯化风俗、清虚无为。但上述记载过于简单，黄老政治的具体内涵仍需置于政策生成语境中考察。首先需要解决的问题便是道武帝尊崇黄老的时间，如《魏书·曲阳侯素延传》所载，道武帝留心黄老的时间在平中山之后，《魏书·太祖纪》将道武帝平定中山置于皇始二年（397）十月，则其推崇黄老当晚于此时，约在皇始三年（该年十二月改元天兴，398年）。道武帝天兴年间的一系列改革措施也反映出其间对淳化风俗一贯追求。《魏书·官氏志》载道武帝"欲法古纯质，每于制定官号，多不依周汉旧名，或取诸身，或取诸物，或以民事，皆拟远古云鸟之义"⑥，郭硕据天兴三年"时太史屡奏天文错乱，帝亲览经占，多云改王易政，故数革官号"⑦，推断道武帝官号改革是其本人的创造而非沿袭鲜卑旧制，推论颇为准确。这场改革应属道武帝官制改革的一环，"天兴元年十一月，诏吏部郎邓渊典官制"⑧，亦始于天兴元年。由此可以推断，道武帝以"法古纯质"为口号的黄老政治应始于天兴元年。

道武帝黄老政治的提出不仅在时间上与后燕亡国相衔接，其内容亦是建立于对后燕亡国反思的基础上。《魏书·刑罚志》称其"既定中原，患前代刑网峻密，乃命三公郎王德除其法之酷切于民者，约定科令，大崇简易"⑨，强调施政简约，与民休息。这一政策的根本在于减轻赋役，休养生息，这与寡欲俭约相一致。以道武帝参考的汉家黄老为例，班固赞汉文帝称"宫室、苑囿、车骑、服御无所增益……断狱数

① 《魏书》卷一一四《释老志》，第3030页。
② 吕思勉：《两晋南北朝史》第八章"宋初南北情势"，上海：上海古籍出版社，1983年，第351页。
③ 吕思勉：《两晋南北朝史》第二十四章"晋南北朝宗教"，第1527页。
④ 郭硕：《名号与北魏政治文化变迁研究》第二章"道武与黄老：北魏立国之初名号的思想背景"，中山大学2016年博士学位论文。
⑤ 《魏书》卷一四《曲阳侯素延传》，第347页。
⑥ 《魏书》卷一一三《官氏志》，第2973页。
⑦ 《魏书》卷二《太祖纪》，第37页。
⑧ 《魏书》卷一一三《官氏志》，第2972页。
⑨ 《魏书》卷一一一《刑罚志》，第2873页。

百,几致刑措"①,从中可以发现汉文帝在修身治民中对黄老无为理念的一以贯之,道武帝崇黄老当亦如此。

北魏对后燕反思的推动力量便是入魏的后燕士人,《魏书·封懿传》称其"宝败,归阙……太祖数引见,问以慕容旧事。懿应对疏慢,废还家"②,封懿虽应对疏慢,但表明道武帝曾向燕人寻求治国方略。燕人的参与使得北魏初期治国理念与后燕慕容宝有着清晰的对照关系。《晋书》载后燕慕容宝"遵垂遗令,校阅户口,罢诸军营分属郡县,定士族旧籍,明其官仪,而法峻政严,上下离德,百姓思乱者十室而九焉"③,此文源自《十六国春秋》,后者又本自燕人所撰《燕书》《南燕录》等国史。从燕人的反思来看,后燕的败亡与慕容宝统治的失败密切相关。慕容宝试图改变传统胡汉分治、军民并列的治理传统,希望通过回归郡县编户体制以将军民统一划归国家管理。同时,慕容宝试图以定士族旧籍与地方大族争夺民户,以增强国家实力。在鲜卑贵族与汉人豪族的不满下,慕容宝进一步以严刑峻法强推改革,加剧了后燕局势的恶化。对于燕国遗民而言,严刑峻法便成为其对后燕亡国原因最主要的思考。

基于此,道武帝强调以无为治国,承认汉地豪族的既得权益,以图快速实现统治地区的稳定。"是时,天下民久苦兵乱,畏法乐安。帝知其若此,乃镇之以玄默,罚必从轻"④,道武帝顺应诉求,以虚静无为安定华北地区的基层社会。其中尤以宗主督护制为主,在承认地方大族对民户的占有基础上,获取地方社会对北魏统治的支持。

另一方面,后燕与北魏又有着相似的发展困境。燕魏两国均是由游牧民族入主中原,需要面对游牧、农耕两种不同的文明体系。自西晋八王之乱以来,边境游牧部族逐渐进入中原,发展出胡汉分治乃至军事封建制的统治形式。⑤军事封建制下贵族分权,与华夏化集权体制相冲突,带来了权力的斗争与皇位的动荡。走出部落制并迈向华夏化国家成为各胡族政权的共同目标,慕容宝即选择以"罢诸军营分属郡县"来瓦解传统贵族势力,并以严刑峻法强行推进改革。同样需要离散部落以加强皇权的道武帝不得不有所参考⑥,故至于鲜卑贵族,黄老理念成为道武帝树立权威的思想工具。

如上文所引拓跋素延因"奢侈过度,太祖深衔之,积其过,因征,坐赐死"⑦。回顾拓跋素延因军功授幽州刺史至被积怨赐死的过程,其表面是拓跋素延未能遵行道武帝黄老政治的结果,而实质则是拓跋素延未充分承认道武帝的权威。这种新旧传统的冲突频繁出现在天兴年间,如毗陵王拓跋顺,"太祖好黄老,数召诸王及朝臣亲为说之。在坐莫不祗肃,顺独坐寐欠伸,不顾而唾。太祖怒,废之"⑧。据《魏书·天象志》可知此事在天兴六年七月,其被废亦源自对道武帝权威的亵渎。道武帝对旧贵族倨傲的不满

---

① 《汉书》卷四《文帝纪》,第134-135页。
② 《魏书》卷三二《封懿传》,第760页。
③ 《晋书》卷一二四《慕容宝载记》,第3093页。
④ 《魏书》卷一一一《刑罚志》,第2873页。
⑤ 谷川道雄著,李济仓译:《隋唐帝国形成史论》第一编第二章《慕容国家的君权与部落制》,上海:上海古籍出版社,2004年,第51-75页。
⑥ 唐长孺:《拓跋部落的建立及其封建化》,《魏晋南北朝史论丛》,北京:商务印书馆,2010年,第191-245页。
⑦ 《魏书》卷一四《曲阳侯素延传》,第347页。
⑧ 《魏书》卷一五《毗陵王顺传》,第383页。

最早见于天兴元年。《魏书·李栗传》载李栗在平中山后，因"性简慢，矜宠，不率礼度，每在太祖前舒放倨傲，不自祗肃，咳唾任情。太祖积其宿过，天兴三年遂诛之"①。在其天兴三年被杀之前，李栗已与莫题一道因不敬获遣，即道武帝宿怨之始。莫题被遣后曾参与道武帝规度平城活动，该事始于天兴元年，称"八月，诏有司正封畿，制郊甸，端径术，标道里"②，则知道武帝不满李栗等贵族亦始于天兴元年。拓跋素延、李栗等被遣时间与道武帝推行黄老政治时间的一致并非巧合。某种意义上，道武帝以御讲的方式将黄老理念传递给鲜卑贵族，通过建立一致的政治立场来干涉传统贵族的自主性，从而确立新式的领袖权威，故而史称"于是威严始厉，制勒群下尽卑谦之礼"③。

若将道武帝的黄老政治与汉初对比则发现，两者对清净无为的认识并不一致。汉初的黄老无为是君主对臣、民的无为，而北魏的黄老无为是对臣的有为与对民的无为，故而单纯遵循汉制并不能完全涵盖道武帝的黄老理念。在巩固皇权的层面上，道武帝的黄老更似法家的刑名之学。《韩非子》借先秦道家理念发展自己的法术势理论，主张以稳定的法律治理民众，避免短期的政策干扰，"是以有道之君贵虚静而重变法"④，但对于臣下，韩非则强调以赏罚威严驭臣，"乘威严之势以困奸邪之臣"⑤。这与道武帝的黄老政治颇为相近，故而其亦重视《韩非子》。《魏书·公孙表传》称"表承指上《韩非书》二十卷，太祖称善"⑥，承指即承旨，公孙表献《韩非子》显然是迎合道武帝的治国理念。此事在天赐元年四月公孙表出使江南以前，应属天兴年间。继承黄老政治的明元帝同样重视《韩非子》，其即位初即召李先，"俄而召先读《韩子连珠》二十二篇"⑦，《韩子》即《韩非子》，《韩子连珠》不详，杨慎认为"《韩非》书中有连语，先列其目，而后着其解，谓之连珠"⑧，《韩子连珠》即对《韩非子》的解释。是以魏初二帝的黄老政治并不是对汉初黄老的简单模仿，而是根据现实需求吸纳了刑名思想的新产物。

赋予道武帝黄老政治合法性的正是黄帝始祖，某种程度上魏初黄老政治亦是在尊崇黄帝的语境下展开。《魏书·序纪》称"黄帝以土德王，北俗谓土为托，谓后为跋，故以为氏"⑨，将拓跋氏的历史追溯至黄帝。这一说法应源自道武帝天兴时期，天兴元年"群臣奏以国家继黄帝之后，宜为土德"⑩，黄帝始祖说成为北魏初君臣共同塑造的国家记忆。始祖黄帝也自然成为道武帝推行黄老政治的依据，如其拟云鸟之义改革官制便是模仿上古黄帝与少皞氏，《汉书》载"黄帝云师云名，少昊鸟师鸟名"⑪，《帝王世纪》中少皞（昊）氏字青阳，即为黄帝之子。由此，在太武帝推行新天师道之前，道武帝便以黄老之名将华夏化体制渗透到鲜卑部落，推动北魏国家的转型。这当是崔浩以"侔踪轩黄"解释《录图真经》，并以

① 《魏书》卷二八《李栗传》，第686页。
② 《魏书》卷二《太祖纪》，第33页。
③ 《魏书》卷二八《李栗传》，第686页。
④ （清）王先慎撰，钟哲点校：《韩非子集解》卷六《解老》，北京：中华书局，1998年，第142页。
⑤ （清）王先慎撰，钟哲点校：《韩非子集解》卷四《奸劫弑臣》，第104页。
⑥ 《魏书》卷三三《公孙表传》，第782页。
⑦ 《魏书》卷三三《李先传》，第790页。
⑧ （明）杨慎撰，丰家骅校证：《丹铅总录校证》卷一二《史籍类》，北京：中华书局，2019年，第480页。
⑨ 《魏书》卷一《序纪》，第1页。
⑩ 《魏书》卷一〇八《礼志》，第2734页。
⑪ 《汉书》卷一九上《百官公卿表》，第721页。

之推动北魏国家转型的历史渊源。

三、真人皇帝：太平真君的认知基础

道武帝确立的黄老政治对于始光初年而言并不仅是一条施政方向，亦含有宗教内涵。正因如此，崔浩可以将《录图真经》这一明显具有道教方术色彩的文献解读为符合北魏黄老政治的天降神书。首先需要明确的是，北魏初期的黄老是经过汉初以来近五百年发展的新产物，早已与汉初黄老理念大不相同。其中最重要的区别在于黄老思想在汉武帝独尊儒术的背景下逐渐走向民间，并与民间方术传统结合而成为黄老道。①东汉初楚王刘英"诵黄老之微言，尚浮屠之仁祠，洁斋三月，与神为誓"②并交接方士，以方术对待黄老。此后不久，陈王刘宠与国相魏愔"共祭黄老君，求长生福而已"③，明确指出祠黄老以求长生。黄老道之流行以至于汉桓帝之时于宫中立黄老、浮屠之祠。至东晋十六国时期，黄老思想仍在黄老道的框架下发展，晋哀帝"雅好黄老，断谷，饵长生药"④，甚至因服药而死，这无疑是黄老道于两晋传播的生动案例。故而道武帝所推崇的黄老理念应源自汉魏以来不断发展的黄老道，而非据史书心传之汉初黄老。

尊崇黄老与法家刑名并不冲突。早在秦汉时期，黄老与刑名间便存在自生的亲和力。无论是韩非在《解老》《喻老》中通过解释《老子》来树立学说，抑或司马迁合老子、韩非作传，都表现出时人在道家与法家关系层面的认识。遵循法家理念的秦始皇除以刑名治国外，亦在方士的鼓动下追寻长生以至于幻想成为真人皇帝。而以黄帝后嗣自居并以黄老治国的道武帝，受黄帝桥山成仙影响，亦以真人皇帝为目标。

"真人"见天兴元年冬道武帝命邓渊所作《真人代歌》，其"上叙祖宗开基所由，下及君臣废兴之迹"⑤，故被视为拓跋族史诗。田余庆认为"真人"有道教与谶记的因素⑥，何靖则根据《通典·乐典》保留的《真人代歌》篇目认为"真人"当源自佛教信仰。⑦毫无疑问，《真人代歌》的宗教色彩十分复杂，但内容篇目的佛教色彩与"真人"的道家色彩并不冲突。应当说，邓渊将"真人"冠于"代歌"之前，是对道武帝天兴初黄老思想的准确把握。如田余庆所论，邓渊采用"真人"二字与北魏皇始元年的一则预言有关。该年，后燕太史丞王先观大黄星出于昴、毕之分，预言"当有真人起于燕代之间，大兵锵锵，其锋不可

---

① 李刚：《论黄老道》，《宗教学研究》，1984年第1期。金晟焕：《黄老道探源》，北京：中国社会科学出版社，2008年。李远国、李黎鹤：《道教始于黄老论》，《宗教学研究》，2018年第4期。熊铁基：《西汉时期的道教——黄老道再考》，《华中师范大学学报（人文社会科学版）》，2019年第3期。郭武：《从"黄老学"到"黄老道"：关于其中一些问题的再讨论》，《四川大学学报（哲学社会科学版）》，2020年第6期。

② 《后汉书》卷四二《楚王刘英传》，北京：中华书局，1965年，第1428页。

③ 《后汉书》卷五〇《陈敬王羡传》，第1669页。

④ 《晋书》卷八《哀帝纪》，第208-209页。

⑤ 《魏书》卷一〇九《乐志》，第2828页。

⑥ 田余庆：《〈代歌〉、〈代纪〉和北魏国史——国史之狱的史学史考察》，《拓跋史探（修订本）》，北京：生活·读书·新知三联书店，2011年，第202-231页。

⑦ 何靖：《北魏〈真人代歌〉补考》，《民族文学研究》，2020年第6期，第94-101页。

当"①，至皇始二年道武帝平中山，谶言证实。是以真人谶言成为道武帝自我神化的主要内容，邓渊采用"真人"亦是顺应道武帝黄老政治的结果。

追溯真人的本意，《庄子》云"天与人不相胜也，是之谓真人"②，真人即与大道自然相合者，其外在表现不仅是行为举止的自然无为，更包括入水不濡、入火不热等神异能力，故而在方士的推动下，"真人"逐渐成为至人成仙的代称。随着道家的推崇，与道合一的真人进一步演变为理想的统治者，《吕氏春秋》将圣王取天下的过程释为"凡事之本，必先治身，啬其大宝。用其新，弃其陈，腠理遂通。精气日新，邪气尽去，及其天年。此之谓真人"。③圣王与神仙双重含义的交替发展促成了秦始皇以真人自居的历史现实，"于是始皇曰：'吾慕真人，自谓真人，不称朕。'……自是后莫知行之所在"。④是以，在思想交融的背景下，方士长生与儒家圣王很早便成为真人的必备内涵。

至西汉后期谶纬思想崛起之时，因汉武帝独尊儒术而渐趋衰落的黄老信徒与方士相结合，参与到日渐活跃的谶纬制造中，并将具有长生与圣王双重含义的真人带入谶纬文献。这一成果最早见于西汉甘忠可，其称"汉家逢天地之大终，当更受命于天，天帝使真人赤精子，下教我此道"。⑤据甘忠可本意，真人仍是天神赤精子，而非凡人。但随着西汉末年火德说的渐兴，"刘氏，尧之后也，出自颛顼"⑥，刘邦又被视为赤帝子，刘氏先祖颛顼逐渐被视为赤精子，种种演绎下真人转成刘氏皇帝的代称，并与更受命思潮结合出现"刘氏真人，当更受命"⑦的传言。东汉建立以后，刘氏更受命的预言成真，刘秀将新莽时期钱文"白水真人"解释为受命的谶言，使自身成为应谶的刘氏真人，从此真人皇帝与谶纬的关系愈加密切。东汉纬书《易运期》称"言居东，西有午，两日并光日居下。其为主，反为辅。五八四十，黄气受，真人出"⑧，进一步将真人皇帝纳入谶纬脉络之中。此后进入魏晋南北朝时期，曹魏、东晋、刘宋、后赵、前燕等政权均利用真人谶言，将本朝君主描绘为承受天命的真人圣王。⑨

前燕太史令黄泓曾预言"慕容庵法政修明，虚怀引纳，且谶言真人出东北，傥或是乎？"⑩将后赵华山所现真人玉版视为前燕入主华北的征兆，此后真人对于慕容燕政权一直有着特殊的意义。参合陂之战及平定中山之后，大批燕人进入北魏，"于俘虏之中擢其才识者贾彝、贾闺、晁崇等与参谋议，宪章故实"⑪，并将燕人的真人圣王观念带至平城，从而呈现于《真人代歌》。此外，道武帝亦有意通过黄老思想塑造真人圣王形象。其在得知蠕蠕首领社仑自称丘豆伐可汗后，谓尚书崔玄伯曰："今社仑学中国，立

① 《魏书》卷一〇五《天象志》，第2389页。

② （清）王先谦撰，沈啸寰点校：《庄子集解》卷二《大宗师》，北京：中华书局，1987年，第58页。

③ （秦）吕不韦编，许维遹集释，梁运华整理：《吕氏春秋集释》卷三《季春纪》，北京：中华书局，2009年，第70页。

④ 《史记》卷六《秦始皇本纪》，第257页。

⑤ 《汉书》卷七五《李寻传》，第3192页。

⑥ 《汉书》卷九九《王莽传》，第4105页。

⑦ 《后汉书》卷一一《刘玄传》，第473页。

⑧ 《三国志》卷二《魏书·文帝纪》裴松之注引《献帝传》，第64页。

⑨ 关于汉魏时期的真人含义，可参看吉川忠夫著，王启发译《六朝精神史研究》第二章"真人与革命"，南京：江苏人民出版社，2022年，第97–122页。

⑩ 《晋书》卷九五《黄泓传》，第2493页。

⑪ 《魏书》卷二《太祖纪》，第27页。

法置战阵，卒成边害。道家言圣人生，大盗起，信矣。"①将蠕蠕可汗社仑作为伴随圣人降世的大盗，以此凸显自身的圣王色彩。此事时间不详，据《魏书·蠕蠕传》此事在天兴五年以前，崔玄伯任尚书则在天兴元年，则此事当在天兴初，与道武帝崇黄老举措同步。

无论是黄老道抑或真人皇帝，均包含着养性长生的理念，故道武帝在推崇黄老之时不可避免地参与到追求长生的活动中。《魏书》中载道武帝曾长期服散，"初，帝服寒食散，自太医令阴羌死后，药数动发"。②阴羌家族或许世代为医，《魏书·上谷公纥罗》载"击慕容骥于义台，中流矢薨。帝以太医令阴光为视疗不尽术，伏法"。③此阴光与阴羌当为同族，或即为兄弟，则阴氏家族至晚在道武帝皇始年间便已占据太医令一职。明元帝时有"河南人阴贞，家世为医"④，所指当即自阴光、阴羌以来的阴氏家族。《续汉书·百官志》《宋书·百官志》均载太医令一人，北魏初官制不详，若沿用魏晋旧制，则阴羌为太医令当在皇始二年平中山以后，其辅助道武帝服寒食散亦当在天兴元年以后。

河南阴氏入魏经过不详，但从道武帝的其他服食活动来看，其养生之术与旧燕士人有着密切关联。《魏书·释老志》载"天兴中，仪曹郎董谧因献服食仙经数十篇。于是置仙人博士，立仙坊，煮炼百药，封西山以供其薪蒸。令死罪者试服之，非其本心，多死无验。太祖犹将修焉。太医周澹，苦其煎采之役，欲废其事。乃阴令妻货仙人博士张曜妾，得曜隐罪"。⑤《魏书·官氏志》将仙人博士设置系于天兴三年十月，则献书一事当在此前不久。从下文张曜为仙人博士主持炼药一事推测，张曜作为主持炼药之人当是仙经的本来物主，董谧则是张曜献书的中间人。张曜身份不详，董谧则为清河郡人，史称"谧好学，传父业。中山平，入朝，拜仪曹郎，撰朝觐飨宴郊庙社稷之仪"⑥，是为旧燕士人。其入魏应在皇始二年十月前后，至天兴元年"十有一月辛亥……仪曹郎中董谧撰郊庙、社稷、朝觐、飨宴之仪"⑦，已参与到道武帝在黄老理念下的一系列改制活动。董谧于此时献经，应是窥探出道武帝的黄老养生需求。

除服食药散外，道武帝也存在其他道教养生活动。《魏书·释老志》载，"太祖好老子之言，诵咏不倦"⑧，此当为其黄老崇拜之一环。诵《道德经》自汉代以来便成为道家养生方术之一，早在东汉初，楚王刘英即诵黄老微言以求长生。至汉末张鲁领导的五斗米道时"祭酒主以老子五千文，使都习"⑨，《道德经》成为道教的经典之一，其修习方式当以诵读为主。这一方术在民间颇为流行，汉末安定石德林修内学即"常读老子五千文及诸内书，昼夜吟咏"⑩，故北魏《老君音诵诫经》称"欲求生道为可(何)先，读五千文最是要者"。⑪从道武帝与崔玄伯的对话可以发现，道武帝对黄老以及《道德经》的认识并不准确，

① 《魏书》卷一○三《蠕蠕传》，第2291页。

② 《魏书》卷二《太祖纪》，第44页。

③ 《魏书》卷一四《上谷公纥罗传》，第345页。

④ 《魏书》卷九一《周澹传》，第1965页。

⑤ 《魏书》卷一一四《释老志》，第3049页。

⑥ 《魏书》卷二四《崔僧渊传》，第634页。

⑦ 《魏书》卷二《太祖纪》，第33页。

⑧ 《魏书》卷一一四《释老志》，第3049页。

⑨ 《三国志》卷八《魏书·张鲁传》裴松之注引《典略》，第264页。

⑩ 《三国志》卷一一《魏书·胡昭传》裴松之注引《魏略》，第365页。

⑪ 《老君音诵诫经》，载《道藏》(第18册)，北京：文物出版社，上海：上海书店，天津：天津古籍出版社，1988年，第0215a页。

其吟咏《道德经》显然亦非出于义理，或许即与魏晋吟诵《道德经》的方术相关。

在黄老政治下，圣王与长生奠定了道武帝对宗教文化的认知结构。《释老志》称道武帝"帝好黄老，颇览佛经"[①]，似因黄老而阅览佛经。明元帝即位后，"遵太祖之业，亦好黄老，又崇佛法，京邑四方，建立图像，仍令沙门敷导民俗"[②]，亦是在黄老框架中认识佛教。且明元帝明确指出崇佛即敷导民俗，与道武帝推行黄老以纯化风俗的目的一致。这一框架更是直接展现在明元帝对僧侣的封赐中，其泰常（416—423）中赠法果老寿将军，泰常八年又赐昙证老寿将军，老寿即长寿，其反映出明元帝以养生之术认识佛法及僧侣修行。

总之，在黄老政治下，道武帝以真人皇帝自居，一方面积极展示圣王形象以彰显权威，另一方面践行道家养生方术以追求长生，甚至将佛教亦纳入这一框架中。继承道武帝黄老理念的明元帝亦"素服寒食散"，延续了这一政策框架。至始光初，太武帝拓跋焘接受崔浩对《录图真经》的解释，也在于该经中太平真君与炼养之术相结合的理念符合北魏天兴以来的黄老政治以及真人皇帝身份。

四、小结

通过追溯寇谦之与太武帝的合作过程，本文发现寇谦之成功的关键在于崔浩的疏文。崔浩将寇谦之《录图真经》阐释为北魏黄老政治下的天降神书，故而转变太武帝拓跋焘的态度，促成政教间的合作。进一步追溯北魏黄老政治的历史可得知，黄老政治正是道武帝拓跋珪在旧燕士人帮助下汲取后燕亡国教训，试图确立君主权威并推动北魏国家转型而提出的。同时，注意到北魏黄老政治是在黄老道的背景下出现的，故黄老政治下的道武帝力图成为兼具圣王与仙人色彩的真人皇帝。这一近三十年的黄老政治传统，成为崔浩解读《录图真经》的历史依据。

陈寅恪曾言"兹综合寇谦之、崔浩二人关系之史料观之，可证浩之思想行为纯自社会阶级之点出发，其所以特重谦之者，以寇氏本为大族……又谦之所清整之新道教中，种民礼度之义深合于儒家大族之传统学说故也"[③]。要言之，在崔浩的帮助下，寇谦之新天师道方进身北魏国教，故寇谦之的政治立场亦不断向崔浩靠近，将太平真君定义为兼有儒道色彩的名号，推动拓跋焘向儒家理想政治靠近。由此，不仅新天师道在政治的助力下推行全国，其也成为北魏国家转型的主要推动力量参与到北魏社会的发展。一定程度上，北魏以后道教参与政治乃至王朝体制的复杂面向当可追溯于此。

①② 《魏书》卷一一四《释老志》，第3030页。

③ 陈寅恪：《崔浩与寇谦之》，《金明馆丛稿初编》，北京：生活·读书·新知三联书店，2001年，第157页。

两汉魏晋时期金城郡交通地理研究

朱悦梅

（西北民族大学历史文化学院）

秦统一六国后，其北方的匈奴与西北的胡戎对秦边地多有侵扰，为巩固边疆，"示强，威服海内"并考察西界形势，"二十七年（前220），始皇巡陇西、北地，出鸡头山，过回中……是岁，赐爵一级。治驰道。"[1]秦开通了往陇西之道，亦当与"治驰道"加强西北防务有关[2]，但陇西郡下辖17个目前可考的县中，并无兰州所在地区，因此，在这条东接中原核心秦长安城的东西主干道上，西端则在洮水流域的狄道，以狄道为核心又可沿洮水谷道进入湟水流域，北上进入兰州河谷段，也就是说，今兰州腹地所在的兰州河谷，并不在秦都西向发展的战略节点上，因此，兰州在秦代的交通地理价值并不如今天这样重要。究其原因，一是因为黄河河谷兰州段直到这时，依然是黄河两岸沟壑，不具有开发条件，另一个原因则是这里仍是受匈奴文化影响的诸戎之地，确切说，包括兰州地区在内的河湟谷地，是以湟中羌为主的众羌部落，同时也有匈奴人的轨迹，故有蒙恬"三十二年……北南胡""三十三年……西北斥逐匈奴"之举，因此，兰州地区处在秦陇西郡或秦昭王长城以外，故其交通地理特征仍以诸羌戎活动区的内部交通为主。

西汉设置河西五郡，金城郡最东，因其控扼中原与河西走廊的交通通道，其建置郡县区划的功能中，以其交通职能较其他地理要素更为突出，甚至可以说，西汉早期屯田及其农业开发，也是围绕着金城郡的交通职能展开。

本文拟就文献所见两汉魏晋时期以金城郡内部的县及区划为节点的交通路线进行梳理，以期观察汉晋金城郡内部交通及其与周边区域的交通地理空间分布，进一步观察金城郡交通地理格局的特征及演变。

一、文献所见两汉金城郡关联的交通通道

河西五郡的建置，首先打通的就是中原往河西地区的东西主干道，金城郡作为中原陇西地区与河西走廊的中轴，同时也关联了河西走廊以北、河湟及其以西、以南的区域交通。

（一）陇西道与金城郡的交通

翻检汉史，汉军每出陇西，都直接从洮水流域进入湟水诸支流，并不进入黄河兰州河谷。如"元狩

---

① 《史记》卷六《秦始皇本纪》，第241页。

② 刘再聪、胡小鹏：《兰州通史·秦元卷》，北京：人民出版社，2021年，第13页。

二年(前121)春,霍去病将万骑出陇西,讨匈奴,过焉支山千有余里。其夏,又攻祁连山,捕首虏甚多。"[1]焉支山,又称胭脂山、燕支山、删丹山、大黄山、青松山、瑞兽山,现代地理常标注为大黄山,坐落在河西走廊峰腰地带的甘凉交界处,位于山丹县、永昌县交界。此行霍去病出陇西过焉支山,当为从洮水岸边的狄道,顺洮水进入湟水支流穿越的焉支山。《史记》更清楚地描述了霍去病此役所行的路线:

> 元狩二年春,以冠军侯去病为骠骑将军,将万骑出陇西,有功。天子曰:"骠骑将军率戎士逾乌盭,讨遬濮,涉狐奴,历五王国,辎重人众慑慑者弗取,冀获单于子。转战六日,过焉支山千有余里,合短兵,杀折兰王,斩卢胡王,诛全甲,执浑邪王子及相国、都尉,首虏八千余级,收休屠祭天金人,益封去病二千户。"[2]

乌盭,山名,《兰州通史》推断为今乌鞘岭,又据陈梦家先生所考"逾乌盭"之"逾"为渡水之意[3],则此处的"乌盭"为乌盭水,亦即乌逆水,为今庄浪河[4];遬濮,匈奴部落名;狐奴,《兰州通史》推断为汉代谷水,为翻越乌鞘岭进入河西走廊后的第一条大河石羊河。[5]按这里的军事地理进程,可知霍去病出陇西后直接从湟水的支流逆水河谷北上,翻越焉支山进入河西走廊。此役中未进入黄河兰州河谷。关于此役,《汉书》还交代了一个细节,即"鏖皋兰下"[6],此"皋兰下",当指前文所讨论的,在皋兰山东端南麓,即霍去病的军队在沿渭水向陇西郡前进的路途中,并未进入黄河兰州河谷。这一方面与秦长城所构建的区域格局有关,另一方面,也与当时黄河兰州河谷的自然地理条件不宜开发有直接关系。

西汉直到文、景时,仍以秦长城为边塞。"景帝时,研种(羌)留何率种人求守陇西塞,于是徙留何等于狄道、安故,至临洮、氐道、羌道县。"[7]狄道、安故(今甘肃临洮南)、临洮(今甘肃岷县)三县为秦长城沿洮水的建边塞的三处县级建制,氐道(今甘肃礼县西北)、羌道(今甘肃舟曲西关)两县则在秦长城西端点以南和东南,对长城端点形成扇形围绕,研种求守陇西塞,沿此线路部署,的确实现了对陇西塞的戍守。这一戍守格局在空间地理分布上,是从狄道向南延展,而非向北边的兰州河谷地带延伸,可见,当时中原往河湟地区的东西交通格局,西部端点的核心仍在狄道(今临洮),而非兰州河谷,且陇西郡控制的交通是直接由洮水流域进入湟水流域,皋兰山以北、秦榆中以西的区域尚未具备区域交通枢纽的迹象。

元鼎六年(前111)西汉朝廷始筑令居塞时,亦是"西逐诸羌,乃渡河、湟,筑令居塞"[8],这里渡的"河"亦当为陇西郡西陲今永靖的关渡,即后来唐代的凤林关,而非兰州河谷。

---

① 《汉书》卷五五《卫青传》,第2473页。
② 《史记》卷一一一《卫将军骠骑列传》,第2929–2930页。
③ 陈梦家:《汉居延考》,《汉简缀述》,北京:中华书局,1980年,第222页。
④ 刘再聪、胡小鹏主编:《兰州通史·秦元卷》,北京:人民出版社,2021年,第33页。
⑤ 刘再聪、胡小鹏主编:《兰州通史·秦元卷》,北京:人民出版社,2021年,第34页。
⑥ 《汉书》卷五五《霍去病传》,第2479页。
⑦⑧ 《后汉书》卷八七《西羌传》,第2876页。

(二)令居—朔方线路

在卫青西击匈奴于陇西、霍去病讨遨濮斩折兰和卢胡二王、赵破奴斩遨濮王、浑邪王降汉、李息筑城河上等西汉取得一系列胜利之后，元狩元年(前122)，"浑邪王率其民降汉，而金城、河西西并南山至盐泽(今罗布泊)空无匈奴。"[1]时"汉已得浑邪王，则陇西、北地、河西益少胡寇，徙关东贫民处所夺匈奴河南，新秦中以实之，而减北地以西戍卒半。"[2]至元狩四年(前119)，骠骑将军霍去病与大将军卫青出击大漠南北，直至瀚海，"是后，匈奴远遁，而幕南无王庭。汉度河自朔方以西至令居，往往通渠，置田官，吏卒五六万人。稍蚕食，地接匈奴以北。"[3]从朔方郡至令居塞，这一片广阔区域今天为乌兰布和沙漠和腾格里沙漠所阻隔，但这里在汉代却是连片的沃野。

汉高帝元年(前206)至新末更始二年(24)，汉王朝为了保卫黄河中上游农业生产不受匈奴的干扰和劫掠，对匈奴多次用兵，将其驱逐到阴山以北，一度"漠南无王庭"。[4]此后，阴山成为西汉王朝北部的重要屏障。朔方郡设立后，其所属的窳浑、临戎、三封、沃野四县就分布在今乌兰布和沙漠，西边就是今谷水(即狐奴，今石羊河)下游著名的屠申泽。由于西汉多次移民实边，今乌兰布和沙漠北部成为汉代主要屯垦地区，呈现出一派"人民炽盛，牛马布野"[5]的繁荣富庶景象。从屠申泽沿谷水向上游，即可至武威平原，过汉苍松县至逆水(也称"乌亭逆水")上源，可达令居塞。

这条通道在西汉将匈奴驱逐到阴山以北之前，当为北方草原民族所畅行，此线路由于可连接到令居塞，由令居塞又可顺河道南下经湟水流域直达洮水流域的陇西郡，故黄河兰州河谷在西汉时期仍未成为区域的交通枢纽。

西汉金城郡建置，是中原政权通河西走廊的前沿，这条通道，从金城郡所辖县、道的设置可见，是以洮、河、湟流域沟通武威郡与陇西郡。这一交通格局在东汉时期仍未发生变化。灵帝中平元年，金城郡在东汉以降两度弃置后，再度在边章、韩遂之乱中被"攻烧州郡"[6]，时朝廷内部针对金城失守展开弃守凉州的争论。《后汉书·傅燮传》载："会西羌反，边章、韩遂作乱陇右，征发天下，役赋无已。司徒崔烈以为宜弃凉州。"傅燮则认为："今凉州天下要冲，国家藩卫。高祖初兴，使郦商别定陇右；世宗拓境，列置四郡，议者以为断匈奴右臂……若使左衽之虏得居此地，士劲甲坚，因以为乱，此天下之至虑，社稷之深忧也。"[7]金城失守，朝廷内部首先考虑到的是凉州，因此，在汉廷的西北方略中，凉州无疑是北抗匈奴并将防御体系伸入河西走廊的战略要冲，而金城郡从陇西郡析置，在汉廷的战略部署中，目的在于控制陇西往河西走廊交通路线，即湟水的几条支流形成的逆水、涧水、浩亹水等的河谷交通道路，正所谓"乃倾仓廪，转运诸县，以赈赡之，于是陇右遂安，而凉州流通焉"。[8]沿此路还可通往浚稽山匈河水。

---

① 《史记》卷一二三《大宛列传》，第3167页。
② 《史记》卷一一〇《匈奴列传》，第2909页。
③ 《汉书》卷九四《匈奴传》，第3770页。
④ 《宋史》卷三九八《余端礼传》，第12103页。
⑤ 《汉书》卷九四《匈奴传》，第3826页。
⑥ 《后汉书》卷七二《董卓传》，第2320页。
⑦ 《后汉书》卷五八《傅燮传》，第1875页。
⑧ 《后汉书》卷一五《来歙传》，第588页。

(三)允吾—敦煌线路

敦煌悬泉汉简有记录里程的简牍：

张掖千二百七十五一，冥安二百一七，武威千七百二，安定高平三千一百五十一里……(A)

金城允吾二千八百八十里，东南。天水平襄二千八百卅，东南。东南去刺史□三□……一八十里……长安四千八十……(B)①

两条简文虽然在一枚简的正反两面，但确实是两条路线，即正面(A)是敦煌—冥安—张掖—安定高平一线，反面(B)为敦煌—冥安—武威—金城允吾—天水郡平襄县—长安一线。今兰州核心区恰在两线之间，即两线都不必如今天之交通必经兰州城区，而是从武威经允吾(今花庄一带)直接进入洮水流域，顺洮水进入陇西郡狄道，再沿陇西郡的秦塞东行入天水郡去往长安。

虽然从狄道至今兰州主城区有一条通道，即由狄道北行，沿洮水河谷北行，翻越沃干岭，折入阿干河谷，可至金城河谷，但此路显然在当时没有军事与经济价值，正因为如此，两汉时期金城郡郡治在允吾而黄河兰州河谷段几无行政建置。

(四)湟中—鲜水线路

据《汉书·赵充国传》，宣帝时为安抚西羌，派赵充国率军至湟中屯田，神爵元年(前61)，充国至金城，见通往湟中的"邮亭多败坏者"，于是"分屯要害"，"缮乡亭，浚河渠，治湟峡以西道桥七十所，令可至鲜水左右"。②鲜水，即今青海湖。元鼎六年(前111)，汉将李息平定西羌叛乱，羌人离开湟中，沿此线逃至西海、盐池一带。宣帝神爵时(前61—前58)，赵充国建议"治湟峡中道桥，令可至鲜水，以制西域，信威千里"。③赵充国建议修建湟峡中道桥，当为青海道"凿空"之始。

邮亭，即亭障、烽燧，是一条烽台相连的警备线。明朝依汉代的烽燧重新修筑烽台，十里一墩，由这里直到青海乐都，形成西部都尉驻地(允吾)到护羌校尉驻地破羌城(今青海西宁)郡城。这一线由于不在汉长城西进河西的主干线上，故以十里一墩的烽墩连接成一条军事防御体系，成为汉长城主干上的一条分支。

据学者调查，在今盐锅峡黄河东北岸的三级台地上，有一片广阔的马兰黄土堆积的台地，一座汉代城池遗址坐落其上，其东、西两面，各有一座烽火台，东面的叫黑台，西面的叫方台，两台相距约10里。烽台防线从这里可通往永靖与青海交界处的川城，为入藏的重要通道。盐锅峡的这座城址所在之台地下面，即为今傍河的盐锅峡镇，这里有渡口，当为苻秦将梁熙等人伐前凉时所经过的青石津，河对岸南面的今雾宿山，即当时所称的青岩山。④

---

① 胡平生、张德芳编撰：《敦煌悬泉汉简释粹》，上海：上海古籍出版社，2001年，第59页。
② 《汉书》卷六九《赵充国传》，第2979页。
③ 《汉书》卷六九《赵充国传》，第2988页。
④ 陈守忠：《令居、浩亹、允吾、金城等古城址考》，金钰铭主编《兰州历史地理研究》，兰州：兰州大学出版社，1999年，第96页。

（五）浩亹—西邯线路

西邯，在今尖扎、循化一带。东汉永平元年（58），西羌侵掠陇右一带，汉廷以马武为捕虏将军，率4万大军反击。马武在金城郡浩亹、洛都（今青海乐都）一带展开激战，击退羌人并追击至西邯。永元五年（93），汉军击退烧当羌迷唐，在大、小榆谷和东、西邯一带广开屯田，至今贵德地区黄河沿岸。

二、魏晋时期金城郡的交通

魏晋时期，由于南北分治，两汉时期以长安为核心的交通地理格局因新的区域政治关系而发生了改变，以金城郡为核心交通地理，出现了新的交通地理空间分布格局。

（一）鹯阴口—武威线路与允吾—威武线路

东汉末年，河陇地区战乱频仍，地方豪强大族割据自雄，河西诸郡情势复杂。黄初元年（220）五月，魏文帝曹丕任命邹岐为凉州刺史，西平麹演、张掖张进、酒泉黄华等不服，聚集向武威进攻，雍、凉地方豪强也驱逐当地羌胡部众加入麹演等人的叛乱阵营。当时的金城郡太守苏则率兵与武威太守毌丘兴合兵斩杀张进及其党羽，酒泉黄华出降，为魏文帝控制河西走廊奠定了基础。

河西大族叛乱虽然平息，但河西、陇右地方羌胡部落组成复杂，在苏则出兵平定豪族割据后，凉州地方胡族酋首又多起事反叛。黄初二年（221）十月，凉州卢水胡伊健妓妾、治元多等反，魏文帝召回无力应对乱局的凉州刺史邹岐，遣张既代任凉州刺史前往平叛，并派护军夏侯儒、将军费曜率军随行。当时"胡七千余骑逆拒既于鹯阴口。既扬声军从鹯阴，乃潜由且次出武威，胡以为神，引还显美。"[①]张既率军到达金城后，先是扬言从鹯阴渡口渡河，实则走了金城郡渡黄河前往威武，成功避开了鹯阴口的叛军伏兵，前军顺利经过且次县[②]（今甘肃古浪县西北）抵达显美县（今甘肃武威西北）[③]，大破叛军。

张既率军先到达金城，这里的金城，当是金城郡的西部，有可能是汉榆中县城所在地，从这里再穿越皋兰山以东的老狼沟与其东南的马衔山西端之间的通道，如秦汉时一样，在今沃干岭以南自东向西穿越金城郡，再经允吾走逆水谷道或涧水谷道进入显美县。

如上可知，自中原腹地到凉州武威，可走传统的秦汉金城郡一线，并不经过今兰州主城区的黄河河谷，亦可走北线，从鹯阴口直插凉州地界。两条道路都与今天以兰州主城区为交通枢纽的交通格局不同。也就是说，兰州主城区在西北地方政治、经济、交通中心的地位，仍未形成。

（二）枹罕—成都间的洮水河谷通道

在三国蜀魏相争的区域军事关系中，形成了一条以金城郡为中心节点、凉州与蜀地之间的重要通道——由蜀中直抵枹罕与狄道的洮水河谷间道。

《三国志》记载，238—262年之间，姜维共进行了十一次北伐。其中五次率领大军围攻狄道，或者是以狄道为目标方向而未直接抵达狄道城下。

---

① 《资治通鉴》卷六九《魏纪》"魏黄初二年"条。
② 即揖次县。《晋书·地理志》作"揖次"；《三国志·魏书·张既传》作"且次"。
③ （清）张玿美总修，张克复、王宝元、李兴华等校注：《五凉全志校注》记："显美县城在永昌县东，汉置。三国魏黄初中，凉州卢水胡叛，张既讨之，敌引还显美，既至武威。"兰州：甘肃人民出版社，1999年。

第一次是在蜀汉延熙三年(240),"正始元年,蜀将姜维出陇西。淮遂进军,追至强中,维退。"①此役似未达狄道。

第二次在延熙十年(247),河陇一带饿何、烧戈、伐同、蛾遮塞等"攻围城邑,南招蜀兵"②,姜维出兵接应,"又出陇西、南安、金城界,与魏大将军郭淮、夏侯霸等战于洮西。"③此役被称为第一次"洮西之战"。④随后郭淮率兵征讨叛乱羌众,正始九年(蜀汉延熙十一年,248),郭淮击败河关、白土城(今循化)的羌酋蛾遮塞等,后沿逆水河谷北上,进击盘踞金城郡令居县石头山之西"当大道止,断绝王使"⑤叛羌部落。河关县,治在今积石山县西北长宁驿古城。

第三次,延熙十二年(249)秋,姜维督军进攻雍州(今陕西关中及甘肃东部),依傍曲山(今甘肃岷县东百里)筑两城,欲诱羌胡归蜀,为陈泰军所阻。⑥此役最北到达临洮(今甘肃岷县),亦以洮水河谷为主北行。

第四次,延熙十七年(254)"春正月,姜维还成都。大赦。夏六月,维复率众出陇西。冬,拔狄道、河间[河关]、临洮(今岷县)三县民,居于绵竹、繁县。"⑦此役蜀军将北上交通推进至河湟流域的河关一带,即蜀军的交通北端到达了枹罕地方。

曹魏齐王嘉平年间(249—254),蜀将姜维围狄道,展开第二次"洮西之战"⑧,也是姜维第五次北上以狄道为目标方向的北伐。正元二年(蜀汉延熙十八年,255)八月"夏,复率诸军出狄道,与魏雍州刺史王经战于洮西,大破之。经退保狄道城,维却住钟题。"⑨蜀汉姜维、夏侯霸等率数万大军攻入曹魏陇西郡,主力直指狄道。曹魏雍州刺史王经料蜀军可能兵分三路向金城、祁山(甘肃礼县东、西汉水北侧)、石营进攻,建议重酬将军陈泰曰:"进兵为翅,使凉州军至枹罕,讨蜀护军向祁山"⑩,但未得到陈泰的认可。结果,姜维在故关消灭数万魏军后,进兵狄道,包围王经。陈泰发上邽兵经陇西往狄道解围,同时,"凉州军从金城南至沃干阪"⑪,驰援狄道。姜维遂退往钟提城。"故关"和"钟提城",谭其骧《中国历史地图集》都标注在洮水沿岸。

此役魏上邽军自今天水西来,走传统的陇西线;魏凉州军自金城南经沃干阪支援狄道守军。沃干阪,文献中也称"沃干岭",为兰州市城区南25千米的阿干岭。阿干岭南麓有道路沟通金城郡允吾县与陇西郡的秦塞,两汉时期即已使用此线,这里不再赘述。

---

① ② (西晋)陈寿:《三国志》卷二六《魏书·郭淮传》,北京:中华书局,2000年,第735页。

③ (西晋)陈寿:《三国志》卷四四《蜀书·姜维传》,北京:中华书局,2000年,第1064页。

④ 刘再聪、胡小鹏主编:《兰州通史·秦元卷》,北京:人民出版社,2021年,第137页。

⑤ (西晋)陈寿:《三国志》卷二六《魏书·郭淮传》,北京:中华书局,2000年,第735页。

⑥ (西晋)陈寿:《三国志》卷四四《蜀书·姜维传》:"十二年,假维节复出西平,不克而还。维自以练西方风俗,兼负其才武,欲诱诸羌、胡以为羽翼,谓自陇以西可断而有也。每欲兴军大举,费祎常裁制不从,与其兵不过万人。"北京:中华书局,2000年,第1064页。

⑦ (西晋)陈寿:《三国志》卷三三《蜀书·后主传》,北京:中华书局,2000年。

⑧ 刘再聪、胡小鹏主编:《兰州通史·秦元卷》,北京:人民出版社,2021年,第138页。

⑨ (西晋)陈寿:《三国志》卷三三《蜀书·后主传》,北京:中华书局,2000年。

⑩ (晋)陈寿:《三国志》卷二二《魏书·陈泰传》,第639页。

⑪ (晋)陈寿:《三国志》卷二二《魏书·陈泰传》,第640页。

三、两汉魏晋时期金城郡交通地理空间分布格局的演变及其特征

两汉时期，金城郡内部的交通地理特征，是以金城郡西部的湟水及其支流为干线，金城郡所领属的县级区划，也是集中分布在湟水及逆水（今大通河）、浩亹水（今大通河）沿岸。在金城郡东部，则在苑川盆地内部形成交通网络，而这一交通网络未覆盖黄河兰州河谷段。汉代黄河兰州河谷段的自然地理环境较今更温暖湿润，河谷两岸沟水溪流密布，史前的兰州地区聚落与交通多发生在高坪台地，而非如今天的河谷滩地。两汉时期仍然没有聚落定居，并发展区域内部交通的地理条件。

金城郡与周边地区的交通关系，亦以湟水及其支流逆水、浩亹水的河谷涧道为核心展开，金城郡所领属的县，亦以交通通道的控扼为建置选址标准，由此形成了两汉时期以金城郡西部湟水及其支流为交通主干的地理空间分布特征，这特征一直延续至宋代（相关内容另文讨论）。

魏晋时期，在汉金城郡的交通地理空间分布格局的基础上，既保持了原有格局特征，亦有新的格局特征。

首先，魏晋时期对于金城郡控扼陇右通往河西走廊武威的河谷间道的格局未发生改变。

三国魏文帝曹丕时，凉州卢水胡反，曹魏凉州刺史张既率兵由金城渡河，出揖次（今甘肃武威古浪县北）而攻武威。此道为秦汉以来固定的自金城郡允吾一带渡河进入武威的交通路线，此交通线路在北魏控制河陇地方豪族势力以及经略河西走廊的过程中，仍旧具有东西主动脉的交通价值，其价值体现在魏晋时期对金城郡允吾一带通往河西走廊的几条通道，在原先两汉县城分布的基础上，在河谷上、下游加筑了新的城池。

东晋永和二年（346），后赵攻前凉金城郡，太守降，赵将麻秋于翌年率三万步骑在金城渡河，"遂城长最"，长最当在河口古城子一带。东晋太元元年（376），前秦十三万军队攻伐前凉，秦军先是在金城一带兵分两路渡河，梁熙自青石津渡河后攻河会城（今甘肃达川古城子）；敬苓于石城津（今甘肃梁家湾一带）渡河后与梁熙等会合于河口一带，尔后攻陷缠缩城（在今甘肃永登庄浪河下游）。

在庄浪河（逆水）流域，在庄浪河入湟口处，于庄浪河西岸加筑了河会城，城址据考在今兰州市西固区河口镇达川乡一带。[①]又于庄浪河东岸建筑了长最城，位置在今兰州市西固区河口镇黄河北岸一带。河会城与长最城，分处汉枝阳县城以南庄浪河入湟口的两岸，左右夹控着庄浪河进入河西走廊的入口，也是自陇右往河西交通线上进入庄浪河谷的第一站。在庄浪河上游，构筑了缠缩城，地望在今永登县城中堡镇大湾村罗城滩村[②]，这里控制了庄浪河北端进入河西走廊的出口。在庄浪河河谷中部，也建有清塞城，具体位置在今天祝藏族自治县打柴沟镇乌鞘岭垭口南麓一带。[③]由此，则连接中原与河西走廊的这段庄浪河谷，就被牢牢掌握在金城郡的守御体系之下。这也是这一重要交通通道战略地位的体现。

其次，由于蜀汉北伐，也牵制了曹魏军事力量集中在了陇西、金城一带，使两汉以来形成的以汉塞为主导的交通格局发生了变化。

几次以狄道为方向的北伐，都围绕洮水两岸展开，有的虽未到达狄道，但交通路线都取自洮水河

---

① ② ③　李并成：《晋河会城、缠缩城、清塞城考》，《中国历史地理论丛》，1999年第2期。

谷,即自临洮(今岷县)沿洮水河谷北上。由几次姜维以狄道为目标方向的北伐战役可见,两汉时期开通的由金城郡控制的陇右直通汉塞的交通道路,曹魏时期尽归当地诸羌部落控制,这些羌人部落在蜀魏之间归附不定,使此一时期区域交通地理的格局,由两汉时期东西主干联通中原到河西走廊与西域为主的局面,转变为蜀汉自南北向通道介入,这是洮水谷道沟通河湟地区与蜀地的开始,并因此形成以金城郡为端点的局部交通为主的新格局。

这种新格局,将河西走廊地区阻隔在中原控制范围之外,成为后来五胡十六国局面形成的根本原因之一。

深埋地下的陶塑艺术

——宁夏固原博物馆馆藏北朝时期陶俑

李 鑫

（宁夏固原博物馆）

　　陶俑是中国雕塑艺术的瑰宝之一，它是中国丧葬制度发展到一定阶段的产物，融合了社会观念和艺术表现。宁夏固原博物馆自成立以来，发掘和收藏了大量的北魏、北周时期陶俑。这些陶俑类型多样，造型生动，与当时的社会发展水平和文化艺术风格密切相关，为我们研究人类历史提供了宝贵的实物史料。在宁夏固原博物馆馆藏的众多北朝时期陶俑中，比较典型的有北魏新集墓陶俑、北周李贤墓陶俑、北周宇文猛墓陶俑和北周田弘墓陶俑。前三个墓的陶俑群保存较完整，遗憾的是田弘墓中出土的陶俑虽造型独特，极具美感，但此墓被盗严重，出土时陶俑大多破碎残缺。

一、北魏新集墓陶俑

　　1982年彭阳县新集乡发掘了一座北魏墓葬，出土了100多件陶俑。其中包括武士俑、风帽俑、文吏俑、乐俑、男役俑、女侍俑、甲骑具装俑七种，还有陶牛车和陶模型等。

　　这些陶俑中，武士俑、乐俑、具装甲骑俑采用了泥质灰陶，经过高温烧制，质地坚硬；而风帽俑、文吏俑、男役俑、女侍俑则采用了细泥红陶，火候较低，质地柔软易碎。这些陶俑的制作工艺精湛，细节处理精细，栩栩如生。它们具有西晋墓葬的特点，同时也融合了西安草场坡十六国墓和北朝墓葬的元素。与一般北朝陶俑群相比，新集陶俑群更加生动有趣，因为它们的眉毛、眼睛、嘴巴和胡须都用墨笔勾勒出来，每个陶俑都有特点，有些看起来天真可爱，有些则显得老成稳重。

　　其中出土的陶牛车和驭者（图1），均是用泥质红陶制成的。陶牛通高21.9厘米，长31.5厘米。它的双角向上弯曲，昂首挺立，尾巴夹在腿之间，整个牛的形状圆润。牛身空心，角和腿分开制作，再用石灰黏合在一起。陶车通高24.6厘米，长20.4厘米，也是用泥质红陶制成的。敞篷式的车身两侧有栏板，栏板内外绘有红色条状纹饰，前后各有一根柱子，栏板和柱子的顶部都有圆形和方形的穿孔。从车和穿孔的位置来看，车辕是木质

图1　陶牛车、驭者

的,车轮是陶质的,原本有十六根木质辐条,但已经腐朽了,辐条的两端分别用石灰固定在车轮和车毂上。驭者通高34.5厘米,是用泥质红陶制成的。头戴软帽,脸上施了粉彩,没有胡须,身穿对开襟的短衣和长裤,双臂前屈,手握拳头,拳心有孔。

新集墓葬中没有镇墓俑,而是以牛车为中心,随葬了武士俑、甲骑具装俑、鼓吹俑、侍俑以及狗、井、仓、灶等陶俑。新集墓葬在一些方面有所发展,例如鼓、角乐俑的数量超过了西安草场坡墓葬,而后者只有4件。新集墓葬中的武士俑数量也超过了草场坡墓葬。还增加了以往较少见的风帽俑(图2)和文吏俑。在一般北朝墓葬中,很少见到这样的陶俑群。

墓葬中的一组乐俑非常引人注目。从陶俑和留下的陶乐器模型来看,这组乐俑包括8件吹角俑、3件击鼓俑(图3)、1件抚瑟俑和1件吹竽俑,其中1件击鼓俑、抚瑟俑和吹竽俑已无法复原。可以看出这是一组演奏鼓吹乐的俑,类似的乐俑在草场坡墓葬中也有,但那些都是骑马的乐俑。以鼓和角为主的军乐,在当时被称为"横吹"。据崔豹的《古今注》记载,张骞出使西域归来后,将这种胡乐传入长安,后来成了武乐。《旧唐书·音乐志》中记载了"西戎有吹金者,铜角是也,长二尺,形如牛角",但没有详细记载。《晋书·乐志》中提到"横吹有鼓角,又有胡角"。在新集墓中,有许多胡角的乐俑,应该属于"横吹"的范畴。出土的鼓模型并不是平放的,而是侧放的,可以推测原本是通过绳子悬挂在鼓的脊部,用两个木棒敲击鼓的两面;而持鼓的俑则将鼓夹在腋下,用一只手持单个木棒敲击。这些鼓和角的模型是古代音乐史宝贵的资料。

图2　风帽俑

图3　击鼓俑、吹角俑

新集墓陶俑大部分都是模仿少数民族人物的形象,被称为"胡俑",这与当时活跃在固原地区的少数民族有着密切的联系,是汉族和其他民族在政治和文化交流中的产物。这些陶俑不仅艺术价值高,也是研究古代墓葬文化和民族交流的重要证据。

二、北周李贤墓陶俑

1983年固原市南郊乡深沟村又发现了北周李贤夫妇合葬墓。墓内共有255件随葬俑,都是青灰色的陶器,质地坚硬,彩绘鲜艳,高度在12.1—18.2厘米之间。这些陶俑的头部和身体是一次性用半模制成的、实心的身体，背部是扁平的，面部表情相对呆板，身体大多涂有白色，服装、甲胄等则用红、紫、黑、白等颜色绘制。

有两件镇墓武士俑（图4），其中一具高18.2厘米，用泥质灰陶制成。大眼、阔口、脸上画有胡须。头戴兜鍪，身穿铠甲，甲片用墨线勾勒，边缘涂红。右臂下垂，左臂屈于胸前，手中握物品，拳心有孔。另一具武士俑高19.2厘米，也是用泥质灰陶制成。它头戴尖顶兜鍪，中间有脊棱，前面有冲角，两侧有护耳，身穿铠甲，甲片用墨线勾勒，边缘涂红，右臂下垂，左臂屈于胸前，手中握物品，拳心有孔。这两个武士俑的面部明显具有西域胡人的特征。

另外还有两件镇墓兽（图5），都是用泥质灰陶制成。其中一个体形较大，鬃毛浓密，高8.5厘米，长18.5厘米。它的颜色较为鲜明，嘴巴和鼻子都涂了红色，显得有些凶恶。另一个体形稍小，鬃毛不太明显，高6.9厘米，长16厘米。两件镇墓兽，各有一个犄角，面部狰狞、巨口獠牙、匍匐于地、昂首仰视，表情用墨线勾勒而成，让人联想到来自西域的神兽。

图4　武士俑

其中两件具装甲骑俑（图6），一件是泥质灰陶，面部呈粉色。武士头戴尖顶兜鍪，中间有脊棱，额前伸出冲角，两侧有护耳，身穿铠甲，外披黑色风衣。两臂弯曲至胸前，双手作持物状，左拳心有孔。马身披铠甲，甲片用墨线勾勒出来，背上有鞍，垂首呈站立姿势。虽然李贤墓出土陶俑造型粗糙，马体上也没有塑造出马具装铠的细节，只是象征性地用墨线勾勒出成排的铠甲甲片，但它们向我们展示了北朝时期具装甲骑兵的存在。无论是鞍马还是甲骑，在陶俑的制作上，四肢都塑得过粗，马头相对较小，与身躯的比例不够协调。这种北周马具装铠的造型风格是从十六国至北朝早期的传统发展而来，同时也是鲜卑族军队重视骑兵和具装甲骑民族传统的延续。

风帽俑，为泥质灰陶制成。头戴红色风帽，帽的前沿垂到额部，内穿圆领衫，外披红褐色风衣，下着裤子，脚蹬靴子，双手放在胸腹间，仿佛在持着某物。风帽是由北方少数民族传入中原地区的，也被称为突骑帽。李贤墓中出现的风帽陶俑，展示了当时人们的着装习惯和礼仪风俗。北朝时

图5　镇墓兽

图6　具装甲骑俑

期的墓葬中的胡俑，实际上大多代表的是鲜卑族，在南北朝时期，匈奴、鲜卑等族相继进入中原地区，政权不断更迭，战乱连绵不断，各国陷入混乱的局面。不同民族的习俗也随之传入，这在墓葬陶俑上有所体现，因此，胡俑的出现正是反映了这个时期民族融合的历史进程。

李贤墓中出土的侍仆舞乐俑主要是女性侍俑，她们拱手持物。这些侍女陶俑也是泥质灰陶制成的，她们头戴黑色小冠，身穿交领宽袖长衫，长裙拖地，腰间系着一条束带，衣褶用细线勾勒出来，双手交叉于胸前。整体上施以白色，造型粗犷而优美，面容圆润，下颌稍显丰满，体态丰盈，姿势优雅。从这个造像可以看出隋代造像圆润丰盈的特点。

李贤墓陶俑群的出土让我们更加了解到固原地区丰富的墓葬文化遗产。自十六国至北魏、西魏及北周时期，随葬俑群的造型特征及继承发展关系，揭示了其与北魏、东魏乃至北齐其他随葬俑群的共同之处和存在的差异。

三、北周宇文猛墓陶俑

1993年5月至8月，宁夏文物考古研究所固原工作站对固原县南郊乡王涝坝村的一座古墓进行了发掘。墓室的东南角出土彩绘陶俑及陶制鸡、狗、马、骆驼、磨、灶、井、水碓、鸡舍等，出土遗物100余件。这次发掘出土的执箕俑、执盾武士俑（图7），从风格、造型特点看，在西北地区同一时期的墓葬中属首例。

北周宇文猛墓出土的两件镇墓武士俑，头戴黑色平顶兜鍪，外披筒袖铠甲，长至膝下，用墨线勾出鱼鳞状甲片，甲片间用单线条横向连接，铠甲片圆弧向上，袖边施红彩，服饰色彩浅淡，脚下为裹腿裙。镇墓武士俑在固原北朝墓群中占有较为特殊的地位，一般个体较大，较之仪仗俑中的军卒俑，在刻画方面尤为精细，多施彩绘，身着明光铠，较之大多军卒俑所着裲裆铠制作工艺更为高超，能起到更好的防护作用，一般为高级军官。

图7　执盾武士俑

四、北周田弘墓陶俑

田弘，原州人，历经北魏、西魏、北周三朝，做过北周柱国大将军、原州刺史，最后官至大司空、少师。1996年，为实现中日考古学界对于北朝、隋唐墓葬和丝绸之路的合作研究，由宁夏固原博物馆、宁夏文物考古研究所与北京大学、共立女子大学、滋贺县立大学组成的原州联合考古队，对位于宁夏固原西郊乡大堡村的田弘墓进行了调查发掘。

田弘墓出土陶俑不多，种类只有具装甲骑俑、陶狗、陶鸡。体量也很小。其中保存状况较好的甲骑俑(图8)通高仅13.8厘米,长17.9厘米,宽7.7厘米。制作较为粗糙。泥质红陶在烧制时因为火候较低,质地十分酥软。骑者的面部、后背、左手在制模过程中因挤压而变形。但可看出,在烧制后的彩绘方面较为细致,具装铠甲纹理清晰,线条自然,勾勒出武士和甲骑的特征,使其显示出威风凛凛的姿态。

图8　甲骑俑

有一尊陶鸡(图9)通体彩绘,色彩艳丽。公鸡朱红高冠,黑、红、蓝三色羽毛丰满轻盈,双足纤细但强劲有力,昂首翘尾作啼鸣状。母鸡双眼圆睁,长尾垂于地面作支撑,线条流畅传神,极富生活气息。

这批北朝陶俑是中国历史上独具特色的一类艺术作品,也在宁夏固原博物馆馆藏文物中占据重要的地位,见证了固原地区中原汉民族农耕文化与北方草原游牧文化的融合。从这批北朝陶俑来看,它们从北朝早期的呆板古朴转变为生动自然,从仅有轮廓到注重细节刻画。人物面部的刻画也具备小颐秀颈,眉目明亮,身姿修长的"秀骨清相"风格。在创造人物形象时,追求一种宁静和含蓄的理想状态,形象写实,比例匀称自然,展现清秀端庄之美。特别注重描绘人物服饰和面部的民族特色。部分人形陶俑为了追求这种修长优雅的姿态,不惜改变人体比例,使身体拉长,呈现优雅、高挑的形象。另一方面,在陶塑作品中充分展现

图9　陶鸡

了时代气息,同时在艺术风格上与南朝陶俑形成了截然不同的两种风格,体现了雄健和自由放浪的社会风气。这主要是因为中原地区当时处于民族融合的大熔炉中,吸收了北方少数民族文化的影响。这种艺术风格的变化,在北朝与南朝陶塑艺术品的对比中得到了充分体现。

参考文献：

[1]　马桂莲.中国独特的明器艺术陶俑[J].收藏界,2018(4):32-35.

[2]　刘勇,王竟.固原地区出土的北朝时期陶俑服饰浅析[J].文物天地,2020(11):25-32.

[3]　董雪迎.北朝晚期单模陶俑研究[J].文物春秋,2020(6):18-28.

[4]　宁夏回族自治区博物馆,宁夏固原博物馆.宁夏固原北周李贤夫妇墓发掘简报[J].文物,1985(11):1-20+97-100.

[5]　王东.北周李贤墓学术座谈会概述[J].宁夏社会科学,1984(4):102-104.

[6]　林泽洋.关中北朝陶俑初探[D].西安美术学院2017年硕士学位论文.

[7]　荣慧.安阳北朝陶俑赏析[J].东方收藏,2022(8):19-21.

[8]　丁子杰.北朝至初唐镇墓武士俑组合研究[D].南京大学2021年硕士学位论文.

[9]　马晓玲.北周考古的新发现——《北周田弘墓》述评[J].华夏考古,2012(4).

中西钱币再现固原北周经济盛况

李海平

（宁夏固原博物馆）

一、固原出土的"永通万国"钱币和东罗马金币

（一）北周"永通万国"钱币①

1988年，在固原县城出土一组"永通万国"钱币，共12枚，直径3.1厘米，重5克。从字口、锈迹和整体形象看，保存相当完好。现藏于宁夏固原博物馆。

"永通万国"是北周钱币之一，其铸造年代据史料记载："丁巳，初铸永通万国钱，以一当十，与五行大布并行。"②在《历代古钱图说》中记录较为详细："后《周书·宣帝纪》曰大象元年（579）十一月丁巳，初铸永通万国钱，以一当十，与五行大布并行。按，有大小数种，又有阔缘、合背、铅钱等。"③

"永通万国"是北周静帝宇文阐大象元年始铸的钱币，钱文为"玉箸篆"。"永通"意为永远通行，"万国"意为天下万国可用。此钱币的字廓深峻，形体厚重，钱文和铸工均显示出精湛的一面，加上钱文的意义丰富，后人称"北周三品"之首。"永通万国"的铸行与北魏政权有关系。北魏太武帝拓跋焘以"万国宗主"自诩，至东魏、西魏、北齐、北周都曾以"万国之首"自居，这就促使了北周静帝"永通万国"的诞生。

由于北周实行虚值货币政策，"布泉""五行大布""永通万国"中，"永通万国"堪称虚值大钱之冠，民不乐用，流通时间不长。也因为南北朝战乱频仍，部分区域的经济受到极大影响，导致三种钱币在重量和材质上发生变化，缩水严重。

初铸钱径2.7—3.0厘米，以后渐小至2.5厘米，且夹有

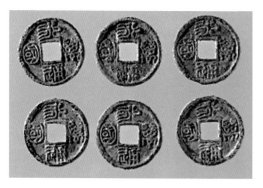
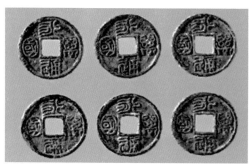

图1　"永通万国"钱币12枚

---

① 宁夏固原博物馆：《固原文物精品图集》（中册），银川：宁夏人民出版社，2012年，第226页。

② 《周书》卷七《宣帝纪》，第121页。

③ 丁福保：《历代古钱图说》，上海：上海书店，1986年，第66页。

铅锡钱。还出现了合背、铅钱、厌胜钱等，但仍不失风韵。

北周之后，又有翻铸，类别增多，有厌胜一类，也有阔缘大型光背一类，多为唐宋之物，直径和宽缘的大样钱超过3.0厘米，有的甚至更大，超过4.0厘米。虽然为后世翻铸，也成为该钱币类型中的罕见作品。

有学者提到"永通万国"钱，是北周政权在准备统一货币的背景下发行的。[1]又有学者认为"永通万国"钱是北周政权者宇文氏向汉化推进的一步。[2]无论怎样，都能证实宇文氏在建立北周政权后对汉文化的迫切需求和国家事务走入统一化所作出的努力，是为推动经济发展所实行的有效之举。

（二）北周东罗马金币[3]

固原北周东罗马金币出土于北周田弘墓。[4]1996年，原州联合考古队对固原西郊乡大堡村的田弘墓进行发掘，出土的不少文物中，5枚东罗马金币引起国内外学者的关注。根据这5枚东罗马金币正反面打押的图案、人物肖像、文字等，学者们判断其为列奥一世（457—474年在位）1枚，查士丁一世（518—527年在位）1枚，查士丁尼一世摄政期（527）2枚，查士丁尼一世（527—578年在位）1枚。其中查士丁尼一世大帝时期这枚金币，截至目前仅见田弘墓出土，是中西文化交流重要印证之物。

图2　东罗马金币5枚（正反面）

由于国内出土东罗马金币十分有限，在很大程度上影响了对罗马和后来的东罗马货币与经济的了解，尤其罗马金币出现在我国，在如何体现它的价值方面，只能通过史书的零星记载推测。《后汉书·西域传》记录大秦国（罗马）的货币情况："以金银为钱，银钱十当金钱一。与安息、天竺交市于海中，利

① 黄若琰：《北周后期为何货币不标明重量》，《陕西师范大学继续教育学报》，2007年第2期。朱成实：《魏晋南北朝恶钱研究》，上海师范大学2016年博士学位论文。
② 汪锡鹏：《由太和五铢到北周三品——从钱币上看北朝鲜卑统治者的汉化进程》，《中国城市金融》，2010年第3期。陈孔坛：《"北周三品"钱币是鲜卑宇文部汉化的物证》，《东方收藏》，2010年第12期。
③ 宁夏固原博物馆：《固原文物精品图集》（中册），银川：宁夏人民出版社，2013年，第164-166页。
④ 原州联合考古队：《北周田弘墓》，北京：文物出版社，2009年。

有十倍。其人质直,市无二价。"①同样的币值关系也记载在《三国志·魏书·东夷传》裴松之注引《魏略·西戎传》中:"作金银钱,金钱一当银钱十。"②史料显示出的罗马金币在中国的币值具有一定当量的。

二、从"永通万国"钱币和东罗马金币出土情况看固原经济

周静帝铸的"永通万国"钱币,发行不到四年就随着北周的灭亡而被杨坚销毁,北周政权为隋政权取代。因为此钱币的短命,造成今日钱币收藏界中"永通万国"钱币的增值。其中正品大样,也就是2.7—3.0厘米内的,等级为六级,普通品一枚市场价上千元,极品的甚至过万元。宁夏固原博物馆馆藏的北周"永通万国"钱币,直径3.1厘米,加上这么好的品相,更成为极品了。在当时的固原流通这般好的"永通万国"钱币,也是北周时期固原经济繁荣的一种表现。

除固原县城出土的"永通万国"钱币外,笔者还未掌握全国出土北周"永通万国"钱币的资料,所知西安姚村和乾县出土的北周铜钱中,有"永通万国"钱币,此两处都在统一北方之前北周的辖区内,同时期原北齐版图内的墓葬和窖藏中,尚未发现"永通万国"钱币。但从隋代窖藏、墓葬中,有一些发现,如平阴洪范隋石函是在寺庙遗址中发现了大隋皇帝舍利宝塔石函,石函分内外两重,在内函、外函、边板之间,相叠排列一周隋五铢铜钱360余枚,直径2.1—2.3厘米,厚0.05—0.1厘米,4个角上还各置北周"永通万国"钱币1枚③;洛阳涧西隋墓中发现"永通万国"钱币1枚,含于墓主人口中或握于手中④;西安白鹿原隋墓出土"永通万国"钱币1枚。⑤

从考古发现来看,"永通万国"钱币的出土量从北周到隋代都是少见的,且隋代的"永通万国"直径明显变小。固原县城出土12枚"永通万国"钱币,相对数量较大,且直径在3.1厘米,足见固原在北周时期的经济繁荣状况。

固原北周田弘墓出土的5枚金币,分别出自A、S、I等三个制造局,流入中国时距金币打造时间已有20—50年。这证实了北朝时期丝路在固原的盛况。目前所知,发现金币的地点在长江以北,以南的地区在杭州只发现1枚。近年来考古统计,发现10枚钱币以上的有三地,新疆、宁夏、陕西共有32枚,占发现金币总量的70%左右,其余六省区仅占37%。⑥而固原北周田弘墓一次性出土5枚,是极为罕见的。

从固原出土北周时期中西钱币的数量和珍贵程度可见当时的经济盛况。固原北周墓葬发掘的文物,更能成为固原地区经济盛况的佐证。

三、固原地区出土的北周精品文物是当地经济盛况的佐证

固原发掘的北周墓葬中最负盛名的是李贤夫妇合葬墓⑦、宇文猛墓⑧、田弘墓⑨。被学术界称为"原

---

① 《后汉书》卷八八《西域传》,第2919页。
② 《三国志》卷三〇《魏书·东夷传》,第86页。
③ 邱玉鼎、杨书杰:《山东平阴发现大隋皇帝舍利宝塔石函》,《考古》,1986年第4期。
④ 蒋若是:《1955年洛阳涧西区北朝及隋唐墓葬发掘报告》,《考古学报》,1959年第2期。
⑤ 俞伟超:《西安白鹿原墓葬发掘报告》,《考古学报》,1956年第3期。
⑥ 罗丰:《胡汉之间:"丝绸之路"与西北历史考古》,北京:文物出版社,2004年,第144页。
⑦ 宁夏回族自治区博物馆、宁夏固原博物馆:《宁夏固原北周李贤夫妇墓发掘简报》,《文物》,1985年第11期。
⑧ 耿志强:《宁夏固原北周宇文猛墓发掘报告与研究》,银川:阳光出版社,2014年。
⑨ 原州联合考古队:《北周田弘墓》,北京:文物出版社,2009年。

州三杰"的,除蔡祐外,李贤和田弘均在其中。

1983年在固原南郊深沟村发掘了北周李贤夫妇墓,墓葬有盗扰,仍出土了一批中亚、西亚东来的金、银、铜、铁、陶、玉等质地的随葬品700多件,仅彩绘陶俑就有200多件,其中的鎏金银壶、玻璃碗、金戒指、环首刀等均为国家级文物或一级文物。反映了中西文化交流的盛况。[①]几件西方文化集于一身的珍贵文物更是体现了北周时期固原通过丝绸之路进行文化、经济交流的盛况。

通过墓志和文献记载的李贤事迹来看,李贤作为地方势力代表,为北魏宇文泰等提供战马及军事物资,出谋划策,参与镇压地方割据势力万俟丑奴起义,战功卓著。受宇文泰赏识,迁骠骑大将军、开府仪同三司,成为北魏的柱国之臣。奠定了其在固原的地位,也奠定了固原在北周政权中的地位。

1993年5月,宁夏文物考古研究所固原工作站对固原县南郊乡王涝坝村的北周宇文猛墓进行了发掘。墓葬曾被盗扰,但所出土的随葬俑有250多件,与李贤墓和田弘墓一样都有庞大阵容,并且做工精细,人物、动物俑均有着彩,是墓主人生前生活的真实反映。

从宇文猛志盖可知,宇文猛为北周大将军、大都督,原、盐、灵、会、交五州诸军事,原州刺史槃头郡开国襄公,身份地位显赫。

1996年,原州联合考古队对固原西郊乡大堡村的北周田弘墓进行发掘,墓葬遭过盗掘,仍出土有壁画、钱币、云母片、金币、金器、玉器等诸多文物。从数量来看,在考古发现中尚属首例。[②]其中,玉质莹润的玉钗、受腐蚀但档次高的玉佩饰组合件、东罗马金币等足显示出高贵。

墓志记载,田弘,字广略,北周时期的原州(固原)人。事迹也列入《周书》《北史》。是历经北魏、西魏、北周的三朝元老,勇谋兼备,战功卓著。大统十四年(548)授持节刺史、都督原州诸军事、原州刺史。后追随宇文泰在沙苑、河桥等战役中立下汗马功劳,被授使持节、车骑大将军、仪同三司等。之后,迁骠骑大将军,进爵雁门郡公,食邑三千七百户。北周天和六年(571)授柱国大将军。

三座北朝权臣的墓葬出土物既有代表权力身份的重器,也有大量奢侈品。可以直接反映出北周时期固原与西域的经济往来。

四、北周经济背景与固原经济盛况

北周实行虚值货币政策,与当时财政紧张有紧密联系。北魏末年以后,关陇一带长期地瘠人贫。沙苑之战前夕,东魏谋士薛琡有过描述:"西贼连年饥馑,无可食啖,故冒死来入陕州,欲取仓粟。"有学者引言:"(北周)三次货币改革都是在国家有极强烈之财政需求之时而为之。"[③]在此背景下,北周统治者实行一系列改革措施。

西魏、北周仿照《周官》建立六官制度,在民部和度支上有所变化。度支相当于《周礼》中的司会,民部相当于地官司徒。北周将掌管天下计账、户籍的左民和掌管天下公私田宅租调事宜的右曹合并,体现了国家的主要收入是建立在以均田制为基础的租调制之上,并在后世作为制度保留下来。从流通货

---

① 宁夏回族自治区博物馆、宁夏固原博物馆:《宁夏固原北周李贤夫妇墓发掘简报》,《文物》,1985年第11期。
② 原州联合考古队编:《北周田弘墓》,北京:文物出版社,2009年,第211页。
③ 见朱安祥:《大收商估之利:北周货币政策初探》,《河南科技大学学报(社会科学版)》,2019年第4期。

币到国家经济体制,北周都尽力扭转困境。但在丝绸之路枢纽地域,经济局面却是春景盎然。

西魏、北周时期,丝路交通空前畅通,尤其是河西地带。此时,魏晋十六国以来因政权频繁更迭及战乱所造成的衰退状态逐渐过去,社会经济日渐繁荣,胡商往来不绝如缕。商人增多与商品规模扩大、西域贡使频繁输入等,都是这一时期河西地区经济繁荣的具体表现。河西走廊是胡商进入中国内地的必经之路,"固原至长安,是古代丝绸之路的干线"[①],是东段北道的必经之路,固原"西遮陇道",是连接关中和河西走廊的枢纽之地。加上北魏定都平城时,另开辟路线,使固原地处两条丝绸之路的中心位置而成为国际都市,经济贸易可想而知。

得益于丝绸之路的优势,北周时期固原的农业和畜牧业等得到快速发展。孝文帝实行均田制、"三长制"和新户调制后,促进农业生产,宇文泰吸收北魏经验,积极推进均田制,轻徭薄赋,北周政权所器重的固原也深受福荫。畜牧业生产方面,在北周时期得到飞速发展。402年,北魏拓跋焘攻打高平公没弈干,缴获马4万多匹、其他牲畜9万头,可见固原畜牧业繁荣。固原作为北周的牧场,供养马匹之地,使清水河流域草地增多,地表植被与水土流失得到好转,为黄河支流的经济、文化发展作出了贡献。

总之,北周时期的社会动荡对固原的经济影响甚微,商业贸易日益繁荣的河西地区带动了固原的经济发展,也为北周的货币政策提供了实施的地域空间。通过固原地区北周墓葬出土的"永通万国"钱币、东罗马金币,以及大量的北周精品文物,证实了固原地区在北周时期兴旺发达的社会面貌。

---

① 荣新江:《中古中国与粟特文明》,北京:生活·读书·新知三联书店,2014年,第26页。

宁夏固原出土的北周玻璃器探究

刘 勇

（宁夏固原博物馆）

考古发现表明，早在西周时期中国就已有了玻璃制品。后来，随着丝绸之路的开通，大量的罗马、波斯玻璃器输入，促进了中西玻璃制造技术的交流。北朝时期，固原作为丝路重镇，东西方各种货物汇聚于此，玻璃器就是其中之一。本文将以固原北朝墓中出土的玻璃器为考察对象，结合相关史料，从玻璃器出土情况、玻璃器类别及玻璃器组成几个方面，谈谈固原出土玻璃器的相关情况。

一、固原北朝墓中玻璃器出土情况

固原地区发掘北朝墓7座，其中有2座出土玻璃器，分别是李贤夫妇墓和田弘夫妇合葬墓。2座墓中出土的玻璃器在墓室中的分布完全没有规律可循。李贤夫妇合葬墓中的玻璃器在墓室西壁下部与女棺之间，田弘夫妇合葬墓中的玻璃器在第五个天井底部和女棺内。

表1　固原北朝墓中出土的玻璃器

名称	墓主人	随葬玻璃数量（件）	备注
李贤夫妇合葬墓	李贤	1	玻璃碗
田弘夫妇合葬墓	田弘	若干	玻璃碎片、玻璃珠

二、固原北朝墓中的玻璃器类别

固原北朝墓中出土的玻璃器种类较少，有4种，玻璃碗、玻璃小珠、花瓣形器和玻璃碎片。

（一）玻璃碗

固原南郊深沟村李贤夫妇合葬墓出土，高8厘米，口径9.5厘米，腹深6.8厘米，下腹最大径9.8厘米，重245.6克。整器呈碧绿色，内含小气泡，气泡直径一般不超过0.5毫米，分布均匀。器皿不见明显的条纹、结石，透明度好，玻璃碗器身直口，矮圈足，内壁光洁，外壁有薄层金黄色风化物，主要分布在下腹和底部。有两周凸起的圆形装饰，圆形

图1　玻璃碗

很不规则,呈扁椭圆形,上下错位排列,上层为8个,下层为6个。

(二)玻璃小珠

固原西郊大堡村田弘夫妇合葬墓出土,根据其大小可以分为两类。

较大的一类,高8—11毫米,径8.5—11.3毫米,上下端的穿孔面不光滑,表面呈多面体,在光下透明,深蓝色。8个深蓝色的玻璃珠镶嵌有白色不透明的小玻璃片,即蜻蜓眼玻璃珠,可能是连缀玉佩上的串饰。

较小的一类,约有880个,直径3—6毫米,高2—4毫米。制作时似乎采用了两种方法,一种上下为圆形,呈收缩状;另一种将玻璃棒依次切断后制成,以后者居多,以蓝色为主,个别为黄色和绿色。还有极少数包有金箔,应是装饰纱冠,为显示高贵而使用了金黄色的单一色彩。

(三)玻璃花瓣

固原西郊大堡村田弘夫妇合葬墓出土,长9.5毫米,宽5毫米,重0.05克,周边磨损,稍显黄色,透明。测定比重为2.2,可推定为碱化玻璃(标准比重2.5)。[①]

从以上玻璃器形可以发现,固原北朝时期出土的玻璃器,形制有大有小,可作为食用器装饰品。

三、固原北朝墓中的玻璃器成分、颜色分析

中国社会科学院考古研究所对李贤夫妇合葬墓玻璃碗进行成分测定。使用X荧光无损检测。测试结果表明李贤夫妇墓葬出土的玻璃碗是一种钠钙玻璃,与波斯萨珊玻璃成分一致,因此认为该玻璃碗属伊朗高原萨珊玻璃系,是典型的萨珊朝制品。

中国文物研究所对田弘夫妇合葬墓出土玻璃残片进行成分测定,使用能量色散X-射线荧光光谱仪、扫描电子显微镜/能谱仪等仪器检测。测定其为高铅硅酸盐玻璃,氧化铅含量达75%。在隋唐时期我国出土的大量玻璃器皿,以高铅即$PbO-SiO_2$体系玻璃为主。由于我国的铅资源丰富,国外很少出土高铅玻璃,因此我们一般认为高铅玻璃是产自中国。仅从玻璃成分来看,田弘夫妇合葬墓中出土的这批玻璃很可能是我国自制玻璃,其制造地或许距离出土地点不远。

固原北朝墓中出土的玻璃器,色彩各异,玻璃碗为碧绿色,玻璃珠为深蓝色、黄色和绿色,花瓣为淡黄色,玻璃碎片为淡绿色,这与古代工匠巧妙应用着色剂和乳浊剂有关。绿色的显色元素应为铜,因为铜元素着色玻璃的主波长为486—492纳米,颜色表现上偏绿。深蓝色的显色元素应为钴,由于钴元素的发色效果相当明显,只需要0.05%以上的钴就可以得到深蓝色。[②]化学成分测试表明含有铁元素,淡黄色着色剂可能为Fe^{3+},因为Fe^{3+}的吸收峰位于近紫外区域,可使玻璃显示黄色。为进一步证实黄色铅玻璃中是否含有三价铁元素,我们需要测其光电子能谱(XPS)。

---

① 平尾良光、榎本淳子、早川泰弘:《玻璃材料的铅同位素与化学组成》,见《北周田弘墓》,北京:文物出版社,2009年。
② 王承遇、陶瑛:《玻璃的成分设计与调整》,北京:化学工业出版社,2006年。

四、固原北朝墓中的玻璃器工艺

李贤夫妇合葬墓中出土的玻璃碗颜色较浅,透明度好,气泡小,说明玻璃的原材料纯净,烧制温度较高。碗腹部的凸起圆形纹饰与碗壁浑然一体,说明纹饰不是成形后补加上去的,而是一次成形。碗内壁光洁无锈,无打磨抛光痕迹,外壁有打磨痕迹,方向多是垂直和水平的,碗壁厚薄不匀,说明这件碗是吹制成型的厚壁碗,外壁经磨琢变薄,留下两排圆形纹饰和底部,形成凸起的效果,圆形纹饰的面又被磨琢成凹球面。磨琢后的玻璃碗通体经过抛光,但有些部位不易被抛光,磨痕清晰可见。这种厚壁的玻璃碗很可能是模吹制成形的。[①]

田弘夫妇合葬墓中出土的玻璃器,表面不光滑,存在大小不等的黄白色或白色风化层。有的玻璃残片薄而半透明,具有玻璃光泽和外观,内部气泡较多,大小不等且分布不均,说明玻璃的原材料不纯净,烧制温度较低。有的残片厚而不透明,表面不平,具有玉质光泽,可能是仿玉器,根据玻璃残片的形状、颜色、厚度及其表面的腐蚀状况,推测它们来自不同器物或同一器物的不同部位。固原隋唐时期史诃耽墓出土的玻璃器呈花瓣状,部分玻璃器贴有金箔,有的玻璃珠的化学成分经分析也是高铅玻璃。[②]对比发现有的玻璃器器形相似,如花瓣形玻璃器,玻璃器成分相近,均为高铅玻璃。并且史诃耽墓和田弘夫妇合葬墓都在固原,时间相差100多年。我们不难推测出田弘夫妇合葬墓中出土的玻璃器在工艺和合成方面很可能与隋唐时期史诃耽墓出土的玻璃器相同,很可能是模吹制成形的。

五、结语

固原北朝墓葬中钠钙玻璃和高铅玻璃器的发现,为我国古玻璃的研究提供了宝贵的资料。特别是玻璃碗的出土,说明萨珊玻璃器在北朝已输入我国,促进了中西玻璃制造技术的交流。田弘夫妇合葬墓玻璃器的出土说明我国生产的玻璃器皿在北朝时期已走上历史舞台。总之,固原地区北朝玻璃器的发现,充分说明北朝时期诸多中西文化交流的事实在这里发生。

---

① 安家瑶:《北周李贤墓出土的玻璃碗——萨珊玻璃器的发现与研究》,《考古》,1986年第2期。

② 刘勇:《宁夏固原出土的隋唐玻璃器探究》,《文物天地》,2021年第10期。

宁夏固原博物馆馆藏北朝时期的金银器

马彩虹

（宁夏固原博物馆）

一、固原北魏时期墓葬出土的金银器

（一）镶松石金耳环

1991年在原州区寨科乡北魏墓①中出土2件镶松石金耳环（图1）。耳环直径分别为3.4厘米、2.9厘米，重量分别为8.6克和6.6克。两耳环均呈椭圆形，大小不一。环外侧镶嵌桃形绿松石三周，红绿相间，错位排列，数量不等。两端细尖，各有一小孔。均采用金叶锤鍱，经多次焊接而成，形象奇特，做工精细。

1991年在原州区三营镇化平村北魏墓②出土2件镶松石金耳环（图2）。耳环直径4.8厘米，重分别为14.7克、16.3克。嵌三行绿松石与珍珠，错位排列，数量不等。个别松石脱落。

（二）银耳杯

1981年在宁夏固原县东郊乡雷祖庙村北魏墓③出土1件银耳杯（图3），高5.5厘米，残长10厘米。器身两端稍高，中部略低，通体呈舟形，杯身平面为椭圆形。口沿中部两侧各附一月牙形耳，边缘饰联珠纹。底座为椭圆形，边缘由一周12枚联珠组成，中部内凹。此耳杯系手工打制，足焊接而成，两耳为铜鎏金，是后来加工铆钉上去的。杯已残，从制作工艺及形状看是由一件萨珊式舟形杯改造而成，为大规模宴饮时的用具。

（三）萨珊波斯银币

1981年在宁夏固原县东郊乡雷祖庙村北魏墓④出土1枚萨珊波斯银币，2005年在宁夏固原市原州区南郊羊坊村北魏墓出土4枚萨珊波斯银币。这5枚银币（图4）中，3枚较完整，直径2.7厘米；2枚银

图1 镶松石金耳环

图2 镶松石金耳环

图3 银耳杯

①② 宁夏固原博物馆：《固原文物精品图集》（中册），银川：宁夏人民出版社，2012年。

③④ 韩孔乐、韩兆民：《宁夏固原北魏墓清理简报》，《文物》，1984年第6期，第46—56、104—105页。

币边缘有残缺。银币的正反面内容相似，其正面有一周联珠纹边框，中为萨珊王卑路斯侧面肖像，王冠下部有一周联珠纹边饰，中部与后部有雉堞装饰物，前部有一新月，冠顶有一双翼状物翘起，再上有一新月，新月托一圆球。肖像前部自下而上有半周铭文，但多已模糊不清。背面亦有一周联珠纹边框，中央为拜火教祭坛，祭坛下部为两级台座，台上立一圆柱，柱系缎带，缎带两端下垂，祭坛上燃有火焰。火焰由小圆点组成三角状，可以看出火焰右侧有一新月，左侧有一五角星。祭坛两面相对站着两个祭司，作拱手状。铭文多数已模糊不清，不大容易辨认。该银币的铸造时代为公元457—484年。

图4　萨珊波斯银币（正反面）

（四）金耳环

1981年宁夏固原县东郊乡雷祖庙村北魏墓[1]出土2件金耳环（图5），金耳环最大直径均为1.8厘米，重14克。椭圆环状，中间略粗，两端渐细。

（五）金花饰

1986年6月在宁夏固原县彭堡乡侯磨村北魏墓[2]出土2件金花饰（图6），高均为1.5厘米，宽均为1.3厘米，重为1.4克。金质打押成形。正面为三瓣梅花形，下侧呈梯形连接，背面凹下，为装饰品。

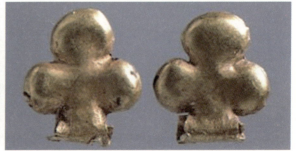

图5　金耳环　　　　　　　　　　　图6　金花饰

---

① 韩孔乐、韩兆民：《宁夏固原北魏墓清理简报》，《文物》，1984年第6期，第46-56、104-105页。

② 宁夏固原博物馆：《固原文物精品图集》（中册），银川：宁夏人民出版社，2012年。

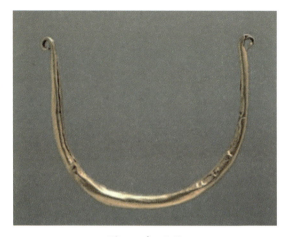

图 7　金项圈

图 8　鎏金铜棺环

图 9　鎏金铜辅首

（六）金项圈

1987年在宁夏固原县寨科乡李岔村北魏墓出土1件金项圈（图7）。宽12厘米，重43.2克。此项圈是用0.5毫米厚的金箔卷制而成，较粗，径0.9厘米，两端径0.2厘米。素面、空心、弯成"U"形，两端又各卷成径约0.3厘米的小圆环，制作工艺粗糙。

（七）鎏金铜棺环

1981年在宁夏固原县西郊乡雷祖庙村北魏墓[1]出土2件鎏金铜棺环（图8），铜环内径6.4厘米，环座直径14厘米。以八瓣莲花造型为底座，中间附圆形铜环，通体鎏金装饰。

（八）鎏金铜辅首

宁夏固原市原州区开城镇羊坊村北魏墓[2]出土2件鎏金铜辅首（图9）。长均为9.5厘米，宽均为9.4厘米。以八瓣莲花造型为底座，中间附圆形铜环，通体鎏金装饰。

二、北周时期墓葬出土的金银器

（一）鎏金银壶

1983年9月至12月，宁夏回族自治区博物馆和固原县文物工作站联合对固原县南郊乡深沟村的北周柱国大将军、大都督李贤夫妇合葬墓进行了发掘。[3]该墓葬出土舶来品鎏金银壶（图10）1件。壶体通高37.5厘米，最大腹径12.8厘米，重1.5公斤。长颈、鸭嘴状流，上腹细长，下腹圆鼓，单把，高圈足座。壶把两端铸两个兽头与壶身连接。把上方面向壶口处铸一深目高鼻、戴盔帽的人头像。颈、腹、底座边缘相连处各饰联珠纹一周。壶身腹部一周锤鍱出三组男女相对人物图像。从壶把左侧起，第一组为左侧男子发束带，身着短袖衣和短裤，足穿靴。右手拿盾牌，左手持短矛。右侧女子发束带，身着衣裙，披斗篷，转身回顾男子，左手上举一物，右手抬起，食指指向自己。第二组右侧男子身着短裙衣和短裤，披斗篷，足穿靴，左手持一物至胸间，右手持一物举至女子面前。女子发束带，披斗篷，身着衣裙，右手在腹前持一物，左手抬起，食指指向自己。第三组右侧男子头戴帽，肩披斗篷，赤身裸体，左手握住女子

① 宁夏固原博物馆：《固原北魏墓漆棺画》，银川：宁夏人民出版社，1988年。

② 宁夏固原博物馆：《固原文物精品图集》（中册），银川：宁夏人民出版社，2012年。

③ 宁夏回族自治区博物馆、宁夏固原博物馆：《宁夏固原北周李贤夫妇墓发掘简报》，《文物》，1985年第11期。

右腕，右手伸出二指托女子下颌。女子头发束带，身着衣裙，似披斗篷，左手放在抬起的右膝上。三组人物头发、衣纹用细线刻画，线条简洁流畅。壶腹下部用细线雕刻一周水波纹，水波纹中有两只怪兽相向追逐一条鱼，鱼尾甩出水面。

（二）嵌青金石金戒指

1983年在宁夏固原县南郊乡深沟村李贤夫妇合葬墓出土1件嵌青金石金戒指（图11）。最大外径2.4厘米，内径1.75厘米。环状，界面正中镶嵌一块圆形平面的蓝色青金石，石面上雕刻一人，双手持一弧形花环。

图10　鎏金银壶　　　　　　　　　图11　嵌青金石金戒指

（三）银筷子

1983年在宁夏固原县南郊乡深沟村李贤夫妇合葬墓出土1双银筷子（图12），长均为9.2厘米。剖面圆形，两头细，中间略粗。

（四）银镊子（图13）

1983年在宁夏固原县南郊乡深沟村李贤夫妇合葬墓出土。长7.1厘米。上窄下宽，柄端有一环。镊身中部饰有一环，镊面两侧饰有简单图案。

图12　银筷子　　　　　　　　　　图13　银镊子

（五）金币

1996年，由宁夏固原博物馆、宁夏文物考古研究所、北京大学、共立女子大学（日本）、滋贺县立大学组成原州联合考古队，对位于固原市西郊乡大堡村的田弘夫妇合葬墓进行了考古发掘。田弘是北周柱国大将军、原州刺史,卒于北周保定五年(565年)。在《北史》《周史》上均有记载。墓葬坐北朝南,斜坡墓道,全长50米,由墓道、五个天井、四个过洞、甬道和墓室组成。该墓时代明确,墓室结构完整,墓内尚存壁画,出土金银器、铁器、陶器、玉器、云母、玻璃器、水晶、漆器、墓志等上百件文物,墓中还出土了5枚东罗马金币,为四个不同历史时期,引起了国内外许多专家的关注。[①]

第一枚金币,经考证为东罗马皇帝列奥一世金币(Leo I, the Thracian, 457—474年在位)[②],见图14。金币直径1.54厘米,重2.6克,边缘被剪,左右各有2个小孔。金币的正面和反面打押相反。金币正面是皇帝半身像,头稍向左偏。头戴联珠纹王冠,面部磨损较重,只有眉目大体轮廓。右耳边有两条飘带,下有一束卷发。右手执矛,矛尖露于左耳际。身穿铠甲,轮廓由联珠纹组成。周边有一圈字母铭文:DNLEOPE/RPETAV□。即:DN(Dominus Noster,我们的主宰),LEO(Leo I,列奥一世),PERPETAV□(perpetuus Augustorum,永远的皇帝)。金币背面是一个胜利女神全身像,图像有磨损,侧身伫立,身穿裙装,右手执长柄十字架,左臂垂落,臂边有与身体差不多高的翼装物。币周边铭文为:VICTORI/AAVCCCI/CON□□。即:VICTOR(胜利),AAVCCC(永远的皇帝),I(发行所记号),CON(君士坦丁堡)。

图14　列奥一世金币(457—474年在位)

第二枚金币,经考证为东罗马皇帝查士丁一世金币(Justin I,518—527年在位)[③],见图15。金币直径1.67厘米,重2.9克,币面上有3个小孔。金币已剪边。金币正面是皇帝半身像,头稍向左偏。头戴联珠纹王冠,面部轮廓清晰。右手执一标枪(较矛为短),扛在右肩上,枪端露于左侧鬓边,身穿铠甲。周边有部分字母铭文:DNIVS□□。即:DN(Dominus Noster,我们的主宰),IVS□□(Justin I,查士丁一世)。金币的背面为生有双翼的天使立像,鼻高口阔似为男子,头戴冠、身着袍,身体向右侧立。右手执长柄十字架,十字架中部旁铸一颗八芒星。金币背面周边有一圈字母铭文:VICTO□□(胜利),AAVCCC(永远的皇帝),I(发行所记号),CO□(君士坦丁堡)。

图15　查士丁一世金币(518—527年在位)

第三枚金币,经考证为东罗马皇帝查士丁尼一世摄政期(Justinian I, the Great, co-regent, 527年)的查士丁—查士丁尼共治金币[④],见图16。金币直径1.62厘米,重3.3克,币面上有3个小孔,金币的边缘被剪。金币的正面是两个并肩坐着的皇帝,均头戴皇冠,身穿长袍,头部有光环,左手捧一球形物。两人中间有一个十字架。金币的周边有一圈字母铭文:□□□□STINCTIVSTINAN/PPAVC/CONOB。即:□□STIN(Justin I,查士丁一世),C(co-

① 原州联合考古队:《北周田弘墓》,北京:文物出版社,2009年。

②③④ 宁夏固原博物馆:《固原文物精品图集》(中册),银川:宁夏人民出版社,2012年。

图16　查士丁尼一世摄政期(527年)的
查士丁—查士丁尼共治金币

图17　查士丁尼一世摄政期(527年)的
查士丁—查士丁尼共治金币

regent，共同摄政)、TIVSTINIAN(Justinian I，查士丁尼一世)、PPAVC(perpetuus Augustorum，永远的皇帝)、CON(君士坦丁堡)、OB(印记)。金币的背面是胜利女神，头戴王冠，身穿长袍，右手持十字形权杖，左手托一十字架，背有双翼。周边的字母铭文为：AAVCCC(永远的皇帝)、S(发行所记号)、CON(君士坦丁堡)、OB(印记)。

第四枚金币，经考证为东罗马皇帝查士丁尼一世摄政期(Justinian I, the Great, co-regent，527年)的查士丁—查士丁尼共治金币[1]，见图17。金币直径1.62厘米，重2.6克，币面左右有两个对称小孔，金币的边缘被剪。金币的正面是两个并肩坐着的皇帝，均头戴皇冠，身穿长袍，头部有光环，两人左手均捧一球形物。两人中间有一个十字架。金币的周边有一圈字母铭文：DNIVS□□□□□□VS/□INIANVSPPAVG/CONOB。即：DN(Dominus Noster，我们的主宰)、IVS□□□□(Justin I，查士丁一世)、□VS□INIANVS(Justinian I，查士丁尼一世)、PPAVG(perpetuus Augustorum，永远的皇帝)、I(发行所记号)、CON(君士坦丁堡)、OB(印记)。金币的背面是胜利女神，头戴王冠，身穿长袍，右手持十字形权杖，左手托一十字架，背有双翼。周边的字母铭文为：AAVCCC(永远的皇帝)、I(发行所记号)、CON(君士坦丁堡)、OB(印记)。

相同时期的金币也曾在河北赞皇墓出土。[2]罗马史上，曾出现多个皇帝共治时期。如公元161年奥理略(Aurelius，161—180)命其弟微剌斯(Verus)与他共同统治帝国。后来经过戴克里先(Diocletianus，284—305)的改革，数帝共治的体制以法律的方式确定下来。但是，皇帝虽然不止一个，国家却是单一的。分疆而治，为的是更有效地对这个领土辽阔的帝国进行统治。公元395年罗马皇帝狄奥多西正是本着这个目的，在他逝世以前，先后任命他的两个儿子分别担任东、西奥古斯都。因此在他死后出现的帝国分治，既非罗马史上特有的现象，也未改变帝国仍为一个整体的性质。此后，罗马帝国的皇帝们，为了巩固这种二帝共治的体制，明确规定：凡是一方新选的皇帝，一定要得到另一方的皇帝的承认，帝国东、西两地的法典通用，由双方共同颁布并执行。[3]

---

① 宁夏固原博物馆：《固原文物精品图集》(中册)，银川：宁夏人民出版社，2012年。

② 夏鼐：《赞皇李希宗墓出土的拜占庭金币》，《考古》，1977年第6期，第403—404页。

③ 余迺康：《罗马帝国分裂说与西罗马帝国灭亡说辨》，《史学月刊》，1985年第4期，第87—93页。

第五枚金币，经考证为东罗马皇帝查士丁尼一世大帝（Justinian I，the Great，527—565年在位）时期的金币，见图18。金币直径1.65厘米，重2.5克，金币的边缘被剪。金币正面的皇帝头像，头戴皇冠，耳周有吊饰，身穿交领铠甲，右手持一十字架。金币周边有一圈字母铭文：DNIVSTINI/ANVSPPAVI。即：DN（Dominus Noster，我们的主宰），IVSTINIANVS（Justinian I，查士丁尼一世），PPAVI（perpetuus Augustorum，永远的皇帝）。金币的背面是胜利女神像，头戴王冠，王冠两头有吊饰，身穿长袍，右手持十字形权杖，左手托一十字架，背有双翼。周边的字母铭文为：AAVCCC（永远的皇帝），A（第一发行所记号），CON（君士坦丁堡），OB（印记）。

图18　查士丁尼一世大帝时期（527—565年在位）的金币

这几枚金币，从列奥一世、查士丁一世、查士丁一世—查士丁尼一世，再到查士丁尼一世，金币虽存在剪边、打孔现象，但金币图案精致，均为原始真币。墓葬中一次出土5枚东罗马金币，在目前的考古发现来看，是罕有的。

三、小结

固原地区出土的北周时期的金银器，文化元素丰富，既有特色鲜明的北方鲜卑文化，也有域外萨珊、罗马等文化。其以舶来品为主，这与固原是丝绸之路交通要道相关。例如北周李贤墓出土的鎏金银壶是一件具有萨珊风格的中亚巴克特利亚地区制造的酒具，壶上的三组人物故事内容取材于古希腊著名神话传说"帕里斯裁判"和"特洛伊战争"。壶把上的胡人形象与萨珊波斯人形象不同，属于中亚巴克特利亚人。在东西方文化交流中，堪称艺术精品，无论其工艺水准，还是图案内容，在世界现存的萨珊银器中，都绝无仅有。鎏金银壶通过丝绸之路流入我国境内，无疑是波斯萨珊系列的金银器在我国的重大发现，同时也反映出丝绸之路的畅通和中西文化交流的兴盛。

中华民族共同体视域下的文化认同

——以固原地区北朝时期葬俗研究为例

母雅妮　禹　凤

（宁夏固原博物馆）

一部中国史，就是一部各民族交融汇聚成多元一体中华民族的历史，就是各民族共同缔造、发展、巩固统一的伟大祖国的历史。北朝时期的固原依旧是丝绸之路上的重要枢纽所在，这一时期各游牧民族纷纷内迁，各少数民族文化在这里兼并交融又各自传播，这里成为经济文化的交汇点和中转站，各种文化在这里异常繁荣。这对固原地区北朝时期的葬俗葬制产生重大影响，墓葬形制较之前发生了很大的变化，尤其墓葬装饰和随葬牛车及俑群的出现令人瞩目。笔者从中华民族共同体的角度，以固原出土的五座北朝墓葬为例，通过简述固原地区这一时期的墓葬形制及其葬俗葬具，实证北朝时期各民族交流、交往、交融。

一、固原地区北朝墓葬的位置分布

图1　固原发掘的北朝墓葬地理位置

固原自古就是西北重镇，既可抵抗外侵又可辐射中原，从秦汉的"高平城"到北魏时期的"国之藩屏"①，再到北周时期的"高平霸业所基"②，都体现了固原重要的地理位置。这种特殊的地理位置造就了经济文化的大融合，遍布地下的墓葬就是历史文化的见证。

在固原地区发掘的北魏墓葬主要有北魏漆棺画墓、彭阳县新集北魏墓、海子塬北魏墓、三营北魏墓和寨科北魏墓（图1），这些墓葬以固原北魏漆棺画墓为中心，分布在固原的周围。北周墓葬主要有李贤、田弘墓、宇文猛墓，这三座墓葬在东西一线并列，自李贤墓到宇文猛墓有1.72公里，宇文猛墓到田弘墓有0.67公里。这三座墓的下葬时间分别是，宇文猛墓为公元565年③，李贤墓为公元569年，田弘墓为公元575年，历时三个朝代的文化融合，墓葬形制已较为稳定，从北魏、北周所沿袭和发展的墓葬形制，深深影响着隋

---

① 罗振玉：《芒洛冢墓遗文四编卷一》，《于景墓志》，云窗业刊本。

② 宁夏固原博物馆：《固原北魏漆棺画》，银川：宁夏人民出版社，2002年。

③ 罗丰：第一章"地理位置与环境"，引自《唐史道洛墓报告书——原州联合考古队发掘调查报告1》，东京：勉诚出版，1999年。

唐时期的墓葬形制。

二、固原地区北魏时期的葬俗葬制

（一）固原北魏漆棺画墓[①]

1973年夏，铁路部门勘探时发现一座古墓。1981年10月下旬至11月中旬，对此墓进行了清理。此墓位于固原城东清水河东岸的雷祖庙村附近，距县城约2.5公里。

此墓由斜坡墓道、甬道、墓室组成（图2）。墓道正西向，长16米、上宽1.5米、下宽2米，墓室距地表深9.7米。甬道长2.9米、高1.45米、宽1.06米，券顶略有塌陷。墓室方形，叠涩穹隆顶。此墓为夫妇合葬墓，木棺头南足北置放，男性居左，女性居右，葬式均仰身直肢头向南偏西5°。

女性棺木无髹漆，只有散置的鎏金铜环及环座。男主人棺具为漆棺，其上绘有精美的漆画，漆皮已脱落混杂在一起。前挡、棺盖、侧板的漆画部分留存，足挡部分则被钻机打掉。随葬品大都集中在墓主人身边。

（二）彭阳县新集北魏墓[②]

1984年3月，对彭阳县（当时属固原县辖）西南的新集乡石洼村发现的两座古墓进行了发掘。墓葬地处山坡中央，坐北朝南，两墓封土东西间距约为8米。西侧的编号为M1，东侧的编号为M2。

M1全长44.76米，由封土、墓道、过洞、天井、甬道和墓室六部分组成（图3）。封土周长69米、残高6.2米。铲去封土，其下为一长方形土圹，长1米、宽6.48米、深1米（图4）。

土圹后端为一长方形土筑房屋模型（图5），长4.84米、宽2.9米，由于依地势高低而筑，其底部呈斜坡状，前高后低。模型内部为黑褐色土夯筑，土质较松软，接近表层时用黄土加白灰夯筑，土质较为坚硬，模型顶部及正面涂一层白灰。顶部为两面坡式，两坡各

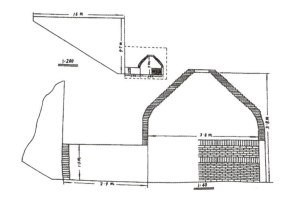

图2　固原北魏漆棺画墓剖面图

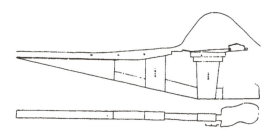

图3　彭阳县新集北魏墓剖面图

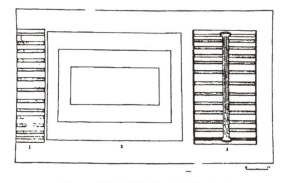

图4　彭阳县新集北魏墓土圹

图5　墓葬中土筑房屋模型

---

① 韩孔乐、韩兆民：《宁夏固原北魏墓清理简报》，《文物》，1984年第6期。

② 固原县文物工作站：《彭阳新集北魏墓》，《文物》，1988年第9期。

有13条瓦垄，最左侧的瓦垄为双层，类似砖砌。正脊仿砖砌，中央略低，两边略翘起，两端置鸱尾。正面刻出门和直棂窗。门在中部，高0.58米、宽0.7米。左扇关闭，右扇半开，边上有宽约0.1米的门框，上有门额，门框两角向上挑起。门及框均涂朱红彩，门左右各有一直棂窗，长0.4米、宽0.16米，门框四角向外突出呈放射状，两窗各竖四根剖面呈三角形的直棂。房檐下出14根挑檐枋，上承替木托星顶。整个模型似先夯成长方形，然后别刻而成。

墓道长18米、宽2.2米，方向185°，呈斜坡状，坡度17°，南口距地表深1—1.2米。墓道上宽下窄，向北连接第一过洞。第一过洞呈长方形，第二过洞因有盗洞，已塌毁。封门原用土坯，可能由于早年被盗，发掘时仅在地表看到平砌的残坯。

墓室顶部已全部塌毁，现存墓室呈狭长条形，两头宽中间窄，南北长6.6米。墓室中无明显的葬具痕迹，仅在淤土中发现若干很小的残骨碎片及铁钉。现存随葬品多置于墓室中，东边紧靠墓室南壁的是一排武士俑，之后接近东壁的是文吏俑、女侍俑等，这些俑间距较小。前有一排风帽俑，间距较大，风帽俑前是甲骑具装俑，后有两辆陶牛车。西边的陶俑与东边的组合大致相同，但在靠近南壁处及其前部有陶牲畜、陶模型(仓、碓、灶、磨、井)、陶盆、陶罐等。墓室前部中央放置乐俑及陶乐器模型。

M2，位于M1东侧，由封土、墓道、过洞、天井、墓室五部分组成。封土周长66米、残高5.4米。墓道上口长方形，方向184°，墓道长38.5米、底宽2.2米，为13°斜坡。第一过洞中掩埋一马，骨架较完整，头北足东。第二过洞顶部有一盗洞。由于墓室塌毁，甬道已看不出痕迹。墓室平面略呈梯形，南北长2.6米、东西宽4—4.7米。墓室中只有几件零星物品及陶器残片。

三、固原地区北周时期的葬俗葬制

(一)李贤夫妇合葬墓[①]

1983年9—12月，宁夏博物馆和固原县文物工作站联合对固原县南郊乡深沟村的北周柱国大将军大都督李贤夫妇合葬墓进行了发掘。

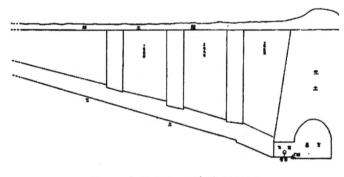

图6　李贤夫妇合葬墓剖面图

墓葬由封土堆、墓道、天井、过洞、甬道、墓室等组成，墓向175°(图6)。封土堆现存底径12.5米、高5米，顶部呈不规则的圆形。墓道在封土堆南侧，斜坡墓道，坡度为20°。墓道有三个天井，间距1.8米。三个过洞均比墓道、天井窄小。第三天井的北端与甬道相接。甬道长2.2米、宽1.35米，券顶高1.55米，甬道后半部及东壁塌毁严重。

墓室为土洞形式，平面近似正方形，东西长4米、南北宽3.85米，顶部因早年塌方，形状不明。墓门在南壁中间，稍向外凸。人骨架腐朽散乱，葬具均在墓室西部。女性居西，葬具仅有一棺，棺四角镶有铜算孔铺首衔环。男性居东，葬具为一棺，四角有四个大铁环。棺椁之间有0.1—0.15米的空隙。棺外似经

---

① 宁夏回族自治区博物馆、宁夏固原博物馆：《宁夏固原北周李贤夫妇墓发掘简报》，《考古》，1985年第11期。

髹漆，残存有红、绿颜色的漆皮。棺内底部有5—8厘米厚的木炭灰一层。棺下用6根半圆形的横木支垫，间距12—35厘米不等。在距墓底1.8米高度的西北角扰土上清理出头骨一个，经鉴定为男性，年龄在55岁左右。其他骨骼分散于墓室各处。从葬具放置的位置判断，墓主人头向南方。

此墓的墓道、过洞、天井、甬道、墓室等处都绘有壁画，现存较好的有23幅。此墓早年被盗掘扰乱，现存随葬品从甬道门根处开始，左右各放置一件独角镇墓兽。其后各置镇墓武士俑一件，以后依次排列具装甲骑俑、风帽俑、武官俑、女官俑、文吏俑各一排，骑马俑两排，间置男胡俑、女侍俑。在甬道口发现散置的墓志两盒，墓室东南角主要放置陶制的井、磨、灶、碓、鸡、马、骆驼等。西南角放置陶制的盆、钵、罐、马、牛等。在墓室西壁下部与女棺之间，全部随葬品共计300余件。

（二）宇文猛墓①

1993年5—8月，宁夏回族自治区文物考古研究所固原工作站对固原县南郊乡王涝坝村的一座古墓进行了发掘。经发掘清理得知此墓为北周大将军、大都督宇文猛的墓葬。

墓葬由封土堆、墓道、天井、过洞、甬道、墓室等几部分组成（图7），全长53米，墓向192°。夯筑封土堆顶部呈馒头形。墓道在封土堆南侧，斜坡墓道，坡度为19.8°。墓道上有五个天井，五号天井北端与甬道连接，甬道口用四层长条砖横竖错缝封堵，与墓室地面平齐。

墓室为土洞式，平面呈方形，顶部形状不明，墓门在南壁中间，墓室靠西北壁用长条单砖错缝平铺成长方形棺床，葬具为一棺一椁。椁的四角除东南角没发现大棺环外，其余三角均有大棺环，棺椁间距有15—18厘米的空隙，棺长2.2米、前宽0.9米、后宽0.65米，板厚约15厘米，棺外经髹漆，残存有金黄色漆皮。墓室进水，人骨架受生石灰腐朽严重。根据葬具的位置为东西向，判断墓主人头向西方。

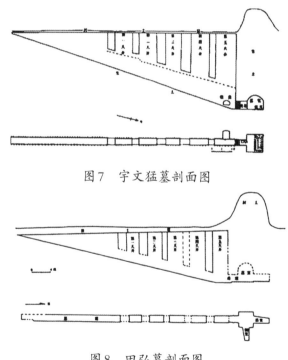

图7 宇文猛墓剖面图

图8 田弘墓剖面图

在墓道、过洞、天井、甬道、墓室等处均绘制有壁画，在第五号天井和甬道口南侧发现不完整马骨一具。甬道西侧和墓门口散置墓志一盒，墓室的东南角出土有彩绘陶俑，及陶制的鸡、狗、马、骆驼、磨、灶、井、碓、鸡舍等，墓葬中出土遗物100余件。

（三）田弘墓②

1996年5—7月，中日联合考古队在固原南郊发掘北周大司空、少帅、柱国大将军田弘墓。

墓葬由封土、墓道、天井、过洞、甬道、墓室等组成（图8）。墓葬封土残，墓道斜坡，全长45.3米，坡

① 宁夏文物考古所固原工作站：《固原北周宇文猛墓发掘简报》，《宁夏考古文集》，银川：宁夏人民出版社，1994年。
② 原州联合考古队：《北周田弘墓》，北京：文物出版社，2009年。

度12°,斜坡坡面平整,土质相对较硬。共有五个天井,其平面皆呈长方形。在第五天井底部出土的遗物主要有陶器(罐、盆等)、陶模型(镇墓兽、鸡、狗等)、玉器(璜、环等)、残玻璃器、铜器、铁器、云母片、木器、漆器、泥器、砖、人的头骨以及其他骨骼、动物骨骼等,数量非常多。过洞位于天井与天井之间,过洞与天井的连接处均呈曲折状,每个过洞的长度和宽度大致相同,宽度比天井、墓道要窄。甬道位于第五天井和墓门之间,顶部已坍塌。

墓室由主室、后室、侧室三部分组成,主室平面大致呈正方形,顶部坍塌,墓门居南壁中央。北壁后室门两侧各有一组侍卫图,西南角随葬陶器十余件,有罐、盆等,器内盛装糜子等粮食,地面上散置零星遗物,西南角放置棺木一具,为夫人棺。棺内随葬玻璃珠、泥珠、五铢钱和布泉等。棺西南侧有一具狗骨架。田弘棺为双重木棺,榫卯结构,平面大致呈梯形,靠近门口的棺头大,内侧棺尾小。棺盖残朽,散落于棺内。棺内人骨架已被扰动,但基本保持原位。葬式为仰身直肢,头朝南向。

四、中华民族共同体视域下固原地区北朝时期葬俗葬制的文化认同

宁夏南部的固原是关陇集团及北朝时期重要的统治地区,虽然目前所发现的北朝墓葬较少,但从墓葬形制或是出土文物都可以看出,当时的少数民族与汉族没有太大的区别,少数民族的习俗文化已经一定程度汉化。

其一,汉代流行“事死如事生”的丧葬观念,墓室也日益居室化,世俗信仰的阴间观念得到了加强,阴宅即死人之宅院的观念被民众普遍认同。多天井的墓葬,便是这种思想的延续。固原北朝墓葬在形制上较统一,以带天井长斜坡墓道、多天井的土洞墓为主,另有个别砖室墓、土坑墓。汉魏时期的墓葬,多模仿墓主人生前的居所,意在使墓葬成为死者灵魂饮食起居之所。固原市彭阳县新集M1北朝墓葬封土下有个土筑房屋模型(图5),出土时,发现被安置在过洞上方与地面平行处,这应当是在模拟门楼,它与后面的房屋模型之间又为一天井,这样整个形制构成了一座完整的庭院。可见汉文化对少数民族文化的影响。

固原北朝墓葬形制上封土高大,墓道比前代加长加宽,封土及墓道内填土再经夯打。同时又有了一些新的变化,如甬道内出现壁龛;墓室一改汉魏以来用砖拱券,而为土洞式,不设石门。这种由北魏时期以方形直壁墓为主,到东魏、西魏、北齐、北周时期以弧方形墓为主的变化[1],反映了民族文化相互融合的趋势,也正是少数民族文化受到中原汉文化的影响,并与其相互融合的有力说明。

其二,厚葬不仅仅是多陪葬金银珠宝,更多的是将墓主人生前所用之物一应陪葬,真正做到“事死如事生”,因此随葬品也因墓主人身份高低有着很大差别。从固原地区北朝时期墓葬出土文物可见,汉魏时期厚葬遗风仍然存在,宁夏固原博物馆收藏的三件国宝级文物,都是北朝时期的。

西汉以来墓葬中出土的帛画、壁画上的主要人物多为墓主人的形象,固原北朝墓葬出土的漆棺上所绘的彩色漆画,很有可能是墓主人夫妇。漆画上绘的鸟形受到汉代凤鸟纹的影响。棺前挡板上的漆画人物应为墓主人的侍从,其穿着夹领小袖的鲜卑服装。棺侧板主要描绘汉民族的传统故事——孝子故事,可见汉文化的影响之深远。

---

[1]　黄河舟:《浅析北朝墓葬形制》,《文博》,1985年第3期。

固原三座北周墓葬的墓室中都绘有壁画，这些壁画不仅融合了少数民族人物形象的特点，还是在中国本土化环境中发展的产物，继承了汉代壁画收放自如、色彩饱满的特点。这是中原汉墓的丧葬习俗，可见中原文化对少数民族葬俗习俗的影响。

固原北朝墓葬中有大量的随葬陶俑，包括镇墓俑、出行仪仗、侍仆舞乐、庖厨操作，都是泥质模制而成，烧制出红、灰陶，再施以彩绘，人俑通体实心，背面扁平，骑马人物俑全无板形座。部分陶俑从面貌特征和衣着上看，少数民族特征明显，显然与当时在固原地区的少数民族有密切联系，反映出各民族大融合的历史进程。

固原地区北朝墓葬中的丧葬习俗展现了固原地区各个民族的交往，是中华民族多元一体格局的缩影，生动体现了各民族共同开拓了辽阔疆域、共同书写了悠久历史、共同创造了灿烂文化、共同培育了伟大的民族精神，结成了你中有我、我中有你的密切关系。

英雄不论来路

——北周时期原州"三将"姓氏问题探讨

苏银梅

（宁夏固原博物馆）

一、李贤姓氏归属问题

1983年宁夏固原南郊乡深沟村李贤夫妇墓出土的李贤墓志铭有载："公讳贤，字贤和，原州平高人。本姓李，汉将陵之后也。十世祖俟地归，聪明仁智，有则哲之。监知魏圣帝齐圣广渊，奄有天下，乃率诸国定扶戴之议，凿石开路，南越阴山，竭手爪之功，成股肱之任，建国擒拨①，因以为氏。公即平凉府君之孙，司空公原州史君之子。"②

李贤墓志这段文字提供了李贤姓氏来源的三条信息。第一条信息明确告知李贤为汉代将军李陵的后人。第二条信息提到李贤的十世祖俟地归。

对于这两条资料，发掘者和有关专家都做过考证。③李贤后人把李贤说成是汉将李陵的后代其实是附会之说。第二条信息经考证认为其先祖为东来的鲜卑人，为建国功臣，因以为氏。擒拨为鲜卑人姓氏，也不为鲜卑人独有，《姓氏考略》载，西魏赐李穆为擒拨氏，为汉李姓所改。④李贤因军功被建国者拓跋氏赐姓，其妻吴辉也因与皇室家族（抚养皇子）关系密切被赐姓宇文氏⑤，看来，赐姓为当时的一种风尚，是皇室给有功于朝廷者的最高荣誉。

然而，大家却忽略了一条重要的信息："公即平凉府君之孙，司空公原州史君之子"。墓志中的第三条信息之所以被发掘者与其他专家学者忽视，情有可原。固原史姓家族墓虽然比李贤夫妇墓发现早一年⑥，而墓志资料公布较晚。如今，固原及西安史姓族人墓的相继出土，为我们以新的视角考证李贤墓志资料提供了可能。

平凉为秦泾阳县，前秦置平凉郡，苻坚欲讨平前凉，故名平凉。北周改置平凉县。

"司空"的尊称见《尚书大传》："天子三公，一曰司徒公，二曰司马公，三曰司空公。"司空是中国古

---

① 拓跋。

② 宁夏回族自治区博物馆、宁夏固原博物馆：《宁夏固原北周李贤夫妇墓发掘简报》，《文物》，1985年第11期，第19页。

③ 杜玉冰、何继英：《有关李贤的几个问题》，《宁夏社会科学》，1984年第4期，第98-101页。

④ 李穆为李贤的二弟，也曾任原州刺史。

⑤ 见李贤墓志正文第6行。宁夏固原博物馆：《固原历代碑刻选编》，银川：宁夏人民出版社，2010年，第74页。

⑥ 1982年首先发掘史道德墓。

代官名。少皞部落以鸣鸠氏为司空，主管土木建设、水利建设之事。

志文："公即平凉府君之孙，司空公原州史君之子"。

第一个"公"应该指李贤本人，那么，司空公原州"史君"又是谁呢？让我们翻阅2004年陕西西安发现的北周史君，二者有无关系？[①]史君墓椁刻两种文字，汉语和粟特语，言史君"史国人也，本居西土……迁居长安……授凉州萨保"，于"大象元年(579)下阙薨于家，年八十六。"

我曾经在一篇文章里探讨过隋史射勿先祖与西安北周史君之间的关系，认为他们同宗同祖，均为信仰祆教的粟特人。虽然不能得到绝对可信的结果，但这种认识也不是空穴来风或是牵强附会。

梳理观察专家学者研究粟特人聚落以及他们迁徙活动的路线，北魏至隋唐时期，粟特人的足迹遍及大半个中国。而在河西，今宁夏南部原州、北部灵州、甘肃平凉、陕西西安一带活动最为频繁。

李贤"启土[②]宇于河西""瓜[③]竹敦煌"。作为北魏、西魏、北周三朝元老，他的活动轨迹主要在丝绸之路东段北道原州至凉州一带。

平凉府君，即李贤的爷爷，我们无从考证其人是谁，然李贤之父，是否就是西安市北周史君？

从地域上讲，李贤的爷爷曾任职平凉，父亲史君任职原州完全符合古代朝廷任命官员的需要。史君在原州任司空一职，殁于西安。营造水利官员一般懂风水，这也许是萨保官职必须掌握的知识。

从已经发现的粟特人石棺椁雕刻画面看，萨保负责祭祀任务。"史"字在甲骨文里表达的是一人手执三叉形器，可能是牙璋或象征权力的武器，有可能是史姓最早做的事，负责祭祀，后来发展演变为记事的史官。

从年龄上来分析。首先，史君与李贤为同一个时代，北周史君于公元579年去世，86岁，李贤公元569年去世，66岁，时间相距10年，而年龄相差整整20岁。古代男子成婚较早，史君20岁生李贤完全符合逻辑。

通过以上几方面材料的考证，我认为西安史君与李贤墓志里的史君为一人，即李贤的父亲。如此看来，李贤本姓史，与隋朝的史射勿以及唐朝的史姓家族有血缘关系。

二、宇文泰称田弘为"纥干弘"的历史背景

"大周少师柱国大将军雁门襄公"田弘墓志出土于1996年，地点是今原州区开城镇王涝坝村。志文记载"公讳弘，字广略，原州长城郡长城县人也。本姓田氏，七族之贵，起于沙麓之峁；五世其昌，基于凤凰之鷈。"该段铭文，从字面意义推测，田弘的先祖有可能是从今湖南长沙一带迁徙到北方的；又"沙麓"为古山名，在今河北省大名县境内。这种推测和说法是否准确，都不能否认其先祖非本地人的事实。

《宣统固原州志》里，庾信撰北周柱国大将军田弘神道碑文显示，梁大同三年(537)，田弘"转帅都督，进爵为公。十四年，授使持节、都督原州诸军事、原州刺史。""时从太祖战河桥，复弘农，解华山围。""太祖在同州，文武并集，号令云：'人人如纥干弘尽心，天下岂不是早定'。"

今考证，太祖应该指宇文泰，同州指今陕西渭南大荔县。田弘战功赫赫，颇受太祖赏识，于是不时

---

① 西安市文物保护考古所：《西安市北周史君石椁墓》，《考古》，2004年第7期。
② 原志似为"土"。
③ 原志似为"爪"。

· 257 ·

给他封官加爵，这都是论功行赏、情理之中的举措，我只是对西魏太祖称呼田弘"纥干弘"的做法有所疑惑。

无论田弘墓志铭文还是神道碑，都对田弘从北魏到北周时期的军功大加赞赏。如"永安中，从陇西王入征，即任都督。""永熙中，奉迎魏武帝迁都，封鹑阴县开国子""太祖文皇帝始用勤王之师，将有兵车之会。公于高平奉见，即陈当世之策。太祖喜云：'吾王陵来矣。'天水有大陇之功，华阴有小关之捷。"

当时，田弘为南北有名的将军，"又增封一千三百户。""侍从太祖平窦军、复恒①农、破沙苑、战河桥、经北芒……乃授使持节、车骑大将军、仪同三司。"溢美之词有"武安君来"，"长平侯战"。"魏前元年，迁骠骑大将军。""周朝受命，进爵雁门郡公，食邑通前三千七百户。""保定三年，都督岷兆二州五防诸军事、岷州刺史。"后又拜大将军，增邑千户。褒扬之词有"玉关西伐，独拜于卫青。函谷东归，先登于韩信。"

"天和六年（571），授柱国大将军。建德二年（573），拜大司空。""三年（574），授都督襄、郢、昌、丰、塘、蔡六州诸军事、襄州刺史。"溢美之词有"楚之上相""长沙太傅""伏波将军"。

北朝时期，国号频出，战乱不断，北方的游牧部族匈奴、鲜卑、羯、氐、羌先后建立政权，客观上促进了东西南北民族大交流、大融合，为隋朝建立、唐朝的繁荣奠定了基础。时事出英雄，田弘历经北魏、西魏、北周三朝，总在关键时刻建功立业，"公入仕四十五年，身经一百六战。"他的离世，让"天子举哀，三日废务，诏葬之仪，并极功臣之礼。"

田弘谥号曰"襄公"，襄指今湖北荆州，与其生前任襄、郢等地诸军事有关，而难以理解的是太祖宇文泰赐予他"纥干弘"的称号。"纥干"为复姓，北魏有纥干氏，代人，孝文改为干氏。

依本人多年读书所得知识考量，认为田弘是北方少数民族回纥人，纥干才是他的本姓，他因作战勇猛，忠实可靠，方被宇文泰冠以"纥干弘"的称号。回纥的一支韦纥曾生活在今新疆、甘肃、内蒙古一带。

三、宇文猛为朝廷赐姓

宇文猛墓志1993年出土于今原州区开城镇王涝坝村。志文中有一条朝廷为其赐姓的信息："宝历归周，以公先朝勋旧，赐姓宇文氏。"可见北周皇帝赏赐其皇家姓氏。自西魏建立，北方政权实际上掌控在以宇文泰为掌权者的宇文氏家族，宇文猛为西魏、北周宇文氏政权的建功者。这里的"先朝"应该指西魏，自此以后，北方鲜卑族拓跋氏建立的北魏政权被宇文氏所代替，即北周。

志文中没有提及宇文猛的真实姓名，只记载："公讳猛，字虎仁，平高人。其先帝颛顼之苗裔。""惟祖惟父，世为民酋。"

拓跋鲜卑发源地在今黑龙江省大兴安岭一带，1984年彭阳新集北魏墓出土的部分陶俑形神兼具东北"胡人"特征；1981年雷祖庙村发现的北魏漆棺画中人物虽然着鲜卑服装，但人物形象接近汉人。北魏百姓中不乏往来于东西南北的其他各族，在陶俑阵容里可以找到具体的例证。

彭阳新集石洼村北魏陶俑更接近于今东北的少数民族，而李贤、宇文猛墓一部分陶俑中西域种族

---

① 神道碑里为"弘"。

特征突出。以此推理，宇文猛当为西来的"胡人"，其祖父和父亲均为胡人酋长。

宇文猛被赐姓宇文氏之后，"改封槃头郡开国公，增邑一千户，通前二千九百户，即授左武伯。三年，转授左公伯，以公宗室勋旧，授汾州诸军事、汾州刺史。保定四年，以公秉德贞固……授大将军。"

后人评价宇文猛："公勇同卫霍，兵和孙吴。东西战敌，无阵不经。""保定五年，死于长安县鸿固里乡永贵里，亲朋号慕，朝野悛愕。皇上闻而悼焉。诏增原、盐、灵、会、交五州诸军事、原州刺史。"

乱世出英雄，莫问英雄来路。李贤、田弘、宇文猛三位大将都经历了北魏、西魏、北周三朝，在动荡时期建功立业，官职都做到柱国大将军、原州刺史。评价英雄人物，他们的种族、姓氏已经不那么重要，"改名易姓"让他们具备了皇族身份的同时给皇族脸上贴了一层金，也成为中华民族多元一体格局形成过程中的一种历史现象。

浅谈固原北朝墓葬乐器类遗存

武 瑛 李海平

（宁夏固原博物馆）

固原位于宁夏南部，北魏时期称高平，分属高平镇、秦州及泾州。北魏置县，西魏、北周沿用，北周、隋唐时期称之原州。固原自古就是军事重镇，北魏时期将高平视为河西要镇，加之固原作为丝绸之路东段北道的必经之地，涌入大量北方游牧民族，以及东西方往来商客，使这里的农牧经济和社会文化生活不断发展、繁荣。自1964年开始，固原发现多座北朝墓葬，考古出土的大量遗存是对这一时期繁荣和发达的见证。其中彭阳新集北魏墓、北周李贤夫妇墓、北周宇文猛墓，以及一些零星发现，从中出土了诸如各种乐俑、伎乐壁画、乐舞扁壶等大批乐器类遗存，这些弥足珍贵的考古资料亦是音乐艺术的实物见证。

一、固原地区考古发现的北朝时期墓葬乐器类遗存

（一）彭阳新集北魏墓乐俑及陶乐器模型

1984年发掘的两座彭阳新集北魏墓，M1墓中出土了150余件（组）彩绘陶俑，大部分为胡人形象。其中一组乐俑，有8件吹角俑、1件击鼓俑、1件持鼓俑，还有1件击鼓俑、抚琴俑、吹竽俑无法复原，只遗留瑟、鼓、竽等红陶乐器模型。

（二）北周李贤墓吹奏骑俑、伎乐壁画

柱国大将军、大都督、原州刺史李贤夫妇合葬墓，1983年发掘于固原南郊乡深沟村。墓葬虽被盗掘，仍出土了大量随葬品。清理出225件陶俑，陶俑为青灰色陶，质地坚硬；俑头部和身体为半模一次成形，实心，背扁平；身体多施白色，服饰用红、紫、白、黑等色彩绘，人物面部表情呆板。其中有9件吹奏骑俑，头戴风帽，着长衣，骑于鞌鞍俱备的马上，或手握排箫，或持长笛，或持乐器搭嘴做吹奏状。同时发现保存较好的壁画23幅，其中墓室南壁东端绘一伎乐女工，高发髻，眉目清秀，长颈，身着宽袖衫，腰束带，右侧画一鼓，双手执槌击鼓，头偏转向左，神情自若；墓室东壁南端一伎乐女工残留部分躯体，着长裙，腰束带，腰前挂一细腰鼓，左手拍击鼓面。

（三）北周宇文猛墓吹奏乐俑

1993年于固原南郊王涝坝村发掘的北周宇文猛墓，出土80余件陶俑，色彩鲜艳，头和身为半模一次制成，俑体实心，背部扁平，烧成后涂以彩绘，再用黑色画出眉、目、鼻、口及服饰衣纹等。造型、组合都与同一时期北周李贤墓出土的俑接近，除色彩有些不同，形体普遍比李贤墓出土的大。其中有3件吹奏女骑俑，头戴黑色笼冠，身着红色宽袖长衣，长至脚上，足穿黑靴。双臂屈至胸前，双手握排箫骑在马

上做吹奏状。圆脸，面部丰满，面部及手施粉彩，眼、眉施黑彩，口涂红彩。马匹通体施朱红色，辔鞍俱备，鞍涂黑色，马辔头、马鬃毛等用黑线条画出。

（四）北周绿釉扁壶

固原西北农耕博物馆馆藏北周时期绿釉扁壶（图1），1986年在固原县粮食局宿舍挖地基时发现。残高11厘米，腹宽9.3厘米。壶体为扁圆状，圈足，上窄下宽，两肩各有一系，口部和一系有残缺，通体施绿釉。扁腹两侧收起成脊，壶腹两面有对称的浮雕纹饰。边缘饰一圈联珠纹，联珠纹内侧还有莲花瓣样的纹饰环绕。浮雕一组深目高鼻、身穿胡服的人在乐舞，外围四人分别跪踞在莲花台上演奏乐器，中间三人翩翩起舞。外围四人手持乐器作演奏状。其中，左上方一人两手持长笛，好似在吹奏；左下方一人，倒抱琵琶伴奏；右上方一人，手握乐器；右下方一人，两手抱弹箜篌。马东海《固原出土绿釉乐舞扁壶》、马建军《浮雕西域乐舞的釉陶扁壶》两篇文章提出右上方人物双手击钹，何明霞《北周绿釉扁壶上的乐舞者——丝绸之路上的乐舞文化》一文中说右上方人物手握排箫，因实物中该部分有残缺，还待继续考证。

图1　北周绿釉扁壶

二、固原地区墓葬乐器类遗存的分类

固原地区墓葬出土的北朝乐器类遗存按照演奏方式主要分为吹奏乐器、打击乐器及弹拨乐器三类。

（一）吹奏乐器——角、竽、排箫、笛

角呈长条状，吹口处较宽，发声口较宽。角是一种最简单的原始乐器，最初取材于兽角，而后也有竹、木、革、铜等其他材质。角最早起源于西北少数民族，在外出打猎或举行祝祷活动时经常使用，它与当时人们的生产生活密切相关。在北朝时，角在鼓吹乐中使用广泛，角与鼓一起可作为表示等级礼仪的军乐，这种以鼓角为主的军乐，称为"鼓吹"。彭阳新集北魏墓吹角俑（图2），俑身首分制，套接成一

体。头戴冠，冠顶凸起，边沿上翻。面部涂粉，墨笔勾勒八字胡须。身着短袄、长裤。双手托一长角，面颊微鼓作张口吹奏状。角上粗下细，中空，两端施朱红色。

竽是一种古代簧管吹奏乐器，是乐队中的领奏和伴奏乐器，也可以合奏或独奏的演奏形式出现。竽和笙是同类的两种乐器，有其相似性，但形状、构造上又各有特点。《周礼·笙师》郑玄注："竽，三十六簧。笙，十三簧"。《吕览·仲夏》："竽，笙之大者"。《宋书·乐志》："宫管在中央，三十六簧曰竽；宫管在左旁，十九簧至十三簧曰笙；其它皆相似也"。可见其区别在于：竽大簧多，笙小簧少，宫管音位安排不同。春秋战国时期，竽和笙都是极为重要的吹奏乐器，在宫廷、贵族、市井中，竽流行非常广泛。到了汉代，仍非常流行。魏晋南北朝时期所说的笙，可能也包括竽在内。南北朝到隋唐时期，竽、笙这两种乐器虽仍同时存在并被普遍应用，但竽一般就只用于宫廷雅乐演奏，因此竽逐渐脱离了民间，被笙所替代。彭阳新集北魏墓出土的竽（图3），长12厘米。整体略呈扇形，竽嘴前伸，竽管上立，嘴、管之间不通气。虽吹竽俑无法复原，但对比其他乐俑的高度，竽的高度基本是乐俑的三分之一。刘晓伟在《北朝墓葬音乐文化研究》一文中提出这件乐器是笙，具体是竽还是笙还有待继续考证。

排箫，属多管组合类乐器，整体上由多管组合而成，吹奏不同管发出音调不同。《隋书·音乐志》《通典》等都有记载：排箫是由许多长短不同的竹管直排用绳编联制成的乐器。作为乐器，用于朝廷仪式典礼，但最多的还是用于贵族、百姓的社会日常生活中，既可以作为独奏乐器，也可用于各类歌舞演出的伴奏，同时它也被广泛用于军乐。《唐会要·北狄三国乐》："北狄乐，皆马上乐也。鼓吹本军旅之音。"北周李贤夫妇合葬墓出土的3件吹奏骑俑（图4），戴黑色风帽，着白色宽袖长衣，足穿黑靴。双手握排箫吹奏。面部及手施粉色。马垂首呈站立状，辔鞍俱备，马施白色，鞍涂朱红色。北周宇文猛墓出土的3件吹奏女骑俑（图5），戴黑色笼冠，着长至脚上的红色宽袖长衣，足穿黑靴。双臂屈至胸前，双手握排箫骑在马上做吹奏状。面部及手施粉彩，眼、眉施黑彩，口涂红彩。马施朱红色，辔鞍俱备，鞍涂黑色。北周绿釉扁壶，外围跪踞在莲花台上演奏乐器的四人中，右上方的人，双手握排箫，中间三人翩翩起舞。

笛，属单管状乐器，整体为一圆管状，有一个吹孔和数个按压孔，横向吹奏。笛多由天然的竹管制成，是吹奏乐器中的主要乐器。笛的音域非常宽，表现出来的声音特别明亮，因此乐队中使用横笛可增

图2　彭阳新集北魏墓吹角俑

图3　彭阳新集北魏墓竽模型

图4　北周李贤夫妇合葬墓出土的吹奏骑俑(排箫)　　　　图5　北周宇文猛墓出土的吹奏女骑俑

加音量，突出高音声部的听觉效果。最早记载于《晋书》卷三《乐志》。北周李贤夫妇合葬墓出土4件吹奏骑俑(图6)，戴白色风帽，内穿窄袖衫，外着白色开领宽袖长衣，面部施粉色；左手持长笛做吹奏状，右手前屈。马施白或红色，辔鞍俱备，鞍涂朱。北周绿釉扁壶，外围四人演奏乐器，左上方，两手持长笛，做吹奏状。

北周李贤夫妇合葬墓出土的另外4件吹奏骑俑(图7)，头戴黑色风帽，身穿大交领宽袖长衣，面及手施粉色。右手置于胸腹间，左手持乐器捂嘴做吹奏状。马施褐色或红色，辔鞍俱备。《宁夏固原北周李贤夫妇墓发掘简报》中指出该俑手握乐器做吹奏状，但未言明是什么乐器；在《北朝乐器的考古学观察》一文中，将俑吹奏的乐器归为埙。观其吹奏方法和乐器的体量，笔者也赞同该作者的观点。同时北周武帝孝陵出土的吹埙骑马俑(图8)，与李贤墓出土的这件骑马俑极为相似，但也有专家提出北周武帝孝陵出土的这件骑马俑吹奏的可能为哨。

埙是我国古老的陶质吹奏乐器之一，呈橄榄形、圆形、椭圆形、鱼形和平底卵形等，由陶土制成，有一个较大的吹孔，多在器身顶端；无音孔，或有一至多个音孔，位置各异。《周礼·春官·大师》所载"金、石、土、革、丝、木、匏、竹"八音中，土类以埙为重。在我国古代乐器发展史中，陶埙属"华夏旧器"，是先秦时期华夏民族所创造的乐器，历史悠远。周代建立礼乐制度，对于不同等级享有的乐队规模有严格要求。《周礼·春官》记载："正乐县之位：王，宫县；诸侯，轩县；卿大夫，判县；士，特县。"为王演奏的乐队编制和规模最为庞大，其队形是四面排列，然后逐级减少，士的乐队编制规模最小，只有一面排列。在这等级森严的礼乐中，"八音"之中，陶埙是乐队编制的常用乐器，充分体现出其作为乐器的音乐文化艺术功能。

图6 北周李贤夫妇
合葬墓出土的吹奏骑俑(笛)

图7　北周李贤夫妇合葬墓　　　　图8　北周武帝孝陵　　　　图9　彭阳新集北魏墓
　　　　出土的吹奏骑俑　　　　　　　出土的吹埙骑马俑　　　　　　出土的持鼓俑

（二）打击乐器——鼓

鼓作为一种打击乐器，其特点是将两块拉紧的膜覆于近圆桶形的鼓身之上，敲击或拍击发声，鼓的音色清脆、响亮，能够产生强烈的节奏感和动感，因此在很多艺术表现形式中都有广泛的应用，也可和各种乐器组合，形成独特的音乐风格。作为中华民族音乐文化的重要组成部分，鼓在北朝墓葬中也是较为常见的打击乐器。

固原出土的鼓主要有以下几种：

彭阳新集北魏墓持鼓俑（图9），左臂处有一与俑身连制、施红色的扁圆形鼓，手上伸，已残；右臂弯曲前伸，已残；推测俑手当与臂分制，持鼓俑将鼓夹于腋下，右手执桴击鼓。

彭阳新集北魏墓鼓模型，2件。一件稍大，鼓面圆形且平整，腹部圆凸，中起一脊绕鼓腹半周，中空，摇之有声（图10左）；另一件稍小，鼓面圆形且平整，腹部圆凸，腹中部有一带穿孔的耳，旁有一凹槽直至鼓内，中空（图10右）。鼓模型出土时为侧放，考古人员推测应是以绳系鼓中起脊处进行悬挂，击鼓俑以桴击鼓。大鼓高10厘米，对比击鼓俑39.3厘米的高度，鼓基本占人体比例的四分之一。

北周李贤墓墓室南壁东端绘的伎乐女工，人物右侧画一鼓，双手执槌击鼓，鼓中段损毁，无法确定鼓的形状和种类（图11左）；墓室东壁南端的伎乐女工残留部分躯体，腰前挂一细腰鼓，鼓形状似两碗底部相接，腰部纤细，人物左手拍击鼓面（图11右）。

图10　彭阳新集北魏墓出土的鼓模型

图11　北周李贤墓墓室南壁东端、
东壁南端伎乐女工

（三）弹拨乐器——瑟、琵琶、箜篌

瑟，是我国古代一种设有弦柱的拨奏弦鸣乐器，呈长方形。瑟的弦比琴多，古时常见有25弦、50弦，且每一弦对应一柱。瑟在南北朝时期常用于伴奏相和歌。彭阳新集北魏墓出土的瑟，面略拱，右侧横贯一条首岳，旁有八个弦孔；左侧有一条尾岳，也有八个弦孔，无弦枘。两端有首岳和尾岳，首岳较大，首岳、尾岳相通。可能是史籍中记载的"二岳式"瑟。

琵琶、箜篌作为西域传来之乐器，是胡人乐舞中最常用的两种乐器，其中以琵琶最为常见。

琵琶，是一种根据演奏手法而命名的乐器，手向前弹出叫"琵"，向后弹进的动作叫"琶"。根据弦轴的数量，有二弦、四弦和五弦，有曲项和直项之分。琵琶自西域传入中原后，北朝时期十分盛行，此时胡乐的东来对中原文化形成了极深远的影响，而琵琶作为胡乐的主要伴奏乐器有着不可替代的文化地位。

图12　彭阳新集北魏墓出土的瑟模型

箜篌（竖箜篌），整体近似弓形，多弦，竖立演奏。竖箜篌起源于波斯的竖琴，流行于萨珊时期，东汉时传入中原，为与中国传统箜篌相区别，以卧、竖分别命名。《通典》卷一四四《乐四》中对其有记载。箜篌在乐队演奏中使用非常广泛，不仅能演奏旋律，也能奏出和弦，因此可独奏亦可伴奏使用。

北周绿釉扁壶，壶面中间三人翩翩起舞，外围四人分别跪踞在莲花台上演奏乐器，其中左下方一人，倒抱琵琶在演奏；右下方一人，两手抱弹箜篌（图13）。

三、北朝时期固原地区乐器类文化的特点

北朝作为魏晋到隋唐的过渡时期，历经北魏、东魏、西魏、北齐、北周五个时期，是中国历史上民族大迁徙、大融合的非常重要的一段时期，大量西北方的少数民族开始向内地迁移，一些少数民族和西域外邦的乐器及艺人来到中国，多元文化不断交流与融合。北朝的音乐文化随着草原民族

图13　北周绿釉扁壶中琵琶和箜篌位置图

入主中原，带来了新的、活跃的、自由的音乐气息和氛围。这一时期音乐文化的发展打破了中原传统文化中以雅乐为主的音乐形式，西域乐器也在这一民族融合的时期进入中原，并择优而存。北朝统治阶级在积极接受汉文化的同时保留了西域特色的音乐艺术风格，新的艺术风貌呈现在中原大地上，为隋唐音乐的发展奠定了坚实基础。因此北朝音乐是汉、唐音乐变化的一个重要节点。

这一时期的乐俑、壁画、音乐图像因不同主题分为三类：表现墓主生前显赫地位、气派出行的仪仗鼓吹乐场景，表现墓主生前富贵享乐的宴饮乐场景，以及表现墓主希望死后升入天国仍能享受生前富贵欢乐这美好愿望的飞天伎乐类。其中的仪仗鼓吹是非常多见的题材，常用于出行仪仗、朝会宴享和

丧葬,也是作为一种身份地位的象征。

所谓"鼓吹"就是两汉魏晋时期的军乐队。"鼓吹"自汉代出现,经过不断扩充与变化,主要由吹奏类乐器与打击类乐器组成,演奏时或骑马鼓吹,或站立鼓吹。北朝拓跋鲜卑政权入主中原后继续沿用了这一音乐形式,且随着政权的巩固,鼓吹更成为一种权力的象征,北朝所出土的墓葬中多数都有击鼓、吹角的形象,可见鼓和角是鼓吹乐中极为重要的组成部分,因此反映到北朝墓葬出行仪仗中,鼓吹也是极其重要的存在。

从彭阳新集北魏墓M1的乐俑及遗留陶乐器模型来看,这组乐俑包括8件吹角俑、3件击鼓俑、1件抚瑟俑及1件吹竽俑,可以看出是站立鼓吹乐俑组合。而北周墓葬中出土的乐俑则多为骑马乐俑组合。除固原地区的李贤夫妇合葬墓、宇文猛墓,如北周武帝孝陵、宇文俭墓、王德衡墓、独孤宾墓2007×JGM10、叱罗协墓、莫仁相墓2009×BM21、独孤藏、西安南郊北魏北周M3等都出土有数量不等的骑马乐俑。

表1 固原地区仪仗鼓吹乐乐器类型

墓葬名称	鼓	角	笛	排箫	埙	瑟	竽	备注
彭阳新集北魏墓	3件	8件				1件	1件	立式鼓吹
北周李贤夫妇合葬墓			4件	1件	4件			骑马鼓吹
北周宇文猛墓			3件					骑马鼓吹

而关于宴饮场景的乐俑、乐器图像的发现,则体现出音乐与富贵的生活总是紧密相连的,只有帝王贵族和有地位的官员才有条件享受这些。北朝墓葬中的宴饮场景,打击类、吹奏类、弹拨类乐器皆有。较于仪仗鼓吹乐中打击类和吹奏类乐器的重要地位,宴饮乐场景中更注重打击、吹奏、弹拨这三大类乐器之间的均衡性,演奏时有独奏、群体演奏的形式,通常群体奏乐时为舞蹈伴奏,乐伎会和舞伎一起出现,构成了和谐而完整的表演场景。值得注意的是,不管是几人乐队,哪怕是一人独奏,都少不了琵琶,可见琵琶在当时的流行程度,反映了琵琶在北朝时期的盛行。

此外,在北魏初期的墓葬中多是以中原传统乐器为主,如彭阳新集北魏墓中奏乐俑手持乐器,包括扁圆腰鼓、角,陶模型有瑟、鼓,皆为中原传统乐器。而在此之后墓葬中外来元素乐器的数量开始有所增加,固原出土的北周时期文物中乐器增加了排箫、琵琶、笛、细腰鼓、竖箜篌、钹、埙以及舞者等,其中很多都是外来乐器。由此可见,自北魏初期以来外来乐器的使用有明显上升的趋势。

北朝音乐的发展有其特殊的政治背景和文化因素,它具有多民族特色的文化成分。战乱期间,民族间的迁徙、冲突,为北方各族各地区的文化传播交流提供了广阔的舞台,各族各地区互相学习交流、相互融合,为汉文化及各少数民族文化的多元发展开拓了空间。在民族大融合,努力吸收汉文化,进行自我文化改革的背景下,在胡汉文化此消彼长,相互碰撞、交融的过程中,北朝音乐文化也以相互吸收、多元发展为主,逐渐成长、壮大。可以说,这一时期东西南北各个少数民族的音乐文化,与中原先秦以来的传统音乐文化逐渐融为一体,形成具有北朝鲜明特征的乐舞文化,有着明显的"胡华并蓄"的特点,这种开阔的文化观,对唐代更为开放的文化观有着重要的传承作用。中国古代音乐文化开始迈入一个雅俗共赏、兼容并蓄、全面发展的新阶段。

参考文献：

[1]　罗丰.彭阳新集北魏墓[J].文物,1988(9).

[2]　宁夏回族自治区博物馆,宁夏固原博物馆.宁夏固原北周李贤夫妇墓发掘简报[J].文物,1985(11).

[3]　宁夏文物考古所固原工作站.固原北周宇文猛墓发掘简报[C].宁夏考古文集[M].银川:宁夏人民出版社,1994.

[4]　马建军.考古所见丝绸之路宁夏段上的乐舞艺术[J].宁夏社会科学,2015(3).

[5]　何明霞.北周绿釉扁壶上的乐舞者——丝绸之路上的乐舞文化[J].收藏与投资,2020,11(9).

[6]　董玥.北朝乐器的考古学观察[D].内蒙古大学2019年硕士学位论文.

[7]　刘晓伟.北朝墓葬音乐文化研究[D].中央民族大学2016年硕士学位论文.

固原地区北魏时期佛像雕塑艺术

——以宁夏固原博物馆庋藏佛像雕塑为例

徐 超

（宁夏固原博物馆）

一、佛教的产生以及北朝佛造像的流传

佛教产生于古印度的迦毗罗卫国（今尼泊尔境内），创始人为该国王子悉达多·乔答摩。因为他是释迦族人，故被信徒们称为"释迦牟尼"，意为释迦族圣人。

佛教自西向东传入中国，与丝绸之路有着密不可分的联系，这一过程通过两种方式实现，一是佛教徒直接带到内地；二是经过西域小国一步步传入。

到了魏晋南北朝时期，佛教在中国有了更加深入和广泛的传播。在此阶段，不同地区铸造的各种类型的铜佛造像供奉于佛寺或宫中，包括佛、弟子、菩萨、天王、力士、诸天等形象。在中国制作的佛像雕塑，已融入了儒家和道家思想，体现了中国文化的审美观，塑像所反映的艺术风格，具有中国特色。

二、北朝时期佛教在宁夏固原地区的传播

魏晋南北朝时期，宁夏地区战乱频繁，社会生活长期遭受破坏。据《魏书》记载："生民道尽，或死于干戈，或敝于饥馑，其幸而自存者盖十五焉。"在生活无望之中，人们产生了以精神信仰来慰藉心灵的需求。佛教的出现，满足了人们的精神寄托，也得到了封建统治阶级的认可，开始广泛传播。

北魏统一中国的北方，人民的生活得以安定，社会秩序日趋稳定。当时的宁夏地区，仍然是北魏防御柔然南下的边防重地。北魏在攻取宁夏后不久，于太延二年（436）设立高平（今固原）、薄骨律（今灵武西南）两个军镇，统治除今盐池县之外的宁夏地区，及甘肃、内蒙古的部分地区。

此时的宁夏地区社会环境相对稳定，经济得到了恢复和发展，民族间的交往不断加强，宁夏特别是固原地区作为东西方文化、经济往来的一个重要通道，佛教也借此机会，在本地区得到了发展。固原须弥山石窟，是佛教在本地区兴盛的历史见证。须弥山石窟位于固原西北大约55公里的须弥山东麓，其最早的洞窟开凿于北魏。须弥山石窟和敦煌石窟、云冈石窟、龙门石窟一样，是我国古代文化遗产的瑰宝，是全国重点文物保护单位。

三、宁夏地区北朝时期佛教历史遗存及类别

北朝佛教遗存以北魏时期为主。一为佛塔，这是一种源于古印度的佛教建筑，是佛教信众藏置佛祖的舍利遗物而建造的。如宁夏的海宝塔，据乾隆《宁夏府志》载其为"汉、晋间物"。二为石窟，原为佛教信众为纪念释迦牟尼和仿效释迦牟尼来"修行"而建的。这种佛教建筑传入我国后，与我国汉代以来流行的"石窟"建筑形式结合起来，成为我国的佛教建筑形式之一。如固原须弥山石窟。三为供奉于寺庙的佛、菩萨、供养弟子、飞天等造像，从造像的材质上看，可以分为铜和石两大类。

四、北朝时期固原地区佛教雕塑的艺术特点

北朝时期，宁夏地区为北魏所控，统治者对佛教大力推崇和信仰，当地佛教活动繁荣，兴建寺庙供奉佛像，此时期的佛教雕塑遗存很多，其艺术特点具有北朝佛教雕塑特征，材质上分为铜和石两类。

（一）菩萨造像（图1）

北魏（386—534），通高16.8厘米，1983年宁夏彭阳县城阳乡出土。宁夏固原博物馆收藏。

菩萨头戴三瓣宝冠，冠两旁的宝缯顺肩下垂，头微向前倾，眼帘下垂，胸饰项圈悬铃，佩戴璎珞于腹部、膝部、足部交叉。左臂持物下垂，右臂持物上举。跣足立于圆形台座上。桃形火焰纹背光顶端铸一小化佛。

此件雕塑身后大莲瓣形背光，火焰纹深刻有力，属早期观音像，这种样式的观音像在北魏太和年间非常流行。

图1　菩萨造像

（二）铜佛造像（图2）

北魏，通高14厘米，宽7厘米。1981年宁夏固原县新集乡出土，宁夏固原博物馆收藏。

正面中为释迦禅定像，高肉髻，外着右袒袈裟，内穿僧祇支，施禅定印，结跏趺坐于长方榻上。佛有背光三层，从内向外，第一层为复瓣莲花，中层为九尊带有背光的小坐佛，外层为火焰纹。佛的下部两侧雕有二菩萨。背部分两层雕刻成不同内容，上层铸一庑顶方形院落，后殿檐下为一佛二菩萨二弟子，佛结跏趺坐，背有圆形身光。前殿檐下有一排八尊小坐佛；下层正中铸一尖拱形龛，龛内雕铸释迦、多宝佛榻上说法像，均有桃形背光。佛龛外部用横线分上、下二层，上层铸二飞天，下层为二菩萨立像。

这件铜像制作简朴，造型端正，纹饰有力，属于典型的北魏风格。

图2　铜佛造像

（三）佛、弟子石造像塔（图3）

北魏，高29.2厘米，上部长、宽为17.5厘米，下部长、宽为20.5厘米。1996年隆德县神林乡出土，宁夏固原博物馆收藏。

红砂岩石质，整体为梯形，四面开龛造像，其中相对两龛平顶，左右上角分别雕有莲花装饰，另相对两龛均为火焰纹拱形龛。四龛造像均为一佛二弟子，中佛高发肉髻，结跏趺坐，弟子站立两侧。其中两佛龛佛做法印，另两佛龛佛施禅定印。佛面相清秀，高肉髻，衣纹清晰，线条舒展下垂。原塔应是多层相叠，此为其中一层。

佛像石塔雕刻形象深受世俗影响，人物形象特别是供养人，取自现实生活中的原型并加以艺术升华和美化，佛像面相饱满，表情温和恬静。

图3　佛、弟子石造像塔

（四）供养菩萨石造像（图4）

北魏，通高38厘米，宽18厘米。1981年宁夏固原县新集乡出土，宁夏固原博物馆收藏。

碑为红砂岩石质，整体为舟形，通雕一站立菩萨。菩萨头戴高花蔓冠，面相长方。身着通肩大衣，下摆宽大，衣褶较密，肩披帔帛，两端在两臂部从外向里搭绕两周后，下垂至大衣的两侧，双手托物上举胸前，跣足站立于实心台座，外有背光。

这件雕塑，菩萨头上饰物增多，束冠的宝缯自然下垂，帔帛宽大，大裙宽松，飘逸轻松，比起早期紧身装扮，更显汉风浓厚。

（五）石佛造像（图5）

北魏，通高24.3厘米，宽13.7厘米。1981年宁夏固原县新集乡出土，宁夏固原博物馆收藏。

红砂岩石质，整体为舟形，完整。中雕一坐佛。高发髻，面部模糊，盘腿中坐，身着通肩袈裟，自然下垂，覆盖于四肢之上。

图4　供养菩萨石造像

（六）佛、飞天造像（图6）

北魏，残高36.5厘米，宽42厘米，厚14厘米。1981年宁夏固原县新集乡出土，宁夏固原博物馆收藏。

红砂岩石质。从残存的雕像看，主尊佛像两侧为二菩萨、二飞天，右侧又有二尊小坐佛。主

图5　石佛造像

图6　佛、飞天造像

佛高肉髻,头稍前倾,面相长圆,细长颈,两肩窄溜,身着双领下垂式袈裟,内着僧祇支,有舟形背光。飞天着束腰短襦,飘带向后飞扬,一手托经架。二菩萨身躯扭转,舟形背光,形态自然。

此件雕塑中,飞天穿裙露足,为北魏早期样式。

(七)建明二年石造像(图7)

北魏建明二年(531)造像,高48厘米,宽20.7厘米,厚3.7厘米。1981年宁夏固原县新集乡出土,宁夏固原博物馆收藏。

用石英岩雕成,稍有收分。顶部为弧形,正面分上下两层,上层雕刻一拱形龛,龛内雕刻释迦、多宝并作说法相。两佛身着褒衣博带式袈裟,结跏趺坐于长榻上,衣纹下垂及地。佛榻后雕有四个听法弟子半身像。下层竖雕一长方形龛,中间为大势至菩萨像,头戴花冠,束髻,颈饰项圈,肩批帔帛,帔帛在胸前交结后,下垂至小腿部,然后上卷搭于两肩,下着羊肠大裙,跣足立于低圆台上。右手上举,掌心向外。左手持物,背有舟形火焰纹身光,尖拱高出上层龛内佛榻,中有一复瓣莲花圆形顶光。衣纹阴线刻,造像双目微闭,低眉微笑,神态安详,洒脱自然。菩萨两边分三层雕刻,由下至上,下层为二菩萨立像,中、上层各为比丘,皆面向外。造像碑左侧至背面阴刻"使持节假镇西将军镇军将军西征都督泾州□□戎县开国子金神庆敬造石像二区,建明二年二月十七日"铭文。

这件雕塑,大衣贴体,双腿凸显,露出双足,具有西域地方佛教色彩。

图7 建明二年石造像

北朝时期固原地区佛像雕塑,体现了佛教在中国传播过程中,不断融入汉文化元素,与中国儒家、道家思想碰撞、交融与再创造。可以看到,佛教雕塑,从最初犍陀罗和印度风格浓厚的五官、衣着特点,逐渐演变为东方色彩浓厚的面部表情和衣着特征。这些雕塑的神态特征、服饰样式等外在表现,让我们能够窥探北朝时期人们对美的向往之心,体现了千百年来丝绸之路上文化艺术交融的历史厚重与沧桑之美。

魏晋南北朝历史与文物中的固原各民族交融

张 强

（宁夏固原博物馆）

固原历史悠久，文化底蕴深厚。由于地处古丝路东段北道，又是北方草原游牧民族和中原农耕文明的交汇之地，自古以来多民族在此繁衍生息、多种文化在此交往、交流、交融，形成了独具特色的地域文化，也是中华民族、中华文明多元一体格局形成的缩影。魏晋南北朝时期尤为典型。

一、魏晋南北朝时期的固原沿革

三国时期，固原地区归曹魏统治，境内设高平（今固原市）、朝那（今固原市东南）、乌氏（今固原市南）三县，均属雍州安定郡辖。

当时，安定郡名义上为曹魏节制，实际上处于凉州马腾、金城韩遂割据范围。建安十六年（211）曹操挥兵关西，马超（马腾之子）、韩遂串联关中诸将举兵反叛，兵败逃亡凉州，安定豪强杨秋败拒安定。"冬十月，君自长安北征杨秋，围安定。秋降，复其爵位，使留抚其民人。"建安十八年（213），"马超在汉阳，复因羌、胡为害，氐王千万叛应超，屯兴国（今甘肃庄浪西南）。使夏侯渊讨之"。夏侯渊在击败马超后，又乘胜包围兴国，千万逃走，部下投降。夏侯渊又移军进攻占据高平的匈奴屠各部，屠各散走，缴获大量粮谷牛马。太和二年（228）春四月，诸葛亮北伐曹魏，安南、天水、安定三郡反应亮。"安定民杨条等略吏民保月支城（在今固原境内），真进军围之。"正始元年（240），"凉州休屠胡梁元碧等，率种落二千余家附雍州。淮奏请使居安定之高平。"公元256—263年，魏镇西将军邓艾接纳归附的鲜卑数万人，"置于雍、凉之间，与民杂居"。

三国时期，固原境内居住着羌、匈奴、月氏、氐、鲜卑等少数民族，与境内的汉族融合程度很高。居于固原的各民族除短期受割据势力的影响与曹魏政权对抗外，大多时期接受中原王朝的统治，且域内各民族和睦相处。

公元265年，司马氏废魏，建立西晋王朝。固原地区的政治形势基本与曹魏相同：朝那、乌氏二县依旧，唯省高平而另置都卢县（在今隆德东北）。大批鲜卑人移居固原。公元266年，"鲜卑族鹿结部七万余落，屯居高平川（今固原清水河流域）。"鲜卑为东来的游牧民族，文化较为落后，在与汉族交流交往过程中，民族文化融合的速度较快。

魏晋时期，世居固原地区的东汉名门望族安定皇甫家族和张轨家族功勋显赫。皇甫家族的皇甫谧一骑绝尘，不仅成为针灸鼻祖，更成为一代史学家、文学家；张轨及其家族在河西走廊建立的前凉政权，在时局混乱，政权更迭的东晋十六国时期，对于促进地区政治、经济、文化发展，维系中原文化传承产生了重大历史影响。从两大家族的发展，可以窥见当时固原地区文化教育水平。

东晋十六国中的319年，匈奴族建立的前赵政权在固原地区设朔州牧镇高平(今固原市)。羯族人石勒建立后赵后，固原为前赵、后赵分据，后为后赵全部占据。氐族人建立前秦政权后，固原又为前秦辖地。前秦被羌后秦灭亡后，固原为后秦所辖。407年六月，后秦安北将军、五原公匈奴族刘勃勃(后称赫连勃勃)在固原建立了大夏政权，自称大夏天王、大单于。427年，鲜卑北魏大军破统万城，九月，安定百姓举城降魏，其地尽属北魏。

五胡十六国时期，宁夏南部先后处于前赵、后赵、前秦、后秦、大夏统辖之下。鲜卑、匈奴、羌、氐、羯与汉等各民族居于此地。政权更迭、战乱频发，民族的迁徙更趋频繁，各族统治者又采取和实施了汉化措施，进一步促进了民族和文化的融合。

南北朝时期，固原先后为北魏、西魏、北周辖地。北魏太延二年(436)在固原置高平镇，辖今宁夏中部以南、平凉以北、会宁以东、环县以西地区。北魏初期，多次将降附的柔然、敕勒等族人安置到高平镇，时境内有鲜卑、柔然、高车、羌，以及其他杂胡与汉族杂居。北魏太武帝神䴥三年(430)，北魏多次将降附的柔然、敕勒等族人，安置到高平镇。皇兴四年(470)，柔然万余户降北魏，北魏分徙其众于高平、薄骨律两镇。公元6世纪初，北魏遣将抚纳高车降众，安置于高平镇。经济上，又是屯田屯牧、为北魏政权提供军马、军粮之地。北魏孝明帝正光五年(524)改高平镇为原州，辖高平、长城二郡。同年四月，高平镇民赫连恩聚众起义，史称"高平起义"。公推高平镇敕勒族酋长胡琛为高平王，胡琛被杀害后，部将匈奴人万俟丑奴继续率众与北魏军周旋，声势浩大。同年六月，秦州(今甘肃天水市)起义爆发。孝昌二年(526)九、十月间，高平义军与秦州义军联合，其势益盛。北魏建义元年(528)七月，万俟丑奴在高平(固原)称帝，恰逢波斯国向北魏王朝(洛阳)敬献一头狮子，使者途经高平时，被起义军首领万俟丑奴扣押，建年号"神兽"，设置百官，创建了陇东起义政权。后来起义军遭到北魏大军镇压，这头狮子被送到洛阳，并在宫廷之中引发了一系列有趣的故事。

永熙三年(534)七月，魏孝武帝为高欢所逼，自洛阳西走长安投奔宇文泰。十月，高欢立元善见为帝，并迁都于邺(今河南安阳市北)，史称东魏。魏孝武帝至长安后不久被杀，宇文泰立元宝炬为帝，定都长安，史称西魏。固原地区隶属西魏。

西魏历三帝，共22年(535—557)，实际掌权者为权臣宇文泰。宇文泰死后，子宇文觉废西魏恭帝自立，国号周，历五帝，共25年(557—581)，仍都长安，史称北周。西魏、北周时期，本地仍设原州，领高平、长城二郡。西魏恭帝年间，改高平郡为平高郡，郡治高平，辖平高、墨亭二县。长城郡治黄石(今固原市彭阳县红河)，领黄石、白池二县。西魏废帝二年(553)，改黄石县为长城县。北周武帝天和四年(569年)六月，新筑原州城，扩大了城的规模，原城址为新筑城的内城，这次修筑，承前启后，奠定了唐宋以后原州城的格局。

二、关陇军事集团崛起与原州

魏分东西，是高欢、宇文泰两大政治集团争斗的结果。以宇文泰为首的关陇统治集团，是在贺拔岳武川军人集团的基础上逐渐形成的。贺拔岳入陇之初，就大量招抚关陇各族首领和诸州刺史为己属。贺拔岳死后，宇文泰统领贺拔岳旧部。他利用关陇战乱后"百姓凋残"的形势，对百姓"抚以恩信"；对汉族地主阶级及各族上层分子，则采取笼络手段，使其尽归于己。同时，他"广募关陇豪右，以增军旅"，进一步增强军事实力。由此形成了由武川军人集团、关陇地主牧主和部分关东士族组成的关陇统治集团，鲜卑贵族元、长孙、宇文、于、陆、源、窦、独孤、侯莫以及汉族的京兆韦氏，弘农杨氏，武功苏氏，陇西李氏，河东裴、柳、薛诸族，均被囊括于其中。直接决定了北周、隋、唐王朝的产生。原州人李贤、田弘、蔡祐等为关陇军事集团主要人物。

北朝时期，由于原州的特殊地位，一大批著名人物任职原州，其中很多为原州人。北魏永安三年（530），李贤任原州主簿，其弟李远任长城郡守。永安四年（531），宇文泰行原州事。秦陇平定，继李弼后，李贤镇原州。西魏大统二年（536），李贤寻行原州。大统三年（537），李远任都督，原州刺史。大统四年（538），田弘任原州刺史。大统八年（542），李贤为原州刺史。543年后，蔡祐也曾任原州刺史。西魏废帝元年（552），武安县公、大将军窦炽任大都督、原州刺史达10年。西魏恭帝元年（554），李贤弟李穆任原州刺史，子为平高郡守，李远子为平高县令。

在迎护魏孝武帝西幸，西魏、北周的形成中，原州人功不可没。李贤兄弟、田弘、蔡祐均位至柱国将军，封功晋爵。特别是李贤家族与北周皇室宇文氏家族有着极为特殊和亲密的关系，弟李远、李穆父子与宇文泰的关系远比李贤更为亲密。宇文泰视李远为自己的手臂，李穆对宇文泰有救命之恩。宇文泰将第十一子赐给李远为义子，李远子李基娶北周义归公主。李穆后官至太保太傅，进位上柱国。据李贤墓志记载，一门之中，为柱国者二，大将军者三，开府者七，仪同者九，公卿者六，方伯者十有五焉。至于常侍、侍中之任，武卫、武率之职，总管、监军之名，车骑、骠骑之号，冠盖交错，剑佩陆离，胡可称矣，显贵至极。

三、固原魏晋南北朝文化遗存中的民族交融

自张骞凿空西域之后，沿丝绸之路来往于东西方的僧侣、商贾和使者络绎不绝。而作为丝绸之路东段北道重镇的固原其地位更加凸显。魏晋南北朝时期，虽然我国历史处于纷乱之中，但割据和战乱并没有阻断中西交往。相反，途经固原的丝路畅通，经济文化交流不断。同时，战乱促进民族的迁徙，文化交流融合更趋密切。这一时期文化遗存也非常丰富。

20世纪80年代以来，固原共发掘北朝墓葬7座，有1981年固原西郊雷祖庙村北魏漆棺画墓，1983年固原南郊深沟村北周天和四年（569）李贤夫妇墓，1984年彭阳新集北魏墓，1987年固原寨科北魏墓，1993年固原南郊王涝坝北周保定五年（565）宇文猛墓，1996年固原西郊大堡村北周建德四年（575）田弘夫妇合葬墓等。出土有漆棺画、壁画、鎏金银壶、玻璃碗、波斯银币、东罗马金币、绿釉扁壶、金戒指、金耳环、土筑房屋模型、彩绘陶牛车、俑阵、墓志石刻等大量珍贵文物。其中北魏漆棺画、鎏金银壶、玻璃碗为国之瑰宝。进一步实证了这一时期固原地区民族文化交流融合的盛况。须弥山石窟即开凿于此时，现成为全国十大石窟之一。以下择要述之。

（一）须弥山石窟

北朝时期，佛教盛行。北魏立寺造像成风，须弥山石窟就在这一时期开凿，经西魏、北周、隋、唐继续营造，以后各代修葺重妆。整个石窟呈扇形开凿在自南向北八座山峰的东南崖面上，即大佛楼区、子孙宫区、圆光寺区、相国寺区、桃花洞区、松树洼区、三个窑区、黑石沟区。现存洞窟162座，保存有各代造像雕刻品、彩绘、壁画、石刻题记的洞窟70余座，造像900余躯，汉藏文刻记57处，碑刻3方，残碑11

块。在现存的洞窟中，有北魏末至西魏初年14个，这一时期洞窟形制以中心柱窟为主，龛内的造像以一佛二菩萨为主，衣纹的雕刻手法多为平行式阴刻线。西魏时期开凿7个，继承了北魏时期的传统做法，并有所发展。北周时期开凿25个，石窟数量多，规模大，造像精，在须弥山石窟中占有突出地位。这一时期仍为中心柱窟，但与前期相比已有所不同，比如中心柱变得方正硕大、主室窟门上方的明窗消失、出现了中心柱四面各开一龛的形制等。衣纹的雕刻也变为直平阶梯形的刀法。须弥山石窟的开凿和形成，是各种文化相互碰撞、融合的产物，也是丝绸之路繁荣的标志。

（二）北魏漆棺画

北魏漆棺画，1981年出土于固原县西郊乡雷祖庙村北魏夫妻合葬墓中。该墓葬出土有男、女两副棺具及铜器、铁器、金银器、陶器60余件文物，男性棺具绘有漆画。棺具形制为前高宽、后低窄。盖为两面坡式，交角约有140度，前端呈圭形，前宽后窄，残长180厘米，宽87—105厘米。漆画的保存面积占棺具表面的三分之二以上，漆棺盖板、前挡及左右侧板大部分漆画尚存，清晰可见，精美无比，乃北朝画迹的重大发现，也是同期高水平的绘画作品。

棺盖边缘画有宽约7.5厘米的忍冬纹饰带，正中顶端至尾端绘约7—9厘米涡纹曲波状金色长河，寓意为天河。天河上方两侧为两座房屋，房屋内各绘中年男女的画像。长河两侧布满缠枝圈草纹图案，在长河及圈草纹之间绘有百合、鱼、鸭、异鸟、兽、虎、人面鸟身的仙人等形象。左边屋内榻上坐一中年男子，盘腿袖手，着红色长袍，左右各一无冠女侍立。右边屋内为一中年女子，室内设置、服饰及人物姿态与左室相同，只是在屋外两侧站立着高冠、长衣袖侍从。左屋左侧有黄底墨字榜题"东王父"三字，右屋榜题已残缺。天河两侧图案为缠枝圈草纹图，中间点缀有珍禽、怪兽、仙人等。房屋中的男女，可能代表墓主人夫妇。

漆棺前挡画面残高52厘米、残宽66厘米，为墓主人生前生活饮宴图。正中一屋内长方形榻上屈膝斜坐一中年男子，头戴高冠，身穿圆领宽袖长袍，窄裤口，脚蹬尖头乌靴，属于鲜卑贵族的装束。一耳杯执于右手，小指翘起，左手执尘尾。右侧站立两侍从，一人头戴黑色高冠，巾角披于肩上，上身穿交领宽袖白色长袍，下身着宽带长裙，足蹬乌靴，一手下垂，另一手执耳杯。另一人发髻低平，上身着交领宽袖红色大衣，下身着彩色长裙，足蹬乌靴，交手于腹前。左侧亦站立两侍从，一大一小交手而立，头部均残，上身着宽袖长衣，腰束带，下身着窄口裤，足着乌靴。其下两侧饰忍冬纹。中下部画面残缺，残留两侧各一人物上半身，两人均头梳高髻，面部丰圆，硕耳戴环，颈着项圈，长眉大眼，嘴部有胡须，袒胸配饰璎珞，手臂着钏，侧身站立，天衣绕臂而下，弓臂于耳际，似为佛教故事中的菩萨形象。

漆棺两侧棺板画面，左右两侧依内容可分为上、中、下三栏，上栏为孝子故事画，中栏为装饰性图案，下栏为狩猎图。上栏孝子故事是由数幅具有连续性的单幅画面构成，每幅有榜题。右侧有蔡顺、丁兰、尹伯奇等孝子故事。左侧是郭巨与舜的故事，以舜的故事最为有趣，其故事11则，画面构成一连环故事画，舜两次均以裸体形象出现，与帝王形象相去甚远。

北魏漆棺画集儒释道及北方少数民族文化于一身，是同期绘画的集大成者，为研究当时民族文化融合、绘画水平及髹漆工艺提供了实物依据。

（三）北周鎏金银壶

鎏金银壶出土于1983年固原市原州区南郊乡深沟村北周李贤夫妇合葬墓，碑志记载为天和四年

（569）。鎏金银壶是通过丝绸之路流传到我国的中亚风格的稀世珍宝，精美绝伦，独树一帜，在现存的鎏金银壶中绝无仅有。通高37.5厘米，腹径最大处为12.8厘米，重1.5公斤。长颈，鸭嘴状流。上腹细长，下腹鼓圆，单把，高圈足座，壶把两端铸两个兽头与壶身连接。壶把上方铸一深目高鼻戴盔帽的人头像，面向壶口。颈、腹、底座边缘相连处各饰联珠纹一周。壶身腹部一周手工打押出三组男女相对人物图像。

银壶腹部6个人物分为3组，每组各有一对男女。第一组为一男一女相对，左侧女子面向右，长发呈波浪状，身着长裙，上有披肩，脚蹬软靴，侧身头微低，右臂前伸，被男子握住手腕，左手放在抬起的右膝上。右侧为一青年男子头戴帽，肩披斗篷，脸朝左与女子相对，赤身露体，右手伸出二指托女子下颚。

第二组为一男一女相对站立，左侧为一束发青年女子，长发呈波浪状，高鼻大眼，嘴唇微张，表情显得非常安详，上身穿圆领衫，无系扣，下身穿贴身长裙，足穿软靴。左手食指指向自己，右手向前弯曲伸出拿物，似在诉说。右侧为一青年男子，上身穿短袖衫，圆领，腰系带，下身着短裙，脚蹬半筒皮靴，头发卷起，梳至前额，高鼻圆眼，右手屈伸向前，手中持物，似乎在将手中物品送给女子。

第三组为一男一女相对站立，左侧为一男子，头发四周卷起，眼睛大睁，嘴唇用力闭合，表情严肃，似在生气。上身穿短袖衫，下身着短裙，脚穿半高筒软皮靴，右手执盾，左手前曲持西方式矛。右侧为一青年女子，波浪状头发，头戴花冠，大眼隆鼻，嘴唇微张。上身着圆领紧身服，细腰，束带，下身着长裙，足穿软靴。右手向上弯曲用食指指向自己，左手向上端一尖顶盖小盒。这6个人物展现的故事源于古希腊神话传说，即"帕里斯裁判"和"特洛伊战争"。鎏金银壶是波斯萨珊王朝贵族享用的酒具，却是具有萨珊风格的中亚巴克特利亚地区的制品，堪称艺术精品，是中西文化交流的重要佐证。它与俄罗斯艾尔米塔什博物馆、日本美穗博物馆收藏的同类萨珊金属器和国内已知的萨珊金银器比较而言，无论是工艺水准还是表现内容都是独一无二的，不啻为"丝路瑰宝"。

（四）凸钉装饰玻璃碗

凸钉装饰玻璃碗，北周天和四年（569）文物，1983年出土于固原市原州区南郊乡深沟村李贤夫妇合葬墓中。高8厘米，直径9.5厘米，直口、矮圈足，圈足由一个直径3.1厘米的凸起的凹球面组成。玻璃为淡黄绿色，透明，内含小气泡，分布均匀，直径不超过0.5毫米。腹深6.8厘米，内壁光洁，腹下部最大直径为9.8厘米。外壁有分化层，呈金黄色，饰以凸起的圆形装饰两周，上下错位排列，圆形为不规则形，上层分布8个，下层分布6个，凸起的圆形表面为凹球面，成凹球镜，透过其中一个凹球面可看到对面的3个凹球面。

经科学检测，玻璃碗成分为钠钙玻璃。它是波斯帝国萨珊王朝时的制品，属伊朗高原上萨珊玻璃系。使用烧吹技术在玻璃器上制造凸起的凹球面，然后利用雕花技术进行腹部、底部凸饰及口缘的整形。这种工艺在帕提亚及萨珊王朝时期的伊朗高原上一度很流行。类似的玻璃器在古代伊朗高原，我国的楼兰、鄂城、巴楚、北京，朝鲜的庆州，日本的福冈冲之岛、大阪安闲陵均有发现，但是固原出土的玻璃碗更具典型意义，器型完整，纪年明确，对确定同类制品的年代具有标尺作用。

（五）东罗马金币与波斯银币

1996年固原博物馆、宁夏文物考古研究所、北京大学、共立女子大学（日本）等中日联合考古队对位于固原市西郊乡大堡村的田弘夫妇合葬墓进行了考古发掘。出土了玉器、玻璃器、云母、水晶、金银器、铁器、陶器、漆器、墓志等百件文物。田弘墓的五枚东罗马金币引起国内外学者广泛关注。根据学者研究，这五枚金币，从列奥一世、查士丁一世、查士丁一世与查士丁尼一世、再到查士丁尼一世，贯穿了几个朝代。目前考古证实墓葬中一次出土五枚东罗马金币极为罕见。

五枚金币打押而成，直径最小的1.54厘米，最大的1.67厘米，大小和薄厚也不尽相同，重量不是由直径决定，最轻的重2.5克，最重的3.3克。均被剪边。正面主要图像为国王头像，背面主要图像为胜利女神等。在使用中，有的金币人为打出穿孔，可能佩戴在身。

通过对五枚罗马金币上的字母研究，除了显示罗马帝王名字，还有体现罗马文化的"胜利""君士坦丁堡""永远的皇帝"等。侧面反映了墓主人可能是西域人，或者对金币和金币文字的特殊意义有某种信仰，而专门随身陪葬。既有本土文化的墓葬形制，又有西域文化的延续。

从史料来看，金币首先作为货币流通中西方之间。如《后汉书·西域传》载：大秦国（罗马）"以金银为钱，银钱十当金钱一。与安息、天竺交市于海中，利有十倍。其人质直，市无二价。"《三国志·魏书·东夷传》裴松之注引《魏略·西戎传》载："作金银钱，金钱一当银钱十。"北朝至隋唐期间，中国人对东罗马的了解日渐丰富，贸易不断加深，使罗马金银币的流通有了助力。金币从公元6世纪初出现以后的三百年之间不断有发现，并在公元6世纪中叶形成一个高峰。

东罗马又称拜占庭，或后罗马、次罗马。田弘墓出土的五枚金币也称为拜占庭金币。金币的拥有者集中在贵族、官员、公主等上层人士，当然，商人是主要的传递者。而以商贸为生的胡人中，粟特人是其中一支。固原发现的隋代史姓家族墓葬，已证实为粟特人群，在北魏、西魏、北周时期已定居固原。这就更加丰富了北朝时期固原地区民族交流融合的内容。

当然，北朝时期能够证明固原与西域经济往来的遗物——钱币，不止田弘墓的五枚，还有2005年在固原南郊羊坊村北魏墓出土的几枚"波斯银币"。银币直径2.7厘米，外廓不规则并各有不同程度的残缺。银币正面为萨珊王卑路斯侧面肖像，王冠下部有一周联珠纹，前有一轮月，冠顶有翼状物托起一轮月。背面为拜火教祭坛，外圈为一周联珠纹。银币上的纹饰，均为典型的西方文化。

四、结语

文献记载与文化遗存证实，动荡战乱、朝代更迭的魏晋南北朝时期，是固原繁荣发展的重要历史阶段，斯时固原，丝绸之路畅通，中西文化交流繁荣，商业贸易昌盛，宗教文化发达，各民族和睦相处，进一步实证了我国辽阔的疆域是各民族共同开拓的、悠久的历史是各民族共同书写的、灿烂的文化是各民族共同创造的、伟大的精神是各民族共同培育的。

北魏丝绸之路上的民族融合

周佩妮

（宁夏固原博物馆）

北魏时期丝绸之路经营主要体现在对西域的经营和管辖。两汉以来中西经济文化交流所取得的成就，使中西方各国都认识到这种交流对双方都是有利的和必需的，即使没有两汉大一统的王朝作依托，经济文化交流本身具有的内在动力仍然推动着这种活动持续进行。3—6世纪，曹魏、西晋维持着东汉以来的局面，与西域保持着密切联系。五胡十六国时期的战乱并没有阻碍中原地区与西域的关系，丝绸之路交往仍然继续发展。

一、北魏政治经济策略体现了民族融合的思想

386年，北魏王朝建立，至分裂为东、西魏，北魏维持了近150年的统治。中原政权与西域的交往至北魏时出现了高潮。北魏太武帝以后，北魏保持了长时间的政治和社会稳定，为中西交往提供了有利的政治环境。孝文帝迁都洛阳，洛阳优越的地理位置有利于中西交往的开展。特别在北魏清除了丝绸之路上的最大障碍柔然，与吐谷浑关系和好之后，中西交往出现了前所未有的高潮。

北魏时期的政治经济策略体现了民族融合的思想。北魏统治者在建国初期颁行的一系列政治、经济措施，有力地促进各民族之间融合。首先在社会经济方面，北魏通过实施均田制、租调制、三长制等制度，把鲜卑族劳动者改造为占有少量土地，进行农业生产的农民，把占有大量土地的鲜卑贵族改造为封建地主和官僚。农业和工商业的发展，促使他们适应定居、生产和城市生活。其次在政权建设方面，北魏对政权机构的设置、名称的制度、官僚队伍建设均采纳汉族封建统治制度。通过修订法令来适应中原地区的法律需要。另外，在社会风俗方面，北魏统治者迁都洛阳后，通过改姓、易服、说汉语等措施，使鲜卑人全面融入汉族风俗，加强了民族的联系。通过设孔庙、祭孔子、推儒学及恢复汉族礼乐制度来规范人们行为方式等措施，进一步使鲜卑人从深层次认同和接受汉族文化，鲜卑族原来生活方面的文化精华，也在汉族群体中传播，对汉族生产生活方式的完善和进步起了重大作用。

二、北魏对丝绸之路的经营

在对外交往方面，中国古代的统治者出于扬威异域、柔远怀来和获取奇珍异物等目的。这样的思想动机是汉武帝时期明确形成的，北魏统治者同样如此。北魏与西域的交往局面并不是偶然出现的，由于北魏统治者出身鲜卑拓跋部，是北方草原游牧民族，起初并没有凭借域外进贡获取虚名和奇物的思想。北魏太祖道武帝拓跋珪时期，北魏势力进入中原地区，已经拥有了山西、河北等地，统治者并无

域外交往的思想和行为,《魏书·西域传》记载:"太祖初经营中原,未暇及于四表,既而西戎之贡不至。"①但也是在这一时期,有大臣奏请依汉氏故事,请通西域,以"威德于荒外","致奇物于天府"。鲜卑拓跋部在经营中原的过程中,接受了汉文化的浸润,从其指导思想来看,他们通西域的最初动机,便建立在汉武帝以来中国统治阶级对外关系的思想上。

扬威异域、柔远怀来,恩德远被,并获得域外的珍奇异物,需要强大的物质基础。从传统中原政权看来,与域外的交流交往,不是平等互惠互利。而是要拿出自己的"金帛"赐予对方,让对方接受附属国的地位,需要承担经济上的负担。当国力强盛时,便不惜代价,厚往薄来,以赢得四海顺服,经济衰落时,则闭关自守。自北魏太武帝拓跋焘太延元年起,中西交往出现了新的局面。先是西域诸国入朝进贡,接着北魏遣使报聘,双方打开了交往交流的序幕,其背景是北魏对漠北、西北地区的军事征服以及北魏与柔然关系的缓和,这些为中西交往提供了必要条件。

北魏初期中西交往虽然受到柔然的阻滞,但董琬、高明等使者,避开柔然到鄯善后西行,加强了中原与西域各国的沟通和交往,促进了中西交往交流交融。根据董琬等西行线路的改变,使北魏对西域有了新的认识和了解,他们把西域分为四个区域,即"葱岭以东、流沙以西;葱岭以西,海曲以东;者舌以南,月氏以北;两海之间,水泽以南"。这个划分反映了经历五胡十六国动乱造成中西隔绝状态之后,中国人对西部世界的新认识。董琬等人的成功出使,使一度沉寂的中西方国家之间开始频繁往来。西域诸国使团相继而来,北魏使者也同去西域回报,北魏与西域之间互通使节越来越频繁,从而把丝绸之路推向繁荣。

三、丝绸之路上的民族交往

董琬等人成功出使西域,与各国建立起了密切关系。董琬等人西行打破了长期以来中原地区与西域交通的停滞局面,为后来隋唐东西方文化交往交流交融奠定了基础。北魏统治者在"振威德于荒外,致奇物于天府"的思想指导下,积极开展外交活动。

北魏太武帝太延元年(435)至太延五年(439),北魏与丝绸之路沿途各国交往的第一次大繁荣。太延元年二月,焉耆、车师各遣使朝贡,朝廷也开始遣使回报。虽然第一批使团受到柔然的阻滞,而鄯善遣使来献,证明经鄯善国南道可通行,粟特人朝贡也走的这条道路。太延三年(437)三月,"龟兹、悦般、焉耆、车师、粟特、疏勒、乌孙、渴槃陁、鄯善诸国王各遣使朝献。"②诸国同时朝贡,北魏遣使回报。董琬等回国,西域十六国使节随行而至。太延四年(438),北凉与北魏和好,北魏使节出使西域,得到西凉的诸多帮助,并引导北魏使节通过流沙等地。随后,鄯善、龟兹、疏勒、焉耆、粟特、渴槃陁、破洛那、悉居半等沿途多国遣使给北魏进物,最为著名的有遮逸国进献北魏的汗血宝马。

北魏太武帝太平真君五年(444)至孝文帝太和二十三年(499),是北魏与丝绸之路沿途各国交往

---

① 《魏书》卷一〇二《西域传》。
② 《魏书》卷四《世祖纪》。

第二次大繁荣。太平真君四年(443)九月,北魏以轻骑袭击柔然获得胜利,中西交往畅通。次年,北魏派使者四次出使西域。北魏统治者在与西域各国的交往中,认识到控制丝绸之路的重要性。445年至448年,北魏统治者先后派兵西征并取得胜利,其间频繁派使节出使西域,加强丝绸之路沿线的交往交流,其使节西行远至南亚、波斯和拜占庭。《魏书》记载,鄯善国王于太延四年,"遣其弟素延耆入侍。及世祖平凉州,沮渠牧犍弟无讳走保敦煌。无讳后谋渡流沙,遣其弟安周击鄯善,王比龙恐惧欲降,会魏使者自天竺……"①可见,北魏使节除远行波斯等,也有至印度者。北魏太平真君十年(449),太武帝亲征柔然,北魏控制丝绸之路北道,西域诸国与北魏的交往交融出现大发展。据史书记载,太武帝太平真君十年七月,浮图沙国遣使入贡,十一月,龟兹、疏勒、破洛那、员阔等国遣使入贡。十一年,頞盾国献狮子于北魏。这一年,车师王车伊洛保焉耆城,遣使上书北魏,请求赈济,北魏令开焉耆仓赈之。正平元年(451),车师国王遣子入侍。太武帝在位期间,南天竺曾遣使进献骏马、金银于北魏。文成帝即位后,北魏与丝绸之路沿途国家的交往继续发展。452年至455年,先后有保达、沙猎、渴槃陁、库莫奚、罽宾、波斯、疏勒等遣使入贡。当时大月氏商人在平城制作五色玻璃,玻璃制造技术从此传入中国。

北魏与波斯交往交流更具代表性。波斯是北魏交往最远的国家,北魏使者韩羊皮,曾远抵波斯,两国之间多次交往。张星烺先生说:"据《魏书》所载,全魏之世,波斯遣使中国凡十次,皆当第五世纪下半及第六世纪之初,波斯国萨珊王朝叶斯德苟德二世、排洛斯及喀瓦特三君之时,魏亦正值承平无事之秋。故西域之君多来朝献,所以报礼也。此等使节,究为国使,抑为商人冒充,不可得知。然无论如何,元魏时,中国与亚洲西部交通之繁,从可知矣。"②

北魏文成帝和平元年(460)至孝文帝太和二十三年(499),北魏与丝绸之路沿途各国的交往交流持续发展。这一时期,丝绸之路沿线各国的纷争,使北魏对外交往产生一定的影响。如柔然与北魏的战争,使柔然在一段时期内控制了丝绸之路南北两道,迫使周边邻国对北魏的背叛;于阗对前往北魏波斯使节贡物的截留与克扣;北魏统治者东移,经营西域出现消极倦怠的状况,致使葱岭以西的中亚地区的各国联合对峙北魏,使北魏与西域各国的交往受到影响。但西域各国与北魏的交往并没有因此停止,而是在时战时和的缝隙中寻找机会进行交往交流。和平元年(460),破洛那国进献汗血宝马,普岚国进献宝剑,居常国进献三头驯象。和平二年(461),"八月戊辰,波斯国遣使朝献"。和平三年(462),疏勒、石汗那、悉居半、渴槃陁诸国,各遣使朝贡。和平五年(464),北魏击破柔然,丝路复通。当年疏勒王遣使送释迦牟尼佛袈裟一袭于百位,长二丈多,经火不坏。从延兴二年至孝文帝末年,丝路贸易主要由柔然控制,入贡北魏的丝绸之路沿途各国较少。见于史书记载的有高昌国、叠伏罗两次入贡,悉万斤国六次入贡,龟兹国四次入贡,波斯国、车多罗、西天竺、舍卫、粟特等国仅一次入贡。

北魏宣武帝景明元年后丝绸之路的繁荣发展。景明三年(502),有于阗、疏勒、罽宾等二十三个西域国家遣使朝贡北魏。出现了邢峦所说的"四疆清晏,远迩来同,于是蕃贡继路,商贾交入,诸所献贸,

---

① 《魏书》卷一〇二《西域传》。
② 张星烺:《中西交通史料汇编》,北京:华文出版社,2018年。

倍多于常"①的盛况。主要原因，一是北魏迁都洛阳后，在地理位置和交通状况上，形成了更为便捷的交通道路。二是北魏取得征服柔然的胜利，历经三次大规模征伐柔然的战争，终使柔然遣使请和，解除了柔然游牧民族对天山北部的长期控制，解决了丝绸之路沿线的最大威胁。三是北魏与吐谷浑联姻结盟，消除了经过吐谷浑的道路障碍。四是中西交通的进一步扩大。当时北魏通往西域国家和地区，包括西域、中亚、南亚、西亚地区及拜占庭等国。据统计，当时有100多个国家和地区与北魏友好往来。北魏也派遣使者与各国发展关系。孝明帝年间(516—528)，宋云等西行取经的重大活动，兼出使与取经双重性质，他们的成功出使进一步加强了北魏与西域各国的联系。他们经吐谷浑之路，从鄯善西行，巡行于和田、塔尔库什干，翻越铁克里克山，在今克什米尔的吉尔吉特河流域至喀布尔河流域最后到达印度河，于正光三年(522)二月返回北魏。

北魏与丝绸之路沿途各国的三次高峰交往，为隋唐中西交往交流交融奠定了基础，具有深远的历史意义。

四、丝绸之路上的商贸交流

西北地区历来是中原王朝对外贸易的重要通道。北魏向西北的发展以及与西域沿途各民族之间的交往交流，促进了中西丝绸之路贸易的繁荣发展。北魏与西域交通商贸初始于道武帝拓跋珪时，当时因"西戎之贡不至，有司奏依汉氏故事，请通西域"，以为可以"振威德于荒外"，"致奇货于天府。"②但其时一方面北有柔然阻碍丝路交往，另一方面道武帝主要精力在于经营中原，没有采纳有司建议。至太武帝拓跋焘时，随着北魏势力的日益强大，中原地区的统治日益巩固，与西域通商显得日益重要。于是从这时起，北魏开始遣使西域。陆续派出王恩生、董琬、高明以及韩羊皮等使节，西域国使和商贾接着纷纷入华贸易。

北魏初期，推行"不设科禁，买卖任情"③的商贸政策，吸引了大量西域商贾进入河西乃至中原进行贸易。因此，河西走廊显得异常活跃。丝路重新畅通以后，西域商人纷纷进入敦煌和其他民族区域进行贸易，有的一直沿河西走廊进入内地，往来于凉州、长安、洛阳等大城市，丝绸之路再现繁荣景象。粟特(康居)商人可能是最早到达凉州的胡商，他们中有不少人长期以姑臧为居。《魏书》"粟特国"条云："其国商人先多诣凉土贩货，及克姑臧，悉见虏。高宗初，粟特王遣使请赎之，诏听焉。"④北魏攻占姑臧在世祖太延五年(439)，在此之前，姑臧城就集聚了大批粟特商人。北魏政府始终对来华贸易的商使特别优待。

北魏与西域诸族的贸易，主要集中于河西走廊和陇西的丝路沿线商业都市，如敦煌、酒泉、张掖、武威、陇西等。张掖是当时十分重要的商业都会，胡商很多。隋时西域到此贸易的商人来自四十余国，

① 《魏书》卷六五《邢峦传》。
② 《魏书》卷九七《西域传》。
③ 《魏书》卷六〇《韩显宗传》。
④ 《魏书》卷一〇二《西域传》。

这种局面不是一日形成的,而是北魏以来丝路通畅的结果。凉州州治姑臧更是北魏与西域诸国互通有无的互市重镇,《魏书·食货志》云:粟特在葱岭以西,"其国商人多诣凉土贩货。"①凉州经常聚着很多西域商贾,他们把西方的珠宝、织物、服饰、乐器等带来交换,同时把中国的丝绸、茶叶贩至西域,从而获取巨额利润。胡商们的富有引起权贵们的觊觎,北魏时曾发生杀胡商图财害命的事件。《魏书》载:"普泰元年,除凉州刺史,贪暴无极,欲规府人及商胡富人财物,诈一台符,诳诸豪等云欲加赏,一时屠戮,所有资财生口,悉没自入。"②

北魏与周边经贸主要采取贡使和互市两种形式。河西走廊与陇西地区不仅是中原地区与西域交易的桥梁,还承担着沿边互市的重任。凉州商人把汉地生产的手工艺品如麻布、毡毯以及从西域商人手中买来的货物转手销售到柔然、高车等地区,再将那里的毛皮等贩运到汉族地区。沿边少数民族商人也通过河陇地区到更远的地区做生意。由于商业的兴盛,河西走廊的敦煌、酒泉、张掖、武威等城市日益显示出对外往来中的重要性。特别是太武帝以后,更是中西交融的一个高潮。据有学者统计,从北魏立国之始至迁都洛阳止,河西诸政权和西域诸国先后一百多次遣使到平城朝贡。迁都洛阳后,西域诸国及波斯、大秦等又先后遣使至洛阳,或同时或单独亦达119次之多。③西域使者进贡的物品主要是奢侈品和奇物,如"大马、名驼、珍宝。"④还有汗血马、驯象、牦牛、宝剑等。北魏的回赐常是"缯帛锦罽",而且其价值远超西域贡使所献的物品。如太和十七年(493),北魏孝文帝以"今诸边君蕃胤,皆虔集象魏,趋锵紫庭,贡飨既毕,言旋无远。各可依秩赐车骑衣马,务令优厚,其武兴、宕昌,各赐锦缯纩一千,吐谷浑世子八百,邓至世子,虽因缘至都,亦宜赉及,可赐三百"⑤除了贡使往返两国之间,各国的商贾常常跟随贡使出入魏境,一边沿途进行交换,一边借机深入内地从事贸易,故有"蕃贡继路,商贾交入"⑥之说。《魏书》云:"自魏德既广,西域、东夷贡其珍物,充于王府。又于南垂立互市,以致南货羽毛齿革之属元远不至。"⑦

五、结语

北魏时期的社会政治经济策略,对于缓和民族矛盾,促进经济发展,巩固北魏统治,促进鲜卑等少数民族的汉化、封建化和进步,缩小和消除民族差距和隔阂,增强民族了解和交流,发展壮大了中华民族队伍,结束长期动荡,实现重新统一奠定了坚实的基础。

北魏政权对丝绸之路的经营推动各民族交往交流交融,促进各民族在交融中和谐共赢。北魏政权与丝绸之路上各民族间的政治纷争、军事冲突,从根本上体现了各民族间经济上彼此补充、民族间互

---

① 《魏书》卷一〇二《食货志》。

② 《魏书》卷一九《京兆王子推传附元遥传》。

③ 王万盈:《北魏时期的周边贸易述论》,载《北朝研究》(第二辑),北京:燕山出版社,2001年。

④⑤ 《魏书》卷七《高祖纪》。

⑥ 《魏书》卷六五《邢峦传》。

⑦ 《魏书》卷一一〇《食货志》。

相依存的兼容性,实现了各民族交往、交流与交融。北魏与柔然长期"战"与"和"的军事纷争,其共同目的是寻求民族间的长期稳定、和谐发展。各民族之间的商贸交流,促进了各民族经济的交流发展。北魏政权所需的驴、骡、小麦都经由丝绸之路传入中原,玉米、高粱等游牧民族生活必需品则全部来自中原地区。中原的粮、茶、丝与游牧民族的肉、油、奶等产品,构成中国古代农业生产的基本产品。

北魏使节与各国遣使之间的交流推动了各民族交往交流交融。北魏时期与西部各民族在丝绸之路沿线的交往交流,促进了科学文化的进步。不仅推动了农业生产技术不断提高,使各族群众生活水平不断提升,形成各民族衣、食、住、行等方面不同程度的相互吸收、相互促进。同时也促进了各民族间科学文化的相互交流和进步,共同推动了中华优秀传统文化的发展。

以"碑"为"铭"

——固原北朝时期的碑刻

甄雅茹

（宁夏固原博物馆）

碑刻作为一种独特的史料，具有特殊的历史文化价值。我国最早的刻石文字为甲骨文和金文，河南安阳出土的商代石篑断耳上，有十二字，为最早的石刻文字。唐初在天兴县（今陕西凤翔）南三畤原出土的战国时期秦的"石鼓文"，内容记叙秦国君主游猎的情况，因此也称"猎碣"，被誉为中国的石刻之宗。这种刻石虽然没有碑的形式，但亦可算作碑的雏形。汉代是建碑的极盛时期，东汉时碑的形制已具备规模，也基本定型。而专门用于墓葬的墓碑、墓志在东汉晚期和南北朝时期才流行，墓碑立于墓前，墓志置于墓内。墓表犹如墓碑，因其竖于墓前或置放在墓道内，表彰死者，故称墓表。魏晋南北朝时期，墓碑文化得以普及，略有身份的人都以墓碑来传承家族的荣耀。

一、梁阿广墓表

梁阿广墓表是宁夏境内所见最早的石刻文字，其制作于十六国前秦政权建元十六年，即公元

图1　梁阿广墓表

380年。这是我国早期的一方重要墓表，简要地介绍了前秦氐族民酋梁阿广的事迹，弥补了前秦的历史，为陇东地区的行政区划提供了有效信息。这件墓表是由碑身与碑座以榫卯结构组合在一起的，均为灰砂岩石。其中，碑额为圆弧形，碑身为方形，碑额正面阳刻小篆体"墓表"2字。碑身正面阴刻竖排9行隶书体汉字，每行8字，共计72字。

> 秦故领民酋、大功门将、袭爵兴晋王、司州西川梁阿广。以建元十六年三月十日丙戌终，以其年七月岁在庚辰廿二日丁酉葬于安定西北小卢川大墓茔内，壬去所居青岩川东南卅里。

碑身背面阴刻竖排2行隶书体汉字，每行均为6字，共计12字，即"碑表及送终之具于凉州作致"。

墓表文字内容非常简略，但记载了梁阿广的官职和爵位、

籍贯、家庭住址、茔地位置，以及去世和埋葬时间等重大信息。梁阿广的身份是一个"民酋"，就是前秦安定郡西川县的地方官吏，是当地很有影响的人物。他所授的军职是大功门将，并兼任民酋，拥有军籍、民籍双重身份，掌握当地军政部分权力。

二、固原出土的北朝墓志

固原市原州区城外西南处有一片开阔的塬地，此塬东北侧为固原古城；东南侧为清水河、马饮河（清水河支流）；西南侧为六盘山向北延伸的余脉（白马山）及唐代木峡关遗址；西北侧为海子峡河（清水河支流）及战国秦长城遗址。塬地东西长9公里，南北宽6公里，北周李贤墓志中称其为"原州西南陇山之足"。隋唐时，史道洛等墓志中称该塬为"百达原"。自1982年以来，经系统发掘的北周、隋、唐时期墓葬有近50座。分属现原州区清河镇城郊、大堡、深沟，开城镇羊坊、小马庄、王涝坝、杨家庄、万崖子、寇庄等自然村。其中北周墓葬位于该塬地南北中央位置，墓葬分布间距较大。先后发掘有北周天和四年（569）柱国大将军，大都督，原、泾、秦、河、渭、夏、陇、成、幽、灵十州诸军事，原州刺史李贤夫妇合葬墓；保定五年（565）周故大将军，大都督，原、盐、灵、会、交五州诸军事，原州刺史宇文猛墓；建德四年（575）柱国大将军、大都督、襄州总管、襄州刺史、原州刺史田弘夫妇合葬墓等。同时在此塬还先后发掘了隋唐时期粟特族"昭武九姓"之史姓墓葬7座。

（一）原州刺史李贤之妻魏故李氏吴郡君（辉）墓志铭

李贤之妻吴辉墓志1组2件（西魏大统十三年，公元547年）。1983年宁夏固原县南郊乡深沟村李贤夫妇合葬墓出土。宁夏固原博物馆收藏。墓志由志盖和志石组成，均为青石质。志盖长46.5厘米，宽46厘米，厚12厘米；志石长45厘米，宽44厘米，厚11厘米。志盖正方形，盝顶式，四面斜杀。正面磨光，正中镌刻减地阳文篆书"魏故李氏吴郡君之铭"。志石，正方形，正面磨光，阴刻楷书志文：

魏使持节、假镇北将军、征虏将军、大都督、散骑常侍、原州刺史、上封县开国公李贤和妻故长城郡君吴氏墓志铭

郡君讳辉，高平人。祖兴宗，父洪愿，其先渤海徙焉。世家豪赡，礼教相承，爰自邦乡，门居显称。郡君资性柔静，立身婉顺；少习女功，长成妇德；四行既充，六礼云暨；始自笄年，言归茂族。夫氏积善所钟，福禄修降，伯叔以动德升朝，且台且牧；子侄禀训过庭，以文以武。清清列位，蔼蔼盈门；繁衍克昌，一时罕匹。舅姑凤逝，不逮恭奉。身居长姒，内正所归；警诫相成，动遵礼度；敬接众娣，慈训诸妇；内外斯穆，人无间焉。方冀享万石之遐福，终九十之盛仪。而与善无征，沦芳盛日。春秋卅八，以大统十三年岁次丁卯九月乙未朔廿六日庚申薨于州治。朝廷以夫门功显，夫人行修，追赠长城郡君，即以其年十二月廿一日葬于

图2　李贤之妻吴辉墓志一盒

高平。即远莫捉，幽扃遂密。镌石铭志，以备陵谷云。

长子，东宫洗马永贵，贵妻冯氏。

次子，永隆。

次子，孝轨。

次子，孝谭。

（二）李贤墓志铭

李贤墓志铭1组2件（北周天和四年，公元569年），1983年宁夏固原县南郊乡深沟村李贤夫妇合葬墓出土，宁夏固原博物馆收藏。志盖和志石均为正方形，青石质。志盖盝顶式，四面斜杀，边长67.5厘米，厚10厘米，正中镌刻减地阳文楷书"大周柱国河西公墓铭"。右上角有一直径约2厘米的圆形穿孔，下部有四个排列不规整，直径9厘米的圆环形印痕。志石，阴刻楷书志文：

大周使持节，柱国大将军，大都督，原、泾、秦、河、渭、夏、陇、成、幽、灵十州诸军事，原州刺史，河西桓公墓志铭

公讳贤，字贤和，原州平高人。本姓李，汉将陵之后也。十世祖俟地归，聪明仁智，有则哲之。监知魏圣帝齐圣广渊，奄有天下，乃率诸国定扶戴之议。凿石开路，南越阴山，竭手爪之功，成股肱之任，建国□拔，因以为氏。

公即平凉府君之孙，司空公原州史君之子。温恭之性，禀于自然；仁恕之心，非关师奖。风雨不能移其操，喜愠未尝形于色。乡党许其远大，宗族称为万顷。故能开其仪府，同斯铉望；再莅河州，三居本牧。拥节巴湘，作监军于江外；利建茅社，启土宇于河西。瓜竹敦煌，仍专万里之务；襄帷兆岳，兼总六防之师。践境临民，每有来苏之咏；秩满旋阙，咸垂去思之涕。若夫弹冠结绶，卌有七年。披坚陷敌，廿有一战。遂得声齐细柳，功超大树。既联光于八宿，亦何殊于万户。魏武君臣失和，乃眷西顾；太祖清扫关辅，以俟銮蹕。令公轻董千骑，奉迎六军，行次西中，便得朝觐。于时疾风之始，非无去就，公受诏居后，实有殿功。盖闻积善之家，必有余庆。故官爵隆于四世，子孙茂于八凯，略叙一门之中。为柱国者二、大将军者三、

图3　李贤墓志一盒

开府者七、仪同者九、孤卿者六、方伯者十有五焉。至于常侍、侍中之任，武卫武率之职，总管、监军之名，车骑、骠骑之号，冠盖交错，剑珮陆离，胡可称矣。太祖以皇帝春秋实富，齐国公年在幼冲，令公挟辅，义高师尚。故始纳元妃，便当贺之礼；龙飞大宝，遂有合家之锡。方欲盐梅九鼎，论道三槐，日车未悬，山颓奄及。天和四年岁次己丑三月廿五日，薨于长安，时年六十有

六。其年五月己丑朔廿一日己酉葬于原州西南陇山之足。皇帝追保弼之勋，不拘恒例，爰降神笔，特赠柱国大将军，原、泾、秦、河、渭、夏、成、幽、灵十州诸军事，原州刺史。谥曰桓公，礼也。夫人宇文氏，婉娩嫔风，优柔母德。草尘未永，薤露光悲，朝云已没，夜台多稳，龟筮既从，别开埏茔。是日迁伉俪于蒿里，合双魂而同穴，惧黄壤之不恒，勒清徽于铭志：

惟岳降神，诞兹人。方金为铣，比玉称珍。少年提剑，弱龄缙绅。戈麾落日，马逐秋尘。功扬六辅，声溢三秦。团团青盖，弥弥朱轮。桂仍舒馥，山方垒仁。翻颓百刃，奄落三春。帝忆粉榆，客思乡里。枢辞京阙，魂归桑梓。迁其伉俪，同斯岩趾。白杨合拱，清徽永矣。

世子，端，使持节、车骑大将军、仪同三司、大都督、甘州刺史、怀息公。

次子，吉，平东将军、右银青光禄、大都督。

次子，隆，使持节、车骑大将军仪同三司、大都督、适乐侯。

次子，轨，帅都督、升迁伯。

次子，询，都督、左侍上士。

次子，谭。

次子，纶。

次子，孝忠。

次子，孝礼。

次子，孝依。

次子，孝良。

次子，抱南。

从墓志我们了解到墓主人李贤的生平、官职、成就以及家族世系等，是一部微缩的社会史。

（三）宇文猛墓志铭

宇文猛墓志为1组2件(北周保定五年，公元565年)，1993年5月宁夏固原县南郊乡王涝坝村宇文猛墓出土，宁夏固原博物馆收藏。墓志青石质，均为正方形。志盖盝顶式，正面磨光，素面无文。边长44厘米，厚12厘米。志石边长52厘米，厚10厘米。志石细线刻画界格，格内阴刻楷书志文：

周故大将军，大都督，原、盐、灵、会、交五州诸军事，原州刺史，槃头郡开国襄公墓志铭

公讳猛，字虎仁，平高人。其先帝颛顼之苗裔。长澜不竭，世济其真，备详典册，可略言也。惟祖惟父，世为民酋。公幼表令望，长而雄烈。出忠入孝，志夷国难。永安元(年)任都将，二年补

图4　宇文猛墓志

都督。普大中，除襄威将军，奉朝请。大昌元年，除镇远将军、步兵校尉，除龙骧将军、员外谏议大(夫)。后至永熙三年，大驾西迁，封长安县开国侯，食邑八百户。大统二年加平东将军、大中大夫。四年，除安南(将)军、银青光禄大夫，又除通直散骑常侍，加安西将军，增邑八百户。通前一千六百户，进爵为公。十三年加持节□军将军，右光禄大夫，除长乐郡守。十四年授大都(督)、原州诸军事、原州刺史。十五(年)授使持节、车骑大将军、仪同三司，寻加骠骑大将军，开府乃属。宝历归周，以公先朝旧，赐姓宇文氏。改封槃头郡开国公，增邑一千户，通前二千九百户，即授左武伯。三年，转授左宫伯，以公宗室勋旧，授汾州诸军事、汾州刺史。保定四年，以公秉德贞固，掺识渊远，授大将军。余官封依旧。公勇同卫霍，兵合孙吴。东西战敌，无阵不经。

当锋履刃，□□□临。方谓应兹多福，降此永年；岂期霜雾，倏随冥古。春秋六十有九。保定五年，岁次乙酉七月十五日遘疾，薨于长安县鸿固乡永贵里，亲朋号慕，朝野悛愕。皇上闻而悼焉。诏赠原、盐、(灵)、会、交五州诸军事，原州刺史。谥曰襄，礼也。即以其年十月廿三日葬于斯原，公子等恐川移谷徙，无闻声烈。托石或铭，以传永久。

夫人，新平郡君冯。

世子，仪同永。

次子，元贵。

次子，兴贵。

次子，右仁。

(四)田弘墓志铭

田弘墓志1组2件(北周建德四年，公元575年)，1996年宁夏固原县西郊乡大堡村田弘夫妇合葬墓出土，宁夏固原博物馆收藏。均为正方形，青石质。志盖和志石尺寸相同，边长72厘米，厚12厘米。志盖为盝顶式，四面斜杀，四面先双线刻画四边框，中布均匀宽线棋格，减地阳刻篆书"大周少师柱国大将军雁门襄公墓志铭"。

志石亦基本呈正方形，表面经过仔细磨光画成棋格，竖行36行，每行38格，文字按列书写，其余志文均按格填写，全文1341字，行文魏书体。志文为：

大周使持节、少师、柱国大将军、大都督、襄州总管、襄州刺史、故雁门公墓志

公讳弘，字广略，原州长城郡长城县人也。本姓田氏，七族之贵，起于沙麓之岿；五世其昌，基于凤皇之鹝。千秋陈父子之道，人主革心；延年议社稷之计，忠臣定策。公以星辰下降，更禀精灵；山岳上升，偏承秀气。淮阴少年，既知习勇；颖川月旦，即许成名。永安中，从陇西王入征，即任都督。永熙中，奉迎魏武帝迁都，封鹑阴县开国子，转帅都督，进爵为公。太祖文皇帝始用勤王之师，将有兵车之会。公于高平奉见，即陈当世之策。太祖喜云："吾王陵来矣。"天水有大陇之功，华阳有小关之捷。襄城则不伤噍类，高壁则不动居民。并辔援桴，飞鸡燧象。虽以决胜为先，终取全军为上。大统十四年，授持节、都督原州诸军事、原州刺史。虽为衣锦，实

图5　田弘墓志一盒

曰治兵。乞留将军，非但南部将校；争迎州牧，岂直西河童子。又增封一千三百户。侍从太祖平宝军、复恒农、破沙苑、战河桥、经北邙，月晕星眉，看旗听鼓，是以决胜千里，无违节度。乃授使持节、车骑大将军、仪同三司。寻而金墉阻兵，轵关须援，赐以白虎之诏，驰以追锋之车。武安君来，即勇三军之气；长平侯战，果得壮士之心。魏前元年，迁骠骑大将军，开府梁汉之南，岷江以北，西穷绵竹，东极夷陵，补置官人，随公处分，加侍中。魏祚乐推，周朝受命，进爵雁门郡公，食邑通前三千七百户。文昌左星，初开上将之府；陵云复道，始列功臣之封。保定三年，都督岷、兆二州五防诸军事、岷州刺史。朝廷有晋阳之师，追公受脉。太原寒食之乡，呼河守兵之路，无钟远袭，走马凌城，奇决异谋，斯之谓矣。拜大将军，增邑千户，余官如故。玉关西伐，独拜于卫青。函谷东归，先登于韩信。方之此授，异代同荣。江汉未宁，暂劳经略，更总四州五防诸军事。而庞德待问，先言入蜀之功；羊祜来朝，即见平吴之策。白旁加兵，足惊巴浦。荆门流旆，实动西凌。既而越舸凌江，咸中火箭，吴兵济汉，并值胶船。尔后乘驷兆河，观兵墨水，白兰拓境，甘松置阵，板载十城，蕃篱千里。论龙涸之功，增封千户，并前合六千户。蜀侯见义，求静西江。浑王畏威，请蕃南国。月硖治兵，收功霸楚。熊山积仗，克复全韩。天和六年，授柱国大将军。建德二年，拜大司空。楚之上相，以黄歇为能贤；汉之宗卿，以王梁为膺识。寻解司空，授少保。匡衡加答拜之礼，张禹受绝席之恩，郁为帝师，得人盛矣。三年，授都督襄、郢、昌、丰、塘、蔡六州诸军事，襄州刺史。下车布阵，威风歙然。猾吏去官，贪城解印。楼船校战，正论舟楫之兵；井赋均田，始下沮漳之餫。既而南中障疠，不宜名士，长沙太傅，遂不生还，伏波将军，终成永别。四年正月三日薨于州镇，春秋六十有五。天子举哀，三日废务，诏葬之仪，并极功臣之礼。有诏赠少师，原、交、渭、河、兆、岷、鄯七州诸军事，原州刺史。谥曰襄公。其年四月廿五日归葬于原州高平之北山。公性恭慎，爱文武，无三惑，畏四知。仪表端庄，风神雅正，喜怒之间，不形辞气，颇观史籍，略究兵书。忠臣孝子之言，事君爱亲之礼，莫不殷勤诵读，奉以书绅。至于羽檄交驰，风尘四起，秘计奇谋，深沉内断，故得战胜攻取，算无遗策。有始有卒，哀荣可称。在州疾甚，不许祈祷，吏民悲恸，城市废业。世子恭，攀号扶侍，途步千里，毁瘠淄尘，有伤行路，呜呼哀哉!乃为铭曰：有妫之后，言育于姜。长陵上相，淄水贤王。荣归历下，单据聊阳。安平烈烈，京兆堂堂。乃祖乃父，重光累德。驱传扬旌，燕南赵北。白马如电，玄旗如墨。箭下居延，泉惊疏勒。公之世载，幼志夙成。祥符岁德，庆表山精。纯深成性，廉节扬名。忠泉涌剑，孝水沾缨。勇气沉深，雄图超忽。削树龟林，乘冰马窟。义秉高让，仁彰去伐。屈体廉公，还疑无骨。水土须政，公实当官。兵戈须主，公乃登坛。长城远袭，地尽邯郸。宜阳积杖，一举全韩。作镇南国，悠然下土。赤蚁玄蜂，含沙吹蛊。惜乏芝洞，嗟无菊浦。南郡不归，长沙遂古。黄肠及葬，玄甲西从。旌旆寂拥，怅盖虚重。高平柏谷，山绕旅松。惟兹盛德，留铭景钟。

世子，使持节、骠骑大将军、开府仪同三司、大都督、司宪恭。

次息，大都督、贝丘县开国侯备。

从固原原州区南塬先后发掘的北周柱国大将军李贤、田弘、宇文猛墓为据，他们作为宇文氏的亲信，先后为原州刺史，镇守原州，为北周政权覆盖原州提供了充分的实物资料。

（五）秦阳郡守大利稽冒顿墓志铭

冒顿墓志（北周建德元年，公元572年十二月），1994年11月宁夏固原县东郊乡北十里村出土，宁夏固原博物馆收藏。高38厘米，宽39.2厘米，厚7.2厘米，石质为青灰色，左下角已残损，背面有绳纹，正面将原有绳纹磨去后刻字，表面残留绳纹痕迹。

阴刻志文：

维建德元年岁次壬辰十二月巳□二十三日辛酉，原州平高县民，征东将军，左金紫光禄、都督、赠原州刺史、怅玦县开国子，大利稽冒顿墓志铭，大息秦阳郡守。

图6　冒顿墓志

北朝时期，固原一直是重要城镇，也是东西交通要道上的军事重地。可能因为中西交流频繁，社会经济增长，文化先进，促使固原出土的北朝墓志已经进入了较为成熟的时期，从出土的墓志可以看出几个共同点：一是墓志基本呈正方形，均为青石质；二是均有墓志题额；三是志文与铭辞分开，明确志文是墓志的序，而以铭为主；四是墓主夫妇虽为合葬，但各立墓志；五是墓志出土地点均在甬道两侧；六是北周时期我国书法演变成楷书，与唐代墓志书法一致；七是北周与唐代墓志均有志盖。曾经一度认为墓志到隋唐方始定型，从固原北周至隋唐墓地发掘出土的墓志可以看到，北周时期墓志已基本定型。还有，无论从墓志的形制还是从刻文来讲，固原地区出土的北朝墓表和墓志都具有非常高的价值，为我们研究关陇集团在固原的情况、丝绸之路的中西贸易往来、民族之间的互动、历史变迁和社会生活，以及书法的演变，都提供了宝贵的资料。

参考文献：

[1] 宁夏固原博物馆编.固原历代碑刻选编[M].银川：宁夏人民出版社,2010.

[2] 宁夏固原博物馆编.固原文物精品图集（中册）[M].银川：宁夏人民出版社,2012.

[3] 李炳武主编.融汇中西的丝路遗风：宁夏固原博物馆[M].西安：西安出版社,2020.

[4] 耿志强著.宁夏固原北周宇文猛墓发掘报告与研究[M].银川：阳光出版社,2014.

从李贤墓出土陶骑看北周的交通主力

宋　平

（宁夏固原博物馆）

"重马车、轻牛车之风"在秦汉时期盛行，马车作为主要交通工具进入贵族领域，所谓"贾人不得乘马车"一直延续。然而一反常态的是魏晋南北朝时期的牛车出行悄然兴起，并逐渐取代马车成为主流。有学者认为其原因有二。一是因为魏晋南北朝时期社会动荡，经济萧条，国家储备很难有充足的财力蓄养马匹，并且马匹来源多依靠与北方少数民族的贸易。战乱不断时，马匹贸易锐减，有的地方甚至出现"匹马百金"的情况。二是魏晋南北朝时期盛行玄学，清谈思想遍布，牛车行走缓慢平稳，车厢高大宽敞，有的改装了任意坐卧的空间，供信众优游，营造超然世外的氛围，又能加强信众、上层人士之间的交流。在严重缺乏马匹的情况下，牛车正好发挥了作用，所以牛车在当时备受士族大姓的喜欢。进入北周，用牛驾的现象有所减少，马的使用率再度升高。随着丝绸之路交流的深入，骆驼也成为交通主力。这里，通过固原北周墓葬出土的陶马和陶骆驼，浅谈当时的交通主力。

一、北周李贤墓中出土的马与驼遗物

1983年，在宁夏固原县南郊乡深沟村北周李贤夫妇合葬墓中出土了镇墓武士俑、甲骑俑、乐俑、文吏俑、武官俑、女官俑、女侍俑、胡俑、风帽俑9类273件彩绘陶俑。这些陶俑的出土向我们展示了墓主人李贤夫妇生前的生活场景，充分反映了庞大的出行仪卫阵容。陶俑风格既继承了汉魏墓随葬的传统，也表现了关中地区北魏俑群的特点。同时还出土了陶马、陶骆驼，这些出土器物便是当时人们出行交通工具的缩影，为研究北周时期的交通提供了实物证据。

（一）具装甲骑陶俑

收藏于宁夏固原博物馆。泥质灰陶，通高17.5厘米，长17厘米。武士头戴尖顶兜鍪，中起脊棱，额前伸出冲角。两侧有护耳。身穿铠甲，外披黑色风衣。两臂弯至胸前，双手作持物状，左拳心有孔。马较为肥壮，身披铠甲，甲片以墨线勾勒，背上有鞍，垂首站立。

（二）仪仗陶骑俑

收藏于宁夏固原博物馆。该俑泥质灰陶，通高15.5厘米，长14.2厘米。人物头戴白色风帽，外着开领宽袖长衣，俑体施白色，面部施粉色，左手持长笛，右手前屈。马辔鞍具备，马施白色，鞍施朱红色。

（三）吹奏陶骑俑

收藏于宁夏固原博物馆。泥质灰陶，通高15厘米，长14.3厘米。人物头戴黑色风帽，身着白色宽袖长衣，足穿黑靴，双手执排箫。马垂首站立，通体施白色，头较小，颈短肥，腿部粗壮。辔鞍具备，鞍施朱红色。

图1　具装甲骑陶俑

图2　仪仗陶骑俑

图3　吹奏陶骑俑

图4　骑马陶俑

图5　骑马陶女官俑

图6　陶驮驴

（四）骑马陶俑

收藏于宁夏固原博物馆。泥质灰陶，通高13.6厘米，长13.7厘米。人物头戴黑色风帽，身着白色和黑色交领宽袖长衫。双手置胸腹间作持物状，拳心向上，各有一孔。马垂首站立，通体施褐色。马头戴辔，背上置鞍，鞍左前部有一小孔，辔为黑色。

（五）骑马陶女官俑

收藏于宁夏固原博物馆。该俑通高16.3厘米，长14.5厘米。人物头戴黑色笼冠，面施粉色，身着红色交领大袖长衫，腰束带。双手屈至胸前作持物状，拳心有一孔，所持物件已失。马辔鞍俱全，垂首站立，通体施白色。

（六）陶驮驴

图7　陶驮驼

收藏于宁夏固原博物馆。高10.5厘米，长13.8厘米。泥制灰陶，低首，头有辔，通体施白色。背驮白色褡裢，上涂有两道黑带，另一头驴背驮红色褡裢。

（七）陶驮驼

收藏于宁夏固原博物馆。高18.4厘米，长20.5厘米。泥制灰陶，由手工捏制而成，空心。通体施褐彩。昂首站立，双峰，峰间驮一囊袋。

二、北周时期马与驼的背景

在我国，马作为交通主力有长远的历史。在军事、交通、经济，甚至政治方面都发挥了不一般的作用。马的饲养、驯化、交换与来源近年来研究者颇多，尤其在魏晋南北朝时期多有精彩篇章出现。

西域焉耆国盛产"焉耆马"，被称为良马，适于运输和农耕，骑乘的速度和力量受时人称赞，不仅如此，焉耆马善游泳成为佳谈，一次能游二三十公里，号称"海马龙驹"。因为此马集优点于一身，输入更加频繁。焉耆国臣服中国后，也是献马不断，《周书·武帝纪》载，（保定）四年七月戊寅，"焉耆遣使献名马"。吐谷浑与北朝政权交往中，往往以马作礼。《周书·异域传》"吐谷浑"载："大统中（535—551），夸吕再遣使献马及羊牛等。"同时，西域于阗国的名马也被北周所得，《周书·武帝纪》载，建德三年（574）十一月，"于阗遣使献名马"。

西北地区和西域多国相互来往的礼品之一便是名马，尤其是大宛汗血马。《宋书·索虏传》记载："粟特大明中遣使献生狮子、火浣布、汗血马。"《魏书·世祖纪》记载，太延三年十一月，"甲申，破洛那、者舌国各遣使朝献，奉汗血马。"

北朝时期，为得到良马，看来是千方百计和不遗余力。除了从上述地方得到马以外，还从西南地区和东北地区输入良马。《魏书·契丹传》载："真君以来，求朝献，岁贡名马。显祖时，使莫弗纥何辰奉献，得班飨于诸国之末……悉万丹部、何大何部、伏弗郁部、羽陵部、日连部、匹洁部、黎部、吐六丁部等，各以其名马、文皮入献天府，遂求为常。皆得交市于和龙、密云之间，贡献不绝。"《魏书·高宗纪》载，兴光元年（454），"九月庚申，库莫奚国献名马，有一角，状如麟。"《魏书·高祖纪》载，延兴二年八月辛酉，"地豆于、库莫奚国遣使朝贡，昌亭国遣使献蜀马。"所谓"蜀马"，产于西南地区，吐谷浑人作为中间商，利用多种方式转手输入北魏。《魏书·吐谷浑传》载："终世宗世至于正光，牦牛、蜀马及西南之珍无岁不至。"

对于骆驼的使用，据学者研究，至少在先秦时期已经在我国出现，近年来发现的有骆驼形象的牌饰可以证明。根据晋人的《逸周书》所说，远在殷周时期，就有人用驼马同华夏进行物产交换。

南北朝时期，南疆各民族在长期的生产生活实践中，逐渐掌握繁育骆驼的技术和识驼方法，培育出日行千里的名驼，例如黑橐驼、风脚驼等。《魏书》载魏贡品中所列的名驼："龟兹国遣使献名驼七十头"。又载"迷密国都迷密城，在者至拔西，去代一万二千六百里，正平元年（451）遣使献一峰黑橐驼。"《本草纲目》载："于阗有风脚驼，其疾如风，日行千里"。

此时，国人已充分认识到骆驼和马的作用，也将之扩充到国家交流、民族交往、运输、经济等诸多领域，骆驼和马的故事频频出现于史书。《魏书·西域传》记载，焉耆国，"畜有驼马"。《魏书·高祖纪》载，太和二年（478）九月，"龟兹国遣使献大马、名驼、珍宝甚众。"《魏书·西域传》载，吐呼罗国"土宜五谷，有好马、驼、骡，其王曾遣使朝贡。"康国"出马、驼、驴、犎牛……太延中，始遣使贡方物"。从史料可知，这些出产良马和骆驼的西域、中亚、西亚和南亚国家在与北朝交往中，都曾以良马和骆驼作为礼物。同时，为北周李贤墓中的陶马和陶骆驼有关研究提供参考。

近年来考古发现的北朝时期马和骆驼形象的遗物数量可观,只作为丝绸之路运输工具的,也为数不少,例如2003年西安发现的北周凉州萨宝史君墓的石椁上的粟特商队,既有马,也有骆驼。固原北周李贤墓的陪葬品中,有马,也有骆驼。

三、结论

李贤墓中的陶马和骆驼的品种和来源,目前研究成果较多,但通过北朝时期对马和骆驼的需求,以及马和骆驼在丝绸之路上扮演的角色来分析,李贤墓出土的陶马和陶骆驼的品种和来源,与西域的良马、长途跋涉的骆驼有一定关系。也为北朝时期的民族交融和丝绸之路中固原特殊的地理位置所发挥的作用提供了证据。同时,文献和考古资料证实,马和骆驼作为交通运输的主力作用是必不可缺的。

参考资料：

[1]　罗丰.胡汉之间:丝绸之路与西北历史考古[M].北京:文物出版社,2004.

[2]　魏书[M],北京:中华书局,2017.

[3]　石云涛.魏晋南北朝时期良马输入的途径[J].西域研究,2014(1).

[4]　荣新江.北周史君墓石椁所见之粟特商队[J].文物,2005(3).

[5]　宁夏回族自治区博物馆,宁夏固原博物馆.宁夏固原北周李贤夫妇墓发掘简报[J].文物,1985(11).

[6]　宁夏固原博物馆.固原文物精品图集[M].银川:宁夏人民出版社,2013.

李贤墓环首刀考略

曹　莹

（宁夏固原博物馆）

　　在人类使用冷兵器的历史中,刀作为一种具有砍劈性能的单面侧刃型格斗类兵器,发挥了非同寻常的作用。1983年9月,在固原南郊乡深沟村发掘的李贤墓中,出土了一把环首双附耳刀,通长86厘米,出土时刀已锈于鞘内,原长应在100厘米左右,环为扁圆形,单面刃。柄部较短,以银片镶包,外套木鞘,木鞘外表髹漆,呈褐色,上有一对银质附耳,附耳与鞘连接部分、鞘末端部位包银,出土于木椁右侧,应为李贤生前所佩之刀,是目前北朝墓葬中唯一保存完整的刀。

图1　环首双附耳刀

　　当前对于此刀是否为舶来品尚无定论,出于保护,对于是否为铁刀也并未进行测量鉴定。本文将根据文献及出土的刀器梳理魏晋南北朝前期的刀器史,并结合此刀的特点,通过对比萨珊double-locket佩刀法、分析李贤的身世背景,推断此刀为萨珊王朝制铁刀。

一、中国刀器史（至魏晋南北朝）

　　李贤墓出土的刀由于锈蚀,并未进行科学检测,实际上"青铜器的衰落期始于战国,那时钢铁兵器已经较多地出现于战争舞台,铁器时代是冷兵器的成熟阶段,最先进的工艺转为钢铁的冶炼"。[1]魏晋南北朝时期正处于铁器时代,又据锈蚀之态,我们可以推测其应为铁刀。

（一）刀剑发展史（至魏晋南北朝）

　　刀是人类早期生活中不可或缺的生产工具,原始社会晚期,部分制作精良的刀又是防身格斗的作战武器。在我国,刀作为兵器使用最早可追溯到蚩尤和黄帝的战争,传说蚩尤部族和黄帝部族在河北的涿鹿发生了一场大规模的战争,黄帝部族使用了弓矢、鸣鸿刀等兵器,并取得了最终的胜利。虽然这是传说,无从考据,但从齐家文化中已有青铜制的刀、匕、斧、锥来看,黄帝部族使用刀的传说也不是毫无根据。目前我国发现最早的青铜刀为1975年在甘肃东乡林家遗址马家窑文化出土,距今约5000年,

---

① 杨泓:《考古学与中国古代兵器史研究》,《文物》,1985年第8期,第16–24页、72页。

刀体较短，柄身分界不明，从严格意义上来讲，它并不是真正意义上的兵器，可能更多用于防身，但它的出现，开启了金属兵器的先河，标志着青铜时代的来临。[①]

在我国，刀的大规模使用要晚于剑。西周之前，由于中原地势平缓，战事以车战为主，刀剑"并不是军队装备的基本武器，只是一种防范状态下的自卫武器"，"两军对阵首先用弓矢互相射杀对方，当近距离战车错毂相接时，所用的武器是装有长木柄的矛、戟和戈。只有双方士兵扭打在一起时，短剑才有使用的机会"。"剑作为武器开始受到重视是在西周，彼时，关中平原入狄之手，都城迁至东都洛阳，战乱纷起"。[②]至春秋战国时期，"战场不只限于平原地区，逐渐地车战退居于次要地位，步兵与骑兵兴起，使得青铜剑达到了鼎盛时期"[③]，战国晚期赵国赵武灵王设立了骑兵，骑兵作为独立的兵种开始出现，秦末和楚汉之争时期，骑兵在战争中举足轻重，"战国时剑已成为士兵的必备武器了"。[④]后来，"由于短距离的格刺拼搏需要，迫使战剑要更长和更加锋利坚硬才能适应战争的变化，春秋晚期，钢剑应运而起"[⑤]，到了汉代，"铁剑终于独占霸主地位"。[⑥]

铁刀完全代替铜剑成为战场上的主力武器是在东汉末年[⑦]，由于在战马错位搏斗时，身薄体轻的特征使得钢剑直刺对方的机会大大减少，因而，背脊厚重、坚实锋利的单刃铁刀代替剑成为骑兵的最爱。

在我国青铜文化达到顶峰的商代，流行直刃长刀，如前所述，此阶段的刀只处于次要地位，主要用于简单的格斗，"从已出土的商代兵器来看，青铜刀的数量远少于戈、矛"。[⑧]这一阶段的刀"刀体的长度在30厘米以上，根据长刀装柄的方式分为銎纳型和阑装型两种"[⑨]，此外，这一时期也出土了兽首型刀："在河南安阳小屯——商代晚期的都城发掘的'C区M20'的车马坑中的一辆驷马战车上，三位乘员所佩戴的用于卫体的兵器就是柄端铸成牛、马、羊头形的青铜刀。这种兽首刀在安阳妇好墓、陕西绥德、大司空村51号墓等都有出土，这种做法可能受北方草原民族的影响所致"。[⑩]到了西周，除直刃长刀外，发现了一种曲刃刀：1975年陕西扶风出土了一把长24厘米的三曲波状刀，刀背有两个桃形銎，时间约为西周晚期。

三国两晋南北朝时期"出土的刀主要为铁刀，铜刀北方仅见于短刀，南方仅1件铜刀，出土于湖北襄阳菜越三国墓M1∶155"。[⑪]同时，这一时期淬火工艺有了较大发展，如蒲元"蜀江取水""熔金造器，特异其法"，其所制之刀"称绝当世，因曰神刀"。

东晋晚期，南方出土的长铁刀的刀柄形态较北方更为丰富，有环首长刀、长方形柄长刀、装柄长

① 段清波：《刀枪剑戟十八般·中国古代兵器》，成都：四川教育出版社，1998年。
② 段清波：《刀枪剑戟十八般·中国古代兵器》，成都：四川教育出版社，1998年，第15页。
③ 段清波：《刀枪剑戟十八般·中国古代兵器》，成都：四川教育出版社，1998年，第16~17页。
④ 段清波：《刀枪剑戟十八般·中国古代兵器》，成都：四川教育出版社，1998年，第23页。
⑤⑥ 段清波：《刀枪剑戟十八般·中国古代兵器》，成都：四川教育出版社，1998年，第24页。
⑦ 段清波：《刀枪剑戟十八般·中国古代兵器》，成都：四川教育出版社，1998年，第28页。
⑧⑨ 段清波：《刀枪剑戟十八般·中国古代兵器》，成都：四川教育出版社，1998年，第128页。
⑩ 杨泓：《话说十八般武艺·中国古代兵器纵横谈》，北京：人民体育出版社，1992年，第41页。
⑪ 崔贻彤：《考古所见三国两晋南北朝兵器研究》，南京大学2016年硕士学位论文。

刀、尖锥柄长刀等。[①]

　　北朝刀历来很少发现，本文所要研究的宁夏固原北周李贤墓出土的环首刀是目前北朝墓葬中唯一保存完整的刀。李贤刀的特点前文已述，此处不作赘述，综上，李贤墓出土刀的一大特点在于其环首，因此，接下来我们将尝试梳理魏晋南北朝前的环首刀史。

（二）环首刀史（至魏晋南北朝）

　　"环首刀以环形柄首为明显特征，它起源于先秦，两汉形成基本格局，影响所及，三国直至唐代盛极一时"。[②]严格讲，早在商代就已经有环首刀的雏形了："在陕西绥德墕头村出土的马头刀的刀柄上下各铸有一个不规整的环形，可见早在商代，就已经有环首刀的雏形了"。[③]此外，梳理考古实物推断，西汉早期环首刀尚未普及。

　　西汉中期至王莽时期，环首刀兴起，但这一时期的刀"直脊直刃柄与刀身没有明显区别，插在漆鞘里，刀鞘用两片木材合成且用丝线和纺织品包缠"。[④]例如，20世纪50年代，在河南洛阳出土了13把长85—114厘米的环首铁刀，其中11把出自西汉至王莽时期。此外，西汉时"自皇帝至百官无不佩剑，尤其是上朝时"[⑤]，可以说环首刀的兴起也引发了舆服制度从佩剑向佩刀的转变。

　　东汉时，用炒钢反复加热锻打的工艺日渐成熟，冶铁炼钢的技术有了显著进步，环首刀的制作日益精良，优质铁刀装饰华美。同时，环首长刀已成为百姓日常生活中非常普及的东西，佩刀蔚然成风。"何当大刀头？破镜飞上天。"以环首之"环"比喻归来之"还"，期盼夫归之情跃然纸上的同时，也显示了环首长刀业已"飞入寻常百姓家"。这一时期出土的铁刀如：河南三门峡陕州区刘家渠东汉墓出土的环首长铁刀，刀柄两侧用木片夹起，外缠粗绳（据前文所述，这种包夹木片，缠绕绳线的方法沿用了西汉时的做法），刀的环首上还缠有绢布。长沙东汉墓出土的铁刀往往超过1米。河北定县43号墓出土的铁刀，刀身装饰错金涡纹和流云纹，通长105厘米，被认为是中山穆王刘畅所佩之刀，由此推之，我们不难想象彼时"诸侯王黄金错"的胜景。

　　魏晋南北朝时期，环首长刀仍沿袭汉刀形制，刀环被制成各种鸟兽形，据前文所述，这种兽首形刀在商代即已出现。

　　关于花饰刀环的最早文献记录是赫连勃勃的龙形和雀形刀环的百炼钢刀，号称"大夏龙雀"。据《隋书·礼仪志》载，北周皇宫卫士所佩之刀，有龙环、狰环、豹环、凤环等等。

　　综上所述，魏晋南北朝及其前期的中国刀整体而言刀身较宽，轻度弯曲，单面开刃，刀柄上通常绑有绳索。刀鞘通常采用木制，外面覆有清漆。本文所研究的李贤墓出土铁刀在刀身、刀柄、木鞘等方面与中国传统刀并无太大区别。其独特之处为双附耳，结合上文，这种佩刀法并非当时我国流行的佩刀方式，那么，究竟这把刀是不是舶来品，来自哪里？又是如何为李贤所有？

---

① 崔贻彤：《考古所见三国两晋南北朝兵器研究》，南京大学2016年硕士学位论文，第8页。

② 陆锡兴：《论汉代的环首刀》，《南方文物》，2013年第4期，第71—82页。

③ 杨泓：《话说十八般武艺·中国古代兵器纵横谈》，北京：人民体育出版社，1992年，第41页。

④ 杨泓：《话说十八般武艺·中国古代兵器纵横谈》，北京：人民体育出版社，1992年，第44页。

⑤ 段清波：《刀枪剑戟十八般·中国古代兵器》，成都：四川教育出版社，1998年，第131页。

二、李贤墓出土环首刀

（一）李贤及其佩刀的来历

李贤（503—569），字贤和，十州诸军事，原州刺史，鲜卑拓跋氏后裔[1]，历经北魏、西魏、北周三朝。其"曾祖富，魏太武时以子都督讨两山屠各殁于阵，赠宁西将军、陇西郡守。祖斌"。据《固原市志》记载，北魏太武帝时，李贤祖父李斌已镇守高平镇，李斌之后，宇文泰以直阁将军行原州事。李贤应与宇文泰关系不错，据《固原市志》记载：永熙三年（534）关中大行台贺拔岳在原州被秦州刺史侯莫陈悦所害，宇文泰遂被众人所推，率军攻杀侯莫陈悦。宇文泰命李贤追杀400里，逼悦自杀牵屯山。

据《固原市志》记载，李贤"袭领父兵，镇于高平，因家焉"，墓志记其家族李氏"一门之中，为柱国者二、大将军者三、开府者七、仪同者九、孤卿者六、方伯者十有五焉"。其妻吴辉"其先渤海徒焉……门居显称"。《周书》："高祖及齐王宪之在襁褓也，以避忌，不利居宫中，太祖令于贤家处之，六载乃还宫。因赐贤妻吴姓宇文氏，养为侄女"，"西魏大统中，赐姓宇文氏者有十三人，其中仅李贤之妻一人为女性"[2]，足见其家族地位之显赫。

根据文献记载、考古发掘及李贤墓所出土的其他遗物可知，北朝时期中国与波斯和西域地区交往频繁。

公元226年，阿尔达希尔一世推翻安息王朝，建立萨珊王国，"彼时中国进入三国鼎立时期，河西走廊和通往西域的道路受阻严重，中原政权经陆路交通的西部地区路线基本不通畅"[3]，中国史书称萨珊王国为"波斯"。《魏书·西域传》："波斯国，都宿利城，在忸密西……去代二万四千二百二十八里"。[4]至5世纪，巴赫兰五世（420—438年在位）时期为波斯帝国的极盛时期。李贤所处的时代，正值卡瓦德一世（488—531）和库思老一世（531—579）统治时期。

"从魏太武帝拓跋焘太延元年（435）起，首先是西域诸国入朝进贡，接着北魏遣使报聘，双方的交通往来拉开了序幕。"[5]"太延元年（435）至太延五年（439），北魏与西域出现第一次交通往来高潮，但是与北魏进行交通往来的国家中并没有萨珊波斯的记载"，这可能与438年萨珊与嚈哒的战争有关，此外，当时的北魏也与柔然有大规模的军事冲突，致使经行伊吾的北道不通畅。直至"太武帝太平真君五年（444）至孝文帝太和二十三年（499），出现北魏与萨珊王朝交往的首次高潮"[6]：太平真君五年三月，北魏曾遣使四辈出使西域，十二月，粟特遣使入魏。457年，"萨珊王朝国王伊嗣俟二世去世，立少子荷米斯达，长子卑路斯逃入嚈哒，并在其帮助下回国即位（457—484），由于嚈哒的强盛，葱岭以西的丝路进入一个稳定通畅时期。北魏与萨珊王朝建立了正式的外交关系，双方使节频繁往来"[7]。《魏书·高宗

---

① 韩兆民：《宁夏固原北周李贤夫妇墓发掘简报》，《文物》，1985年第11期，第1—20页、97—100页。

② 罗丰：《李贤夫妇墓志考略》，《美术研究》，1985年第4期，第59—61页、89-48页。

③ 郭丽娜：《北朝与萨珊王朝的经济文化交流》，山西大学2011年硕士学位论文。

④ 《魏书》卷一〇二《西域传》，第2270页。

⑤ 郭丽娜：《北朝与萨珊王朝的经济文化交流》，山西大学2011年硕士学位论文，第21页。

⑥ 郭丽娜：《北朝与萨珊王朝的经济文化交流》，山西大学2011年硕士学位论文，第23页。

⑦ 郭丽娜：《北朝与萨珊王朝的经济文化交流》，山西大学2011年硕士学位论文。

记》载文成帝太安元年(455)"冬十月，波斯、疏勒国并遣使朝贡"；和平二年(461)"八月戊辰，波斯国遣使朝献"。《魏书·显祖纪》记载：天安元年(466)三月，波斯、于阗、阿袭诸国遣使进贡；拓跋宏皇兴二年(468)，孝文帝承明元年(476)，波斯各遣使朝献一次。《魏书·本纪·世宗纪》记载北魏正始四年(507)十月、熙平二年(517)四月、神龟元年(518)秋七月、正光二年(521)闰月丁巳、正光三年(522)七月波斯各遣使朝献一次。

史籍记载北魏派遣使者首次到达萨珊为太平真君年间(440—450)"朝廷遣使者韩羊皮使波斯，波斯王遣使献驯象及珍物……假言虑有寇不达……显祖怒，又遣羊皮奉召责让之。自后每使朝献"。[1]北魏孝明帝年间(516—528)，宋云等人于神龟元年(518)奉命到天竺取经，途经嚈哒、波斯等国，正光三年(522)返国。由此可见，北魏时期与萨珊王国往来频繁。

当然，除了同西方国家的正式交往，民间交往必定更多，公元5—8世纪，随着中国与西域文化交流的不断加强，固原作为丝路重镇，其地位日趋重要。同时，西亚、中亚的各种奇珍异宝源源而来，众多的遗物、遗迹留在了丝路要塞固原以及固原周边地区。高平(固原)为丝路之重镇——北魏在太延二年(436)设高平为镇，为当时著名的北方军镇之一，被视为"国之藩屏"。自1959年以来，考古工作者在宁夏固原近郊发掘出土了许多与中亚、西亚有关的遗物，具有波斯风格的杯、银碗、萨珊银币、镶宝石的金戒指、鎏金银壶、玻璃碗等相继出现。又据李贤墓志记载其"乡党许其远大，宗族称为万顷……拥节巴湘，作监军于江外；利建茅社，启土宇于河西……兼总六防之师"，这样一位叱咤风云、镇守一方的人物，必定有一把十分珍爱的伴其左右甚至一生的兵器，因此我们有理由推测，这把出土于李贤墓木椁右侧的便于骑兵与步兵的银质双附耳铁刀，早年间便已伴其主人左右，而根据李贤的年龄及大环境下北魏与萨珊的频繁友好交流，此铁刀很可能于北魏时期便已于萨珊不远万里找到了它的主人。

那么，这把刀有没有可能是李贤晚年时期所得之刀，李贤爱不释手，所以下葬时置于其木椁右侧呢？这种可能性极小，但也不是不可能。其实到西魏(535—556)前期，与西域诸国的交往就已经呈现衰落的趋势了。太原王郭村出土的《虞弘墓志》记载柔然派使虞弘出使波斯和吐谷浑，说明中国与波斯之间的丝路交通控制在柔然手中[2](后虞弘又仕于北周，他有可能会向北周统治阶级敬献其所存波斯之物，但彼时李贤已入暮年，将他人所赠之物放于木椁右侧这种可能性极小)，彼时宇文泰主要精力集中在稳定和巩固关陇集团，但这不代表外来的物品完全无法传入西魏，西魏废帝元年(552)，突厥大破柔然，553年"魏废帝二年，其王遣使来献方物"，又李贤之妻吴辉为宇文泰抚养了两子，足见其关系之不一般。因此，我们也有理由推测李贤所佩铁刀有可能是宇文泰或其子北周武帝所赠。

(二)萨珊double-locket佩刀法

其实早前罗丰在《胡汉之间：丝绸之路与西北历史考古》里就提到，这把铁刀可能来自中亚、西亚："与传统环首长刀璲式佩系法不同，刀鞘一侧有上下两个纵装附耳，耳上有凸钉。先固定刀带，然后将两根短刀带挂于腰带上，这种悬刀方式最早是公元5世纪时由土耳其发明，然后向东、西传播。由西通过萨珊王朝传入欧洲，向东先传入中国，后传到日本。李贤墓出土的长刀，为简单的环首，并无有关文

---

① 《魏书》卷一〇二《西域传》，第2263页。
② 郭丽娜：《北朝与萨珊王朝的经济文化交流》，山西大学2011年硕士学位论文。

献中记载的仪刀那样繁多的形式，那么铁刀来自遥远的中亚、西亚是我们首先考虑到的因素。"

据 *SASSANIAN ELITE CAVALRY AD 224—642*（《萨珊精锐骑兵（公元224年—公元642年）》），萨珊早期的刀剑类似于帕提亚时期，它们拥有宽护手，刀剑身长且直，通过刀剑鞘滑杆来悬挂，且能通过腰带来移动，这种垂直悬挂刀剑的方式是比较适合于骑兵的。尽管早期的萨珊刀剑有相对较宽的护手，但仍然比中国汉朝的样式要小，"Early Sassanian sword guards were usually broad but could also be smaller in the Han Chinese style"（早期萨珊王朝的剑柄通常很宽，但也可能更小，采用中国汉朝的风格）。[①]由于刀鞘滑杆的局限性，使得步兵不能有效使用它，因为在行军时刀会拖到地上，到了4世纪，在中亚，非伊朗语民族在很大程度上取代了伊朗语民族，双附耳式悬挂法（double-locket or the two-point system）来自突厥人或阿尔瓦人，很可能于公元5世纪萨珊与嚈哒人的战争中被引进。[②]这种新的悬挂方式通过两条带子将刀剑挂在腰带上，每条带子要穿过刀、剑鞘边缘P形的附件上，且每条带子的长度是可调节的，用于改变刀剑的倾斜角度。双附耳式佩戴法不再影响步兵的移动，允许其携带更长的刀剑，Balklyk墓葬和Varakhshah墓葬遗迹显示，萨珊王朝晚期匕首也使用这种两点式悬挂法。此外，萨珊王朝晚期的骑兵也用这种两点式挂法来佩戴他们的弓袋与箭袋。综上所述，我们有理由推测，李贤墓出土的这把铁刀是来自萨珊王朝的舶来品，为当时中西交流的产物。此外，自1959年以来，在宁夏固原近郊发掘出土了许多与中亚、西亚有关的遗物，不仅显示了当时固原在丝绸之路上的繁盛，更见证了当时中国与萨珊王朝的友好交流。

图2　克孜尔石窟壁画中佩刀样式

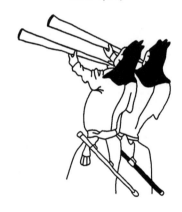

图3　北齐娄睿墓壁画中佩刀样式

三、结语

自古乱世出英雄，执刀仗剑走天涯，"带长铗之陆离兮，冠切云之崔嵬"，如今静立于展柜里、锈蚀斑斑的刀剑的背后，是英雄的故事，是中西文化交流的见证，更是时代的史书。生命、土地、国家、战争、文明织就人类社会奔流向前的不竭源泉，刀剑本为战争而生，过往各集团间、种族间、国家间的利益纠葛我们已无法追溯谁是谁非，但以中华民族谋复兴为初心使命；以守护和平，尊重、保护生命，铸牢中华民族共同体意识为理念的兵器研究，是对中华优秀传统文化的延续与传承，是对祖先的敬畏，更是对生命与和平的致敬。

---

①② Farrokh Kaveh.SASSANIAN ELITE CAVALRY AD 224-642[M]. Osprey Pub Co.2005-7.

固原北魏墓铺首衔环上的
多元丧葬文化与相关研究

方 石

（宁夏固原博物馆）

20世纪80年代以来，固原相继发掘北魏墓葬数座，有1981年固原东郊乡雷祖庙村北魏墓、1984年彭阳县新集乡石洼村北魏墓、1986年固原彭堡乡侯磨村北魏墓、1987年固原寨科乡李岔村北魏墓、1991年固原三营乡化平村北魏墓、2005年固原南郊乡羊坊村四座北魏墓等。出土文物弥足珍贵，同时，为固原在北朝时期丝绸之路上的特殊地理位置提供了佐证。其中一部分器物多元文化鲜明，内涵深厚而鲜于研究。本文对南郊羊坊北魏墓M1和东郊雷祖庙北魏墓出土的透雕铜铺首作相关研究。

与固原两座北魏墓的铜铺首属同类文化类型的，在北魏平城时代流行。自20世纪60年代以来，山西大同地区发现大量北魏墓葬，见于报道者有300余座[1]，出土此类铺首为数不少。

目前，与固原羊坊墓铺首同类型的，所塑造的人物是谁，却触及甚少，只见冠名：其中"人"、"人物"[2]多见；其次"力士"[3]、"童子"[4]；就雷祖庙墓铺首同类型的人物是谁，亦鲜有分析，称呼有"人物"[5]者普遍，此外"力士"[6]、"似为武士"[7]、"夜叉"[8]。几种称呼只在"人物"范畴具象一些。

与雷祖庙墓铺首图像构成属同类型的，有称呼"一人二龙"[9]和"一龙二兽"[10]，并有学者参考石窟图像，普遍认为与佛教题材有关，且渗透到墓葬。杨雄认为与佛教净土思想密切相关，出自净土三大

① 白月：《大同地区出土北魏葬具的研究》，西北大学2017年硕士学位论文。

② 大同南郊窖藏遗址出土的铺首上的人物，与羊坊墓铺首人物类似，称为"北魏铜鎏金一人二龙纹铺首衔环"（见表1序号8）。大同日报融媒体官网：《发现大同·品鉴文物》，2022-04-13。

③ 1956年大同市工程公司院内出土的北魏铺首衔环，与羊坊墓铺首上的人物类似，称之为"北魏铜鎏金兽面力士纹铺首衔环"（见表1序号7）。大同日报融媒体官网：《发现大同·品鉴文物》，2022-04-13。

④ 大同七里村北魏墓群M35出土的铺首衔环人物形象，接近羊坊墓铺首人物，称之为"童子"。见大同市考古研究所：《山西大同七里村北魏墓群发掘简报》，《文物》，2006年第10期，第25-49页，图四六。

⑤ 宁夏固原博物馆编：《固原文物精品图集》（中册），银川：宁夏人民出版社，2013年，第116页。文字介绍"中间立一人物"。

⑥ 大同市博物馆：《平城文物精粹：大同市博物馆馆藏精品录》，南京：江苏凤凰美术出版社，2016年。该文中称为"力士龙纹鎏金铺首衔环"。

⑦ 大同市考古研究所：《山西大同下深井北魏墓发掘简报》，《文物》，2004年第6期。

⑧ 张海蛟：《北魏平城"一人二龙"图案的渊源与流变研究》，《形象史学》，2017年第1期。见本文表2序号20。

⑨ 张海蛟：《北魏平城"一人二龙"图案的渊源与流变研究》，《形象史学》，2017年第1期。

⑩ 郭物：《"一人双兽"母题考》，《欧亚学刊》（第四辑），北京：中华书局，2004年，第1-33页。

部①。张海蛟认为该形象出现在墓葬中,当为守卫、守护之义。夜叉与铺首融为一体,守护意义更浓。飞天与二龙组合被用于龛楣,当也是作护法之用。化生为四生之一。②水野清一认为,夜叉、飞天、化生与二龙等题材的运用,其中夜叉出自《维摩经》,为守卫天城与门阁的侍卫神。③白月对大同地区铺首进行类型学分期,也同上说。④

　　本文将相关铺首人物初定两种类型,即羊坊墓铺首人物和雷祖庙墓铺首人物。⑤两种人物是谁,故事的渊源在哪里,还隐藏哪些文化?铺首的兽头是什么,与人物有什么关系?铺首上多元文化的统合痕迹,反映的北朝人文观念、丧葬文化等,将在下文展开。

一、羊坊墓鎏金铜铺首

　　固原羊坊墓位于原州区羊坊村二组,2005年当地村民取土时发现。宁夏文物考古研究所展开抢救性发掘。该墓葬南距唐代梁元珍墓约300米,东南距史氏家族墓群的史索岩墓约800米,这一带又曾发掘北周至隋唐数十座墓葬。此次清理北魏墓四座,其中M1⑥出土的鎏金铜铺首⑦(图1、图2;表1序号11、12)工艺精湛;棺环⑧(图3)通体鎏金,颇上档次。

(一)羊坊墓铺首与环的关系

　　羊坊墓M1出土鎏金铜铺首2件,形制相同,高9.5厘米,宽9.4厘米。铜质,高浮雕,铸造成形后修整、鎏金。主体为一兽面,板牙夸张、波磔呈莲花瓣,左右獠牙外翻;双目暴凸、冷峻;双角、双耳合体变形,竖起;触须呈卷草状。两兽角空间设计一人,平臂、下蹲、歪头。裸身,着三角犊鼻裈,丑陋、臃肿,由卷草纹相连。这种铺首"年代当在太和年间"。⑨

　　另外出土鎏金铜棺环3件,由棺环和扒钉组成,扒钉的

图1　北魏鎏金铜铺首Ⅰ式

图2　北魏鎏金铜铺首Ⅱ式

---

① 杨雄：《莫高窟壁画中的化生童子》,《敦煌研究》,1988年第3期,第83页。

② 张海蛟：《北魏平城"一人二龙"图案的渊源与流变》,《形象史学》,2017年第1期。

③ 转引自林圣智：《墓葬、宗教与区域作坊——试论北魏墓葬中的佛教图像》,《美术史研究辑刊》,2008年第24期,第15页。

④ 白月：《大同地区出土北魏葬具的研究》,西北大学2017年硕士学位论文。

⑤ 就笔者目下了解的平城时代文化类型的铺首资料,初定为两种,一种为方相氏类,一种为沐浴太子类,下文予以论述。但两种人物类型的具体对比研究,本文略去。

⑥ 宁夏文物考古研究所：《固原南郊北魏墓发掘简报》,《中原文物》,2020年第5期,第21—30页。

⑦ 宁夏固原博物馆编：《固原文物精品图集》(中册),银川:宁夏人民出版社,2013年,第116—117页。

⑧ 宁夏文物考古研究所：《固原南郊北魏墓发掘简报》,《中原文物》,2020年第5期,第21—30页。图六:M1出土器物线图:2、3、4、5。注:棺环为图中上部分。

⑨ 宁夏文物考古研究所：《固原南郊北魏墓发掘简报》,《中原文物》,2020年第5期,第21—30页。

环扣,套住棺环。其中2件形制相同,环外径长8.8厘米、内径长6.8厘米、粗1.5厘米;另外1件环体偏平,外径10厘米、内径7.5厘米、厚0.3厘米,位于墓室中部偏东。

通过2件相同形制的铺首,以及"与棺环同时出土于墓室中部淤土内""兽面四角各有一小孔以贯铁钉,部分孔中尚存钉痕"[①]等信息,再参考大同平城时代一批铺首衔环[②],厘定固原南郊北魏墓M1出土的2件铺首和2件同规格的棺环,为两套铺首衔环(图4。以下称"铺首衔环",单体称"铺首""衔环"),固定在某重要部位。若将4件分开,则失去原有文化意义。

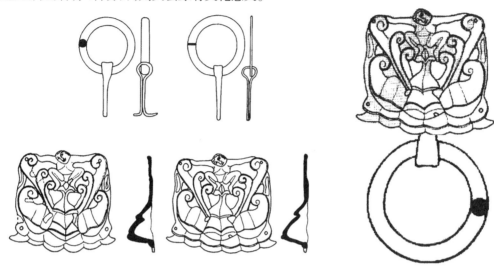

图3　北魏鎏金铜铺首、衔环(线图)　　　　图4　北魏铺首衔环组合图

(二)羊坊墓铺首上的人物与铺首的兽面

羊坊墓铺首人物歪头,平举两臂,蹲踞,右腿为兽腿,裸体着犊鼻裈,特别表现肥腻的胸乳和腹部,身形面目丑陋。同文化类型的有大同地区北魏铜鎏金兽面力士纹铺首衔环,该人物下蹲,两手扶膝,赤身,着犊鼻裈,瘦脸,噶口做吼叫状,形象丑陋古怪(表1序号7);大同南郊窖藏遗址的北魏铜鎏金"一人二龙"纹铺首衔环,人物右扭头,形象与前者相同(表1序号8)。

以上铺首人物的共性是:裸体,或着犊鼻裈,蹲踞式,手臂做出某种动作,身形和脸面丑陋。既不像墓葬中常见的人物,也不像东王父、西王母类的神仙,更不像畏兽,这就让人产生怀疑。

与汉画像上的方相氏形象对比,如滕州官桥出土的方相氏扬幡图(表1序号1),南阳汉代画像砖图181、182、183中的方相氏驭龙虎图。这两类方相氏的特征是裸体,大腹夸张,头有角,兽腿,或手执法器,身形面目丑陋凶猛,并有怪异动作。此外,徐州贾汪汉画像石的方相氏打鬼图(表1序号2),虽然着衣,但非常古怪,特别表现出似裸露、圆鼓的腹部和腿。《中国画像石全集》收录的"方相氏、鹰啄兔、凤衔绶带图像"(表1序号4),方相氏蛇尾,蹲踞状,戴面具,形象类似表1序号7的大同北魏铜鎏金兽面力士纹铺首衔环上的人物。综合这些特征,羊坊墓铺首人物便有了方相氏的倾向。

---

① 宁夏文物考古研究所:《固原南郊北魏墓发掘简报》,《中原文物》,2020年第5期,第21—30页。
② 白月:《大同地区出土北魏葬具的研究》,西北大学2017年硕士学位论文。大同日报融媒体官网:《发现大同·品鉴文物》,2022-04-13。

《周礼·夏官·方相氏》："方相氏掌蒙熊皮，黄金四目，玄衣朱裳，执革扬盾，帅百隶而时傩，以索室殴疫。大丧先枢，及墓入圹，以戈击四隅，殴方良。"[1]其中提到方相氏蒙熊皮，成为方相氏是熊的形象的依据。方相氏之所以以熊的形象活跃在历史舞台，与熊图腾崇拜有关联。

熊图腾的崇拜在史前已开始，有人对多种熊图像进行研究，文化内涵丰富，其中具有巫术意义的熊形象方相氏是其中之一。[2]有关墓葬中熊形象是方相氏的观点，孙作云、杨孝军、曾旭祥、陈梦家等均有解读。张光直说：中国古代方相氏蒙熊皮、通古斯语人萨满教的熊崇拜，说明国内外宗教、巫术中都有将熊作为神的历史。中国商周时期也具有萨满文明。[3]指出方相氏蒙熊皮与萨满教有关。

汉魏以来，蒙熊皮、兽腿、蹲踞、戴面具、裸体等形象的方相氏在画像石、壁画中多见，这里简要列举。西汉卜千秋墓的"方相氏、龙虎图"，方相氏蹲踞，驭龙虎，是熊的形象；山东济宁市金乡县鸡黍镇徐庙村出土的伏虎画像砖、降龙画像砖（表1序号3）中，方相氏是熊身，戴变形熊头面具，蹲踞。其蹲姿和兽腿等特征接近羊坊墓铺首人物。

方相氏与龙虎同框的图像，北魏仍有传承。大同智家堡北魏石雕棺床，正面所见三条矮方腿，中间腿的上部刻凶猛兽头，竖两长角的空间内，有两个并肩坐着的裸体人物，胸肌发达，兽腿毛发；下部刻二人，与上类似，分列左右，各调一虎。左、右腿各雕一人，舞姿，肌腱突出，布满毛发，甚是丑怪（表1序号5），其中雄性器官与四川眉山彭山区双江镇三号崖墓门门楣蹲熊[4]的一致。此外，智家堡北魏石棺床中间腿上的四人，与"方相狂夫四人"[5]"斗猫、斗虎之人蜡，以食鼠、豕，正犹狂夫四人之傩，以驱疫鬼耳"[6]"汉制大傩，以方相四，斗十二兽，兽各有衣、毛、角，由中黄门行之。以斗始，却以舞终"[7]等史料记载的方相氏四人、多人、斗兽等形式吻合。

方相氏傩仪形式不拘一格。《礼仪志》载："大傩"条载："先腊一日，大傩，谓之逐疫。其仪：选中黄门子弟年十岁以上，十二以下，百二十人为侲子。皆赤帻皂制，执大鼗。方相氏黄金四目，蒙熊皮，玄衣朱裳，执戈扬盾。十二兽有衣毛角。中黄门行之，冗从仆射将之，以逐恶鬼于禁中……因作方相与十二兽傩。嚾呼，周遍前后省三过，持炬火，送疫出端门。"[8]这为方相氏法事的"以斗始，却以舞终"作了注脚。随着实物资料不断增多，方相氏与巫术的关系也多有研究。[9]

从以上资料可知，熊身、兽腿、丑陋、各种傩姿，包括最典型的蹲姿，为方相氏傩仪时的保留动作。

---

[1] （清）阮元校刻：《十三经注疏（清嘉庆刊本）》（第二册），北京：中华书局，2009年，第1838页。

[2] 李新：《汉画像中熊图像研究》，江西师范大学2017年硕士学位论文。见于第三章第二节熊图像的巫性象征意义。

[3] （美）张光直：《中国青铜时代》，北京：生活·读书·新知三联书店，2013年。

[4] 李新：《汉画像中熊图像研究》，江西师范大学2017年硕士学位论文，图3-17。

[5] （汉）郑玄注，（唐）贾公彦疏：《周礼注疏·夏官·方相氏》，北京：北京大学出版社，1999年，第826页。

[6][7] 任半塘：《唐戏弄·补说》（下册），上海：上海古籍出版社，2006年，第1221页。

[8] （南朝宋）范晔撰，（唐）李贤等注：《续汉书·礼仪志》"大傩"条，北京：中华书局，1965年，第3127-3128页。

[9] 针对一些汉画像石人物图像，周保平认为：傩仪的许多动作和今戏曲形成有着千丝万缕的联系。对一些图像不能盲目当作百戏图，如图像中显示的喷吐者、乘象者、龙、虎、云车等，皆为神仙灵异，非百戏表演。而是"神仙灵异图"。周保平：《徐州汉画像石中的中国戏曲元素》，《淮海文博》（第1辑），北京：科学出版社，2018年。付娟认为："四川发现的吐舌神祇或许与巴蜀地方流行的某种巫术形式有关。"见傅娟：《川渝东汉墓出土吐舌陶塑造像初探》，《四川文物》，2006年第4期。

这些形象同样出现在与智家堡同文化类型的司马金龙石棺床,棺床中间腿部雕有裸体二人,左右腿各雕有裸体一人,共有四位舞状者,身姿独特,身形臃肿古怪,符合"方相狂夫四人"。前者为裸体熊身,后者是裸体块状兽腿,应是同一方相氏的不同演变。

因此,智家堡、司马金龙棺床的此类人物为方相氏。这两座北魏墓葬又与固原雷祖庙北魏墓、羊坊北魏墓文化类型接近。那么,铺首、裸体人物等塑造也在同文化类型中,这就能够证实羊坊墓铺首上的人物为方相氏。大同北魏平城时代与羊坊墓同类型的铺首人物,也应是方相氏。

接着分析,羊坊墓铺首的兽面到底是谁。

担任方相氏一职有众多条件,"丑"是其一。第一位担任者是黄帝妃嫫母。貌丑但品德高尚的嫫母在《轩辕本纪》中已经有了"因以嫫母为方相氏"①的记载,而"善誉不能掩其丑"②,且蒙熊皮、戴面具(魌头)进行法事。郑玄注曰:"冒熊皮者,以惊驱疫疠之鬼,如今魌头也。"③《说文》"魌,丑也",《现代汉语词典》"魌"有两义:古代驱疫时装扮的人所蒙的面具,形制丑陋;丑陋。墓葬中是否积极使用魌头从一段资料可见,魏晋南北朝时期,清谈思想和素食薄葬盛行,多有高逸者效仿,其中沈麒麟士(419—503)"'以杨玉孙、皇甫谧深达生死'乃自作《终制》",《终制》有言:"葬不须辒车、灵舫、魌头也;不得朝夕下食。"④沈麟士死后不设灵舫,不置魌头,显示了魏晋南北朝时期丧葬文化对魌头需要的普遍性。墓葬中方相氏无论是戴魌头面具,还是熊身,都展示着丑陋和凶煞而能"惊驱疫疠之鬼"的特性。

《云笈七签·轩辕本纪》《周礼注》《雕玉集·丑人篇》等多部文献对魌头是方相氏的遗像均有记载,这就为墓葬中铺首的兽面是什么提供了依据。孙作云认为是方相氏的魌头,笔者亦主此说。

铺首的兽面既然是方相氏的魌头,也可以说兽面是对方相氏和其傩仪方队的精练与变异。北魏时期,方相氏与魌头的图像主要有驾驭魌头式、戴魌头面具蹲踞式。

驾驭魌头式。北魏司马金龙墓石棺床中间腿部平面对称圆雕两位舞者蹲踞魌头口中,各抓魌头左右獠牙,随性驾驭(表1序号6)。智家堡石棺床中间腿的上部,两位方相氏坐在魌头,驾驭得潇洒自如。

戴魌头面具蹲踞式。上揭山东济宁市金乡县鸡黍镇汉墓的方相氏戴魌头面具(表1序号3)做蹲踞式至大同金港园北魏墓的铺首衔环(表1序号9)上余韵不减。该铺首直接为一人物,戴魌头面具,裸身,精瘦但肌腱呈块状。蹲踞式,大张两腿,两手扶膝,臂部鬃毛如火焰。⑤几乎同模的美国大都会艺术

---

① (宋)张君房编,蒋力生等校注:《云笈七签·轩辕本纪》,北京:华夏出版社,1996年,第611页。

② (汉)王褒:《四子讲德论》。

③ (汉)郑玄注,(唐)贾公彦疏:《周礼注疏》,北京:北京大学出版社,1999年。

④ 《南史》卷七六《沈麟士传》。

⑤ 鬃如火焰状的方相氏亦多见,一般装饰肩部和头部。如先秦曾侯乙漆棺所绘的方相氏戴面具,双臂鬃毛竖立(本文图7)。参考祝建华、汤池:《曾侯墓漆画初探》,《美术研究》,1980年第2期。沂南石墓画像图中的"羽人"及"大傩"形象,肩部和腿部几根鬃毛如长长的倒刺。参考李建新:《从汉画像看汉代的祭祀礼俗》,《开封大学学报》,2008年第1期。美国波士顿美术馆藏的北魏冯邕妻元氏墓志和志盖刻18个神兽裸体,整个头部的毛发形似狮头和火焰状。参考施安昌:《北魏冯邕妻元氏墓志纹饰考》,《故宫博物院院刊》,1997年第2期。

博物馆馆藏东汉畏兽饰件(表1序号10)①戴魌头面具,且从照片可见,胸部有铆钉眼,内结块状铁锈,应与羊坊墓铺首一样,用铁钉固定在棺椁某重要位置。

综上所述,丑陋、凶猛、裸体、下蹲、驾驭魌头面具、戴魌头,或者直接为魌头(铺首)、熊等形式,是方相氏的多种变化。羊坊墓铺首人物的裸体、丑陋、兽腿、平举双手、扭头、蹲姿等明显是方相氏特征,驾驭魌头之上,则是方相氏团队驱鬼傩仪的不同变幻形式。

表1　汉至北魏方相氏与羊坊墓铺首的方相氏对比

第一部分　汉魏石棺、画像石的方相氏			
序号	(汉)方相氏扬幡图	方相氏图像	资料来源	特征
1			文旅滕州官网:《官桥出土的汉画像石》,2016-07-22。	赤身,下蹲。头出角,兽臂、兽腿、上身呈圆球状。右手举斧,左手扬幡。
序号	(汉)徐州贾汪"打鬼图"	方相氏图像	资料来源	特征
2			周保平:《徐州汉画像石中的中国戏曲元素》,《淮海文博》(第1辑),北京:科学出版社,2018年。	两方相氏着古怪服饰如短裙,但紧身露圆腹,赤腿。环眼。各持法器做驱鬼状。左者有发髻。
序号	(西汉)山东济宁市金乡县鸡黍镇徐庙村"伏虎画像砖""降龙画像砖"	方相氏图像	资料来源	特征
3			李新:《汉画像中熊图像研究》,江西师范大学2017年硕士学位论文。	熊形,戴面具,蹲踞。驭龙虎。
序号	(汉)方相氏、鹰啄兔、凤衔绶带图	方相氏图像	资料来源	特征
4			中国画像石全集编辑委员会编:《中国画像石全集》(全八册),郑州:河南美术出版社,济南:山东美术出版社,2000年。第三册,图30。	方相氏蹲踞,兽身、蛇尾。熊头,张口,露獠牙,嘶吼威吓状。

① 梁潇:《畏兽形象考》,望野博物馆官网,2019-08-03。大都会艺术博物馆定为东汉。梁潇参考西晋敦煌佛爷庙湾133号墓畏兽形象,认为接近西晋时期。笔者认为,其与2017年大同市金港园北魏墓地发掘的铺首衔环(表1序号9)几乎同模,应在北魏,并且,所结锈色与土质,具典型的北方青铜器特征。另外,非饰件,也非畏兽,而是铺首衔环之铺首,形象为方相氏。

续表

序号	(北魏)大同智家堡北砂场石雕棺床线图		
5			
	来源：王银田、曹臣民：《北魏石雕三品》，《文物》，2004年第6期，第92页。		
	方相氏图像		
	特征：左、右两个人物臂挽飘带，熊皮，毛发密布，肌理鲜明。全裸，露生殖器。中分发型接近罗马风格。棺床中腿上部图像：两个人物赤身，兽腿毛发，对臂坐在兽头。下部图像：两个人物赤身，调虎。		

序号	(北魏)司马金龙墓石棺床		
6			
	来源：王利民主编：《平城文物精粹——大同市博物馆馆藏精品集》，南京：江苏凤凰美术出版社，2016年。		
	方相氏图像		
	特征：左、右腿部平面圆雕的两个人物全裸，肥腻，贴身飘带。对称舞蹈状。中间腿部的两个人物全裸，挂璎珞，大腹臃肿，身体肥腻，块状腿，对称舞，驾驭魑头。均结发髻(肉髻)。		

续表

	第二部分　北魏铜铺首衔环的方相氏			
序号	铜铺首衔环、铺首	基本信息、辅助元素	方相氏图像	特征
7		北魏铜鎏金兽面力士纹铺首衔环。1956年大同市工程公司院内出土。长16厘米、宽10厘米。高浮雕兽面，卷草纹式的触须连接方相氏。衔环为二龙首尾相接。		大开腿下蹲，两手扶膝。赤身裸体，胸乳突出。着犊鼻裈。身体瘦削。龇口，脸形骨枯而丑陋。
8		北魏铜鎏金"一人二龙"纹铺首衔环。大同南郊窖藏遗址出土。通长15厘米。大同市博物馆藏。方相氏被演化在错综交织的卷草纹饰内。主体图像为魌头。		开腿蹲踞，右扭头。着紧身交领衣和犊鼻裈。方脸盘。姿势略同上。
9		北魏铺首衔环。2017年大同市金港园北魏墓地发掘。大同考古研究所藏。铺首直接为方相氏图像。		戴魌头面具，裸身，两腿大开，蹲式，两手扶膝。肩部竖火焰纹，凶猛。戴腿环。
10		北魏铺首（注：见对应的相关注释）。美国大都会艺术博物馆藏。铺首为方相氏形象，胸部有卯眼，表面有铁锈。衔环失。		面具与上略有别。
11		北魏鎏金铺首Ⅰ式。长9.5厘米、宽9.4厘米。羊坊北魏墓出土。宁夏固原博物馆收藏。主体图像为魌头。卷草式的触须连接方相氏。		着三角形犊鼻裈。臃肿。右腿兽腿特征明显，开腿下蹲，平举臂。右歪头，面貌丑陋。
12		北魏鎏金铺首Ⅱ式。同上。（注：两式外边的长短、耳梢和卷草纹粗细等略有区别）		同上。

（三）羊坊墓铺首上的多元文化

古代巫术实际上是祭祀文化的一个组成部分。这种巫术形式，要经得起历史考验，也就是说，首先要满足人类种种需求。"在国家形成过程中，如果某氏族或家族成了一个政治团体的统治者，那么他们崇拜的祖先可能成为全政治团体的神，甚至成为全民族的神。"①事实证明古代王朝在此方面有足够经验，而有了"国之大事在祀与戎"的思想。同时，奠定了方相氏存在的基础。

方相氏民间化以后，道、儒等文化积淀的"天人合一"思想再度深入，从而构建诸多神祇。进入东汉末期，"无论是道教的著述，还是道教徒的宗教活动，都带有浓厚的巫术特点。"②但是，佛教输入，使原有的神祇增添了更为强大的功能，方相氏无论是主持人间祭祀，还是墓府安全，抑或天界的成员，都在汉魏时期得到拓展，并且在形象塑造上兼具多元文化。

羊坊墓铺首上的方相氏着三角犊鼻裈，臀部与底座连接三角物，应为汉以来蛇尾方相氏的演化（如表1序号4）。臀部有支撑，正面看似三腿状的造型在罗马帝国时代（前27—476）雕塑中常见，如角斗士铜像全身只垂三角犊鼻裈，臀部有柱状连接底座。

罗马裸体艺术继承古希腊著名雕塑家波利克里托斯的擅长，后影响到佛造像艺术，加之"东西方文化交流从公元前1000年左右就已经开始。公元前五世纪，通过东西方奢侈品贸易，丝绸已经传到希腊等地中海沿岸国家。西亚的一些动物纹样也随着游牧民族流入中国北方。"③至少从春秋战国开始，到汉、魏、唐的方相氏臀部所连接的三角状，或鸟尾形、火焰纹，如曾侯乙墓漆绘于内棺两侧的方相氏（见下文）；或立体三角形如本文方相氏的连接形式；甚至唐代镇墓武士雕塑，如固原史道洛夫妇墓的彩绘镇墓武士陶俑后腰的支撑，连接底座形式等，都留有西方雕塑痕迹。无疑，羊坊铺首的方相氏的三角犊鼻裈形式与罗马文化有关。

佛教传入，改写方相氏的营造理念，江苏、河南、山东等地汉画像石中的方相氏普遍裸体，或蒙熊皮的裸体，或穿怪异的犊鼻裈，直至类似羊坊墓铺首的裸体方相氏，以及大同智家堡和司马金龙石棺床上增添璎珞、飘带的方相氏均留此文化痕迹。

羊坊墓铺首的方相氏造型独特，构图新颖，元素众多：突出臃肿的腹部和松垮而硕大的胸乳；由汉方相氏做奔跑状和曲肘蹲踞状等，变为平臂、歪头，一副受磨难而无所谓状，可能融合景教某些元素。面部变化大：汉代方相氏戴魌头面具，狰狞。羊坊墓的方相氏为人面，却非古人欣赏之圣贤君子相，而是宽眼距、塌鼻、大厚嘴唇等其他文化塑造的特征。铺首的整体造型进一步改变，由汉代简单图像，变为众多元素复合体，且突出卷草纹、莲花纹。透雕工艺牌饰本为草原民族所爱，青铜为基础材质，这里得到继承与发展，再鎏金以体现高贵。是为少见。

《周易·系辞下》有："黄帝尧舜垂衣裳而天下治，盖取诸乾坤"。东汉荀爽《九家易》曰："衣取象乾，居上覆物。裳取象坤，在下含物也"。衣裳涉及乾坤之道，故《礼记·内则》曰："女子出门，必拥蔽其面"。

① 童恩正：《中国古代的巫、巫术、巫术崇拜及相关问题》，湖南省文物考古研究所编《长江中游史前文化暨第二届亚洲文明学术讨论会论文集》，长沙：岳麓书社，1996年，第313页。
② 吴荣曾：《镇墓文中所见到的东汉道巫关系》，《文物》，1981年第3期。
③ 罗丰：《胡汉之间——"丝绸之路"与西北历史考古》，北京：文物出版社，2004年，第30页。

且有《清稗类钞·服饰类·朝服之宜忌》中着"亮纱"这种透明服装的大不敬之忌。如此注重服饰文化的国度，让人意外的是，在北魏铺首的方相氏营造上却大胆置入裸体形式，且身形丑怪。

羊坊墓铺首方相氏突破了古代着装的底线，置入了古怪丑陋的形体，除了有西方雕塑、景教等元素外，取材的侧重点在哪里？

北朝尊崇佛法，大兴造像，除本尊外，同时遍布其他元素，如人物、鸟兽、花草等；众等护法诸如天龙、乾闼婆、人非人等亦进入汉化领域。

魔众也不例外，早期传入的经藏中，记载较多佛传故事，包括"本生""因缘""本行""涅槃"等，均对魔众有描述。在《过去现在因果经》中：

> 其诸军众，忽然来至，充满虚空，形貌各异，或执戟操剑，头戴大树，手执金杵，种种战具，皆悉备足；或猪鱼驴马、狮子龙头、熊黑虎儿，及诸兽头；或一身多头，或面各一目，或众多目；或大腹长身，或羸瘦无腹；或长脚大膝，或大脚肥腨，或长爪利牙；或头在胸前，或两足多身；或大面傍面，或色如灰土；或身放烟焰，或象身担山，或被发裸形，或复面色半赤半白；或唇垂至地，或上褰覆；而或身着虎皮，或狮子蛇皮，或蛇遍缠身，或头上火燃；或瞋目努臂，或傍行跳掷，或空中旋转，或驰步吼吓。有如是等诸恶类形不可称数，围绕菩萨。或复有欲，裂菩萨身；或四方烟起，焰焰冲天；或狂音奋发，震动山谷。风火烟尘，暗无所见；四大海水，一时涌沸。[1]

以及与魔众有异曲同工形象的众护法，亮相佛教题材，毋庸置疑为方相氏形象和功能的更新升级提供了脚本。

龙、鬼护法在佛教常见。《过去现在因果经》中释迦牟尼在菩提树下悟道，受魔众干扰，护法前来，所谓"护法天人，诸龙鬼等，悉忿魔众，瞋恚增盛，毛孔血流"。[2]明确有天人、龙、鬼等护法，这又给了方相氏入列护法的参考与龙虎同框的可能。智家堡、司马金龙石棺床方相氏即是。

护持墓府、道路等领域安全的方相氏和佛教中护法角色不谋而合的，可在隋译的《起世经》中得到依据："一切街衢……皆有众神，及诸非人之所依止，又，弃死尸林，冢间丘壑，一切恶兽所行之道，悉有非人在中居住。"[3]方相氏以非人形象、护法角色，入住冢间丘壑，正合乎古人丧葬需求。由此来看，固原北魏墓葬中的铺首衔环，其方相氏的形象和功能糅合了佛教龙鬼护法元素。

此外，羊坊墓铺首连接方相氏的卷草纹，成为关注对象。卷草纹来自西域，佛教经变图像惯用，铺首上进行巧妙布局，又表示多重含义：表水纹，如下文雷祖庙墓铺首的卷草纹；表龙爪，如大同南郊窖藏遗址的铜鎏金铺首及衔环；表触须，如羊坊墓铺首。

那么进一步来说，羊坊墓铺首上表示魌头触须的卷草纹，仅仅表现的是触须吗？是否深藏其他含义？

---

① ② （南朝宋）天竺三藏求那跋陀罗译：《过去现在因果经》卷三，录《大正藏·本缘部》。
③ （隋）天竺三藏阇那崛多等译：《起世经》卷第八：三十三天品第八之三，录《大正藏》。

我们从方相氏对应五行来分析。战国曾侯乙墓棺椁漆画主色是红色，所绘方相氏自然也是红色；汉阳陵着衣式裸体俑和江村大墓K15出土的部分彩绘着衣式裸体俑面部涂朱，或通体涂朱；大同陈庄北魏墓的陶胡人俑①脸黝黑，干瘪相，仅为皮裹，嘴翘眼斜，丑陋凶恶，头戴尖顶帽，着红色交领衣。类似的还有汉水中上游地区南朝砖室墓，河北、山西的东魏、北齐大型砖砌单室壁画墓中多有发现，他们与古时方相氏于大丧时开路驱邪镇墓的作用有关，服饰皆为红色。

上文陪葬俑施色与《周礼》所载方相氏所着"玄衣朱裳"吻合。②朱为火，可知方相氏为火属，辟邪压胜。考古资料表明史前遗址已经使用赤铁矿粉，进入历史时期红色使用更广泛。东汉宫廷大傩的参与者服饰多赤色。南齐明帝萧鸾："身衣绛衣，服饰皆赤，以为厌胜。"③火的颜色和运行，围绕《易经》展开。这正是方相氏存在于墓葬的缘由，也是揭示羊坊墓铺首上表示魌头触须的卷草纹与火纹有关的第一步。

接着分析，云冈北魏石窟惯用三角形火焰纹，梁思成绘制为"〔图〕"形，推广至大同陈庄北魏墓的火焰纹陶灶"高出灶身的火墙边饰锯齿纹，似燃烧的火焰"，呈"〔图〕"形，雷祖庙墓漆棺画孝子故事的三角形火焰纹界域，为"〔图〕"、三角外边框为"〔图〕"式的卷草纹。它们与本文羊坊墓铺首外边的卷草纹"〔图〕"形同一法，而大同御东新区文瀛北路的棺床与矮墙，"立面绘火焰纹"，呈"〔图〕"式的卷草纹，均能证明羊坊铺首的卷草纹为火焰纹的变体。

鉴于此，使人想到羊坊墓铺首连接方相氏臀部的三角形纹"〔图〕"和魌头顶角的三角纹是火焰纹的另一种简化。"火"最早图文为"〔图〕"④形，还有"〔图〕""〔图〕""〔图〕""〔图〕"形。火的图像表现到器物上，则如雷祖庙墓漆棺画孝子故事边框三角形火焰纹式、雷祖庙铺首兽头鼻梁的三角纹式、大同陈庄墓陶灶的三角形火墙，甚至曾侯乙墓的漆棺所绘方相氏裆下的"〔图〕"形火纹和另一方相氏裆部的"〔图〕"形纹等，

---

① 山西省考古研究所、大同市考古研究所：《山西大同市大同县陈庄北魏墓发掘简报》，《文物》，2011年第12期。图八：陶胡人俑（M1:13）。

② 根据《续后汉书·礼仪志》所载方相氏傩仪场面，笔者认为汉阳陵和江村大墓的面涂朱而裸体的这批俑是为帝王傩仪的方相氏团队。玄为黑，为阴，为水；朱为红，为阳，为火。正是先天八卦中"水火相射"的完美组合，也是"阴阳相生""一阴一阳之谓道"，内容深广。汉阳陵已经剥落的裸体陶俑所着衣之色，应不出"玄衣朱裳"的阴阳关系。对陈庄北魏"陶胡人俑"，笔者认为是方相氏无疑，脸为黑色，衣为红色，面部丑恶枯老，考古发现此类老者形象的方相氏为数不少。另，明《三才图会》的方相氏图，即为老者。

③ 《南齐书》卷六《明帝本纪》。

④ 此图为大汶口文化的灰陶尊上的刻画符号的下部分，是山是火，多有说法。于省吾认为是"旦"的祖形（见于省吾：《关于古文字的研究的若干问题》，《文物》，1973年第2期）。邵望平亦同此说，并认为陶尊是在旦（日出）时祈祷用的祭器（见邵望平：《远古文明的火花——陶尊上的文字》，《文物》，1978年第9期）。唐兰释为"炅"字的祖形（见唐兰：《关于江西吴城文化遗址与文字的初步探索》，《文物》，1975年第7期）。也有学者认为陶尊上的符号为两字"炅山"。无论一字还是两字，笔者以为下部的符号更接近"火"形，从文字的象形来说，山字与火字形同，主要区别是山字的顶尖少，早期图像一般为三个尖，中间一个略高。火字的尖有三到五个，高低不同，如火焰，且有变化。该图像有五个尖，高低有层次，与传承到北魏的火焰纹非常相似。

都已表明羊坊铺首方相氏臀部的三角形纹、魌头顶角三角形纹，是火焰纹的变体。

羊坊墓铺首的火焰纹饰，表示阳刚辟邪的同时，是否还有其他文化含义？汉以来祆教亦有盛行，其圣火坛图像广泛运用，泸州汉代13号石棺后挡图像的圣火坛设计为三角形锥柱（见表3第3序号2）；徐州博物馆馆藏西汉画像石铺首衔环图像显示的兽头立在锥柱上。还有一种锥柱上的兽头形似火焰，整体造型表示的应是圣火坛永不熄灭的火焰。三角形锥柱正是与中国"火"的图像融合的结果。祆教又称拜火教，火代表"宇宙的主宰""无限的光明"，在汉魏时期，相比丧葬文化的"引魂灯""长明灯"，这种燃烧不止的圣火坛具有一定吸引力。这就为兽头、火焰纹、方相氏三者关系，以及北魏人的死亡观念等，提供多方位的研究空间。

分析羊坊墓铺首人物和纹饰的同时，还应注意到魌头文化元素的互动。该类魌头上竖的耳，可能从商周青铜器"臣"字形兽眼演变而来，呈花苞形。魌头的暴凸眼则继承古代对兽面塑造的遗风。但汉魏以来发现同类型兽头，或方相氏的塑造上，额、脸、鼻部位增添了褶皱，使其有了一些三维效果，如前文提到的四川新都马家庄汉墓中吐舌的方相氏，怒睁如铜铃般的眼睛，尤其双眉以上皱纹堆积，竖起的荷花苞式双耳以及其他特征，我们在艾尔米塔什博物馆藏的巴克特里亚风格银碗的图片中发现，该碗内围绕两层同心圆布置图案，中心小圆圈内的兽头不仅额头皱纹极为特别，还具有竖耳、"臣"字眼、板牙，酷似固原羊坊墓或者北魏同时期铺首兽头风格。不同之处在于，北魏兽头鼻梁上的褶皱在"火"图像基础上，演化出多种形式。这件公元4—6世纪的具有希腊风格的银碗，在大圆圈的主体空间内，还布置了一周的兽和裸体人物，其中人物风格接近羊坊墓铺首的方相氏，是这一时期中西文化深入互动的佐证。

（四）有关铺首、铺首衔环、魌头、方相氏的一二观点

铺首与铺首衔环的概念有时是通用的。这里的铺首，专指铺首衔环的上部。铺首的范畴较广，今素面门环也在其列。本文所研究的铺首集中在北朝之前，但仍然易引发混淆，即铺首、魌头、兽面、方相氏之间的区别是什么？笔者试列出几者的关系：兽面图像产生（包括方相氏角色使用的魌头）——铺首产生，运用兽面——表示方相氏魌头的铺首。在此思路引导下，谈一二观点。

1.铺首衔环的普及与公输般画蠡有关

诸多研究中，忽略了古代思想文化和个体内心世界，失之偏颇在所难免，因今人之三观与古代不同。陈胜前说："考古学研究人，研究古人，他们曾经是生活在充满文化意义的世界中，这些意义于他们而言是体验的，而不是逻辑推理的，今天的我们是否还能够体会到呢？当代世界日益严重的精神危机都与意义的丧失相关，但很少有人追问意义是如何丧失的、意义的载体是什么。物质就是意义的载体，如果科学考古学不研究这些意义，那么它实际上离开了人。"[1]所言甚是。古人在文化意义的信守奉行中，物质与精神同步。在"认知考古学"中承认"考古遗存中相当一部分是人的思想和意图的产物"。[2]这种意识形态决定物质形态的新考古理念，为我们揭露考古文化遗存的内涵提供了可喜的取向，古人所谓"器以藏礼""道在器中"不会再成为抽象概念。

---

① 陈胜前：《什么是现代考古学》，《中国文物报》，2021-11-19。
② 栾丰实主编：《考古学概论》（第二版），北京：高等教育出版社，2019年，第43页。

依循古人的思想境界,再来看商人"水德"而配"螺"作为铺首以降,公输般喻"蠡"而成铺首[①]就不难理解了,对铺首的众多纠结,能得到些许释怀。

公输般,就是鲁班。鲁班在"我国建筑工匠、木匠中皆奉为祖师(即行业保护神)"[②],流行于香港的"鲁班节"、湖南等地的"鲁班酒"、四川的"鲁班会"等,均是对鲁班这神性化人物的祭祀活动,以祈求其保佑平安。不仅鲁班本人被神性化,鲁班的器具亦具辟邪功能,如东王父、西王母所执圆规、墨斗、方尺,以及至今仍沿用的"鲁班尺"。

古代随着私有制深入,邦国形成,社会主体功能扩大,聚落文化丰富,此时守门神祇应运而生。商人以自己五行所属"水德"而配备"螺"的形象,使铺首成为镇邪的实用器,但知名度和传播率不高,主要是因为神祇类的人物和图像被官方化。但是,辟邪之物是共享的,人们愿意请出具有影响力的人物打破僵局,于是有了公输般喻"蠡",且赋予了更多的含义——使门"固密"、建筑牢固、辟邪、家庭和工匠得福禄等——满足古人精神所需。于是铺首衔环风靡,并录入文献。[③]站在古人的维度去思考公输般喻"蠡"的故事,是促使铺首衔环高使用率的根由。

这样一来,对于铺首兽面的题材,又产生新的疑问:商人的"螺"是什么?公输般的"蠡"是什么?与魌头有没有关系?

"蠡"的象形文字为"𧒽","古称蜗牛为蠃蝓……古人视蜗、螺为同物,因而字又作'蠡',后又造螺,声又转为斡。旧字书也,释蠡、蠃、蜗、螺为同字,都是代'𧒽'象形的晚文。"[④]《风俗通义·佚文》转引《百家书》云:"公输般之水上,见蠡(通'蠃',即'螺'),谓之曰:'开汝匣,见汝形。'"这里所举文字学和文献证明,螺、蠡古时本为一字。它们与魌头有没有关系,后文有述。

2.魌头是方相氏的遗像

丧葬文化中不可或缺的方相氏,有四目与双目,引起学者争论。有人以方相氏四目、魌头二目的文献记载,认为汉以来出现的辟邪驱疫之神都是魌头,非方相氏。因为方相氏的典型特征是四目,魌头是二目。整理者习惯性称为方相,是将方相氏与魌头混为一谈的常见现象。[⑤]这就否定了传承千年的丧葬

---

① 《三才图会》:"铺首。义训曰:'门饰金,谓之铺,铺谓之鏂。今俗谓之浮沤丁也。施门户,代以所尚为饰。商人水德,以螺首慎其门塞,使如螺也。'公输般见水蠡,谓之曰:'开汝头,见汝形。'蠡适出头。般以足画图之,蠡引闭其户,终不可开。因效之,设之门户,欲使闭藏,如此固密也。"(明)王圻、王思义编集:《三才图会》,上海:上海古籍出版社,1988年,1018页。另外,鲁班喻蠡在《太平御览》《后汉书·礼仪志》《百家书》等文献有载。
② 叶大兵、乌丙安主编:《中国风俗辞典》,上海:上海辞书出版社,1990年,第91页。
③ 目前发现最早记载铺首衔环的文献在汉代,如《汉书·哀帝纪》:元寿元年(前2)"孝元庙殿门铜龟蛇铺首鸣。"注:"如淳曰:'门铺首作龟蛇之形而鸣呼也。'师古曰:'门之铺首,所以衔环者也。'"实际意义上,汉代文献或非最早者,文字记录的载体很多,甲骨、金文、册简、皮帛等,大多数是有机物,随着社会动荡、战争、人为和自然灾害、风化腐蚀等,不知道有多少实物和文献资料绝迹,并且,相关考古遗存寥若晨星,仿佛《四库全书》的"只言片语"。
④ 康殷释辑:《文字源流浅说》,北京:荣宝斋出版社,1979年,第357–358页。
⑤ 黄剑华:《略论汉代画像中的方相魌头与门神》,《神话研究集刊》(第三集),成都:巴蜀书社,2020年。原文为:"从出土的汉代画像资料来看,各种画面中刻画的辟邪驱疫之神其实都是魌头,而并非方相氏。因为方相氏的典型特征是四目,魌头是两目,汉代画像上刻画的辟邪驱疫之神基本都是两目的形态。郑玄注释《周礼》方相氏时,就透露了汉代葬礼中普遍使用魌头的情形,将出土资料与文献记载相互印证也是吻合的。现在的很多汉画资料上,整理者都习惯性地称之为方相,显然是对汉代的葬礼规定不了解或没有深究的缘故。使用汉画资料的研究者们也往往忽视了这一点,从而在汉画资料和相关著述中将方相氏与魌头混为一谈,成了一种比较常见的现象。"

文化中方相氏的存在，因为考古发掘中，具备四目的方相氏极少，绝大部分是二目，所以，该论断显然是有待商榷的。

郑玄注："冒熊皮者，以惊驱疫疠之鬼，如今魌头也。"[①]杨倞注释："倛，方相也。其首蒙茸然，故曰蒙倛。"[②]《雕玉集·丑人篇》引皇甫谧《帝王世家》中记载的方相氏、嫫母与魌头的关系时提到："今之魌头是其遗像"。[③]实证了魌头就是方相氏，也可以说，魌头是方相氏的隐替者。

隐替文化是传统文化特色，如"八仙"，有明八仙，有暗八仙，没人否认阴阳板的图像代表曹国舅。魌头正是方相氏的简化。关于方相氏的替代与简化，谈几点原因：其一，受载体所限，取其主要。方相氏的功能放大后，需求增加。如此，载体自然纷杂，不是每种载体都能表现方相氏的全身像，如铺首，它适合布局魌头。其二，受材质与工序的影响。玉、石类的雕琢，金属类的铸造，自然是越简单越具代表性，形式越好。如古玺印文字、钟鼎铭文，以及记录内容增加后的文字简化等。其三，等级和避讳。如四目方相、二目魌头。其四，时代背景与审美情趣也是方相氏全身像与魌头角逐的重要因素。

另外，人物图像多集中于墓葬画像石。仅两汉的画像石就分布覆盖大半个中国，总数有15000块左右。涉及人物的有孔子见老子、周公辅成王、齐桓伐卫、晋王杀赵盾、二桃杀三士、侍女、东王父、西王母、孝子、列女、乐舞百戏、迎候仪仗、出行车马等。其中一部分人物是神圣形象，如孔子"生而首上圩顶"，"仲尼之状，面如蒙倛。"[④]盘古氏"龙首人身"[⑤]众神、畏兽更不用说了。汉魏以来，神祇类人物和畏兽"在驱邪的基础内涵上，与众多文化内涵产生的关联，包括延续其基础内的方相氏和魌头，以及大量新融入的文化内涵：祆教、乌获（力士）、汉传雷神、天福、佛教护法。畏兽形象在北朝中后期达到生涯巅峰。"[⑥]

墓葬中出现的人、神、畏兽形象复杂。但在这里，为何认定二目的魌头一类、丑陋凶猛舞姿的人物一类就是方相氏？这与方相氏的功能分不开：

其一，方相氏是数艺皆通者。上古之世，史、巫一家[⑦]，这些人往往又是兼通天道人事艺文的学者，如伯阳父，精通阴阳灾异、五行、六律。故方相氏一职，亦不例外。

其二，方相氏是德高望重者。方相氏的官职，据说第一任是嫫母，这明确了她兼通天道以外的资质：丑陋、有德。王褒《四子讲德论》曰："嫫母倭傀，善誉者不能掩其丑。"丑陋与有德成为方相氏必备的资质。与方相氏同样出现频率极高的伏羲女娲神，也具此特征。《列子·黄帝》："庖牺氏、女娲氏、神农氏、夏后氏，蛇身人面，牛首虎鼻：此有非人之状，而有大圣之德。"[⑧]这类德望之神祇被频频安置于墓葬中，绝非偶然。

① （汉）郑玄注，（唐）贾公彦疏：《周礼注疏》，北京：北京大学出版社，1999年。
② 《康熙字典·子集中·人·倛》，康熙笔画：10；部外笔画：8。
③ 《雕玉集·丑人篇》引晋皇甫谧《帝王世家》曰："嫫母，黄帝时极丑女也。锤头顠頞，形粗色黑，今之魌头是其遗像。而但有德，黄帝纳之，使训后宫。"
④ 见《史记·孔子世家》和《荀子·非相篇》。
⑤ （明）王圻、王思义编集：《三才图会》，上海：上海古籍出版社，1988年，第525页。
⑥ 梁潇：《畏兽形象考》，望野博物馆官网，2019-08-03。
⑦ 见《周易·巽卦·九二》。
⑧ 杨伯峻：《列子集释》，北京：中华书局，1985年，第84页。

再看其他畏兽、神祇。穷奇，"其状如牛，猬毛，名曰穷奇；音如嗥狗，是食人。"①尺郭，也叫食邪，"不饮不食，朝吞恶鬼三千，暮吞三百。此人以鬼为饭，以雾为浆。"②蚩尤，"诛杀无道，不仁慈。"③在魏晋南北朝崇信佛法的背景下，对墓葬神祇的安排，显然注入了主流思想。佛教强调万法一体，皆有灵性，大乘的"护生""普皆救度"与万物平等思想均是成佛的因与果。这一思想得到梁武帝推崇，亲撰《断酒肉文》，这位"皇帝菩萨"创立了中国佛教的一大特色。由此，穷奇、尺郭、蚩尤等被建立暴力档案的神祇，显然是有悖民需的。

"护生""慈悲"思想非佛家一说，中国传统文化的"护生"最高境界便是"天人合一""万物一体"，与佛教思想融会贯通也是必然。

《庄子》中，"万物与我一体""圣人无所不爱"，孔子曰："皆有所一体……圣人之爱人也终无已者，亦乃取于是者也……圣人处物不伤物。不伤物者，物亦不能伤也。唯无所伤者，为能与人相将迎。"④

《礼记》中，提到护生和万物的秩序：

> 是月也，命乐正入学习舞。乃修祭典。命祀山林川泽，牺牲毋用牝。禁止伐木。毋覆巢，毋杀孩虫、胎、夭、飞鸟。毋麛，毋卵。毋聚大众，毋置城郭。掩骼埋胔。⑤

> 天子杀则下大绥，诸侯杀则下小绥，大夫杀则止佐车。佐车止，则百姓田猎。獭祭鱼，然后虞人入泽梁。豺祭兽，然后田猎。鸠化为鹰，然后设罻罗。草木零落，然后入山林。昆虫未蛰，不以火田，不麛，不卵，不杀胎，不夭夭，不覆巢。⑥

《周礼》的护生、人与万物和谐，上升为国家之政：

> 迹人掌邦田之地政，为之厉禁而守之。凡田猎者受令焉，禁麛卵者，与其毒矢射者。⑦

> 以土宜之法，辨十有二土之名物，以相民宅而知其利害，以阜人民，以蕃鸟兽，以毓草木，以任土事。辨十有二壤之物而知其种，以教稼穑树艺，以土均之法辨五物九等，制天下之地征，以作民职，以令地贡，以敛财赋，以均齐天下之政。⑧

佛教与儒、道思想产生的共鸣，深入汉魏人心，方相氏这种有德行又能"驱"鬼疫，而非"杀"鬼疫的角色，更容易被接受和传承。这一点，从智家堡、司马金龙以及羊坊墓铺首同文化类型的方相氏足可发现，此时的形象塑造，明显温柔化了，且添加了飘带、璎珞、肉髻等佛菩萨元素。

---

① （晋）郭璞：《山海经传》（四部丛刊成化本），第16页。
② 见《太平广记》卷四八二《蛮夷三·尺郭》。
③ （明）孙珏编：《古微书》（清文渊阁四库全书本），第197页。
④ 见《庄子·外篇·知北游》。
⑤ 见《礼记·月令·孟春》。
⑥ 见《礼记·王制》。
⑦⑧　见《周礼集传·地官司徒》。

其三，负责灵柩、墓葬安全的专职者唯方相氏。《周礼》的"大丧先匶，及墓入圹，以戈击四隅，驱方良。故葬家以方相先驰。"郑玄注："葬使之道"[①]。贾公彦疏："丧所多有凶邪，故使之导也"[②]。这种负责丧事的神祇，成为生活的组成部分。明人所记载的"发引图"仍可看出，方相氏分"有官者用之"和"士用之"[③]。官方的为四目、士族为二目，并且服饰和所执法器也有区别。出殡的仪轨：两位方相氏执戈扬盾在前，其后依次为香案、明器、铭旌、食案、灵车、翣、布功、柩……均有相应的人物抬持。至清代，"方弼、方相，以纸壳制巨人，皂帕金铠，空中而横以木架，纳活人内负之行。设机转动，须眉飞舞，目光闪烁，如将叱咤。观者惊怪，或小儿女遥望之，辄啼走。"[④]方相氏一职关乎生死大事，生活中有真实的扮演者，墓葬中有其形象的守护者，明显优于其他神祇。

其四，从出殡到入土，方相氏一路作陪。人死后，方相氏"索室驱鬼"，出殡时是开路神，又入圹驱魍魉。为安全起见，其形象再被安置于墓穴。汉应劭《风俗通义》曰："《周礼》方相氏，葬日入圹驱魍象。魍象好食亡者肝脑，人家不能常令方相立于墓侧以禁御之，而魍象畏虎与柏，故墓前立虎与柏。"[⑤]可见方相氏在墓葬中的重要性，"魍象畏虎与柏"可能也是方相氏驭龙虎图像出现的主因。"汉代人在全方位、全角度构造方相氏保护模式，从墓门到墓室各个角落、车马出行中、享受拜祭的阁楼中都有其身影。方相氏无时无刻不在履行辟除邪祟、驱魔逐疫的职能。"[⑥]即使按"最晚从汉代开始，方相就参与了丧葬礼的活动，并扮演葬礼队伍先导者的角色……方相氏应用于葬礼中，为葬仪驱邪开路的功能在东汉时已经底定"[⑦]，其文化背景的纵向传承脉络也是鲜明的。

其五，除了死者受益外，方相氏在生活中的角色非常[⑧]。换言之，生活中的方相氏在驱瘟疫、厉鬼方面，没有他不能完成的；在丰收、道路平安方面，没有他不能守护的。方相氏所率领的傩仪队伍传承至今，有其内在根脉。

墓葬为阴宅，对驱鬼者的形象、可怖程度和功能强度的要求要高于生活。因此，墓葬的方相氏、魌头形象的塑造空间是无限的，能够关联的文化元素都不会错过。

长话短说，四目的方相氏考古遗存少，若以四目定方相，"周代设方相氏……衍为风俗，传承至清"[⑨]，这沿用几千年的方相氏文化，就无从可考了？

所以，四目与二目只是等级的别相，不作为方相氏功能的量级。如果这样，古人可造出八目、十目来。且从图像学来讲，二目之视觉冲击，远比过四目。

---

① （清）阮元校刻：《十三经注疏（清嘉庆刊本）》（第二册），北京：中华书局，2009年，第1838页。
② （汉）郑玄注，（唐）贾公彦疏：《周礼·夏官·方相氏》，北京：北京大学出版社，1999年，第827页。
③ （明）王圻、王思义编集：《三才图会》（卷七·仪制），上海：上海古籍出版社，第1935-1937页。
④ 见蒲松龄：《聊斋志异》卷七。
⑤ （汉）应劭撰、王利器校注：《风俗通义校注》（下册），北京：中华书局，1981年，第574页。
⑥ 李新：《汉画像中熊图像研究》，江西师范大学2017年硕士学位论文。
⑦ 王铭：《开路神君：中国古代葬仪方相的形制与角色》，《清华大学学报》，2012年第2期。
⑧ 《周礼·春官宗伯·大卜·诅祝》中的占梦师、方相氏等为官方服务："占梦掌其岁时，观天地之会，辨阴阳之气。以日、月、星、辰占六梦之吉凶"，王请占梦大师占梦后，"王拜而受之"，"遂令（方相氏）始难，驱疫"。
⑨ 叶大兵、乌丙安主编：《中国风俗辞典》，上海：上海辞书出版社，1990年，第699页。

二目方相氏或者魌头,是古人开启的默认模式。其一,人们对美好向往是平等的,被寄予厚望的神祇发挥功能也是平等的。反之,被寄予厚望的神祇有贵贱之分,那其一定不是古人心目中的神祇。其二,职责是明确的。东王父、西王母管理墓主的升天事务。青龙、白虎、朱雀、玄武,管理四方事务。方相氏或其"遗像"管理墓府安全,汉魏开始又兼顾化生。

墓葬中出现的区别于伏羲女娲、东王父西王母,抑或具有傩仪特征的人物,应该都是方相氏,与之发生关联的魌头类,则是方相氏的"遗像"。

3.魌头和方相氏形象是不断臆造的产物,需结合深层次文化进行分析

(1)魌头形象复杂,难理清头绪。

近年来,研究多侧重于铺首画像、造像的来源、分期等,各说不一。如"经历四个流变期"[①]。实际这是一个复杂的课题,没有大量的实物资料难以支撑。笔者以为,广义的兽头起源,涉及史前图像、彩陶图案,也不排除亚欧大陆的一些文明,再依次演绎兽头形象、置入铺首。使用至今的素面门环,皆列入铺首。可以肯定地说,无论铺首之前的兽头,还是铺首,自产生以来,一直都处于兴盛期。另外,认为铺首当为饕餮的转型被广泛采用。但实际并非如此,铺首兽面要比此说复杂得多。

铺首上的兽头,在蠡(螺、蠃)的基础上,随着历史背景和区域文化不同,被纷杂地臆造,原则是古怪、丑陋、威猛,目的是驱邪。对丑陋与凶猛概念的理解和形象臆造上,追溯驱邪除疫的源头,应为上古巫觋。"巫之兴也,盖在上古之世……商人好鬼,故伊尹独有巫风之戒,及周公制礼,礼秩百神,而定其祀典。官有常职,礼有常数,乐有常节,古之巫风稍杀。然其余习,犹有存者:方相氏之驱疫也,大蜡之索万物也,皆是物也。"[②]巫觋们承担各领域的通神之职,装束和器用异于常人,恐怖面具即是其一。面具如何,从造字方面,即能发现端倪。

"⿱"和"⿳"是"冀(顗)","⿱"是"饕餮",均是人戴着狰狞凶猛的面具。"鬼"字流变多,关键在头部的表意:"⿴"形,金文作"⿴"。康殷认为其"来源于 ⿴ ⿴ ⿴ ⿴ 等,是当时流行的'冀(顗)舞'化装假面舞所用的假面具之简化。模拟某些猛兽头特点,如大口、双角、牙须制成"。其中"⿴"形有"黄金四目"之意,二目的,即"⿴"形。皆为异于人类的面具。需要说明的是,最早的"鬼"是通灵的神祇,后增他义。

与以上文字有关的记载如"薄伐猃狁,以奏肤公,有严有翼。"[③]"异""翼""冀"关联密切,"异"繁体为"異","只作双手张网高举状……可见異与冀、翼二字已混,互相代替。"[④]文字产生非一蹴而就,经图像、符号的多年沉淀。也就是说,文字之前,兽面已在使用。

魌头的丑、凶、恶究竟哪里来?从符号、文字上可解开疑惑。史前符号、图像复杂,表意的核心部位

---

① 卜友常:《由汉代铺首画像看铺首的流变与功用》,《郑州轻工业学院学报》,2012年第2期。认为铺首演变大致可分为4个时期:第一个时期在夏朝早期,为初创期;第二个时期在商周至春秋战国时期,为发展期;第三个时期在两汉时期,为鼎盛时期;第四个时期在三国、魏晋、南北朝至明清时期,为衰落期。

② 王国维:《宋元戏曲考》,收录于老根编著《中国传世奇书》(第九部),北京:中国戏剧出版社,1999年。

③ 见《诗·小雅·六月》

④ 康殷释辑:《文字源流浅说》,北京:荣宝斋出版社,1979年,第151—152页

基本不变，比如与鸟有关的文字，翅膀、眼睛、喙等部位保留。渐转入象形文字后依然如此。毕竟，文字是不断积累的，其间产生的通假字、异体字、同音字举不胜举。又因载体少、语系不同、所取元素复杂等，以讹传讹现象普遍。对魌头而言，存在这样几种现象：其一，形象的接近，如"夔""龟""蠃"等象形。其二，发音接近，如"翼""冀""蠹"，以及"蠃""螺""蜗""傩"。其三，一字多写，如"魌""颗""供""傲""骐"。其四，所取元素雷同。如"犀"，牛的角、眼，以及整个头形；"蠹"（蜗）的角和壳形；"蠃""夔"的腹部。

这些文字中，有从"虫"的；有从"田"的；有从"页"的；有双手舞蹈状，如"冀"等；有腰部如"蠃""夔"等甲壳形的；有取其多位的，如牛的头，以及眼、头面、角、鼻孔、大嘴等要件的。

进而分析，"魌"字有"颗""供""冀"之写，皆为一字，图像有"▢"，甲骨文有"▢"。都是戴面具做舞蹈状的人。"魌"的示意图（图5）更为形象；"冀"和"异"有关，"异"的繁体为"異"，两字的下半部结构为"▢"，此字早期图像为"▢"形，甲骨文为"▢"形，头部的"▢"代表有须旁出的兽、虎、豹之类。其字还有几种图形和写法，都是"戴有兽角面具的舞人"。"▢"，从图像到甲骨文的多种演变的示意图（图6）显而易见。

"▢"这种满头长髯的造型，几乎成为汉魏以来畏兽图像的首选，甚至关联到花卉造型。安阳固岸村东魏M57双阙围屏式石棺床，中腿柱图像"▢"就与之很接近。

再看"虫""页""牛"等字："虫"字早期图像多为"▢"形，头部为"▢"。其甲骨文和金文"都像两腮有毒腺暴凸、头作三角形的毒蛇形"。[1]"页"字的甲骨文为"▢"形，金文中的偏旁为"▢"形，"金文用以表示头部有关的，如须、颂等字。"[2]"牛"字早期图像为"▢"形，多用于兽面、神祇。如黄帝得到一种长得像牛、名字叫"夔"的动物，以其皮蒙鼓。[3]与"螺"同为一字的"蠃""蠹""蠹""蜗"字，与"蠃"字伴生的"夔""蜗"等字，它们的早期图像或甲骨文中都有"▢""▢"形，只是相互借取，大同小异。与"田"字藕断丝连的"龟""鼋""鬼""異"等字中，随举一例："鼋"的早期图像为"▢"（多出现"龟鼋互混"），其腹、尾部为"▢"形，同样是魌头的借取元素。有关"田"的图像，上文已列举。

神祇和圣贤之间亦存在共性，比如非人的相貌，"昔之圣人者，其首有若牛者，其形有若蛇者，其喙有若鸟者，其貌有若蒙供者。"[4]而方相氏在曾侯乙漆棺上，则是"牛"一般的面具，"蠹""鼋"一般的腹部和身体，猛兽腿末梢如蛇舌，双臂有"▢"一般的鬃毛（图7）。至汉唐以来，伏羲、女娲的合体，蛇身、鼋尾更为明显。再到唐以后的镇墓兽，及畏兽、神仙、辟邪物等的塑造，皆是复杂元素的综合体。因此，铺首兽面的源头是一个庞大的课题。

① 康殷释辑：《文字源流浅说》，北京：荣宝斋出版社，1979年，第351—352页。
② 康殷释辑：《文字源流浅说》，北京：荣宝斋出版社，1979年，第36—37页。
③ 乔建中编：《中国音乐》，北京：文化艺术出版社，2009年，第4页
④ （宋）文谠注：《新刊经进详注昌黎先生文集》（宋刻本），第295页。

图 5　"魌"示意图　　　图 6　"𢽉"示意图　　　图 7　曾侯乙墓方相氏

（图 5、图 6 引自《文字源流浅说》，图 7 引自《曾侯乙墓漆画初探》）

（2）从称谓等方面看，方相氏和魌头亦难理清头绪。

第一任方相氏是嫫母，女性，戴魌头以后，难分性别。若直接为魌头，则更难辨别。不可否认，嫫母之后不乏男性担任者，出于方相氏和魌头的民间化，再加上多元文化注入，使其千变万化。从同一座墓葬的多个魌头类铺首中，分出"性别"（阴阳之异）①很不容易。

随之称谓多杂。《酉阳杂俎》："魌头，所以存亡者之魂气也，一名苏，衣被苏苏如也。一曰狂阻，一曰触圹。四目曰方相，两目曰僛。"②"铺首"和"兽环"两种解释同为铺首衔环，且"有作虎、螭、龟、蛇等形"③，既有形变，又有多名。因二目魌头使用量大，遗存丰富，这才产生铺首兽面来源于牛、螺、蠃、蠡、椒图、魌（冀、頔）、饕餮、方相氏等诸多争鸣。

"正是由于方相具有强大的禳除鬼怪、驱灾辟邪的巫术力量，其在丧葬礼中的重要角色一直难以被替代，方相的形象在中国民间得以保留到二十世纪的丧葬习俗之中。"④方相氏的重要地位，当然是称谓多杂的原因之一。从"方想""方相""魌头"，到宋代的"防丧氏"，到明代的"开路神""险道神""阡陌将军"，到清代增置的"方弼"。⑤这些名称中，有与方相氏谐音有关的，有与方相氏功能有关的，有与方

---

① 从羊坊墓一对铺首可见，造型极为相似，但仍有一些区别。外形上，铺首Ⅰ式（图1）左边短于铺首Ⅱ式（图2），耳梢和卷草的粗细，两式也有细微区别，应不是一范所出。这不符合铸造常规，若同样的器物，铸造一般用一母范，待范磨损后另成范。羊坊墓只出土一对铺首，一范完全够用，但出现区别，正是有意为之，表示一阴一阳。这种现象不是个案，是中国几千年文化的特点。笔者肯定铺首有"性别"之分。

② 张钟裁译注：《酉阳杂俎》（中华经典名著全本全注全译），北京：中华书局，2022年。

③ 叶大兵、乌丙安主编：《中国风俗辞典》，上海：上海辞书出版社，1990年，第457—458页。

④ 王铭：《开路神君：中国古代葬仪方相的形制与角色》，《清华大学学报》，2012年第2期。

⑤ 郑玄注《周礼·夏官·方相氏》曰："方相犹言放想。"宋代的大型道教类书《云笈七签》："（黄）帝周游行时，元妃嫘祖死于道。帝祭之以为祖神。令次妃嫫母监护于道，以时祭之，因以嫫母为方相氏（原注：向其方也，以护丧，亦曰防丧氏）。"确认嫫母是第一任方相氏）。明代《新刻出像增补搜神记》"开路神"条云："神即《周礼》之方相氏是也。相传轩辕皇帝周游九垓，元妃嫘祖死于道，令次妃好如（铭案：当为'嫫母'）监护，因买（铭案：当为'置'字之误写）相以防夜，盖其始也。俗名险道神，一名阡陌将军，一名开路神"。蒲松龄《聊斋志异》卷七对民间葬礼有这样的描述："方弼、方相，以纸壳制巨人，皂帕金铠，空中而横以木架，纳活人内负之行"。

相氏装束有关的，有与方相氏人数有关的。形式、功能、称谓三者之间是相辅相成又交织错综的。以此来看，泱泱历史文化碰撞中，方相氏不知道有多少别名、多少种图像，有多少方相氏文化消失在历史云烟中，不为所知。但我们得承认方相氏不是特定某个人，而是历史发展中特殊领域的精神寄托者，"方相氏"自官方化后再进入民间，完全被概念化了，其种种形象和称谓，成为驱邪的代名词。

（3）从众神中区分方相氏，要结合深层次文化。

前文有述，方相氏与"熊文化"有关。在《五帝本纪》《帝系》《竹书纪年》《世本》等史书中，自黄帝有熊氏而延展，至帝俊、雷神、方相氏、蚩尤等，熊文化与熊形象的研究分歧较大。

熊文化中，认为熊与帝王有关联的，有苏秉琦、顾颉刚、钱穆等；熊图腾研究中，认为与楚文化有关的，有王光镐、徐文武、赵炳清等。

汉代以来，认为形象组合或有关图像较为多见，对它们的研究，除上所列方相氏观点外，还有天神之说、生育之说、"豕韦"之说、雷雨神"封豨"之说、西方神"蓐收"之说、太一天神帝俊之说等。而朱青生认为将熊图像作为方相氏来解读是一种错误附会的观点。

对诸多考辨，笔者如此思考：熊文化是复杂的文化现象，从国内外均有相关图腾可知。而汉代以来，熊一类图像在墓葬中较为丰富，变化不定，今日许多观点也基于此。首先，熊图像的运用与演绎，在其象征意义、形象的基础上，与其他神祇、畏兽、黄老思想、佛教文化、萨满教、祆教、西方众神等发生了一些反应，形式和内容随之被放大，且变化不定，但保留下某些特定要素，如东王父和西王母、伏羲和女娲图像的多种形式中，基本要素清晰、易分辨。厘清各种神祇、畏兽、方相氏特点，正是我们努力的方向。当然，这需要大量相关资料佐证。

其次，要结合古人思想文化抑或意识形态。古人秉持"天人合一"思想而各有其位和秩序，《群书治要》卷二《尚书》曰："乌乎！明王奉若天道，建邦设都，天有五星，皆有尊卑相正之法，言明王奉顺此道以立国设都也"，以及"一阴一阳之谓道"，而例行于"五行相生相克"中，从国事，到个人洒扫应对从不例外。丧葬文化尤为重视这种秩序，明器定有五行所属，甚至每个字，都被赋予相应的阴阳关系，极尽完善墓葬秩序。即便今日，也难免其法。因此，掌管各职的神祇，就有了他们的五行属性、次序、对应，导致墓葬亦如此。一者，神祇和畏兽们是"火"属，例如方相氏即"火"属，因为墓葬为阴宅。二者，神祇和畏兽们表现一阴一阳关系，实现无极、化生等，例如东王父西王母、日月、雷祖庙墓铺首的二龙对接（见下文）等。三者，神祇和畏兽们代表四面八方、天界景象、其他地界管理者等，例如青龙白虎朱雀玄武，后继的张坚固、李定度等。四者，对神祇和畏兽们的安排，也应考虑到与死者、生者某些忌讳、命理的对应，甚至不同的民族文化。

鉴于熊文化影响，和熊有关的图像演变就一直在变化中，从熊的全身，到熊的某个部位，都与其他形象互为嫁接。对熊形象的特征把握要准确，反之，意义将完全偏离。如有人认为卜千秋墓中熊图像为"猪首怪人"，实际应为熊首。再者，对今人而言，称作"怪人"不足为奇，对古人而言，此类"怪人"皆为地地道道的神祇。

"天人合一"思想，千年文化中从未改变过，国家形成后，帝王的五行所属放在首位，所谓金木水火土之德。黄帝为什么是"黄"，炎帝为什么有"炎"字，以及周为火德、秦为水德等，由此而生出社会主体功能，文字、图腾等均与之匹配，若忽视此文化背景而研究相关问题，则南辕北辙。如徐州苗山汉墓前室前壁墓门东、西侧门扉有左右二图，左图的月轮边有一头戴斗笠的人物，右图的日轮一侧有一熊首人身者。对此图像有人认为左侧人物是炎帝神农氏，其刻画在墓门西侧，配之以月轮。这明显不符合五行理论。炎帝之"炎"代表火德。火属阳，应配日；水属阴，应配月。汉魏以来东王父和西王母图像所配日月可作为铁证。类似谬误案例极多，这正是当下考古文化遗存研究面临的尴尬处境，远离文化本体的理论学说，是不可想象的。

从众神中区分出方相氏，要结合深层次文化，好在古人还没有陷入龙蛇混杂、毫无章法、漫无目的的处境，无论历史如何变迁，他们负责地在每种文化遗存上留有信息。就连生产同样的普通瓷碗，张家造和李家造都各有明显的"防伪码"。我们应以乐观的态度相信古人让众神祇各自留有基本特征，方相氏也不例外。熊形象与其他具备丑、凶特点的生灵发生了无数次演绎后，体现在羊坊北魏墓葬的铺首上的方相氏，呈现出下蹲、裸体、舞姿、丑怪等特征，这为我们判定方相氏的身份，提供了一些参考项。

4.兽头、方相氏、魌头流变简示图

兽面出现于史前，用作巫觋祭祀时的面具或某种图腾。此时，面具不单纯是对某种动物的复制，而是自然界凶恶、丑陋、恐怖的动物和昆虫的集合体。同时，傩仪形成，类似图像生成。

进入邦国文明时期，私有化加深，社会主体功能增强，对巫觋祭祀、驱鬼怪的需求增长。继而，记录符号进一步增多，文字开始完善。区域文化不同，相关文字往往讹传，从而出现的兽面千差万别，但追根溯源都是有关联的。随着人们对自然的深度认知，各领域的神祇种类、数量增多，雷神、火精、方相氏等分类罗列，各司其职。

周时方相氏列为官职，可能在原有的基础上，规范了方相氏的人数、仪式、服饰等，分配在官方的不同阶层。

之后，相对于众神祇，方相氏与生死大事相关，因能满足多种需求而得到普及。以形象来惊驱鬼怪的方相氏，所戴面具——魌头是关键，因为魌头能更让人产生恐惧感。为高效率利用而采用方相氏的简化形式——魌头，分布于地面和地下。

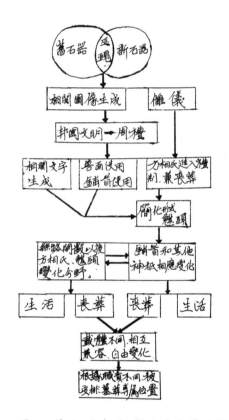

图8 兽头、方相氏、魌头流变简示图

丝绸之路开通，西方雕塑、佛教的鬼怪、护法造型和纹饰等的涌入，成为方相氏和魌头升级改造的契机，并且使裸体形象的方相氏保持了很长时间，有戴面具的和不戴面具的。戴面具的以恐怖为重；不戴面具的以丑为重，但相对温和。此时的魌头空间设计更趋复杂，其中卷草纹、忍冬纹等常见，且在工艺、布局、图像上是空前的。魌头两耳空间内设计方相氏，成为北魏墓葬的铺首衔环上的特色。

吸收外来文化的方相氏和魌头，功能、神力无限放大。同时，生活中其他神祇的形象、神力相应升级。

能起到镇墓、化生作用的神祇多，中西文化皆用，造型变化不定，根据职责、区域文化、信仰等不同，各取所需，各有神位。但魃头、魃头类的铺首衔环、方相氏，进入墓葬的专属位置——棺椁、墓门。

北魏以后，方相氏、魃头在形式和内容上都发生了变化。在墓葬的使用率上，随着社会主流文化起起伏伏。

5.小结与思考

北魏时期流行于平城时代的方相氏特征鲜明，呈现蹲踞、舞蹈、吼叫的动作等。形象丑陋、恐怖，裸体，着犊鼻裈、戴魃头，大多具备熊、兽肢体的某个要件等，主要展现其丑陋、恐怖、威猛。平城时代的固原羊坊墓铺首，结合了多种文化元素，在细节处浸入文化意义，所打造的器物独具一格，由此可窥见北魏人思想观念的自由开放。丝绸之路的开辟，方相氏、魃头显示了太多的时代信息，在北魏时期形成独特的文化形态。

方相氏和魃头是古人长期以来赋予神性化的臆造物，是对各种凶猛、可怖、丑奇，对人类有益或有害的动物、昆虫等外形或习性的某些元素的借取与组合。或现凶猛相，或现威严相，或现丑恶相，或现奇怪、善良相，皆保留着广义上的正能量基因。墓葬铺首之兽面，是方相氏的遗像，有多种表现形式，不限版本，头绪繁杂。

从考古遗存和地面遗迹、历史文献、民俗文献来看，方相氏和魃头之变，是复杂的文化现象，受时代审美需求，多元文化注入，民族融合、迁徙，甚至环境气候变化等因素影响，形式上错综复杂，功用上既有专属，又兼多职，名称各有千秋，反映了历史文化的碰撞和人们思想活跃的态势。

二、雷祖庙墓铺首和铜牌饰

1981年固原东郊乡雷祖庙村北魏墓出土的漆棺画影响深远，同墓有几件精美铜器，命名"透雕铜铺首"的2件，形制一致（图9）；命名"透雕铜牌饰"的3件，形制一致（图10）。

图9　北魏铜铺首

图10　北魏衔环

（图9、图10引自《固原文物精品图集》，原名为"透雕铜铺首"和"透雕铜牌饰"，宁夏固原博物馆馆藏）

（一）雷祖庙墓铺首和牌饰的关系

透雕铜铺首，方形，兽面，兽口设计挂钩，既有挂钩，必有所挂；透雕铜牌饰，圆形，满工，唯二龙口对接处的圆柱不见任何工艺。牌饰盛行于游牧民族，既为满工，就不会存在瑕疵，如宁夏固原博物馆馆藏先秦戎人贵族的大量牌饰正面满工，工艺精湛。故断定圆形牌饰的这个"瑕疵"，是铺首挂钩相对应的部分。

两件器物的锈色、铜质、工艺、尺寸存在共性，尤其铺首方、牌饰圆的特点，使它们成为组合件的可能性增大。结合汉魏以来盛行的铺首衔环，如大同的铜鎏金镂空人龙纹饰件（图11；表2序号19）[①]，也存在这种"瑕疵"，虽未发现相应的铺首，但与雷祖庙墓透雕铜牌饰文化类型一致。流失海外的北魏铜铺首（图12；表2序号18）[②]，与雷祖庙墓透雕铜铺首高度吻合。大同恒安街北魏墓的铺首衔环（图13；表2序号20）[③]不但整体风格与雷祖庙出土的接近，而且衔环与透雕铜牌饰极为相似。以大同平城时代诸多出土文物作参考（见表1、表2），雷祖庙墓的铺首长11.2厘米，透雕铜牌饰直径11厘米的规格，与大同地区出土的铺首衔环相似[④]，在同等级范围内。

以上资料表明，雷祖庙墓出土的透雕铜铺首和透雕铜牌饰，是各相匹配为一体的铺首衔环（单体分称"铺首""衔环"）。因该墓早年曾遭盗扰，不排除有数套的可能。

（二）雷祖庙墓铺首衔环上的人物与故事

雷祖庙铺首和衔环各有一站立人物，着对襟服和裳裙，垂束腰裙带，有衣褶，同一风格的还有云冈第十一、十九、二十七窟佛造像的裙带[⑤]、青州龙兴寺遗址出土的北齐贴金彩绘思维菩萨造像腰间所系飘带。飘带在北方佛菩萨造像和天王造像中较为普遍，是犍陀罗文化向汉文化转型的标志性之一。雷祖庙墓铺首和衔环上站立的人物发髻（肉髻），与云冈第十九窟西洞造像的发髻[⑥]，龙门北周时期宾阳中洞、宾阳中洞南壁本尊造像发髻[⑦]"其发为犍陀罗式"[⑧]同类型。这些资料显示，雷祖庙铺首衔环中的人物，应入佛造像一列。

雷祖庙铺首衔环中的人物双手叉腰，双腿分开站立，自信坚定，富有气势，但显年轻。结合辅助元素——双龙，比对北魏皇兴五年（471）石造像背光阴面佛本生系列故事中的九龙浴太子（表2序号1）、台北故宫博物院藏北魏太和元年（477）阳氏鎏金释迦牟尼佛造像背光阴面的佛本生系列故事的龙浴太子，发现雷祖庙铺首衔环的人物形象不但与上例太子极为接近，还与"龙浴太子"故事不无关系。

皇兴五年造像背光阴面所刻本生系列，有学者认为在几部佛教典籍中更契合《修行本起经》图像

---

① 大同市考古研究所：《山西大同下深井北魏墓发掘简报》，《文物》，2004年第6期。图三：9。

② 网络赏古寻珍：《国之重器流失海外的国宝·波士顿美术馆青铜篇》，2019-04-14。

③ 大同市考古研究所：《山西大同恒安街北魏墓（11DHAM13）发掘简报》，《文物》，2015年第1期，第13页。

④ 此处暂用"相似"一词，是因为怀疑这种尺寸相当的铺首衔环，在工艺、主题寓意、神祇使用上有级别规制。若具备条件将另当别论。

⑤ 梁思成著：《中国雕塑史》，天津：百花文艺出版社，1998年，第64-67页。第五十五、五十七、五十六图。

⑥ 梁思成著：《中国雕塑史》，天津：百花文艺出版社，1998年，第67页。第五十七图。

⑦ 梁思成著：《中国雕塑史》，天津：百花文艺出版社，1998年，第78-81页。第七十二、七十三、七十四、七十五图。

⑧ 梁思成著：《中国雕塑史》，天津：百花文艺出版社，1998年，第67页。

图11　北魏铜鎏金镂空人龙纹饰件

图12　北魏铺首

图13　北魏铺首衔环

（图11引自《山西大同下深井北魏墓发掘简报》；图12引自《国之重器流失海外的国宝·波士顿美术馆青铜篇》；图13引自《山西大同恒安街北魏墓（11DHAM13）发掘简报》）

内容。太和元年释迦像背光阴面故事共分三层，顺序从右下方起，依次而上。最下一层为降生故事，有三帧：树下诞生、七步生莲、龙浴太子（图14）。北魏和平二年（461）造释迦牟尼石像①背光阴面的本生系列共五层，中间一层为太子，身有背光，九龙头缠绕在太子头顶成弧形，左右各有一侍者单膝跪地擦拭太子，图旁竖阴刻"九龙谷（浴）太子时"（表2序号3），使这类图像是"龙浴太子"得到实证。雷祖庙铺首衔环的人物两侧，分置二龙，已经具备龙浴太子故事的要件。

但有些疑问还需要梳理。生活中龙浴太子图像多样，辅助元素增减变化不定，元素复杂而又大篇幅地集中在大型石窟；突出主旨而简要的，一般在小型佛造像背光阴面。如山东省博物馆馆藏北魏正光六年（525）如来三尊立像因受载体局限，阴面表现佛本生故事的太子身边仅线刻九龙，无其他元素（表2序号6）。又，龙所形成的拱券形，较接近环形的，有前文提到的太和元年鎏金造像的九龙形（图14；表2序号2），甘肃省庄浪县博物馆馆藏北魏五层四面塔九龙组成拱形，只有一位手捧浴巾的侍者（表2序号7）。龙形呈拱券状在北魏是一大特色，如云冈石窟北魏期"交蟠龙"的拱形几近环形，云冈第10窟窟门南柱东西两侧的装饰（图15）②双龙对接成环形。儒道文化的此类图像存量不少，如洛阳偃师汉墓壁画（图16）。③

如此梳理后，线索清晰起来，即塑造龙浴太子图像未必墨守成规，在北朝时期相关图像应为灵活布局，为雷祖庙铺首衔环上的沐浴太子图像提供了借鉴。

佛教东渐，在魏晋南北朝时期，释迦牟尼佛的本生、佛传、因缘、史迹四种经变，遍布南北石窟、壁画，其中山西云冈第6窟有40多个情节④，新疆克孜尔石窟的第110窟有60多个情节，莫高窟的290窟有80多个情节。自北朝开始，佛传故事主要依据古印度典籍原本、汉译佛经和国人编纂的典籍。北朝

---

① 长期以来多认为是永平二年（509）造像。裴建平认为为北魏和平二年（461）造像，见裴建平：《西安碑林博物馆藏"□平二年"造像考释》，《碑林集刊》（第八辑），西安：陕西人民美术出版社，2002年。与赵力光先生交流，确认为和平二年。

② 张海蛟：《北魏平城"一人二龙"图案的渊源与流变研究》，《形象史学》，2017年第1期，图1。

③ 张应桥：《试论汉墓壁画中的猪首怪人》，《文博》，2009年第4期，图2。

④ 山西大同云冈石窟第6、7、8、12、48、53窟均有佛传雕刻，第6窟现存41幅，原来应不少于51幅。

之前或平行于北朝时期所翻译的与本生故事有关的主要有：东汉建安二年（197）康孟详、竺大力译《修行本起经》，三国吴支谦译《太子瑞应本起经》，西晋永嘉二年（308）竺法护译《普曜经》，西晋聂道真译《异出菩萨本起经》，南朝宋元嘉二十三年（446）求那跋陀罗译《过去现在因果经》，马鸣撰、南朝宋释宝云译《佛本行经》，北凉玄始年间（414—428）昙无谶译《佛所行赞》，南朝梁僧祐译《释迦谱》，内容有摩耶夫人夜梦菩萨乘白象投胎；夫人手攀无忧树，太子从右胁诞生；太子步步生莲；九龙为太子沐浴；相师为太子起名悉达；太子还宫现三十二种祥瑞；仙人占相为国王祝贺；国王诏大臣为太子议婚；太子力举掷象、挽弓射穿七重铁鼓；太子抛珠直落王女裘夷身上，与裘夷结为夫妇；国王令太子出城游观，太子出游路遇生老病死四种人生状态，静坐树下思考解脱

图 14　北魏释迦牟尼佛降生故事

［此组图像位于台北故宫博物院藏北魏太和元年（477）阳氏鎏金释迦牟尼佛造像背光阴面最下一层。顺序从右至左依次为：树下诞生、七步宣言、龙浴太子］

图 15　　　　　　　　　　图 16
北魏敦煌第6窟北壁龛楣　　新莽洛阳偃师汉墓壁画

（图15引自《北魏平城"一人二龙"图案的渊源与流变研究》；图16引自《试论汉墓壁画中的猪首怪人》）

生老病死之苦；太子回宫不乐，乘马夜半逾城；车匿牵白马回宫，裘夷抱白马痛哭；太子入山苦修，降魔成道；梵天劝请；初传法轮，降服迦叶；三道宝阶；涅槃等。繁复，但各有不同。太子降生这一帧就包括降神选择、白象入胎、太卜占梦、树下诞生、七步宣言（七步莲花）、龙浴太子、阿私陀占相等，其中龙浴太子版本出土多种。

《普曜经》载："尔时菩萨从右胁生……天帝释梵，忽然来下。杂名香水，洗浴菩萨，九龙在上，而下香水，洗浴圣尊。洗浴竟已，身心清净。"[①]

《修行本起经》载："夫人攀树枝，便从右胁生堕地。行七步，举手而言：'天上天下。唯我为尊……'释梵四王。与其官属，诸龙鬼神、阅叉、犍陀罗、阿须伦，皆来侍卫。有龙王兄弟，一名迦罗，二名郁迦罗，左雨温水，右雨冷泉。释梵摩持天衣裹之。"[②]

《过去现在因果经》中的龙王兄弟，名字有变化："难陀龙王、优波难陀龙王，于虚空中吐清净水，一温一凉，灌太子身。身黄金色有三十二相，放大光明，普照三千大千世界。天龙八部亦于空中作天伎乐，

---

①　（西晋）月氏三藏竺法护译：《普曜经》，录《大正藏·本缘部》。

②　（后汉）西域三藏竺大力、康孟详译：《修行本起经》，录《大正藏·本缘部》。

歌呗赞颂，烧众名香，散诸妙花，又雨天衣及以璎珞，缤纷乱坠不可称数。"①

《修行本起经》《过去现在因果经》等中为龙王兄弟，即二龙，《普曜经》中为九龙，这便分出九龙灌顶和二龙灌顶两种形式。参与灌浴者包括梵天、帝释天、四天王、诸天人等，使经变图像变化不定，但从表2可见太子站立形象保持不变。

多有研究者认同克孜尔石窟第99窟左甬道外壁壁画(表2序号14)和110窟主室左壁壁画为二龙(人物)灌顶，常被引用。②但太子头顶还有多龙，却鲜有提及。赵艳认为龟兹克孜尔石窟第99窟、第110窟和第114窟的灌浴太子图像，侍奉人物是迦罗和郁迦罗二龙王。"第99窟图像中明显为九条龙，而藏于柏林国立印度艺术博物馆的克孜尔石窟第110窟的图像从残存的数量推测应为十六条龙。"③文中提到了除龙王兄弟外，还有多龙。

犍陀罗龙浴太子图像中为二人站立式浇灌，中国式的图像则为左右单膝跪地的擦拭者，他们都应是龙王兄弟。龙王作为天龙八部之首，在经典中是人物形象。莫高窟第36窟的《龙王礼佛图》④中龙王上半身为人形，下半身为蛇形，面部特征、宝冠、着衣等与克孜尔石窟第99窟中侍奉太子左右的龙王类似。既然存在二龙(龙王兄弟)沐浴太子，为什么头顶还要出现四龙、九龙、多龙等？笔者以为有两种意义：其一，对佛经中二龙和九龙综合后的经变；其二，四龙、九龙、多龙，代表龙王兄弟的龙众，所谓眷属。

普遍认为古人接受九龙灌顶，是因为"九"代表九五之尊。此说法无谬。九为最上数，匹配天、帝、圣人，用九龙在情理中；九龙也表示变化，如八卦之"九九数变"。而真正以两条龙形表示二龙灌顶的图像，至少从北魏到唐代还未发现。换言之，北魏墓葬铺首衔环中的二龙浴太子图像是罕见的。为何要综合二龙和九龙，塑造出特殊的龙形象？首要因素是生死的禁忌。其次，龙是天界护法，亦为引领灵魂升天的神祇，是丧葬文化的刚需。无论如何，雷祖庙墓铺首衔环上的艺术打造，既考虑了本土文化，又注入佛教文化艺术思想，正是"佛教艺术与佛教的社会思想关系十分密切，这是因为佛教往往把非常明确的社会思想注入艺术中，使这些思想得到具体的形象的体现"。⑤

综上所述，雷祖庙墓铺首衔环上的人物，是佛本生的太子形象。太子身边的二龙、空间内交错的缠枝，则是对龙王兄弟和其眷属的演变，既显示了二龙灌顶，也暗藏了九龙灌顶；衔环上的二龙对接太子，则是对龙王兄弟灌浴太子的演变。总之，《普曜经》中的九龙，《修行本起经》中的二龙，都被巧妙地演变在了雷祖庙墓的铺首和衔环上。为进一步探讨，列表如下。

---

① (南朝宋)天竺三藏求那跋陀罗译：《过去现在因果经》，录《大正藏·本缘部》。
② 丁明夷、马世长、雄西：《克孜尔石窟的佛传壁画》，《中国石窟·克孜尔石窟一》，北京：文物出版社，1989年。陈清香：《麦积山133窟10号造像碑的图像源流与宗教内涵》，《中华佛学学报》，2005年第18期。赵鹏：《北朝佛传故事图像研究》，山东大学2012年博士学位论文。均同此说。
③ 赵艳：《佛传与图像：释迦牟尼神话》，北京：社会科学文献出版社，2019年。
④ 赵声良：《敦煌石窟艺术简史》，北京：中国青年出版社，2016年。6-6：莫高窟第36窟：龙王礼佛图。
⑤ 雅科伏列夫著，任光宣、李冬晗译：《艺术与世界宗教》，北京：文化艺术出版社，1989年，第7页。

表2　北魏至唐龙浴太子图像与雷祖庙墓铺首衔环的太子对比

序号	龙浴太子作品	基本信息、辅助元素	太子图像	特征
1		北魏皇兴五年(471)石造像。高87厘米。陕西碑林博物馆藏。九龙灌顶图位于背光阴面最上层中间。九龙绕顶，二位侍者擦拭太子。		太子肉髻，两层头光。着莲花形犊鼻裈。双臂自然下垂，两腿分开站立于长方形基座上，显得自然灵活。
2		北魏太和元年(477)阳氏鎏金释迦牟尼佛造像。高40.3厘米。台北故宫博物院藏。太子沐浴图处于背光阴面下层最左边。太子左右各二龙，龙身呈拱形。二位侍者单膝跪地，擦拭太子		太子肉髻。着犊鼻裈。双臂下垂，双腿微开站立于长方形基座上。
3		北魏和平二年(461)释迦牟尼石像。高65.5厘米。西安碑林博物馆藏。九龙灌顶图在背光阴面中间一层中间位置。太子在莲花瓣形龛内，九龙围绕成弧状。有二位侍者。左竖阴刻文字："九龙谷(浴)太子时"。		太子肉髻，头光。赤身着紧身衣。两臂下垂，两腿自由分开站立在凭几上。
4		云冈石窟第6窟主室中心塔柱。圆雕九龙缠绕成半环状在太子头上。左右有两位侍者。		太子仅着一条裙带遮体。身光。两臂下垂，双腿微开站立，左脚微靠前，身体微右倾斜，自然大方。
5		北魏太安三年(457)宋德兴造像碑。高41.5厘米。日本私人收藏。九龙灌顶图位于背光阴面下层左侧。二侍者单膝跪地侍奉。太子身左四龙，右五龙，如旗形。另有花卉点缀。		太子肉髻，身光、头光。着犊鼻裈，护裆有飘带至膝部。自然站立，两手下垂，两脚分开，踩短腿凭几。
6		北魏正光六年(525年)如来三尊立像。高229厘米。山东省博物馆藏。九龙灌顶位于正面从上至下第二层最右侧。线刻九龙，无奉侍者及其他辅助元素。		太子头光。着短裙裳。分腿站立在圆形蒲团上，非常自信。
7		北魏五层四面塔。高218厘米。甘肃省庄浪县博物馆藏。九龙灌顶图在第二层塔的一面。九龙组成拱形。太子左手边有一位捧浴巾的侍者。		太子肉髻。似着通肩紧身衣和犊鼻裈。双手下垂摊开手掌，并腿站立于方形台座。

续表

序号	龙浴太子作品	基本信息、辅助元素	太子图像	特征
8		犍陀罗地区石雕"灌礼"。白沙瓦博物馆藏。 对称布局，六位侍者各司其职。		太子肉髻，头光。全赤身。站立在鼓腿膨牙的三足几上。希腊雕塑传承。
9		犍陀罗地区石雕灌浴太子。白沙瓦大学考古博物馆藏。 平直屋檐，莲花瓣形帷幔。左右各有二位侍者，自由形态，两位灌浴，两位执浴具。		太子肉髻。赤身。右脚在前，站立于鼓腿膨牙的三足几上。希腊雕塑传承。
10		犍陀罗地区灌浴太子。日内瓦民俗学博物馆藏。 不对称布局。宝盖，除左右灌浴者，多位人物侍奉，形态不一。		太子肉髻。赤身，肌腱突出，生殖器突出。希腊雕塑风格。
11		犍陀罗地区灌浴太子雕像。白沙瓦博物馆藏。 对称布局，宝盖，左右二侍者站立灌浴。		太子肉髻，背光。着犊鼻裈。左腿略前于右腿站立。
12		莫高窟第290窟九龙灌顶。北周。对称布局。太子头部至膝部，分布九龙，左臂为四条龙，右臂为五条龙。两侍从各下蹲擦拭，另有两位侍从各立左右。		太子肉髻，头光，头微右侧。赤身，着平角犊鼻裈。身体修长。双手下垂，两腿分开站立于鼓腿凭几上。
13		克孜尔石窟第114窟。龙浴太子。大莲花台，身光、背光、脚光。太子左手四条抬头吐水的龙，右手五条。两侍者跪于台座下举手仰头作奉侍状。		太子肉髻，头光、脚光。身修长，略斜。着披帛和有飘带的犊鼻裈。两手相握胸前，站立台座上。
14		克孜尔石窟第99窟。龙浴太子。4世纪末。龙王兄弟，戴华盖，屈膝跪拜侍奉太子。头顶有九龙。		太子肉髻，背光、头光、脚光。赤身着犊鼻裈。修长身微左倾，胸肌突出。双手摊开手掌向外，交腿站立圆形高足几上。

续表

序号	龙浴太子作品	基本信息、辅助元素	太子图像	特征
15		克孜尔石窟第114窟。龙浴太子。多条龙并列环绕成拱券龛，两位单膝跪地奉侍者。太子左手边有站立的侍者和停在空中的飞天。有残。		画面残损，但可见太子形象，类似克孜尔石窟第99窟。
16		唐，繁峙岩山寺九龙灌顶图。象、马等众护法托举金盆，散发光芒。盆上左四龙，右五龙。		太子的一半身体浸泡于金盆。
17		唐，九龙灌顶绢画。原藏敦煌藏经洞，现藏大英博物馆。如意云朵，云朵内九条金色龙头，围成拱状。五位侍女，右侧侍女双手捧长浴巾。花卉。金盆。		太子幼小，全赤身，憨态可掬。长方形凭几上，立金色莲花纹浴盆。太子为白色彩绘。
18		北魏铜铺首。现藏美国波士顿美术馆。与雷祖庙墓铺首唯一不同的是工艺上稍微简化：龙足没有刻平行水纹。		肉髻，双手叉腰站姿。着装与雷祖庙墓铺首太子同。
19		北魏铜鎏金镂空人龙纹饰件。大同市阳高县下深井乡砖室墓出土，直径10厘米。双龙对接成圆环，龙头朝下。太子居中，踩在龙头上。		太子螺旋发，着交领贴身衣和犊鼻裈。双手举起各抓龙足，双脚分开各踩龙头。气势威猛。
20		北魏铜鎏金铺首衔环（一对）。长11厘米、宽10厘米、环径10厘米。大同恒安街北魏墓出土。大同市博物馆藏。铺首整体为方形，在狰狞的兽面竖起的两耳空隙，布置两位赤身驭者各骑在龙身。衔环为二龙灌顶式。		太子头顶似为平顶帽（或发型），着犊鼻裈。双手举起各抓龙足，双脚分开各踩龙头。
21		北魏铺首。固原雷祖庙墓出土，长11.2厘米。宁夏固原博物馆藏。魌头，卷草纹，龙。对称布局。		太子肉髻，着对襟服，穿裳裙，垂束腰裙带。双臂叉腰，双腿分开幅度较大，站姿，呈震慑状。
22		北魏衔环。固原雷祖庙墓出土，最大径11厘米。宁夏固原博物馆藏。双龙连体吐一冷一热柱状水对接成圆环状。龙脊寄生金翅鸟，卷草纹式龙脚。对称布局。		同上。

（三）诸多文化元素的演变浓缩在雷祖庙墓铺首衔环上

通过表2所列，雷祖庙墓北魏铺首衔环上龙浴太子的形式，变化显著。

1.太子的演变

根据目下掌握的资料，北魏铺首衔环上的太子头顶有三式，为雷祖庙的肉髻式、大同的似为带裙的平顶帽式和螺旋发式。同文化单元，之所以变化，应是两地文化所需和多元文化并入后，互相吸收后的自由发挥。

犍陀罗太子赤身，肌腱分明。北魏时期的太子着犊鼻裈。雷祖庙铺首衔环的太子着装已经本土化，对襟左衽风格类似大同北魏墓中的陶俑着装。[①]但铺首衔环上的太子着装紧身，体现丰满和憨态，既是对佛造像中太子服饰的继承，又是鲜卑文化与多方文化碰撞后的创新，形成与佛造像中的菩萨服饰接近的特殊风格。

太子因何着菩萨服，佛经中有相关说法。释迦牟尼诞生，为了显现成佛过程，在此期间不能着佛装，"但由于如今尚未成佛，因此在图像上，多数是以菩萨装来表示，少数为佛装。"[②]除此之外，铺首衔环上的太子着装，至少有五层含义：结合了《修行本起经》中"释梵摩持天衣裹之"，表示"天衣"之意；暗合《佛说温室洗浴众僧经》中，洗浴之后着"内衣"（三衣之安陀会）所得功德；区别生活中的太子形象；回避了裸体忌讳；对死者灵魂化生的愿望。

犍陀罗地区和中国的太子均为站立式，两手下垂的特征基本一致；雷祖庙墓的太子两手叉腰，两腿分开幅度大，更显气势威猛，符合丧葬文化对神祇的塑造理念。

太子所站的物具，地域文化特征明显。犍陀罗地区多为圆几形，北魏多为方几形，但均有所站之物；北魏铺首衔环上的太子踩两条龙，或龙头，或龙尾，取龙浴太子题材的同时，又显示太子降龙技艺。

2.水波纹、龙的演变

白沙瓦博物馆藏"灌礼"石雕，两侍者（龙王兄弟）执壶倒出的水柱上，阴刻一条平行线，表示水线；下深井北魏墓出土的衔环上的二龙所吐之水，形成倒垂的荷花，为""[③]形，以多条并列阴线表示水；雷祖庙墓铺首上的两条龙吐水，也采用并列平行线表示水波，为""[④]形，卷草般连接太子身，形成动感之美。衔环的龙身、龙足、缠枝等，则用水波纹的工艺呼应。

雷祖庙墓铺首两侧边沿卷草纹为""[⑤]形，此形式在大同地区北魏石棺床前立板常见。田村北魏墓石棺床、南郊北魏墓群M112石棺床等同类型与宋绍祖墓的""[⑥]形略有变化。但皆

① 大同市考古研究所：《山西大同御东新区御昌佳园北魏墓M113发掘简报》，《考古与文物》，2021年第4期。山西省考古研究所、大同市考古研究所：《大同市北魏宋绍祖墓发掘简报》，《文物》，2001年第7期。
② 陈清香：《麦积山133窟10号造像碑的图像源流与宗教内涵》，《中华佛学学报》，2005年第18期。
③ 大同市考古研究所：《山西大同下深井北魏墓发掘简报》，《文物》，2004年第6期。
④ 黄丽荣编著：《固原出土丝路文物线图艺术》，银川：宁夏人民出版社，2017年，第101页。鎏金透雕铜铺首左龙口所吐水波纹。
⑤ 黄丽荣编著：《固原出土丝路文物线图艺术》，银川：宁夏人民出版社，2017年，第101页。铺首外边水波纹。
⑥ 白月：《大同地区出土北魏葬具的研究》，西北大学2017年硕士学位论文。图42：AⅡ式水波纹；3：司马金龙墓石棺前立板。

为水波纹。铺首衔环整体图形含蓄抽象，却又巧妙地强调龙与水的关系、水与火的相生。[①]由此，北魏时期的卷草纹表意，除前文羊坊墓铺首一类的卷草纹表示火之外，雷祖庙墓铺首上添加曲形、涡形线之后，即表示水。

沐浴太子的龙王兄弟原本以人的形象展现，北魏铺首衔环直接会意为龙形，且有本文铺首的龙头朝上、大同地区龙头朝下的灵活模式。龙吐水避开太子头顶，应是有意为之。铺首所显示的主体图案兽头，显然是龙头，与羊坊墓铺首主体图案表示的魌头有明显区别。这是根据题材内容而统合兽面所表达意义的灵动之处，即羊坊墓铺首人物为方相氏，铺首的兽面则为方相氏之魌头；雷祖庙墓铺首衔环的人物故事为沐浴太子，兽面则变为龙。加之衔环的龙背添加金翅鸟[②]，这种结合形式实为罕见，使雷祖庙墓铺首衔环的价值属性提高。

3.其他辅助元素的演变

龙浴太子图像的辅助元素各有特色，犍陀罗地区的多有伞盖，进入中国后为拱券顶的龛形。传统文化自来强调写实和包容，这就让太子沐浴元素置入显得灵活，例如添加飞天、畏兽、祥云环绕；绝大多数带身光、头光，有的添加脚光；有对称布局和不对称布局。

当然，多形式表现不是为所欲为，而是对《过去现在因果经》中太子沐浴时出现的"身黄金色有三十二相，放大光明，普照三千大千世界。天龙八部亦于空中作天伎乐，歌呗赞颂，烧众名香，散诸妙花，又雨天衣及以璎珞，缤纷乱坠不可称数"的经变。

众多元素，却在北魏铺首衔环上简化为太子和双龙，显示了北魏人对图像艺术的驾驭能力，对神祇的理解和态度，以及将佛教题材引入丧葬文化中的激情。

(四)隐藏在雷祖庙墓铺首衔环上的文化

1.在生与死中，暗合沐浴文化

雷祖庙墓铺首衔环从安排龙浴太子题材来看，主线是表示净身与化生，其意愿交叉于"灌顶"和"沐浴"当中。禅宗盛行灌顶，"譬如热极得清冷水持洗手面，是名为喜。入大凉池举身沐浴，是名受乐。"[③]灌洗佛僧亦具诸多好处，"令其后世生为人，端好洁白，众人所敬，尘垢不着身"[④]"长夜清净，秽垢消除，不遭众患。"[⑤]大善天王表述自己灌顶之缘，以作众人表率："我于往昔八万四千岁而为婴儿，八万四千岁而为童子，八万四千岁为灌顶太子，八万四千岁为灌顶王，然后得成转轮圣王，领四天下七宝具足。"[⑥]用正确理念净化自己的，才能"一切世间水洗者，除一切恶故"[⑦]。灌顶有种种利益，后赵武帝石虎

---

① 龙与水，表示阳与阴，阴阳相生，下文对此方面有浅述。

② 该鸟与梁思成所绘云冈石窟北魏期的金翅鸟造型相似。1933年梁思成、林徽因、刘敦桢著：《梁思成绘云冈石窟所表现之北魏建筑图例》，北京：中国营造学出版社。

③ （姚秦）鸠摩罗什等于长安逍遥园译：《禅法要解》卷上，录《大正藏·经集部》。

④ （西晋）法炬译：《灌洗佛形像经》，录《大正藏·经集部》。

⑤ （后汉）安世高译：《佛说温室洗浴众僧经》，录《大正藏·经集部》。

⑥ （东晋）法显译：《大般涅槃经》卷下，录《大正藏·阿含部》。

⑦ 失译人名附东晋录：《梵志计水净经》，录《大正藏·阿含部》。

是追随者之一，他举办浴佛仪式，"作金佛像，坐于车上，九龙吐水灌之……龙吐水，车止则至。"[1]

我国传统文化中，从降生沐浴到死后净身，均有仪式。刚出生的沐浴有洗去污渍重新做人之意，与太子沐浴意义相近，如"杂名香水，洗浴菩萨……身心清净"。[2]尤其重视死后净身，死后净身亦称"浴尸"，在入殓前进行，并且是"盖贵人皆浴于正寝，曾子以士，故浴于爨室也"。[3]传承至今已不分身份。史书载王乔此人传奇，"后天下玉棺于堂前，吏人推排，终不动摇。乔曰：'天帝独召我邪？'乃沐浴服饰寝其中，盖便立覆。宿昔葬于城东，土自成坟。"[4]这从侧面反映入殓前净身的重要性。

并且，在仪式的细节上，不同区域的文化高度暗合。龙浴太子时，有相应人物操作，如近身的龙王兄弟和其他各司其职者。《周礼》的沐浴，也有类似专职者，"御者入浴。小臣四人抗衾。御者二人浴。浴水用盆，沃水用枓。浴用绤巾，挋用浴衣。"[5]加上贵人浴于正寝和"以西墙下东向筑灶，烧浴水，并掘坎于户外阶间稍靠西的地方"。[6]还有"士人浴于爨室"等，在人物、器用、朝向、操作方法方面，形成一套体系。

古人对经典所述采信程度非常高，故有理由相信雷祖庙墓铺首衔环龙浴太子故事的象征意义是多重的，因为它们契合死者所需。

2. 龙凤文化融合的痕迹

中国龙文化中，表征意义丰富，其中两种意义较为普遍，一种是太极、天界、无极[7]；一种是变化，所谓神龙见首不见尾。[8]自桓、灵以后，受佛教影响，对龙进行升级改造，其中的护法、神力意义突出。不仅如此，龙还有受人喜爱的一面："龙有两义故胜，一者是天眷属，二者与人有恩"。[9]雷祖庙墓衔环上的龙形象，不但有诸多龙文化痕迹，还在龙背配置金翅鸟。金翅鸟在佛经中是"欲食诸龙，自在随意"的护法，与龙的关系千头万绪。这种鸟与凤、爨鸟、金乌等往往混淆，又错杂于凤凰、朱雀，最终形成龙凤搭配的表征。首先匹配帝王，如"龙凤之姿，天日之表"[10]；国家视为图腾，见则社会安定，人民吉祥；"凤降龙至为成功之验"[11]。因为文化意义属于人们共享，以此形成"龙凤呈祥"的民间化。

---

① （东晋）陆翙：《邺中记》，上海：商务印书馆，1936年。

② （西晋）月氏三藏竺法护译：《普曜经》，录《大正藏·本缘部》。

③ 叶大兵、乌丙安主编：《中国风俗辞典》，上海：上海辞书出版社，1990年，第280页。尚秉和：《历代社会风俗事物考》，北京：中国书店出版社，2001年，第242页。

④ 《后汉书》卷八二《方术列传·王乔传》，1965年。

⑤ 见《礼记·丧大记》。

⑥ 叶大兵、乌丙安主编：《中国风俗辞典》，上海：上海辞书出版社，1990年，第280页。

⑦ 注：《说文解字》卷一一载：龙"能幽能明，能细能巨，能短能长，春分而登天，秋分而潜渊"。此特征在陈应鼓：《先秦道家易学发微》中"实为黄老思想的核心"。即太极、天之义。

⑧ 龙代表太极，太极即动与静、隐与现的变化。又如《坛经》机缘第七载："若于转处不留情，繁兴永处那伽定"，那伽是梵语Naga的音译，意为龙众，表示要处在变化而不失大定之中，所谓"龙定"。又，《三才图会》："龙八十一鳞，具九九之数"，"著爨龙以象不测之变"。

⑨ 见《法华经义疏》，录《大正藏·经疏部》。

⑩ （宋）张商英：《护法论》，录《大正藏·史传部》。记载唐玄宗四岁时，已有神人见之曰："龙凤之姿，天日之表，必能济世安民。"

⑪ 叶大兵、乌丙安主编：《中国风俗辞典》，上海：上海辞书出版社，1990年，第697页。唐人孔颖达《尚书·君奭》注疏。

雷祖庙墓铺首衔环的龙与金翅鸟，同样统合相关文化元素，多角度地满足墓主人的美好愿景。

3.蕴含"中道"思想与化生理念

雷祖庙墓铺首衔环上的左右二龙，各吐冷热之水沐浴太子；太子着薄衣，裙下垂，呈莲花瓣形。其中的左、右，冷、热，莲花等，蕴藏"中道"思想与化生理念。

衔环上的龙王兄弟分布左、右，表一阴一阳。《阴阳应象大论》曰："天地者，万物之上下也；阴阳者，血气之男女也；左右者，阴阳之道路也；水火者，阴阳之征兆也；阴阳者，万物之能始也。"①

龙王兄弟"左雨温水，右雨冷泉"，水温适中，是佛教"中道"的喻体之一。"中道"喻体较多，著名的有"处中之道"以弹琴喻之。琴弦调得松，没声音；调得紧，弦容易断裂；调到适中才能"诸音普矣"。②进入"处中之道"，实际已经成佛。

儒、道文化核心思想是"中道"，即人的最高境界。老子认为一切事物阴阳和合而成，"万物负阴而抱阳，冲气以为和。"③《易》以阴阳处中，为道之所成，"在中位者称中、得中、居中或处中。若阳爻居中位，称刚得中；阴爻居中位，称柔得中。不居中位者，称不中。得中有利，表示能行正中之道。"④由此思想而促生的东王父、西王母及其所配日月，成为一阴一阳为中道的表现形式。洛阳偃师"太一神帝俊"（图16）两侧所配元素，同样囊括一阴一阳而化生无极。⑤

北魏时期，佛教文化的典型图案——莲花，值得关注。本文羊坊墓铺首的魌头呈莲花形，雷祖庙墓铺首衔环的太子衣裙呈莲花瓣。无论主体图像还是细节辅助，北魏人不遗余力地强调莲花，究竟有何用意？

莲花，表身心清净，或者成佛，两者互为因果。再者，不著左、不著右的中道者，往往被比作莲花，又如佛。故《四十二章经》"无著得道"说："夫为道者，犹木在水，寻流而行。不触两岸，不为人取，不为鬼神所遮，不为洄流所住，亦不腐败，吾保此木决定入海。学道之人，不为情欲所惑，不为众邪所娆，精进无为，吾保此人必得道矣。"⑥

西晋月支竺法护译《正法华经》偈："今来至斯，在所开通，如水莲华，悉无所著。"⑦

莲花是净土宗的喻体，它的表征关系类似魌头和方相氏。净土信仰"可以上溯至魏晋时期，曹魏的康僧铠译有《佛说无量寿经》，姚秦的鸠摩罗什译有《佛说阿弥陀经》，北魏的昙鸾，遇菩提流支，被授予《观无量寿经》。"⑧

---

① 《黄帝内经素问》，北京：人民卫生出版社，2005年，第11、128、131、134页。

② 赖永海主编，尚荣译注：《四十二章经》，北京：中华书局，2010年，第67页。

③ 见《老子·四十二章》。

④ 周锡𩱹：《易经详解与应用》，北京：中国友谊出版公司，2010年，第29页。

⑤ 太一也是太乙、太极，有化生之义。《荀子·礼论》云："故至备情文俱尽，其次情文代胜，其下复情以归太一也。天地以合，日月以明，四时以序，星辰以行，江河以流，万物以倡……"表明太一的阴阳关系。图像中，左右交缠对接成环状的伏羲和女娲，分别主日和月，象征中庸之道，人物居中，应表太极与化生。

⑥ 赖永海主编，尚荣译注：《四十二章经》，北京：中华书局，2010年，第56—57页。

⑦ （西晋）月氏竺法护译：《正法华经·如来现寿品》，录《大正藏·华严部》。

⑧ 国家文物局教育处编：《佛教石窟考古概要》，北京：文物出版社，1993年，第74页。

《无量寿经》云："诸生无量清净佛国者，都皆于是七宝水池莲华中化生，便则自然长大。"[①]

原来，中道、莲花、化生、成佛、龙浴太子的意义和关系是互通的。北魏大量使用莲花题材如下深井衔环的二龙吐水呈莲花(荷花)形、莲花化生瓦当、莲花纹铜帽钉、绘莲花纹墓顶等化生理念在北魏成为主流。"北魏以来的龛楣图案，往往以化生为主，在莲花纹中描绘坐在莲花中的化生童子形象"亦是有力证据。

"中庸之道"是人与自然和谐的基础，也是"达道"与"万物化育"的条件，《中庸》曰："喜、怒、哀、乐之未发，谓之中。发而皆中节，谓之和。中也者，天下之大本也。和也者，天下之达道也。致中和，天地位焉，万物育焉。"[②]

儒释道几种文化的"中道"思想融合，对促进古代社会发展起到积极作用，也是丧葬文化的特色。雷祖庙墓铺首衔环上的二龙所吐冷热之水，以及巧妙置入的莲花纹，正蕴含这样的文化思想。

4.有关雷祖庙墓铺首衔环图像文化渊源与生成的观点

对于类似雷祖庙"一人二龙"的题材，郭物认为，在古代西亚和中亚源远流长，最集中地发现在两河流域的卢里斯坦，中国商代、春秋战国出现这类题材是北方草原文化影响的产物。张海蛟认为，"一人二龙"是以平城当时流行的佛教题材对"一人二兽"进行改造的结果。其母题可能源于嚈哒控制下的中亚[③]，不否认与西方文化的碰撞。但"一人二龙"的图像，应该从内容与形式方面综合分析。

若从"一人二兽"的渊源来讲，据河南濮阳西水坡遗址第45号墓，距今6600年左右，墓主人左右石堆所成的龙和虎已经是母本了。相关研究和释读太多，此处不予以赘述。

若从"一人二龙"内容形式来讲，在中华龙文化基础上，与佛教文化糅合，进一步发展。

若从二龙成环的图像来讲，中国太极图应是母本。

5.小结

就雷祖庙墓铺首衔环一类人物图像，推定为龙浴太子，关键点有四。

其一，从龙口对接上看，龙口皆有吐水。这一点有别于其他龙对接图像。

其二，从人物形象上看，属佛造像一类。人物面部既有中国童子形象，又有佛造像的风格，显得憨真而庄严。尤其站姿自信而有气势，与佛本生图像中的太子如出一辙，其他人物均无此特征。同时，肉髻、螺旋发特征非常明确。

其三，从衣着上看，皆为菩萨服。人物着装得体，着贴身菩萨服饰，符合太子身份。同时也是北魏服饰一种。

其四，从北魏丧葬文化中对化生的重视程度看，佛教典籍中的龙浴太子是最好的题材。汉魏以来，受佛教人士和"竹林七贤"影响，死亡观念发生巨大改变。儒家的孝文化受佛教影响而有所变化，成为入天界的必要条件；道教文化中的东王父西王母、伏羲女娲是羽化成仙的依靠；祆教圣火坛是引入天界永不熄灭的光明。若再吸收佛教题材，除莲花外，能将孝道、净身心、化生、天龙护法、不为鬼神所遮、

---

① (东汉)月支支娄迦谶译：《佛说无量清净平等觉经》卷一，录《大正藏·宝积部》。

② 见《礼记·中庸》。

③ 张海蛟：《北魏平城"一人二龙"图案的渊源与流变研究》，《形象史学》，2017年第1期。

长生等意义集于一身的图像，唯有龙浴太子。

值得注意的是，大同恒安街北魏墓的铺首衔环，其铺首上有两位可爱的童子，同样包含化生理念。对于两位童子是太子还是方相氏，略述如下。

北魏的化生童子外貌端庄，在莲花正中。北周以来有所变化，如"北周第229窟楣龛表现的化生童子，有的坐在莲花上演奏乐器，有的作舞蹈之姿，有的则在莲叶上追逐嬉戏，场面十分生动。"[1]笔者认为，该铺首上两位童子是与佛教化生童子融合后的方相氏，在方相氏入列护法之后添加了化生功能。因为两位童子骑在魌头上做驾驭状，形式与大同智家堡北魏石雕棺床中腿上部的两位驾驭魌头的方相氏相同。且恒安街北魏墓铺首上无水波纹痕迹。

再有，司马金龙墓中棺床上的方相氏，添加璎珞和飘带，又是裸体，又具女性特征，应是对嫫母做方相氏的沿袭。尤其侧重对佛教天女的借取，对太子降生环节的转嫁，如摩耶夫人生太子时，有婇女来侍奉，"又二万人璎珞严身，应时彼夜，两玉女闻，有一婇女，非人玉女，若睹面色，其欲兴隆。"[2]太子降生后，又是"五百璎珞手脚头耳，臂着璎珞，沸宿实时来诣王所，而谓王言，宜令太子沐浴澡洗，乃着璎珞而供养之。王报之曰：我为太子亦作璎珞，太子着之"。[3]与司马金龙墓中棺床上的人物几乎异曲同工的智家堡墓北魏石雕棺床上的人物，虽饰有飘带，可明显是兽腿、熊身、露雄性器官的方相氏。如此看来恒安街北魏墓出土的铺首是方相氏内容，衔环是龙浴太子内容，对死者的化生设置多重保障。雷祖庙墓铺首和衔环均为龙浴太子内容的双保险方法，既符合丧葬文化背景，也让我们通过北魏平城时代方相氏、太子、天女混杂不分的现象，看到了鲜卑人建立政权后对博大的文化的积极吸收和盲从。

三、仍需要揭示的文化内涵

铺首具有实用性，可安装在门扉、箱盒上。也用来辟邪，如公输般所画之蠡，"孝元庙殿门铜龟蛇铺首鸣"。然墓葬中频繁使用铺首，体现了什么实用价值？我们通过固原羊坊墓、雷祖庙墓铺首衔环探讨其究竟具有哪些文化内涵。

（一）固原北魏墓铺首衔环的设计对应几张图

1. 固原北魏墓铺首衔环与《易有太极图》（表3第一）

《易有太极图》也是《河上公无极图》，公认对此图解义较好的是魏伯阳和周敦颐，前者得此图著《参同契》，后者改无极为太极，成《周子太极图》。《易有太极图》共五层，从上至下为：无极、阴静阳动（又名《水火匡廓图》）、五行运作、乾道成男坤道成女、化生万物。从"方士之诀，在逆而成丹，故从下而上；周子之意，以顺而生人，故从上而下"[4]来看，对《易有太极图》顺逆解义皆通。

本文铺首衔环结构，正好对应《易有太极图》第三层和第四层。第三层图：火、木居右为阳，水、金居左为阴，中间"土旺"于四者之中，表现五行运作而化育的过程，但在清人胡渭所解第二层的《水火匡廓图》中已经涵盖，此处引之："子南午北，互为纲纪。一九之数，终而复始。含元虚危，播精于子。"

---

① 赵声良：《敦煌石窟艺术简史》，北京：中国青年出版社，2016年。

②③ （西晋）月氏三藏竺法护译：《普曜经》，录《大正藏·本缘部》。

④ 《宋元学案》卷一二《濂溪学案下》，北京：中华书局，1986年，第515—516页。

陈致虚注曰："子南午北者,顺倒五行也。仙圣云：五行顺行,法界火坑。五行顺倒,大地七宝。所以水火互为纲纪,方能既济也。阳生于一,成于九,阳数至九则极,九则复于一。此谓'一九之数,终而复始。含元虚危,播精于子'者,丹之神功,在此两句。盖虚危之次,日月合璧之地,一阳初生之方,龟蛇蟠结之所,故太一所含先天之元气。其真精遇子则播施。此复应前文'子五行始'之义也。俞曰：子午即南北；水、火、卯、酉即东西；金、木右转左旋,一伏一起,则水火相交,金木自然不间隔矣。然东、西、卯、酉,皆金、木异名,非天地方位,亦非人身左右。"①

对第四层图,陈显微曰："张紫阳诗云：莫把孤阴谓有阳,独修一物转赢尪。钟离先生诗云：莫谓此身亡是道,独修一物是孤阴。须知一阴一阳之谓道,男女构精,万物化生,而后可语还丹矣。苟二物不合,三五不交,水火未济,刚柔离分,则阴阳隔绝,天地闭塞,所谓'偏阴偏阳谓之疾'也。"②

以上任何解义,都在太极中而生。由此来看,"阴阳成道""播精于子""终而复始""万物化生",以及张伯端《悟真篇》曰"戊己自居生数五,三家相见结婴儿。婴儿是一含真炁,十月胎圆入圣基"③等内容,都成为圆满死者美好愿景无法取代的内容。

再者,固原北魏铺首方、衔环圆,方和圆是宇宙谐和的基础构成,置入各个领域,如"明堂"建筑的方圆结合纳入礼制④,器用的"鼎之为象也,圜以象乎阳,方以象乎阴"⑤亦如此。雷祖庙墓铺首表现阴阳关系的还包括魖头与水同框,魖头是方相氏"遗像",火属,并以"火"图像的三角纹表示鼻梁褶皱,与铺首衔环的水波纹匹配暗示了《易》中的"水火相射"。

大自然本身是高智慧的本源,被智慧者发现并有效利用,故尊"天人合一"而"器以藏礼",所谓"器为天下之用,而有合于礼者,有适时而便于事者"。⑥固原北魏墓铺首衔环的形制、结构、点位,契合了《易有太极图》第三层和第四层,又融汇整个太极图：人物居中,在土位；龙身与金翅鸟分为水、火、木、金位。衔环居第四层：乾道成男,坤道成女。固原北魏铺首和衔环,其变化的魖头、火属的神祇、方圆的结合等元素和构图深意,若用一句话概括,正如陈致虚注曰："盖虚危之次,日月合璧之地,一阳初生之方,龟蛇蟠结之所,故太一所含先天之元气。"北魏铺首衔环是"器中有道"的智慧浓缩。

2. 固原北魏墓铺首与《天、地、人关系图》(表3第二)

万物有灵,天、地、人是一个整体,和谐相生,故有祭祀："大宗伯之职,掌建邦之天神、人鬼、地示之礼,以佐王建保邦国。"⑦

后来的《天、地、人关系图》构造了三才同源的基础框架,此图共有五层,上两层为天界,中间是人,第四层为动物,第五层是太极运行。天的部分有日、月和易；人的内容有金、木、水、火、土等；人体之下

---

① (清)胡渭撰,谭德贵点校：《易图明辨》卷三,北京：九州出版社,2008年,第61-62页。

②③ (清)胡渭撰,谭德贵点校：《易图明辨》卷三,北京：九州出版社,2008年,第62页。

④ 《大戴礼记》载："明堂九室而有八牖,宫室之饰,圆者像天,方者则地也。"《后汉书·祭祀志》说：明堂的兴衰是上为圆形以象法天圆,下面平面为方形象法地方。

⑤ (明)王圻、王思义编集：《三才图会》,上海：上海古籍出版社,1988年,第1064页。

⑥ (明)王圻、王思义编集：《三才图会》,上海：上海古籍出版社,1988年,第1080页。

⑦ 见《周礼·春官宗伯·大宗伯》。

的地,亦由金、木、水、火、土构成。人受天、地万物之精气生成,所谓"天地一大生命,人身一小天地",正是这一认识,使大自然的生命归于阴阳的结合,而成为宇宙间最基本的两种力量。[1]雷祖庙墓铺首衔环遵循了这种层位关系:太子(人)居中位,龙首在上(天),脚下踩魃头(动物),魃头下悬挂衔环(大地)。

铺首衔环的构图建立于太极图基础上,太极在"易"中,"'易'表现着宇宙的运行,是一个开放性的过程。《序卦》说:'有天地然后有男女;有男女,然后有夫妇;有夫妇,然后有父子;有父子,然后有君臣;有君臣,然后有上下;有上下,然后礼仪有所错。'"[2]此外,佛教认为人轮回六道,自上而下有天人、阿修罗、人、畜生等,它们又与景教、祆教的相关描述有相通之处。经教中的宇宙观给了北魏人想象的空间,从而被快速统合。固原北魏墓铺首衔环图像布局与上列吻合,居中的人物无论是方相氏还是太子都表示化生之源。

无独有偶的是,拓跋鲜卑之"拓跋"一名与"土德"有关。"昔黄帝有子二十五人,或内列诸华,或外分荒服,昌意少子,受封北土,国有大鲜卑山,因以为号……黄帝以土德王,北俗谓土为'托',谓后为'跋',故以为氏。"[3]五行中,土居中,为化生之义。北魏人善用化生题材,地面建筑用莲花化生童子,居中位;墓葬的铺首衔环用化生人物,居中位。这让拓跋的土德、五行的土属、器用的化生之间有了巧妙的关联。政权与文化艺术氛围营造之间本是有效统一体,这是中华民族利用传统文化的至高智慧。若有缘,揭开北魏王朝的这块面纱,对笔者来说不啻为一个充满愉悦的挑战。

3.固原北魏墓衔环的本义(表3第三)

固原北魏铺首衔环,铺首为方,衔环为圆,并且,衔环为圆自古以来从未改变,是何原因当为关键所在。

《道德经》载:"独立而不改,周行而不殆"。周而复始的圆环是"道"之根本,"天"之表现,所谓天道,自然之道也。圆环状图像形成已久,史前考古资料表明,老官台文化、仰韶文化遗址、大汶口文化、马家窑文化,到固原菜园文化的彩陶和其他器物上,圆环、葫芦、"S"纹图像形式,普遍认为是早期太极图。

也就是说,古人通过数理推演之后,圆环形代表天、太极、无极已成定局,且运用从未间断。钱币的外圆表天,天是太极、无极;"太极尊"则为圆匏形(表3第三序号6)诸如此类不乏其例。

多种太极图中,有阴阳鱼和八卦的组合式、六十四卦演进式、阴阳鱼式等,各有其名和演化理论,但不离圆环状。就连看似方形的《河图》运行也能成圆:"如果将《河图》的方形图化为圆形图,木火为阳,金水为阴,阴土阳土各为黑白鱼眼,就成太极图了。"[4]看来,圆环真是天道、太极、无极的喻体。

"太极"本无顺序,无大小、多少,一环太极,多环也太极,只是在太极生万象的基础上多了无数的推演,由此衍生多种图形。故有学者对《河上公无极图》说:"至于太极图第四、第五层用圆圈表示,则说明太极就在其中。太极图每一层都有圆圈,均表示太极,太极一贯而下。"[5]北魏铺首衔环对应太极图结构,在解义上也应是圆融的。

---

①　于希贤、于涌编著:《中国古代风水的理论与实践》(上册),北京:光明日报出版社,2005年,第216-217页。
②　祖行:《图解易经:一本终于可以读懂的易经》,西安:陕西师范大学出版社,2007年,第31页。
③　《魏书》卷一《序纪》,第3页。
④　祖行:《图解易经:一本终于可以读懂的易经》,西安:陕西师范大学出版社,2007年,第61页。
⑤　白发红:《以〈说〉证〈图〉:周子〈太极图〉试析》,《周易研究》,2019年第2期。

还当注意的是，早期阴阳鱼图像，形式亦有多种，其中一种的阴阳鱼在圆环内。参考古太极图可知，战国陶器上圆环内的双鱼交叉图形（表3第三序号1）、圆环内"S"形的多式图像[①]一类即是。这就为铺首衔环的深层次含义提供了参考。

原来，铺首衔环是对环、璧、日、双鱼、天等单元的精练性综合与转化。就此题以下略作分析。

四川泸州汉代13号石棺上雕刻双鱼图像[②]，双鱼挂在朱雀下（表3第三序号2）；徐州汉画像石门雕刻的铺首衔环，双鱼在环内（表3第三序号3）。这都是阴阳鱼太极图在另外器用上的不同演化。

"以苍璧礼天"人人皆知。之所以以璧礼天，因为璧是圆环形，圆环即太极的喻体，并不取决于质地是什么。徐州博物馆馆藏汉画像石上刻有铺首衔环，所衔之环为璧形，璧下一前一后有两条鱼。河南宝丰史营遗址M34门柱砖上的铺首衔环呈璧形，环内有一似鼋、龟的图像。四川泸州多具汉代画像石棺上，环、璧、日的图像作为主流，概括起来有三种：第一种是龙虎衔璧图像。如合江9号棺右侧视图。[③]第二种是朱雀衔环、璧图像。如泸州9号棺身左侧视图[④]有一绳索穿过三个璧，两朱雀相对嘴各叼绳索一端。第三种是两圣火坛中间的日图像。如合江26号棺前挡视图。[⑤]日为阳，既表无限的光明，也表太极，所谓刚得中。是月形的，则是阴太极，所谓柔得中。

东汉常见朱雀与铺首衔环相配，概括为两式，一式为朱雀左右对称布局，嘴叼一只铺首衔环。二式为一只朱雀爪下勾铺首衔环，或者双鱼。朱雀所衔的、所抓的，也是太极（表3第三序号2、5）。证实了环、双鱼、璧、朱雀等相配的图像，或完整的铺首衔环图像，均表示太极。

山东滕州龙阳店汉画像石铺首衔环，环内设计一人，双手举起，抓环，两兽腿叉开踩在环上，蹲踞状，裸体，有尾（表3第三序号5）。人物形象接近羊坊墓铺首的方相氏，也应为方相氏。表1中的大同市金港园铺首衔环，美国大都会艺术博物馆馆藏北魏铺首的方相氏戴腿环，而徐州汉画像石有方相氏左右臂各套着一只璧。璧、环是祭天之物，方相氏、魌头是与祭天相关的角色，"则上天之祭，神怪魌头之禓被，自此始矣。"[⑥]这让衔环和方相氏的表征意义更为明确。

雷祖庙墓衔环由双龙对接而成，龙"能幽能明，能细能巨，能短能长，春分而登天，秋分而潜渊"。[⑦]对应太极思想"其云'能阴能阳，能柔能刚，能短能长，能圆能方……能玄能黄'，这实为黄老思想的核

---

① 刘兰华、张南南：《中国古代陶瓷纹饰》，北京：故宫出版社，2013年，第88页。图3：战国陶器上的动物纹。

② 成都文物考古研究院、泸州市博物馆编著：《四川泸州汉代画像石棺研究》，北京：文物出版社，2019年，第61页。图八一、图八二。

③ 成都文物考古研究院、泸州市博物馆编著：《四川泸州汉代画像石棺研究》，北京：文物出版社，2019年，第131页。图一七五。

④ 成都文物考古研究院、泸州市博物馆编著：《四川泸州汉代画像石棺研究》，北京：文物出版社，2019年，第23页。图五五。

⑤ 成都文物考古研究院、泸州市博物馆编著：《四川泸州汉代画像石棺研究》，北京：文物出版社，2019年，第178页。图二五七。

⑥ 章炳麟注，徐复注：《訄书详注》（《原教下》第四十八），上海：上海古籍出版社，2017年。

⑦ （东汉）许慎：《说文解字》第一一。

心,被当时的《易》学家广为采纳,今所传《易传》即是"。[1]太极本来千变万化,龙也成为变化的喻体之一。

无极、太极思想汉魏以来盛行,如瓦当铭文"常生无极""长乐无极"。对死者灵魂回归太极、无极的愿景也如此,"委魄泉扃,延宵无极"[2]即是例证。

基于此,我们就把墓葬中出现的天、太极、日、火、阴阳鱼、璧、环、方相氏、魁头、龙、朱雀等不同区域文化的图像关联了起来,它们都有表示太极之意。这种看似不确定而又模棱两可的单元互换,正是太极生两仪,两仪生四象,四象生八卦的千变万化的特性。古人认为世界存在无数的变数,八卦正可以推演出变数,若将之转换成普世的喻体,就是日、火、环等。

综上所述,铺首衔环之铺首、衔环,环内添加元素,或是整个铺首衔环,均表示太极、无极。而北魏铺首衔环,在方相氏、龙浴太子、龙、卷草式火焰纹、祆教等文化元素置入后,功能得到扩展。

表3　铺首衔环结构与相关图对应一览

第一,固原北魏铺首衔环与《易有太极图》对应表				
易有太极图	来源	太极图分解	羊坊墓北魏铺首衔环	雷祖庙墓北魏铺首衔环
	(明)王圻、王思义编集:《三才图会》,上海:上海古籍出版社,1988年,第2040页。			
第二,雷祖庙墓铺首与《天、地、人关系图》对应表				
天地人关系图	来源		天、地、人关系图分解	雷祖庙墓北魏铺首衔环
	于希贤、于涌编著:《中国古代风水的理论与实践——对中国古代风水的再认识》(上册),北京:光明日报出版社,2005年,第217页。			

---

[1] 陈鼓应:《先秦道家易学发微》,《道家文化研究(第12辑)》,北京:生活·读书·新知三联书店,1998年,第21页。

[2] 北魏冯邕妻元氏墓志文。施安昌:《北魏冯邕妻元氏墓志纹饰考》,《故宫博物院院刊》,1997年第2期。

续表

第三，衔环与太极图参考表				
序号	器物、图像	表示的太极图	名称、来源、年代	阴阳鱼太极图
1			战国。采自刘兰华、张南南：《中国古代陶瓷纹饰》，北京：故宫出版社，2013年，第8页。图3：战国陶器上的动物纹。	 古太极图
2			汉。泸州13号石棺后挡图像。采自成都文物考古研究院、泸州市博物馆：《四川泸州汉代画像石棺研究》，北京：文物出版社，2019年，第61页。图八一、图八二。	
3			汉。石门铺首衔环图像。采自《画像石话徐州·铺首衔环》，徐州市文广旅局官微，www.xzta.com，2022-05-22。	
4			汉。石门铺首衔环图像。采自《画像石话徐州·铺首衔环》，徐州市文广旅局官微，www.xzta.com，2022-05-22。	
5			汉。采自张红刚：《汉画像铺首衔环的内涵与功用》，《洛阳考古》，2018年第4期。	 新太极图
6			太极尊。采自(明)王圻、王思义编集：《三才图会》，上海：上海古籍出版社，1988年，1337页。	
7			北魏。羊坊墓铺首衔环(注：笔者组合)。源自宁夏文物考古研究所：《固原南郊北魏墓发掘简报》，《中原文物》，2020年第5期。	
8			北魏。雷祖庙墓铺首衔环(注：笔者组合)。源自黄丽荣编著：《固原出土丝路文物线图艺术》，银川：宁夏人民出版社，2017年，第101-102页。	

（二）铺首衔环在墓葬中的位置显示特殊意义

除"事死如生"观念外，陪葬品各有其位，各含意义，神性化的角色更有其专属位置。关注它们的位置，是解开古人丧葬文化的钥匙，是墓葬考古与文物研究的着力点之一，难怪有人说"我们对画像象征意义的解读应立足于中国传统的葬仪，并考虑到墓室空间设计的整体性，石棺床是墓室空间的主体，与其他陈设、器物和画像彼此呼应，共同呈现了墓内的葬仪情况，反映了古人处理死亡的方式和对待死亡的态度"。[①]其他暂且不说，仅墓葬神祇这一部分就内涵丰富，以下浅析。

古人与自然形成高度的默契，通过伦理来践行，它保障了人类的基本生存需求，社会受益，人类共享，如成玄英《南华真经注疏》曰："夫人伦之事，抑乃多端，切要而言，无过此四者。若四者守位，乃教治盛美；若上下相冒，则乱莫大焉。是以百官各司其职，庶人自忧其务，不相陵乱，斯不易之道者也。"[②]

《天道》曰："夫尊卑先后，天地之行也，故圣人取象焉……天尊地卑，神明之位也。春夏秋冬，四时之序也。万物化作，盛衰之杀，变化之流也。夫天地至神也，而有尊卑先后之序，而况人道乎？……宗庙尚亲，朝廷尚尊，乡党尚齿，行事尚贤，大道之序也。"[③]

墓葬文化成为礼制组成部分以后，即使出现过混乱，但各神祇在墓葬中所处位置鲜有僭越，具体来说，东王父、西王母在什么位置，伏羲、女娲在什么位置，方相氏、魃头、铺首衔环在什么位置，均有定例。羊坊村北魏墓M1顶部坍塌，墓室内填满淤土和扰土，而雷祖庙北魏墓曾遭盗扰，发掘报告未提到相关信息，这就使两座墓中铺首衔环的位置难以还原，但可通过类似文化现象揭示。

有人整理大同北魏墓葬铺首衔环，归纳为：装设一枚棺环（铺首衔环）者，一般安装在棺木的一侧，或在一侧的中间，或在靠近前挡位置。这种不对称的安装现象多次出现在未经任何扰动的墓葬中，应当是有意为之。装设两枚棺环者，既有在棺木两侧对称装设的，也有在前挡、侧挡各装设一枚的。还出现前挡、后挡各装一枚的情况。但由于这些墓葬大多有扰动迹象（人骨移位等），所以现存棺环位置可能发生移动，并不是原位。装设三枚棺环者，大多数都在棺木左右两侧不对称装饰。也有前挡一枚，左右侧各一枚的。装设四枚棺环者，均在棺木左右两侧对称装饰。装设五枚棺环者，一般为前挡一枚，左右侧各两枚。但也有一侧两枚、一侧三枚的现象，而且在未被扰动的墓葬中发现。装设六枚棺环的木棺发现较少，已发现的三具棺椁中，棺环对称分布，前、后挡各一枚，左右两侧板各两枚。

再根据石棺资料，四川芦山县汉代王晖石棺的铺首衔环雕刻在棺盖头的立面中心（图17）；四川泸州15号棺前挡[④]上部雕刻了戴魃头面具的方相氏（图18）；"大同北魏石棺铺首浮雕胡人"，蹲踞在魃头，刻在石棺前挡门扉，与羊坊墓铺首衔环为同一类型。朱雀、铺首衔环均为火属，表太极、无极，意义高于四方的其他三神，1957年灵台东北寺院遗址发现的五代十国石雕舍利棺，棺盖头的立面高浮雕朱雀。

---

① 李梅田：《北朝石棺床的使用场景与画像配置》，录于南京师范大学文物博物馆学系编《东亚文明》（第2辑），北京：社会科学文献出版社，2021年，第59-74页。

② （西晋）郭象注，（唐）成玄英疏：《南华真经注疏》。

③ 魏徵等编撰：《群书治要·庄子》。

④ 成都文物考古研究院、泸州市博物馆编著：《四川泸州汉代画像石棺研究》，北京：文物出版社，2019年，第73页。图九七、图九八。

汉魏以来，盛行精装椁外壁，尤其是棺头部分。之所以如此，死者身份和级别是一因，更重要的关乎死者灵魂"生死存亡"。有的棺盖立面安置重要神祇，有的前挡刻画双扇门，左右安置铺首衔环、方相氏，有的安排成道成仙的图像，以及墓葬大小、方位、棺椁朝向、陪葬品等。按照古人"住宅的门、灶、床的位置与朝向是依据宅主之命卦和房屋的方位吉凶配合来处置的"①，古代丧葬文化亦应囿于其中，那么这就是一个值得深究的课题。

结合以上，可推断固原北魏墓的铺首衔环应是安装在棺头位置。墓葬虽遭盗扰，铺首衔环的数组和位置难以确定，仍可推断其布局遵循阴宅卦象。

图17　东汉王晖石棺上的铺首衔环②　　　　　图18　汉泸州15号棺前挡视图

（三）固原北魏墓铺首衔环出现的背景与独特性

1.丧葬观念是基础

孔子曰："践其位，行其礼，奏其乐，敬其所尊，爱其所亲，事死如事生，事亡如事存，孝之至也。郊社之礼，所以事上帝也。宗庙之礼，所以祀乎其先也。明乎郊社之礼、禘尝之义，治国其如示诸掌乎！"③荀子认为："事生不忠厚、不敬文，谓之野；送死不忠厚、不敬文，谓之瘠。君子贱野而羞瘠。"又说："厚其生而薄其死，是敬其有知而慢其无知也，是奸人之道而倍叛之心也。"④对于"事死"的观念，既上升到社会层面，又贯穿人格修养，成为礼仪的组成，同时另藏深意："人受体于父母，本骸得气，遗体受荫。经曰：气感而应，福祸及人。"⑤

---

① 于希贤、于涌编著：《中国古代风水的理论与实践——对中国古代风水的再认识》（上册），北京：光明日报出版社，2005年，第540页。

② 图17引自《王晖石棺略说》（高子期，《四川文物》2009年第5期）；图18引自《四川泸州汉代画像石棺研究》（成都文物考古研究所、泸州市博物馆编著，北京：文物出版社，2019年）

③ 见《礼记·中庸》。

④ （清）王先谦：《荀子集解》，第238—239页。

⑤ （晋）郭璞：《葬书》，录入《四库全书》。

因此，"丧葬之礼其实是为生人而设的礼仪的一部分"[①]，对埋葬于地下的文化，不能简单理解为一种死亡、沉寂现象，其给了今人打开中华文明的一扇窗。这正反映了古人的人格魅力，他们始终在"以像设教"中教化后人，加之"佛教信仰者认为，雕塑和绘画佛像能得福"[②]等功德观念驱使，丧葬之仪成为古人传承文化的重要方式。当然，固原北魏墓的铺首衔环图像是这种文化背景下的表现形式之一。

2.固原出土北魏墓铺首衔环为贵族专造，非实用器

雷祖庙墓出土的漆棺和部分陪葬品显示墓主人身份高贵，与司马金龙墓出土的部分器物、下深井北魏出土的铜鎏金镂空人龙纹饰件是"以往北魏贵族墓中偶有出土的同类器物"。[③]李济认为：随葬品是否用祭器(青铜器)常与死者身份地位有直接关系。当身份地位不到某一阶层时，只能用仿制的青铜器。青铜随葬品也可以分为日常用过的器物、为死人特别制造的用器(即祭器)，及为死人制造的明器。其中提到为死者特别制造祭器。那么，本文中的铺首衔环，无论从规格上讲，还是从工艺上讲，都显示出贵族专造的痕迹。

陪葬品分实器和虚器，所谓"人器实，鬼器虚"，但在历史进程中摇摆不定，所以有"既曰明器矣，而又实之"[④]"士礼略也，大夫以上兼用鬼器人器也"[⑤]。诚然，实器和虚器概念大，此处作狭义上的列举，如固原北魏墓的陪葬品有实器也有虚器。[⑥]陪葬品是实器(人器)，显示墓主的身份和对生活的情结，又寄托对死者入土为安的愿望；若作为虚器(鬼器)，既有"事死如生"规诫，也有薄葬观念，但所侧重的"冥界秩序"这一块内容，正是需要我们尽力揭示的。

由此，确定北魏铺首衔环是虚器还是实器，显得重要起来。七里村北魏墓群M25棺四周装设鎏金铜铺首衔环和泡钉，其他一些墓中的棺木也有装饰；大同雁北师院北魏墓群M2有四棺，北侧大棺前后挡板和两侧板相互对应小铜钉和10件鎏金铺首；江苏盱眙大云山汉代二号墓镶玉漆棺复原图可见棺盖和棺箱一周共布置18个铺首衔环；大同齐家坡北魏墓出土木棺一具，保存较好，棺外沿侧板钉铜泡钉一周，个别已脱落，现存13枚，原来应有15枚。这些棺椁配置的铺首衔环，虽然有强大阵容，但是否为抬棺、入圹时的实用器呢？我们继续从考古发现中查证。

山西北魏"太和元年"贾宝墓出土17件铺首，均为铅锡铸制，表面贴金箔；大同七里村北魏墓群M35出土的铺首双角内饰一童子(与固原雷祖庙墓铺首童子相似)，材质为铅质；同样材质的铺首衔环在陕西地区北魏墓也有发现。汉代以来，墓葬的铺首或者兽面，或者铺首衔环，有的甚至为石质和泥质，如长江流域固定在棺椁外壁的滑石铺首。唐代更甚，从巩义唐墓发现的一批彩绘魌头可知泥陶铺首也很流行。铅质、石质、泥质都不是实用材质。

再引入固原北魏铺首衔环，其显现的三个特殊性一目了然：其一，羊坊北魏墓衔环与铺首的连接

---

① 蒲慕州著：《墓葬与生死：中国古代宗教之省思》，北京：中华书局，2008年，第225页。

② 刘凤君、彭云：《佛教与"像教"艺术》，《山东大学学报(哲学社会科学版)》，1999年第4期。

③ 大同市考古研究所：《山西大同下深井北魏墓发掘简报》，《文物》，2004年第6期。

④ 见《礼记·檀弓上》。

⑤ (汉)郑玄注，(唐)贾公彦疏，(清)阮元校刻：《阮刻仪礼注疏》卷三八，杭州：浙江大学出版社，2020年。

⑥ 宁夏固原博物馆编：《固原文物精品图集》图片。例如，雷祖庙墓的铜釜、镰斗，外壁有明显烧痕，是实器。见第104-105、110-111页。彭阳新集北魏墓的陶俑阵容、陶灶、陶狗则为虚器，见第119-125页。

方法、环径、方相氏裸体形象等，都不在实用器的范畴；其二，羊坊北魏墓铺首四角各有1毫米左右的孔眼用以铆钉固定，加之衔环的扒钉钉头反折仅约1厘米，与棺椁实际重量相比，显然不符合物理学原理；其三，雷祖庙墓铺首的挂钩是象征性的，只能钩住衔环，且衔环空隙填充图像，无抓手之空，更不具实用性。

既然无实用性，而又这般精心打造，安置在特殊位置，其重要性不言而喻。明器，"古代专为随葬而制作的器物。因古人奉死者为神明，故称。《释名·释丧制》：'送死之器曰明器，神明之器异于人也。'"①

固原北魏墓铺首衔环作为非实用器的明器，异于人器的同时，在丧葬文化中发挥关键性作用。

3. 固原的特殊地理位置与北魏多元文化并入及对佛教思想的统合

公元前2世纪丝绸之路正式形成，固原一直是丝路要道，军事重镇。北魏时期，鲜卑族的拓跋部以平城（今山西大同）为中心，沿着鄂尔多斯南部边缘逐步向高平（今宁夏固原）一带推进。北魏迁都洛阳以前，都城平城与高平之间的联系有赖于这条南缘路。此时途经固原的丝绸之路有两条，一条从固原向北，经鄂尔多斯南缘直达平城，一条从固原向西，直达姑臧（今甘肃武威）。固原正处于中心位置。

丝绸之路使东西方文化的交流加快步伐，佛教引入催化了繁荣，又难免与本土文化的摩擦。"佛教在中土传播的第一个高峰期在两晋和南北朝，受统治者青睐，佛教传播方比较迅猛，但也有必须面对的矛盾，即儒释道三者的角力。"②但佛教有赖于皇族的护驾，因其"助王政之禁律，益仁智之善性，排斥群邪，开演正觉"。③另外，佛教转世轮回思想对应当时社会动荡中的百姓之心，成为他们生与死的精神寄托而被快速接纳，出家人，讲法者、传法者、民间信众鹊起。在《老子》《庄子》和《周易》"三玄"的权衡中，又吸收维摩诘风格，使北朝玄学得到深化。雕刻、彩塑、绘画中的佛传故事艺术图像被无限复制，"生命的意境，包括政治、经济、宗教、社会、科学和哲学等，而这一切都能在文艺中得到反映。"④诸如此类，都是这一时期多元文化并入后的注脚。那么，面对多元文化，北朝人能否消化？

汉魏之际的《牟子理惑论》记载这样一段话："佛者，谥号也，犹名三皇神、五帝圣也。佛乃道德之元祖，神明之宗绪。佛之言'觉'也，恍惚变化，分身散体，或存或亡……在污不染，在祸无殃，欲行则飞，坐则扬光，故号为佛也。"⑤这是佛教传入不久，国人对释迦牟尼佛的概括，明显加入了中国传说和儒道文化思想。"汉魏之际，佛教传入中国不久。作为一种外来宗教，必须依附于中国传统的宗教习俗和思想文化，才能使中国人接受。同时，它还必须与思想领域占统治阶级的中国封建社会意识形态相适应，才能得到统治阶级的认可和支持。另一方面，中国人开始接触佛教这样的一种外来宗教，也往往是从自己的所能理解的角度去认识的。在这一点上传统的民族的心理意识和民族文化结构是一个极为重要的因素。《牟子理惑论》正好反映了这种情况。《理惑论》的作者是一个精通儒家经传，博览诸子百家，'书无大小，靡不好之'的文人学士。"⑥看来，北朝人面对扑面而来的多元文化，首先在理论普及方面出现了混同。

---

① 叶大兵、乌丙安主编：《中国风俗辞典》，上海：上海辞书出版社，1990年，第268页。

② 项阳：《佛教戒律下的音声理念——云冈石窟伎乐雕塑引发的思考》，《中国音乐》（季刊），2013年第2期。

③ （北齐）魏收撰：《魏书·释老志》，北京：中华书局，1974年，第3035页。

④ 宗白华：《美学散步》，上海：上海人民出版社，1981年。

⑤ 梁庆寅释译：《牟子理惑论》，高雄：佛光出版社，1996年。

⑥ 国家文物局教育处编：《佛教石窟考古概要》，北京：文物出版社，1993年，第330页。

这种混同，反映在多个领域尤其是丧葬文化领域的器用又是什么？从北朝墓葬遗物可窥一斑：多种元素糅合的畏兽、方相氏、天人、仙鸟、天龙八部；多种场景展现的孝子故事、东王父西王母、牛车鞍马、宴饮、狩猎、傩仪；多种演绎后的忍冬纹、莲花纹、火焰纹、圣火坛等。其迷茫不言而喻。但要认可的是，无论是民间所需，还是丧葬领域的器用所被统合的多元文化，同样体现了核心价值观，夯实了中国传统文化的基柱。略述如下：

一者，从龙虎图像看，两种瑞兽的运用从单纯的辟邪提升到更高境界，这得益于佛教。于是有"洛阳上窑村北魏石棺、曹连石棺两侧板主题画像皆为仙人驾驭和引导龙虎升仙"①，以及智家堡棺床上的方相氏驭龙虎图像，均是受佛教影响构造的天界景象。

二者，从前文揭露的莲花纹在当时的风靡程度来看，羊坊墓铺首兽面演变成莲花瓣纹的形式，是对佛教莲花意义的紧密跟从。吉村怜认为，北魏石窟中的莲花是构成佛的世界的重要因素，象征超自然的化生，体现了往生净土的思想。并说这种图像和观念影响到北魏墓葬艺术，巧妙地融进了神仙世界的图式中。

三者，本文铺首衔环上的卷草纹，是这一时期的特征之一，"空隙处满布纷繁复杂、变幻莫测的云气、莲花、忍冬、蔓草纹样。这些图像和纹样大量出现于北魏石窟，表明其与佛教有关"②，丰富了这类纹饰的意义。

四者，"以像设教"在汉代尤盛，《鲁灵光殿赋》云："贤愚成败，靡不载叙，恶以戒世，善以示后"。《景福殿赋》云："图像古昔，以当箴规"。"借这些历史故事来宣扬古代的圣贤道德思想，以此来助教化、促人伦，维护汉代社会稳定。"③佛教忠孝思想，使传统伦常关系得到更多的理论支撑，毋庸置疑地成为图像表达的热点，"通过儒释、释道之间的长期论证，佛教吸收融合中国传统文化思想，在教义思想方面表现出越来越浓厚的中国化意味，最为明显的表现在对儒家孝道和忠君思想的吸收融合。"④此时，诸如固原雷祖庙墓出土漆棺画孝子故事，是其思想直接表达的题材之一。铺首衔环上龙浴太子故事则是间接表达。显露式与隐藏式的孝子表达，在此时达到高峰。

为什么孝子故事汉魏以来不断在墓葬中涌现，贺西林认为，孝子是升入天堂的条件，所言极是。《孝经》："夫孝，天之经也，地之义也，民之行也。"⑤孝，既然是"天经地义"，那么，民所行的孝道，自然与天发生关联。换言之，孝，是进入天界的保障，这与佛教思想归于一处。佛经、律、论中频频提倡孝道文化，直接反映孝道主题的典籍也不少，西晋月氏三藏竺法护译的《盂兰盆经》《为母说法经》，至唐时，有于阗国三藏沙门实叉难陀译的《地藏经》《十善业道经》等。郭璞所言更直接："欲求仙者，要当以忠孝和顺仁信为本。若德行不修，而但务方术，皆不得长生也。"⑥足见儒释道在孝道文化上的统合。不难发现，

① 洛阳博物馆：《洛阳北魏画像石棺》，《考古》，1980年第3期，第229-241页。司马国红、顾雪军编著：《洛阳北魏曹连石棺墓》，北京：科学出版社，2019年。

② 贺西林：《道德与信仰：明尼阿波利斯美术馆藏北魏画像石棺相关问题的再探讨》，《美术研究》，2020年第4期。

③ 王海玉：《汉代画像石上的齐国故事与汉代齐学的繁荣》，《中国国家博物馆馆刊》，2020年第8期。

④ 赵鹏：《北朝佛传故事图像研究》，山东大学2012年博士学位论文。

⑤ 见《孝经·三才》。

⑥ 《抱朴子内篇校释》，第53页。

雷祖庙铺首的龙浴太子，是佛传故事中的一个场景，所隐藏的孝道情结，是与儒家文化的做圣贤人以报答父母恩相符合的。

五者，火焰纹，看似一种纹饰，若结合北魏社会背景和人文观念，即会发现火的意义在墓府得到无限放大。但佛教认为玩"火"者是外道，如迦叶对事火者所言："年少沙门，虽复神妙，然不如我道真也。"[1]这样一来，羊坊墓铺首上的卷草纹、辅助的三角纹代表火焰，方相氏置于其中，极有可能又增添了一层含义：驾驭火而不落入旁道。与雷祖庙墓铺首的太子和龙搭配一样，既有对象征物意义的汲取，又表现出对象征物的驾驭。

六者，佛教表现智慧和光明的摩尼宝珠被普遍使用在本尊、天王、龙王、菩萨宝冠。汉魏以来，佛教门楣、墓葬门楣、棺椁重要部位也积极采用。雷祖庙墓出土的蟠螭纹铜泡钉[2]不排除是此宝珠演化的可能。宝珠与其他元素搭配的图像在北朝极为普遍，所塑造的世界"是洞天福地，还是天宫净土？耐人寻味，留给人丰富的想象空间"。[3]

另有学者专题讨论了南北朝墓葬中的神仙道教图像和佛教图像，认为莲花、摩尼宝珠、化生等图像意在营造净土世界氛围。神仙道教图像与佛教图像的结合，反映了升仙与往生佛国净土观念的并行或融合。[4]"在当时人们的观念中，神仙洞天与佛国净土或已混同。"[5]儒释道的融合经历了漫长而传奇的过程，至隋唐仍然如此，安阳隋开皇十年(590)麹庆墓的围屏式石棺床的元素即为代表。[6]这就让我们看到，北朝人面对多元文化，虽然在释读方面存在阙疑，在社会主体功能的器用打造上盲从串联，但他们对多元文化所表现出的积极活泼的态势，是令人起敬的。

丝路的开凿，塑造丧葬文化新体系。固原北魏墓出土的铺首衔环，何尝不是如此？它们统合了儒释道文化思想，糅合祆教、西方雕塑等元素，利用草原民族的审美主向，将魌头、龙形、方相氏、佛传故事、佛造像、金翅鸟、卷草纹、透雕工艺等置入其中，显示了"靡不好之"的活跃态势。也正是这种活跃的态势，使北朝出现一个接一个的精品。

四、结语

(一)结论

其一，本研究中，厘定了固原羊坊村北魏墓M1出土的鎏金铺首和棺环、雷祖庙北魏墓出土的透雕

① (南朝宋)天竺三藏求那跋陀罗译：《过去现在因果经》卷四，录《大正藏·本缘部》。

② 现展出于宁夏固原博物馆"千年固原　丝路华章"主题展览第四部分"金石鸿篇——南北朝至隋唐时期"。

③ 贺西林：《道德与信仰：明尼阿波利斯美术馆藏北魏画像石棺相关问题的再探讨》，《美术研究》，2020年第4期。

④ 杨莹沁：《汉末魏晋南北朝时期墓葬中神仙与佛教混合图像分析》，录入《石窟寺研究》(第3辑)，北京：文物出版社，2012年，第37-90页。金镇顺：《南北朝时期墓葬美术中的佛教影响》，《考古、艺术与历史——杨泓先生八秩华诞纪念文集》，北京：文物出版社，2018年，第185-207页。

⑤ 贺西林：《道德与信仰：明尼阿波利斯美术馆藏北魏画像石棺相关问题的再探讨》，《美术研究》，2020年第4期。

⑥ "刻有墓主日常生活场景和宗教题材，床座刻有畏兽、神像、圣火坛等。值得注意的是，棺床雕刻内容十分庞杂，既有祆教的圣火坛，又有一些内容可能与景教、摩尼教和佛教有关，还有传统的畏兽题材。此外在石棺床前还立有一件石屏风，线刻有'节士苏太子'的故事及长篇题记。"李梅田：《北朝石棺床的使用场景与画像配置》，录于南京师范大学文物与博物馆学系编《东亚文明》(第2辑)，北京：社会科学文献出版社，2021年，第5-74页。

铜铺首和透雕铜牌饰,均为不可分离的组合件,即铺首衔环。

其二,羊坊墓铺首上的人物是方相氏。因为传统观念,北魏人巧妙借用西方裸体雕塑形象以驱厉鬼,多表现在墓葬的方相氏,或方相氏团队的身上;蹲踞状是方相氏作法事时某个重要环节的动作,以及所见的其他舞姿;连接方相氏的三角纹、魌头的顶角的三角纹,象征火焰;而卷草纹是对兽面毛须演化的同时,又代表了火焰,起到辟邪和"长明"等多项作用;北魏的方相氏,毋庸置疑地吸收了诸多外来文化元素,侧重佛教众神法力,无限放大功能,且进入天人、护法行列。

判定羊坊墓铺首人物是方相氏,兽面是魌头,有几个关键:一是普遍为蹲踞状,或有其他舞姿。二是裸体,或着犊鼻裈;难看,或身形怪异,具备熊、兽肢体的某个要件。三是戴魌头,或驾驭魌头。面目丑陋凶恶,或可亲近相。

雷祖庙墓铺首衔环上的人物是佛传故事中的太子;铺首的双龙与太子、衔环的双龙与太子构成的图像,是对九龙灌顶和二龙灌顶经变的演绎,同样表达灌顶沐浴之意。太子着衣和站立的姿态、龙形象等,与民间所用有区别,符合古代生与死的禁忌。图像艺术、演绎技巧方面,均显示了高超的智慧。

判定雷祖庙墓铺首衔环图像为龙浴太子,有几个关键点:一是龙口皆有吐水。二是人物特征属佛造像一类。三是沐浴太子图像是佛教化生题材中最佳的。此类铺首衔环用于墓葬,取义丰富:中道、沐浴净身、龙凤概念、阴阳合一、天地人合一、太极无极忠孝等,这些文化思想归于一处,则是追求化生。本文列表对比说明。

其三,对铺首的兽面、魌头、方相氏的观点,肯定了铺首文化没有衰败,只是铺首兽面演变纷杂,核心意义不变。目前对于兽面的定义及其来源存在诸多争论,难以得出定论,因为这种兽面是多种昆虫和爬行动物形象的综合体,以丑陋凶恶和神力为特征,旨在驱邪、防疫和表现天界神境,因此并无固定版本。本文通过文字学释读了兽面元素的撷取。

至于铺首的来源,因为私有制深化,其为社会主体功能增加后出现的实用器。商人水德而配螺之后,在某个时间段,出现了公输般喻蠡,他的影响力推动铺首衔环的功能加强,使之得到推广。周礼之前方相氏角色可能存在,周以来得到官方认定,在方相氏团队的人数、舞姿,以及装饰、用具等方面,尤其四目与二目选用,有等级之别,主要服务于官方和贵族。方相氏民间化以后,所戴面具——魌头,成为主流,并且被安排在多个领域使用,受多种载体、等级和避讳、时代审美需要等影响。由于二目使用量增多,所谓四目和二目之分被弱化。汉魏以来墓葬中出现的类似人物即方相氏,与方相氏组合的兽面就是魌头。魌头代表方相氏"遗像"。

其四,首次试绘《兽头、方相氏、魌头流变简示图》并作简要说明。从巫觋的祭祀傩仪到方相氏与魌头,再到铺首的兽面,以及其他神祇、畏兽的形象,都有关联。今日所见的瓦当兽头、傩仪、面具、吞口、门神,墓葬考古中的镇墓兽、镇墓俑、武士、兽面等均不出这一文化范畴之右,这需要大量的实物资料和综合力量进行梳理。

其五,羊坊、雷祖庙出土铺首衔环以及历史中铺首衔环的构图,意义深广,暗藏了《太极图》《天地人关系图》等。而衔环,即为太极、无极、天。使自古以来的环(璧)形遗物含义得以确认。文中对相关图像列表进行对比,还原了铺首衔环的实际含义。

其六,北魏人对多元文化的糅合与演绎是自由烂漫而遵循主脉的。羊坊墓铺首外沿卷草纹,表示火焰。到雷祖庙墓铺首外沿卷草纹中加入水波纹，则变为水。又表示龙足、魖头触须、九龙等，北魏人都将其演化到极致。且有本文所述铺首的龙头朝上、大同地区龙头朝下的灵活模式。

铺首所显示的主体图案兽面，也因人物与故事的不同而有变化。羊坊墓铺首人物为方相氏，铺首的兽面即为魖头；雷祖庙墓铺首衔环人物故事为太子沐浴，铺首的兽面则为龙首。

如此精美而内涵丰富的铺首衔环出现于北魏墓葬中，有几大原因：一是古人丧葬观念为先导，二是有身份者具备专造的条件，三是固原的特殊地理位置与多元文化的并入。它们均不是实器，而是祭器，安置在棺椁的重要位置，突出了时代特征。

其七，北魏多元文化的融合，虽表现出积极态势，但总有些难以消化，加之民间时事通透者较少，对经典的释读能力有限，难免盲从与混同，固原北魏墓出土的铺首衔环便是实例。在糅合多元文化的同时，也表达了北魏人对死后化生的迫切愿望，由此并入了多保险模式。

（二）余论

固原地区在北朝历史上占有重要地位，这一时期充满了传奇色彩。从北魏遗存来说，除去地面遗物，仅墓葬出土的，其多元文化的演绎就令人惊讶。雷祖庙墓出土的漆棺画是北魏多元文化统合的代表。鐎斗、莲花纹类的饰件、银耳杯等内涵丰富，其中，彭阳新集北魏墓出土的陶牛车，几乎是魏晋南北朝文化的真实写照。

1983年南郊北周李贤夫妇合葬墓出土的鎏金银壶、玻璃碗、金戒指、出行仪仗俑、伎乐俑、壁画、陶器等；1993年南郊北周宇文猛墓出土的戴丝骆驼、陶俑方阵、彩绘执箕陶俑等；1996年南郊北周田弘夫妇合葬墓出土的玉质配件组合、东罗马金币、"永通万国"钱币、彩绘陶器等；以及墓葬规制、墓葬朝向与方位等，成为固原北朝丧葬文化多元融合的佐证。

在古人传承"事死如事生"背景下，丧葬文化践行"慎终追远"，对家族稳定、民族和谐功不可没，成为印证中华传统文化的圭臬，与现实生活中的传统文化难分伯仲。但在研究方面，存在偏离、曲解、舛误现象。导致这一现象形成的因素大致有四，一者以定量统计推演古人意识形态；二者以现代思想权衡古人文化意义；三者未知传统文化主旨，人云亦云；四者践行体验者稀少而能言善辩者众多。仅从丧葬文化的宇宙观来讲，不深入《易经》，岂明子丑？因为古代数千年墓葬文化从未离开这些传统。即使是古代少数民族墓葬，亦从不失其文化信仰。

解决当下现象，首先要高度认同中华传统文化，其次是提升品德素养，对传统文化的魅力感同身受。若站在个人利益优先的视角，整合人云亦云的资料，推演这些文化遗存，恐怕会越走越远。我们期待越来越多的高素养专业人才对古人的物质文化载体予以系统关注，结合相应的文献资料，进入古人的精神领域，还原文化遗产本义，丰富命运共同体内涵。

丝绸之路暨北朝时期固原区域文化
国际学术研讨会会议综述

刘　卓

（中国社会科学院大学）

2023年7月27日—29日，由宁夏回族自治区固原市人民政府、宁夏回族自治区文化和旅游厅、中国魏晋南北朝史学会主办，宁夏回族自治区固原博物馆、宁夏回族自治区固原市文化旅游广电局承办的丝绸之路暨北朝时期固原区域文化国际学术研讨会召开。来自海内外高校、科研机构的80余位学者汇集一堂，以线上线下相结合的方式发表文章并参与讨论。提交的53篇文章紧紧围绕北朝固原区域文化、中古时期的丝路文明研究、魏晋南北朝历史研究等学术主题。

宁夏回族自治区文化和旅游厅二级巡视员石学安和中国魏晋南北朝史学会会长楼劲作开幕致辞，楼劲指出固原贯通东西、连接南北的交通地位，为历代形胜之地，并梳理了固原自秦至隋唐的历史变迁以及历史作用，同时也围绕固原指出了其在魏晋南北朝史领域可继续推进的学术问题。

主旨发言者共计10位中外学者，发言内容涵盖诸多领域，从图像到音乐，从历史、考古到博物馆学，既有微观的器物与图像，也包括宏观的丝路交流与文化传播。美国南卡罗来纳州立堡垒学院历史系教授南恺时、日本佛教大学名誉教授黑田彰与清华大学副教授孙彬均关注"孝子图"，南恺时《固原漆棺孝子图历史意义》针对固原漆棺孝子图进行个案分析；黑田彰与孙彬《董黯图像研究——从犍陀罗佛像到孝子传图》则通过孝子图来探究其背后的文化交流，文章敏锐地发现了中国传统孝子图与犍陀罗佛像的相似性。这种相似性体现了丝路中的文化传播。

制礼作乐是中国古代王朝的重要事件，音乐在中国古代有重要地位与作用，在知识精英的生活与宫廷礼仪中扮演重要角色，音乐史研究亦是学者们关注的焦点之一。美国肯恩大学教授孔旭荣以《3世纪中国的音乐创作：〈筝赋〉研究》为题，探究3世纪音乐的变迁，文章指出汉末礼乐崩溃，域外音乐传入并流行，先秦以来占据主导地位的编钟等打击乐器逐渐被琵琶等弦乐器取代。文章分析了侯瑾、阮瑀、傅玄等人所作的《筝赋》，指出3世纪的精英们使用新传入的乐器创造出了新的模式，从而实现了域外事物的本土化。以色列特拉维夫大学副教授何超音同样关注音乐史，她的文章从北周长孙绍远与裴政关于音乐的讨论出发，探究北周时期规范音乐模式的转型，指出这种转变反映了当时独特的宇宙观和政治观。考古发现对历史学研究有重要作用，南京大学历史系教授张学锋指出南京大学北园东晋墓出土"晋式金属带具"的源头是草原文化，草原式金属带具传入中原并吸收中原理念后成为中原文明象征，进而影响中国南方以及朝鲜半岛、日本等地区。

地方性博物馆是地方文化与形象的重要代言人，上海大学文化遗产与信息管理学院教授安来顺指出我国地方性博物馆的角色定位、收藏政策、传播体系、公众介入等与当地经济发展相融合，对促进高质量、可持续发展有重要作用。

日本三重大学副教授白石将人《阳承庆〈字统〉小考》指出北魏阳承庆《字统》对文字结构提出"独自的看法"，而其他南北朝时期字书均未解释文字结构，进而通过与《说文》比较，指出《字统》字释的特征。

北方民族大学民族学学院教授张多勇《宇文泰经营关陇地区的地理布局》分析了宇文泰关陇活动地域的诸多地名并进行定位研究。宁夏固原市地方志研究室主任张志海《北朝时期的固原历史文化述略》从北朝时期固原基本情况、关陇集团的形成、北朝时期固原经济社会以及文化艺术四个方面考述了北朝固原的历史文化。宁夏社会科学院教授薛正昌《丝路视域下北朝固原政治军事与文化》在丝路视域下分析了北朝固原地区政治军事与文化的重要作用。

分组讨论环节共分为两个小组。第一小组共有15位学者报告，报告内容包含政治、文学、宗教、丝路交流与民族融合等传统热点问题，既有纵向、横向考察，又有单一朝代诸问题分析。除了常见的传统重大问题，还涉及动物史等新颖话题，展现了历史研究的多元性。

政治史方面，中国社会科学院古代史研究所研究员楼劲《汉唐丞佐之异及其演化》分析了丞佐之异同及其演化的状态，反映了先秦、秦汉至隋唐相关建制和辅佐方式的变迁，蕴含大一统王朝建立及其行政体制递嬗转折的丰富内涵，体现了公卿体制到省部体制的不同行政重心、管理方式和运行态势。武汉大学历史学院副教授姜望来探究了从魏晋到唐初的皇位传承以及中古时代特质。"五凉"政权研究仍然受学者青睐，中国社会科学院古代史研究所研究员陈爽《晋室西迁与前凉立国》指出丧乱之际，西晋朝廷的迁移首选西北的长安而非东南的建康，在西晋末东西分陕之局中，凉州从边地变为军事后方，给予长安有力支持；东京电器通信大学讲师小野响《后凉的天王——吕光正统性的由来》则关注吕氏后凉政权的正统性构建，他指出后凉的核心统治集团是前秦的远征军，吕光建立政治权威的过程中，缺乏凉州本地人和原来同僚的支持，采取前秦苻坚的天王号，成为必然的选择。华东师范大学历史系教授章义和将宗教与政治融合，从黄老与《录图真经》出发探究新天师道与北魏国家的转型。大东文化大学、津田塾大学讲师田熊敬之《〈魏书〉门阀中心史观与北朝政治文化》从《魏书·恩幸传》的书写体例出发，指出其将寒门、寒人视为北魏恩幸，反映了魏收的门阀中心史观，而非北魏政局的真实反映，北魏时期的政治实践一直以来都在进行着流动的人事任免，这种流动性是北朝政治文化的一贯特征。海南师范大学讲师胡胜源《秘在〈周礼〉：体制变革视野下的魏周禅代》指出《周礼》体制彻底实行使宇文泰在文帝死后能以大冢宰身份而"总百揆"，最终走向禅代。陕西师范大学历史文化学院教授黄寿成考察东魏北齐的领军将军，他指出领军将军在东魏、北齐虽然是禁军的高级指挥官，但在高氏"兄终弟及"的宫廷政变中，起决定作用的是一些显赫家族而非禁军将领。

中国中古时期北方民族和中亚入华民族一直是经久不衰的话题，陕西师范大学历史文化学院教授吴洪琳《区隔与认同：中古时期秃发、拓跋与源氏》讨论了出自同源的北魏拓跋氏对南凉秃发氏的指称、赐姓以及后者对不同称谓的反应，这一过程的实质是将某一群体排除或纳入拓跋氏共同体结构之中。宁夏师范学院教授冯敏广泛利用了文献和考古资料，梳理了汉唐间中亚粟特故地与中原地区的文化艺术交往过程，以及中亚粟特人的入华与华化。宁夏盐池县文物管理所馆员王生岩同样关注粟特人，他指出北朝隋唐时期大量的昭武九姓通过丝绸之路进入宁夏，在固原和盐池墓葬发现的文物见证了宁夏的昭武九姓的生活。

丝绸之路、民族与历史地理等方面，北京师范大学历史学院教授严耀中主要分析北魏的若干平原郡，以及不同时代平原郡所反映的北魏对被征服地区民族政策之变化。宁夏社会科学院副编审郭勤华《固原北魏墓漆棺见证丝绸之路文化的互鉴融通》以固原雷祖庙北魏墓的描金彩绘漆棺为例，指出固原为"中华民族共同体"形成与发展提供一个典型案例，有助于理解"中华民族共同体"和"人类命运共同体"。中国社会科学院文学研究所研究员范子烨《魏晋时代丝绸之路上的口簧艺术与相关的文学书写——以六盘山地区古代口簧艺术之遗存为参照》结合考古实物和人类学调查，探究魏晋时代丝绸之路上的口簧艺术与相关文学书写。北方民族大学民族学学院教授杨蕤《陕北地区的丝绸之路》指出陕北地区全程参与了东西方文化的交往历程，具有"南北交汇，贯通东西"的特点。宁夏文物保护中心研究员马建军《考古所见丝绸之路宁夏段上的文化交流与民族交融》同样在区域视野下考察丝路与民族。

宁波大学人文传媒学院教授尚永琪主要探讨中国古代农业文明语境中的鹰及其伦理象征，指出古代中国对于鹰隼的认识，分别来自以鹰猎为主的草原游牧系统和以物候为主的农业生产系统。在农业传统知识体系中，鹰不但为农业生产提供了时令节气的"物候"标志，也为农业社会政治秩序的建立提供了天道依据。

第二小组有18篇论文报告，讨论时段并不局限于魏晋南北朝，而是上溯秦汉，下探隋唐。研究视角方面，既有宏观的、长时段的纵览，也有微观的、鞭辟入里的具体分析，涉及政治、经济、文化、宗教、历史地理、中外交流及出土文献等多方面。

出土文献利用方面，北京师范大学历史学院副教授徐畅以长沙出土"君教"简牍为切入点，深入考察了东汉三国县级长吏的徭使。吉林大学古籍研究所教授邵正坤讨论了东魏《邑义五百余人造像碑》若干问题，如合理命名、结邑目的等，以此来研究义邑组织。上海师范大学历史系教授姚潇鸫、宁夏彭阳县博物馆研究馆员杨宁国分别对庆阳北石窟寺"杨元裕造像题记"、新出隋代弥姐遵立佛塔碑记进行释读，并对相关基础问题进行研究。宁夏固原博物馆研究馆员苏银梅《英雄不论来路——北周时期原州"三将"姓氏问题探讨》以固原出土李贤等三位柱国大将军墓志铭文为依据，对其姓氏问题进行考察。中国社会科学院大学刘卓以东魏《宗欣墓志》中的郡君封授为切入点，展示出东魏时夫妻间极不对等的官职与封号关系，并以此为基础探究北朝时期的外命妇制度。河南南阳市博物馆研究馆员张晓刚独辟蹊径，关注烟标这一载体，以此考察其中蕴含的三国文化。

丝绸之路、中外交通、历史地理等方面，宁夏海原县文化旅游广电局李进兴《彭阳人驼纹青铜牌饰与丝路文化探析》以彭阳出土人驼纹青铜牌饰为媒介，管窥丝路文化的传播。宁夏石嘴山市博物馆馆长韩学斌从宁夏考古百年的视角出发，讨论丝绸之路对宁夏文化传承的意义。西北民族大学历史文化学院教授朱悦梅《两汉魏晋时期金城郡交通地理研究》梳理了两汉魏晋时期以金城郡内部的县及区划为节点的交通路线，以此观察金城郡内部交通及其与周边区域间交通的地理空间分布。山东大学历史文化学院教授韩吉绍《〈太清金液神丹经〉卷下与早期南海历史地理》详细考察了《太清金液神丹经》卷下，认为此书集中反映了魏晋时期佛教传播到海外之前，中国对南海、海上丝路以及世界历史地理的认知。长春师范大学历史文化学院讲师刘健佐《高句丽与三燕政权关系研究》则将目光聚焦东北亚，解读以慕容鲜卑为族群主体的三燕及与之毗邻的高句丽之间的关系。

政治制度、社会、文化等传统研究领域，吸纳相关或交叉学科研究方法，倡导国际研究视野，新见迭出。南朝方面，中国社会科学院古代史研究所研究员杨英以美国汉学家戚安道《中国及世界历史上的"建康帝国"》一书的观点、方法为例，展望未来国内魏晋南北朝史研究采用全球史视角并有所推进的可能性。宁夏中卫博物馆馆长孙学锋《试论侯景之乱对南朝士族的影响》以侯景之乱为切入点，考察侯景之乱的基本问题，重点关注侯景之乱对于南方士族的影响。北朝方面，华东师范大学历史系教授李磊《高平与南凉、后秦、西秦、赫连夏的连环盛衰》以高平为锚点，引入西北地缘政治的概念，将高平置于五胡十六国的宏观背景下，考察南凉、后秦、西秦、赫连夏的连环盛衰。北京师范大学历史学院教授凌文超《北魏羌人王遇姓名的华夏化》关注边裔族群，以羌人王遇姓名的华夏化为例，考察羌人姓名改革的曲折历程，进而考察北魏各族姓名华夏化过程中的一些复杂情况。宁夏固原市地方志研究室副主任杨永成《试论家族在中华民族发展过程中的历史地位》以建立前凉政权的安定郡乌氏县张氏家族为例，讨论家族在中华民族发展过程中的历史地位。中国社会科学院古代史研究所助理研究员刘凯《〈魏书〉"浇人"诏试考》对《魏书·孝静帝纪》天平二年（535）勒诸门"浇人"诏的含义、来源进行了考察，认为"浇人"应该是一种以水洒人模拟降雨的方式，与中原王朝雩祭为主的祈雨方式迥异，同时文章涉及历史人类学的知识。

会议闭幕式由中国魏晋南北朝史学会副会长戴卫红主持，中国社会科学院古代史研究所副研究员陈志远、助理研究员刘凯分别对两组讨论情况作总结，指出近十年来魏晋南北朝史的研究正以较快的速度朝不同的研究方向、多元的研究领域拓展。目前魏晋南北朝史正在进入特色鲜明的区域史。本次研讨会的主题便是古代欧亚文化背景下的大历史研究，旨在发掘古代欧亚世界的先民们留在特色文化地域的历史遗迹和历史文化。最后，戴卫红女士宣布会议圆满结束。